„Immer die Angst im Nacken,
meine Erinnerung könnte versagen"

Veröffentlichungen des Instituts für deutsche Kultur
und Geschichte Südosteuropas e. V. an der
Ludwig-Maximilians-Universität München (IKGS)

Band 131

Herausgegeben von
Thomas Krefeld und Florian Kührer-Wielach

STEFAN SIENERTH (Hg.)

„Immer die Angst im Nacken, meine Erinnerung könnte versagen"

Interviews mit deutschen Schriftstellern und Literaturwissenschaftlern aus Südosteuropa

Verlag Friedrich Pustet
Regensburg

Gefördert von der Beauftragten
der Bundesregierung für Kultur und Medien
aufgrund eines Beschlusses des
Deutschen Bundestages

Bibliografische Information der Deutschen Nationalbibliothek
Die Deutsche Nationalbibliothek verzeichnet diese Publikation
in der Deutschen Nationalbibliografie; detaillierte bibliografische
Angaben sind im Internet über http://dnb.d-nb.de abrufbar.

ISBN 978-3-7917-2713-4
© 2015 by Verlag Friedrich Pustet, Regensburg
Reihen-/Umschlaggestaltung und Layout: Martin Veicht, Regensburg
Umschlagmotiv: Ausschnitt aus dem Foto „Wohnung des ausgewanderten Lehrers"
von Peter Jacobi
Satz: Vollnhals Fotosatz, Neustadt a. d. Donau
Druck und Bindung: Friedrich Pustet, Regensburg
Printed in Germany 2015

Diese Publikation ist auch als eBook erhältlich:
eISBN 978-3-7917-7080-2 (pdf)

Weitere Publikationen aus unserem Programm
finden Sie auf www.verlag-pustet.de
Kontakt und Bestellungen unter verlag@pustet.de

Inhalt

Vorbemerkung 9

I. „Schreiben entlang der Lebenslinien" – Schriftsteller aus der Bukowina, Siebenbürgen und dem Banat

EDGAR HILSENRATH	„Schreiben entlang der Lebenslinien"	15
ELISABETH AXMANN	„Als wäre es jetzt zum ersten Mal greifbar nah"	27
PAUL SCHUSTER	„Ich stehe zwischen allen möglichen Stühlen"	39
BERNHARD OHSAM	„Ich habe mich nie heimatlos gefühlt"	63
DIETER ROTH	„Glücksfälle intellektueller Begegnung"	71
HEINRICH LAUER	„Leben über den Tag hinaus"	81
FRANZ HEINZ	„Wir haben ja nicht die Welt bewegt, wir wurden bewegt"	91
JOHANN LIPPET	„Ein Landschaftsraum, der eine faszinierende Sinnlichkeit ausstrahlt"	105
ERNEST WICHNER	„Sich selbst immer wieder neu erfinden"	115
ANTON STERBLING	„Sich auf verschiedene Pfade geistiger Tätigkeit und Imagination begeben"	123
HORST SAMSON	„Ich suche mein Leben von heute im Gestrigen"	135
HELLMUT SEILER	„Ich gehöre nicht zu den Produktivsten der Branche"	151

INHALT

II. „Skepsis ist die ständige Begleiterin des Wissenschaftlers" – Kulturwissenschaftler aus Deutschland, Österreich, Serbien und Ungarn

ALEXANDER RITTER	„Skepsis ist die ständige Begleiterin des Literaturwissenschaftlers"	163
ANTON SCHWOB	„Meinem Tatendrang freien Lauf lassen"	177
KURT REIN	„Mein Bukowinertum ist mir unreflektiert ‚zugewachsen'"	187
JOHANN ADAM STUPP	„Für die Redaktion verantwortlich"	201
HANS MESCHENDÖRFER	„Vom Ingenium des Buches angerührt"	207
ZORAN KONSTANTINOVIĆ	„Ich spreche aus einer großen Erfahrung"	221
ZORAN ŽILETIC	„Zwischen Völkern zu vermitteln, die oft durch tiefe Gräben getrennt waren"	233
ANTAL MÁDL	„Die Chancen zum Überleben"	255
GYÖRGY DALOS	„Vom Propheten zum Gewerbetreibenden"	273

III. „Am Rand der Mitte" – Literaturwissenschaftler in und aus Rumänien

GERHARDT CSEJKA	„Fordernd-anregend möchte ich gerne bleiben"	285
PETER MOTZAN	„Am Rand der Mitte"	297
HORST FASSEL	„Die Lehre war mir von Anfang an wichtig"	311
WALTER ENGEL	„Eine Einstellung, die Weltoffenheit einschließt"	329
HORST SCHULLER ANGER	„Eine Selbstermunterung, die keine Selbstillusionierung ist"	341

GEORGE GUȚU	„Die Interessen der rumänischen Germanistik wirksam artikulieren"	353
ANDREI CORBEA-HOISIE	„Meine Motivation, mich mit deutschen Themen zu befassen"	371

Ortsnamenkonkordanz 389

Personenregister 393

Vorbemerkung

Dieser Band schließt an die 1997 als Buch erschienenen Gespräche mit deutschen Schriftstellerinnen und Schriftstellern aus Südosteuropa[1] an und umfasst – bis auf eine Ausnahme – die Interviews, die ich im Laufe von mehr als zehn Jahren mit weiteren deutschsprachigen Schriftstellern und Wissenschaftlern aus diesem Raum führen konnte. Sie sind – wie auch die vorausgegangenen – erstmalig in der Zeitschrift *Südostdeutsche Vierteljahresblätter* (seit 2006 *Spiegelungen*) veröffentlicht worden und werden hier in unverändertem Wortlaut nachgedruckt, bis auf kleine Ergänzungen und behutsame Aktualisierungen in den vorausgeschickten Bemerkungen sowie minimalen redaktionellen Eingriffen in einigen Texten. Dabei wurde vor allem in den Beiträgen älterer Gesprächspartner eine mittlerweile als überholt angesehene Begrifflichkeit gleichbleibend belassen.

Im Unterschied zum ersten Band, der sich vorwiegend auf Autoren fiktionaler Texte konzentrierte, kommen hier verstärkt Essayisten, Literaturwissenschaftler, Übersetzer, Journalisten und Buchhändler zu Wort, von denen einige zwar nicht in diesem Raum geboren wurden, deren Schriften jedoch einen engen Bezug zu den deutschen Regionalliteraturen Südosteuropas aufweisen. Dasselbe gilt auch für die Literaturwissenschaftler, die rumänischer, serbischer bzw. ungarischer Herkunft sind, deren wissenschaftliches Werk jedoch von den Themen und Adressaten her durchaus auch als diesen Literaturen zugehörig betrachtet werden kann.

Ziel dieses Buches ist es, anhand von Selbstäußerungen ein möglichst facettenreiches Bild des deutschsprachigen literarischen Lebens in den südosteuropäischen Regionen mit deutschen Minderheitengruppen in der zweiten Hälfte des 20. Jahrhunderts zu vermitteln und die damalige künstlerische Lebendigkeit dieses Raumes anhand von Fallbeispielen zu illustrieren. Dokumentiert werden darüber hinaus auch die Lebens- und Schaffensstationen der Autoren nach ihrer Aussiedlung, ihr Rückblick auf das Leben und Schreiben in einer Diktatur, und nicht zuletzt ihre Versuche, im Literaturbetrieb der Bundesrepublik Deutschland Fuß zu fassen.

---

[1] Vgl. Stefan Sienerth: „Daß ich in diesen Raum hineingeboren wurde". Gespräche mit deutschen Schriftstellern aus Südosteuropa. München: Verlag Südostdeutsches Kulturwerk 1997. Zweite unveränderte Auflage: IKGS Verlag 2006.

VORBEMERKUNG

So bieten die hier zu einem Buch vereinten Dialoge einen Einblick in eine faszinierende Vielfalt von Lebensmustern und Erfahrungshorizonten, sie spannen Bögen zwischen Czernowitz, Klausenburg, Hermannstadt, Kronstadt, Bukarest, Temeswar, Belgrad, Budapest und den literarischen Zentren in Deutschland und Österreich.

Im 1997 herausgegebenen Band waren die Gespräche vorrangig nach Regionen und Literaturzentren (Banat, Batschka, Bukowina, Siebenbürgen, Bukarest, Budapest) gruppiert worden, weil es sich um Schriftsteller handelte, deren Biografie und Werk in die Zeit vor dem Zweiten Weltkrieg hineinragte, deren Lebensstationen und Schriften unmittelbar von den Ereignissen am Ende des Zweiten Weltkrieges (Deportation, Arbeitslager, Flucht und Vertreibung) bestimmt bzw. beeinflusst worden ist.

Auch im vorliegenden Band kommen Dichter und Literaten zu Wort, deren Kindheit und Jugend durch den Krieg und seine Begleiterscheinungen in Mitleidenschaft gezogen worden sind, doch die meisten Autoren dieses Buches haben ihre nachhaltigsten Prägungen in der Nachkriegszeit erfahren, wobei jener Zeitabschnitt ihrer Biografie, der von der kommunistischen Herrschaft geprägt wurde, bestimmend für ihr Werk blieb.

Die nach dem Ende des Zweiten Weltkrieges in Ostmittel- und Südosteuropa installierten kommunistischen Regierungen waren allerdings nicht für alle Schriftsteller dieser Sammlung relevant. Einige haben, zum Teil mit ihren Familien, bereits während des Krieges oder kurz danach ihren Wohnsitz in die Bundesrepublik Deutschland oder nach Österreich verlegt und sind dadurch – nachdem die Verwüstungen und Zerstörungen der ersten Nachkriegsjahre überwunden worden waren – von vielen Unannehmlichkeiten, die die kommunistischen Diktaturen mit sich brachten, verschont geblieben. Ihr Bezug zu diesen Regionen erfolgte entweder über familiäre Bindungen oder über wissenschaftliche Interessen.

So kommt es, dass die regionalen Unterschiede, die bei den älteren Schriftstellern noch betonter in Erscheinung getreten sind, bei den Autoren dieses Bandes weniger ins Gewicht fallen. Aus denselben Gründen überwiegen die Gemeinsamkeiten, die durch die ideologischen Vorgaben bedingt worden sind, auch wenn es zwischen den einzelnen Ländern des kommunistischen Machtbereiches Unterschiede gab.

Am Ende des jeweiligen Gesprächs wird auf Heft (Folge) und Erscheinungsjahr der Erstveröffentlichung hingewiesen.

Für dienliche Hinweise und Hilfestellungen sei den Freunden und ehemaligen Mitarbeitern im IKGS Peter Motzan und Eduard Schneider gedankt. Zu Dank verpflichtet fühle ich mich auch gegenüber meinen Nachfolgern im Amte, den Direktoren Hon.-Prof. Dr. Konrad Gündisch und Dr. Florian

Kührer-Wielach, für die Herausgabe und redaktionelle Mitbetreuung dieses Buches.

Nicht zuletzt gilt mein Dank den Interviewpartnern, sowohl jenen, die ich erst über diese Gespräche näher kennenlernte und oft altersmäßig einer anderen Generation angehören, als auch jenen, denen ich – wie es nicht zuletzt der Anredemodus verrät – seit vielen Jahren freundschaftlich verbunden bin.

Stefan Sienerth

I. Teil

„Schreiben entlang der Lebenslinien"

Schriftsteller aus der
Bukowina, Siebenbürgen und dem Banat

„SCHREIBEN ENTLANG DER LEBENSLINIEN"

Edgar Hilsenrath

Edgar Hilsenrath, einer der profiliertesten Erzähler der deutschen Gegenwartsliteratur, kam am 2. April 1926 in Leipzig als Sohn jüdischer, mütterlicherseits aus der Bukowina stammender Eltern zur Welt. Die Kindheit verbrachte er in Halle an der Saale, wohin die Familie zwei Jahre nach seiner Geburt übersiedelt war und der Vater ein großes Möbelhaus übernommen hatte. Aus Angst vor Repressalien seitens der Nationalsozialisten reiste die Mutter 1938 mit ihren beiden Kindern zu ihren Eltern nach Sereth, in die Südbukowina; Hilsenraths Vater floh etwas später nach Frankreich. Bis zum Überfall NS-Deutschlands auf die Sowjetunion (1941) verbrachte Hilsenrath im Kreise der Großfamilie in dem stark jüdisch geprägten Städtchen eine unbeschwerte Zeit, die er in mehreren seiner Werke, besonders eindringlich und überzeugend in dem Roman *Jossel Wassermanns Heimkehr* (1993), evoziert hat. 1941 wurde die Familie durch rumänische Soldaten und Gendarmen nach Transnistrien in das Ghetto der Stadt Mogilev-Podolski deportiert. Im Roman *Nacht* (1964) hat Hilsenrath die dort gemachten Erfahrungen aufgearbeitet und sich sein „Grauen von der Seele" geschrieben. Ende März 1944 wurde die Familie, die zu der kleinen Schar der Überlebenden zählte, aus dem Ghetto befreit; nach Aufenthalten in Czernowitz, Sereth und Bukarest reiste Hilsenrath über Bulgarien, die Türkei, Syrien und den Libanon nach Palästina. 1947 zog er nach Frankreich, zum Vater nach Lyon, wohin ein Jahr vorher auch die Mutter und der Bruder aus Rumänien geflüchtet waren. Nach seinem Debüt mit der Erzählung *Denise*, die im *Wiener Magazin* (1951) erschien, wanderte Hilsenrath 1951 in die USA aus, wo er seinen Lebensunterhalt als Gelegenheitsarbeiter bestritt und für sein literarisches Werk lebte. 1967–1968 lebte er kurz in München und kehrte danach in die USA zurück. Während seine ersten Romane, vor allem *Nacht* und *Der Nazi & der Friseur* (1977) im deutschen Sprachraum nur zögerlich aufgenommen wurden, erreichten sie in englischer Übertragung ein Millionenpublikum und wurden von großen amerikanischen Zeitungen positiv rezensiert.
Seit Ende der 1970er Jahre erscheinen Hilsenraths Bücher in hohen Auflagen auch in der Bundesrepublik Deutschland, sie werden in überregionalen Zeitungen besprochen, der Autor wird mit Preisen bedacht und geehrt.
Nachdem er zehn Jahre zuvor nach langer aufgezwungener Abwesenheit das erste Mal wieder in Deutschland zu Besuch weilte, verlegte Hilsenrath 1975 seinen Wohnsitz endgültig nach (West-)Berlin, wo er auch heute als freischaffender Schriftsteller lebt.

Herr Hilsenrath, auf Einladung des Instituts für deutsche Kultur und Geschichte Südosteuropas an der Ludwig-Maximilians-Universität München kam es am 19. Juli 2006 nach einer etwas – wie ich vermute – längeren Pause erneut zu einer Begegnung mit Lesern aus der bayerischen Hauptstadt. München hat in Ihrem Leben zwar keine entscheidende, aber dennoch eine erwähnenswerte Rolle gespielt.

Ich habe zu dieser Stadt zwar keine engen, aber doch gewissermaßen freundschaftliche Beziehungen, die ich nie ganz habe einschlafen lassen. 1964 war in München bei Kindler mein Roman *Nacht* in einer kleinen Auflage erschienen, und so war ich, wohl auch weil ich hoffte, eine weitere Auflage meines Buches veranlassen zu können, 1965 nach rund drei Jahrzehnten aufgezwungener Abwesenheit zum ersten Mal wieder nach Deutschland zurückgekehrt und hatte von Mai bis Oktober 1965 in München Quartier bezogen. Zwei Jahre später, September 1967, hatte ich vom New Yorker Verlag Doubleday & Company einen Vorvertrag für einen zu schreibenden Roman erhalten, der damals den Arbeitstitel *Der jüdische Friseur* trug und später in englischer Übersetzung als *The Nazi and the Barber* (1971) und in deutscher Sprache als *Der Nazi & der Friseur* (1977) bekannt werden sollte. Anfang Oktober 1967 kam ich nach München, wo ich in Schwabing, in der Clemensstraße 28, an diesem Roman arbeitete, ihn aber erst nach meiner 1968 erfolgten Rückkehr in New York abschloss. Mitte der 1970er Jahre fasste ich den Entschluss – nicht zuletzt weil ich unter der Anonymität litt und die deutsche Sprache, die meine Muttersprache und die meiner Bücher ist, vermisste –, den USA, wo ich seit 1951 gelebt hatte, den Rücken zu kehren und in der Bundesrepublik Deutschland dauerhaft Aufenthalt zu nehmen. Über London, wo mein Roman über den Nazifriseur auch in einem kleinen englischen Verlag erschienen war, begann ich mich vorsichtig Deutschland wieder zu nähern, und weil meine Spedition mein Frachtgut nach München brachte, machte ich zunächst in München Station.

Sie haben in dieser Stadt nicht nur an Ihren Büchern gearbeitet, sondern auch zu Redakteuren, Verlegern und Literaturwissenschaftlern Beziehungen unterhalten.

Nachdem mich der Kindler Verlag sehr enttäuscht hatte, weil er meinen Roman *Nacht* über den transnistrischen Holocaust nur nach langem Ringen und in einer kleinen Auflage herausgebracht hatte, habe ich den Verlag gewechselt. Ich war zeitweise bei Claassen und dann bei Langen Müller, der kein richtiger Verlag für mich war, und bin dann zu Piper gegangen. Piper war ein guter Verlag, mit dem ich sehr zufrieden war, aber in der letzten Zeit haben sich meine Bücher anscheinend nicht mehr so gut verkauft, und Piper hat mir die Rechte zurückgegeben. Über den Piper Verlag lernte ich auch den Literaturkritiker Thomas Kraft kennen, der 1996 ein Buch über mich zusammengestellt und herausgegeben hat. Erinnern tue ich mich u. a. auch an Edith Konradt, eine sehr sympathische junge Frau, die mich einmal in Berlin besucht hat und mit der ich ein langes Interview für die von ihr mitherausgegebene Zeitschrift *Halbasien* geführt habe.

Sie sind trotz dieser Beziehungen zu München, 1975, als Sie endgültig Ihren Wohnsitz aus den USA nach Deutschland verlegten, in das aufregendere (West-)Berlin gegangen. Haben Sie zu Berlin, zu diesem Teil Deutschlands, trotz der leidigen Erfahrungen während Ihrer Kindheit in Halle einen näheren Bezug?

Ich hatte überhaupt keinen Bezug zu Berlin. Ende 1975 zog ich dann nach West-Berlin um, nicht zuletzt weil mir bereits in London ein Journalist des Radiosenders BBC – es war Alfred Starkmann, der damals Leiter der deutschen Abteilung und später Chefredakteur der *Welt* war – Berlin als jene Stadt in Deutschland angepriesen hatte, in der es sich für einen Schriftsteller zu leben lohne. Starkmann, der ein Gespräch mit mir für seinen Sender führte, hatte mir geraten, auf keinen Fall nach München zu gehen, weil ich in Deutschland noch keinen Namen hätte und München ein schwieriges Pflaster für junge Schriftsteller sei. Er schlug mir Berlin vor. In Berlin, sagte er, gibt es viele literarische Kneipen und zahlreiche andere Möglichkeiten, Kontakte zu knüpfen und Verleger zu finden. Ich habe dann meine Sachen gepackt und diese postlagernd nach Berlin geschickt. Dann bin ich selber nach Berlin gefahren, habe dort meine Zelte aufgeschlagen und bin da verblieben. Ich habe meine damalige Entscheidung nicht bereut, habe hier meine Klause, bin meistens zu Hause, gehe wenig aus und habe Freunde.

Als die glücklichste Zeit Ihres Lebens haben Sie jedoch die Zeit Ihres Aufenthaltes in Sereth bezeichnet, ein ehemals vorwiegend jüdisches, heute rumänisches Städtchen in der Südbukowina, dem Sie besonders in Jossel Wassermanns Heimkehr *(1993) ein literarisches Denkmal gesetzt haben.*

Meine Mutter stammte aus der Bukowina und meine Großeltern wohnten in Sereth. Wir sind alle zwei Jahre in die Sommerfrische nach Sereth gefahren, und ich habe mich dort sehr wohl gefühlt. Es war ein gemütliches kleines Städtchen, sehr jüdisch geprägt. Die Sprachen waren in meinem persönlichen Umfeld Deutsch und Jiddisch. 1938 wanderten wir dorthin aus, da mein Vater ahnte, was in Deutschland kommen würde. Er wollte seine Familie in Sicherheit wissen und schickte uns in die Bukowina, die seit Ende des Ersten Weltkrieges zu Rumänien gehörte. Ich erinnere mich noch genau, wie wir ankamen und aufgenommen worden sind. Sereth hatte einen kleinen Bahnhof, und mein Großvater holte uns im Fiaker ab, was ziemlich ungewohnt für mich war. Auf meine Frage, „warum kommt er denn nicht im Taxi?", hatte meine Mutter geantwortet: „Taxis gibt es in Sereth nicht. Hier fährt man noch so wie im neunzehnten Jahrhundert mit Pferdekutschen und Fiaker." Ich habe all das im *Jossel Wassermann* ausführlich beschrieben, auch im zweiten Kapitel meines autobiografischen Romans *Ruben Jablonski* (1997) kann man einiges darüber lesen. Die armen Stadtbewohner trugen ihre Gepäckstücke selbst zum Bahnhof, die Begüterten nahmen sich einen Lastenträger und die, die sich's leisten konnten, einen Fiaker. Wir fuhren dann durch das Städtchen, und mein Großvater zog immer den Hut, denn er hatte viele Bekannte. Man wusste schon in der Stadt, dass Besuch aus dem Westen angesagt war. Wir waren Westler und genossen hohes Ansehen. Wir fuhren also durch die Straßen des Städtchens, und ich war fasziniert von dem, was ich sah und hier erleben durfte. Das Haus meines Großvaters lag auf einem Berg. Dort wartete schon die ganze Familie auf mich, meine Mutter und meinen Bruder. Enkel, Söhne, Cousins und Cousinen, die Freunde, die Dienstmädchen, der Stallknecht, von allen wurden wir begrüßt. Wir wurden gefragt, woher kommt ihr? Ich habe gesagt, aus Halle an der Saale. Das kannte keiner. Wir sagten dann, wir kommen aus Berlin. Berlin war eine Stadt, die jeder kannte. Wir gingen danach in den Hof. Mein Großvater hatte ein kleines Grundstück. Da waren Pferde und Kühe, Hühner und Gänse und zwei Ponys, die er für uns Jungs gekauft hatte.

Bereits in Sereth, wo Sie nicht zur Schule gingen und Ihr Großvater Sie privat unterrichten ließ, regte sich Ihr Interesse an der Literatur, und Sie verspürten schon als junger Mann einen ungehemmten Drang zum Schreiben.

Ich las alles, was meine Mutter las. Sie war eine eifrige Leserin guter Literatur, Balzac, Stefan Zweig, Dostojewski. Ich war damals vierzehn Jahre alt und las das auch alles. Irgendwann fiel mir ein Buch eines österreichischen Schriftstellers – er hieß Hugo Bettauer – in die Hände, den kannte damals kaum jemand in Deutschland, obwohl er in Wien zu den Bestsellerautoren gezählt wurde. Bettauer hatte das Buch *Die Stadt ohne Juden* verfasst und darin geschildert, wie eine Stadt nach der Vertreibung der Juden aussehen würde. Ein anderes seiner Bücher trug den Titel *Das blaue Mal*. Das war ein Roman über einen Neger, der aber nicht wie ein Neger aussah. Die Mutter war eine Negerin, der Vater ein Deutscher. Die Leute hielten ihn für einen Italiener. Doch eines Tages fuhr er nach Amerika, und da erkannten ihn die Leute an seinen blauen Halbmonden auf den Fingern. Das Buch hat mich nicht nur beeindruckt, sondern auch angeregt, einen Roman zu schreiben, in dessen Mittelpunkt ebenfalls ein weißer Neger stehen sollte. Mein Buch hatte keinen Titel. Ich habe es bei uns in der Küche geschrieben, es lag halbfertig in Handschrift vor. Während des Krieges hatte ich es ins Ghetto mitgenommen und es mit mir rumgeschleppt. Nach dem Krieg und nach unserer Befreiung überließ ich das Manuskript meiner Mutter, die es für mich aufbewahren sollte. Sie hat es auf ihren Fluchtweg in den Westen mitgenommen, aber in einem Wald in Ungarn ist sie von Räubern überfallen worden, die ihr alles weggenommen haben, den Koffer und auch das Manuskript. Ich habe es nie wieder gesehen.

Zu der Zeit, als Sie in der Bukowina bei Ihren Großeltern lebten, gab es in Czernowitz, der Hauptstadt der Provinz, eine florierende deutschsprachige, vor allem jüdische Literatur. Alfred Margul-Sperber und all die anderen Schriftsteller sind Ihnen ja bekannt. Haben Sie, hat irgendjemand in Ihrer Familie oder in Sereth einen dieser Autoren zumindest dem Namen nach gekannt?

In unserer Familie und auch sonst in meinem Bekanntenkreis waren diese Autoren nicht bekannt. Uns waren die Namen österreichischer Schriftsteller, Arthur Schnitzler und Stefan Zweig beispielsweise, deutscher, französischer und russischer Dichter vertraut. Die Literatur der Bukowina kannten wir nicht. Dass es eine solche zu der Zeit gegeben hat, habe ich erst nach dem Krieg erfahren.

Bei der Lektüre der schriftlich überlieferten Äußerungen aus dieser Zeit fällt Ihre überdurchschnittliche Sprachbegabung auf. Hatte daran auch Ihre schulische Ausbildung in Halle an der Saale Anteil, oder war es eher die breit angelegte Lektüre, die sich auch auf diese Weise bemerkbar machte? In Sereth haben Sie sich im Umgang mit Spielkameraden und auch sonst wohl eher des Jiddischen als des Hochdeutschen bedienen müssen?

Ich hatte Vorurteile gegenüber dem Jiddischen, für mich war es ein schlechtes, ja verdorbenes Deutsch. Ich empfand es zwar als ein sehr witziges Idiom, und wir haben im Hause meines Großvaters sehr oft jiddische Ausdrücke benutzt, nicht zuletzt, weil sie lustig waren. Deutsch konnte ich von zu Hause aus, wir haben Hochdeutsch in unserer Familie gesprochen. Die deutsche Sprache hat mich von früh auf fasziniert, ich war in sie regelrecht verliebt und bestrebt, durch ausgedehnte Lektüre meinen Wortschatz zu bereichern. In der Bukowina wurde Deutsch von den Leuten sehr verehrt und gepflegt. Es war ja ein Deutsch außerhalb Deutschlands, und deshalb hingen wohl die Menschen besonders dran, weil es für viele auch eine Art Geheimsprache war.

Nach den Leiden, die Deutsche Juden während der Herrschaft der Nationalsozialisten zugefügt hatten, haben viele Überlebende des Holocaust pauschal alles abgelehnt, was mit Deutschland, den Deutschen und auch mit der deutschen Sprache in Verbindung gebracht werden konnte. Sie haben trotz Ihrer Erfahrungen in den Todeslagern Transnistriens dieser Sprache dennoch die Treue gehalten.

Ich bin bei der deutschen Sprache geblieben, weil ich Schriftsteller werden wollte. Deutsch war die einzige Sprache, die ich konnte. Ohne Deutsch wäre ich verloren gewesen. Ich habe auch in Israel – ich war ja nach dem Krieg im damaligen Palästina – weiter deutsch gesprochen und deutsche Bücher gelesen. Das Hebräische habe ich mir nicht angeeignet.

In Palästina wandten Sie sich in einem Brief an Max Brod, von dem Sie sich Unterstützung für Ihre schriftstellerische Arbeit erhofften.

Max Brod kannte ich vom Lesen her, ich wusste nicht, dass er Kafka-Entdecker war, aber ich kannte seine Romane. Da habe ich ihm geschrieben, dass ich Schriftsteller werden möchte, und ihn um Rat gebeten. Ich hatte ihm berichtet, dass ich ziemlich abgeschnitten von der deutschen Sprache sei und mir auch keine besondere Schulbildung hätte erwerben können. Darauf hatte er mir einen wunderbaren, zweiseitigen in Handschrift abgefassten Brief geschrieben und mir empfohlen, was ich lesen solle, um mich literarisch und sprachlich weiterbilden zu können.

Haben Sie auch mit dem Gedanken liebäugelt, das Französische zur Sprache Ihrer Dichtung zu machen, da Sie von Palästina zunächst nach Lyon gingen?

Palästina war für mich eine große Enttäuschung, weil ich dort nicht das jüdische Leben fand, dass ich gesucht habe. Das gab es dort nicht. Eine ganz andere Welt als die mir von Sereth her vertraute, und überhaupt die Eingeborenen, die empfand ich als vollkommen gefühllos, das waren für mich keine Juden. Das war ein neuer, mir bis dahin unbekannter Menschenschlag. Deshalb ging ich nach Frankreich, wo zwischenzeitlich meine Eltern und mein Bruder nach mehr als einem Jahrzehnt der Flucht, der Deportation und des Umherirrens wieder zusammengefunden hatten.
Ich habe zwar eine Kurzgeschichte auf Französisch geschrieben, aber mein Französisch war nicht gut genug, es war Straßenfranzösisch. Schon Jahre vorher in Palästina hatte ich begonnen, Teile meines späteren Romans *Nacht*, natürlich auf Deutsch, zu verfassen, aber der Versuch ging in die Hose. Mein Schlüsselerlebnis als Schriftsteller hatte ich erst in Frankreich. Ich hatte den

Roman *Arc de Triomphe* von Erich Maria Remarque gelesen, ein Buch, das mich in jeder Hinsicht, von der Thematik, von der Sprache, vom Dialog, von der Atmosphäre her derart begeisterte, dass ich beschloss, meine *Nacht* so zu schreiben. Eines Abends war ich in einem französischen Lokal tanzen, hatte aber keinen Erfolg bei den Frauen und war ziemlich deprimiert. Eigentlich wollte ich nach Hause gehen, bin aber vorher noch in ein Bistro eingetreten, und plötzlich hatte ich Lust zu schreiben. Ich bat den Kellner, mir Papier, Bleistift und ein Glas Wein zu geben, und schrieb die ersten dreißig Seiten.

Aber auch Frankreich konnte Sie auf Dauer nicht binden. Sie wanderten in die USA aus, wohl auch vom Wunsch beseelt, in New York eine Existenz als Schriftsteller aufbauen zu können.

Mein Vater hatte kein Verständnis für meine literarischen Ambitionen. Er war gegen das Schreiben, ein Leben als Schriftsteller war für ihn eine Horrorvorstellung. Auf seinen Druck musste ich das Handwerk eines Kürschners erlernen. Deshalb wollte ich unbedingt weg, und zwar in die Vereinigten Staaten, nicht zuletzt weil man uns Juden nach dem Krieg versprochen hatte, wir würden in Amerika regelrecht das Paradies finden.
In New York wollte ich zunächst mein in Frankreich begonnenes Buch zu Ende schreiben. Da ich keinen Beruf hatte, musste ich als Hilfskellner arbeiten und mir damit meinen Lebensunterhalt verdienen. Das hatte auch sein Gutes, ich brauchte nur zwei Tage in der Woche zu arbeiten, das Verdiente reichte, um über die Runden zu kommen.
Meine *Nacht* kam zuerst aber in Deutschland, im Kindler Verlag, heraus. Doch das Buch erschien in einer kleinen Auflage und wurde von den Mitarbeitern des Verlags, besonders von Frau Kindler, boykottiert. Weil die im transnistrischen Lager gedemütigten und bis zum Tod geknechteten Juden in meinem Roman in einem schrecklichen Zustand geschildert werden, wurde gesagt, die *Nacht* würde dem Antisemitismus in Deutschland Vorschub leisten, und deshalb sei es wohl besser, wenn das Buch kein besonderes Aufsehen erregen würde. Zu einem Erfolg wurden meine Bücher erst in den Vereinigten Staaten. *Nacht* kam in Amerika heraus, bei Doubleday & Company. Eines Tages rief mich der Cheflektor dieses Verlags, Ken McCormick, in sein Büro und fragte mich, ob ich nicht ein neues Buch für sie schreiben würde, da er von *Nacht* sehr begeistert sei. Da hatte ich schon den *Nazi & der Friseur* im Kopf. Dies erzählte ich ihm, und er sagte: Ja das gefällt uns, und ich solle ein Exposé schreiben. Da ich mich im Englischen nicht so sicher fühlte, schrieb ich das Exposé auf Deutsch, ließ es übersetzen und schickte es an Doubleday. Die akzeptierten meinen Vorschlag, im Glauben, dass ich das Buch auf Englisch schreiben würde, und

unterzeichneten den Vertrag. Danach bin ich nach München gefahren, weil ich zumindest für eine Zeit wieder im deutschen Sprachraum leben wollte. In München habe ich den größten Teil vom *Nazi & der Friseur* geschrieben. Mir ging aber das Geld bald aus, und ich musste zurückfahren. Ich nahm wieder einen Job als Kellner an und schrieb nachts das Buch zu Ende. Es wurde in Amerika ein literarischer Erfolg, Besprechungen in großen wichtigen Zeitungen folgten, Übersetzungen in weitere Sprachen auch.

Haben Sie in den USA auch andere deutsch schreibende Autoren kennen gelernt?

Der einzige Schriftsteller, mit dem ich näher verkehrte, war der aus der Bukowina stammende Alfred Gong. Bei ihm war ich öfters eingeladen, mit ihm habe ich viele Gespräche geführt. Oskar Maria Graf kannte ich vom Sehen, aber zu ihm unterhielt ich keine Beziehungen. Er hatte einen literarischen Club, ich gehörte allerdings nicht dazu. Rose Ausländer habe ich zufällig einmal im Goethe-Institut getroffen. Ich wusste damals nicht, wer sie ist. Hermann Kesten, den ich dort ebenfalls traf, hat für mich mal einen Empfehlungsbrief an die Presse geschrieben und war auch sonst sehr nett zu mir.

Zu den erfolgreichsten Verlegern Ihrer Bücher in Deutschland gehört zweifellos der Literaturwissenschaftler Helmut Braun, der sich wie kein zweiter für die Verbreitung und Bekanntmachung Ihrer Schriften engagiert hat.

Helmut Braun war ein Glücksfall für mich. Ich kam nach Deutschland, um den Roman *Der Nazi & der Friseur* hier zu veröffentlichen, fand aber keinen Verleger, weil die deutschen Verleger Angst vor der Thematik und ihrer literarischen Gestaltung hatten. Dass ein ehemaliger SS-Oberscharführer, der an dem Tod von Tausenden von Juden schuldig geworden war, nach dem Zweiten Weltkrieg die Identität seines umgekommenen jüdischen Jugendfreundes annimmt, nach Israel auswandert und dort lange Zeit, bis er sich selbst anzeigt, unbehelligt ein mehr als auskömmliches Leben führt – für eine derartige Behandlung des Holocaust hatte man in Deutschland kein Verständnis. Erst sieben Jahre, nachdem das auf Deutsch geschriebene Buch auf Englisch, danach auch auf Französisch und Italienisch erschienen war, wurde es auch in der Bundesrepublik Deutschland veröffentlicht, und das aufgrund einer glücklichen Fügung. Über Natascha Ungeheuer, eine Malerin, kam ich zu Klaus Peter Herbach, der einen literarischen Club in West-Berlin leitete. Dort ging ich jede Woche hin, und eines Tages stellte mir Herbach Helmut Braun vor. Wir waren gleich per Du und tranken ein Bier zusammen. Ich gab Helmut Braun das Manuskript, und drei Wochen später schickte er mir einen Vertrag.

Ich war erst sehr misstrauisch, weil ich wusste, der Verlag ist sehr klein und hat kein Geld für Werbung, doch die Freunde redeten mir alle zu, ich sollte es versuchen, und das habe ich gemacht. Helmut Braun hat sich für *Der Nazi & der Friseur* unglaublich eingesetzt, er hat eine riesige Werbekampagne geführt und das Buch letztendlich durchgesetzt. Danach hat er den Redaktionen wichtiger Zeitungen, Zeitschriften und Magazine regelrecht die Türen eingerannt, und das mit Erfolg.

Mehrere Ihrer Romane sind im Literarischen Verlag Helmut Braun in Köln (neu) herausgeben worden, Helmut Braun ist auch der Herausgeber der Gesamtausgabe Ihrer Schriften im Dittrich Verlag in Berlin. Welches Ihrer Bücher wird als nächstes erscheinen?

Ich habe vor zwei Jahren ein Buch geschrieben, das noch nicht veröffentlicht wurde; es heißt *Berlin … Endstation*. Das ist ein autobiografischer Roman über meine Rückkehr aus Amerika nach Berlin und eine Schilderung, wie ich Berlin erlebte. Es ist ein spannendes Buch und sehr erotisch, wie alle meine Bücher. Das kommt jetzt im August im Dittrich Verlag heraus, wo 2005 auch die Dokumentation *Verliebt in die deutsche Sprache* über meine Lebens-Odyssee erschienen ist, die Helmut Braun im Auftrag der Akademie der Künste, Berlin, erstellt hat.

Was die weiteren Bände betrifft, weiß ich von Helmut Braun, dass für Januar 2007 die Herausgabe eines Sammelbandes mit Satiren, *Zibulsky oder Antenne im Bauch* betitelt, vorgesehen ist. Als Band acht der Gesamtausgabe erscheint mein autobiografischer Roman – er war 1997 bei Piper erstmals veröffentlicht worden – *Ruben Jablonski* und als Band neun eine Sammlung mit Erzählungen, zum Teil an oft entlegenen Orten veröffentlichte, zum Teil noch unveröffentlichte.

In Ihren Büchern halten sich wohl Erlebtes und Fiktionales in etwa die Waage, oder?

Es ist eher eine Mischung. Alles ist irgendwie erlebt und zugleich Fiktion. Es ist sehr viel Phantasie in meinen Büchern. Ich schreibe eigentlich entlang meiner Lebenslinien. Meine Bücher sind nicht Autobiografien, sondern Romane.

Dialoge spielen in ihnen eine große Rolle. Sie haben einmal gesagt, Sie seien eigentlich ein verhinderter Dramatiker. Haben Sie sich auch als Dramatiker versucht?

Ich habe versucht, meinen *Zibulsky* als Theaterstück anzubieten, doch er ist überall abgelehnt worden. Auch den *Nazi & der Friseur* wollte ich für die

Bühne bearbeiten, der wäre aber mit über 500 Seiten viel zu lang geworden, deshalb habe ich das Experiment wieder aufgegeben.

Ihre Bücher sind im Westen sehr stark verbreitet und in viele Sprachen übersetzt worden, im Osten jedoch bis 1990 so gut wie nicht. Hat sich in den letzten Jahren daran etwas geändert?

Verständlicherweise war im ehemaligen Ostblock kein besonderes Interesse an meinen Büchern vorhanden. In den letzten Jahren hat sich jedoch die Lage zum Guten gewandelt. So ist *Der Nazi & der Friseur* in einem polnischen Verlag in einer Auflage von 4000 Exemplaren erschienen, auch *Das Märchen vom letzten Gedanken*, und der polnische Übersetzer ist hierfür ausgezeichnet worden. Den größten Erfolg hatte ich jedoch in Armenien, dort bin ich ein berühmter Mann. Für mein Buch *Das Märchen vom letzten Gedanken* (1989), in dem ich den Genozid an den Armeniern während des Ersten Weltkrieges thematisiere, bin ich mit dem großen Nationalpreis dieses Landes ausgezeichnet worden, und die Universität in Eriwan hat mir die Ehrendoktorwürde verliehen. Dieses Buch ist 1994 auch in der Türkei, wo die Diskussion über das Geschehen tabuisiert ist, in einem kleinen Verlag erschienen. Die 4000 Exemplare waren sehr rasch verkauft, der Verleger ist angeklagt und zu acht Monaten Gefängnishaft verurteilt worden. Daraufhin hat er sich natürlich nicht mehr getraut, das Buch noch mal aufzulegen. Interessieren würde mich natürlich, wie meine Bücher über Transnistrien in Rumänien und in der Ukraine aufgenommen werden. Für Rumänien habe ich mit einem Verlag einen Vertrag abgeschlossen, von der Übersetzung, es handelt sich um die *Nacht*, weiß ich bislang noch nichts. Freund Helmut Braun meint, die *Nacht* sei nicht erschienen, die Rechte sind zurückgefallen. Allerdings soll *Das Märchen vom letzten Gedanken* zurzeit übersetzt werden und noch dieses Jahr erscheinen.

Mittlerweile sind auch einige Filme über Sie gedreht worden.

Ich habe vor Jahren, 1997, die bukowinischen Stätten meiner Kindheit und Mogilev-Podolski, wo sich das ehemalige Ghetto befand, besucht. Darüber ist auch ein Film gedreht worden, der mit einem Münchner Filmpreis – für den besten Dokumentarfilm – ausgezeichnet worden ist. In Sereth gibt es kaum noch jemanden, den ich von meiner Kindheit her kenne. Die sind schon alle tot. Bloß ein alter Mann, der damals 93 Jahre alt war, behauptete, er habe mich noch als Kind erlebt. In Czernowitz hatte ich eine Begegnung mit Josef Burg, dem ich dort zum ersten Mal begegnet bin. In seiner Wohnung sind wir für diesen Film beide interviewt worden. 2005 ist ein weiterer Dokumentarfilm gedreht worden, der Anfang dieses Jahres im WDR und 3sat gesendet worden ist. Der Film heißt *Nacht ohne Morgen*, und dafür bin ich mit dem Team nach Mogilev-Podolski gefahren, wo ich eine Begegnung mit dem Ort hatte, in dem sich unser Lager befand. Aber davon gibt es kaum noch Spuren. Die Stadt war ja damals eine Ruinenstadt und wurde neu aufgebaut. Sie ist kaum noch zu erkennen. Auch die Schule, in der wir damals überlebt haben, habe ich nicht gefunden. Die wurde wohl abgerissen und woanders neu aufgebaut.

Wie ist es mit den Verfilmungen Ihrer Werke bestellt?

Ich hatte vor Jahren *Der Nazi & der Friseur* an eine Münchner Filmgesellschaft verkauft, doch die sind jetzt fast Pleite und geben mir die Filmrechte zurück. Doch mit einer anderen Filmgesellschaft, deren Namen ich hier nicht nennen will, sind die Verhandlungen weit gediehen, und die Rollen sind gut besetzt, auch mit bekannten Schauspielern. Ziel ist es, einen großen, internationalen Kinofilm zu machen. Wenn die Zeitplanung und das alles so klappt, wie es vorgesehen ist, rechnen wir damit, dass der Film im Februar 2009 in Berlin auf der Berlinale läuft.

Sie haben 2004 Ihren schriftstellerischen Vorlass der Berliner Akademie der Künste übergeben, der dort aufbewahrt wird und der Forschung zugänglich gemacht worden ist.

Mein Vorlass, bestehend aus Manuskripten, Typoskripten, Druckfahnen, Büchern, Dokumenten, privater und geschäftlicher Korrespondenz, Fotos u. ä. ist an die Akademie gegangen, ohne Zahlung, dafür sind aber im Gegenzug eine Reihe von Leistungen versprochen worden. Dabei war mir besonders wichtig, dass meine Sachen nicht in irgendeinem Archiv vergammeln. Marbach, habe ich irgendwo gelesen, bräuchte siebzig Jahre, um aufzuarbeiten, was in den Kellern des Literaturmuseums liegt. Es kommt immer Neues dazu, man kann sich vorstellen, was das bedeutet. Daher war die erste Bedingung, dass der Nachlass innerhalb von anderthalb Jahren, bis zu meinem 80. Geburtstag, komplett gesichtet, sortiert und aufbereitet wird. November 2005 hat die Eröffnung des Edgar-Hilsenrath-Archivs im Archiv der Akademie der Künste in Berlin stattgefunden. Seitdem ist der Vorlass für Wissenschaftler, Journalisten usw. zugänglich, und man kann wunderbar damit arbeiten, was Studenten und Doktoranden, wie mir gesagt worden ist, auch bereits tun. Aus den Beständen des Archivs ist auch eine Ausstellung entstanden, die zunächst in Berlin gezeigt wurde, nebst einem Begleitbuch, das ebenfalls von der Akademie der Künste finanziert worden ist. Die Ausstellung ist als Wanderausstellung konzipiert worden und wird u. a. in Fulda und danach im Gerhart-Hauptmann-Haus in Düsseldorf zu sehen sein. Auch eine Reihe weiterer Stationen in Deutschland und der Schweiz sind vorgesehen. Die Berliner Akademie der Künste gewährt auch einen finanziellen Zuschuss für die Drucklegung einer Biografie über mich, die Helmut Braun verfasst hat und die September 2006, natürlich im Dittrich Verlag, erscheinen wird.

3/2006

„ALS WÄRE ES JETZT ZUM ERSTEN MAL GREIFBAR NAH"

Elisabeth Axmann

Obwohl ihr Werk kaum Buchveröffentlichungen umfasst, war Elisabeth Axmann, verheiratete Mocanu, als sachkundige und einfühlsame Kritikerin an der Entwicklung der Literatur und bildenden Kunst der Deutschen im kommunistischen Rumänien maßgeblich beteiligt. In ihren in Zeitungen und Zeitschriften, nicht nur in deutscher, sondern auch in rumänischer Sprache erschienenen Essays und Kritiken begleitete sie das Werk zahlreicher Künstler und Schriftsteller aus diesem Raum zwar kritisch, doch immer auch mit Wohlwollen.
Geboren wurde Elisabeth Axmann am 19. Juni 1926 in Sereth, in der Bukowina. Als Tochter eines Polizeibeamten verbrachte sie, bedingt auch durch die politischen Umbrüche jener Jahre, Kindheit und Jugend in verschiedenen Regionen und Städten Rumäniens. Das Gymnasium besuchte sie zunächst in rumänischer Sprache (1937–1941) im moldauischen Fălticeni, danach das deutsche Mädchenlyzeum im siebenbürgischen Hermannstadt (1941–1944 und 1946–1947). In den Jahren 1947–1951 studierte sie in Klausenburg zunächst Philosophie, danach Germanistik und schloss, weil die Germanistikabteilung zwischendurch aufgelöst worden war, ein Romanistikstudium ab. Elisabeth Axmann arbeitete als wissenschaftliche Mitarbeiterin am Institut für Philosophie und Geschichte in Klausenburg (1951–1952), war zwei Jahre lang Turnlehrerin an einer Fachoberschule und ging 1954 nach Bukarest, wo sie bis 1970 als Kulturredakteurin bei der deutschsprachigen Tageszeitung *Neuer Weg* tätig war. Von 1973 bis 1977 arbeitete sie als Redakteurin der *Neuen Literatur*, 1977 kehrte sie nach einem Aufenthalt in der Bundesrepublik Deutschland nicht mehr nach Rumänien zurück. Von 1978 bis zum Antritt des Rentenalters war Elisabeth Axmann Mitarbeiterin der rumänischen Redaktion der Deutschen Welle in Köln.
Nachdem sie bereits 1974 ein schmales Lyrikbändchen im Klausenburger Dacia Verlag veröffentlicht hatte, erschienen 2004 und 2012 weitere Gedichtbücher (*Spiegelufer* bzw. *Glykon*) der Schriftstellerin im Aachener Rimbaud Verlag. In demselben Verlag hat Elisabeth Axmann, die am 21. April 2015 in Köln verstarb, auch ihre autobiografischen Aufzeichnungen (*Wege, Städte. Erinnerungen*, 2005 und *Die Kunststrickerin. Erinnerungssplitter*, 2010) herausgebracht.

ELISABETH AXMANN

Elisabeth Axmann, in den letzten Jahren widmeten Sie Ihre schriftstellerische Aufmerksamkeit besonders einem Projekt, das Sie wohl schon seit längerem vor sich herschieben. Wer – wie ich – die Möglichkeit hatte, Fragmente Ihrer größtenteils noch als Manuskript vorliegenden Lebenserinnerungen zu lesen, ist erstaunt über die Klarheit und Unaufdringlichkeit der Darstellung und die Fülle an lebens- und kulturgeschichtlichen Informationen und wünscht sich mehr davon ... Wann werden Ihre autobiografischen Aufzeichnungen, die vorläufig den Arbeitstitel Wege, Städte *tragen, als Buch aufliegen?*

In den letzten anderthalb Jahren habe ich, von anderen Pflichten in Anspruch genommen, so gut wie gar nichts geschrieben. Also weiß ich nicht, wann *Wege, Städte*, der Text, den Sie treffend „autobiografische Aufzeichnungen" nennen, fertig sein wird. Gelingt es mir, ihn zum Abschluss zu bringen, so wird ihn der Rimbaud Verlag, wie ich hoffe, in seiner Serie „Texte aus der Bukowina" veröffentlichen. Übrigens, an dieser Stelle würde ich gerne auf eine Reihe von Titeln aus dem Programm des Aachner Verlags hinweisen, die für manchen Leser Ihrer Zeitschrift von Interesse sein könnten: so Paul Schusters Erzählband *Der Huftritt* und *Die Hochzeit*, der erste Teil des Romans *Fünf Liter Zuika*, die Gedichtbände von Alfred Margul-Sperber, Alfred Kittner, Alfred Gong, Rose Ausländer und Immanuel Weißglas, die schöne Anthologie *Blaueule Leid*, die Reihe der Celan-Studien, Gregor von Rezzoris *Blumen im Schnee* und manches andere. Ich persönlich verdanke Rimbaud als Leserin sehr viel, so in letzter Zeit die späte Entdeckung Ernst Meisters. Wie konnte ich, frage ich mich heute, all die Jahre an dieser Stimme vorbeihören?

Aber kehren wir zu Ihrer Frage zurück, der Sie, im ersten Satz, eine Vermutung vorausschicken: Ja, ich habe das Aufschreiben meiner Lebenserinnerungen lange Zeit vor mir hergeschoben, doch von einem „Projekt" und von „schriftstellerischer Aufmerksamkeit" kann nicht die Rede sein, ich habe aus einem Gemisch ganz anderer Gründe geschrieben. Unmittelbar nachdem ich, Ende der 1970er Jahre, in Deutschland geblieben war, fing ich an, Bruchstücke des in letzter Zeit Erlebten Freunden, ja, auch Leuten, die ich erst kennen lernte, zu erzählen. Immer wieder drängten sich mir damals obsessiv die Peripetien der Ausreise auf, das war alles so absurd gewesen, und ich ging noch Tage, ja Wochen hindurch wie in einen dichten Nebel gehüllt herum. Ich kaufte mir ein Aufnahmegerät und sprach auf Band, Altes und Neues durcheinander.

Bald aber trat anderes in den Vordergrund, Bemühungen um die Ausreiseerlaubnis für meine Familie, die Suche nach einem Arbeitsplatz, Reisen durch Städte, die ich noch nie gesehen hatte und trotzdem so gut kannte – wieder eine vollkommen verrückte Situation –, dann die großen Museen. Ich hatte keine Zeit für Erinnerungen mehr, und als meine Familie endlich kam, erst recht nicht.

Der erste zusammenhängende Text, den ich aufschrieb, war die Geschichte vom gewaltsamen Tod meines Vaters, die Geschichte, die ich jahrelang hatte verschweigen müssen. Das ganze Unglück brach sich Bahn: Die Worte stellten sich wie von selbst ein, das täglich in der Welt tausendfach begangene und trotzdem jedes Mal einzigartige Verbrechen der Vernichtung eines Menschen durch organisierte Macht geschah noch einmal, vor meinen Augen.

Später kam anderes hinzu: Bilder aus meiner Kindheit in der Bukowina, die Menschen um mich, die wechselnden Orte.

Ihren Lebenserinnerungen haben Sie ein Rilke-Zitat, „Jeder glückliche Raum ist Kind oder Enkel von Trennung", vorangestellt. War es nur die erzwungene Trennung, die in der verklärenden Rückschau Ihre in Rumänien verbrachten Jahre als interessante und lebenswerte Zeit erscheinen lässt?

Hier liegt, glaube ich, ein Missverständnis vor: Das gewählte Zitat meint nicht ein bestimmtes Ereignis, eine alles – oder doch, vieles – verändernde Zäsur, welcher Art auch immer, sondern eine Lebenshaltung: die Bereitschaft zum Wechsel, Zustimmung zur eigenen Vergänglichkeit, wenn Sie wollen. Die vertraute Umgebung zu verlassen und sich in einem anderen Land zurecht zu finden, das ist Schicksal vieler Millionen von Menschen in unserer Zeit, und gewiss stellt das einen gravierenden Einschnitt im Leben dar. Aber wir, die aus Rumänien nach Köln, nach Gummersbach oder München ausgewanderten Deutschen, sind ja nicht gerade in der Fremde gelandet. Dieser Umstand tilgt freilich das Heimweh nicht, und hat man sich der Illusion hingegeben, nach dem Verlust all der „gewachsenen" zwischenmenschlichen Beziehungen in einem anderen sozialen Umfeld bruchlos weiterleben zu können, so ist gegen die Enttäuschung kein Kraut gewachsen. Aber wenn man – wie manchmal beklagt wird – nach zehn oder fünfzehn Jahren noch immer keinen „Eingeborenen" entdeckt hat, mit dem man gut und gerne und mit Gewinn Gedanken austauschen kann, dann hat man vielleicht doch selbst die falsche Brille auf.

Sehen Sie, in meiner ersten Kölner Zeit habe ich Deutsch als Fremdsprache unterrichtet – ich hatte Schülerinnen und Schüler aus Polen, aus der Türkei, aus Asien – und keiner verstand anfangs ein Wort von dem, was ich sagte. Da habe ich von Mensch zu Mensch erleben können, was Sprachlosigkeit bedeutet. Es war für mich eine schwere Arbeit, vor allem, weil ich keine sehr kräftige Stimme habe, aber diese Arbeit brachte mir Gewinn, ich hatte das Gefühl, etwas direkt Nützliches zu tun – ein Gefühl, dessen man sich in unserem Beruf leider nicht immer sicher sein kann –, und manche Eigenheit, manche Freiheit und Feinheit meiner Muttersprache wurde mir doppelt teuer, indem ich mich bemühte, sie meinen Schülern nahe zu bringen.

Ob es „die verklärende Rückschau" ist, die mir die in Rumänien verbrachten Jahre als „interessante und lebenswerte Zeit" erscheinen lässt? Gewiss neigen viele Leute dazu, die Vergangenheit zu verklären, ich vielleicht sogar, wegen eines gesteigerten und mir selbst manchmal lästigen Harmoniebedürfnisses, mehr als andere. Aber ob man sein Dasein als „lebenswert" empfindet, das hängt nicht davon ab, in welchem Land und unter welcher Gesellschaftsordnung man seine Tage verbringt. Dazu ist uns das Leben einfach zu lieb. Ist es uns nicht eingeboren, schon jetzt, da wir noch atmen, Heimweh zu haben nach, wie heißt es bei Ernst Meister „nach Mensch und Erde"?

Es ist natürlich schwierig, unter einem totalitären Regime seinen Weg zu finden, aber Sprüche wie „Es gibt kein rechtes Leben im falschen" oder „Lieber tot als rot" sind mir schon immer töricht vorgekommen.

In Ihren autobiografischen Schilderungen, in den Porträtierungen von Familienmitgliedern und befreundeten Bukowiner Lyrikern kehren Sie immer wieder an die Stätten Ihrer Kindheit und Jugend zurück. Sie haben als Tochter eines höheren Polizeibeamten Ihre Gymnasialzeit (1937–1941) zwar im moldauischen Städtchen Fălticeni verbracht, doch zu Hause waren Sie wohl eher in der Bukowina.

Sie wissen ja: Das Abendsonnenlicht vergoldet. Und was sieht man im Abendlicht am deutlichsten, so, als wäre es wieder – nein, als wäre es jetzt zum ersten Mal – greifbar nah? Die eigenen Anfänge, Kindheit und Jugend. Aber auch wenn ich mir jetzt Mühe gebe, objektiv zu urteilen, werde ich sagen müssen: Ich hatte wirklich eine glückliche Kindheit: viel Freiheit, viel Zuwendung, immer etwas Neues, Spannendes im Gange. Das habe ich meinen Eltern und Großeltern zu verdanken, meiner ersten Lehrerin … Sie war Jüdin und ist, wie die beiden, die in meinen Kinderjahren die besten Freunde meiner Mutter waren, in Transnistrien verhungert. Es war für mich, nach all den Jahren, ein Bedürfnis und eine Pflicht, über diese drei Menschen zu schreiben: In Transnistrien sind Tausende unter Qualen zu Tode gekommen, in den übrigen Lagern und an den Verbannungsorten der beiden Diktaturen, die unser Leben niedergedrückt haben, viele Millionen. Aber diese drei Menschen habe ich so gut gekannt, sie waren Mitbewohner meiner Kinderwelt und heute ist außer mir niemand mehr da, der an sie erinnern könnte.

Mein Vater, ein – wie soll ich sagen? – „gläubiger Jurist", war schon im alten Österreich Polizeibeamter und wurde 1919 in den rumänischen Staatsdienst übernommen. Er wurde des Öfteren „versetzt", wie man dort und damals sagte, das heißt, jeweils in eine andere Stadt geschickt. So kam es, dass wir zwischen 1937 und 1941 im moldauischen Fălticeni lebten. Ob wir die Bukowina vermissten? Mein Vater dürfte es am schwersten gehabt haben, meine Mutter gewiss auch, aber aus anderen Gründen, denn sie begann schon bald, nach einer kurzen Zeit der Proteste, den eigentümlichen Charme der nördlichen Moldau zu entdecken, dieses Landstrichs, der schon östlich geprägt ist, aber südöstlich und balkanisch noch lange nicht. Und ich? Ich ging erstmals zur Schule – in der Bukowina war ich privat unterrichtet worden, zusammen mit meinem behinderten Bruder – und genoss es in vollen Zügen, mit Gleichaltrigen zusammen zu sein. Dann kam ja auch bald die „străjerie" auf, Carols II. Pfadfindertum, mit Wanderungen, Volkstänzen und Theateraufführungen (etwas Personenkult für den eitlen König war schon dabei, aber keine nationalistischen Tendenzen). Ich glaube, damals bin ich richtig zweisprachig geworden, in der Bukowina war Rumänisch noch eine erlernte Fremdsprache gewesen.

Über die in Fălticeni verbrachten Jahre habe ich bisher in meinen Erinnerungen nicht direkt berichtet, und es wird wohl auch nicht mehr dazu kommen. Freilich scheinen Bilder und Begebenheiten aus jener Zeit in anderen Zusammenhängen auf.

Als Fünfzehnjährige gingen Sie 1941 nach Hermannstadt, wo Sie, mit kriegsbedingten Unterbrechungen, bis 1947 lebten, das deutsche Gymnasium besuchten und das Kulturleben einer Stadt wahrnahmen, die als Folge der Besetzung Nordsiebenbürgens durch Ungarn die hierher evakuierte Klausenburger Universität beherbergte. Doch die Mitglieder – später sollten viele zu Ihren guten Freunden gehören – des legendären „Hermannstädter Literaturkreises" haben Sie erst während Ihres Studiums in Klausenburg kennen gelernt.

Hermannstadt, das kann ich gar nicht entschieden genug betonen, ist die wichtigste Station meiner Jugend gewesen – wichtiger als Klausenburg, wo ich später studiert habe, denn als ich nach Klausenburg kam, waren die Weichen schon gestellt. Aber in Hermannstadt ist mir, wie man so sagt, „der Knopf aufgegangen". In der Schule? Auch, aber nicht in erster Linie. In dieser schönen Stadt, deren Straßen und Häuser mir ein Bild boten, wie ich es noch nie gesehen hatte, ging ich zum ersten Mal in Konzerte, ins Theater, ich betrat zum ersten Mal eine große, gotische Kirche und eine Gemäldegalerie. Und es sollte nicht lange dauern, da wurde der Donnerstagabend für mich und zwei meiner Schulfreundinnen zum Höhepunkt der Woche: Dann saßen wir zu dritt unter lauter Erwachsenen – man war immer sehr freundlich zu uns – und hörten Harald Krasser über Literatur sprechen. Nie werde ich vergessen, wie der damals von uns schwärmerisch Bewunderte Hölderlins Gedicht *Hälfte des*

Lebens vorlas. Viele Jahre später, in Freiburg, habe ich ihm dafür gedankt und habe ihm gesagt: „Wissen Sie, ich habe dort und damals das bekommen, was man so selten im Leben bekommt: die rechte Hilfe zur rechten Zeit!" Und heute bin ich froh, dass ich ihm das noch sagen konnte, denn meistens kommt man ja nicht dazu, sich zu bedanken. Man verliert die besten Freunde, ohne Abschied nehmen zu können.

So haben auch wir, im Laufe der Jahre, die Verbündeten, ja, Verschworenen vom „Hermannstädter Literaturkreis" verloren: Radu Stanca, Wolf von Aichelburg, Ion Negoițescu und die anderen.

Ja, die meisten von ihnen studierten an der nach Hermannstadt evakuierten Universität Klausenburg, während ich dort das Gymnasium besuchte. Deshalb nannten sie ja ihre Gruppe auch „Hermannstädter Literaturkreis": Hier haben sie jenen Brief an den Kritiker Eugen Lovinescu geschrieben, den Brief, der ein Manifest wurde, ein Aufruf zu künstlerischer Unabhängigkeit, zur Modernität, ein ästhetisches – und nicht nur ästhetisches – Programm, damals gegen die „Blut und Boden" Ideologie gerichtet, später geistige Überlebenshilfe in stalinistischer Zeit.

Die „Klausenburger" Intellektuellen, allen voran Lucian Blaga und seine Studenten, nahmen am Kulturleben Hermannstadts, dieser traditionsreichen „sächsischen Burg" („burgul săsesc", wie sie sagten), regen Anteil. Aber wir kannten uns damals nicht. Wenn „Corso" in der Heltauergasse war, promenierte die deutsche Jugend auf der Seite des „Generallochs" und der „Eule", die rumänische auf der des Hotels „Römischer Kaiser".

Einmal, kurz nach meiner Ankunft in Hermannstadt, traf ich einen Medizinstudenten, den ich noch von Fălticeni her kannte, und ging mit ihm auf der rumänischen Seite auf und ab. Am nächsten Tag, in der Schule, äußerten einige meiner Kolleginnen ihr Befremden darüber. Und ich wunderte mich, dass es überhaupt zwei so streng gesonderte Promenaden gab.

Neben Ion Negoițescu, Radu Stanca, Ștefan Aug. Doinaș u. a. erstrangigen rumänischen Intellektuellen war es vor allem der Dichter und Kulturphilosoph Lucian Blaga, der Sie in Ihrer Klausenburger Zeit beeindruckte.

Zwei Semester lang war Lucian Blaga an der Klausenburger Universität, neben dem weniger bekannten, doch sehr verdienstvollen D. D. Roșca mein wichtigster Professor. Dann, im Oktober 1948, kam das Aus: die große Unterrichtsreform. Blaga und andere Hochschullehrer, deren Weltbild mit der herrschenden Ideologie inkompatibel war, wurden aus dem Unterricht entfernt, eine Philosophische Fakultät gab es nur noch dem Namen nach, denn tatsächlich durften nur noch die Heilslehre des Marxismus-Leninismus, Politökonomie und der so genannte dialektische Materialismus unterrichtet werden.

Ich habe in meinen Erinnerungen einige Szenen der Hexenjagd, die damals einsetzte, geschildert. Blaga hat sehr darunter gelitten, denn er war ein Mensch, der sich gerne mit Schülern umgab, der zwar jeweils nicht allzu viele, aber begeisterungsfähige Hörer in seinen Vorlesungen und Seminaren versammelte. In den elf Jahren, die vergangen waren, seit 1936 an der Klausenburger Universität der Lehrstuhl für Kulturphilosophie eigens für ihn eingerichtet worden war, war es ihm gelungen, einer ganzen Reihe von jungen rumänischen Intellektuellen etwas von seinem Weltblick, von seiner Aufgeschlossenheit den verschiedenen Zeiten und Kulturen gegenüber, von seiner Eleganz und Vorsicht im Formulieren, mitzugeben. Gerade Letzteres, ein ausgeprägtes Gefühl für Maß und Differenz, war für die damalige rumänische Kulturszene wichtig. Blaga sprach übrigens schön und sehr gerne deutsch und schätzte nicht nur die deutsche Literatur und Philosophie, sondern auch die Siebenbürger Sachsen. Er war im schönsten Sinne des Wortes ein „transsilvanischer Europäer" - als Dichter faszinierend ideenreich und sprachgewandt. Seine Originalität als Philosoph wurde damals von uns – und wird in Rumänien wohl auch heute noch – oft überschätzt.

Ihre erste Berufsstation in Bukarest, wohin Sie mit Ihrer Familie 1954 übersiedelten, war die deutschsprachige Tageszeitung Neuer Weg, *deren Redaktionsmitglied Sie auf den Vorschlag des Familienfreundes Alfred Margul-Sperber wurden. Mehr als anderthalb Jahrzehnte haben Sie – es waren Jahre politischer Unruhe und Repression – als sachkundige und einfühlsame Kritikerin die Entwicklung der Literatur und bildenden Kunst der Deutschen in Rumänien verfolgt und dabei sowohl die Werke der älteren Künstler und Schriftsteller als auch die der jüngeren zwar kritisch, doch immer auch mit Wohlwollen begleitet.*

Sechzehn Jahre lang, von 1954 bis 1970, habe ich der Redaktion der Tageszeitung *Neuer Weg* angehört, habe regelmäßig für das Feuilleton und für die wöchentlich erscheinende „Beilage für Literatur und Kunst" Ausstellungsberichte und Buchbesprechungen, Konzertchroniken, Gedenkartikel und anderes mehr geschrieben. Ich hatte das Glück, zu einem Zeitpunkt in die Redaktion zu kommen, da sich, nach Stalins Tod und nach dem schaurigen Dogmatismus der Jahre um 1950, 1952, eine klitzekleine Entspannung anbahnte, sonst hätte die Schriftleitung meine relativ unbefangene Ausdrucksweise von Anfang an nicht akzeptieren können. Natürlich musste man ständig auf der Lauer liegen, um zu sehen, was gerade noch möglich war – und auf vieles musste verzichtet werden. So erinnere ich mich, irgendwann in den späten 50er Jahren in der Beilage eine Reihe initiiert zu haben, die den Titel trug, „Wir betrachten gemeinsam ein Bild". Das bot uns die Gelegenheit, Werke der bildenden Kunst zu reproduzieren und Künstler, Epochen, Entwicklungsrichtungen vorzustellen. Natürlich erinnerten die Reproduktionen auf dem schlechten Zeitungspapier nur entfernt an die Originale, und die Auswahl war durch die Bestände der Bukarester Museen, des Brukenthal-Museums in Hermannstadt und einiger anderer Sammlungen begrenzt. Reisen kam ja nicht in Frage. Aber auch sonst gab es immer wieder Schwierigkeiten: Cranachs Venus mit dem eleganten Reisehut zum Beispiel hatte sonst nichts an, und auf vielen herrlichen Gemälden – von El Greco, Antonello da Messina und anderen Größen – waren die weiblichen Gestalten zwar bekleidet, aber heilig!

Ja, man kann sagen, ich habe, wo das möglich war, wohlwollend geurteilt und Beanstandungen, wenn das anging, höflich verpackt. Trotzdem waren die Autoren der besprochenen Bücher, wenn es sich um Landsleute handelte, nicht immer zufrieden. Ich erinnere mich, dass ich einmal ein ziemlich schlechtes Gewissen hatte, weil ich glaubte, ein unter Schwierigkeiten erschienenes Buch zu sehr gelobt zu haben. Der bekannte Schriftsteller aber fand, es sei viel zu wenig Lob gewesen. Am glücklichsten war ich, wenn es um Klassiker ging.

Einmal haben der Literaturkritiker Bernd Kolf, damals Redakteur der *Karpatenrundschau*, und ich in der Bukarester deutschen Fernsehsendung ein Gespräch über Kritik miteinander geführt, und ich erinnere mich, dass wir uns zuletzt auf den Befund einigten, dass er eine Art Staatsanwalt sei, also der, der die Anklage vertritt, ich hingegen Anwältin: Ich habe am liebsten über Dinge geschrieben, die mir gefielen, für die ich werben konnte.

Den 1974 erfolgten Wechsel zur Neuen Literatur, *der damals wohl wichtigsten deutschsprachigen Literaturzeitschrift außerhalb des geschlossenen deutschen Sprachraumes, bezeichnen Sie in Ihrer Autobiografie als Glücksfall, nicht nur der Arbeit, sondern auch der zuverlässigen und kompetenten Mitarbeiter wegen. Doch so harmonisch scheint es im Redaktionskollegium, Ihren Schilderungen nach zu schließen, wohl doch nicht immer zugegangen zu sein.*

Die *Neue Literatur* verdient es wirklich, dass man ihr ein kleines Denkmal setzt, was das Institut für deutsche Kultur und Geschichte Südosteuropas, dem Sie als Mitarbeiter angehören, ja auch vorhat, wenn ich richtig informiert bin. Diese Zeitschrift war, oder besser gesagt, sie wurde mit der Zeit, soweit das ging – wenn man von den obligaten Treuebekundungen auf den ersten Seiten absieht –, weltoffen: Sie brachte viel ausländische und gut übersetzte rumänische Literatur, veröffentliche und besprach die Produktion der in Rumänien deutsch Schreibenden, regte Diskussionen an, veröffentlichte Essays, Kulturberichte und -nachrichten.

Als ich im Herbst 1977 nach Göttingen kam, um an einem vom Goethe-Institut organisierten Treffen für osteuropäische Übersetzer und Schriftsteller teilzunehmen, stellte ich staunend fest, dass der Top-Germanist Albrecht Schöne unsere Zeitschrift kannte und schätzte. „Ich würde sagen, es ist gar nicht schwer, unter den Bedingungen der Diktatur eine gute Zeitschrift zu machen", meinte er, „aber versuchen Sie das mal hier!" – er lachte, weil er wusste, dass das zynisch klang, ich aber verstand, dass er an eine gewisse Solidarität und an die Anhänglichkeit unserer Leser dachte, die er ja aus dem „Leseland DDR" kannte. Später fiel mir noch mehr dazu ein.

Harmonisch ging es natürlich auch in unserer Redaktion nicht immer zu, wir wurden streng kontrolliert, bespitzelt (gewiss von innen und außen), beschuldigt, „kosmopolitisch" und nicht patriotisch genug zu sein, und die Wucht, mit der der große Sack immer wieder auf den Boden geknallt wurde, die bekamen wir natürlich genau wie alle anderen zu spüren. (Sie wissen, der Sack, in dem der Bauer gefangene Mäuse transportiert, den muss er immer wieder auf harten Grund schleudern, damit die Mäuse den Sack nicht durchknabbern!)

Auch in Ihrer Bukarester Zeit haben Sie Beziehungen nicht nur zu zahlreichen rumäniendeutschen Künstlern und Schriftstellern, freilich in erster Linie zu Ihren Bukowiner Mentoren Alfred Margul-Sperber und Alfred Kittner, gepflegt, sondern auch zu zahlreichen rumänischen Dichtern, Malern und Bildhauern, von denen Sie viele gut kannten und über deren Werke Sie gelegentlich in beiden Sprachen schrieben.

In den vielen Jahren meiner redaktionellen Tätigkeit habe ich natürlich so gut wie jeden „rumäniendeutschen Kulturschaffenden" gekannt: Schriftsteller, bildende Künstler oder Musiker, Siebenbürger, Banater, oder Versprengte aus der Bukowina. Zu nicht wenigen gab es ein echtes Vertrauensverhältnis, ich erinnere mich noch heute lebhaft an die Nöte und Sorgen, an die Bemühungen, Zwiespälte und gelegentlichen Erfolge eines manchen von ihnen. Das lässt sich freilich nicht alles in den alten Zeitungen lesen. Und unter denen, die in Bukarest lebten, unter den Kollegen, gab es auch gute Freunde. Natürlich hatten wir auch enge Kontakte zu rumänischen Intellektuellen. Die meisten „Klausenburger" waren ja auch, einer nach dem anderen, in Bukarest gelandet, und es gab, obwohl wir gar nicht komfortabel wohnten, immer viel Besuch bei uns. In diesem zweisprachigen „Betrieb" sind auch meine Kinder aufgewachsen: Mit Ştefan Aug. Doinaş habe ich, als er am Übersetzen war, Nachmittage lang über Hölderlin gebrütet, mit Dan Constantinescu über

Rilke und mit Dieter Fuhrmann und Dieter Roth konnte mein Mann sich endlos über Bücher unterhalten. Geschrieben aber habe ich damals in rumänischer Sprache wenig. Übersetzt ja, übersetzt habe ich nicht nur aus dem Rumänischen ins Deutsche, sondern auch aus dem Deutschen ins Rumänische. Aber Aufsätze für den Rundfunk oder für Zeitschriften, das kam selten vor, und meist war dann von deutscher Literatur und Kunst, oder von deutschen Autoren aus Rumänien die Rede. Und einige Mal ist mir dabei so übel mitgespielt worden, dass ich es nicht vergessen habe. Ohne mich überhaupt davon in Kenntnis zu setzen, hat man gravierende Änderungen im Text vorgenommen, Musil zensiert oder den guten Arthur Coulin zum „militanten" Künstler ernannt … Nie ist mir so etwas beim *Neuen Weg*, bei der *Neuen Literatur*, oder bei der *Karpatenrundschau* passiert. Ich habe mich direkt gefragt, ob unsere Aufpasser nicht vielleicht doch etwas weniger streng waren?

Was die bildenden Künstler Rumäniens anbelangt, da kann ich wirklich sagen, dass ich die Entwicklung eines jeden, dem eine gewisse Bedeutung zukam, aufmerksam verfolgt habe: Manche fielen mir in Ausstellungen schon in ihrer Studentenzeit auf, und ich war dann richtig stolz, wenn sie als gestandene Maler berühmt wurden. Ich hatte auch eine nahezu vollständige Sammlung von Ausstellungskatalogen, Faltblättern und Plakaten – leider ist alles verloren gegangen, als ich 1977 wegfuhr.

Ihre Kenntnis der rumänischen Literatur- und Kunstszene hat Ihnen die Tätigkeit als ständige Mitarbeiterin der Rumänischen Redaktion der Deutschen Welle seit 1978, nachdem Sie eine Reise in die Bundesrepublik Deutschland dazu nutzten, nicht mehr ins kommunistische Rumänien zurückzukehren, erheblich erleichtert. War Ihnen bekannt, dass Ihre Besprechungen von Büchern und Ausstellungen, die in den finstersten Jahren der Ceaușescu-Diktatur Richtung Rumänien ausgestrahlt wurden, dort auf ein breites Echo in rumänischen und rumäniendeutschen Intellektuellenkreisen stießen?

Nein, das habe ich nicht gewusst, und ich kann auch nicht so recht glauben, dass dieses Echo so breit war. In der rumänischen Redaktion der „Deutschen Welle" kamen zwar Briefe an – ein Hörer hat mich sogar als seine gewesene Turnlehrerin identifiziert, das war eine kurze Station in meinem Berufsleben vor dem Umzug nach Bukarest –, aber es war uns bekannt, dass ganz Rumänien „Free Europe" hört.

Ihr literarisches Werk ist verglichen mit dem essayistischen recht schmal ausgefallen, bloß ein Gedichtbändchen, dass 1974 der Klausenburger Dacia Verlag herausgab, und verstreut publizierte Texte liegen an literarischen Veröffentlichungen bislang auf.

Können Interessierte davon ausgehen, dass neben Ihren autobiografischen Aufzeichnungen auch noch weitere fiktionale Texte erscheinen werden?

In meinem Fall von einem „literarischen Werk" zu sprechen, ist übertrieben und trifft die Sache nicht ganz. Ich habe viel geschrieben, habe immer Freude daran gehabt, und wenn ich nicht in meiner Muttersprache schrieb, hatte ich Sehnsucht nach ihr. Aber nichts von dem, was ich produziert habe, ist frei erfunden: meine Lyrik nicht – übrigens ist gerade ein Bändchen bei Rimbaud erschienen – und die Erinnerungen erst recht nicht.

4/2004

"ICH STEHE ZWISCHEN ALLEN MÖGLICHEN STÜHLEN"

Paul Schuster

Paul *Schuster*, geboren am 20. Februar 1930 in Hermannstadt, gehörte seit Anfang der 1950er Jahre zu den produktivsten und einflussreichsten Schriftstellern der nach dem Zweiten Weltkrieg im kommunistischen Rumänien zu neuem Leben erweckten deutschen Literatur. Nach dem Abitur ging er nach Bukarest, wo er als Journalist der Tageszeitung *Neuer Weg* und danach als Redakteur der *Neuen Literatur* tätig war. Als Redaktionsmitglied der Bukarester Literaturzeitschrift, in der mehrere seiner Erzählungen und Aufsätze erschienen sind, leistete Schuster ab Mitte der 1960er Jahre einen wesentlichen Beitrag zur Überwindung der starren Normen des sozialistischen Realismus, dessen ästhetische Vorgaben er bis dahin hatte befolgen müssen. In seinen Erzählungen und Kurzromanen (*Der Teufel und das Klosterfräulein*, 1955 u. a.) distanzierte er sich von der bürgerlich-konservativen siebenbürgisch-sächsischen Welt und setzte sich als einer der wenigen rumäniendeutschen Autoren jener Jahre mit dem Nationalsozialismus in den Reihen seiner Landsleute auseinander. Sein zweibändiger Roman *Fünf Liter Zuika* (1961, 1963, mehrere Auflagen) rollt am Schicksal einer Familie in einer Vielzahl von Handlungsabläufen die Geschichte der Siebenbürger Sachsen seit dem Ende des Ersten Weltkrieges auf. Der auch in Graz und Berlin edierte Roman liegt seit der Frankfurter Buchmesse 2002 in einer überarbeiteten Fassung auf. „Ausgewogener Erzählrhythmus, gefeilte, vom linguistischen k. u. k.-Mischmasch gefärbte Sprache, geschickt gespannte einfache Alltagsgeschichten […] bringen die einmalige Atmosphäre der am Fuße der Karpaten seit Jahrhunderten liegenden evangelischen Gemeinde ans Licht." (*Die Zeit*, 28. Nov. 2002)
1971 kehrte Schuster von einem Besuch in der Bundesrepublik Deutschland nicht mehr nach Rumänien zurück. Er ließ sich 1972 in West-Berlin nieder, wo er als freischaffender Schriftsteller lebte und als Schreibwerkstättenleiter seinen Unterhalt bestritt. Von 1976 bis 1984 erstellte er die literarische Zeitschriftenschau für den Norddeutschen Rundfunk. Von seinen in Deutschland entstandenen und veröffentlichen literarischen Werken ist die *Heilige Cäcilia* hervorzuheben, eine herb und kühl erzählte Geschichte einer Liebe zwischen einem sächsischen Bauernmädchen und einem bukowinischen Orgelbauer, die an rigiden sächsischen Wertvorstellungen scheitert.

Schuster, der bis zu seinem Tod am 5. Mai 2004 in Berlin wohnte, viel schrieb und vergleichsweise wenig veröffentlichte, stellte im Herbst 2001 eine Auswahl seiner in den letzten Jahren entstandenen Schriften zusammen, die er als Computerdruck unter dem Titel *Heidelberger Auslese* (zwei Bände) im Eigenverlag herausbrachte.

Herr Schuster, in den Band Siebenbürgische Erzählungen, *der vor kurzem im Verlag des Südostdeutschen Kulturwerks herausgegeben wurde, ist auch Ihre* Heilige Cäcilia *aufgenommen worden. Wenn ich das richtig sehe, ist dies in Ihrem Fall eine Buchveröffentlichung nach einer längeren Unterbrechung. Wie kommt es, dass Sie so viel schreiben und vergleichsweise so wenig veröffentlichen?*

Weil das meiste unfertig ist, Fragmente, 100, 200, 300 Seiten. Ich kann Ihre Frage schwer beantworten. Vielleicht liegt es auch daran, dass ich keinen Anreiz zum Veröffentlichen habe, möglicherweise bin ich einfach nicht geschäftstüchtig genug.

Liegt es auch am hiesigen Literaturbetrieb?

Vielleicht. Ein bisschen aber auch an meiner Unfähigkeit, mich dem Angebot und der Nachfrage auf dem Literaturmarkt der Bundesrepublik anzupassen. Wohl auch an meiner Position, ich stehe so ziemlich zwischen allen möglichen Stühlen. Wissen Sie, das ist eine Sache, die man nur schwer mitteilen kann. Thematisch, abgesehen jetzt von der *Heiligen Cäcilia* und von einigen anderen Geschichten, die ich im ersten Teil meiner im Oktober 2001 zusammengestellten *Heidelberger Auslese* versammelt habe, habe ich mich von der Welt der Siebenbürger Sachsen, der so genannten Heimat, sehr weit entfernt. Heimat ist ja der Kilometer Null, von dem aus der Mensch sich ins Leben hinaus und hinein entfernt. Wenn ich zurück schaue, ist die hinter mir liegende Strecke enorm. Die Heimat ist winzig klein geworden und winzig wenig in der Umgebung all dessen, was mir das Leben zugetragen hat. Aber wie klein sie auch sei: Sie bleibt heiß und bunt. Und unverlierbar. Auch wenn ich längst kein Siebenbürger Sachse mehr bin. Das klingt ein bisschen komisch, ich bin es natürlich von meiner Mutter her und ich bin es von Hermannstadt her, aber ich habe ja weit über zwanzig Jahre in Bukarest gelebt und dort hat sich meine Sicht sehr, sehr geändert. Ich bin ein Sachse, protestiere aber nicht, wenn ein bodenständiger Deutscher mich für einen Rumänen hält. Gewöhnlich folgt sofort die Frage: ‚Wieso sprechen Sie so gut Deutsch?' ‚Nun ja, es gibt eine deutsche Minderheit, zu der gehöre ich!' Ich bin auch oft für einen Juden gehalten worden, es hat mich nie gestört. Hieraus lässt sich vielleicht erklären, warum mir nichts an Richtigstellungen gelegen ist. Sehen Sie, ein Siebenbürger Sachse, der noch so wohlwollend über Juden oder Rumänen oder Zigeuner spricht – es bleiben ja doch die Augen des Siebenbürger Sachsen, die sie betrachten. Aber bei mir längst nicht mehr. Bei mir ist es umgekehrt, denn ich sehe die Siebenbürger Sachsen mit den Augen der Zigeuner oder mit den Augen der Rumänen oder mit den Augen der Juden.

Aber gerade das dürfte ja nicht nur für einen Schriftsteller äußerst interessant sein, sondern auch für einen hiesigen Leser, einmal die Sicht von außen, nicht die eines Sachsen …

Ein Bukarester Zigeuner hat mir einmal gesagt: ‚Wir wissen wohl, dass viel Positives und Interessantes über uns Zigeuner geschrieben worden ist, aber alles, was man über uns schreibt, das kommt von Leuten, die ein Haus bewundern, das Haus jedoch nur von außen kennen. Den Blick von innen aus dem Fenster nach außen, den hat noch niemand beschrieben.'

So wie Sie das wiedergeben, könnte man meinen, es liege zum Teil am ‚Stoff', oder an den Möglichkeiten diesen ‚Stoff' hier bekannt zu machen, aber ist es nicht auch eine Frage der Form, eine Frage des Umganges mit diesem Gegenstand? In Ihren bislang veröffentlichten und unveröffentlichten Beiträgen aus der Heidelberger Auslese *gibt es sehr viele lesenswerte Geschichten über Siebenbürger Sachsen und über Menschen aus diesem Raum. Bei Eginald Schlattner beispielsweise gibt es die auch. Wie kommt es, dass Schlattner beim bundesdeutschen Publikum so gut ankommt, und Sie …, wieso kommen Sie bei den Lesern nicht an?*

Na weil ich nicht zu ihnen gehe. Ich hab ja niemals Angebote gemacht, seit ich hier bin, habe ich mich nie an einen Verlag gewendet. Dafür ist unlängst der Aachener Rimbaud-Verlag zu mir gekommen. Er wird nicht nur die bereits von Ihnen im Südostdeutschen Kulturwerk herausgegebene Novelle *Heilige Cäcilia* und die Novelle *Ein Huftritt* aus meiner *Heidelberger Auslese* in einem Band publizieren, sondern sogar meinen großen 900-Seiten-Roman *Fünf Liter Zuika*, und zwar die einzelnen Teile in Serie.

Sie haben auch schon in Ihren vor vielen Jahren in Rumänien erschienenen Büchern sehr interessante Portraits gezeichnet. Sieht man von einigen Konzessionen an die kommunistische Ideologie ab, wirken viele Passagen dieser Bücher auch heute noch recht unverstaubt. Was hielten Sie davon, wenn man eine Auswahl Ihrer besten Geschichten treffen würde? Oder stehen Sie zu diesen frühen Sachen nicht mehr?

Also, wenn es zu einer Auswahl kommen sollte, aber wie ich höre, hat ihr Verlag ja kein Geld mehr für solche Bücher, dann würde ich Texte aus den beiden Bänden meiner *Heidelberger Auslese* vorschlagen. Von meinen früheren Sachen würde ich da eher absehen, vieles darin kann so nicht bleiben, anderes ist schlecht und falsch und auch sprachlich mangelhaft.

Sie sagten, Sie seien der Sohn einer siebenbürgischen Mutter, war Ihr Vater etwa kein Siebenbürger Sachse?

Doch, auch mein Vater war Siebenbürger Sachse, aus Thalheim bei Hermannstadt. Meine Mutter hingegen war keine ‚reine' Siebenbürger Sächsin. In der Nazizeit haben wir uns einen Ahnenpass ausstellen lassen – es war schick, es war nicht unbedingt notwendig –, die meisten haben das damals getan. Die Vorfahren meiner Mutter sind aus Deutschland eingewandert, erst im 19. Jahrhundert. Sie war nie eine richtige Sächsin, obwohl sie schon in unseren Dialekt hineingeboren wurde, sie war vor allem eine begeisterte Deutsche und – wie wir alle – von Hitler begeistert.

Apropos Nationalsozialismus. Man wirft den siebenbürgischen Schriftstellern immer wieder vor, sie hätten sich nicht genügend mit dieser Periode ihrer Geschichte befasst. Aber Sie sind da eine Ausnahme, Sie sind bereits in Ihren ersten Büchern oft recht couragiert darauf eingegangen. Hat es damals eine Resonanz gegeben? Wie haben die Leser auf diese Auseinandersetzung reagiert? Hatten Sie Schwierigkeiten mit Ihren Landsleuten?

Ich war einer der wenigen, der sich damit befasst hat. Ich hatte schon Schwierigkeiten, besonders mit den älteren Schriftstellern, mit Erwin Wittstock beispielsweise. Er hat meinen ersten Roman, *Der Teufel und das Klosterfräulein*, als Nestbeschmutzung aufgefasst und mich lange geschnitten, bis zur Landesberatung deutscher Schriftsteller im Juli 1957 in der Aleea Alexandru. Hans Bergel, Anton Breitenhofer, Filip Geltz, Harald Krasser, Alfred Margul-Sperber u. a. waren dabei. Ich habe da, ich glaube als Erster, ausgesprochen, dass man so nicht weitermachen könne; man könne nicht über die Zeit zwischen den beiden Weltkriegen schreiben, wenn man nicht auch auf bestimmte Sachen eingehe, die 1957 noch tabu waren. Man könne nicht darüber schreiben, solange der Einzug der wehrfähigen Sachsen und Schwaben in die SS, die Deportation nach Russland, die Enteignung und Vertreibung der Bauern von ihren Höfen im März 1945 tabu blieben. Ich habe das damals etwa so gesagt: ‚Sie wollen, dass wir das Volk aufklären und umziehen, und sie verbieten uns, über die Deportation zu schreiben! So können wir keine Literatur machen, wenn die Dinge aus der jüngsten Geschichte, die alle unsere Banater Schwaben und Siebenbürger Sachsen gleichermaßen beschäftigen, tabu bleiben und wir darüber nicht sprechen dürfen.' Nach dieser Sitzung ist der alte Wittstock auf mich zugekommen und hat mir seinen allerhöchsten Respekt ausgesprochen.

In meinem Roman *Fünf Liter Zuika* habe ich dann ja auch als erster das Tabu SS behandelt. Aber das älteste und zäheste Tabu, ohne dessen Analyse die Haltung der Siebenbürger Sachsen zu Hitler und seinem Krieg nicht verstanden werden kann, das haben sie sich mit dem Denkmal für den Bischof Georg Daniel Teutsch in Hermannstadt gesetzt, im Hof zwischen der Brukenthal-Schule und der Stadtpfarrkirche. Dass der Kult um die von ihm und seinem Sohn Friedrich verfasste *Sachsengeschichte* das eigentliche Unglück war, habe ich in meiner Rede bei der Tagung des „Freundeskreises Siebenbürgen" 1987 in Bad Herrenalb ausgesprochen.

Von Teutschs völkischer Ideologie haben Sie sich ja bereits Anfang der 1950er Jahre distanziert, das lässt sich aus Ihren Büchern aus dieser Zeit herauslesen. Sie sind schon als junger Schriftsteller dazu auf Distanz gegangen, und zwar nicht nur zur nationalsozialistischen Ideologie, die den Großteil der siebenbürgisch-sächsischen Bevölkerung erfasst hatte, sondern allgemein auch zu der bürgerlich-konservativen sächsischen Welt. Wie und wann kam es zu dieser Ernüchterung? Worauf lässt sie sich zurückführen?

Ach, das kam nicht plötzlich. Ich bin nach Bukarest gefahren, zum *Neuen Weg*, ich hätte nicht studieren dürfen, weil mein Vater Fabrikant, also Kapitalist war. Alle, die nicht eine ‚gesunde' soziale Herkunft nachweisen konnten, hatten keine Chance, eine Hochschule zu besuchen. Ich hatte keinen Job. Ich hätte irgendeine Lehre antreten müssen, ein Handwerk oder irgendwas erlernen, aber ich wollte unbedingt studieren. Da hat Bernhard Capesius, mein Deutsch- und Lateinlehrer an der Brukenthal-Schule, bei Werner Bossert, dem Leiter der Hermannstädter Redaktion der in Bukarest herausgegebenen Zeitung *Neuer Weg*, angefragt, ob er mich nicht als Volontär beschäftigen könne. Und Bossert nahm mich. Nach meinen ersten Kurzreportagen trug Ernst Breitenstein, stellvertretender Chefredakteur, mir eine Stelle als Nachwuchsredakteur in der Kulturabteilung an, mit der Zusicherung, dass ich nach dem Umzug in Bukarest auch an eine Hochschule zugelassen würde. Trotz gewisser Vorbehalte sagte ich zu, denn zum Sozialismus hatte ich schon ein positives Verhältnis. Und das ist nicht vermittelt worden über einen Pflichtunterricht, sondern über Leute wie den Literaturkritiker Herman Roth und Fritz Scherer, den Strumpffabrikanten, die alle den Marx kannten. Und beide hatten mir gesagt, den muss man lesen. Die ersten Anregungen, Marx zu lesen, habe ich von siebenbürgisch-sächsischen Intellektuellen bekommen.

Das mit Herman Roth ist mir neu.

Natürlich waren Scherer und Herman Roth keine Kommunisten, ganz sicher auch keine Marxisten, auch Stadtpfarrer Hermann war es nicht, der mit dem Scherer eng befreundet war und auch zu meinen Mentoren gehört hat. Schon Anfang der 1930er Jahre, als er noch Pfarrer in Kronstadt war, hat Hermann in einem kleinen Essay eindringlich für eine vorurteilsfreie Auseinandersetzung mit dem Sozialismus plädiert und seine Vereinbarkeit mit dem Christentum betont.

Bevor Sie nach Bukarest gingen, haben Sie an einer Schülerzeitschrift, am Brukenthal-Coetus-Blatt, *mitgearbeitet, das ich unlängst in der Brukenthal-Bibliothek einsehen konnte. Erinnern Sie sich noch an diese Zeit?*

Durch die Schulreform im Sommer 1948 ist das Brukenthal-Gymnasium aufgelöst worden. Doch die beiden Jahre davor, die letzten der Schule, waren eine dramatische und spannende Zeit. Nach Liquidierung aller Organisationen der Deutschen Volksgruppe in Rumänien (DVR) sind die Schulen ja wieder kirchlich geworden, aber die Kirche konnte die Lehrergehälter oft nicht auszahlen. Doch durch die kulturellen Veranstaltungen des Coetus – Blasmusikkonzerte, Theateraufführungen – haben wir, in Zusammenarbeit mit den Schülerinnen vom Mädchenlyzeum, recht viel eingespielt. Das Geld stellten wir immer der Schulleitung zur Verfügung. Und es war nicht wenig – wir durften natürlich keinen Eintritt erheben, wir nahmen jedoch freiwillige Spenden, und die waren beträchtlich; unser Publikum kannte ja die Notlage, und im Rückblick auf das politische Klima jener Zeit – Väterchen Stalin lächelte ja noch in jedem Klassenzimmer auf uns herab – sehe ich heute in der damaligen Spendierfreudigkeit so etwas wie einen unbewussten, vielleicht unterbewussten Widerstand, oder zumindest Trotz gegen dieses Klima. Niemand hat sich eingemischt. Wir brauchten keine Genehmigung, keine Bewilligung, das Publikum kam, die Häuser waren voll wie die Kirche bei Aufführungen von Passionen.

Ob wir das böse Ende schon geahnt haben oder ob wir arglos waren – das kann ich nicht sagen. Vielleicht haben wir immer noch auf die Amerikaner und die Atombombe gehofft. Bis zur erzwungenen Abdankung des Königs konnte Rumänien ja ungehindert die neuesten amerikanischen, englischen, französischen, italienischen Filme importieren, in vielen Gartenlokalen wurde der neueste Jazz gespielt, mit Lust und Leidenschaft wurde Rumba und Carioca getanzt, und in Bukarest gab es freien, unüberwachten Zugang zu den Bibliotheken und Kulturveranstaltungen der westeuropäischen Botschaften, auch zu den Missionen in allen größeren Städten. Die Sowjetkultur war eine kaum beachtete Randerscheinung – wenn auch nicht unsere neuen zum Stadtbild gehörenden Freunde und Beschützer: die Sowjetsoldaten. Es war eine interessante Zeit, die Zeit der Kultur in der Katakombe. Außer den *Kirchlichen Blättern*, in winzigen Auflagen für die wenigen Dorfpfarrer, und den Schulzeitungen des Brukenthal- und des Kronstädter Honterus-Gymnasiums gab es ja überhaupt keine Publikation, ausgenommen eine ganz sensationelle, den Band *Gedichte* von Moses Rosenkranz unter dem Namen Martin Brandt. Den hat Herman Roth in Zusammenarbeit mit Immanuel Weißglas herausgebracht, als Rosenkranz schon in der Ljublianka in Moskau gefoltert wurde.

Um dieselbe Zeit hielt Bernhard Capesius privat Vorlesungen bei sich zu Hause, trug Shakespeare-Stücke vor, es machte ihm Spaß, sich als Schauspieler zu produzieren. Und Harald Krasser hielt in jenen Jahren kunstgeschichtliche Vorträge in der Sakristei. Erwin Neustädter las in der Wohnung der Baronin Bedeus aus seinen Romanen, Franz Xaver Dressler führte das Weihnachtsoratorium und die Passionen von Bach auf – ich habe mitgesungen. Es war ein Katz-und-Maus-Spiel: Wir waren die Maus, man hat uns hüpfen und singen lassen, doch zweifellos auch heimlich beobachtet, dann aber, nach der Emigration des Königs, hat der Kater zugeschlagen. Kann sein, dass er die Brukenthal-Schule verschont hätte, wenn wir weniger rührig gewesen wären; von den Gymnasiasten aus Kronstadt, Hermannstadt, Schäßburg ist zwar keiner verhaftet worden, aber Dressler wurde schon 1950, wie Hans Otto Roth, zur Zwangsarbeit an den Kanal verschleppt, wie Zehntausende junge Rumänen, die sich in westeuropäischen Kulturinstituten herumgetrieben hatten.

War es aus sächsischer Sicht eine Rückbesinnung auf die ‚wahren Werte'? Oder war es eine Reaktion auf den Nationalsozialismus?

Eine Reaktion auf die Nazijahre war es bestimmt nicht, aber neutral betrachtet wohl doch eine Antwort auf den historischen Schock, eine Reaktion auf den totalen Kulturverlust nach dem 23. August 1944, den die Alten auch heute noch als den „Zusammenbruch" bezeichnen. Rückzug eben in die Katakombe.

Und wie war es mit der Angst vor dem, was kommt, was sich so andeutete? Rumänien war ja von den Sowjets besetzt…

Mit den Russen direkt hat ja keiner von uns schlechte Erfahrungen gemacht. Mein Vater ist im Januar 1945 deportiert worden, ist aber schon kurz vor Weihnachten '46 wieder zu Hause gewesen. Ein Onkel von mir ist noch im selben Jahr – vor Weihnachten '45 – zurückgekommen. Diese Dinge erzählt man in sächsischen Kreisen nicht gerne. Tatsache ist, das ‚nur' 15 000 von den Deportierten an Typhus und Hunger verreckt sind, in den beiden schwersten Jahren. Aber die anderen, die Überlebenden, es waren etwa 65 000, die sind alle wieder gekommen. Die Nazis haben keine Juden jemals wieder nach Hause geschickt. Es gibt so viele Dinge, die einfach, weil sie nicht ins Allgemeinbild passen, unter den Teppich gekehrt werden, die man nicht zulässt. Da habe ich also meine eigenen schlechten Erfahrungen gemacht.

Sicherlich kann man vieles nicht vergleichen, aber es gibt auch Berichte, die anders klingen, von Leuten, die sehr stark betroffen waren. Wenden wir uns Ihrer Zeit in Bukarest zu, Sie waren Anfang der 1950er Jahre einer der ersten jungen deutschsprachigen Journalisten. Mich würden besonders Ihre Beziehungen zu Sperber und Cisek interessieren?

Ich kannte beide aus ungezählten privaten Begegnungen recht gut. Darüber habe ich in meinen Essays *Das ostpannonische Vögelein* und in *Meine Hauptjuden und meine Nebenjuden* berichtet – da auch, wie ich schon anderthalb Jahre nach meiner Anstellung beim *Neuen Weg* gefeuert wurde. Dazu kann ich hier nichts Neues sagen.

Aber umso mehr über Ihre Zeit bei der Bukarester Zeitschrift Neue Literatur... *Beginnen wir mit dem* Brief an meinen Sohn, *das ist ein ausgezeichneter, ja geradezu ein fantastischer Text, warum ist er Fragment geblieben?*

Das ist nicht nur ein fantastischer Text, er ist auch auf seine Art ein einmaliger und sensationeller Text gewesen. Ich habe mich da über die Darstellung der Zusammenhänge von Muttermilch und Weltanschauung in der einschlägigen Nazi- wie Sowjetliteratur mokiert und mit höchstem Respekt von der Hure Doda, einer Rumänin, erzählt. Und wegen diesen beiden Stellen ist sogar Zaharia Stancu, der Präsident des rumänischen Schriftstellerverbandes, zusammen mit Emmerich Stoffel, unserem Chefredakteur, zum Zentralkomitee der Rumänischen Kommunistischen Partei zitiert worden, und man hat beiden den Kopf gewaschen. Stoffel, der den Text doch als verantwortlicher Chef, sehr wohl kannte, bemerkte nach jener Gardinenpredigt nur, es sei immerhin erfreulich, dass man uns zum ersten Mal an allerhöchster Stelle überhaupt wahrgenommen habe.

Emmerich Stoffel scheinen Sie besonders zu verehren.

Ja. Denn Stoffel war unser großer Förderer. Als er im April 1959 der Zeitschrift *Neue Literatur* als Chef vorgesetzt wurde, hat er uns gleich anfangs erklärt: ‚Genossen, ich versteh überhaupt nichts von Literatur. Ich misch mich auch nicht ein, ich will nur, dass wir eine gute Zeitschrift machen. Und wo haben wir die Leute?' Und da sagte ich: ‚Die wenigen, die wir haben, sind eingesperrt, die kann man nicht bringen.' Die Autoren des Schriftstellerprozesses aus dem Jahre 1959 waren in Untersuchungshaft, die Urteile waren zwar noch nicht gesprochen, aber sie saßen ja bereits seit mehr als einem Jahr hinter Gittern. Und dann gab's noch einige, die Publikationsverbot hatten, Oskar Pastior, Astrid Connerth, Ludwig Schwarz sowie mehrere Banater. Stoffels Antwort: ‚Hören Sie, wenn diese drei Banditen und Staatsfeinde sind, dann soll die Securitate sie einsperren. Solange sie das nicht tut, betrachte ich sie nicht als Banditen, und ich werde sie veröffentlichen.' Und das hat er gemacht. Er hat überhaupt seine schützende Hand über uns alle gehalten.

Die Ereignisse um den Schriftstellerprozess sind, wie Sie wissen, mittlerweile in einer Veröffentlichung dokumentiert und dadurch bekannt gemacht worden. Neu ist mir, dass Oskar Pastior und die anderen von Ihnen erwähnten Autoren Publikationsverbot hatten, warum?

Ich weiß es nicht. Vielleicht sind auch sie in jenem folgenschweren Treffen in Astrid Connerths Wohnung erwähnt und so in die schreckliche Geschichte verwickelt worden. Darüber haben Sie und Peter Motzan in *Worte als Gefahr und Gefährdung* geschrieben. Wobei ‚Worte als Gefahr' für mich ein wenig zu weit gehen, Worte als Gefährdung ja. Aber gefährlich? Wo sind wir jemals dem Staat gefährlich geworden? Das möchte man mir erzählen. Das schmeckt nach Selbstheroisierung. Ich wäre mit der Formulierung nicht einverstanden gewesen. Mit Gefährdung ja, aber nicht mit Gefahr.

Sie sprachen von einer wichtigen Rede, die Sie 1957 gehalten haben, wo u. a. auch Erwin Wittstock dabei war. Aber noch wichtiger scheinen mir die beiden Reden zu sein, die Sie 1968 und 1971 beim Treffen von Ceaușescu mit dem „Rat der Werktätigen deutscher Nationalität" vor über 150 Banater Schwaben und Siebenbürger Sachsen gehalten haben.

Leider völlig wirkungslos. Da habe ich zum ersten Mal vom Menschenhandel gesprochen, von den Klagen, die die Banater und Siebenbürger Deutschen immer wieder erhoben haben. Ich sagte u. a.: ‚Wir werden nirgends erwähnt. Auch stimmt es nicht, dass wir alle so treue Staatsbürger sind, die Wahrheit ist, dass die Mehrheit auswandern will.' Das ist ein Tabu gewesen, Auswandern, das durfte man bekanntlich nicht. Ich habe gesagt: ‚Also bitte, man muss damit aufhören!'

Ihre Gegner werfen Ihnen allzu große Nähe zum kommunistischen Regime vor, ja sogar zu Nicolae Ceaușescu.

Ich habe keine Gegner. Ich habe nur Verleumder – doch auch die erst seit Herta Müller und Richard Wagner ausgewandert sind: Ich weiß nicht, wer kolportiert hat, dass ich ‚mit Ceaușescu gefrühstückt' hätte. Ich habe sogar schon gehört, ich sei Mitglied des Zentralkomitees der Partei und einer seiner engsten Berater gewesen – ein schlechter Ruf sitzt nun mal wie Kaugummi im Wollpullover, schon Metternich sagte: ‚Verleumden Sie, verleumden Sie nur, etwas bleibt immer hängen!' Was an der Geschichte stimmt: Der ‚große Boss', der ‚meistgeliebte Sohn des Volkes', hatte in den ersten Jahren seiner Alleinherrschaft die viel belächelte Marotte, sich bei all seinen Arbeitsvisiten in die Provinz von jeweils zehn vom Protokoll vorgeschlagenen Künstlern und Schriftstellern begleiten zu lassen. Dass auch ich ein Mal zu den Auserwählten gehörte, war auf ein Informationsdefizit des Protokollchefs, eines Genossen Badrus, zurückzuführen – vorgesehen war nicht Paul Schuster, sondern Oskar Pastior. Pastior aber war zwei Tage zuvor, auf Einladung der „Österreichischen Gesellschaft für Literatur", mit regulärem Pass nach Wien geflogen. Mich hat man dann als Lückenbüßer in die Suite des Chefs geholt. Vor der Abreise im Sonderzug zog Badrus mich zur Seite, entschuldigte sich für die Panne und ersuchte mich, ich möge mich bei allen Essen mit Ceaușescu an das Tischkärtchen mit dem Namen Oskar Pastior halten. Im Salonwagen des Luxuszugs, zwischen Bukarest und Cernavoda fand dann jenes Frühstück statt, bei welchem Ceaușescu allein redete; das war im Mai 1968. Eine Satire über diese Reise ist die *Bocksgeschichte* in meiner *Heidelberger Auslese*, die übrigens vom RIAS[2] gesendet wurde.

Das ist jedoch nicht alles, es gibt auch weitere Vorwürfe ...

Hinzu kommt, dass ich nach der Weigerung Ceaușescus, sich am Überfall Prags durch die Truppen des Warschauer Paktes zu beteiligen, im September '68 freiwillig und spontan, zusammen mit dreizehn weiteren Mitgliedern des

---

2 Der RIAS (Rundfunk im amerikanischen Sektor) war eine von der US-amerikanischen Militärverwaltung nach dem Zweiten Weltkrieg gegründete Rundfunkanstalt mit Sitz in West-Berlin, die bis 1993 Radio- und Fernseprogramme sendete.

rumänischen Schriftstellerverbands, darunter Paul Goma, meine Aufnahme in die Kommunistische Partei beantragt hatte, was meine Verleumdung nachhaltig begünstigt. Ebenso die Tatsache, dass ich von Dezember 1968 bis zu meiner Flucht aus Rumänien im November 1971 einer der Vizevorsitzenden des Rates der Werktätigen deutscher Nationalität war – zusammen mit meinem Freund Nikolaus Berwanger, dem Chefredakteur der *Neuen Banater Zeitung* (NBZ) – es freut mich, dass ich einen beträchtlichen Teil seines Nachlasses im Archiv Ihres Instituts gefunden habe. Auch Berwanger ist nach seinem Tod verleumdet worden, und zwar ausgerechnet von den Begründern der „Aktionsgruppe Banat", die ja ohne seine dezidierte Unterstützung nie zustande gekommen wäre.

Mit Berwanger waren Sie nicht nur befreundet, Sie haben ihn auch sehr geschätzt.

Ich habe ihn immer geschätzt, und ohne den Berwanger wäre vieles vielleicht nicht machbar gewesen… Die Geschichte der Banater Aktionsgruppe beginnt ja mit ihm. Denn Berwanger hat doch in seiner *Neuen Banater Zeitung* diese Jungen erst entdeckt.

Aber richtig bekannt geworden sind sie erst durch die Neue Literatur.

Ich habe nur fortgesetzt, was Berwanger begonnen hat. Unter dem Titel „Wir über uns" hat er aus eigener Initiative und auf eigenes Risiko eine ganze Seite aus den Wochenendausgaben der *NBZ* für Beiträge ausschließlich von Schülern aus sieben Banater Lyzeen zur Verfügung gestellt. Ich habe mir zwei oder drei Jahrgänge genauer angeschaut und über die Originalität und Frische vieler Kurztexte und Gedichte gestaunt. Da habe ich erstmals die Namen gefunden, die fünfzehn Jahre später auch in der Bundesrepublik Deutschland bekannt werden sollten: Herta Müller, Richard Wagner, Ernest Wichner, Gerhard Ortinau. Das hat mich auch zur Zusammenstellung eines unkonventionellen Sonderheftes der *Neuen Literatur* zur Bekanntmachung und Förderung dieser jungen, 18–20-jährigen Talente bewogen, das dann auch im Februar 1971 als „Schülersondernummer" erschienen ist und sofort vergriffen war.

Hatten Sie Schwierigkeiten, das durchzusetzen?

Erhebliche! Die ersten mit meinen Kollegen. Mit ihren Warnungen: ‚Lass die Finger davon, wir setzen uns nur in die Nesseln' – oder: ‚Das lässt doch die Zensur nie durch!' Nur Stoffel war sofort dafür. Die Vorarbeit hat über ein halbes Jahr gedauert. Ich habe mehrere Male in die Landkreise Temeswar und Arad reisen, wiederholt sämtliche Schulen besuchen müssen, was ohne die logistische Unterstützung durch Berwanger unmöglich gewesen wäre – für alle Fahrten stellte er mir das Redaktionsauto zur Verfügung. Das Ganze war eine dauernd absturzgefährdete Gratwanderung voller riskanter Täuschungsmanöver. Die Chronik von der ersten Ausgabe der Schülerbeilage in der *NBZ*, ich könnte auch sagen: von Berwangers ganz persönlichem Beitrag zur Aufbruchsstimmung des Jahres 68, über die Tournee der *Neuen Literatur* an die deutschen Lyzeen von Neu-Arad, Großsanktnikolaus, Hatzfeld, Lugosch, Reschitza und Temeswar und die Zusammenarbeit mit den Schülern dieser Lyzeen vor Ort bis zum Erscheinen der Schülersondernummer wäre das letzte Kapitel, gewissermaßen der Epilog zur Geschichte der auf dem Boden des heutigen Rumänien entstandenen deutschsprachigen Literatur.

Es ist oft gesagt worden, dass die „Schülersondernummer" den Beginn der „Aktionsgruppe Banat" markiert

Das sagt schon Gerhardt Csejka in seinem Nachwort zu Rolf Bosserts im Rotbuch Verlag herausgegebenen Gedichtband *Auf der Milchstraße wieder kein Licht*; zwar weiß ich nicht, wie und wann sie sich konstituiert hat und wie sie zu diesem Namen gekommen ist, Tatsache ist, dass die dpa, die größte bundesdeutsche Presseagentur, das war im Mai 1971, in einer ausführlichen Rezension die „Schülersondernummer" geradezu gefeiert hat und dass in diesem Heft Richard Wagner, Herta Müller, Gerhard Ortinau, Rolf Bossert, Ernest Wichner zum ersten Mal erschienen sind, und gleich gebündelt – es war das erste Mal, dass die *Neue Literatur* überhaupt in der Bundesrepublik Deutschland wahrgenommen wurde. Die Agentur führt zwar die Verfasser der einzelnen Beiträge nicht an, doch nach wie vor bleibt es der größte Erfolg meines Engagements für die deutschsprachige Literatur Rumäniens, dass ich diese jungen Banater Autoren damals durchgeboxt habe.

Wie ist es Ihnen und den anderen Redakteuren der Neuen Literatur *gelungen, die Zensur zu überlisten?*

Da hatten wir doppeltes Glück. Man hat nicht nur mir, sondern auch der *Neuen Literatur* insgesamt besonderen Mut nachgesagt. Das ist verständlich, wenn man zum Beispiel bedenkt, dass ich, nachdem Moses Rosenkranz längst schon im Westen war, eine große Montage aus seinen Gedichten zusammengestellt und veröffentlicht habe – auch das eine Erstmaligkeit und ein Präzedenzfall, denn wer sich aus Ceaușescus Sozialismus abgesetzt hatte, egal ob als

Flüchtling oder regulär, also im Rahmen der so genannten Familienzusammenführung, durfte nicht mehr veröffentlicht werden, war tot. Auch waren wir ja in der DDR ein Geheimtipp für viele: Die Studenten aus Jena und Weimar haben unsere Hefte unter der Hand bestellen lassen. Wir haben Wolf Biermann veröffentlicht, als er in der DDR längst nicht mehr veröffentlicht wurde, und Texte von Stefan Heym und Irmtraud Morgner, die ebenfalls vorübergehend in Ungnade gefallen waren. Vor allem haben wir viele Übersetzungen aus den westeuropäische Literaturen gebracht und auch Texte aus der westdeutschen Literatur, die in der DDR nicht erscheinen konnten.

Aber wir lebten in einem, wie Csejka sagte, ,schalltoten Winkel', von rumänischer Seite ebenso wenig beachtet wie in Westdeutschland. Es musste schon etwas Skandalöses sein, um die Aufmerksamkeit auf uns zu lenken.

Unser zweites Glück war Stoffel: ,Wenn wir sowieso eine Zensur über uns haben – wozu brauchen wir dann noch Selbstzensur zu üben?' Wäre ein Genosse Eduard Eisenburger oder Bert Millitz unser Chef gewesen, dann hätte weder der *Brief an meinen Sohn* noch die „Schülersondernummer" erscheinen können. Und außer Stoffel hat auch Berwanger so lange wie nur möglich seine schützende Hand über die frisch geschlüpften Banater Autoren gehalten. Immerhin sind Herta Müller, Richard Wagner und die andern Mitglieder der „Aktionsgruppe Banat" mehr als zehn Jahre regelmäßig in der *Neuen Literatur* erschienen. Und heute verleumden sie ihre einstigen Förderer, spielen sich, begünstigt von der Konjunktur für alles Dissidentische, als Regimekritiker auf, und ihr Manager, Wichner, verbreitet mit Erfolg, dass es vor der „Aktionsgruppe Banat" nichts Nennenswertes in der rumäniendeutschen Literatur gegeben habe, ja sogar, dass diese Literatur erst mit ihnen beginne. Schon 1987 hat er als Herausgeber einer Anthologie rumäniendeutscher Nachkriegsliteratur im 147. Heft der Literaturzeitschrift *die horen* die Namen und Werke aller Autoren unterschlagen, das heißt totgeschwiegen, die vor ihm und seinen Günstlingen da waren.

Ich habe Ernest Wichner in dem Gespräch, das ich mit ihm in Folge 3/2001 der Südostdeutschen Vierteljahresblätter führte, auch danach gefragt, warum er nicht auch andere rumäniendeutsche Schriftsteller aufgenommen habe. Er behauptete, er habe seine Auswahl nach Kriterien der literarischen Darstellung getroffen.

Ihr Interview mit Wichner hat mich entsetzt. Es ist verlogen, zynisch, arrogant. Für den ganzen Rufmord mache ich Wichner verantwortlich, denn er hat ja alles, was vor der Banater Aktionsgruppe war, einfach mit einem Strich ausgelöscht, und auf der Tagung in Marbach im Jahre 1989 ist von Richard Wagner behauptet worden, dass es vor der „Aktionsgruppe" überhaupt nichts gegeben habe, das erst mit ihnen die rumäniendeutsche Literatur anfängt. Wichner sagte sogar, das Zeug habe ihn nicht interessiert, ich war entsetzt. Es ist ein Verbrechen, was Wichner gemacht hat.

Immerhin hat Ernest Wichner bei allen Unterlassungen auch von Ihnen einen Text in seine Auswahl genommen.

Da muss ich lachen! Ich war ja einer der ersten, der informiert wurde, mit mir hat sich Wichner schon im Sommer 1984 beraten. Und mehr als das: Da ich 13 Jahre lang für das Ressort Prosa der *Neuen Literatur* verantwortlich war und alle in jener Zeit in Rumänien lebenden Autoren, vom 1877 geborenen Adolf Meschendörfer bis zu den nach 1950 geborenen Banater Debütanten in der „Schülersondernummer", persönlich kannte, zu vielen auch freundschaftliche Beziehungen hatte, bestellte Wichner von mir gleich auch den einführenden Essay. Ich habe sofort mit der Arbeit begonnen – doch Wichner hatte sich inzwischen anders entschieden, das *horen*-Heft erschien mit zweijähriger Verspätung als Dokument eines eklatanten Betrugs. Metaphorisch: Da kommt die Redaktion der *horen* und fragt: ‚Herr Wichner, ihrer wieviel seid ihr?' Wichner: ‚Etwa 30 bis 35.' Die Redaktion: ‚Ok, hier haben sie eine schöne große Torte, teilen Sie sie gerecht auf, jedem seine Schnitte!' ‚Mach ich!' sagt Wichner, nimmt die Torte und frisst sie mit seiner Clique auf.

Unmittelbar nach dem Erscheinen der *horen*-Nummer habe ich die Herausgeber brieflich über das ganze Ausmaß des von Wichner (in Komplizenschaft mit Richard Wagner und Gerhardt Csejka) verübten Rufmordes aufgeklärt, der, mangels Kenntnis der Hintergründe des Skandals, von der literarischen Öffentlichkeit unbemerkt bleiben musste. Ich zitiere aus der Antwort von Johann P. Tammen, dem Herausgeber der *horen*: ‚Dass Sie erleben mussten, wie uns aus Nachlässigkeit und Unbedachtsamkeit Unredliches (!) unterlaufen ist, bedaure ich sehr – und ich bitte Sie um Verzeihung!'

In der von Wichner 1993 bei Reclam Leipzig herausgegebenen Anthologie Das Land am Nebentisch, *einem um neue Texte erweiterten Reprint des* horen-*Heftes, fehlt Ihr Text. In dem bereits erwähnten Gespräch mit mir begründete Wichner seine Entscheidung mit den Worten: Weggelassen habe ich den Text von Paul Schuster, der sich schon in der* horen-*Anthologie nicht wohl gefühlt hatte.'*

Demnach hat er in diesem Fall doch nicht nach literarischen, sondern eher nach klinischen Kriterien entschieden – als hätte er einen Kranken verschonen wollen. Wichner lügt ganz einfach, lügt und lügt – seine Auswahl ist einseitig tendenziös; sie folgt der Konjunktur; man muss den Eindruck gewinnen, dass die

Jüngsten, die nach 1950 Geborenen, Regimekritiker gewesen seien. Freche, frische, hintersinnige Gedichte, witzige Verschlüsselungen, auf den längst zum Terror degenerierten Personenkult um den Popanz Ceaușescu zielend; aber unterdrückt oder behelligt waren diese Jüngsten nicht, im Gegenteil: Der Anhang über *Die Autoren* beweist, wie sie – begünstigt von jenem ‚schalltoten Winkel' – noch fünfzehn Jahre nach dem Erscheinen der „Schülersondernummer" gefördert worden sind. Schikanen, Verhöre durch die Securitate, schließlich Entlassung aus dem Schuldienst, aus Redaktionen und Verlagen – die letzten bösen zwei Jahre vor der Emigration, nehmen sich neben den langen Haftstrafen und Misshandlungen, die Cisek und die fünf im Monsterprozess von 1959 Verurteilten zu ertragen hatten, wie ein Sonntagsspaziergang aus. Dass Wichner sie aus seiner Auswahl ausgeschlossen hat, ist wohl sein schlimmstes Verbrechen.

Dies alles gehört ebenso zum letzten Kapitel der rumäniendeutschen Literatur, wie die Gedichte der „Aktionsgruppe Banat" – die natürlich in einer repräsentativen Anthologie nicht fehlen dürfen; doch für diese Jüngsten hätten zehn von den 200 Seiten des Heftes ausgereicht. Die verbleibenden 190 Seiten hätten den von Wichner Unterschlagenen zugestanden. Aber wie er selber im Gespräch mit Ihnen erklärt: ‚Die Anthologie in der Zeitschrift *die horen* hatte ich ursprünglich viel breiter angelegt. [...] Doch da gab es so viel Zeug (!), das mich nicht interessierte, das ich auch nicht kannte und wohl auch nicht kennen lernen wollte.' Damit hat Wichner Dutzende Autoren diffamiert, ihr Werk pauschal als ‚Zeug' disqualifiziert, also negiert, geschändet, ohne sie zu kennen. Der eigentliche Skandal besteht darin, dass Wichner das Licht, in dem Herta Müller, Richard Wagner, Oskar Pastior stehen, zur Verdunkelung aller anderen vorhin genannten Autoren missbraucht, also sich die Alleinvertretung einer ganzen Epoche angemaßt hat. Erst ein Vergleich der Bekannten mit den Unterschlagenen könnte das Entstellte richtig stellen. Das, wie gesagt, habe ich in meinem Brief an Tammen nachgewiesen – und Tammen hat bedauert, dass der *horen*-Redaktion – im Vertrauen auf Wichner – Unlauteres unterlaufen ist.

Hatte diese Auseinandersetzung zwischen Ihnen und Wichner Folgen?

Ja, wenigstens zwei. Die eine: Verleumdung mit schweren geschäftsschädigenden Folgen für mich, die andere: zwei Ohrfeigen.

Gab es Reaktionen darauf?

Nein. Es kann auch keine geben. Diese ganze Geschichte – vom Rundbrief von 1984 über die Entstellungen im *horen*-Heft von 1987, über meinen Brief an Tammen und Tammens Reaktion, über jene Ohrfeigen und Ihrem Gespräch mit Wichner bis zu diesem meinem Interview für die *Südostdeutschen Vierteljahresblätter* – hat sich, ebenso wie seinerzeit die Aktivität der „Aktionsgruppe Banat", in einem ‚schalltoten Winkel' abgespielt. Ignorieren kann man nur, was man zur Kenntnis genommen hat; irgendwann, spätestens seit 1985, haben die Kulturpolizisten Ceauşescus die aufmüpfigen jungen Banater nicht länger ignorieren können. Und solche Wächter gibt es in Deutschland, Gott sei Dank, nicht. Aber was sich in der ausgewanderten, recht kleinen literarischen Welt der aus dem Osten und Südosten Europas Ausgewanderten regt, kann schon darum nicht ignoriert werden, weil es von der Öffentlichkeit entweder gar nicht wahrgenommen wird oder von negativen Assoziationen belastet ist: Wir Ostler und Südostler haben doch unsere eigenen Verbände und Vereine, unseren eigenen Filz – und da stünde allerhand zur Bewältigung an. Die vor mehr als 50 Jahren gegründeten *Südostdeutschen Vierteljahresblätter* waren doch lange Zeit ein Forum für kalte Krieger, ein Tummelplatz für mehr oder weniger prominente Ex-Nazis; noch 1969 hat ein Rezensent namens Lutz Tilleweid (vermutlich ein Pseudonym) meinen kurz zuvor auf der Frankfurter Buchmesse vorgestellten Roman *Fünf Liter Zuika* als eine „Verhimmelung des Bolschewismus" verrissen – und heute nun, in derselben Zeitschrift – dieses Interview mit mir. Es ist schon leicht komisch.

Das auch, aber doch ein eindeutiger Beweis, dass sich vieles geändert hat, nicht nur in dieser Zeitschrift, sondern auch sonst.

Natürlich habe ich die neueren Entwicklungen mitbekommen – wenn auch aus sehr großer Distanz: *Siebenbürgische Zeitung* und Landsmannschaft, die Münchner *Vierteljahresblätter* und die Ippesheimer *Halbjahresschrift*, die Sachsentreffen in Dinkelsbühl und die Tagungen des Freundeskreises Siebenbürgen und die Evangelische Akademie in Hermannstadt. Ein – für mich – ebenso groteskes wie rührendes Durcheinander, Ineinander, Gegeneinander von alten Nazis, Veteranen, um nicht zu sagen Fossilien aus der Volksgruppenzeit – nomina odiosa! – und jungen, von Stalin und dem rumänischen Sozialismus Geschädigten, von einstigen Brukenthal-Schülern, von Eltern, Geschwistern, Onkeln, Tanten, Cousinen. Und in all diesen Nischen und Nestchen gibt es, wie in jeder Gesellschaft, nette, sympathische Leute, mit denen man gerne zusammenkommt – und andere, die man eben nicht abkann. Aber was alle unlöslich miteinander verbindet – ausgenommen die jüngste Generation, die in Deutschland geborenen, noch nicht dreißigjährigen Kinder emigrierter Eltern – ist das Heimweh; es ist eben schwer, sich von Siebenbürgen zu emanzipieren, es ist wohl auch gar nicht möglich, denn das Gravitationszentrum ihrer Erinnerungen liegt „dort unten" zwischen Büffeln und Kirchenburgen: gelebtes Leben. Ich sehe schon längst keinen Unterschied mehr zwischen den Siebenbürger Sachsen und den Deutschen aus Kasachstan, den Ostpreußen, Sudeten, Schlesiern, Banatern. Ausgenommen, wie gesagt, die jüngsten, die schon als Bundesbürger abgenabelt wurden, haben sie in Deutschland nicht Wurzel fassen können, und so bleibt ihnen nichts andres übrig als nach der Flucht aus der Heimat die Flucht ins Ghetto. Und in jedem Ghetto gibt es Freundschaften und Feindschaften, die mit einem alt eingesessenen Bundesbürger nun einmal nicht möglich sind. Du kannst dich einem Menschen, mit dem dich keinerlei gemeinsame Erinnerung, kein gemeinsamer Schmerz verbindet, weder mitteilen, noch dich mit ihm zanken. Und so bleiben alle unsere Ghettos ‚schalltote Winkel'.

Hatten Sie – abgesehen von Wichner – in Ihren Beziehungen zu anderen Schriftstellerkollegen keine Schwierigkeiten?

Schwierigkeiten nicht – aber Kummer wegen zweien, einen Kummer, den ich wohl bis zu meinem Exitus nicht loswerde. Doch ich mag sie hier nicht nennen. Und noch weniger mag ich sie in einem Roman verschlüsseln und die Insider unter den Lesern erraten lassen, wer gemeint ist – so wie Eginald Schlattner es tut, ich kann es ihm nicht übel nehmen, ich kann ihn auch zu seinem Erfolg beglückwünschen, doch die Methode bleibt fragwürdig, da ja die wenigsten Leser und Rezensenten Schlattners die Hintergründe kennen, also auch nichts entschlüsseln können. Schwierigkeiten wäre auch nicht das treffende Wort, besser also: schlechteste, peinlichste Erfahrungen auch mit bundesdeutschen Schriftstellerkollegen, genauer mit gewissen Seilschaften; um das Kind beim rechten Namen zu nennen: mit Günter Grass, Anna Jonas, Yaak Karsunke, auch mit Johano Strasser – anfangs bestanden zwischen mir, dem kleinen unbedeutenden Emigranten, und diesen Größen durchaus freundschaftliche Beziehungen, doch als ich es wagte, ihnen zu widersprechen, ihnen öffentlich Vorhaltungen zu machen, haben sie mir augenblicklich ihre Gunst entzogen, mich fallen lassen. Nebenbei: Ich habe schwerwiegende Indizien, in Wichner einen Protegée dieser Seilschaften zu sehen. Das dürfen Sie ruhig schreiben: Pikanterien, die für einen Enthüllungsjournalisten ein gefundenes Fressen abgäben, wenn sie nur über jenen schalltoten Raum hinaus bekannt werden könnten. Manchmal juckt es mich, diese ganze *chronique scandaleuse* zu schreiben; aber nicht etwa als Abrechnung mit einem Schnösel namens Ernest Wichner, auch nicht als Analyse von Seilschaften und Verfilzungen, sondern als Abhandlung über die Arroganz und Gleichgültigkeit des reichen, satten, selbstgefälligen europäischen Westens dem armen Balkan gegenüber und über die Ignoranz der Ostexperten von Washington bis Paris und Berlin.

PAUL SCHUSTER

Ich habe bei Ihren Äußerungen mitunter den Eindruck, dass Sie gern übertreiben.

Übertreibung? Intellektuelle Empörung! Gut, ich beschränke mich auf Rumänien und lasse offen, ob Ignoranz oder Boykott oder einfach Geringschätzung im Spiel ist: Ich habe mir die von Golo Mann herausgegebene zehnbändige Propyläen-Weltgeschichte gekauft und sofort nachgeschlagen – keine Zeile über die Türkenkriege in der Walachei und der Moldau, keine Zeile über die Jahrhunderte der Phanariotenfürsten, keine Zeile über die Einfälle der Polen; Stefan der Große, Michael der Tapfere, Brâncoveanu, Cuza kommen nicht vor – erst mit dem Import eines Fürsten aus dem Haus Hohenzollern tritt, nach diesem Standardwerk zu urteilen, Rumänien in die Geschichte ein. Noch befremdlicher: in den 16 Bänden *Die geheimen Lageberichte des Sicherheitsdienstes der SS 1938–1945* keine Zeile über den 23. August 1944, auch in Standardwerken über den Zweiten Weltkrieg habe ich vergeblich nachgeschlagen. Aber das früheste skandalöse Beispiel für diese Ignoranz oder Arroganz: die von Hans Magnus Enzensberger herausgegebene Anthologie *Museum der modernen Poesie* – nur Rumänien und Bulgarien fehlen; in seinem Nachwort behauptete Enzensberger, es gäbe da keine beachtenswerte Dichtung; so Anfang der 1960er Jahre. Keinen Eminescu, keinen Arghezi! Und als ich ihm 1972 nach seiner Lesung aus seinem Buch über den Spanischen Bürgerkrieg nahe legte, ein *Kursbuch* zum Thema ethnische Minderheiten herauszugeben, fertigte er mich hochnäsig-belehrend ab: Damit bediene man nur die Faschisten.

Aber was ist schon Rumänien? Ein exotisches Land, Büffel, Bären, Zigeuner, natürlich Dracula – und dazu noch Ostblock! Warum sollte da eine Ohrfeige, die ein Siebenbürger Sachse in Berlin einem Banater Schwaben verpasst hat, interessanter sein als eine Korruptionsaffäre in Kasachstan oder Abchasien? Aber es gilt nicht nur für Rumänien – es gilt und galt wohl schon immer für den Balkan schlechthin. Im Übrigen beschäftigen mich jetzt andere Fragen, andere Themen.

Das war ja schon vor zwanzig Jahren der Fall, als sie die Zeitschriftenschau für den Norddeutschen Rundfunk (NDR) schrieben.

Ja; acht Jahre lang, von 1976 bis 1984 monatlich eine Sendung von dreißig Minuten; 1992 habe ich für den 12. Band der von Hanser herausgegebenen *Sozialgeschichte der deutschen Literatur* das Kapitel über *Literatur- und Kulturzeitschriften* verfasst. Mein persönlicher Gewinn: Durch nichts hätte ich einen besseren, genaueren Überblick und Einblick in den Literaturbetrieb gewinnen können – auch Österreichs, der Schweiz, der DDR.

Wie kommt es dann, wo sie doch wussten, wie der Betrieb funktioniert, dass Sie sich so zurückgehalten haben, wollten Sie daran bewusst nicht partizipieren?

Ich kann nicht sagen, dass ich nicht partizipieren wollte, ich konnte nur nicht recht. Ein Berliner Freund, der Schriftsteller und Tegeler Gefängnispfarrer Wolfgang See, hat das treffend formuliert: ‚In Rumänien, also da, wo Sie Ihr Publikum hatten, durften Sie nicht publizieren, die Zensur, die Zensur! Und hier, wo Sie dürfen, haben Sie kein Publikum.' Pfarrer See, der oft in Siebenbürgen war und die Siebenbürger Sachsen recht gut kannte, sagte, dass ich im Grunde genommen zweimal emigriert sei. Das stimmt. Meine erste, 1949 aus Siebenbürgen in die Walachei teils aus Not, teils aus eigenem Interesse und aus Neugier, aber auch aus Not: Ich wollte studieren. Beim *Neuen Weg* haben mich dann die Redaktionsjuden unter ihre Fittiche genommen – und da muss ich gleich zwei wunderbare Eigenheiten hervorheben, die die Juden vor allen anderen Völkern auszeichnen, jedoch über dem abgedroschenen Diskurs über den Holocaust und den jüngeren über Israel und Palästina, über die Frage nach dem Antisemitismus von Walser, Mölleman, Däubler-Gmelin in ein Abseits gedrängt werden, wo sie kaum noch wahrgenommen werden, ja selbst vielen Juden kaum noch bewusst sind: Sie sind wohl das einzige Volk, das Witze über sich selbst macht, sich selber auf geistreichste Weise auf den Arm nimmt, und das einzige Volk, das keinen Chauvinismus kennt – ich hatte in Bukarest, in Budapest, in Prag, Paris und Berlin viele Begegnungen, viele Gespräche mit Juden. Aber in meinem ganzen Leben keinen gekannt, der je eine andere Kultur, eine andere Nation verachtet hätte. Meine Freundschaft mit Margul-Sperber, Kittner, Radu Cosașu, Brunea-Fox hat mich geimpft gegen diese Krankheit. Und wenn viele mich einen unerträglichen Querkopf nennen, dann habe ich das vom Juden Moses Rosenkranz und von der Jüdin Zimra Harsányi, mit der ich vier Jahre lang verheiratet war. Ebenso prägend wie diese Freundschaften waren die Jahre nach meinem Rausschmiss vom *Neuen Weg*, als ich in einer winzigen Bude in der Mahalaua Vergului, einem von wenigstens 30 % Zigeunern bewohnten Viertel, als Untermieter einer Rumänin namens Stela Daneș hauste, einer Büroangestellten und Mutter zweier erwachsener Töchter, einer Persönlichkeit von einer Freundlichkeit, Vorurteilslosigkeit, Aufmerksamkeit, wie ich sie nie zuvor und seither nie wieder erlebt habe. Aber ich sagte ja schon, damals, in den frühen 50er Jahren, ist mir der Star gestochen worden, eben jenes andere Auge gewachsen, mein Balkanauge, und das kann ich mir nicht ausreißen. Wenn ich heute noch so etwas wie Heimweh verspüre, dann nur nach der kleinen Bude, Strada Horia 16, aber das Haus, die Straße existieren nicht mehr – Ceaușescu hat die ganze Mahalaua Vergului schleifen lassen.

Und Ihre zweite Emigration Anfang der 1970er Jahre? Wieso sind Sie auf dem Höhepunkt Ihrer literarischen Erfolge aus Rumänien nach Deutschland ausgewandert?

Die Privilegierten Schuster und Berwanger aus dem gleichen Grund wie die Schikanierten, wie Herta Müller, Wagner, Wichner – und vor ihnen Pastior und Schlesak. Wir sind ja nicht nur von Ceaușescus Kulturpolizisten lange Zeit unbehelligt geblieben – uns haben ja auch unsere lieben Sachsen und Schwaben kaum wahrgenommen, aber auch für die moderne ausländische deutsche Literatur bestand kein Interesse; abgesehen von einigen wenigen Lehrern und Lehrerinnen, beschränkte sich die Lektüre der ganzen deutschen Minderheit, im Banat wie in Siebenbürgen, auf die Kataloge von Neckermann und Quelle aus dem gerade verflossenen Jahr, das schönste Mitbringsel, wenn die lieben Verwandten aus dem Westen zu Besuch kamen. Und nach dem Händedruck zwischen Willy Brandt und Ceaușescu im Jahr 1967 setzte die so genannte Familienzusammenführung ein, der für beide Seiten lukrative Menschenhandel. Für jeden Emigrierten bekam Ceaușescu 10 000 Mark, in den letzten Jahren erheblich mehr, und mit jedem Einwanderer – die Wirtschaft stand noch in Blüte – bekam Deutschland tüchtige arbeitswillige Fachleute. Es war, als hätte die Weltgeschichte den Stöpsel aus der Badewanne gezogen: Anfangs fällt es noch nicht so auf, wie das Wasser weniger wird, aber es sinkt und sinkt, und schließlich hast du nur noch das schmatzende, saugende Geräusch im Ohr, den Wirbel, den Sog über dem Abfluss. Auch meine Familie ist „zusammengeführt" worden – aber so zerstreut wie nach der Zusammenführung waren wir nie zuvor.

Aber Sie hatten doch auch bestimmte Erwartungen, als Sie sich für die Auswanderung entschieden.

Und ob! Ich hatte den oft beschworenen, noch heute von nostalgischen Ex-Linken verklärten heißen Herbst von 1968 aus nächster Nähe miterlebt; Großdemonstration vor der Frankfurter Pauls-Kirche, Festnahme von Daniel Cohn-Bendit, Polizeieinsatz mit Knüppel und Tränengas, Großdemonstrationen in Zürich und in Paris. Schon in Rumänien war ich ein engagierter Linker, hatte zwar längst schon eingesehen, dass Ceaușescus KP eine Partei des Opportunismus und der Korruption, der Habgier und des Chauvinismus war, aber Ceaușescus Weigerung sich an der Okkupation Prags zu beteiligen, in den Wochen unmittelbar danach hat er sogar den Kult mit seiner eigenen Person abgestellt; Hoffnung auf eine allmähliche Veränderung des Status quo nach Dubčeks Vorbild schien also doch möglich, doch als ich nach den aufregenden neun Monaten im Westen, verführt eben von dieser Hoffnung, nach Rumänien zurückkam, war dieser Kult bereits *tutti fortissimo* wieder ausgebrochen; schon am Tag meiner Wiederkehr habe ich mir geschworen, bei nächster Gelegenheit abzuhauen. Die letzte Hoffnung konnte ich da nur noch in die deutsche, auch italienische und französische Linke setzen – da ging es, so schien es mir, wirklich um Veränderung, nicht um Karriere und Fettnäpfe. Außer Stoffel, den ich nach wie vor verehre, gab es ja in Rumänien nur noch drei Marxisten: Der eine war Erich Wayand, Vizechef des *Neuen Weg* – und Wayand ist im Herbst 1971 tödlich verunglückt; den andern, den Juden Szász János, meinen Freund und engsten Mitkämpfer gegen die zunehmend chauvinistische Minderheitenpolitik der Partei, hat der Alkohol außer Gefecht gesetzt; der dritte – der bin ich – ist davongelaufen. In der Überzeugung, dass ich in Westdeutschland gewiss eine, sei es noch so kleine Nische, ein politisches Biotop finden würde, das zu mir passt und zu dem ich passe.

Und jetzt? Sie scheinen von der deutschen Linken enttäuscht zu sein…

Das war ich! Schon wenige Wochen nach meinem Umzug bin ich mächtig auf die Schnauze gefallen! Da durfte man ja gar kein Linker sein, ohne zu den richtigen Linken zu gehören – aber es gab gleich drei richtige, die Mao-Connection, die Breschnew-Honecker-Connection und die Trotzkisten, und hundertprozentig richtig innerhalb einer von diesen drei Richtigen konnte man nur sein, wenn man die beiden anderen beschimpfte. Zweimal habe ich zusehen müssen, wie Freunde Moskaus und Freunde Pekings aufeinander losgedroschen haben – bis aufs Blut. Als ich noch in Rumänien war, schrieb Wolf Biermann mir: ‚Zwei richtige deutsche Kommunisten treten sich auch dann noch gegenseitig ans Schienbein, wenn sie am Galgen hängen.' Wie die prominentesten Linken von einst der Reihe nach umgekippt sind…, späte, wenn auch reiche Brüder der popeligen rumänischen Genossen von einst: Karrieristen und Bratenriecher wie sie. Prinzipien taugen nur als Sprossen der Leiter zum Aufstieg. Der Adler, Deutschlands Wappenvogel, müsste durch den Wendehals ersetzt werden.

Eines noch möchte ich präzisieren; Marxist im Sinne einer Parteizugehörigkeit war ich zwar nie, aber ich habe einige wichtige Texte von Marx gelesen; so wie ich das Alte und das Neue Testament gelesen habe, ohne Christ zu sein, und Goethe, ohne Goetheaner anthroposophischer Couleur zu werden. Ich habe sie mir angeeignet – man sollte sagen dürfen: Sie haben mich angeeignet; jedenfalls kann ich mir den Paul Schuster ohne die prägenden Begegnungen mit diesen drei konstanten Größen überhaupt nicht vorstellen – ich kann ganz gut ohne Parteien leben.

Aber Politik interessiert Sie nach wie vor, möglicherweise mehr als Literatur.

Das stimmt – aber nicht mehr als das Schreiben; denn selber Schreiben und Buchhandel unterscheiden sich nicht weniger voneinander als Produzieren von Konsumieren. Und was die Politik betrifft – es gibt und gab seit jeher nur zwei Einstellungen: die eine verkörpert im uralten, ich glaube aus Asien importierten Affentrio: Augen zu – nichts gesehen! Ohren zu – nichts gehört! Und Maul halten! Die andere: Augen auf, Ohren auf und nicht feige schweigen. Was aber überhört man, was übersieht man, was überschweigt man? Deutschland ist mit über zwei Billionen Mark verschuldet – das macht der rote Sparstift von Tag zu Tag deutlicher. Und Gore Vidal, nicht nur einer der bedeutendsten Schriftsteller der USA, sondern zugleich Mitglied eines der nobelsten Clans der High Society, hat es in einem Interview für den Berliner *Tagesspiegel* ausgesprochen: ‚Deutschland ist unsere zuverlässigste Kolonie. Alle großen Parteien tanzen doch nach Washingtons Pfeifchen – und wehe, du tanzt aus der Reihe!' Haben wir das nicht schon vor funfzig Jahren erlebt, als alle sozialistischen Bruderländer nach Moskaus Pfeife tanzen mussten und die Liebe zu Generalissimus Stalin der einzige Prüfstein für die richtige Einstellung war? Aber man muss schon über siebzig sein, um sich daran zu erinnern. Natürlich bin ich für die Demokratie, nur leider liegt sie in utopischer Ferne, solange es den Fraktionszwang gibt; er ist das eigentliche Leck jeder Demokratie, die eiserne Basis jeder Diktatur: Und willst du nicht mein Bruder sein... In zwei Zeilen von Tudor Arghezi steckt mein ganzer Kommentar zur Tagespolitik: „Ce-i dulce sug şi scuip ce-mi face greaţă. Atît în bătătura mea se-nvaţă" („Was süß ist, schlürf ich, und was mich ekelt, spuck ich aus; so lernt man das in meinem Haus").

Sind Sie auch von der postrevolutionären Entwicklung in Rumänien enttäuscht? Sie haben das Land, dem Sie sich eng verbunden fühlen, nach 1990 des Öfteren besucht.

Viermal im ersten Jahr danach – Horror! Das erste Mal, schon im Januar, gleich mit meiner Frau, in höchster Euphorie – aber dann folgte ein Dämpfer auf den anderen; nein, darüber will ich hier nichts sagen, jedenfalls bin ich von Mal zu Mal deprimierter zurückgekommen. Aber noch einmal? Nein, bestimmt nie wieder!

Seit Jahren arbeiten Sie auch als Schreibwerkstättenleiter, als Schreibtrainer sozusagen. Nach welchen Gesichtspunkten, Prinzipien gehen Sie vor?

Darüber will ich mich in diesem Gespräch nicht äußern – es würde zu weit führen. Ich mache das seit 1972, bin auch schon der Nestor der deutschen

Schreibbewegung genannt worden, und demnächst erscheint im Berliner Autorenbuch-Verlag unter dem Titel *Vademecum* meine „Fahrschule und Rezeptsammlung für Schreibende". Ich habe in meinen dreißig Berliner Jahren in gut 300 Schreibgruppen an Volkshochschulen und in Akademien, am Zweiten Bildungsweg und in Gefängnissen mit mehr als 3000 Menschen gearbeitet, mit Teilnehmern aus allen Bundesländern, aus allen sozialen Etagen, vom Knacki bis zum Doktor und zur Millionärin, mit 16- und 70-jährigen; und wenn es stimmt, dass man ein Land am besten über seine Bewohner kennen lernt, dann darf ich wohl, ganz leise, sagen, dass ich einer der gründlichsten Kenner Deutschlands bin – und laut: dass die Deutschen wunderbare Menschen sind! Meine siebenbürgische Heimat, meine Siebenbürger Sachsen, sind mir dadurch nicht fremd geworden, wie ich ja schon sagte, aber die Distanz zum Kilometer Null der Lebensstrecke ist, nach zwanzig Jahren in Bukarest, unter Rumänen, Zigeunern, Juden, dann nach dreißig Jahren höchst spannender Arbeit mit schreibsüchtigen, schreib-sehnsüchtigen Deutschen um weitere etliche tausend Kilometer gewachsen.

Sie haben aber nicht nur anderen das Schreiben beigebracht, sondern von vielen Autoren es auch selbst gelernt. Wer waren oder sind Ihre literarischen Vorbilder, Ihre Mentoren?

Die drei schon genannten Größen – Marx, Christus, Goethe –, die mir die Linsen für die Betrachtung der Welt und der Gesellschaft geschliffen haben; ein Linsenschleifer, dem ich besonders viel zu verdanken habe, ist Plutarch, der wohl älteste Entmystifizierer der europäischen Literaturgeschichte. Doch wenn ich von Einfluss reden soll, dann muss ich Sterne und Flaubert, Gogol und Leskow, Heine und Büchner, Bobrowski, aber auch Golescu, Caragiale, Arghezi, Rebreanu erwähnen. Mit ganz besonderem Respekt und Vergnügen spreche ich von einem Landsmann, einem kaum bekannten, halb schon vergessenen Siebenbürger Sachsen, mit dem ich zu meiner großen Freude in den von Ihnen herausgegebenen *Siebenbürgischen Erzählungen* zusammengekommen bin: Johann Plattner. Sooft ich nach den Paten für meinen großen Roman *Fünf Liter Zuika* gefragt werde, nenne ich als ersten den Pfarrer, der die *Stolzenburger Gestalten* porträtiert hat.

Woran arbeiten Sie zurzeit?

Außer an dem bereits erwähnten *Leitfaden* für Schreibende an der Auferstehung meines ursprünglich in zwei Bänden erschienenen Romans *Fünf Liter Zuika*, der Geschichte eines siebenbürgischen Bauernhofs zwischen dem Ausgang des Ersten Weltkriegs und dem Exitus der deutschen Minderheit. Die letzte Phase, die dramatischste – von Herbst 1944 bis Sommer 1967 – sollte im dritten Band nachgezeichnet werden. In Rumänien war das nicht möglich. Und die etwa 250 Seiten, die ich nach Deutschland mitbringen konnte, sind dermaßen von damals nicht vorhersehbaren Entwicklungen überrollt worden, dass sie radikal umgeschrieben werden müssen. Und nun, 34 Jahre nach der Westpremiere auf der Frankfurter Buchmesse von 1968, will der Aachener Rimbaud-Verlag das ganze Werk herausgeben – in einer Serie von mehreren Folgen. Der Klappentext: Wie übersteht ein siebenbürgischer Bauernhof den Frieden von Trianon und den Rutsch aus dem Abendland in den Balkan? Wie Martin Luthers ‚Feste Burg' und Hitlers ‚Tausendjähriges Reich'? Wie die Deportation nach Russland und wie Stalin, den „weisen Lehrmeister aller Völker", wie schließlich 1967 den Händedruck von Ceaușescu und Willy Brandt? Und wie die späte Rückkehr in das Land, aus dem die Vorfahren vor 850 Jahren ausgewandert sind? Die erste Folge, *Die Hochzeit*, der erste Teil, ist bereits auf der diesjährigen Frankfurter Buchmesse vorgestellt worden.

Und weitere Projekte?

Mit demnächst 73 lebe ich schon in der Zielgeraden; ich hoffe dass die Puste noch für die Fertigstellung einiger größerer Erzählungen reicht; für *Chiva*, eine Romeo-und-Julia Geschichte von der gescheiterten Liebe zwischen einem sächsischen Dorfschullehrer und einer Rumänin; für die *Faraoanca*, die Geschichte von einem im Donaudelta ertrunkenen Freund, seiner Beerdigung und der Aufstellung eines gigantischen heidnischen Kreuzes durch seine Witwe, eine Siebenbürger Sächsin; und die *Plastiktüte*, das Drama von der Ehe eines Berliner Frührentners mit einer von der Schwarzmeerküste herausgeheirateten rumänischen Venus. Es sind Liebeserklärungen an Rumänien. In den *Confessiones* des Heiligen Augustinus habe ich die Klage gefunden: „Zu spät geliebt!" Ich glaube, wir alle würden heute noch „dort unten" auf dem Balkan leben und glücklicher sein, als wir's hier sind, wenn schon unsere Großeltern und deren Vorväter die Rumänen geliebt hätten. Und die Zigeuner. Und die Juden. Die Gegenliebe wäre nicht ausgeblieben.

4/2002

„ICH HABE MICH NIE HEIMATLOS GEFÜHLT"

Bernhard Ohsam

Herkunftsraum Südosteuropa, Deportation in die Sowjetunion und Flucht aus Rumänien sind nicht bloß prägende Momente in der Lebensgeschichte Bernhard Ohsams, sie bilden auch den historischen Hintergrund seines literarischen Werkes. Der am 5. Juni 1926 in Braller in Siebenbürgen geborene Ohsam besuchte das Gymnasium in Hermannstadt, als er im Januar 1945 von der Schulbank zur Aufbauarbeit in die Ukraine verschleppt wurde. Doch bereits nach einem halben Jahr gelang es ihm, aus dem Lager auszubrechen und über mancherlei gefahrvolle Stationen und Abenteuer den Weg nach Hause zu finden. Aufgearbeitet hat der Autor diese Ereignisse in seinem in mehreren Auflagen erschienenen Erfolgsroman *Eine Handvoll Machorka* (1958) und in seiner mehrfach aufgelegten und unter verschiedenen Titeln herausgegebenen „Odyssee einer Freiheitssuche" *Doswidanija Stalin* (zuletzt Berlin, Bonn 1991). Nachdem Ohsam 1946 das Abitur in Hermannstadt ablegen konnte, floh er über Ungarn in den Westen, wo er ein Ingenieurstudium in Wien begann, das er 1951 in der Bundesrepublik Deutschland, wohin er zwischenzeitlich seinen Wohnsitz verlegt hatte, abschloss. Auch diese seine zweite Flucht fand – wie zahlreiche andere Erfahrungen, die der Autor in Ost- und Südosteuropa machte – ihren literarischen Niederschlag in zahlreichen Erzählungen. Seit Ende der 50er Jahre war Bernhard Ohsam als Rundfunkredakteur – zuletzt im Europa-Fremdsprachenprogramm des Deutschlandfunks – und Journalist tätig. Diese Tätigkeit und seine weltweit unternommenen Reisen fanden Eingang in eine umfangreiche Reiseprosa, in der der Autor auf humorvolle Weise seine Begegnungen und Erfahrungen mit der fremden Welt festhält. Bernhard Ohsam lebte bis zu seinem Tod am 6. November 2001 als freischaffender Schriftsteller und Journalist in Bremen.

Herr Ohsam, vor der politischen Wende in Ost- und Südosteuropa waren Sie einer der erfolgreichsten südostdeutschen Schriftsteller. Ihre Bücher, vor allem jene mit osteuropäischer Thematik, erzielten hohe Auflagen, Sie waren als Journalist und Osteuropa-Experte gefragt und geschätzt, Ihre humoristischen Erzählungen lagen in Flugzeugen und Hotels als Lektüreangebot auf. Obwohl nach 1990 einige Ihrer Werke neu herausgegeben wurden und Sie nach wie vor in der Heimatpresse der Siebenbürger Sachsen aktiv präsent sind, scheint die Nachfrage nach Ihren Büchern in den letzten Jahren doch etwas zurückgegangen zu sein. Die seit 1990 massenhaft in die Bundesrepublik Deutschland ausgesiedelten Landsleute, die die „Kontinuität" Ihrer Leserfamilie garantieren sollten, wie Sie es 1984 im Vorwort zur vierten Auflage Ihres Erfolgsromans Eine Handvoll Machorka *erhofften, haben wohl nicht in erwünschtem Maße nach Ihren Büchern gegriffen und diese wohl auch nicht oft genug an ihre „binnendeutschen Nachbarn" weitergereicht.*

Um Ihre Frage von hinten nach vorne aufzurollen: Die, wie Sie es ausdrücken, „massenhaft" nach Deutschland drängenden Landsleute hatten wohl zunächst vorwiegend im Sinn, ein Auto anzuschaffen, Wasch- und Spülmaschinen usw. Zudem traf hier eine Generation ein, die die UdSSR nicht selbst erlebt hatte, ein Bücher-Boom konnte allein aus diesem Grunde nicht stattfinden. Auch wissen Sie es selbst aus Ihrer Erfahrung, dass Jugend heute nicht mehr so lesebegierig ist, sondern Wissen und Unterhaltung im Computer sucht. Deshalb: Wenn Auflagen im letzten Jahrzehnt zurückgegangen sind, so bin ich wohl nicht der einzige Autor, den das trifft. Insgesamt aber bin ich zufrieden mit dem Verkauf meiner Bücher. Denn das sollten Sie auch registrieren: Zu meinen Lesern zählen nicht nur die Siebenbürger, sondern vor allem die zahlenmäßig größeren Gruppen als da sind: Ostpreußen, Schlesier, Sudetendeutsche. Mein erster Verleger Adam Kraft stammte übrigens aus Karlsbad. Auch dieses sollte man beim Ausbleiben eines Bücherbooms berücksichtigen: Meine Produkte wurden immer wieder von Besuchern nach Siebenbürgen geschmuggelt, waren deshalb bekannt – eben jenes Buch besonders, das von der Deportation meiner Landsleute in die Sowjetunion handelt.

Sie haben dem Schreiben und Ihrer Arbeit als Schriftsteller und Journalist immer eine besondere Bedeutung beigemessen. Weil eine ehemalige Kommilitonin – so schildern Sie es im Vorwort zu den Erzählungen Wölfe und Musik *(1991) – nach längerer Bekanntschaft und Freundschaft Sie nicht heiraten wollte, fassten Sie spontan den Entschluss, sich nicht nur von ihr zu trennen, Sie gaben auch eine aussichtsreiche und finanziell gut dotierte Ingenieurstelle auf, um sich hinfort allein der Literatur und dem Schreiben widmen zu können. Warum war es Ihnen so wichtig, Schriftsteller zu werden?*

Es amüsiert mich, dass Sie in unserem Gespräch gerade diese Klippe meines Lebens aufgreifen. Aber Sie werden es selbst kennen: Manchmal ist es gut, wenn man sich dem Verlauf der Ereignisse nicht entgegenstellt, hie und da aber ist es gut, dem Schicksal in die Speichen zu greifen. Sie haben eine frühe Phase meines Lebens angesprochen, in der vor allem ein anderes Ereignis den Vordergrund prägt. Kurze Zeit vorher nämlich hatte ich in einem Erzählerwettbewerb den Ersten Preis gewonnen mit meiner Kurzgeschichte *Keiner kennt des anderen Grenze*. Unter 864 Einsendungen den Ersten Preis! Es war eine Bestätigung meiner jungen Schreibprodukte hier in der Bundesrepublik Deutschland (in Siebenbürgen hatte ich noch keine Zeile geschrieben). Diesem ersten Sieg verdanke ich zahlreiche Abdrucke, selbst für zwei Schulbücher bekam ich grünes Licht, die ersten Einladungen für Leseabende blieben nicht aus. Weil ich mir für das Honorar einen schicken Anzug gekauft hatte, betonte einer der Rezensenten: „Der unerwartet gut gekleidete Autor verstand es vorzüglich, usw., usw." Sie sehen also, es war für mich ein lohnendes Ziel, Schriftsteller zu werden. Zumal der Rundfunk auf mich aufmerksam werden sollte, als mein bald erscheinender Roman *Eine Handvoll Machorka* in die Szene polterte.

Sie sind in einem siebenbürgisch-sächsischen Dorf in einer Lehrerfamilie geboren, haben aber, weil Sie in früher Jugend in die Sowjetunion deportiert wurden und danach in den Westen flüchteten, vergleichsweise wenige Jahre in Rumänien gelebt. Dennoch sind Sie durch die dort verbrachten Lebensjahre nicht nur schriftstellerisch stark geprägt worden, Sie haben im Laufe der Jahre eine zunehmend intensivere emotionale Bindung zum Land Ihrer Geburt entwickelt. Könnten Sie sich vorstellen, Ihren Lebensabend in Siebenbürgen, in Hermannstadt, wo Sie die Schule besuchten, oder gar in Braller, im „Kampestwänkel" („Krautwinkel"), wo Sie das Licht der Welt erblickten, zu verbringen?

Darauf lautet meine kürzeste Antwort: Weder – noch. Denn sehen Sie, wenn mich auch mein Geburtsland wesentlich geprägt hat, so liegen die mich formenden Jahre doch hier. Wenn man einen so entscheidenden Schritt des Weggehens zunächst rein theoretisch vorbereitet, ergibt sich dabei schon ein Prozess der Abnabelung. Bemerkenswert hierbei: Dieses geschah nicht in Stille und Heimlichkeit, sondern wurde offen diskutiert. Als wir uns einmal mit mehreren Klassenfreunden in der Heltauer Gasse getroffen hatten, fragte mich einer: „Wie ich gehört habe, Ossi, willst Du nach Deutschland abhauen." Ich soll geantwortet haben: „Richtig... Und wenn ich auf dem Bauch unter dem niedergehenden ‚Eisernen Vorhang' durchkriechen muss – ich verschwinde, denn ich brauche freie Entfaltung für meine Berufspläne." Zweierlei ist daraus zu entnehmen: Es gab bereits im Sommer 1947 den Begriff „Eiserner Vorhang". Dazu kann man diesen Prozess des Weggehens nicht als Flucht bezeichnen: Es geht vielmehr um den Wunsch einer neuen Heimatsuche, die ich nun nach fünfzig Jahren Wanderschaft hier in Bremen abgeschlossen habe. In diesem Zusammenhang muss ich noch hinzufügen: Bin weder Flüchtling noch Auswanderer, geschweige denn Spätaussiedler. Ich bin in diese Heimat hineingewachsen, nicht zuletzt als Bürger des Wiederaufbaus der damals jungen Republik. Sogar bei der Enttrümmerung der Ruinenstädte habe ich mitgewirkt, um den Lebensunterhalt zu sichern. Noch einen Satz zum Thema Altersruhesitz: Ich führe eine glückliche Ehe mit der Bremer Bildhauerin Alice Peters. An unserem Grundstück beginnt die große Norddeutsche Tiefebene. Und jedes Jahr, wenn dort die Maisfelder zu blühen beginnen, schneide ich eine Ähre ab und stelle sie in eine Vase auf meinen Schreibtisch. Eine wahre Geschichte: Als ich im Herbst 1947 mit Koffer und Rucksack über die rumänisch-ungarische Grenze stolperte, peitschten Schüsse hinter mir her. Weil ich in die Hocke gegangen war, fiel eine Maisähre auf meine Mütze. Sie kam von dort, wo mein Kopf gewesen wäre – falls ich mich nicht gebückt hätte.

Das wohl einschneidendste Erlebnis Ihrer Biografie bildet zweifellos die Verschleppung mit Tausenden Ihrer Landsleute zur Aufbauarbeit in die Sowjetunion, die couragierte Flucht mit drei Freunden über das Schwarze Meer nach Rumänien. Beide Geschehnisse haben Sie literarisch anschaulich gestaltet. Im Unterschied zum Großteil der Betroffenen, aus deren Berichten man ein düsteres Bild von den ukrainischen Arbeitslagern erhält, entbehren Ihre Schilderungen weder des Humors noch der Sympathie für die dargestellte Welt und ihre Menschen. Warum haben Sie besonders diese Seiten Ihres Zwangsaufenthaltes und Ihrer Flucht hervorgekehrt, lag es in Ihrem Naturell als Humorist oder wollten Sie dieses zuvor einseitig gezeichnete Bild um wesentliche Züge ergänzen?

Ich muss hier etwas widersprechen: Ich habe nicht *erst* ein Jahrzehnt nach der Verschleppung mein Buch niedergeschrieben, sondern *bereits* ein Jahrzehnt danach zur Feder gegriffen. Mein *Machorka* war das erste Buch, das über jenes Verbrechen gegen die Menschlichkeit berichtete. Alle anderen Aufzeichnungen erschienen viel später, viele erst nach 1990 hier in Deutschland. Zu einem anderen Teil Ihrer Frage: Ich habe das beschrieben, was wir dort erlebten. Weil wir bereits nach vier Monaten durch die Steppe liefen, habe ich, Gott sei Dank, nicht mehr Lagergrausamkeiten erlebt. Noch mehr: Ich habe das geschildert, was auf dieser Flucht so alles passierte. Wobei außer der Fahrt über das Schwarze Meer viel Steppe durchwandert werden musste, Teile vom Kaukasus und in Taganrog ein fürchterliches Straflager. Nochmals: Es gibt keine Vorgänger in der Zeichnung dieses Abenteuers. Was viel später nach mir kam, waren Tagebücher und ähnliche Aufzeichnungen. Zum Thema Humor, den Sie in meinem *Machorka* so hervorheben: Hiermit muss ich leben seit dem Jahr 1958, als die erste Auflage erschien. Bei verschiedenen Rezensenten und einigen Lesern gab es absolut kein Verständnis für diese Darstellungsart. Wobei ich feststellen konnte, dass keiner der Meckerer ähnliche Situationen erlebt hatte. Dabei muss ich immer jene Mädchen und Frauen ins Feld führen, um die es hier ging: „Richtig, Ossi, genau so ist es gewesen. Was haben wir doch damals gelacht, als es uns so dreckig ging. Das gab neuen Mut und neue Kraft. Joi, weißt du noch, als die Sache, mit dem großen Kessel passierte? Du warst zufällig dabei." Ich wechselte eines Tages den Arbeitsplatz, zu Fuß durch die Steppe wandernd. Schon von weitem fällt mir auf, dass etwa zwanzig Frauen sich damit abmühen, einen riesigen Stahlkessel über ein Schienengleis schiebend zu transportieren. Und jedes Mal, wenn Zug- und Gegenzug kommen, müssen die weiblichen Arbeitskräfte diesen schweren Kessel in die Ebene rollen, nach Durchfahrt der Züge zurück auf die Schienen. Schweiß und Tränen sah ich fließen. Und dann, es lässt sich in der Erinnerung kaum nachvollziehen, entgleist den Mädchen der Kessel, driftet von einer besonders hohen Stelle in die Ebene und zerbricht dort in zwei Hälften. Zunächst Totenstille: Dann bricht ein Gelächter aus, das nicht enden will. Die zwanzig Frauen wissen, dass eine harte und hohe Strafe folgen wird. Aber nein, sie werfen sich in das Steppengras und lachen und lachen.

Ihre Bücher haben mitunter recht hohe Auflagen erzielt. Im Unterschied zu einer gängigen Gepflogenheit der schriftstellerischen Branche haben Sie sie in der Neuauflage nicht nur stilistisch korrigiert, sondern ihnen zuweilen auch neue Titel gegeben, neue Kapitel hinzugefügt, das Handlungsgeschehen erweitert, geändert und zum Teil neu aufgerollt. Geschah dies aus zwingenden ästhetischen Gründen, oder spielten in erster Linie kommerzielle Überlegungen der Verlage hierbei eine Rolle?

Nein, es geschah nicht aus „ästhetischen" Gründen, sondern es war häufig der Wunsch eines Verlegers, das jeweilige Thema auszuweiten – den Lesern mehr zu bieten. Prinzipiell lautet wohl Ihre Frage, warum mein *Machorka* nach relativ hohen Auflagen 1994 umgeschrieben wurde und den Titel *Hunger und Sichel* bekam. Schon beide Lektorinnen konnten z. B. mit dem Begriff „Flintenweib" nichts anfangen. Wie sich die Leserschaft doch verjüngt und verändert! Dabei waren diese weiblichen Soldaten in jenen Jahren ein fester Begriff. Sie flanierten – zum Teil hochdekoriert – durch Hermannstadt, schick, aber von uns gehasst, wie alles, was im Herbst 1944 aus der Sowjetunion kam. Nach bestimmt entbehrungsreicher Kindheit hatte man sie in diesen Krieg eingezogen. Als ich im Herbst 1944 durch die Innenstadt flanierte, quoll aus einem Schuhgeschäft ein Pulk dieser Flintenweiber. Ein Gelächter sondergleichen, wobei aller Blicke auf die neuen Schuhe gerichtet waren. Jede hatte sich ein Paar Hauspantoffeln gekauft, karierter Stoff und jeweils ein runder, ebenfalls bunter Pompon über dem Zehenteil. „Meine sind am schönsten!" schrie eine der Jüngsten, als ginge es um ihr Leben. „Meine waren am teuersten!" verkündete die Zweite, und die Dritte ließ wissen: „Mein Pompon ist am dicksten."

Wie man sieht, trug ich damals schon mein Taschenbuch *Tausend Worte Russisch* in meiner linken Jackentasche. Ein Buch, das im nächsten Jahr 1945 viel zum Erhalt meines Lebens beigetragen hat.

Der Generation nach gehören Sie weder zu den zu Beginn des verflossenen Jahrhunderts geborenen siebenbürgischen Schriftstellern noch zu den jüngeren. Während Sie jedoch zu den älteren Schriftstellern anscheinend gute Beziehungen unterhielten, scheinen die Kontakte zu den jüngeren Autoren weniger intensiv zu sein?

Diese Frage sollte am besten einer aus der jüngeren Generation beantworten. Ich habe jedem, der an meine Tür klopfte, geöffnet und so gut es ging – besonders in meiner Zeit beim SDR – auf die Sprünge geholfen. Auch diese Gepflogenheiten haben sich anscheinend geändert.

Sie haben Jahrzehnte lang als Rundfunkredakteur gearbeitet und den Hörern im deutschen Sprachgebiet besonders die Ihnen vertraute Welt Ost- und Südosteuropas näher gebracht. Durch die Arbeit und Ihre Biografie sammelte sich in den Jahren auch ein Fundus von literarischen Stoffen an, der vor allem in den Erzählungen aus den beiden Bänden Eine seltsame Reise *(1964) und* Wölfe und Musik *(1991) einen ersten Niederschlag fand. Können Ihre Leser darauf hoffen, dass Sie in den nächsten Jahren auch einen Roman verfassen, der stofflich in dieser Welt angesiedelt ist?*

Ob es ein Roman wird oder die von mir so gern geschriebenen Kurzgeschichten, kann ich zu diesem Zeitpunkt noch nicht sagen, einige Planungen laufen darauf hinaus, dass wahrscheinlich auch einige meiner 160 Hörbilder in den Satz gehen werden.

Wer Ihre Reiseerzählungen und Touristengeschichten aus den im Kölner Kösler Verlag erschienenen Bänden Die Maus im Bierglas *(1983) und* Paris mit Damen und Ganoven *(1985) liest, kommt unverzüglich zum Schluss, dass Sie viel in der Welt herumgekommen sind. War es die schriftstellerische und journalistische Neugierde, die Sie in recht ferne Gegenden unseres Erdballs trieb, oder war es eher die Sehnsucht und Unruhe des Heimatlosen, der den Verlust Siebenbürgens auf diese Weise zu kompensieren versuchte. Inwiefern war Ihnen der in Südosteuropa geschulte Blick auf die Vielfalt der Welt in der Beschreibung von Erlebnissen in diesen Regionen von Nutzen?*

Ich habe mich nach dem Weggang aus Siebenbürgen nie heimatlos gefühlt. Im Gegenteil: Wo immer ich anstrandete, fühlte ich festen Boden unter den

Füßen. Ich pflege über diese Seite meines Lebens zu scherzen: Bin immer mit den Römern gezogen, weg aus den Goldgruben Siebenbürgens, kurze Rast in Wien, von dort an den Rhein. Köln z. B. bedeutet eine schöne, fünfzehnjährige Etappe. Ich zog weiter nach Norden und habe die Römer schließlich im Teutoburger Wald rechts überholt. Zum ersten Teil Ihrer Frage. Es könnte wahr sein, dass die Vielfalt der in jungen Jahren erlebten Völkerschaften des Südostens meinen Blick für das Fremde, Exotische geprägt hat und mich in eine nimmersatte Reiselust drängte. Ich verdanke somit meine zahlreichen Reisen so manchen Lesern und wünschte mir, dass diese Lebensart noch lange anhält.

1/2000

„GLÜCKSFÄLLE INTELLEKTUELLER BEGEGNUNG"

Dieter Roth

Dieter Roth gehörte in den 1960er und 1970er Jahren zu den einflussreichsten Literaten im rumäniendeutschen Literaturbetrieb. Als Sohn siebenbürgisch-sächsischer Eltern am 22. Juni 1936 in Ploieşti, im Zentrum des rumänischen Erdölgebiets, geboren, besuchte Roth die deutsche Volksschule in Rosenau und das Honterus-Gymnasium in Kronstadt, arbeitete nach dem Abitur 1954 als Reporter und Redakteur bei der deutschen Tageszeitung *Neuer Weg* in Bukarest und studierte 1956–1961 gleichzeitig Germanistik an der dortigen Universität. Nachdem er rund ein Jahrzehnt (1954–1965) als Journalist tätig gewesen war, wirkte er bis zu seiner Aussiedlung im Jahre 1978 als Verlagslektor, zunächst im Jugendverlag (1965–1969) und seit 1969 im Minderheitenverlag Kriterion, dessen deutsches Lektorat er neun Jahre leitete. Als Verlagslektor war Roth an der Entstehung zahlreicher Bücher rumäniendeutscher Autoren beteiligt, als Herausgeber setzte er qualitative Maßstäbe, als Übersetzer (u. a. Mihai Eminescu, Marin Sorescu, Tudor Vianu) machte er die rumänische Literatur im deutschen Sprachraum bekannt. Nach seiner Aussiedlung kehrte Roth – nach einer Zwischenstation als Wissenschaftlicher Mitarbeiter im Stadtarchiv Mannheim und im Schiller-Nationalmuseum Marbach – zum Journalistenberuf zurück. 1981 wurde er nach Emil Belzner und Edwin Kuntz dritter Feuilletonchef der 1945 gegründeten *Rhein-Neckar-Zeitung* (RNZ) in Heidelberg, deren Kulturressort er zwanzig Jahre lang bis zu seiner Pensionierung 2001 leitete. 2013 erschien im Verlag der *Rhein-Neckar-Zeitung* sein autobiografisch bestimmter Roman *Der müde Lord*. Roth lebt als Rentner und freischaffender Publizist in Eppelheim bei Heidelberg.

Dieter Roth, zu Ihren frühen und nachhaltigen Prägungen als Literaturkritiker und Übersetzer gehört zweifellos das Studium der Germanistik an der Universität Bukarest, wohin Sie gleich nach Abschluss des Gymnasiums gingen, wo Sie zunächst aber, bevor Sie es antraten, und danach noch weitere Jahre als Journalist tätig waren.

Die Dinge lagen in meinem Fall etwas komplizierter. Nach dem Abitur 1954 am Honterus-Gymnasium in Kronstadt ging ich zwar gleich nach Bukarest, mit dem Ziel, dort Germanistik zu studieren, aber an einen sofortigen Studienbeginn war nicht zu denken. Da ich von daheim keine Unterstützung erwarten konnte – mein Vater war 1947 in Russland gestorben, meine Mutter hatte ein bescheidenes Einkommen als Kindergärtnerin –, musste ich zusehen, wie ich meinen Unterhalt selbst verdiente. Sehr viele Möglichkeiten gab es damals nicht. So ging ich zur deutschen Tageszeitung *Neuer Weg*, wo ich zunächst einige Monate als Korrektor, sehr bald aber als Reporter und schließlich als Redakteur arbeitete. Erst nach zwei Jahren Zeitung wagte ich es, mich zur Aufnahmeprüfung an der Bukarester philologischen Fakultät, Fachbereich Germanistik, anzumelden, und zwar gegen den Widerstand der Chefredaktion. Das war 1956. Wir taten diesen Schritt zusammen mit meinem Zeitungskollegen Heinrich Lauer, der Ihnen wohl kein Unbekannter ist. Seither verbindet uns eine nunmehr fünfzigjährige Freundschaft. Die ganze Studienzeit von fünf Jahren waren wir beide bei der Zeitung beschäftigt, wenn auch dort u. a. wegen unseren Studienambitionen scheel angesehen. Dritter im Bunde wurde in unserem Jahrgang an der Universität Richard Adleff, der Ihnen ebenfalls bekannt sein dürfte. Sie sehen, es gab auch damals Glücksfälle intellektueller Begegnung. In der Parallelgruppe unseres Jahrgangs studierte übrigens auch Georg Hoprich, der siebenbürgische Lyriker, dessen Gedichte aus dem Nachlass Sie 1983 herausgegeben haben. Und wenn man weiter aufwärts schaute, so gab es zwei Jahre vor uns noch Dieter Fuhrmann und ein weiteres Jahr davor, wie mich dünkt, Oskar Pastior.

Wenn wir schon bei bekannten Namen sind, so fiele in die Zeit wohl auch der von Dieter Schlesak.

Allerdings.

Mehr nicht?

Mehr nicht.

Das klingt nicht nach besonderer Wertschätzung.

In Bezug auf Schlesak hält sich diese in Grenzen.

Bukarest war in den Jahren nach dem Ende des Zweiten Weltkriegs für Sie – wie für nicht wenige Siebenbürger Sachsen, Banater Schwaben und für andere Deutsche aus Rumänien der Jahrgänge von 1925 bis 1940 – wohl eine Art geistiger Wahlheimat. Was machte die rumänische Hauptstadt, über die beruflichen Möglichkeiten hinaus, für Deutsche aus allen Landesteilen so attraktiv?

Es war sicher nicht die politische Metropole, sondern die geistige, die einen gerne dort sein ließ. Die Bildungsmöglichkeiten waren geradezu enorm, verglichen mit denen aller anderen Städte Rumäniens. Dazu hatte Bukarest seine eigene, gewachsene, weltoffene, ja zu der Zeit auch noch sehr bürgerliche, von kommunistischer Ideologie in den Wurzeln noch nicht angekränkelte Geistigkeit. An der philologischen Fakultät lehrten noch Professoren wie Tudor Vianu, Edgar Papu, George Călinescu oder Zoe Dumitrescu-Bușulenga. Da gab es noch diesen Lehrstuhl für vergleichende und Weltliteratur, eine ausgesprochen „literatur-enzyklopädische" Veranstaltung, wie sie an den europäischen Universitäten damals fast schon zum extravaganten Außenseitertum gehörte. Man konnte aus Vianus und Papus Vorlesungen jedenfalls einen Begriff von Literatur gewinnen, wie er selbst aus gründlichster Kenntnis irgendeiner Nationalliteratur niemals abzuleiten wäre.

Das hört sich geradezu wie eine Offenbarung an.

Nichts anderes war es auch. Ich habe diesen Begriff von Literatur in meiner späteren Karriere als Literatur- und Theaterkritiker immer wieder erproben können. Alles, was einem auf diesem Gebiet im Leben begegnet, muss ja an etwas mess- und überprüfbar sein. Was mir an jungen Philologen hierzulande untergekommen ist, krankte fast durchweg am Mangel eines Literaturbegriffs. Die Literatur begann für meinen Lehrer Edgar Papu mit dem Gilgamesch-Epos. Für diese Leute beginnt Literatur entweder nach 1945 bzw. mit Günter Grass' *Blechtrommel* oder, wenn's hoch kommt, so um 1900 mit Thomas Manns *Buddenbrooks*. Man braucht sich daher nicht zu wundern, wenn ein Autor wie Eginald Schlattner heute im deutschen Feuilleton als „Fontane Siebenbürgens" hochgejubelt wird. Weder wissen diese Leute etwas von Fontane noch gar von Siebenbürgen. So ist es ihnen ein leichtes, beides zusammenzubringen und es jemandem als Etikett anzuheften. Wer auch nur entfernt einen Begriff von Literatur hat, dem würde solches niemals einfallen. Man hat den leisen Eindruck, dass das Gros der Literaturkritiker hierzulande entweder im Dienst der Verlagswerbung steht oder, was fast noch schlimmer ist, im Dienste des Zeitgeistes.

Das ist, mit Verlaub, ein hartes Urteil.

Aber ein gerechtes. Ich könnte das anhand weiterer Beispiele begründen.

Daran zweifle ich nicht, aber ich hätte zunächst noch eine Frage im Zusammenhang mit Bukarest. In den Jahren, über die wir anfangs sprachen, lebten in der rumänischen Hauptstadt, wie schon Jahrzehnte davor, neben Rumänen auch Minderheiten wie Ungarn, Deutsche, Juden, Roma, Armenier, Griechen und Ruthenen. Fühlten Sie sich als Mitglied einer Ethnie, die im Laufe ihrer Geschichte wohl auch aus Überlebensgründen vorwiegend auf Abgrenzung bedacht war, im Völkergeflecht einer internationalen Großstadt eingebunden?

Ich glaube nicht, dass die Siebenbürger Sachsen im Lauf ihrer Geschichte mehr auf Abgrenzung bedacht waren als andere Völker der k. u. k. Monarchie, deren Bürger sie ja recht lange waren. Warum hätten sie das in den fünfunddreißig Jahren, die sie damals schon zu Rumänien gehörten, denn sein sollen? Meine Eltern kamen zehn Jahre nach der Gründung Großrumäniens beide aus Siebenbürgen ins so genannte Altreich, mein Vater als Ingenieur, der in Deutschland studiert hatte, meine Mutter als in Kronstadt ausgebildete Kindergärtnerin, und wo lernten sie sich kennen? In der Erdölstadt Ploiești, wo man deutsche Techniker sehr gut brauchen konnte und wo es eine rasch wachsende deutsche Kolonie gab, mit evangelischer Kirche, Kindergarten und Schule. Hier kam ich zur Welt. Sie sehen, die „Selbstisolation" der Siebenbürger Sachsen war damals schon eine Legende. Der Schritt von Kronstadt nach Bukarest im Alter von achtzehn Jahren war für mich allerdings schon auch einer in die „Fremde", aber für einen gebürtigen Bukarester war es der Schritt nach Kronstadt schließlich auch. Was nun das multinationale Bukarest betrifft, so war es fürs erste sicher etwas verwirrend, aber es hatte damals schon seit längerem etwas von „Casablanca". Das war sozusagen sein besonderer Reiz, zumal für einen, der aus einer deutsch geprägten Ordnung kam.

Inwieweit Casablanca, meinen Sie damit den gleichnamigen Film?

Ich meine damit tatsächlich das Casablanca des bekannten Films. Bukarests Völkergemisch, wie ich es erlebte, war teils historisch langsam, teils durch die Zeitereignisse schnell gewachsen. Man konnte das anhand auch nur der jüdischen Einwohner der Stadt sehr genau verfolgen. Da gab es als die wohl älteste Gruppe die so genannten Spaniolen mit eigener Synagoge, sehr solitär und elitär, da gab es die Jiddisch sprechenden Juden im Dudești-Viertel mit eigenem Kulturhaus und eigenem Theater, da gab es die seit den 1930er Jahren, besonders aber bedingt durch die Weltkriegswirren aus der Bukowina zugezogenen österreichisch geprägten deutschsprachigen Juden, dann die ungarisch geprägten und schließlich die kleinere Gruppe der vor Hitler aus dem Deutschen Reich nach Rumänien geflohenen Juden. Die ehemaligen Bukowiner waren zum Teil sehr früh in die Hauptstadt ihres neuen Vaterlandes gekommen, viele jedoch erst während des Krieges auf der Flucht vor den

Russen, die meisten aber wohl nach dem Krieg, sofern sie das Czernowitzer Ghetto, die Lager Transnistriens oder auch Auschwitz überlebt hatten. Bukarest war eine Fluchtburg für viele, ein echtes „Casablanca". Ich habe in meinen elf Zeitungsjahren vor allem ehemalige Bukowiner und aus Deutschland geflohene Juden kennen- und als Kollegen und Freunde schätzen gelernt. Der geistige Umgang mit ihnen in meiner beruflichen Tätigkeit war, wie ich das heute sehr viel deutlicher sehe als damals, eine echte Bereicherung. Ich habe von Hermann David, der aus Breslau nach Rumänien geflohen war, ich habe von Ilse Goldmann und Leo Goldhagen, die aus Czernowitz kamen, ich habe von Vita Zahler, einer Wienerin, die Auschwitz überlebt und die es nach Rumänien verschlagen hatte, sehr viel gelernt. Und wenn ich in der Abschottung des damaligen kommunistischen Rumänien etwas vom alten Österreich, von Czernowitz oder von Wien erfahren habe, so verdanke ich es ihnen, aber auch Marcel Spandorf, einem ebenso bescheidenen wie belesenen unpolitischen Herrn, dann vor allem auch Alfred Kittner und Immanuel Weissglas, zwei alten Celan-Freunden, mit denen ich und meine Frau jahrelang einen sehr anregenden Jour fixe im Altbukarester Restaurant „Capşa" pflegten.

Damit wären wir schon mitten im literarischen Leben dieser Jahre, da, wohin ich Sie mit meinen Fragen gerne habe hinführen wollen. Wieso kehrten Sie nach Abschluss Ihres Studiums und insgesamt elf Journalistenjahren der Zeitung Neuer Weg *den Rücken und gingen als Lektor zum Jugendverlag Bukarest?*

Ich war unter den damaligen Umständen ungern Journalist, was sich auch darin zeigte, dass ich seit Beginn meines Studiums, also ab 1956, kaum noch schrieb, sondern Gestalter von Rubriken und Bearbeiter fremder Texte war. Da musste ich nichts tun, was gegen mein Gewissen war. Und als dann in der deutschen Redaktion des Jugendverlags 1965 eine Lektoren-Vakanz entstand, überlegte ich nicht lange und ging hin. Es war buchstäblich eine Flucht.

Von 1969 bis zu Ihrer Übersiedlung nach Deutschland waren sie Leiter des deutschen Lektorats im neu gegründeten Kriterion Verlag. Konnte man damals ein solches Amt bekleiden, ohne Mitglied der Rumänischen Kommunistischen Partei zu sein?

Ja, das konnte man damals sehr wohl. 1969 war das Jahr der größten Öffnung, seit Rumänien kommunistisch geworden war, und es reichte durchaus, eine einschlägige berufliche Leistung vorzuweisen, um einen solchen Posten zu bekommen. Ich hatte genau in dem Jahr einen Preis des Rumänischen Schriftstellerverbandes für meine Übersetzung von Marin Sorescus Gedichten erhalten. Das genügte dem neuen Verlagsdirektor Géza Domokos, mich für die Stelle vorzuschlagen.

Wie war es um die Herausgabe der deutschsprachigen Bücher bestellt? Gestaltete sich die Lektorierung deutscher Bücher unter dem kommunistischen Literaturdiktat schwieriger als in den rumänischsprachigen Verlagen?

Ich würde sagen: eher leichter. Es gab für das Deutsche weniger Aufpasser. Ein deutsches Buch, das Ketzerisches enthielt, konnte schon wegen seiner viel geringeren Auflage mit mehr Nachsicht rechnen. Außerdem trachtete man, sich mit Hilfe deutschsprachiger Texte dem Ausland gegenüber den Anschein größerer Liberalität zu geben.

Sie haben Ende der 1960er und in den 1970er Jahren mit zahlreichen rumäniendeutschen Autoren intensiv zusammengearbeitet, Sie haben deren Bücher redaktionell betreut, Ihnen Formulierungs- und sachliche Hilfe geleistet und die Schriften für die Drucklegung vorbereitet. Es gab bestimmt Manuskripte, die Ihnen als Verlagslektor besondere Befriedigung bereitet haben?

Es gab in den Jahren 1965–1978 kaum einen Autor, mit dem ich mich, wenn auch nur indirekt, nicht abgegeben hätte. Wenn ich nur an die Reihe „Kurze Prosa" denke, die ich als solche früh initiiert und selbst betreut habe, so ist es ein volles Dutzend Autoren gewesen, darunter Wolf Aichelburg (damals ohne „von"), Arnold Hauser, Franz Storch, Klaus Kessler, Hans Liebhardt, Richard Adleff, Bettina Schuller, Franz Heinz, Claus Stephani. Die Lyriker reichen von Alfred Kittner und Immanuel Weissglas über Oskar Pastior bis hin zu Irene Mokka. Am liebsten habe ich mit Georg Scherg zusammengearbeitet. Das Manuskript seines Romans *Spiegelkammer* kam wohl 1972 auf meinen Schreibtisch bei Kriterion. So gründlich wie dieses Werk habe ich in meiner ganzen Verlagskarriere keines gelesen. Und über kein Buch in meiner gesamten Lektoratszeit habe ich mit dem Autor so ausführlich gesprochen wie über dieses. Manches Kapitel der *Spiegelkammer* ist auf meine Anregung entstanden. Ich merkte, wie das Werk voller, satter, reifer wurde, wie es an allen Ecken und Enden richtig zu glühen und zu blühen begann, wenn ich mich einmal so emphatisch ausdrücken darf. Ich glaube, dass Schergs *Spiegelkammer* dasjenige Werk war, in dem die Kunst dieses Autors der Klarheit des Spiegels am nächsten kam. Es gab natürlich noch andere Bücher, die mir am Herzen lagen, darunter einige von Franz Storch, einem Autor, der ganz von Willen erfüllt war und der alles, was er schrieb, aus diesem Willen heraus tat. Er glaubte wie kein anderer an den letztlichen Sieg des Willens, sowohl im Leben wie im Schreiben. Richard Adleff wiederum, ein Freund aus Studienzeiten, war für mich der eigenwilligste und originellste Prosaist. Was er schrieb, war so neu und unerhört im Ton, wie es der natürliche Ausdruck seiner selbst war. Ich möchte nicht versäumen, einen kritischen Kopf zu erwähnen, mit dem ich ohne viele Worte in vielen Dingen übereinstimmte: Emmerich Reichrath.

Gab es Buchmanuskripte, in denen Sie getarnte, verschlüsselte Aussagen erkannten? Wie verhielten Sie sich dazu als Lektor? Standen Sie im Verlag unter strenger Kontrolle, oder gab es so etwas wie augenzwinkerndes Einvernehmen?

Natürlich gab es immer wieder auch solche Manuskripte. Schergs *Spiegelkammer* war nur eines davon. Die Kunst der Verschlüsselung war bei ihm so ausgeprägt, dass ihr von außen, durch Nichteingeweihte schwer beizukommen war. Scherg war diesbezüglich ein sehr fintenreicher Fechter. Seine Geheimnisse aber waren für verständige Leser auch solche der Offenbarkeit. Wenn man herausgefunden hatte, wer mit einer Figur gemeint war, so bestätigte er es konjunktivisch: „Ja, das könnte schon sein." Aufs Augenzwinkern verstand sich auch Franz Hodjak, von dem ich einen Band Lyrik (*Offene Briefe*, 1976) herausbrachte. Die Chefkontrolleurin des Verlags hat mich dieses Bandes wegen einmal in einer öffentlichen Sitzung der Paktiererei mit einem subversiven Autor bezichtigt. So was gab's auch.

In Rumänien waren Sie nicht nur als Literaturkritiker und Verlagslektor, sondern auch als gediegener Herausgeber literarischer Werke und kongenialer Übersetzer aus dem Rumänischen bekannt. Gab es eine besondere Affinität zu den von Ihnen herausgegebenen bzw. übersetzten Autoren, oder ließen Sie sich bei Ihrer Auswahl von anderen Kriterien leiten?

Zu Marin Sorescu gab es eine sozusagen spontane Affinität. Als ich eines Tages in einer Buchhandlung einen Band von ihm aufschlug, las ich mich sogleich darin fest und beschloss, ihn ins Deutsche zu bringen. Den Autor kannte ich damals noch nicht. Wir begegneten uns zum ersten Mal, nachdem ich mit dem Staatsverlag für Literatur und Kunst (ESPLA) einen deutschen Sorescu-Band vertraglich festgemacht hatte. Wir sind bis an Sorescus frühes Ende (er starb mit sechzig Jahren) Freunde geblieben. Mit Eminescu wiederum befasste ich mich, als bei Kriterion zu seinem 125. Geburtstag 1975 eine repräsentative deutsche Auswahl seiner Gedichte vorbereitet wurde. Georg Scherg und Alfred Kittner übersetzten für diese Ausgabe insgesamt über tausend Verse neu, und wo es mir geboten schien, steuerte ich selbst noch eigene Nachdichtungen bei. Mein Universitätslehrer Edgar Papu schrieb für diesen Band das

Vorwort. Was schließlich Tudor Vianus *Ästhetische Studien* betrifft, so übersetzte ich sie für den Verlag Univers, wo damals Dieter Fuhrmann als Lektor arbeitete. Gedacht war der Band als rumänischer Beitrag zu einem 1972 in Bukarest abgehaltenen Ästhetikkongress.

Sie sind nach Ihrer Aussiedlung in die Bundesrepublik Deutschland wieder zu Ihrem ursprünglichen Beruf eines Journalisten zurückgekehrt und haben bald darauf die Leitung des Feuilletons der Rhein-Neckar-Zeitung *in Heidelberg übernommen, die Sie bis zu Ihrer Pensionierung über zwanzig Jahre lang innehatten.*

Dass ich einmal wieder zum Journalismus zurückkehren würde, hätte ich nicht geglaubt. Da aber 1978, als ich nach Deutschland kam, der Verlagslektor als eine schon aussterbende Spezies galt, war ich froh, einstmals einen zweiten Beruf erlernt zu haben, in dem man hier noch gebraucht wurde. Ich wurde 1981 dritter Feuilletonchef der 1945 mit amerikanischer Lizenz gegründeten *Rhein-Neckar-Zeitung* (RNZ), deren Mitbegründer Theodor Heuss, der erste Bundespräsident der Bundesrepublik Deutschland, war und deren Vorgänger-Feuilletonchefs Emil Belzner, ein bekannter Schriftsteller der Nachkriegszeit, und danach Edwin Kuntz, ein Journalist von hohen Graden, waren. Das Profil der Zeitung entsprach ganz meinem Geschmack, weshalb ich auch nicht die geringsten Schwierigkeiten bei der Integration hatte.

Wo lag der Schwerpunkt Ihrer Arbeit? Konnten Sie neue Akzente setzen?

Die Arbeitsteilung in Feuilletons großer Zeitungen wie etwa der *Frankfurter Allgemeinen* (FAZ) gibt es in einer Regionalzeitung nicht. Da muss der Chef alles Mögliche können und tun, muss über Vortragsveranstaltungen, Kunstausstellungen und Theateraufführungen, über belletristische, wissenschaftliche und Sachbücher sowie über kulturpolitische Themen schreiben und urteilen können. Unter den völlig neuen Umständen einer freien Presse ging mir das alles, anders als einst im kommunistischen Rumänien, ganz und gar mühelos von der Hand. Ich verstand mich als Fortsetzer einer Feuilletontradition, konnte aber doch auch meinen persönlichen Stil in das Ressortprofil einbringen. Oskar Pastior war einer der ersten Autoren, denen ich mich als Kritiker zuwandte. Ich habe seine Buchveröffentlichungen von 1981 an und bis zu seinen Petrarca-Sonettversionen rezensierend begleitet. Aufgegeben habe ich erst, als mir schien, dass Pastior literarische Holzwege zu beschreiten begann.

Haben Sie im Feuilleton der RNZ *auch aus Rumänien stammende Autoren veröffentlicht?*

Wolf von Aichelburg wurde, als er nach Deutschland kam, einer meiner fleißigsten Essay-Schreiber, und keines seiner hier veröffentlichten Bücher ist in der *RNZ* unbesprochen geblieben. Auch mit Essays und Gedichten von Hans Bergel durfte sich meine Samstag-Kulturseite eine gute Weile schmücken. Peter Motzan sandte mir nach der Übersiedlung seine ersten literaturkritischen Arbeiten zur Veröffentlichung und hielt mir später noch lange als Rezensent die Treue. Notiz genommen hat das *RNZ*-Feuilleton auch von Vortragsveranstaltungen Alfred Kittners oder Edith Silbermanns in Heidelberg. Für Eminescu und meinen Freund Marin Sorescu, dessen erster Übersetzer ins Deutsche ich ja war, konnte ich in all den Jahren immer wieder etwas tun, ebenso für manchen anderen rumänischen Autor, der in Heidelbergs einschlägig berühmtes Romanische Seminar eingeladen war (Sorin Mărculescu, Ileana Mălăncioiu, Ana Blandiana, Mircea Dinescu, Matei Călinescu). Sie sehen, da ist so einiges zusammengekommen in den Jahren zwischen 1981 und 2001.

Sie sind nun schon seit ein paar Jahren im Ruhestand. Man kann sich nur schwer vorstellen, dass Sie keinen Umgang mehr mit Geschriebenem haben.

Das kann ich mir selbst auch nur schwer vorstellen. Sie werden aber vielleicht lachen, wenn ich Ihnen sage, dass ich in den letzten drei Jahren nicht viel mehr getan habe, als an einer einzigen Buchveröffentlichung mitzuwirken: der Festschrift zum 50-Jahr-Jubiläum meines Honterus-Abiturjahrgangs 1954. Für Außenstehende eine öffentlichkeitsferne Marginalie, für Eingeweihte indes ein kleines Denkmal der Innerlichkeit.

1/2005

„Leben über den Tag hinaus"

HEINRICH LAUER

Als Sohn eines Notars wurde Heinrich Lauer am 27. Mai 1934 in Sackelhausen, im rumänischen Banat geboren. Nach der Volksschule besuchte er von 1949 bis 1951 eine Textilfachschule in Temeswar und arbeitete danach für kurze Zeit in der Wollindustrie.

1953 übersiedelte Lauer von Temeswar nach Bukarest, wo er hauptberuflich als Journalist bei der deutschen Tageszeitung *Neuer Weg* (1954–1974) tätig war, im Abendkursus das Gymnasium absolvieren und im Fernstudium an der Bukarester Universität zunächst Biologie- bzw. Geografie- und später Germanistikkurse belegen konnte. Weil er sich 1974 weigerte einen zustimmenden Artikel zu einem Beschluss der Rumänischen Kommunistischen Partei zu verfassen, schied er aus der Redaktion des *Neuen Weg* aus. Lauer schlug sich danach mit Privatunterricht durch, arbeitete zeitweilig als freischaffender Korrektor bei der Zeitschrift *Volk und Kultur* und war ab 1977 Redaktionssekretär der *Neuen Literatur*.

1980 siedelte er in die Bundesrepublik Deutschland aus, wo er zunächst freiberuflich als Journalist seinen Lebensunterhalt bestritt und ab 1981 beim Süddeutschen Verlag die Zeitschrift *Schöne Welt*, das Reisemagazin der Deutschen Bundesbahn, mitredigierte und Reportagen über zahlreiche Regionen, Städte und Landschaften schrieb.

Neben Anekdoten (*Das große Tilltapenfangen*, 1967) und dem in zwei Auflagen erschienenen autobiografischen Roman *Kleiner Schwab – großer Krieg* (1987, 1993) ist Lauer Verfasser einfühlsamer und bemerkenswert lebendig gebliebener Reportagen. Einen Teil seiner in Rumänien entstandenen Landschafts- und Menschenporträts fasste er in zwei Bände zusammen, die in Deutschland geschriebenen erschienen u. a. auch in überregionalen Tages- und Wochenzeitungen. Für sein schriftstellerisches Werk erhielt Heinrich Lauer den Donauschwäbischen Kulturpreis für das Jahr 1997. Er starb am 14. April 2010 in München.

Herr Lauer, wer die Fülle von Geschichten und Porträts aus Ihren Büchern, Ihren Zeitschriften- und Zeitungsbeiträgen kennt, wundert sich, dass Sie hiervon eigentlich wenig literarisch verwertet haben. Abgesehen von den „Schwabenstreichen" aus dem Bändchen Das große Tilltappenfangen *(1967) und dem autobiografisch gefärbten Roman* Kleiner Schwab – großer Krieg *(1987) haben Sie „rein Literarisches" kaum veröffentlicht. Liegen Ihnen Reportage und Essay eher, oder finden Sie die*

Erfahrungen, die der Kleine Schwab *als Erwachsener gemacht hat, für weniger mitteilenswert? Hängt es vielleicht auch damit zusammen, dass literarisches Gestalten von Erlebtem und Erfahrenen mit größeren Schwierigkeiten verbunden ist?*

Ich bin kein Dichter. Und kein Erfinder. Was ich gemacht habe, das war und ist Journalistik, vor allem Reportage. Ich habe freilich auch gerne zu anderen Mitteln der Presse gegriffen, wie dem Aufsatz, der Glosse und dem Porträt. Jede dieser Gattungen der Zeitungsschreiberei war für den Tag und die Stunde geschrieben. Und so dachte ich kaum daran, etwas davon in einen Sammelband zu packen. Aber ohne falsche Bescheidenheit: Manche dieser Reportagen über eine Gegend in Rumänien, zum Beispiel eine Fahrt mit einem Fischer durch das Donaudelta oder die Besteigung des Omul im Butschetsch zeigten Leben über den Tag hinaus. Ein Porträt des Malers Hans Hermann, eine Visite bei der berühmten Frau Doktor Ana Aslan in Bukarest hatte ich so hingekriegt, dass der damals schon über neunzigjährige Meister mir ein siebenbürgisches Landschaftsbild mit Widmung schenkte und Frau Aslan im Rausche der Gefühle sich dazu hinreißen ließ, mir das Kompliment zu machen, ich schreibe „wie Goethe". Natürlich haben wir in der Redaktion darüber Tränen gelacht. Ich weiß bloß bis heute nicht, welchen der beiden Meister (Goethe? Lauer?) sie damals gelesen hatte – ich vermute beide. Ein anderer, dem ein Lob nicht so ohne weiteres über die Lippen kam, Paul Schuster, sagte mir mal auf dem Weg zur Bukarester ICAB-Kantine – es gab ein Gurkengericht („Mâncare cu castraveți"!) – ich sei ein „lyrischer Reporter". Ein anderer Laudator, der Temeswarer Industrielle Guban, wand mir einen substanzielleren Lorbeerkranz: Er ließ anfragen, ob er sich für die schöne Geschichte über ihn mit einem Paar exquisiter Damenschuhe revanchieren könne.

Nach solchen und ähnlichen Ermunterungen und Anschüben, darunter das Bukarester Erdbeben (1977) und die große Überschwemmung (1970), legte ich ein paar Manuskripte beiseite, die sich allmählich zur Ausgangslage für einen Reportagenband formierten. Der Band kam dann 1974 unter dem Titel *Ein Trojanisches Pferd gesucht* in Temeswar (Facla) heraus – paradoxerweise, als ich wegen mangelnder Übereinstimmung mit „Partei und Regierung" Schreibverbot hatte. 1978 erschien *Nahaufnahme*, ein zweites Reportagenbuch, bei Kriterion in Bukarest. Das war schon die Zeit, in der ich an meinem Lebensbericht, dem Roman *Kleiner Schwab – großer Krieg* zu schreiben begann. Dass es ein Roman wurde, kann ich nicht so leicht erklären; ich hatte ein paar Szenen aus der Kindheit als eine Art Fingerübung niedergeschrieben, und ohne es gleich richtig zu bemerken, begann sich das Buch bald von selbst zu schreiben.

Mit Ihrer Frage, ob „literarisches Gestalten von Erlebtem und Erfahrenem mit größeren Schwierigkeiten verbunden" ist, berühren Sie einen Hauptnerv meines Schreibens. Bildlich befinde ich mich in meinen – keineswegs programmatischen – Versuchen der Annäherung an die Literatur „mit den Füßen auf dem Boden und dem Kopf in den Wolken", einerseits das freie Spiel der Metaphern, andererseits die überprüfbar reale Positionierung der Geschichte, der Gestalten, des Handlungsverlaufs; da die Magie der Worte, der Bilder, der Reflexion – dort die unausgesprochene, aber immer gegenwärtige Forderung, im Tatsächlichen zu verbleiben. Goethe gab seinem Lebensbericht den Untertitel und die Gestaltungslinie „Dichtung und Wahrheit".

Bei meinem Roman *Kleiner Schwab – großer Krieg*, der zwischen fiktiv und real pendelt, hatte ich noch einen zusätzlichen Balance-Akt zu vollbringen: Ich hatte als Erwachsener, Erfahrener, Vielmehrwissender die Sicht und Erlebnisintensität des Kindes zu verwirklichen und dabei nicht „wie ein Kind" zu schreiben. Andererseits sage ich mir: Der Schüleraufsatz wäre für diesen Roman die passendste Form gewesen – freilich ein Aufsatz mit stilistischem Weltniveau. Aber dass es diese Chance gäbe, das war mir damals nicht eingefallen – offenbar hatte ich auch nicht das Zeug dazu.

Auf dem reichen bundesdeutschen Literaturmarkt scheinen sich Erinnerungsbücher südostdeutscher Autoren keiner besonders günstigen Konjunktur zu erfreuen. Selbst Ihr Roman Kleiner Schwab – großer Krieg, *der außergewöhnliche Geschehnisse aus dem Zweiten Weltkrieg aus der Perspektive eines betroffenen Kindes eindrucksvoll festhält, konnte sich nicht so recht durchsetzen, obwohl er – nachdem er zuerst 1987 im Innsbrucker Wort und Welt Verlag erschienen war – in einer zweiten Auflage 1993 als Ullstein-Taschenbuch herausgebracht und vertrieben wurde. Beginnt das Interesse an Erinnerungs- und Gedächtnisliteratur allgemein und speziell auch bei den Deutschen aus Ostmittel- und Südosteuropa zu erlahmen?*

Sie können das beste Buch schreiben und damit Schiffbruch erleiden, wenn der Verlag nichts oder zu wenig für die Werbung tut. Ein Buch von einem unbekannten Autor in einem wirtschaftlich schwachen Verlag – das ist der Humus, auf dem der Ladenhüter wächst. Dass das Interesse an „Erinnerungs- und Gedächtnisliteratur" erlahmt, wie Sie sagen, das kommt noch erschwerend hinzu.

Ein unvergleichlich größeres Echo als mit Ihren literarischen Werken erreichten Sie mit Ihren ausführlichen Berichten und Reportagen aus dem Umfeld der Aussiedlung der Deutschen aus Rumänien, die die Wochenendbeilagen der Süddeutschen Zeitung *und der* Frankfurter Allgemeinen Zeitung *brachten. Ist der Erfolg dieser Beiträge – auch bei einer anspruchsvolleren Leserschaft – allein auf die Aktualität des*

Themas zurückzuführen, oder hängt er auch damit zusammen, dass Sie sich in den Formen der nichtfiktionalen Literatur einfach freier und lieber bewegen?

Im Grunde war ich anfangs überrascht, als die von Ihnen genannten Zeitungen mir ganze Seiten zur Verfügung stellten. Ich glaube, dass ich für die Redaktionen ein interessanter Exote war. Was ich von drüben mitbrachte, eine Erfahrung und Sichtweise, das war für sie von Belang. Mein erster Artikel *Wenn wir dann in Deutschland sind…*, in der Wochenendbeilage der *Süddeutschen* abgedruckt, brachte mir die Möglichkeit, weiter für diese Zeitung zu schreiben. Der Bayerische Rundfunk lud mich zur Mitarbeit ein, die *Zeit* in Hamburg brachte eine ganze Seite von mir, ebenso der Zürcher *Tagesspiegel*. (Damals noch mit Pseudonym, da ich Freunde in Rumänien nicht belasten wollte.) Kurz, es öffneten sich plötzlich die Türen. So blieb ich zuletzt beim Süddeutschen Verlag (gerne) hängen. Daraus wurden zwölf wunderbare Berufsjahre mit Reisen in die halbe Welt. Wie Sie richtig in Ihrer Frage andeuten: In den Formen der nichtfiktionalen Literatur – der literarischen Reportage – bewege ich mich freier und lieber. Das ist mein Element.

Dem Banater Dorf, dem Sie entstammen und von dem Sie Ihre früheste und wohl auch nachhaltigste Prägung erfuhren, haben Sie sich gleichermaßen als Schriftsteller, Journalist und Reporter ein Leben lang verbunden gefühlt. Sie haben als Redakteur der Bukarester Tageszeitung Neuer Weg *immer wieder die banatschwäbischen und siebenbürgischen Dörfer bereist und über Orte und Menschen berichtet; auch in der Zeit nach Ihrer Übersiedlung gehören Ihre längeren Aufsätze über die Banater Schwaben und die Berglanddeutschen zu Ihren journalistischen Glanzstücken. Inwiefern haben sich Perspektive, Darstellungsmittel, Sprache, mit der Sie diese Region nun aus der Entfernung wahrnehmen, gewandelt?*

Der Perspektivenwechsel brachte, da er dermaßen unter die Haut ging, wie es das Phänomen der Entvölkerung und Neubevölkerung unserer Dörfer und Städte tat, nicht nur ein neues Sehen und Hören (ein unerhörtes!) mit sich, sondern auch so etwas wie einen neuen Farbton, den ich bis dahin nicht hatte. Die Sprache änderte sich, und sie änderte mich. Die Sätze wurden kürzer, die Adjektive sparsamer, die Bilder und Szenen verknappten sich, der Bericht wurde substanzieller, ohne dass sich deswegen das Lyrische der Bukarester Zeit ganz verflüchtigte. Ein Beispiel dafür ist in der Tat mein sehr persönliches Abschiedsstück über die Berglanddeutschen (*Der Böhm geht, der Wald kommt*).

Über das Banat und Siebenbürgen hinaus schenkten Sie von früh auf der bunten und vielgestaltigen Welt des europäischen Südostens besondere Aufmerksamkeit. Ihre geo-

grafische und kulturelle Neugierde brachte Sie schon in Rumänien mit den unterschiedlichsten Landschaften, Ethnien und Menschentypen zusammen, über die Sie Ihre Porträts verfassten, von denen einige – nach der Veröffentlichung in Zeitungen und Zeitschriften – in die Bände Ein Trojanisches Pferd gesucht *und* Nahaufnahme *Eingang fanden. Wieso kommt es, dass Sie in Deutschland, wo Sie jahrelang für die Zeitschrift* Schöne Welt, *das Reisemagazin der Deutschen Bundesbahn, hauptberuflich tätig waren und über zahlreiche Regionen, Städte und Plätze geschrieben haben, nicht daran dachten, Ihre hier entstandenen Beiträge ebenfalls zu einem Band zu bündeln?*

Ein Buch über meine Europa- und Weltreisen, der Ertrag von zwölf Reisejahren? Liest einer so etwas heute noch? Ist es nicht einfacher und brillanter, den bestimmten Knopf an der gewissen Kiste zu drücken? Dabei müsste ich trotz allem, trotz Verkabelung über den Kopf hinaus den Mut zu solchem Unternehmen nicht verlieren. Denn in all den Jahren wurden Reisegeschichten von mir immer wieder nachgedruckt, in Bücher aufgenommen, so meine Zugreise von Chicago nach San Francisco, aber auch kleinere Stücke über Zille in Berlin, auf Heines Spuren durch den Harz oder über europäische Flussschleifen und das Hornberger Schießen. Einiges fand Aufnahme in holländischen Schulbüchern für den Deutschunterricht. Aber wenn Sie mich so fragen, dann komme ich mit einer Gegenfrage: Glauben Sie, dass das Südostdeutsche Kulturwerk das Wagnis eingänge, so ein Buch herauszubringen?

Eine wichtige Station Ihrer Biografie stellt zweifellos Ihre 1953 erfolgte Übersiedlung von Temeswar nach Bukarest dar, wo Sie, nicht zuletzt weil Sie eine „gesunde proletarische Herkunft" aufweisen konnten, als junger Journalist beim Neuen Weg, *der damals einzigen Tageszeitung für die deutsche Minderheit, arbeiten durften. Welche bleibenden Eindrücke aus der Zeit Ihrer Tätigkeit bei dieser Zeitung – es waren von 1954 bis 1974 immerhin 20 Jahre – haben sich Ihrem Gedächtnis eingeprägt?*

Also, so „gesund" war meine „proletarische Herkunft" auch nicht – aber ich war „Arbeiterelement", immerhin. Mein Elternhaus war bürgerlich, landbürgerlich. Der Vater war Notar in Sackelhausen, unserem Heimatort. Es war da auch etwas Feldbesitz. Nach dem Krieg wurden wir enteignet und allmählich proletarisiert – aber offenbar doch nicht bis zur Unkenntlichkeit, denn in der Temeswarer Textilschule, die ich von 1949 bis 1951 besuchte (ich bin gelernter Weber), war mein Spitzname „burghezu" („der Bourgeois"), und zwar ablehnend; wenn es freundlich war, dann „burghezule" wie „neamțule" („Deutscher").

Mein Abgang nach Bukarest zum *Neuen Weg*, nicht ohne innere Abneigung, ja Abwehr (ich wollte mit den „Bolschewiken", wie mein Vater sie nannte, nichts zu tun haben), geschah aus der Not heraus: Ab 1951 wollte ich, in der Wollindustrie tätig, das deutsche Abendlyzeum (Lenauschule, Temeswar) besuchen, was wegen des Dreischichtendienstes nicht möglich war. So blieb mir nichts als die Flucht nach Bukarest unter dem wohlwollenden Auge des *Neuen Wegs* übrig.

Sie fragen nach bleibenden Eindrücken aus dieser Zeit. Den stärksten Eindruck haben bei meinen vielen Reisen die Städte und Dörfer Siebenbürgens auf mich gemacht und dort auch die Tatsache, dass jeder, vom sächsischen Kind bis zum Greis das Wort von den „800 Jahren in Siebenbürgen" auf den Lippen hatte. Da spürte ich die Einmaligkeit, mit der da Generationen in ihrer bedachtsamen Weise Stein auf Stein gelegt hatten. Mein Maßstab bis dahin war Temeswar, das ja mitteleuropäischen und modernen Zuschnitt hatte. In Siebenbürgen spürte ich erstmalig Geschichte auf benachbartem Boden. Ein ebenso großer Reiz oder Anreiz bot sich mir im siebenbürgisch-sächsischen Dialekt, den ich, so weit es ging, erlernen wollte. Ich habe darin auch einiges erreicht. Im Übrigen hatte ich zahlreiche sächsische Kollegen an der Universität in Bukarest. Oskar Pastior war ein Jahrgang voraus, Georg Hoprich, der tief siebenbürgisch-dörfliche Dichter, war mein Jahrgang. Er beklagte sich einmal bei mir darüber, dass er, der Sachse, und ich, der Schwabe, „wegen der anderen" nicht so recht zusammenkommen könnten.

Ein freundlich-unnachsichtiger Kultureinpeitscher dieser Jahre war Dieter Fuhrmann, eine dauernd detonierende Bildungsbombe. Nächtelang war er Stargast in unserer Bude in der Strada Mântuleasa (einem Jugendrevier Mircea Eliades, dem es seinerzeit eine der schönen Popentöchter von vis-à-vis angetan hatte). In Fuhrmanns Nachtseminaren kamen Frauen nicht vor, vielmehr verwendete er seine intellektuelle Energie darauf, Leute wie mich, die wohl etwas Unsicheres von Plato gehört hatten, gleich zu Jüngern Plotins zu machen. Dabei sei daran erinnert, dass ich einen Teil meiner Jugendlektüre im Sacklaser Bauernhaus meist in einem Versteck auf dem Dachboden oder hinter der Strohtrist absolviert hatte.

In der „Mântuleasa", zwischen den Straßen Calea Moşilor und Călăraşi, wohnte ich zusammen mit Dieter Roth und später mit Richard Adleff. Ich habe ihnen wie manchem Redaktionskollegen viel zu verdanken. Roth und ich (er war einen Kopf größer als ich – dafür konnte ich mich im Schwimmen mit ihm messen) bildeten so etwas wie ein ewig zusammen wandelndes Zwillingspaar; Adleff war für seine scharfe, manchmal ausfallende Rhetorik berüchtigt, und weil er zuweilen Kommilitoninnen zur Schnecke machte, galten wir, die von der Aura des Wissens Angekränkelten, pauschal und schuldlos als Verächter des weiblichen Geschlechts…

Ich habe auch eine starke Erinnerung an einen Vorfall beim *Neuen Weg*. Es ist der Augenblick in der Redaktionssitzung, in dem ich mich weigerte, einen gravierenden politischen Auftrag auszuführen. Das betretene Schweigen damals, die starren Gesichter, das stille Einverständnis der meisten Kollegen, die heisere Stimme des Chefredakteurs, als er fragte, ob ich das wirklich so meine, wie ich das sage; die Versuche dann unter vier Augen, mich umzustimmen. Im Grunde war es bei diesem politischen Eklat um folgendes gegangen: Partei und Regierung hatten „in weiser Fürsorge für das Volk" beschlossen, die Fleischpreise kräftig anzuheben. Dazu sollte die Presse als flankierende Maßnahme den Jubel in der schaffensfrohen Bevölkerung darstellen. Das hatten in erster Instanz unsere Lokalkorrespondenten auszubaden, die Zentralredaktion Bukarest hatte dabei die Aufgabe, diese unter Bauchschmerzen geborenen Ergüsse zu redigieren. Unterzeichnet wurden diese Danksagungen an die Partei gewöhnlich von Arbeitshelden – Kesselschmiede aus Hermannstadt, Weberinnen aus Heltau, Traktorbauer aus Kronstadt, Stahlgießer aus Reschitza – und wohl auch noch eine Mutterheldin, die sicherlich nicht jeden Tag wusste, womit sie die Münder ihrer Sprösslinge stopfen sollte.

Dieses Nein von mir zu dem perversen Polit-Mummenschanz war für mich ein Geschehnis vom Range eines selbstbestimmten Lebensabschnitts. Im Grunde war es nur ein Ausbruch von sozialem Ekel, von jahrelangem Überdruss an den Verhältnissen – aber für die „Genossen von oben", sprich Presseabteilung des ZK, war es kalkulierte Rebellion. So einer wie ich hatte aus der Presse der Sozialistischen Republik Rumänien zu verschwinden. Also gab es Schreibverbot. Und wo immer ich mich um Arbeit bewarb, wurde ich abgewiesen. Doch nichts wird so heiß gegessen, wie es gekocht wird – ein Wort, das vermutlich nirgends auf der Welt so wahr ist wie in Rumänien. Nach kurzem Verschwinden aus der Journalistensparte konnte ich den Kopf behutsam wieder heben. Zuerst schlug ich mich mit Privatunterricht durch, präparierte Kandidaten für die Aufnahmeprüfung zum Germanistikstudium, unterrichtete Deutsch als Fremdsprache für einen Stundenlohn („plata cu ora") an der Wirtschaftsakademie, wo ich Studenten der Sonderklasse hatte, dann Deutsch an der Sporthochschule, wo die Herren Athleten im Spracherwerb eher Zweite Bundesliga waren. Nach etwa einem Jahr gelang es mir, in das Rettungsnetz zu springen, das mir der unbeugsame Weltverbesserer und Schriftsteller, mein guter Freund und Menschenfreund Franz Storch, aufgespannt hatte. Ich wurde so etwas wie ein freischaffender Korrektor bei der Zeitschrift *Volk und Kultur*, deren Chefredakteur Storch war – und dazu viel bestauntes Infant terrible im Kulturrat der Republik. So wurde ich zum zweiten Mal Journalist, wobei es zu meiner Hauptbeschäftigung wurde, mit Storch zu debattieren – er war stets so kampfbereit und kampfstark wie ein Bull Terrier.

Aus Temeswar erreichten mich die Signale des Niki Berwanger. Ich sollte an seiner *NBZ* (*Neue Banater Zeitung*) mitarbeiten, ließ er mich wissen – und im

Übrigen hätte es ihn gefreut, dass den Chefs dort oben jemand die Meinung gesagt hätte. Der Spruch der ehrenwerten *NBZ*-Redaktion gelegentlich solcher zu schluckenden Kröten lautete: „Huren sama alle – also machen wir's".

Mit Berwanger verband mich zwar keine enge, aber eine stetige Freundschaft. In der siebenten Volksschulklasse in Temeswar saßen wir in der gleichen Bank, beim Fußball (Fetzenball 1948) waren wir neben dem Höckel Robi die unermüdlichsten. Dann folgten die gemeinsame Textilschule, die Arbeit in der Wollindustrie und darauf das Engagement beim *Neuen Weg* in Bukarest. Wie Berwanger und mich hat es eine Reihe von „Arbeiterelementen" gegeben, die in der Redaktion auf ihre journalistische Tauglichkeit geprüft wurden. Im Laufe von gut zehn Jahren sollen es an die Tausend gewesen sein. Aus diesem Reservoir hat mich Ewalt Zweier herausgefischt und seiner Landwirtschaftsabteilung einverleibt. Er gab meinen ersten beruflichen Gehversuchen den sicheren Halt.

Es stellt sich da bloß noch die Frage, woher die Redaktionsleitung stammte. Anton Breitenhofer war aus der Deportation in Russland heimgekehrt. Sein Antifaschismus war die Legitimation für den Chefsessel. Es war die Zeit, als die Inkompetenz alles im Lande regierte. Redaktionssekretär Georg Hromadka hatte als Sozialdemokrat die Gefängnisse der rumänischen Geheimdienste „Siguranța" und „Securitate" gesehen. Übereifrigen Büttein der neuen Macht hatte er bereits 1945, als sie gegen die „Sprache Hitlers" (das Deutsche) agitierten, erklärt, er würde sein Wirken in der „Sprache Goethes" fortsetzen. In den endsechziger Jahren verfügte der *Neue Weg* bereits über eine Reihe qualifizierter Mitarbeiter. Etliche „gute Genossen", das heißt junge Leute mit Erfahrung, wurden zur Zeitungsgründung in die Provinz oder zu den Verlagen, zu Funk und Fernsehen abkommandiert. So entstanden die *Karpatenrundschau*, die *Hermannstädter Zeitung* (später *Die Woche* genannt), die *Neue Banater Zeitung* und das deutschsprachige Fernsehen.

Parallel zu Ihrer Tätigkeit beim Neuen Weg *haben Sie in den Jahren 1954–1961 in Bukarest auch studiert – zuerst Geografie und Biologie, danach Germanistik – und, nicht zuletzt dank der Freundschaft mit Schriftstellern und Literaten, Einblick in die rumäniendeutsche Literaturszene jener Jahre bekommen. Wie hat sich der in der rumänischen Kultur um die Mitte der 60er Jahre allgemein verzeichnete Aufbruch, der auch die rumäniendeutsche Literatur erfasste, auf Ihr Werk ausgewirkt?*

Sie sagen es ja: Der Aufbruch in den 1960er Jahren hatte elementare Kraft. Damals schossen auch die rumäniendeutschen Poeten wie die Pilze nach dem Regen hervor. Ich wurde auch davon angesteckt, sah mich plötzlich Gedichte und Kurzgeschichten schreiben. Es waren aus heutiger Sicht nur Fingerübungen – darunter aber auch eine eigenartige Kurzgeschichte, an die sich niemand mehr erinnern kann, außer Ihrem Kollegen, dem enzyklopädisch versierten, nichts vergessenden (fast) alles verzeihenden Peter Motzan.

Ihre journalistischen Beiträge, Ihre Reportagen, zumindest jene, die Sie in Ihre beiden Sammelbände aufnahmen, zollen der damaligen kommunistischen Ideologie nur selten – und wohl nie mehr als damals gefordert – Tribut. Haben Zensur und Selbstzensur – im Rückblick betrachtet – angesichts der offensichtlichen Schwierigkeiten beim Sagen der Wahrheit auch mitgeschrieben?

Wer in der Öffentlichkeit des kommunistischen Rumäniens wirkte – ganz gleich ob als Lehrer oder Volksratsvorsitzender, als Sportklubpräsident oder Rotkreuzfunktionär – der konnte nicht unbehelligt an den Richtlinien der Partei vorbei. Jeder musste – mit mehr oder weniger Geschick – Loyalität oder, wie das hieß, Linientreue, mimen und Konzessionen machen. Viele taten es um des lieben Friedens willen, andere eingedenk der Tatsache, dass man als Journalist beispielsweise etwas für den Erhalt humanistischer Traditionen, für die Pflege der Volkskultur oder der Muttersprache, der Bräuche und Feste und so auch auf der Linie der sozialen Ethik tun muss. Aber die Grenzen dieser Konzessionen, die Marke, wo die Konzession aufhört und die Kapitulation beginnt – das konnte jeder für sich (oder im stillen Einvernehmen mit dem Chef, falls der menschliche Züge hatte) bestimmen. So wurde ich jahrelang, nein, jahrzehntelang bedrängt, in die Rumänische Kommunistische Partei einzutreten. Ich habe mich mit Händen und Füßen dagegen gesträubt, mich dabei auch Schwejk'scher Strategien bedient, also durchgewurstelt. Und es klappte. Besonders im Schwange bei uns „Parteilosen" war die doch sehr durchsichtige Wendung, „Ich bin dafür noch nicht reif genug, Genosse". Aber ich gestehe, dass ich nahe dran war, Parteimitglied zu werden, als Ceaușescu sich weigerte, 1968 mit den anderen Ostblockmachthabern in Prag einzumarschieren. Außerdem ging er zu den sowjetischen Betonköpfen auf Distanz. Nur zu bald mussten wir sehen (und spüren), was für eine Falle uns der „Conducător" gestellt hatte und wie viele (auch im Westen) hineingetappt sind. Es gab also nicht nur Opportunisten, sondern auch Phantasten, die den Lockrufen des „Genius der Karpaten" folgten.

Noch ein Wort zur Zensur und Selbstzensur. Ich habe in Rumänien in siebenundzwanzig Jahren Pressearbeit keinen einzigen Tag freie Pressearbeit geleistet. Jede Silbe, die ich schrieb, stand unter Aufsicht. Auch wenn ich ein so freies, unpolitisches Thema bearbeitete wie einen Ausflug mit einem lipowenischen Fischer im Donaudelta – immer war einem die Zensur im Nacken. Bleiben wir bei unserem einfachen Beispiel mit dem Fischer. In seinem Fall durfte ich es mir nicht einfallen lassen zu sagen, dass diese von den hohen

Abgaben bedrückten Menschen quer durch die Reihen heillos dem Trunk verfallen waren und sich zu Tode soffen. Meine Selbstzensur schaltete sich ein – und so tat mein Fischer „wohl mal einen Zug aus der Flasche".

Was die Omnipräsenz der Partei anlangt, so gab ich meine Artikel dem oft bis zur Weißglut verärgerten Chefredakteur ohne eine Parteilosung ab, die er dann in geübter Routine mit den obligaten Parteifloskeln anreicherte. Ich kann mich heute noch an ein paar entzückende Stellen in einer Reportage über ein Schweinemastkombinat erinnern, wo so die alles vermögende Partei auch in der Ferkelproduktion die Hand am Drücker hatte – es hörte sich fast so an, als wären Zucht-Eber und -Säue verkappte Parteimitglieder.

Nach Ihrer Aussiedlung (1980) waren Sie in Deutschland vor allem journalistisch, eine Zeitlang auch freiberuflich, tätig. Mit welchen neuen Erfahrungen sind Sie im Vergleich zu Ihrer Arbeit in Rumänien hierzulande hauptsächlich konfrontiert worden?

Mein Eindruck: Auch hier wird mit Wasser gekocht, was die Schreibe anlangt, dafür ist die Recherche oft aufwandiger, härter und rücksichtsloser. Hier ist die journalistische Palette unendlich größer und der Abstand von Postillen verschiedenen Zuschnitts zu den Spitzenerzeugnissen unauslotbar groß. Wie in der ganzen freien westlichen Welt gibt es publizistische Produkte, zu denen man „aufblicken" kann, und andere, die ich nicht einmal mit der Feuerzange anfasse.

Es trifft sich, dass Sie gerade in der Zeit unseres Gesprächs mit dem Donauschwäbischen Kulturpreis 1997 ausgezeichnet wurden. Was bedeutet er Ihnen und wie „donauschwäbisch" sind Sie?

Ich weiß nicht, wie siebenbürgisch-sächsisch einer sein kann – vermutlich kann man das mehr als alles andere. Wir Schwaben tragen nicht so viel geschichtliche Last mit uns herum. Wir sind eine südwestdeutsche „Mischbevölkerung". Von daher sind wir wohl ein bisschen schneller im Denken und im Arbeiten als andere. Und so haben wir auch den Heimsuchungen der Zeiten widerstanden und unsere Saaten gepflegt. Unser Stamm der Donauschwaben, ein Neustamm, ist zwar aus den Ländern der alten Heimat fast völlig verschwunden – aber nicht spurlos. Wie andere Werke meiner Vorfahren und Zeitgenossen will ich mit meinem Buch davon Zeugnis ablegen.

2/1998

„Wir haben ja nicht die Welt bewegt, wir wurden bewegt"

FRANZ HEINZ

Der fünfzehnjährige Franz Heinz erlebte das Ende des Zweiten Weltkrieges auf der Flucht in Österreich. Nach der im Juni 1945 erfolgten Rückkehr in seinen Banater Geburtsort Perjamosch arbeitete Heinz als Bäcker und Landarbeiter. 1960 zog er nach Bukarest, wo er bis 1974 zunächst als Redakteur, später als Kulturredakteur und Abteilungsleiter der deutschsprachigen Tageszeitung *Neuer Weg* wirkte. Zwischenzeitlich konnte er in Bukarest sowohl das Gymnasium absolvieren als auch, in den Jahren 1964–1969, im Fernstudium die Fächer Geografie, Geschichte und Pädagogik belegen. Nach seiner Ausreise in die Bundesrepublik Deutschland (1976) betreute Heinz die in Bonn erscheinende *Kulturpolitische Korrespondenz* rund dreizehn Jahre lang redaktionell mit. 1990 wechselte er zur Stiftung Mitteldeutscher Kulturrat. Franz Heinz lebt in Ratingen als freischaffender Schriftsteller und Publizist.
Aus der Reihe seiner kürzeren und längeren Erzählungen aus den 1960er und 1970er Jahren, die Heinz in Rumänien anfänglich nach den ästhetischen Vorgaben des so genannten „sozialistischen Realismus" verfasste und in mehreren Bänden herausbrachte (*Das blaue Fenster*, 1965; *Acht unter einem Dach*, 1967; *Erinnerung an Quitten*, 1971 u. a.), ist die historisch authentisch wirkende und auch in Deutschland erneut aufgelegte Novelle *Ärger wie die Hund* (1972, 1991) die bedeutendste.
In den in Deutschland entstandenen literarischen Werken stehen Integrationsprobleme der aus dem Osten in den Westen ausgewanderten Menschen im Mittelpunkt des Geschehens, deren Darstellung Heinz am eindrucksvollsten wohl in der längeren, 1998 im Westkreuz-Verlag erschienenen Erzählung *Lieb Heimatland, ade!* gelang.
Obwohl sie als Buchveröffentlichungen kaum vorliegen, nehmen die Theater- und Hörspiele, die u. a. auch von Radio Wien und dem Westdeutschen Rundfunk gesendet wurden, im Gesamtschaffen des Autors einen wesentlichen Platz ein. Franz Heinz ist immer wieder auch als Journalist, Herausgeber und Verfasser von kunstkritischen und -historischen Beiträgen hervorgetreten.
Zuletzt erschien von ihm 2014 im Berliner Anthea Verlag der Roman *Kriegerdenkmal. 1914 – Hundert Jahre später.*

Herr Heinz, seit Ihrer Auswanderung aus Rumänien (1977) bildete die Integrationsproblematik der Aussiedler in der Bundesrepublik Deutschland einen Kernpunkt

FRANZ HEINZ

Ihrer publizistischen und schriftstellerischen Tätigkeit. Auf behutsame und ausgleichende Art haben Sie sowohl die Vor- als auch Nachteile abgewogen, die der Landeswechsel mit sich gebracht hat, und die erfreulichen wie die misslichen Aspekte dieses Prozesses beleuchtet. Wer nun Ihre letzte lange Erzählung Lieb Heimatland, ade *(1998) aus diesem Blickwinkel liest, gewinnt leicht den Eindruck, dass die Eingliederung dieser Menschen in die bundesrepublikanische Gesellschaft letztendlich gescheitert ist. „Tatsächlich gehören sie nirgends hin" – lassen Sie die Hauptgestalt Ihrer Erzählung über seine in Nordrhein-Westfalen lebenden siebenbürgischen Landsleute urteilen, die sich in landsmannschaftlichen Verbänden eine Art Ersatzheimat zu schaffen suchen.*

Wir haben nicht nur das Land gewechselt. Das geschah nach dem Ersten Weltkrieg, als unsere Heimatgebiete an Rumänien fielen. Zugleich mit dem Bedauern, aus Österreich-Ungarn herausgebrochen worden zu sein, war die Erwartung verbunden, im neuen Vaterland Heimat und Eigenart bewahren zu können. Eine Abwanderung war in diesem Zusammenhang kein Thema. Nur im Einzelfall war es anders, und ich möchte hier einen mir bekannten herausgreifen, weil er zum späteren Totalverlust überleitet. Aus meiner Familie haben sich damals zwei Anverwandte, junge Bauernburschen, nach Ungarn abgesetzt, weil ihr anerzogener pannonischer Patriotismus es nicht duldete, den bevorstehenden Heeresdienst in Rumänien abzuleisten. Sie waren ungarischer als die Ungarn und wurden dafür mit einer Randexistenz in Budapest bestraft, die nichts von dem zuließ, was einem Bauern die Heimat ersetzen kann. Ein dritter, jüngerer Bruder erbte den Hof und verweigerte sich zwanzig Jahre später dem angeblich freiwilligen Dienst in der Waffen-SS. Nach erfolgter „Überzeugungsarbeit" wurde er dann doch eingereiht, ohne allerdings jemals die Front zu erreichen. Auf dem Weg ins „Reich" verschwand er spurlos, und bis heute ist es nicht bekannt, welchen tragischen Tod er gestorben ist. Von seinen beiden hinterlassenen Kindern wurde die Tochter kurz nach Kriegsende von einer versehentlich explodierten Handgranate getötet, der Sohn siedelte Jahrzehnte später nach Deutschland aus und lebt heute in Oberbayern. Der väterliche und großväterliche Hof im Banat ist für seine Kinder nur noch Legende.

Beispielhaft werden hier Ursache und Wirkung des Heimatverlustes sichtbar, der historische Hintergrund und das gesellschaftliche Fehlverhalten zum einen, und der hinzunehmende Totalschaden zum anderen. Von der Ballung ungewöhnlicher Ereignisse überfordert, haben wir uns auffallend leicht von der „Scholle" gelöst, ähnlich wie bereits vorher unsere angeblich weniger bodenverhafteten jüdischen Nachbarn. Wir wollten physisch und kulturell überleben, und wir wollten frei sein. Aber jeder wollte es für sich, und wohl niemand siedelte aus im Gedanken, das schwäbische Banat oder den sächsischen

Königsboden woanders wieder zu errichten. So gesehen ist die Integration nicht gescheitert. Sie leistet das, was zu leisten möglich ist, indem sie Chancengleichheit anbietet – was freilich nicht bedeutet, auch gleiche Chancen mit den Einheimischen zu haben, und wie sie in der neuen Heimat verwurzelt zu sein. Ein Bayer wird ein anderes Verhältnis zu Bayern haben als ein integrierter Banater Schwabe, der nicht die Krachlederne zum Volksfest anzieht, sondern bei jeder sich bietenden Gelegenheit den Kerweihhut aufsetzt. Dessen Tage sind freilich gezählt, und wir müssten das aus eigener Erfahrung wissen. Ethnisch sind wir immerhin das Ergebnis einer im Zeitraum von etwa drei Generationen vollzogenen Einschmelzung von Zuwanderern aus fast allen deutschen und auch weniger deutschen Landen. Selbst aus den französischen, italienischen und böhmischen Mit-Siedlern der frühen Jahre sind brave Neuschwaben geworden, eben Banater Schwaben, die jetzt gerade dabei sind, den Kerweihhut einzumotten. Mitunter wiederholt sich, wenn auch abgewandelt, eben doch die Geschichte. Wir sollten daraus lernen. Jeder darf hierzulande das sein, was er ist oder als was er sich fühlt, dennoch werden wir Banater Schwaben, wie die Schlesier und Ostpreußen, immer weniger. Nicht als Folge einer gescheiterten Integration, sondern wegen der funktionierenden Assimilation. Gesamtdeutsch eingeschmolzen zu werden ist für uns zwar weniger schmerzhaft, aber es kostet dennoch unsere Banater Identität. Das macht die landsmannschaftliche Kulturarbeit nicht sinnlos, nur eine Zukunft hat sie nicht.

Zwei Jahrzehnte früher schrieben Sie in der Einführung zu dem von Ihnen herausgegebenen Buch Magisches Quadrat. Erzählungen. Bekenntnisse zur Heimat in Deutschland *(1979), es sei vor allem Dank, was die aus dem kommunistischen Osten in den demokratischen Westen gekommenen Menschen empfinden würden. Mit der Zeit würde sich in der Begegnung der Fremden mit den Einheimischen aus dem "notgedrungenen Nebeneinander ein überzeugtes Miteinander" ergeben. Wie Sie die Dinge jedoch in der Erzählung* Lieb Heimatland, ade *darstellen, scheint gerade das "gegenseitige Selbstverständnis" – so definierten Sie vor zwanzig Jahren eine erfolgreich verlaufende Integration – in der am Ende zerbrechenden Ehe zwischen dem siebenbürgischen Aussiedler und seiner westfälischen Frau nicht so recht aufkommen zu wollen.*

In meiner Erzählung gehe ich auf die Schwierigkeiten der Anpassung ein, ohne mir ein Urteil anzumaßen. Der siebenbürgische Aussiedler – eigentlich ein Flüchtling –, den ich beschreibe, meint seine Erblast abgeworfen zu haben, aber sie bleibt bestimmend und nimmt eher zu. Die Begegnung mit der so genannten Urheimat führt zunächst zur Ernüchterung. Die Bundesrepublik Deutschland entspricht nur sehr bedingt der Urheimat unserer Vorstellung, in der, bildlich ausgedrückt, die Mädchen im Dirndl und mit blonden Zöpfen herumlaufen. Wir wollten Deutsche unter Deutschen sein, aber so nahtlos fügt sich das nicht ineinander. Wir sind nicht in der Lage, unseren südöstlichen Zungenschlag zu unterdrücken, ebenso wenig können wir uns mentalitätsmäßig häuten. Das macht uns noch nicht zu Fremden im multikulturellen Deutschland, aber doch kenntlich als Zugezogene. Es verunsichert. Wir gehören dazu wie die anderen deutschen Heimatvertriebenen, auf die man auch nicht gerade mit offenen Armen gewartet hat. Dass wir dennoch Aufnahme gefunden haben und nach dem Gesetz gleichgestellt sind, verdient, meine ich, unseren Dank, auch wenn dieser nicht als gesellschaftlicher Dauerzustand auszulegen ist. Ich gebe gerne zu, dass meine diesbezügliche Sicht vor zwanzig Jahren, als der Sammelband *Dank an Deutschland* erschienen ist, euphorischer war, als sie es heute sein könnte. Nicht die erwähnten Fakten an sich sind zu revidieren, sondern ihre erwartete Nachwirkung – im Ergebnis durchaus vergleichbar mit der Entwicklung in den neuen Ländern nach dem Mauerfall, wo die „blühenden Landschaften" eine Kanzler-Vision geblieben sind. Unser „überzeugtes Miteinander" wird ein Ergebnis der Assimilation sein, weil es nicht zu gelingen scheint, und auch nur halbherzig angestrebt wird, als Volksgruppe integriert zu werden. Dementsprechend geschieht nur das, wofür wir im Kern sind: Wir werden zu Deutschen ohne besonderes Kennzeichen. Ursächlich ist in diesem Zusammenhang auch nicht zu übersehen, dass sich das Verhältnis der Bundesregierung zu den Aussiedlern spätestens seit der massiven Zuwanderung der Russlanddeutschen verändert hat. Es wurde schwieriger, die alten Definitionen der deutschen Volkszugehörigkeit anzuwenden und gegenüber der zunehmenden Globalisierung zu rechtfertigen. Wir passen nicht mehr so ganz ins veränderte Weltbild.

Auch als Sie in Bukarest als Journalist und Schriftsteller lebten und wirkten, haben Sie die Verbindung zu Ihren banatschwäbischen Landsleuten, zu denen nach Ihrer Heirat mit einer Siebenbürgerin auch die sächsischen hinzukamen, nicht abreißen lassen. Ihren Erzählungen aus den 1960er und 1970er Jahren nach zu schließen, hielten Sie sich des Öfteren in den Kreisen rumäniendeutscher Bauern und Handwerker auf, und so manche Anregung für eine spätere Kurzgeschichte oder Erzählung dürften Sie von dorther empfangen haben. Später griffen Sie gern auch auf die geschichtliche Überlieferung zurück und erweiterten damit Ihre Sicht auf Banater Dorfrealitäten. Inwiefern mussten Sie sich in deren künstlerischen Darstellung den Vorgaben des so genannten sozialistischen Realismus und seiner These vom gesellschaftsbestimmenden Klassenkampf beugen?

Das Zurückgreifen auf geschichtliche Stoffe ermöglichte es, bei Umgehung der Zensur, zeitkritische Fragen wie Unrecht und Gewalt zu behandeln. Die Partei legte es sich als Abrechnung mit der kapitalistischen Vergangenheit zurecht, während den Lesern die so vermittelte zeitnahe Kritik nicht verborgen blieb. Schon meine erste Veröffentlichung 1958 in der *Neuen Literatur* war ein geschichtliches Thema: *Wetterleuchten* ein Stück über die Revolution von 1848 in Temeswar mit dessen Bürgermeister Preyer als Hauptfigur. Radio Temeswar hat es gemeinsam mit dem Deutschen Theater als Hörspiel produziert und ausgestrahlt. Auch im Märchen ließ sich manches transportieren, was sonst anzusprechen nicht möglich war. Ich veröffentlichte drei solcher Märchen in der *Neuen Literatur*, die sich als Zeitschrift bekanntlich immer einen Schritt über das gerade noch Geduldete hinauswagte. Auch der von Hedi Hauser geleitete Kriterion-Verlag brachte manches Buch durch, das nicht problemfrei war. Dazu zähle ich meine Erzählung *Ärger wie die Hund'*, in der der Knecht Pitt Melcher Unrecht erleidet, weil alle Beteiligten Mitläufer oder käuflich sind. Die Parallele zum Totalitarismus ist sowohl in der Problemstellung wie auch in einigen Detailschilderungen leicht zu erkennen. Dennoch passierte die Erzählung verhältnismäßig leicht die Zensur und wurde sogar mit einem Preis des rumänischen Schriftstellerverbandes ausgezeichnet. Wer meine Erzählungen in der Entstehungsfolge liest, wird, wie bei vielen anderen Autoren dieser Jahre auch, die zunehmende Distanzierung zum Parteiauftrag feststellen können, obwohl das sozialistische Gedankengut damals weltweit nicht gerade unpopulär war. In der großen deutschen Literatur wimmelte es geradezu von überzeugten Kommunisten und Sympathisanten. Der Terror wurde überdeckt von der Utopie, den Kommunismus als ernst zu nehmende gesellschaftliche Alternative gelten zu lassen. Die Annäherung Diplich-Liebhard zeigt, wie die damals von allen Kanzeln gepredigte friedliche Koexistenz auch im geistig gespaltenen Banat funktionierte. Im Bukarester Schriftstellerhaus auf der Calea Victoriei speisten wir ungeniert mit dem Regimegegner Paul Goma an einem Tisch, und mit dem unspektakulären Weimarer Poeten und Honecker-Verächter Wulf Kirsten durchfuhren wir das sommerliche und herrlich unterentwickelte Harbachtal in Siebenbürgen. Die eigentliche Konfrontation ging weniger im Literaten-Casino vor sich. Deutlicher festzustellen war sie auf Dienstfahrten in die Provinz. Vielleicht am heftigsten erlebte ich sie in meinem Heimatdorf Perjamosch, wo sich die Leute mir gegenüber keinen Zwang antaten, schon gar nicht Bruder und Eltern, die sich von der Gesellschaft ausgestoßen vorkamen und das auch waren. Ein Liebäugeln mit dem Sozialismus war für meine Eltern undenkbar. Bei ihnen war kein Platz für Utopien.

Es mag mitunter bedenklich erscheinen und ärgerlich sein, dass nachher alle schon immer dagegen gewesen sein wollen. Könnten aber die Lehrer für den Unterrichtsstoff verantwortlich gemacht werden, den sie gelehrt und in dem sie geprüft haben? Oder dafür, dass sie angehalten waren, die Bauern zum

Beitritt in die Kollektivwirtschaft zu überreden? Den enteigneten, deutschen Bauern wurde es von den mit deutschen Äckern ausgestatteten rumänischen Landwirten zum Vorwurf gemacht, zu den ersten gehört zu haben, die den Kollektivwirtschaften beigetreten sind. Dass sie, landlos geworden und ohne andere fachliche Ausbildung, keine Alternative hatten, hebt das politische Verdikt nur bedingt auf, wenngleich jeder weiß, dass die Bauern die letzten sind, die der sozialistischen Revolution zugelaufen sind und an ihr verdient haben. Es wäre gut, wenn die Aufarbeitung der sozialistischen Jahre nicht als Rechtfertigungsversuche für politisches Fehlverhalten verkannt würden. Es geht darum zu zeigen, wie es war. Wo es die Masse der Rumäniendeutschen hinzog, haben sie nach 1990 unmissverständlich in den Auswanderungslisten zu Protokoll gegeben. Da war mancher Genosse darunter. Mir ist aber nicht bekannt, dass auch nur einer deswegen unter innerem Zerwürfnis gelitten hätte.

An den in mehreren Ihrer Erzählungen behandelten Themen lässt sich feststellen, dass sich Ihr Erfahrungsfeld mit Ihrer Übersiedlung nach Bukarest weitete. Über Abendschule, Universitätsstudium und langjährige Tätigkeit als Feuilletonredakteur des Neuen Wegs *hatten Sie die Möglichkeit, über die kleine banatschwäbische und siebenbürgisch-sächsische Welt hinaus zu blicken. Großstadtprobleme geraten zuweilen in das Blickfeld des Schriftstellers, das Donaudelta und – über die ersten langersehnten Aufenthalte im vormals geächteten kapitalistischen Ausland, vor allem aber über die Touristen aus Westeuropa, die damals dem angeblich freiheitlicher als die anderen Länder des kommunistischen Machtblocks gesinnten Rumänien gern einen Besuch abstatteten – auch ein Ausschnitt der „großen Welt".*

Als ich zum *Neuen Weg* kam, habe ich die Übernahme der Lokalredaktion in Großsanktnikolaus beantragt, einer Ein-Mann-Vertretung auf der untersten Stufe. Ich wollte nicht weg aus dem Banat und schon gar nicht nach Bukarest. Aber die Vertretung in Großsanktnikolaus wurde geschlossen, und ich erhielt das Privileg, in der Zentralredaktion zu arbeiten und mir, gemeinsam mit zwei anderen unverheirateten Redakteuren ein zwölf Quadratmeter großes Hinterhofzimmer zu teilen. Ich hatte nicht vor, mich thematisch aus dem Banat zu verabschieden, das mir bis heute für jedes Thema groß genug scheint. Schließlich hat Otto Alscher sogar seinen Urweltroman *Der Löwentöter* im Südbanater Bergland um sein heimatliches Orschowa angesiedelt, das auch eiszeitlich einen authentischen Rahmen zuließ. Natürlich war er in Wien, Budapest und Belgrad welterfahren geworden, was ihn davor bewahrte, provinziell zu sein. So war auch Bukarest im Endergebnis für mich eine gute Zeit. Ich verdanke ihm bildungsmäßig viel, und es näherte mich den Rumänen an, zu denen ich bis dahin eine recht fragwürdige Beziehung hatte. Es entstanden jene, für einen schwäbischen Autor aus dem Banat eher untypischen rumänischen Geschichten als Ergebnis neuer Begegnungen. Sie sind atmosphärisch und in der Fragestellung anders geraten. Dieser vielbeschworene Blick über den Zaun war weder vorsätzlich noch programmiert und wohl gerade deshalb nachwirkend. Das neue Umfeld befreite mich teilweise davon, in allen Dingen und vorweg unser Minderheitenschicksal vor Augen zu haben. Diesen Prioritätsanspruch bin ich an der Dâmbovița für alle Zeiten losgeworden. Bukarest bildete auch einen Kreuzpunkt für die Begegnung mit jüdischen Autoren wie Alfred Margul-Sperber und Alfred Kittner. Sie akzeptierten uns vorurteilsfrei und ohne Ressentiments als Partner in der gleichen Sprache und der gleichen Misere. Der Umgang mit dem Sozialismus galt gewissermaßen als persönliche Angelegenheit. Während Sperber bedenkenlos Lobgedichte auf die Partei zu schreiben in der Lage war, blieb Kittner betont zurückhaltend. Kollegiale Probleme gab es, soweit sie mir bekannt sind, deshalb nicht.

Die Euphorie, dass mit Ceaușescus Machtantritt sich die Dinge auf Dauer zum Guten wenden würden, hielt bei Ihnen wohl nicht lange an. Sie verließen das Land in einer Zeit, als sich vor allem jüngere rumäniendeutsche Schriftsteller noch der Illusion hingaben, in einem Sozialismus mit menschlichem Antlitz irgendwann mal bessere Zeiten auch für die Literatur erleben zu dürfen. Was hat Ihren Weggang bewirkt und warum haben Sie sich in einer Zeit, als andere Schriftsteller Ihrer und der jüngeren Generation künstlerisch und politisch einiges wagten, eher verdeckt verhalten?

Ich gehörte zu denen, die den Sozialismus zwar nicht herbeigesehnt hatten, ihn aber als herrschende Gesellschaftsform zur Kenntnis nahmen und sich mit ihm auseinandersetzten. Es hatte den Anschein, als könnte eine deutsche Minderheit im sozialistischen Rumänien überleben. Nirgendwo im östlichen Europa waren nach dem Krieg die Voraussetzungen besser. Ans Auswandern dachte ich nicht. Erst die Zerschlagung des Prager Frühlings 1968 löste bei mir ein Umdenken aus. Mir wurde bewusst, dass sich seit dem Aufstand in Ungarn 1956 im Machtgefüge nichts verändert hatte und die viel zitierte Solidarität der sozialistischen Bruderländer manipulierbar war. Nicht nur 1956 war wiederholbar, auch alle anderen Gewaltakte wie die Deportation ganzer Bevölkerungsteile, die zahlreichen Säuberungen und die Liquidierung so genannter gegenrevolutionärer Keimzellen mussten denkbar bleiben. Ceaușescus offener antisowjetischer Kurs wurde zwar als mutig empfunden, aber er ließ nur eine überaus vage Hoffnung auf mehr Liberalität zu. Ich war dabei, als er auf dem Balkon des Zentralkomitees in Bukarest der Sowjetunion den Gehorsam aufkündigte. Die Bukarester jubelten ihm zu, aber viele ahnten, dass danach nicht die Freiheit zu erwarten war, sondern nur eine nationale Variante der Diktatur. Sie verdrängte dann sehr schnell das nur zögerlich aufkommende Tauwetter und brachte das Volk und seine Künstler unmissverständlich zur Räson. Der bald danach einsetzende Ausverkauf der deutschen Minderheit und die maßlose Bespitzelung machten es dann nicht nur mir unmöglich, auf bessere Zeiten in Rumänien zu hoffen. Für das gerade jetzt (wenn auch nur vorübergehend) besonders betonte ideologische Bekenntnis jüngerer Autoren war ich bereits zu altgedient. Literarisch wich ich ins Irrationale aus, und in der Zeitung wurde mir glücklicherweise das weniger schwierige Ressort Geschichte zugewiesen. Die Zensur war zwar formell aufgehoben worden, aber kaum eines der Tabu-Themen konnte tatsächlich aufgegriffen werden. Den Auswanderungswilligen wurde fehlende Heimattreue vorgeworfen, die eigentlichen Ursachen blieben unerwähnt. 1972 delegierte mich der Schriftstellerverband zur Teilnahme an einer Gegenveranstaltung zur Olympiade nach München. Ich habe darüber ausführlich in der *Neuen Literatur* berichtet. Die westdeutsche Linke, die wir im Osten als unverbraucht und reformfreudig vermuteten, präsentierte zu meiner Enttäuschung eine klassenkämpferische Kunstausstellung, die in ihrer Plumpheit ungut an die 50er Jahre in Rumänien erinnerte. Es schien den Ausstellern entgangen zu sein, dass jenseits des Eisernen Vorhangs die sozialistische Nation den Klassenkampf abgelöst hatte und dass überall in der Freien Welt für die neuen Zaren der rote Teppich ausgerollt wurde, dass sie sich vom Klassenfeind mit Ehrentiteln überhäufen ließen und selbst von den Windsors in die königliche Kutsche zugelassen wurden. Wie viel an Aufsässigkeit war da für einen Minderheitenredakteur in der hinteren Levante angemessen? Brecht ließ, glaube ich, den Herrn Keuner sagen, er habe nicht ein Rückgrat, damit es gebrochen wird. Nicht nur er musste es wissen. Als ich 1960 zum *Neuen Weg* kam, wurde mir als Arbeitsplatz der Schreibtisch eines Kollegen zugewiesen, der wegen angeblicher staatsfeindlicher Tätigkeit zu sechzehn Jahren Gefängnis verurteilt worden war. Kaum einer zweifelte an seiner Unschuld. Man wurde nicht wegen nachgewiesener Straftaten verurteilt, sondern zur Abschreckung aus oft erfundenen Verdachtsmomenten. Schöngeister wie Wolf von Aichelburg haben wohl deshalb ihre Verfolgung nie groß plakatiert. Aichelburg war ein Opfer, aber nicht ein Widerständler, auch wenn sein Verhältnis zum Sozialismus mehr als reserviert war. Allerdings kann auch Reserviertheit demonstrativ wirken.

Beim *Neuen Weg* waren wir in den 1970er Jahren, meines Wissens, nur noch zwei Redakteure, die, trotz wiederholter Aufforderung, der Partei nicht beigetreten sind, obwohl das die Aufstiegschancen erheblich verringerte. Es hatte gewiss mit jener demonstrativen Reserviertheit zu tun, geschah aber auch in der Annahme, dadurch einen Rest an Individualität bewahren zu können. Andere waren der Ansicht, gerade als Parteigenossen mehr zu bewirken. In Wirklichkeit war weder so noch anders ein maßgeblich größerer Freiraum zu gewinnen.

Rund dreizehn Jahre lang haben Sie nach Ihrer Übersiedlung (1976) in die Bundesrepublik Deutschland in Bonn die Kulturpolitische Korrespondenz *redaktionell mitbetreut, sich besonders für die Kultur der ehemaligen deutschen Ostgebiete und die deutschen Sprachinseln in Ostmittel- und Südosteuropa journalistisch engagiert, in einer Zeit, als die Kommunikation mit den Menschen, die hinter dem Eisernen Vorhang lebten, alles andere als selbstverständlich und unproblematisch war. Dennoch zogen Sie es 1990, als auch für die* Kulturpolitische Korrespondenz *auf Grund der veränderten politischen Lage eine neue Zeit anzubrechen schien, vor, zur Stiftung Mitteldeutscher Kulturrat zu wechseln. Eröffnete sich Ihnen da ein interessanteres, möglicherweise wirkungsreicheres Tätigkeitsfeld?*

Es schien mir nach 1990 nicht mehr so wichtig, über den Südosten zu berichten. Meine Landsleute verließen in Scharen ihre Heimatgebiete, was zu tun blieb war bestenfalls Ursachenforschung und Integrationsanalyse. Ich hatte auch den Ostdeutschen Kulturrat überschätzt. Gewiss war gerade seine publizistische Tätigkeit beachtlich und notwendig, aber die Auswirkungen blieben verhältnismäßig gering. Die verminderte Bereitschaft der Behörden für die ostdeutschen Belange und die zunehmende Ausdünnung der so genannten Erlebnisgeneration der Heimatvertriebenen führten zu einer Ghettoisierung der ostdeutschen Kulturpflege, die neuerdings durch grenzüberschreitende Tätigkeit wieder erweitert oder auch zum Teil ersetzt wird. Es waren aber auch persönliche Gründe und konzeptionelle Meinungsverschiedenheiten, die meinen Stellenwechsel mitbestimmt hatten. Nach dem Fall der Berliner Mauer war es zudem ein nahe liegendes Anliegen, die Wende in der ehemaligen DDR publizistisch zu begleiten. Die Arbeit beim Mitteldeutschen Kulturrat ermöglichte mir, die neuen Länder besser kennen zu lernen. Sie interessierten mich historisch, vor allem aber in ihrem Schwenk nach Europa, der uns im Westen ja nicht nur eine Rolle als Zuschauer zuwies. Wie die meisten Bundesbürger, musste auch ich feststellen, mehr über Italien zu wissen als über Sachsen-Anhalt oder Brandenburg. Das wollte ich für mich ändern.

Die bildende Kunst hat Sie neben der Literatur ein Leben lang beschäftigt. Sie haben bereits in Rumänien Aufsätze, später eine Monografie über Franz Ferchs Banater Bilderwelt *verfasst und u. a. Ihre „Begegnung" mit Grafiken von Gert Fabritius festgehalten. Hat Ihre Beschäftigung mit künstlerischen Aneignungs- und Verfahrensweisen der Maler sich auch auf die Darstellungsweise des Erzählers ausgewirkt, war sie eine gute Schule auf dem Wege zu genauerer Beobachtung und zu*

FRANZ HEINZ

mehr Präzision im sprachlichen Ausdruck, von der besonders Ihre letzten Prosaarbeiten profitieren durften?

An Franz Ferch beeindruckten mich zwei Besonderheiten: die konsequente Einbeziehung des banatschwäbischen Elements in sein Werk und seine Fähigkeit zur Veränderung. Es war ein weiter Weg von den symbolhaften Bauernbildern der frühen Jahre bis zu den abstrakten Aquarellen im Spätwerk. Seine Bilder illustrieren künstlerisch und gesellschaftlich das Jahrhundert im Banat. Die stilistischen und thematischen Wandlungen ergaben sich aus den Anforderungen der Zeit, für die Ferch zugänglich war, ohne den Charakter zu verlieren. Selbst den „sozialistischen Realismus" finde ich bei ihm erträglicher als üblich, weil er als Künstler immer seine Zugehörigkeit sichtbar macht und sich nicht bedenkenlos der Auftragskunst ausliefert. In gewisser Weise habe ich von ihm das Motiv der Hauensteiner übernommen. Es beschäftigte ihn viele Jahre hindurch als gestalteter Protest gegen die Willkür. Für ihn war es, wie er mir mehrmals versicherte, nicht ein historisches, sondern ein aktuelles Bild. Die Bauern im Hauenstein hatten im 18. Jahrhundert gegen das Stift Sankt Blasien rebelliert und wurden zur Strafe ins Banat verbannt. Mein Theaterstück, das zwar in der *Neuen Literatur* abgedruckt, aber nie aufgeführt wurde, knüpft unmittelbar an das Ferch'sche Motiv des Widerstands an. Mit Gert Fabritius verbindet mich ein Überdruss gegen das Verordnete, das sich ja stets gegen die Individualität richtet. Wir begreifen die ostdeutsche Thematik in Literatur und Kunst nicht als landsmannschaftliche Pflichtübung, sondern in ihrer europäischen Zuordnung. Das bestreitet keineswegs das regionale Anliegen der landsmannschaftlichen Arbeit. Die Kultur hat viele Facetten, und sie gewinnt, je mehr von ihnen erkennbar werden. So war auch unsere Zusammenarbeit nicht eine Abstimmung auf Gemeinsamkeiten. Wir gestalteten gemeinsam ein Buch, aber wir passten uns einander nicht an. Meine Texte in *Begegnung und Verwandlung* beschreiben nicht seine Zeichnungen auf der jeweiligen Gegenseite, umgekehrt illustrieren diese nicht meine Prosa. Wir wissen, dass Wort und Bild eigene Gestaltungsmerkmale aufweisen, die nicht übertragbar sind. Sie korrespondieren auch, die innere Stimmigkeit vorausgesetzt, wenn jedes für sich bleibt. Eine benennbare Auswirkung auf Beobachtung und sprachlichen Ausdruck wird sich demnach aus meinen Künstlerfreundschaften nicht nachweisen lassen, wenngleich Begegnungen dieser Dimension nicht spurenlos bleiben.

Wenn Ihre Arbeitszeit es zuließ, betätigten Sie sich gelegentlich auch als Literaturhistoriker und Herausgeber älterer banatschwäbischer Literatur. Nicht nur Karl Grün und Johann Szimits gehören zu den von Ihnen für die Literaturgeschichte neu ent-

deckten Autoren, auch Otto Alschers Tier- und Jagdgeschichten und seine Feuilletonsammlung Belgrader Tagebuch *gaben Sie in den 1970er Jahren in Bukarest heraus. Ist in nächster Zeit mit einer Neuauflage des gesamten Alscherschen Tagebuches zu rechnen, und haben Sie in literahistorischer Hinsicht noch weitere Projekte, die Sie realisieren möchten?*

Sämtliche unter dem Titel *Belgrader Tagebuch* zusammengefassten feuilletonistischen Beiträge von Otto Alscher sind in der Zeitung *Belgrader Nachrichten* erschienen, die im Ersten Weltkrieg von der österreichischen Militärbehörde im besetzten Serbien herausgegeben wurde. Als Vorlage für den noch bei Kriterion in Bukarest verlegten Band diente der unvollständige Nachlass Alschers. Es ist anzunehmen, dass bei genauer Durchsicht der Kollektion in der Österreichischen Nationalbibliothek bisher unbekannte Alscher-Beiträge aufgefunden werden, die in der beabsichtigten Neuauflage des Buches durch den Verlag des Südostdeutschen Kulturwerkes zu berücksichtigen wären. Über unser kulturgeschichtliches Interesse an Alscher hinaus bieten die jüngsten Ereignisse im ehemaligen Jugoslawien Anlass nachzulesen, wie ein kriegsverpflichteter Banater Autor das gegnerische Serbien erlebte und was er daraus in seinen Feuilletons festhielt.

Eines meiner nächsten literarhistorischen Anliegen könnte eine Anthologie der Banater Deutschen bis 1944 sein. Dabei sollten neben künstlerischen auch gesellschaftspolitische Kriterien beachtet werden. Ich denke an eine Anthologie, die den Zeitgeist im Banat bis zur Zerstörung der gewachsenen Strukturen im Zweiten Weltkrieg widerspiegelt. Auch weniger erfreuliche Aspekte wären nicht auszuklammern, was auf manche Texte aus den 1930er Jahren zutrifft, aber auch auf den Hurrapatriotismus im Ersten Weltkrieg. Es ist Zeit genug vergangen, um unbelastet und unbeschadet unsere ganze Kulturgeschichte zur Kenntnis zu nehmen, die wir uns bisher stets nur mit gewissen Auslassungen zugemutet haben oder zumuten durften. Es besteht übrigens kein Anlass zur Sorge, wir könnten ein schlechtes Bild abgeben. Wir haben ja nicht die Welt bewegt, wir wurden bewegt und waren immer etwas verspätet und immer etwas zögerlich. Vielleicht zeichnet uns das aus.

Sie haben sich gelegentlich auch als Dramatiker versucht. Ihre Einakter, die bereits Ende der 1950er und in den 60er Jahren gedruckt und auch gelegentlich von Laienbühnen aufgeführt wurden, sind heute wohl zu recht vergessen. Es mussten Jahre vergehen, bis Sie erneut den Weg zum dramatischen Genre fanden. Vor allem dem Hörspiel, mit dem Sie seit Ende der 80er Jahre im Rundfunk in Deutschland und in Österreich immer wieder präsent sind, scheinen Sie sich wieder zuzuwenden. Haben Sie vor, Ihre Hörspiele künftig auch zu einem Band zu bündeln?

Das bereits erwähnte Hörspiel *Wetterleuchten* aus den 50er Jahren, in Jamben geschrieben, möchte ich schon gern in Erinnerung halten. Desgleichen den *Jürg Jenatsch*, ein anderes frühes Stück, nach einem Roman von Conrad Ferdinand Meyer, ebenfalls in strengem Versmaß gehalten und wahrscheinlich hoffnungslos antiquiert. Leider besitze ich davon nicht das Manuskript, aber im Archiv des Temeswarer Deutschen Theaters dürfte eine Abschrift zu finden sein. Meine Einakter für die Laienbühne waren der halbherzige Versuch einer von der „Casa de Creație" betriebenen Programmerneuerung. Andere Stücke blieben mehr oder weniger Torsos. Meine Liebe, zeitweilig sogar Vorliebe für das Theater hielt auch in Deutschland an, wenngleich mich das westliche Regietheater eher verschreckte als überzeugte. Mir war dieser völlig unbekümmerte Umgang mit dem Werk und seiner Aussage äußerst fragwürdig. Ich zog die Nische Hörspiel vor, zumal ich ohnehin der Meinung bin, dass wir intensiver hören als schauen. Fast immer haben die Stücke einen Bezug zum Banat, das als Schauplatz so gut ist wie jeder andere. Warum sollte ich ohne Not fremdgehen? Natürlich würde ich die Hörspiele und andere Arbeiten für das Theater gern zu einem Band bündeln. Aber die Verleger haben schon Mühe, unsere Romane und Erzählungen abzusetzen. Bücher, die zwar zum Kulturbild gehören, aber von wenigen gelesen und von noch wenigeren gekauft werden, müssen wohl in der institutionellen Zuständigkeit etwa eines Kulturwerks bleiben.

In einem Ihrer besten Aufsätze, Eingeständnisse über eine Ankunftsliteratur – die Aussiedler-Autoren und ihre westliche Ernüchterung, *behaupteten Sie, „Ankunftsliteratur" könne nur eine „Übergangsliteratur" sein. Die aus dem Südosten ausgesiedelten Schriftsteller würden im Westen „neuen Einflüssen" ausgesetzt, „neuen Problemen gegenübergestellt", und das „Banat" beispielsweise verspreche auf die Dauer als Thema zu wenig. Mit Ihrer Erzählung* Budweiser Nachspiel *ist Ihnen nun der Versuch gelungen, stofflich und künstlerisch vom Südosten freizukommen. Hat sich der „Aussiedler-Autor" Franz Heinz zu einem deutschen Schriftsteller ohne weitere Attribuierungen gewandelt?*

Eine rumäniendeutsche Literatur oder eine Literatur der Rumäniendeutschen ist in der Bundesrepublik nicht denkbar. Auch wenn wir thematisch am Banat und an Siebenbürgen festhalten oder gelegentlich darauf zurückgreifen, wird es in Deutschland entstandene Literatur sein. Unsere Mundartliteratur aber ist zu dürftig, um eine solche Stellung ausfüllen zu können, abgesehen davon, dass die Zahl der Mundartsprecher unaufhaltsam zurückgeht. Es wird Autoren mit Banater oder siebenbürgischer Herkunft geben, ihr Werk jedoch wird sich rumäniendeutsch nicht zuordnen lassen, und sie selbst werden unter diesem Etikett gruppenmäßig nicht zusammenzufassen sein. Die so genannte „fünfte deutsche Literatur" war schon dahin, als sie gesamtdeutsch entdeckt wurde. Jede künstliche Beatmung muss wirkungslos bleiben. Das verhindert nicht gute Bücher *über* den Südosten, nur *aus* dem Südosten kommen sie nicht – es wäre denn, dort entstünde ein neues deutschsprachiges Schrifttum. Ausnahmen wie Joachim Wittstock bestätigen auch hier nur die Regel. Mit der Erzählung *Budweiser Nachspiel* ist nicht die Absicht verbunden, mich von meiner Herkunft loszuschreiben. Allerdings hatte ich immer den ganzen südöstlichen Raum im Blick, wie er aus der Konkursmasse der alten Donaumonarchie entstanden ist und sich im Bewusstsein der Menschen von Galizien bis an die Adria mehr oder weniger erhalten hat. In der Erzählung kommen ungarische Zigeuner und Ödenburger Flüchtlinge vor, und Budweis liegt ja auch nicht anderswo. Die Erzählung ist übrigens so neu nicht. Radio Wien hat sie schon vor fünfzehn Jahren gesendet; im Druck erschienen ist sie allerdings erst 1998. Dennoch trifft Ihre Frage über den Wandlungsvorgang des Aussiedler-Autors Franz Heinz zu, nur dass es langsamer geht als angenommen. Er entfernt sich nicht vorsätzlich vom Banat, aber die räumliche und zeitliche Distanz verändert das Verhältnis.

4/1999

„EIN LANDSCHAFTSRAUM, DER EINE FASZINIERENDE
SINNLICHKEIT AUSSTRAHLT"

Johann Lippet

Johann Lippet, der zu den profiliertesten rumäniendeutschen Autoren der jüngeren Generation gehört, wurde am 12. Januar 1951 in Wels/Österreich geboren, wohin seine Eltern am Ende des Zweiten Weltkrieges geflüchtet waren, wuchs aber in Wiseschdia, im Banat auf, weil die Familie 1956 in den Geburtsort seines Vaters zurückgekehrt war. Er studierte 1970–1974 an der Temeswarer Universität Germanistik und Rumänistik und war danach zunächst Deutschlehrer und von 1978–1987 Dramaturg am Deutschen Staatstheater in Temeswar. Nach der Ausreise (1987) übte Lippet zunächst verschiedene Berufe aus – u. a. war er am Nationaltheater Mannheim und in der Stadtbücherei Heidelberg tätig –, seit 1999 lebt er als freischaffender Schriftsteller in Sandhausen bei Heidelberg. Für sein literarisches Werk ist Lippet mit mehreren Preisen und Stipendien ausgezeichnet worden.

Lippet, der 1972 die „Aktionsgruppe Banat", eine literarische Vereinigung junger oppositioneller rumäniendeutscher Autoren, die 1975 von staatlicher Seite zerschlagen wurde, mitbegründete, trat mit seinen ersten literarischen Beiträgen im Kreis dieser Gruppe hervor. 1980 veröffentlichte er im Bukarester Kriterion Verlag sein Poem *biographie. ein muster*, das wie auch die anderen Gedichte und Erzählungen, die in rumäniendeutschen Periodika erschienen, vor allem durch die literarische Aufarbeitung bis dahin im kommunistischen Rumänien tabuisierter Themen (Deportation der Rumäniendeutschen in die Sowjetunion und in den Bărăgan) Aufmerksamkeit erregte. Wie in diesem Band sind auch in den weiteren Büchern des Autors Dokumentarisches, darunter viel Biografisches, und Fiktionales aufs engste miteinander verwoben. Lippets künstlerisches Hauptanliegen ist es, die entschwundene Welt des banatschwäbischen Dorfes möglichst detailgenau zu rekonstruieren und es in Romanen (*Protokoll eines Abschied und einer Einreise oder die Angst vor dem Verschwinden der Einzelheiten*, 1990; *Die Tür zur hinteren Küche*, 2000), Erzählungen (*Die Falten im Gesicht*, 1991, *Der Totengräber*, 1997 u. a.) und Gedichten (*Banater Alphabet*, 2001; *Anrufung der Kindheit*, 2003 u. a.) fortleben zu lassen.

Von den seit 2005 erschienenen zahlreichen Büchern Lippets verdienen vor allem seine „Chronologie einer Bespitzelung durch die Securitate" *Das Leben einer Akte* (2009) und der umfangreiche Roman *Dorfchronik* (2010) hervorgehoben zu werden.

JOHANN LIPPET

Herr Lippet, Sie gehören seit mehr als einem Jahrzehnt dem Autorenkreis des kleinen, aber recht feinen und rührigen Heidelberger Verlags Das Wunderhorn an und haben den Großteil ihrer Bücher dort veröffentlicht. Etwas erstaunt nimmt der Kenner der südostdeutschen Literaturszene zur Kenntnis, dass Ihr bislang letzter Prosaband Mahljahre *(2004) nicht bei Wunderhorn, sondern in einem Reschitzaer Verlag, in Rumänien, erschienen ist. Liege ich mit meiner Vermutung richtig, dass Sie dieses Buch, in dem die Begegnung eines vor der politischen Wende in die Bundesrepublik Deutschland ausgesiedelten Schriftstellers Ende der 1990er-Jahre mit dem Ort seiner Herkunft und den Stationen seiner Biografie im Banat nachgezeichnet wird, in einem rumänischen Verlag herausgebracht haben, weil es in erster Linie für die dortige Leserschaft gedacht ist, oder haben Sie sich bei dieser Entscheidung von anderen Überlegungen leiten lassen?*

Überlegungen dieser Art gab es nicht. Dass der Roman *Mahljahre* in Reschitza erschienen ist, verdankt sich eher einem Zufall, aber nicht zuletzt dem Engagement meines ehemaligen Studienkollegen Werner Kremm, Redakteur für das Banat der *Allgemeinen Deutschen Zeitung für Rumänien* (ADZ). Es ist jedenfalls eine wundersame Geschichte.

Vor langer Zeit hatte ich einen Brief von ihm erhalten, in dem er mich u. a. bat, einer Germanistikstudentin aus Temeswar, die ihre Diplomarbeit über mich schrieb, zusätzliche Auskünfte zu erteilen und ihr Rezensionen zu meinen Büchern zur Verfügung zu stellen, was ich auch tat. Bei der Durchsicht meiner Korrespondenz stieß ich auf diesen Brief, und es beschlich mich ein schlechtes Gewissen, ihm nicht geantwortet zu haben. Ich schrieb ihm also eine E-Mail, erwähnte dabei auch das Manuskript und machte ihm einen verrückten Vorschlag: Ich würde es zwecks Veröffentlichung in Rumänien zur Verfügung stellen. Und es traf das ein, womit ich nicht im Geringsten gerechnet hatte, wovon jeder Autor aber nur träumen kann. Er bietet sein Manuskript an, erhält eine prompte Zusage, und das Buch erscheint in kürzester Zeit, in diesem Fall innerhalb von drei Monaten.

2004 habe ich auch bei Wunderhorn veröffentlicht: *Kapana, im Labyrinth*, ein Reisetagebuch über Bulgarien, und die Übersetzung eines Auswahlbandes des rumänischen Lyrikers Petre Stoica *Aus der Chronik des Alten*.

Und wenn wir schon bei Geschichten sind, in denen der Zufall eine Rolle spielt. Anfang Juli 1987 wurden meine Familie und ich ins Übergangswohnheim nach Heidelberg eingewiesen, nachdem wir Nürnberg und Rastatt durchlaufen hatten. Hier traf ich Horst Samson wieder, und wir versuchten, Kontakte zu Schriftstellern aus der Region zu knüpfen. Wir stießen auf eine Nachricht in der Lokalzeitung, in der auf eine Lesung in der Bahnhofskneipe hingewiesen wurde. Das schien uns interessant, und wir gingen hin, suchten dann aber rasch das Weite, denn wir waren in die Veranstaltung eines Heimatvereins geraten, dessen Mitglieder sich Gedichte vorlasen.

Auf Anraten von Ursula Krechel knüpfte ich Kontakt zum Heidelberger Schriftsteller Michael Buselmeier. Ursula Krechel hatte ich im Oktober 1984 zusammen mit Guntram Vesper, Helga M. Novak und F. C. Delius in Bukarest kennen gelernt, sie waren auf Einladung des Rumänischen Schriftstellerverbandes nach Rumänien gekommen. Über die inoffizielle Begegnung mit deutschsprachigen Autoren berichtet G. Vesper im Vorwort zu Rolf Bosserts Gedichtband *Auf der Milchstraße wieder kein Licht*. Damals in Bukarest konnte ich nicht ahnen, dass es meine letzte Begegnung mit Rolf Bossert sein wird, nach seiner Ausreise wenige Monate später war er tot.

Michael Buselmeier lud Horst Samson und mich zum Treffen der Heidelberger Autoren ein, das einmal im Monat in einem Lokal stattfand. Anfangs standen wir als Exoten im Mittelpunkt des Interesses bei diesen Treffen. Hier lernte ich Hans Thill, Manfred Metzner und Angelika Andruchowics vom Wunderhorn Verlag kennen, wo ich dann mein erstes Buch in der Bundesrepublik veröffentlichte: *Protokoll eines Abschieds und einer Einreise oder Die Angst vor dem Schwinden der Einzelheiten*. Die Niederschrift erfolgte während meines einjährigen Aufenthalts im Übergangswohnheim nachts, wenn Ruhe eingekehrt war, immer die Angst im Nacken, meine Erinnerung könnte versagen, ich hätte mein Gedächtnisvermögen überschätzt, da ich auf keine Notizen zurückgreifen konnte. Zur physischen Belastung kam die psychische hinzu, weil ich die ganze entwürdigende Prozedur der Auswanderung noch einmal durchlebte. Zudem musste ich eine Modalität finden, der amorphen Textmasse Herr zu werden. Ich entschied mich schließlich für die Du-Form beim Erzählen. Das Ich barg die Gefahr der Larmoyanz, das Er kam zu distanziert daher, mit dem Du konnte ich in einen Dialog mit mir selbst treten und mich hinterfragen.

In den Mahljahren *wird in verfremdeter Autorenrede unmissverständlich die Absicht ausgesprochen, Ihre nach der Aussiedlung fast gänzlich abgebrochenen, danach eher mäßig gepflegten Kontakte zum Herkunftsland hinfort zu intensivieren und sich den im Banat lebenden Deutschen auch literarisch verstärkt zu widmen. Worauf lässt sich dieser Gesinnungswandel zurückführen? Werden Sie in ihrem nächsten literarischen Projekt einen der im Banat auch heute noch lebenden Schwaben erzählerisch zu „fassen" versuchen?*

Von einem Gesinnungswandel meinerseits kann nicht die Rede sein. *Mahljahre* thematisiert die von Ihnen angesprochene Problematik und ist, wenn man so will, ein Roman im Roman, denn der Erzähler, ein Schriftsteller, erhofft sich von dieser Reise ins Herkunftsland die nötigen Impulse, um endlich den Roman schreiben zu können, der ihm schon lange vorschwebt. Vorerst aber muss er mit sich ins Reine kommen, sich seinen Erinnerungen stellen und Tatsachen ins Auge schauen, sie akzeptieren. Von diesem schmerzhaften Prozess erzählt der Roman. Der Schriftsteller Johann Linz macht eine tiefe Krise durch, als er die Reise in sein Herkunftsland antritt. Mit diesem Land verbinden ihn Erinnerungen, die bis in die frühe Kindheit zurückreichen und die ihn geprägt haben, hier hat er traumatische Erfahrungen gemacht. Während der fast zwanzigstündigen Fahrt mit dem Bus kommen alle diese Emotionen hoch, denen rational beizukommen, ihm nur schwer gelingt. Er weiß um den Zustand des Landes, in das er reist, muss also nicht befürchten, enttäuscht zu werden. Diese Einsicht setzt er auch bei seinen Mitreisenden voraus und empört sich deshalb über deren abschätzigen Bemerkungen und Meckereien. Er gerät in die absurde Situation, die Rolle des Verteidigers einzunehmen, was ihm im Grunde genommen gar nicht zusteht. Es grenzt schon an Schizophrenie, wenn er selbst nicht weiß, als was er sich bezeichnen könnte. Ist er Besucher oder Gast, beides in einem oder keines von beiden? Diese Identitätssuche thematisiert der Roman.

Um über einen heute im Banat lebenden Schwaben schreiben zu können, müsste ich die Verhältnisse vor Ort besser kennen, und es stellt sich die Frage, aus welcher Perspektive schreiben. Das ist alles viel zu spekulativ. Im zweiten Band des Romans *Die Tür zur hinteren Küche* allerdings, der 2005 unter dem Titel *Das Feld räumen* bei Wunderhorn erscheint, unternimmt Anton Lehnert den Versuch, nach seiner Auswanderung im Heimatdorf wieder Fuß zu fassen.

Ihr künstlerisches Hauptanliegen, die entschwundene Welt des banatschwäbischen Dorfes möglichst detailgenau zu rekonstruieren und es in Erzählungen und Gedichten fortleben zu lassen, bildet den Kernpunkt all Ihrer Werke. Wie gelingt es Ihnen, Ihren Glauben an die Unmittelbarkeit und Authentizität des Wahrgenommenen damit zu vereinbaren, dass jede Weitergabe des erzählerisch überlieferten Geschehens zum permanenten Umbau der Ausgangserzählung führt?

Authentizität ist Voraussetzung für meine Prosa, deren Personen zum Großteil aus dem bäuerlichen Milieu stammen, das mir vertraut ist. Biografisches kann, im weitesten Sinn, ein Hemmschuh beim Schreiben sein, weil man zu sehr darauf fixiert ist. Erst wenn Erlebtes und Erfahrenes, Gehörtes und Mitgeteiltes sich der Fiktion öffnet, zu deren Bestandteil wird, fließt es wie selbstverständlich ins Erzählen ein. Erzählen begreife ich als ein ureigenes Bedürfnis von Menschen, und als Schriftsteller baue ich auf die Fähigkeit und Bereitschaft des Lesers, die durch das Erzählen vermittelten Erfahrungen nachvollziehen zu können. Ich erzähle vom Niedergang des banatschwäbischen Dorfes, vor allem dem wirtschaftlichen, und der damit verbundenen Aussichtslosigkeit einer Bevölkerung, die in die Armut getrieben wird.

Ich habe diese Welt nicht in ethnologischer Absicht „rekonstruiert", denn als ich *Der Totengräber, Anton Baumgartner, der Mittelpunkt der Welt* und *Die Falten im Gesicht* schrieb und zwischen 1982–1985 in Zeitungen und in der Bukarester Zeitschrift *Neue Literatur* Auszüge daraus erschienen, war das unmittelbare Gegenwart. Die beiden letztgenannten Erzählungen veröffentlichte ich 1991 als Buch in Deutschland mit der titelgebenden Erzählung *Die Falten im Gesicht*, 1997 *Der Totengräber* mit dem hier verfassten zweiten Teil, der den Umsturz in Rumänien mit einbezieht. Meine Absicht war es, die drei Erzählungen, da sie für mich eine Einheit bilden, in einem Band in Rumänien zu veröffentlichen. Es hätte wahrscheinlich nicht geklappt. Ich schickte das Manuskript allerdings an den Dacia-Verlag in Klausenburg, bekam keine Antwort, teilte dem Verlag, nachdem ich den Ausreiseantrag gestellt hatte, dies mit und erhielt mein Manuskript über Bukarest zurück.

Als 1980 Ihr erstes Buch biographie. ein muster *nach, wie ich annehmen muss, langwierigen Verhandlungen mit Verlag und Zensur, erschien, fragte sich einer der Rezensenten, der Schriftsteller Rolf Bossert, was treibe einen knapp Dreißigjährigen dazu, sein Leben aufzuschreiben? Wolle er biografischen „Ballast" abwerfen und sich freischreiben von etwas, was ihn bedrücke, oder sei es das Exemplarische dieses Lebenslaufes, was ihn dazu dränge, seine Vita einer größeren Öffentlichkeit bekannt zu machen?*

Im November 1977 las ich zum ersten Mal öffentlich im Adam-Müller-Guttenbrunn-Literaturkreis aus dem Manuskript, und man horchte auf. Und das wohl nicht wegen meines exemplarischen Lebenslaufs, sondern vor allem, weil in dem Poem zwei Themen angesprochen wurden, die bis dahin weitgehend als Tabus galten: die Deportation der deutschen arbeitsfähigen Bevölkerung im Januar 1945 zur so genannten Wiederaufbauarbeit in die Sowjetunion und die Zwangsumsiedlung in den Bărăgan der als „unzuverlässige Elemente" eingestuften Personen, unabhängig von ihrer Nationalität, entlang einem Grenzstreifen zu Jugoslawien im Juni 1951. Was mich persönlich betrifft: Ich wollte keinen Ballast abwerfen, sondern das Fazit eines Lebensabschnitts ziehen und das ganz unverhohlen in der Form eines lyrischen Textes. Beides, die oben genannten Tabus und die Herangehensweise, war es wohl, was die rumänischsprachige Literaturkritik begeisterte, als das Buch 1983 in Rumänisch erschien. Es war schon ungewöhnlich, dass man auf das Buch eines deutschen Autors so reagierte, genau so wie ein Jahr vorher auf die Lyrikanthologie *Vînt potrivit pînă la tare*, herausgegeben von Peter Motzan.

Um auf das Erscheinen des Buches 1980 zurückzukommen. Seitens des Kriterion-Verlags erhielt ich über Jahre keinerlei Nachricht, dann plötzlich einen Telefonanruf, ich möge in Bukarest beim Verlag vorstellig werden, es eile. Ich war auf das Schlimmste gefasst und hatte mir vorgenommen, keine Kompromisse einzugehen. Einigen unwesentlichen Änderungen stimmte ich zu. An zwei erinnere ich mich noch genau, weil sie aberwitzig waren. In der Passage, in der von der Deportation der Mutter in die Sowjetunion die Rede ist, wurde „russisch" in Verbindung mit Winter durch „schwer" ersetzt, „onanieren" durch „wichsen" (!). Eine Anekdote aus dem Verlagswesen in Rumänien.

Von Ihrer Biografie und von der Ihrer Familie sind Sie in Ihrer schriftstellerischen Arbeit auch nachher nie ganz losgekommen. Dabei weisen die in Ihren Büchern nur wenig variierten Lebensläufe Ihrer Protagonisten auf weiten Strecken eindeutige Parallelen zu Ihren Lebensstationen und wohl, wie ich vermute, auch zu den Personen aus Ihrem Familien- und Freundeskreis auf. Geht es Ihnen hierbei in erster Linie um dokumentarische Nachzeichnung real existierender Personen, Ereignisse und Sachverhalte oder stehen literarische Porträtierung und Gestaltung einer zwar authentisch und adäquat wirkenden, doch letztlich doch fiktional angelegten Szenerie im Vordergrund?

In meinen Büchern sind Dokumentarisches, darunter fällt auch Biografisches, und Fiktion miteinander verwoben. Die Geschichte meiner Familie ist eine exemplarische, und wenn sie das nicht wäre, hätte ich sie erfinden müssen. Die Lebensläufe meiner Protagonisten, es ist die Generation meiner Eltern und Großeltern, sind von Ereignissen geprägt, die ein Spiegelbild einer geschichtlichen Epoche sind: in den letzten zwei Kriegsjahren war der Großteil der wehrpflichtigen Deutschen Rumäniens laut einem Abkommen zwischen Hitlerdeutschland und dem Antonescu-Regime am Krieg im Rahmen der Waffen-SS beteiligt, mit dem Frontwechsel Rumäniens am 23. August 1944 erfolgten Enteignung und Entrechtung, dann die Deportationen; nach mehr als einem Jahrzehnt seit Kriegsende keimte wieder Hoffnung auf, es ging wirtschaftlich wieder aufwärts, dann brach alles zusammen, und es folgte die Auswanderung. Das alles wirkte sich, direkt oder indirekt, auch auf meine Generation aus. Wenn man sich vergegenwärtigt, dass die Auswanderung der deutschen Bevölkerung aus Rumänien die größte nicht kriegsbedingte Abwanderung mitten in Europa war, wird man sich der Tragweite dieser Problematik bewusst.

Neben biografischen und familiengeschichtlichen Darstellungen, unter denen besonders Ihr umfangreicher Roman Die Tür zur hinteren Küche *(2000) herausragt, sind es die genauen Schilderungen des Alltags im real existierenden Sozialismus rumänischer Prägung, die das Leben der Hauptgestalten in den Erzählungen des Bandes* Die Falten im Gesicht *(1991) mitbestimmen. Wird dieser Zeitabschnitt Ihrer Biografie auch in Ihren künftigen Büchern noch eine Rolle spielen, wird Sie, lassen Sie mich aus einem Ihrer Gedichte zitieren, auch hinfort Ihr „gewesenes leben … tag für tag" einholen?*

Ich werde darum nicht herumkommen, empfinde das aber nicht als Last, da ich unbefangen darüber schreiben kann.

Die Jahre in Rumänien haben mich geprägt, wie könnte es anders sein. Eine Biografie wird erst in Hinblick auf die Sozialisation der Person relevant. Politische Entscheidungen der Vor- und unmittelbaren Nachkriegszeit, dann das Ceaușescu-Regime haben den Lebenslauf ganzer Generationen geprägt. Sie waren Täter, Mitläufer und Opfer. Von diesen komplexen Zusammenhängen zu erzählen und ihnen gerecht zu werden, ist mein Vorhaben. Einseitige Positionen zu beziehen, war und ist nicht meine Sache, weil sie alles verflacht.

In meiner kürzlich abgeschlossenen längeren Erzählung *Nachruf* bezieht der Erzähler die Position eines „Hiesigen". Er lernt eine banatschwäbische Lehrerin kennen, die noch im ungeteilten Banat geboren wurde, und es entwickelt sich ein vertrauensvolles Verhältnis. Nach und nach konturiert sich durch das Erzählen der Lehrerin deren Lebenslauf, den der Erzähler nach ihrem Tod ausschreibt. Da er von der Geschichte der Banater Schwaben und deren Schulwesen keine Ahnung hat, liest er Bücher zu diesem Thema, nicht nur, um sich zusätzlich zu informieren, sondern auch, um das Erzählte der Lehrerin zu überprüfen oder bestätigt zu finden. Darüber verfasst er fiktive an sie gerichtete Briefe.

Zur Literatur fanden Sie vor allem über den Kreis von Schülern und Studenten, von denen einige später der „Aktionsgruppe Banat" angehörten. Auch in Ihren Büchern ist – wie auch in den Werken der Mitglieder der Aktionsgruppe – die Entstehungs- und Wirkungsgeschichte dieser literarischen Gruppierung des Öfteren erwähnt, gelegentlich auch dargestellt worden. Was bedeutete Ihnen die Zugehörigkeit zu diesem Kreis von jungen Schriftstellern und Enthusiasten damals, und worin liegt – aus der Rückschau betrachtet – Ihrer Meinung dessen literarhistorische Relevanz?

Diese Zugehörigkeit bedeutete mir sehr viel, weil sie durch viele und intensive Diskussionen und die gemeinsamen Veröffentlichungen in der *Neuen Literatur* mein Verständnis von Literatur mitgeprägt hat. Es war eine intensiv gelebte Zeit. Zudem fühlte ich mich durch die gemeinsame Schulzeit in Großsanktnikolaus mit Richard Wagner, William Totok, Werner Kremm und Anton

Sterbling freundschaftlich verbunden. Wenn sich Ihre Einschätzung der „literaturhistorischen Relevanz" auf die Jahre 1972–1975 bezieht, scheint mir das zu hoch gegriffen, in diesen Jahren aber nahm alles seinen Anfang. Übrigens: bis dahin hatte bloß Richard Wagner eine Buchveröffentlichung vorzuweisen, den Gedichtband *Klartext* (1973). Relevant sind für mich die Jahre 1978–1984. Richard Wagner wurde nach den drei Pflichtjahren als Lehrer in Hunedoara Korrespondent der *Karpatenrundschau* in Temeswar, William Totok war es nach seiner Untersuchungshaft und den damit verbundenen Schwierigkeiten gelungen, sein Studium zu beenden, er wurde Lehrer in Triebswetter, später Redakteur der *Neuen Banater Zeitung*, ich hatte zum Theater gewechselt, die Verbindung zu Rolf Bossert war trotz der Entfernung, er war Lehrer in Buşteni, danach Programmgestalter am „Friedrich Schiller"-Kulturhaus in Bukarest, nicht abgebrochen. Herta Müller, Horst Samson, Helmuth Frauendorfer stießen zu diesem verbliebenen Kern in Temeswar, wo wir im Literaturkreis „Adam Müller-Guttenbrunn" öffentlich auftraten und wo es oft zu heftigen Diskussionen kam. Es war die Zeit, als unsere Bücher erschienen. Für mich persönlich waren die privaten Treffen und Gespräche von Bedeutung, weil sie mir Halt gaben, obwohl wir, außer über Literatur, in der Regel von der Unhaltbarkeit der Zustände im Land sprachen.

Sie haben sich als Dramaturg der deutschsprachigen Abteilung des Temeswarer Staatstheaters mit Theaterliteratur eingehend auseinander gesetzt und die Zustände, die auf den rumänischen Bühnen der letzten Ceauşescu-Jahre herrschten, auch literarisch festgehalten. Haben Sie sich um die Zeit und danach selbst auch als dramatischer Schriftsteller versucht, oder betrachten Sie, lassen Sie mich das bekannte Schiller-Diktum umkehren, den Dramatiker nur als den „Halbbruder" des Prosaschriftstellers?

Ich habe mich ein einziges Mal als Dramatiker versucht, es dann bleiben lassen, das war nichts für mich. Wovon ich erzählen wollte, wäre nur schwer auf einer Bühne umzusetzen gewesen.

Mein Faible zum Theater aber rührte von früher her. Als Schüler der 9. Klasse in Großsantknikolaus spielte ich den Alten Moor in Schillers *Räuber*. Die Endproben leitete damals der Schauspieler Peter Schuch vom Deutschen Staatstheater Temeswar, der mir später, als ich dort Dramaturg wurde, ein lieber Kollege war. Während meines Studiums in Temeswar stieß ich zur deutschen Schauspielertruppe der Studenten und hatte aus meiner Schulzeit schon drei Rollen vorzuweisen. So betrachtet, brachte ich als Dramaturg einige Erfahrung mit, als ich meinen Dienst als Lehrer quittierte und zum Theater wechselte.

Der „Abschied" aus Rumänien und die „Einreise" in die Bundesrepublik Deutschland tauchen als Wendepunkte Ihres Lebens in all den autobiografisch bestimmten Passagen Ihrer Erzählungen auf. Dieser Einschnitt in Ihrer Biografie, den Sie auch in einem von der Kritik viel beachteten Buch (1990) protokollierten, muss nachhaltig und für Ihren weiteren Weg als Schriftsteller wohl bestimmend gewesen sein.

Als „verbogenes Leben das rostet wo es geknickt" habe ich das im Gedicht *Vagabund* des Bandes *Banater Alphabet* (2001) bezeichnet. Der Knick aber war nicht erst mit der Auswanderung eingetreten, sondern schon vorher. Es war ein Abschiednehmen auf Raten, und das bedrückte umso mehr. Es ist wohl einmalig in der Geschichte Europas im 20. Jahrhundert, dass ein Staat seine Bürger verkaufte, denn laut einem Abkommen von 1978 bezahlte die Bundesrepublik für jeden Aussiedler, wie sie hier bezeichnet werden, 10 000 DM an Rumänien. Der Antragsteller hingegen galt als Vaterlandsverräter. Was zusätzlich an Schmiergeldern gezahlt wurde, steht auf einem anderen Blatt. Für die Auswanderung der Deutschen aus Rumänien war die katastrophale wirtschaftliche Lage und die sich furios gebärdende Ideologie des rumänischen Nationalkommunismus ausschlaggebend, die Menschen verließen ein Land, in dem sie über Jahrhunderte ganze Gebiete wirtschaftlich und kulturell geprägt hatten. In einem Anflug von Verwegenheit könnte ich behaupten, dass sich durch die Auswanderung für mich als Schriftsteller nichts nachhaltig geändert hat, denn all die Fragen und absehbaren Folgen haben mich schon in Rumänien beschäftigt.

Wollte man ein Merkmal Ihrer Lyrik herausstellen, dann wäre es die Evokation von Realien vorwiegend aus dem Banater Erfahrungs- und Erinnerungsraum. Über Ihren Gedichtband Abschied, Laut und Wahrnehmung *(1994), schrieb* Die Weltwoche *vom 29. Dezember 1994, Ihre Texte „öffneten die Sinne des Lesers für eine archaische Welt der Maulbeerwälder, Schotterwege und Hanffelder". Wird der Lyriker Lippet auch hinfort, wie es an einer Stelle in den* Maljahren *heißt, in erster Linie „erinnerte Landschaft" beschwören?*

Für mich ist die Landschaft des Banats ein Zufluchtsort, ein Landschaftsraum, der eine faszinierende Sinnlichkeit ausstrahlt. Diese Faszination ist es, die mich in meinen Gedichten immer wieder dorthin zurückführt. Im Poem *Anrufung der Kindheit* (2003), in der „Lyrikedition 2000" München erschienen, wird diese Sinnlichkeit durch die Wahrnehmungen eines Kindes erfahren und setzt sich ein Höchstmaß an Authentizität zum Ziel. Nur jene sinnlichen Erfahrungen kommen in Frage, die ich als Kind tatsächlich hatte, das Bewusstsein des Erwachsenen wird so gut wie nur möglich ausgeblendet. In diesem Poem haben nur die ersten zwei und der letzte Text einen festen Platz im Gefüge, und deshalb bin ich in der glücklichen Lage, dieses Poem fortschreiben zu können.

Die Realitäten des Landes, in dem Sie seit Ihrer Aussiedlung 1987 leben, scheinen nur gelegentlich und auch dann sehr am Rande in Ihren Büchern auf. Sind Sie Ihnen immer noch zu wenig vertraut, oder gibt das Ihnen bekannte Tätigkeits- und Lebensumfeld literarisch zu wenig her?

Machen wir mal eine Rechnung auf. Seit ich in der Bundesrepublik lebe, habe ich, von *Falten im Gesicht*, *Der Totengräber* und der Übersetzung des Lyrikbandes von Petre Stoica *Aus der Chronik des Alten* mal abgesehen, acht Bücher veröffentlicht. Wenn für jedes dieser Bücher, welche die in diesem Interview angesprochenen Probleme thematisieren, zwei Jahre Arbeit veranschlagt wird, hätte ich rein physisch gesehen, gar nicht die Zeit gehabt, was anderes zu schreiben. Aber lassen wir diese reine Statistik mal beiseite. Die Realität der Bundesrepublik ist mir wohl vertraut. Deutschland ist im Bewusstsein meiner agierenden Personen fest verankert, darum geht es letztendlich immer, ob als Wunschtraum oder Fatum.

Im schon erwähnten Roman *Das Feld räumen* nimmt die Realität der Bundesrepublik einen breiten Raum ein, natürlich aus der Sicht eines Ausgewanderten. Dass die Literaturkritik nicht nur im Falle deutscher Autoren aus Rumänien es nicht lassen kann, thematische Vorlagen für Schriftsteller zu formulieren, ist nichts Neues.

3/2005

"SICH SELBST IMMER WIEDER NEU ERFINDEN"

Ernest Wichner

Ernest Wichner, am 17. April 1952 in Guttenbrunn bei Arad geboren, besuchte in Temeswar das Lenau-Lyzeum und die Universität, an der er Germanistik und Rumänistik studierte. 1975 wanderte er – als erstes Mitglied der „Banater Aktionsgruppe", der er seit ihrer Gründung (1972) angehört hatte – in die Bundesrepublik Deutschland aus. Wichner setzte in West-Berlin sein Studium (Germanistik und Politologie) fort und schlug sich mit Gelegenheitsarbeiten durch. Seit 1988 ist er Mitarbeiter des Literaturhauses Berlin.
Wichner ist als Autor, Literaturkritiker und Übersetzer an die Öffentlichkeit getreten. Seine ersten Texte (Lyrik- und Kurzprosa) veröffentlichte er in der *Neuen Banater Zeitung*, in der *Neuen Literatur* und – nach seiner Aussiedlung – in deutschen Zeitungen und Zeitschriften. Ende der 1980er Jahre bündelte er seine bis dahin verfassten Gedichte in dem 1988 bei Suhrkamp erschienenen Band *Steinsuppe* (Frankfurt am Main, 1988). Darin erweist sich der Autor hauptsächlich als experimenteller Lyriker, es sind „in erster Linie sprachliche Gegebenheiten, formale Vorentscheidungen und literarische Verhältnisse, die festlegen, was und worüber gesprochen wird" (Wulf Segebrecht). Im Heidelberger Wunderhorn Verlag erschien 2001 sein Prosaband *Alte Bilder. Geschichten*. Seit damals hat Wichner auch weitere Lyrikbände in diesem und in anderen Verlagen publiziert.
Wichner, der zu den produktivsten Übersetzern aus dem Rumänischen gehört, hat deutschen Lesern mehrere Bücher und Schriften bekannter zeitgenössischer Autoren (Norman Manea, Ana Blandiana, Dumitru Țepeneag, Nora Iuga, Mircea Cărtărescu, Varujan Vosganian u. a.) zugänglich gemacht.
Seit Mitte der 1980er Jahre ist Wichner auch als Herausgeber tätig. Außer Anthologien zur neueren rumäniendeutschen Literatur gab er in Zusammenarbeit mit Herbert Wiesner zahlreiche Kataloge heraus, die als Begleitbücher zu von ihnen veranstalteten literarischen Ausstellungen entstanden sind. Von 2003 bis 2008 erschien unter seiner Betreuung die vierbändige Ausgabe der Werke von Oskar Pastior im Carl Hanser Verlag (München, Wien).
Als Mitarbeiter, stellvertretender und seit 2003 Leiter des Berliner Literaturhauses hat er zahlreiche Lesungen, nicht zuletzt von Schriftstellern aus Südosteuropa moderiert.

Herr Wichner, in letzter Zeit ist Ihr Name vor allem im Zusammenhang mit jenem von Oskar Pastior genannt worden, den Sie nicht nur auf mehreren Lesereisen in sein Her-

kunftsland Rumänien begleiteten, sondern für den Sie auch die Laudatio anlässlich der Verleihung des Peter-Huchel-Preises an Pastior hielten. Ist diese seit Jahrzehnten durchgehaltene Freundschaft mit dem Berliner Lyriker symbolisch auch so zu verstehen, dass Ihre literaturvermittelnde Tätigkeit der dichterischen Eigenproduktion vorgeht?

Mein Hauptberuf ist der des Literaturvermittlers. Sie wissen, ich arbeite im Literaturhaus Berlin, wo wöchentlich zwei bis drei literarische Veranstaltungen stattfinden, für deren Ablauf auch ich in irgendeiner Weise verantwortlich bin. Also mache ich, wenn ich über Oskar Pastior spreche, nichts anderes als sonst. Dabei ist es natürlich doch etwas ganz und gar anderes. Denn erstens bin ich mit Oskar Pastior schon seit vielen Jahren befreundet und zweitens – dies ist das Wichtigste – ist Oskar Pastior kein Dichter oder Schriftsteller wie viele andere auch. Er ist ganz bestimmt einer der bedeutendsten deutschen Dichter der zweiten Jahrhunderthälfte. Noch ist ja nicht begriffen worden, was die Gedichte Oskar Pastiors und seine Poetologie für die Lyrik bedeuten. Und wenn ich irgendetwas dazu beitragen kann, dass man Oskar Pastior nicht bloß ganz oberflächlich als großen Artisten, sondern auch als profunden Denker (Sprachdenker) erkennt, dann tue ich dies gerne.

Meine literarische Tätigkeit ist hinter den Beruf des Literaturvermittlers und -kommentierers zurückgetreten. Und zwar vor allem deshalb, weil ich sehr viel neueste Gegenwartsliteratur zu lesen habe und merke, wie stark diese den Kopf und die Sinne beeinflusst, wie leicht man beim eigenen Schreiben unter solchen Bedingungen zum Stimmenimitator wird.

Zur Zeit Ihrer poetischen Anfänge im Banat waren die Gewichte jedoch anders verteilt. Damals und eine Weile danach war Ihnen an der künstlerisch-schöpferischen Arbeit mehr gelegen als an Literaturkritik und Übersetzung, und auch heute sind Sie in der Öffentlichkeit – nicht nur bei Lesungen – immer wieder mit lyrischen und epischen Texten präsent. Da kann man sich nur wundern, dass seit 1988, als Ihre Gedichte bei Suhrkamp erschienen, kein weiterer Band mit eigenen Texten zustande gekommen ist.

Zur Zeit meiner Anfänge im Banat war ich Schüler oder Student und frei vom Zwang des Geldverdienens. Ich bin 1975 schon aus Rumänien ausgewandert und habe dann in Berlin an der Freien Universität ein bisschen Literaturwissenschaft, Politologie und Philosophie studiert – allerdings nicht mit der Absicht, eine akademische Karriere einzuschlagen, sondern aus Neugierde, aus Interesse an den Fächern. Parallel dazu habe ich geschrieben und mich im so genannten literarischen Leben Berlins herumgetrieben. Der 1988 erschienene Gedichtband hat dann Gedichte aus den 80er Jahren versammelt; etwa die gleiche Menge Gedichte gibt es auch aus den 90er Jahren, doch habe ich mir noch nicht die Mühe gemacht, sie zu ordnen und einem Verlag anzubieten. Das steht noch aus.

Auch folgte nach einer etwa zehnjährigen Phase der Abwendung von Rumänien dann allmählich wieder eine Hinwendung auf verändertem Niveau. Ich hatte das Gefühl, mich gegenüber meiner deutschen und rumänischen Herkunftslandschaft und -kultur emanzipiert zu haben und nun selber – vielleicht selbstbewusster, wenn man dies in kulturellen Dingen überhaupt sagen kann – urteilen und handeln zu können.

In Ihren Gedichten, die thematisch an Kindheit und Jugend anklingen, ist vieles „weggeschliffen" worden, was an Anstoß und Anlass erinnern könnte. Auch in Äußerungen zu ihrer Biografie sind Sie sehr zurückhaltend, wenn es um Ihren Lebensabschnitt im Banat geht.

Ich glaube nicht, dass in meinen Texten vieles weggeschliffen worden ist, wie Sie sagen, es ist wahrscheinlich vorhanden, aber verwandelt, in Rhythmus und Klang übersetzt. Wenn ich jene Texte von außen betrachte, sie wie Texte eines Fremden mir ansehe, merke ich eine Differenz zu den Gedichten hiesiger Gleichaltriger. Und ich sehe diese Differenz durchaus in meiner Herkunft begründet: eine Neigung zum „Wohlklang", die mir als Mangel (zu weich!) auffällt, zu wenig Offenheit in den Texten, dafür pathetisches Herumgefuchtel mit bedeutsamen Wörtern ... Wissen Sie, ich könnte sagen, dass mir das Großstadtmodell mit changierenden Identitäten näher ist, etwa Brechts „Verwisch die Spuren!". Doch das ist es nicht, es wäre schon zu aktivistisch: gewollte Verstellung. Nein, ich denke, Literatur – und ganz besonders das Gedicht – bietet die Chance, sich selbst immer wieder neu zu erfinden, Möglichkeitswelten zu entwerfen, die solche vor allem für den Autor sind und dann erst für die Leser.

Und was meine Lebensumstände im Banat angeht, so meine ich, es ist ganz normal, dass man noch kaum etwas darüber erfahren hat. Ich habe sie nicht explizit zum Thema meiner Literatur gemacht, weil sie mich nicht so bedrängt haben, wie etwa Herta Müller, Gerhard Ortinau oder Richard Wagner. Wenn man mit dreiundzwanzig Jahren Mitte der 1970er Jahre ausgewandert ist, sind einem die schlimmsten Erfahrungen mit dem rumänischen Sozialismus erspart geblieben. Guttenbrunn, wo ich geboren wurde, war in meiner Kindheit und Jugend fast eine exterritoriale Zone: wir hatten eine richtige Rockband, bestehend aus Studenten, die für die richtige Musik in der richtigen Lautstärke sorgte, wir hatten die Zeitschriften – von *Bravo* bis *Stern* und *Spiegel* – aus dem Westen und trugen Jeans, bunte Hemden und lange Haare. Der Staat schien weit weg zu sein. Auch hatte ich Eltern, die all dies akzeptierten. Mein Vater hatte mir schon, als ich junger Pionier wurde, erzählt, wie sehr er es gehasst hatte, als Pimpf Geländeübungen zu machen und gehorchen zu müssen, und dies habe ich als Ermutigung empfunden, mich dem Drill und den unangenehmen und autoritären Zurichtungen zu entziehen. Nicht hin zu gehen, wenn ich nicht wollte, mich über die autoritären Sprüche von Lehrern und Erziehern lustig zu machen. Ich bin in der Dorfschule meistens deshalb geohrfeigt worden, weil ich zum richtigen Zeitpunkt gelacht habe. Daraus wird keine groß herzeigbare Leidensgeschichte.

Obwohl Sie nicht zum „harten Kern" der „Aktionsgruppe Banat", jener Anfang der 1970er Jahre im kommunistischen Rumänien an der Universität Temeswar Germanistik studierender und schriftstellerisch experimentierender Literaturenthusiasten und Sozialutopisten, gehörten, sind Sie durch die Herausgabe der Anthologie Ein Pronomen ist verhaftet worden *(1992) zu deren hauptsächlichsten Chronisten geworden. War dies die doch nachhaltigste Prägung, die Sie zu Ihren „literarischen Ursprüngen" zurückführte?*

Ich weiß bis heute nicht, ob ich zum „harten Kern" der Aktionsgruppe gehörte oder nicht. Ich war nicht bei der Gründungsversammlung, weil mir das Geld fehlte, um hinzufahren. Doch gab es zwischen 1971 und meiner Ausreise unzählige private, halböffentliche und öffentliche Veranstaltungen, bei denen ich als „Aktionsgruppler" mit dabei war. Und was uns alle ganz entscheidend geprägt hat, ja auch gebildet hat, waren doch die gruppeninternen Gespräche über Literatur und Politik. Hier habe ich ganz und gar unverzichtbare Dinge gelernt, sehr viel mehr und intensiver als etwa an der Temeswarer Universität. Die Anthologie *Ein Pronomen ist verhaftet worden* habe ich dann zusammengestellt und herausgegeben, um jenen, die wissen wollten, was die „Aktionsgruppe" war, die Texte der Gruppe zugänglich zu machen. So etwas entlastet auch: man muss nicht ständig erklären, sondern kann dem Journalisten oder Studenten ein Buch in die Hand drücken und sagen, lies selber.

Als Mitarbeiter des renommierten Berliner Literaturhauses müssen Sie in Sachen Literatur – lassen Sie es mich bitte salopp ausdrücken – ständig auf Achse sein. Dabei verwenden Sie einen unverhältnismäßig hohen Anteil Ihres Zeitetats für Literaturausstellungen, die Sie meist in Zusammenarbeit mit Herbert Wiesner in gut aufgemachten Katalogen auch einer interessierten Leserschaft präsentieren. Ist es in erster Linie Ihrer Mitwirkung zu verdanken, dass dabei der deutschsprachigen Literatur aus Mittel- und Südosteuropa ein vergleichsweise großer Raum reserviert wird?

Es mag meiner Mitwirkung zu verdanken sein, wenn wir uns im Literaturhaus Berlin mit den deutschsprachigen Literaturen Mittel- und Osteuropas stärker beschäftigt haben. Aber mehr noch ist es dem Jahrzehnt zu verdanken, den 90er Jahren, die nach den zerschnittenen Grenzzäunen und gefallenen Mauern auch für Durchzug in den Köpfen gesorgt haben und Ideologiereste, Ressentiments und Intoleranzen beseitigten, so dass man plötzlich alles auf den Tisch packen konnte (oder halt in Vitrinen legen), ohne vorher sich in aufwändigen und den Gegenständen nicht angemessenen Auseinandersetzungen aufgerieben zu haben. Auch ist vieles erst nach der zaghaften Öffnung der östlichen Archive zugänglich geworden.

Neben der Einrichtung und Betreuung von Literaturausstellungen kommt Ihnen in Berlin auch die Aufgabe zu, Literaturlesungen und Begegnungen mit Schriftstellern aus Deutschland und dem Ausland zu organisieren und gelegentlich auch zu moderieren. Wen durften Sie von den Schriftstellern aus Südosteuropa – und speziell von den deutschschreibenden – in Ihrem Haus als Gäste bislang begrüßen?

Eine der ersten öffentlichen Veranstaltungen, die das Literaturhaus in Berlin gemacht hat, fand im Januar 1986 statt, da war das Haus noch nicht einmal eröffnet. Es war eine Pressekonferenz mit Rolf Bossert, der über die Situation in Rumänien berichtete und dessen Bericht damals von Ingeborg Drewitz, Friedrich Christian Delius und Ursula Krechel, die kurze Zeit vorher in Bukarest waren, ergänzt wurde. Ich habe dort zwei Jahre später zu arbeiten begonnen, hatte Herbert Wiesner allerdings schon vorher gekannt und mit ihm viel über meine Freunde gesprochen. Aber ich glaube, Herta Müller, Werner Söllner, Klaus Hensel, Richard Wagner, Franz Hodjak, Johann Lippet, Oskar Pastior, Eginald Schlattner, Gerhardt Csejka, aber auch Ilma Rakusa, Christina Viragh, Milo Dor, Fabjan Haffner und Zsuzsanna Gahse hätten auch ohne mein Zutun ihre Veranstaltungen im Literaturhaus Berlin bekommen; sie sind schließlich bedeutende Autoren oder Übersetzer oder Autoren und Übersetzer, deren Arbeiten wahrgenommen und diskutiert werden.

Nicht nur Ihren Kontakten zu Schriftstellern aus Ost- und Südosteuropa, sondern auch der Kenntnis der rumänischen Sprache ist es wohl zuzuschreiben, dass Sie des Öfteren auch als Übersetzer aus dem Rumänischen hervorgetreten sind. Nach welchen Kriterien treffen Sie Ihre Auswahl?

Beim Übersetzen aus dem Rumänischen gibt es für mich zwei Wege, an die Texte beziehungsweise an die Aufträge zu kommen: Da gibt es den bequemen Weg, dass ein Verlag sich für einen Autor oder ein Buch interessiert und mich dann fragt, ob ich es übersetzen möchte. Und wenn ich die Zeit dazu habe, oder das Geld brauchen kann, das man damit auch verdient, dann nehme ich diese Arbeit als Auftrag an. So habe ich Prosa von Ștefan Bănulescu übersetzt, Norman Manea, Ana Blandiana und Dumitru Țepeneag. Der andere Weg ist der interessantere und schwierigere. Denn da habe ich eine Prosa oder Gedichte entdeckt, die ich für besonders gut und auch im Deutschen für veröffentlichungswürdig halte und muss den daran interessierten Verlag finden. Das ist mit Marcel Blechers kleinem Roman *Aus der unmittelbaren Unwirklichkeit* einmal gut gegangen, mit Poesien der Avantgarde, die dann in Manfred Peter Heins großer Anthologie *Auf der Karte Europas ein Fleck* erschienen sind, und hie und da mit einzelnen Gedichten. Aber viele begonnene Projekte konnten nicht abgeschlossen werden, weil das Interesse an rumänischer Literatur im deutschen Sprachraum eben sehr begrenzt ist. Ich glaube, es wäre von ganz überragender Wichtigkeit, hieran etwas zu ändern. Dieser Aufgabe sollten sich mehrere Institutionen und freie Autoren/Übersetzer in der Weise stellen, dass sie ein Projekt – etwa wie die Polnische Bibliothek bei Suhrkamp oder die Tschechische Bibliothek bei der Deutschen Verlagsanstalt – einrichten, für eine gewisse Finanzierung sorgen und das Projekt wissenschaftlich oder kritisch begleiten. Dies müsste auch eine Aufgabe Ihres Instituts sein – ich meine, kulturpolitisch dabei mitzuwirken und solch ein Projekt mit auf den Weg zu bringen.

Mit Ihrer 1987 in der Zeitschrift die horen *erschienenen Textzusammenstellung zur „jüngsten und letzten rumäniendeutschen Schriftstellergeneration" gelang es Ihnen, noch während der finstersten Jahre der Ceaușescu-Diktatur die bundesdeutsche Öffentlichkeit auf eine Literatur und – dadurch dass Sie auch Texte in Rumänien lebender Autoren aufnahmen – auf deren Nöte aufmerksam zu machen.*

Die Anthologie in der Zeitschrift *die horen* hatte ich ursprünglich viel breiter angelegt. Ich hatte mir tatsächlich vorgestellt, ich müsste eine historische Anthologie zusammenstellen. Doch hier begannen für mich schon die Probleme: wo beginnen? Bei den Banatern schon im 19. Jahrhundert und bei den Siebenbürger Sachsen im 17. oder 18. Jahrhundert? Nur Nachkriegsliteratur? Ich habe mir dann gesagt, ich sollte nach 1945 beginnen. Doch da gab es so viel Zeug, das mich nicht interessierte, das ich auch nicht kannte und wohl auch nicht kennen lernen wollte. Also habe ich mich entschlossen, die Literatur vorzustellen, die ich besonders mochte, von der ich überzeugt war, dass sie ohne Abstriche und Erklärungen neben der neuesten westdeutschen, österreichischen, schweizerischen oder DDR-Literatur bestehen könne. Ich finde, dies war absolut richtig. Ich sehe mich in diesem Falle nicht als Literaturhistoriker, sondern als parteilich oder leidenschaftlich in der Zeit agierend, bin selber involviert, lobe, hebe hervor und lasse weg und darf dafür gelobt oder getadelt und sogar beschimpft werden. So lange ich zu meinem Urteil stehen kann, muss mich Kritik nicht beunruhigen. Außerdem glaube ich, war diese Anthologie für viele Verleger (d. h. Lektoren in den Verlagen) ganz wichtig. Sie hat ihnen ohne viel Aufwand gezeigt, dass Dichter wie Rolf Bossert oder Herta Müller, die damals in der Bundesrepublik allmählich bekannt wurden, keine singulären Erscheinungen waren, und sie hat schon seit längerem im Westen lebende Autoren wie Oskar Pastior, Dieter Schlesak, Werner Söllner und Klaus Hensel in einen Kontext gestellt, der damals in Rumänien nicht herstellbar gewesen wäre – auch darauf kam es mir an.

1987 sprachen Sie auch die Notwendigkeit an, „erst eine Publikation der wichtigsten Nachkriegsautoren könnte den Traditionszusammenhang, die Entwicklungslinien und Brüche dieser Literatur sichtbar werden lassen" und nannten eine ganze Reihe deutscher Schriftsteller in und aus Rumänien, von Oscar Walter Cisek bis Arnold Hauser, deren Werk es verdienen würde, bekannt gemacht zu werden. Doch in der bei Reclam 1993 erschienenen Anthologie Das Land am Nebentisch. Texte und Zeichen aus Siebenbürgen, dem Banat und den Orten versuchter Ankunft, *die sich auf Ihre* horen-*Anthologie stützt, sind der Autoren nicht mehr, sondern weniger geworden.*

Ja, da jene *horen*-Anthologie in meinem Kopf die Vorgeschichte hatte, die ich schon erklärt habe, ich wollte auch einen Anstoß geben, sich breiter und tiefer mit der rumäniendeutschen Literatur zu beschäftigen. Doch kann dies nicht meine Aufgabe sein. Es gibt in diesem Lande so viele Akademien und Institute, es gibt so viele Germanisten, die nach Aufgaben suchen. Ich bin absolut überzeugt, dass jemand, der daran interessiert ist, eine große Anthologie der rumäniendeutschen Literatur zu erarbeiten und zu publizieren, diese Arbeit und die Publikation finanziert bekommen kann; man muss es nur wirklich wollen. Ich aber bin dafür nicht die geeignete Person. In *Das Land am Nebentisch* habe ich den Kernbestand aus den *horen* aufgenommen und ihn um Texte erweitert, die von den Veränderungen 1989/90 handelten. Der Verlag hatte sich eine aktualisierte Fassung jener früheren Anthologie gewünscht, denn die *horen*-Anthologie war längst vergriffen, und die neuere rumäniendeutsche Literatur war zum Seminarthema der Germanistik geworden. Ich habe das Rolf Bossert gewidmete Kapitel weg gelassen und den Text von Paul Schuster, der sich schon in der *horen*-Anthologie nicht wohl gefühlt hatte. Aber auch hier musste und wollte ich bei den Texten bleiben, die mir lieb und wichtig waren.

Mit dem Ausstellungsbuch In der Sprache der Mörder. Eine Literatur aus Czernowitz, Bukowina *(1993) und durch den Nachdruck der Zeitschrift* Der Nerv *(1997) haben Sie und Herbert Wiesner die Kenntnis über eine literarische Region, aus der in Deutschland bloß die Lyriker Paul Celan und Rose Ausländer bekannt sind,*

ERNEST WICHNER

begrüßenswert erweitert. Doch während die Ausstellung und der Katalog ein beachtliches Echo verzeichnen konnten, war die Reaktion auf die bis dahin von Literaturhistorikern vielfach gelobte, aber kaum gekannte kurzlebige expressionistische Zeitschrift der frühen 20er Jahre eher reserviert.

Ja, so ist es. Und es kann auch gar nicht anders sein. Denn über Paul Celan und Rose Ausländer arbeiten Hunderte Literaturwissenschaftler in der ganzen Welt. Von Paul Celans Gedichten werden gleichzeitig zwei historisch-kritische Ausgaben im gleichen Verlag publiziert, es erscheinen miteinander konkurrierende Biografien, die Briefausgaben sind gerade erst begonnen worden … Er ist ein international sehr bekannter Dichter geworden und für die Literaturwissenschaft damit ein Forschungsgegenstand wie Kafka oder Thomas Mann. Und das wird bestimmt noch lange so weiter gehen. Also war es ganz normal, dass wir unsere Ausstellung *In der Sprache der Mörder* nach Berlin in Wien, Salzburg, Frankfurt am Main, Düsseldorf und Bukarest zeigen konnten, dass mittlerweile etwa zehntausend Bücher verkauft wurden und nach wie vor eine Nachfrage nach dem nun vergriffenen Buch besteht. Anders bei der Edition des *Nerv*. Hier handelt es sich um eine emphatische und leicht epigonale expressionistische Zeitschrift aus dem Czernowitz des Jahres 1919, die wir aufgefunden haben, nachdem ein Forschungsbericht über ihre wohl definitive Verschollenheit publiziert worden war. Sie stand – anonym eingebunden – in Alfred Margul Sperbers Bibliothek, die im Bukarester Literaturmuseum liegt, und war bis dahin einfach übersehen worden. Wir haben sie während der Recherche für die Bukowina-Ausstellung dort entdeckt und einige Zeit später mit dem Ziel herausgegeben, sie den interessierten Forschern in den Fachbibliotheken zugänglich zu machen. Dass dies kein Publikumserfolg werden konnte, war von Anfang an klar. Bedauerlich finde ich aber, dass Isak Weißglaß' Deportationsbericht *Steinbruch am Bug*, den wir ebenfalls ediert haben, und der wichtige Informationen über die Einzelheiten der Deportation der Czernowitzer Juden nach Transnistrien liefert und sich zur aufregenden, spannenden Lektüre eignet, nicht auf größeres Interesse stößt. Andererseits aber tröste ich mich in den meisten Dingen, die ich literarisch unternehme, damit, dass es reicht, wenn ein Text vorhanden ist. Denn es wird immer Leser geben, die Nebenwege beschreiten und Texte entdecken wollen, die nicht schon von der Werbung breitgetreten und damit um ihre klandestinen Botschaften gebracht sind.

3/2001

„SICH AUF VERSCHIEDENE PFADE GEISTIGER TÄTIGKEIT
UND IMAGINATION BEGEBEN"

Anton Sterbling

Viele der späteren Mitbegründer der regimekritischen rumäniendeutschen Autorengruppe „Aktionsgruppe Banat" (1972–1975), in deren Umfeld er seine ersten intellektuellen Prägungen erfuhr, lernte der am 12. April 1953 in Großsanktnikolaus, im rumänischen Banat, geborene Anton Sterbling bereits am Gymnasium seiner Geburtsstadt kennen. Nach einem gescheiterten Versuch, aus Rumänien zu fliehen, siedelte Sterbling 1975 in die Bundesrepublik Deutschland aus, wo er an der Universität Mannheim Sozialwissenschaften studierte. Von 1982 bis 1998 war er an der Universität der Bundeswehr in Hamburg als Oberassistent und Privatdozent tätig. In dieser Zeit promovierte er mit einer Arbeit über Eliten im Modernisierungsprozess (1987) und habilitierte sich 1993 im Fachgebiet Soziologie. 1997 wurde er, nachdem er zwischenzeitlich Vertretungsprofessuren an den Universitäten in Heidelberg und Bonn innegehabt hatte, zum Professor an der Fachhochschule für Polizei Sachsen in Rothenburg/Oberlausitz, heute in Görlitz, berufen. Sterbling ist Mitglied und Vorstandsmitglied mehrerer internationaler wissenschaftlicher Gesellschaften und Verfasser bzw. Herausgeber zahlreicher Bücher und Studien zur Soziologie und ihrer Geschichte. Er machte bereits in den endsechziger und frühen siebziger Jahren des vorangegangenen Jahrhunderts mit Gedichten und literaturtheoretischen Beiträgen, die er in rumäniendeutschen Periodika publizierte, auf sich aufmerksam und hat seit damals, trotz seiner wissenschaftlichen Hinwendung zur Soziologie und Geschichte Südosteuropas sein Interesse an der Literatur, vor allem an jener seiner einstigen Freunde und Mitstreiter, nie erlahmen lassen.

Herr Professor Sterbling, in einem Erinnerungsbruchstück, Flucht als Provokation *betitelt, das Sie 1995 als Referat auf einer Tagung in Tübingen zum Themenkreis Flucht aus dem kommunistischen Rumänien präsentierten, behaupteten Sie, Wissenschaftler neigten im Unterschied zu den Schriftstellern, die es schon in ihrer Jugend dazu dränge, die „eigene, subjektiv erlebte oder entworfene Wirklichkeit" zu gestalten, erst „gegen Ende ihres Berufs- und Lebensweges [...] mit autobiografischen Reflexionen oder Konfessionen [...] an die Öffentlichkeit zu treten", wenn der „große Wissensdrang erschöpft" sei und der „Ertrag der wissenschaftlichen Erkenntnistätigkeit merklich nachzulassen" beginne. In Ihrem Falle kann davon freilich noch nicht die Rede sein, Sie sind nach wie vor wissenschaftlich ungemein produktiv, dennoch schieben Sie offenbar seit vielen Jahren das eine oder andere literarische Projekt vor sich hin, in dem Sie der „subjektiven Reflexions- und Betrachtungsperspektive", der „emotionalen Tiefendimension" des Selbsterlebten und -erfahrenen mehr Raum widmen möchten, als Sie es bisher in ihren wissenschaftlichen Schriften tun konnten.*

Zunächst möchte ich mich für die Gelegenheit zu diesem Gespräch herzlich bedanken. Da ich – wie Sie richtig konstatieren – seit vielen Jahren hauptsächlich als Sozialwissenschaftler tätig bin, geschieht es eigentlich recht selten, dass man sich näher für meine Person interessiert. In der Wissenschaft stehen die Ergebnisse des wissenschaftlichen Erkenntnisprozesses im Mittelpunkt, nicht der Wissenschaftler oder seine Biografie, wiewohl gerade in meinem Falle manche Schwerpunkte der Forschungsarbeit, nicht zuletzt die Beschäftigung mit Ost- und Südosteuropa oder mit Migrations- und Minderheitenproblemen, aber auch das Interesse an der Sozialgestalt der Intellektuellen oder an Fragen der Modernisierung und selbst die nachhaltige Beschäftigung mit wissenschaftstheoretischen und sozialtheoretischen Fragen einen ohne Zweifel biografisch mitbestimmten Erfahrungshintergrund aufweisen. Mit diesem Gespräch befinde ich mich also in einer ungewohnten Rolle und muss daher aufpassen, nicht allzu geschwätzig zu werden. Aber zu Ihrer Frage zurück: Natürlich ist es nicht auszuschließen, dass ich mich einmal wieder intensiver der literarischen oder künstlerischen Tätigkeit zuwende. Aber nicht, weil mein Interesse an sozialwissenschaftlichen Erkenntnisfragen abnimmt, sondern hauptsächlich, weil meine Frustration im gegenwärtigen deutschen Hochschul- und Wissenschaftsbetrieb immer weiter steigt. Mit diesem Gefühl bin ich natürlich nicht allein. Ich kenne kaum einen deutschen Professor – und ich kenne derer ja viele –, der die Dinge heute nicht ähnlich wahrnehmen würde. Die deutsche Hochschule wird gegenwärtig in einem beschleunigten Tempo und geradezu mutwillig zerstört, und selbst die profundesten Argumente, die gegen diese Destruktion wesentlicher Grundlagen unserer abendländischen Kultur und Rationalität ins Feld geführt werden, bleiben ungehört. Viele Kollegen befürchten mithin wie ich, dass es wahrscheinlich zu spät sein wird, bis man den Irrweg der Zerstörung erkennt, auf dem man sich befindet, und wieder gegensteuert. Solche „Institutionenkämpfe", wie wir sie derzeit um die deutsche Hochschule und die Wissenschaften erleben, hält der Einzelne nur begrenzt durch. Man resigniert irgendwann eben, wenn die Einsicht überhandnimmt, dass die Weichen wahrscheinlich für längere Zeit in die falsche Richtung gestellt sind. Dann erfolgt der Rückzug auf den Kernbereich der Pflichtaufgaben, für die man eigentlich auch nur bezahlt wird, und hält sich im Engagement für darüber hinausgehende Belange zurück. Und was ist dann naheliegender, als sich der „künstlerischen Weltflucht" zuzuwenden oder eben den Kampf mit künstlerischen Mitteln fortzusetzen, also entweder in Melancholie die Tragik des Intellektuellen im 20. und 21. Jahrhundert zu beschreiben oder mit beißender Ironie seine Widersacher – auch in den eigenen Reihen – vor das Urteil unbestechlicher Leser zu stellen? Also, wenn mal eine größere literarische Arbeit in den nächsten Jahren von mir entstehen sollte, dann könnte es eine solche sein. Anschauungsmaterial habe ich dazu mehr als genug gesammelt. Ich will diesbezüglich aber keine verbindlichen Versprechen abgeben, denn gelungene literarische Arbeiten entstehen nur – und da sehe ich einen großen Unterschied zur Wissenschaft, die hauptsächlich aus Fleißarbeit besteht –, wenn sie sich gleichsam von selbst schreiben.

Am Anfang Ihrer Laufbahn galt Ihr Interesse zunächst der Literatur. Sie gehörten Ende der 1960er Jahre einer Gruppe junger rumäniendeutscher Autoren an – sie nannte sich 1972 „Aktionsgruppe Banat" und wurde drei Jahre danach von den kommunistischen Behörden aufgelöst –, deren Mitglieder, wie Sie in der Einführung zu Ihrem Buch über Intellektuelle, Eliten, Institutionenwandel in Südosteuropa *(2001) schreiben, von einem „kritischen, nicht zuletzt regimekritischen intellektuellen Standpunkt aus" ihre Texte verfassten.*

Nun ist über die „Aktionsgruppe Banat" schon viel geschrieben worden – auch was ihren regimekritischen oder zumindest zweifellos provokativen Charakter betrifft –, manches zutreffend, manches weniger zutreffend, manches grob entstellt. Ich will das hier nicht ausbreiten, sondern nur feststellen, dass mir die Zugehörigkeit zu dieser Gruppe, zu diesem Freundeskreis, sehr viel bedeutete und auch heute noch bedeutet. Ich sehe mich mit allen damals Dazugehörenden weiterhin geistig eng verbunden. Dies stelle ich immer wieder fest, wenn ich lese, was die Einzelnen im Laufe der Zeit geschrieben haben oder heute schreiben, selbst wenn dies auf den ersten Blick mitunter in sehr unterschiedliche Richtungen tendiert. Daher bedauere ich es auch nach wie vor, dass es in Deutschland zu keinem gemeinsamen Treffen mehr gekommen ist – und wahrscheinlich auch nicht mehr kommen wird. Und zwar nicht nur, weil einer der Bedeutendsten aus unserer Mitte, Rolf Bossert, schon lange tot ist…

Die „Aktionsgruppe Banat" – natürlich nicht nur sie, sondern auch die älteren damals dem im Aufbruch befindlichen rumäniendeutschen Literaturbetrieb Angehörenden, etwa Gerhardt Csejka, Anemone Latzina, Peter Motzan, Bernd Kolf und viele andere, die ich hier gar nicht alle aufzählen kann – hat einen wichtigen Anteil an meiner intellektuellen Formierung, eigentlich überhaupt daran, dass ich mich bis heute auch als Intellektueller, nicht nur als

Wissenschaftler oder Schriftsteller, verstehe. Zwischen diesen Rollen gibt es – so hat mich die soziologische Reflexion darüber immer deutlicher erkennen lassen – wichtige Unterschiede, die tunlichst zu beachten sind. In meinem wissenschaftlichen Denken stark durch Max Weber geprägt, versuche ich selbst – so gut es geht – die wissenschaftliche Tätigkeit und die intellektuelle Stellungnahme, die häufig nicht nur ein kritisches Verhältnis zum Gegebenen bedeutet, sondern zugleich praktische (moralische, politische) Bewertungen enthält, auseinander zu halten. Übrigens, auch die Rollen des Wissenschaftlers und Literaten sind in meinem Verständnis und Selbstverständnis nur lose miteinander verbunden, wie bereits angedeutet wurde. Zugleich haben diese geistigen Tätigkeiten selbstverständlich viele Berührungspunkte und Gemeinsamkeiten – und ergänzen sich. Dieses Ergänzungsverhältnis ist allerdings nicht zwingend. Weder vom Wissenschaftler noch vom Künstler wird gefordert, dass er auch als Intellektueller kritisch oder öffentlichkeitswirksam deutend und bewertend am Weltgeschehen Anteil nimmt und sich damit zusätzlich exponiert und nicht selten gefährdet. In diesem Sinne war meine intellektuelle Sozialisation innerhalb und durch die „Aktionsgruppe" wohl unentrinnbar nachhaltig.

Im Unterschied zu Ihren Freunden, deren Protest sich auf der literarischen Ebene vollzog, dort aber auch verharrte, sind Sie bereits als 17-Jähriger einen Schritt weitergegangen und haben mit Ihrem gezielt geplanten Versuch, das kommunistische Rumänien illegal zu verlassen, die Behörden, Ihre Lehrer und Kollegen, aber auch rumäniendeutsche Literaten bewusst herausfordern wollen. Darüber haben Sie gelegentlich berichtet, kaum aber über Ihre Inhaftierung und die unmittelbare Zeit danach.

Tatsächlich habe ich nur ungern und selten über diese ebenso schwierige wie lehrreiche Episode meines Lebens gesprochen und diese Erlebnisse lieber unter „Latenzschutz" gestellt, wie man mit dem bekannten Soziologen Niklas Luhmann sagen könnte. Warum solcher „Latenzschutz" von Menschen entwickelt wird, also warum über bestimmte Dinge nicht kommuniziert wird, obwohl man darüber sprechen könnte, habe ich übrigens kürzlich an zwei anderen Beispielen näher analysiert. Am Exempel der Verdrängung des Vertreibungsgeschehens in der ehemaligen DDR und am Beispiel der Schwierigkeiten der Aussiedler aus Rumänien, über die Schmiergeldzahlungen in der Zeit der kommunistischen Spätdiktatur zu sprechen. Um es verkürzt zu sagen: Es sind oft tiefe innere Verletzungen, die schweigsam machen, und es ist wohl auch die Angst, als Opfer nochmals zum Opfer zu werden, die Menschen davon abhalten, über ihre Opfererfahrungen leichtfertig oder überhaupt zu sprechen. Zugleich wissen wir, dass das Verdrängen der Dinge nicht immer die beste Lösung ist und vielfach den Tätern zu Gute kommt, die mit einem solchen Verhalten ihrer Opfer nicht selten zynisch rechnen.

Nun aber von der allgemeinen Reflexion, in die ich mich nicht erneut flüchten will, zu Ihrer konkreten Frage zurück. Nach längerem Zögern bin ich bereit, gleichsam als Ergänzung zu diesem Gespräch, den von Ihnen erwähnten Vortragstext über meine Flucht (sollten Sie damit einverstanden sein) zur Veröffentlichung frei zu geben. Zu den Erlebnissen an der Grenze und im Gefängnis wird in absehbarer Zeit vielleicht etwas folgen. An dieser Stelle nur zwei kleine Anmerkungen: Dadurch, dass man bei meiner Festnahme an der Grenze einige meiner Gedichte bei mir fand und wahrscheinlich weil die im Einsatz befindlichen Grenzer unter dem Befehl eines Unteroffiziers mit Abitur standen, blieb ich von den üblichen Misshandlungen weitgehend verschont. Manchmal gibt es sie also doch ganz unerwartet, die „Macht der Poesie", könnte man dazu durchaus befinden. Ähnliche Erfahrungen machte ich übrigens auch im Gefängnis, unter den Häftlingen, die vielfach auch wegen Fluchtversuchen, aber durchaus auch wegen mehr oder weniger schlimmen kriminellen Delikten (von Taschendiebstahl bis Raubmord) inhaftiert waren – nämlich die Erfahrung, dass Wissen und Intelligenz, das „kulturelle Kapital", gerade in außergewöhnlichen Lebenslagen überaus wichtige Handlungsressourcen von entscheidendem Vorteil sind. Im sozialen Mikrokosmos des Gefängnisses habe ich viel über menschliches Verhalten und soziale Prozesse – nicht zuletzt über soziale Konflikte und ihre Regelung, über strategisches Verhalten, über soziale Autorität und Prozesse der Machtbildung, über die Gefahren, aber auch über die Besiegbarkeit von Aggression und Dummheit und vieles mehr – gelernt. Übrigens auch über Menschenwürde und Anstand. Diese Erlebnis- und Erfahrungszusammenhänge kommen mir in meiner Arbeit als Sozialwissenschaftler sehr zu Gute. Sie bilden – mit vielen anderen Erfahrungen, die ich machen konnte oder zu denen ich gezwungen war – ein unschätzbares Korrektiv meines theoretischen Denkens. Insbesondere die vielfältigen traditionalen Einschläge des sozialen Lebens, denen ich in Rumänien vielgestaltig begegnete, sowie das immer wieder erlebte komplizierte Spannungs- und Verschränkungsverhältnis moderner und traditionaler Wertvorstellungen, Handlungsmuster und Strukturelemente sind ein wesentlicher Erfahrungshintergrund meines wissenschaftlichen Denkens, meines Weltverständnisses überhaupt. Diese Erfahrungen bringen mich auch in ein kritisches Verhältnis zu heute weit verbreiteten Konzepten wie dem der „Postmoderne", der „reflexiven Modernisierung" oder der „Globalisierung".

Bereits als Schüler an einem banatschwäbischen Gymnasium entdeckten Sie die zeitgenössische deutsche Literatur, deren Schreibweisen Sie sich aneigneten und nach deren Mustern Sie Ihre ersten Texte, die u. a. auch in der Bukarester deutschsprachigen Zeitschrift Neue Literatur *erschienen, anfertigten. Sie wären – lassen Sie mich diese Vermutung aussprechen – wie der überwiegende Teil Ihrer Banater Schriftstellerfreunde wohl länger bei der Literatur verblieben und auch Ihre Biografie wäre möglicherweise anders verlaufen, hätten Sie nicht bereits 1975 das Land verlassen. Waren es nur berufliche Gründe, die Sie veranlasst haben, sich von der Literatur ab- und der Soziologie zuzuwenden?*

Sie stellen mir hier eine sehr schwierige Frage, über die ich – offen gesagt – noch nicht gründlich genug nachgedacht habe. Ich kann darauf also nur tentativ antworten. Natürlich habe ich in Deutschland zunächst weiterhin literarische Texte geschrieben; nach zwei Veröffentlichungen in der bekannten Literaturzeitschrift *Akzente* und der Berliner Literaturzeitschrift *Litfass* im Jahre 1976, dann viele Jahre allerdings nur noch für die Schublade. Warum? Es war sicherlich nicht einfach, als recht junger Mensch, der in Rumänien ein paar Texte veröffentlicht hatte, Zugang zum komplizierten Literaturbetrieb der Bundesrepublik Deutschland zu bekommen. Insofern habe ich große Achtung vor Ernest Wichner, dem dies in einer ähnlichen Situation besser als mir gelang, und natürlich vor den in den 1980er Jahren uns in die Bundesrepublik Deutschland nachfolgenden Mitgliedern der „Aktionsgruppe Banat" wie Richard Wagner, Johann Lippet oder William Totok. In meinem Falle gab es aber noch andere Faktoren, die meiner weiteren Orientierung und Entwicklung eine etwas andere Richtung wiesen. Neben den herausfordernden Problemen des Lebensalltags, die jeder Aussiedler wohl ähnlich erlebte, absorbierte das bereits im Herbst 1975 aufgenommene Studium der Soziologie, Sozialpsychologie, Volkswirtschaftslehre und Wissenschaftstheorie schnell so weitgehend meine Interessen, dass die Beschäftigung mit der Literatur allmählich zur Nebensache wurde. Vor allem die damalige Einsicht, wie wenig ich eigentlich aus den immensen Wissensbeständen dieser Wissenschaften überblicken kann, und das Bedürfnis, möglichst rasch mehr und mehr als andere Studenten zu wissen, hat mich zu einer immer intensiveren Beschäftigung mit diesen Wissenschaften angetrieben. Dabei traf ich an der Universität Mannheim auf eine sehr günstige Konstellation hervorragender Hochschullehrer wie die Professoren Hans Albert, Wolfgang Zapf und Rainer M. Lepsius, aber auch auf jüngere Sozialwissenschaftler (Karl Ulrich Mayer, Walter Müller, Helmut F. Spinner u. a.), die später ebenfalls zu bekannten deutschen Soziologen wurden, so dass die Studiensituation sehr interessant, offen und anregend war und erfolgreich verlief. Sehr günstig für mich erwies sich, dass ich Professor Lepsius rasch auffiel, der mir eine Stelle als studentische Hilfskraft an seinem Lehrstuhl anbot. Dies ermöglichte mir nicht nur, mich an den

Beruf des Wissenschaftlers gleichsam in einem Lehrlingsverhältnis anzunähern, sondern lenkte auch mein Interesse auf das Werk Max Webers und die in dessen Denktradition stehende Soziologie, in deren Mittelpunkt die abendländische Sonderentwicklung (Rationalisierung) und ihre universalgeschichtlichen Auswirkungen und Folgeprobleme oder – mit anderen Worten – die vielfältigen Fragen der Modernisierung stehen.

Besonders ein Aufsatz des Soziologen Rainer M. Lepsius Kritik als Beruf. Zur Soziologie der Intellektuellen *hatte wohl mit zu dem Entschluss beigetragen, hinfort den Themenkreisen der Soziologie verschärft Ihre Aufmerksamkeit zu widmen. Seit damals hat Sie die Frage nach der Rolle der Intellektuellen im europäischen Modernisierungsprozess, mit der Sie sich auch in Ihrer Dissertation befassten, eigentlich nie losgelassen. Sie haben darüber eine Reihe von Büchern und Studien verfasst bzw. herausgegeben und sind nicht zuletzt der Frage nachgegangen, welche Rolle intellektuellen Eliten in den Transformationsprozessen in Südosteuropa, speziell in Rumänien, gerade auch gegenwärtig, zukommt.*

Der Aufsatz *Kritik als Beruf* war für mich tatsächlich sehr aufschlussreich – für das bessere Verständnis vieler zeitgenössischer Probleme, aber auch zur Klärung des eigenen Selbstverständnisses. Mit der Frage der Intellektuellen – und etwas allgemeiner der Eliten – dürfte sicherlich ein Schlüsselaspekt der Analyse und Erklärung unterschiedlicher gesellschaftlicher Lagen und Entwicklungswege in Europa angesprochen sein. Der weitläufigen und faszinierenden Perspektive der historisch und international vergleichenden Betrachtung gesellschaftlicher Entwicklungen und Modernisierungsprozesse unter maßgeblicher Berücksichtigung der gegebenen Elitenkonfigurationen und der von Eliten und nicht zuletzt von Intellektuellen mitgeprägten institutionellen Ordnungen bin ich vielfach gefolgt, zunächst eher grundlagentheoretisch in meiner 1987 angenommenen Dissertation über *Eliten im Modernisierungsprozess* und dann historisch konkreter in meiner 1993 vorgelegten Habilitation über *Strukturfragen und Modernisierungsprobleme südosteuropäischer Gesellschaften*, aber auch in anderen wissenschaftlichen Untersuchungen. Das Fallbeispiel Rumänien stand für mich häufiger im Mittelpunkt des Interesses, aber auch mit anderen ost- und südosteuropäischen Gesellschaften habe ich mich – nicht selten vergleichend – beschäftigt.

Entscheidend für meine wissenschaftliche Entwicklung in den letzten zwanzig Jahren war vermutlich, dass die in der Denktradition Max Webers stehende historische Modernisierungsforschung durch den Niedergang der kommunistischen Herrschaft im östlichen Teil Europas und die gleichzeitig in Gang gekommenen Modernisierungsprozesse große Aktualität und Relevanz erlangte. Spätestens seit Ende der 1980er Jahre verlaufen meine wissenschaftlichen Aktivitäten, ja verläuft beinahe mein ganzes Leben, eigentlich weitgehend „fremdbestimmt" – gleichsam im Takt der Forschungs-, Vortrags- und Publikationsaufträge, die mich ständig in großer Zahl erreichten, wobei ich höchst selten etwas abgelehnt habe. So sind dann bisher 36 eigene oder herausgegebene Bücher, weit über 300 wissenschaftliche Veröffentlichungen, über 225 wissenschaftliche Vorträge, etwa 20 Forschungsberichte usw. zusammengekommen. Auch die von Prof. Dr. Dr. h. c. Bálint Balla und mir im Krämer Verlag Hamburg herausgegebene Schriftenreihe „Beiträge zur Osteuropaforschung" umfasst mittlerweile 12 Bände.

Ihre soziologischen Untersuchungen zeichnen sich immer auch durch kenntnisreiche Exkurse in die politische, Sozial- und Kulturgeschichte, besonders in jene Südosteuropas, aus. Zu Ihren sehr breit gestreuten Forschungsinteressen gehört nicht zuletzt auch die Geschichte der deutschen Soziologie, wobei Sie speziell deren Einflüssen in den südosteuropäischen Ländern nachgegangen sind.

Die Forschungsfragen zu Südosteuropa, die mich hauptsächlich beschäftigen, können ohne historische und kulturhistorische Tiefenperspektive kaum angemessen behandelt werden. Dies hängt auch und nicht zuletzt damit zusammen, dass die „Geschichte", dass die historischen Mythen, in der Öffentlichkeit und im Bewusstsein der Menschen in Südosteuropa weitaus nachhaltiger und wirkungsmächtiger in Erscheinung treten, als dies in den westlichen Gesellschaften heute der Fall sein dürfte. Diese Allgegenwärtigkeit der „Geschichte" ist natürlich nicht ganz unproblematisch, wie wir spätestens seit dem Krieg im ehemaligen Jugoslawien wissen, die Geschichtsblindheit erscheint allerdings ebenso fragwürdig und gefährlich. Denn auch für die Geschichte gilt, dass sie – und insbesondere ihre dunklen Seiten – nicht verdrängt werden darf, sondern kritisch aufgearbeitet werden sollte. Ob daraus immer nützliche Lehren entstehen, bleibt allerdings zu hinterfragen, denn auch beim kritischen Umgang mit der Geschichte bestehen vielfach Gefahren der politischen Funktionalisierung oder der ideologischen Instrumentalisierung. Gerade deshalb aber sind strukturellfunktionale wie auch ideologiekritische soziologische Analysen entsprechender Zusammenhänge von vermutlich unverzichtbarer Bedeutung.

Was die Beschäftigung mit der Geschichte des soziologischen Denkens betrifft, so liegt deren Notwendigkeit in der Wissensstruktur der Soziologie selbst begründet. Anders als in vielen anderen zeitgenössischen Wissenschaften, deren Vorläufer und Begründer allenfalls noch in den Fußnoten der Lehrbücher vorkommen, sind die Werke der „Klassiker" der Soziologie, wie die von Ferdinand Tönnies, von Georg Simmel und insbesondere von Max Weber, weiterhin von unverzichtbarer Bedeutung, sowohl in erkenntnisleitender theoretischer wie auch in historisch-materialer Hinsicht. Auch die Beschäftigung mit anderen wichtigen Vertretern der Soziologie im 20. Jahrhundert, wie z. B. mit Pitirim A. Sorokin oder mit Karl Mannheim, zu deren Leben, Werk, Wirkung und Bedeutung für die Osteuropaforschung von uns internationale Tagungen durchgeführt wurden oder noch bevorstehen, bestätigt nachdrücklich diesen Befund.

Sie waren nach dem Studium der Sozialwissenschaften an der Universität Mannheim über anderthalb Jahrzehnte (1982–1998) an der Universität der Bundeswehr in Hamburg tätig, haben Vertretungsprofessuren in Heidelberg und Bonn innegehabt und sind seit 1997 als Professor an der Fachhochschule für Polizei Sachsen in Rothenburg/Oberlausitz tätig. Im Vordergrund Ihres Lehr- und Forschungsauftrags standen und stehen wohl andere als südosteuropäische Themen.

Ihre Vermutung ist wohl gleichermaßen zutreffend wie erklärungsbedürftig: ost- und südosteuropabezogene Themen haben in meiner Lehre – wenn überhaupt – eher eine nachrangige Rolle gespielt, da die Studienpläne der Hochschulen, an denen ich tätig war und derzeit tätig bin, stets anderen Gebieten der Soziologie Priorität einräumten bzw. einräumen. Dies ist zum Teil verständlich, da man die Lehrinhalte natürlich an den angestrebten Studienabschlüssen und späteren beruflichen Verwendungen der Absolventen, soweit man diese kennt, ausrichten sollte. Ich finde es übrigens durchaus interessant und befriedigend und betrachte es zugleich als eine veritable berufliche Herausforderung, soziologisches Grundlagenwissen oder Wissen aus einzelnen soziologischen Spezialgebieten so aufzubereiten und zu vermitteln, dass es z. B. einem Offizier der Bundeswehr oder einer Polizeibeamtin in ihren Situationsanalysen und in ihren Entscheidungshandlungen, aber auch in ihren Berufsauffassungen und ihren Weltverständnissen eine rationale Wissensbasis bietet und zur Entwicklung der Reflexionskompetenz beiträgt. Das Bedenkliche ist gegenwärtig allerdings – vielleicht sehe ich die Dinge aber auch nur etwas zu empfindlich –, dass man gründliches wissenschaftliches Wissen und Denken an deutschen Hochschulen – keineswegs nur an Bedarfshochschulen, aber hier besonders auffällig – eigentlich für weitgehend verzichtbar hält und nur noch „mehr Praxisbezogenheit" und „Praxisnähe" fordert. Aus meiner Sicht sollte man dann konsequenterweise gleich ganz auf die Hochschulausbildung verzichten und direkt in der beruflichen Praxis (wie bei Lehrlingen) ausbilden. Die hybriden Formen der Hochschulausbildung, die sich mehr und mehr ausbreiten und die immer häufiger statt auf Wissenschaften auf „Micky

Maus"-Fächern beruhen, wobei etwas als Hochschulstudium bezeichnet wird, das mit einem wissenschaftlich fundierten Studium nur mehr wenig zu tun hat, laufen aus meiner Sicht auf Täuschungen der Öffentlichkeit (der Steuerzahler), Selbsttäuschungen der Studierenden und zugleich auf einen Betrug an ihnen und eine permanente Frustrationsquelle der Hochschullehrer, soweit diese selbst überhaupt noch Wissenschaftler sind, hinaus.

Einen anderen Aspekt, der bei Ihrer Frage noch erwähnenswert erscheint, kann ich auf der Grundlage einer empirischen Untersuchung, die ich dazu vor wenigen Jahren durchführte, darlegen. In der Bundesrepublik Deutschland gibt es bisher an keiner Universität oder Hochschule ein systematisch verankertes soziologisches Lehrangebot zu Südosteuropa. Das heißt natürlich auch keine entsprechenden Studienmöglichkeiten oder Abschlüsse. Insofern liegt, was meine Südosteuropaspezialisierung betrifft, nicht nur eine gewisse Fehlallokation hinsichtlich der Anforderungen meiner derzeitigen Lehrtätigkeit, sondern auch eine spezifische Qualifikation vor, für die es im ganzen deutschen Hochschulsystem eigentlich keinen nennenswerten Bedarf zu geben scheint. Daher erwies sich für mich letztlich auch als durchaus vorteilhaft, dass meine wissenschaftliche Qualifikation und meine Erkenntnisinteressen disziplinär und thematisch relativ breit angelegt sind, denn die Spezialisierung auf Südosteuropa wäre ansonsten – für einen Soziologen – wohl zur beruflichen Sackgasse geworden.

Auf Grund Ihrer Erfahrungen im nationalkommunistischen Rumänien hat es eine Weile gedauert, bis Sie Ihre inneren Widerstände überwinden und das Land besuchen konnten, in dem Sie einen prägenden Teil Ihres Lebens verbracht haben. Seit 1995, als Sie erstmalig an einer wissenschaftlichen Tagung teilnahmen, haben sich Ihre Kontakte zu rumänischen wie allgemein zu südosteuropäischen Soziologen zunehmend intensiviert.

Dies stimmt und ist für mich sehr wichtig – und hat mich auch überraschend in zwei wichtige Ämter, das des Vorsitzenden des Wissenschaftlichen Beirates der Südosteuropa-Gesellschaft und das des Sprechers der Sektion Ost- und Ostmitteleuropa-Soziologie der Deutschen Gesellschaft für Soziologie, gebracht. In beiden Ämtern versuche ich sowohl die Kontakte zu den ost- und südosteuropäischen Kollegen möglichst intensiv und partnerschaftlich auszugestalten wie auch Nachwuchswissenschaftlern zu helfen, trotz der oft entmutigenden beruflichen Aussichten auf den intrinsischen Wert der eigenen Arbeit, der sich eben nicht nur in der Bezahlung bemisst, zu achten. Diesen Standpunkt kategorisch zu vertreten, fällt mir angesichts des bisher zum Niedergang des deutschen Hochschul- und Wissenschaftsbetriebs Gesagten natürlich nicht immer einfach. Überhaupt ist es in solchen Zeiten, die ja auch

Zeiten immer größerer Finanzierungsschwierigkeiten von wissenschaftlichen Vorhaben, Tagungen und Publikationen sind, nicht leicht, solche Ämter mit einem für mich unverzichtbaren intellektuellen Anstand, mit genügend Selbstachtung und zugleich mit einigem vorzeigbaren Erfolg auszuüben. Diese Herausforderungen und Probleme haben mir in der letzten Zeit durchaus schlaflose Nächte bereitet. Daher denke ich, dass es mir in absehbarer Zeit auch zusteht, mich aus diesen verantwortlichen Aufgaben schrittweise etwas mehr, aber keineswegs ganz, zurückzuziehen – und mich vielleicht endlich mal wieder stärker der Literatur, der Kunst oder auch nur dem normalen alltäglichen Leben zuzuwenden.

Sie haben sich als Soziologe immer auch mit Fragen der Kunst und Literatur auseinandergesetzt – u. a. mit der „künstlerischen Weltflucht" in der Moderne – und bereits 1975 in einem in der Neuen Literatur *(Heft 7, S. 39–45) erschienen, programmatisch zu verstehenden Essay zu den literarischen Anliegen der „Aktionsgruppe Banat", Literatur als „eigene form der erkenntnis", eher als „beschreibung des bewußtseins von realität als realitätsbeschreibung schlechthin" definiert. Doch auch der soziologischen Erkenntnisfähigkeit und -leistung scheinen Sie nicht sonderlich zu vertrauen. In einem Essay über die Romane von Herta Müller, behaupten Sie, die „soziologische Beschäftigung mit dem Wesen kommunistischer Diktaturen" habe „kaum jene Intensität und Eindringlichkeit wie die zeitgenössische Literatur, etwa von Herta Müller, erreicht."*

Die literarische, die künstlerische wie auch die wissenschaftliche Annährung an die Wirklichkeit und die entsprechenden Erkenntnisweisen und Verarbeitungsformen des Wirklichen sind durchaus ergiebig, leistungsfähig und mitunter faszinierend. Auf beides – Kunst und Wissenschaft – kann weder in einem erfüllten Leben noch in einer beständigen und sich zugleich erneuernden Kultur als wichtige Sinnzentren verzichtet werden. Sie sind aber – nicht nur ihrer notwendigen Selbstreferenzialität, ihrer Selbstbezüglichkeit wegen – durchaus begrenzt, ebenso wie das menschliche Denken und Wissen überhaupt stets täuschungs- und irrtumsanfällig ist. Dies gilt es zu erkennen und anzuerkennen, wobei es in diesem Prozess mitunter hilfreich erscheint, sich auf verschiedene Pfade geistiger Tätigkeit und Imagination zu begeben und trotz aller Unterbrechungen und Störungen „im Nebel" beharrlich weiter zu gehen. Selbst wenn dieser Nebel sich nur stellenweise immer wieder einmal etwas lichtet, gibt es für den Menschen doch kaum etwas Erbaulicheres, als solche seltene Momente des etwas helleren Daseins zu erleben.

1/2006

"ICH SUCHE MEIN LEBEN VON HEUTE IM GESTRIGEN"

Horst Samson

Horst Samsons Bildungsweg und beruflicher Werdegang ist in mancherlei Hinsicht anders verlaufen als der seiner etwas älteren Banater Dichterfreunde. Seine Familie ist durch die Deportation in den Bărăgan, wo er am 4. Juni 1954 in Salcâmi geboren wurde, von den politischen Ereignissen ärger betroffen worden als die vieler seiner Schriftstellerkollegen. Im Unterschied zu ihnen hat er nicht Germanistik studiert, sondern sich am Pädagogischen Lyzeum im siebenbürgischen Hermannstadt zum Grundschullehrer ausbilden lassen. Danach war er Lehrer in Busiasch im Banat und ab 1977 Journalist der *Neuen Banater Zeitung* in Temeswar.

1987 siedelte er in die Bundesrepublik Deutschland aus. Nachdem er zeitweilig als freischaffender Schriftsteller und Publizist tätig war, übt Samson, der in Neuberg (Hessen) lebt, erneut den Beruf eines Zeitungsredakteurs aus.

Nach seinem 1978 erfolgten Buchdebüt veröffentlichte Samson in Rumänien insgesamt vier Lyrikbände, zu denen in Deutschland die Gedichtbücher *Wer springt schon aus der Schiene* (1991), *Was noch blieb von Edom* (1994), *La Victoire* (2000), *Und wenn du willst, vergiss* (2010) sowie *Kein Schweigen bleibt ungehört* (2013) hinzukamen.

Die Realität des banatschwäbischen Dorfes ist, künstlerisch kodifiziert, ebenso präsent in seinen Texten wie Siebenbürgen mit seiner Landschaft, seiner Kultur und Geschichte. Später kam die Aufarbeitung der Erfahrungen, die er im kommunistischen Rumänien und nach seiner Aussiedlung in die Bundesrepublik Deutschland machte, hinzu, die seinen Gedichten eine unverkennbar eigene Note verleiht. Samsons bislang beeindruckendste dichterische Leistung ist sein Poem *La Victoire*.

Von Samsons bislang letzten Veröffentlichungen verdienen besonders der Gedichtband *Das Imaginäre und unsere Anwesenheit darin* (2014) sowie die Herausgabe der Prosaanthologie *Heimat – gerettete Zunge. Visionen und Fiktionen deutschsprachiger Autoren aus Rumänien* (2013) hervorgehoben zu werden.

Für sein literarisches Werk ist er u. a. mit dem Preis des rumänischen Schriftstellerverbandes (1981), dem Nordhessischen Lyrikpreis (1992) und dem Meraner Lyrikpreis (1998) ausgezeichnet worden. Von 2006 bis 2014 war Samson Generalsekretär des Internationalen EXIL-P.E.N. Sektion Deutschsprachige Länder.

Horst Samson, wie andere rumäniendeutsche Schriftsteller hattest auch du unlängst die Möglichkeit, in deine seinerzeit vom kommunistischen Geheimdienst Securitate erstellte Akte Einsicht zu nehmen. Wie ist einem zumute, wenn man nach rund zwanzig Jahren mit einer Vergangenheit konfrontiert wird, die nicht vergehen will?

„Das Vergangene ist nicht tot; es ist nicht einmal vergangen", dieser große Satz von William Faulkner aus seinem Mitte der 1930er Jahre erschienenen Roman *Pylon* ist mir seit Längerem ins Hirn gebrannt.

Gott sei Dank ist der ideologisch begründete Mord an unserer zivilen Gesellschaft durch kommunistischen Terror und seine Galionsfiguren am Ende misslungen. Sie sind gescheitert, aber sie hausieren in den Löchern. Es zuckt der Leib noch gewaltig, aus dem das alles kroch. Nichts ist tot, in Wirklichkeit ist auch nichts vergangen. Es hat sich verlagert, aus der Realität in die Köpfe. Wir trennen die Erlebnisse nur von uns ab, stellen uns fremd, wie das Christa Wolf so trefflich in *Kindheitsmuster* in Ergänzung des Faulkner-Satzes geschrieben hat, um uns vor neuen Verwundungen zu schützen. Aber es gelingt uns nicht, nicht wirklich. Real gesehen gibt es nach Platon zwar nichts anderes als die Gegenwart, die Vergangenheit habe weder Raum und Ausdehnung, noch sei sie Materie, sie sei nichts Weiteres als ein inexistentes Theoriegebilde. Das mag idealphilosophisch betrachtet so sein, aber den Raum der Vergangenheit spürte ich mit drückender Deutlichkeit in meinem über die Akten gebeugten Kopf, ich sah seine Ausdehnungen, ich hätte sie mit dem Zollstock vermessen können. Und das, was man Erinnerungen nennt. Begebenheiten von damals gleiten in Endlosschleifen durch meine Hirnwindungen. Das „Theoriegebilde" und seine Verflechtungen mit vergessen geglaubten Emotionen, Erlebnissen, Enttäuschungen und Ängsten hat sich rasend schnell in mir vernetzt, mich total besetzt an jenem ersten Tag bei der Rumänischen Behörde zur Aufarbeitung der Securitate-Hinterlassenschaft (CNSAS) in Bukarest, als ich völlig unorganisiert durch die Blätter segelte. Ich war erregt, verärgert und maßlos enttäuscht, aber auch überrascht, dass die Securitate genügend Mikrofone hatte, alle, die sie als Staatsfeinde einstufte – und das waren nicht wenige – abzuhören und zu verfolgen. Manches, was ich da las über die gegen mich initiierten operativen Vorgänge, kam mir wie eine Passage aus Tausendundeiner Nacht vor.

Als ich meine Akte durchforstete, mal da, mal dort nachlas, kam irgendwann ein Gefühl wie Schüttelfrost über mich, ich spürte eine Angst, die mir von ganz tief, aus dem Inneren meines Körpers, ins Bewusstsein kroch und mich erhitzte. Dabei war und bin ich eigentlich kein ängstlicher Mensch. Er fürchtet, würden Informelle Mitarbeiter (IM) zu Protokoll geben, weder sich selbst noch das Weihwasser. Eines aber habe ich damals blitzschnell begriffen. Ich bin haarscharf am Gefängnis vorbeigeschrammt, und als ich in meiner

Akte las, dass ich nicht nur als Staatsfeind und schädliches Element, sondern auch noch als westdeutscher Spion geführt wurde, da bekam die Todesdrohung aus dem Jahre 1986, die ich schon wenige Jahre später lediglich als Einschüchterungsversuch abgetan hatte, zwanzig Jahre danach eine deutlich scharfe Kontur – und die erinnerte mich verdächtig lebhaft an Damokles' Schwert, das am Rosshaar über mir baumelte. Eine innere Stimme sagte mir, in dieser Konstellation hätte es passieren können. Im gleichen Augenblick erinnerte ich mich an das Treffen der Stasi-Generäle in Holland, über das in der Presse berichtet wurde, wo der eine erklärte, dass man mit Vaterlandsverrätern und Spionen kurzen Prozess zu machen und sie an die Wand zu stellen habe. Es war wie eine brennende Lunte, die mich zum verspäteten Explodieren bringen wollte. Ich hielt das nicht aus, ich musste raus, verließ panikartig den Saal. Im Vorraum atmete ich durch. Warum tust du dir das an, sagte ich zu mir, was suchst du hier, wollte ich wissen. Ich hörte nichts außer meinem Atem, spürte die fliehende Brust und sah den aufmerksam herüberschielenden Pförtner. In diesem Augenblick wusste ich plötzlich, dass ich mir selbst auf der Fährte war, dass ich Klarheit wollte und brauchte, ich musste wissen, welche meiner Freunde meine Feinde waren, vielleicht auch erfahren, warum!

In Rumänien ging dir der Ruf voraus, von den Schriftstellern deiner Generation einer der verbal aufmüpfigsten zu sein. Du hast dich bei Dichterlesungen, bei Gesprächen mit Freunden, Autoren und Lesern und auch gegenüber den Behörden politisch oft recht freimütig geäußert, was einige deiner vermeintlichen Naivität zuschrieben, andere jedoch den Verdacht schöpfen ließ, du würdest bewusst provozieren. Gibt es Hinweise in deiner Akte auf dieses Verhalten?

Als ich aus Siebenbürgen, genauer aus Hermannstadt, wo ich das Pädagogische Lyzeum besucht hatte, ins Banat, nach Temeswar zurückkehrte und hier zum Literaturkreis „Adam Müller-Guttenbrunn" (AMG) stieß, da war ich noch Lehrer an der deutschen Grundschule des Gymnasiums in Busiasch und mein Bild von der Gesellschaft und den parteipolitischen Mechanismen gewiss naiv. Das war so auch noch in meiner ersten Zeit als junger Redakteur der *Neuen Banater Zeitung* (NBZ). Meine Hauptinteressen lagen damals noch im Bereich der Musik, ich beherrschte viele Instrumente, Gitarre, Saxophon, Tuba, Posaune, Akkordeon und auch etwas Klavier, darauf konzentrierte ich mich zu jener Zeit. Ich sang gerne, blies Posaune in der Hermannstädter Bigband unter Leitung von Erik Manjak beim ersten internationalen Jazz-Festival, ich machte mir nur oberflächlich Gedanken über das Regime und die damit verbundenen Ungerechtigkeiten, denen ich selbst ausgesetzt war. Die Literatur und die Schriftsteller, die ich dann im AMG traf, machten mich hellhörig, erst fragte ich nach, dann bohrte ich nach, und ich hatte die Gabe, schnell zu lernen, weil mich plötzlich alles interessierte. Der Ruf, der mir alsbald nacheilte, dass ich aufmüpfig sei und ein loses Maul hätte, war nicht ohne Grund entstanden. Ich übte mich im scharfen Formulieren, ich schlängelte verbal nicht so dahin in mäandernden Sätzen, ich sprach gerne Klartext, äußerte mich direkt und geradlinig. Diplomatisches Herumdrücken hasste ich wie Rheuma in der Wirbelsäule. Das ist bis heute so geblieben.

Wahr ist auch, und es gibt starke Beispiele dafür in meiner Akte, dass ich mir kein Blatt vor den Mund nahm, nicht zu Hause, nicht auf der Straße und auch nicht bei den Vorladungen. William Totok besuchte mich oft zu Hause in der Calea Aradului 25 in Temeswar, wir waren Kollegen bei der NBZ und befreundet. Er nahm fast immer sofort das Telefon aus dem Tageszimmer, stellte es in den Korridor und wickelte es noch in eine Decke ein. Dazu forderte er mich auf, das Radio anzudrehen. Anfangs ließ ich das zu, später nicht mehr. Meine damals oft geäußerte Devise lautete: Meine Meinung ist meine Meinung, und die äußere ich hier in der Wohnung, auf der Straße, in der Redaktion oder im Literaturkreis, unter Freunden oder Fremden. Ich hatte die Schizophrenie und das Versteckspiel satt, ich hatte mich entschlossen, zu sein, wie ich war, und zu sagen, was ich dachte. Das tat ich auch, tue es bis heute. Auch als Chefredakteur. Mit allen ‚meinen' Redakteuren und freien Mitarbeitern verbindet mich Freundschaft, ich drangsaliere niemanden, ich spiele mich nicht als Chef auf, ich habe klare Vorstellungen über Journalismus und Professionalität, ich verlange nicht, was ich nicht selbst bereit bin zu tun, und sie wissen ganz genau, dass bei mir hintenrum nichts läuft. Und hier in der Bundesrepublik Deutschland hat mir meine Geradlinigkeit und mein offener Diskurs natürlich auch schon schwer geschadet, aber ich bin zufrieden, dass ich mich nicht zum Jojo habe machen lassen, auch nicht als es um meine berufliche Existenz ging. In meiner Akte gibt es Hinweise noch und noch, dass ich mir den Mund nicht verbieten ließ und aus meinem Herzen keine Mördergrube machte. Das stärkste Beispiel in der Akte ist das Gespräch mit dem Temeswarer stellvertretenden Geheimdienstchef Ion Cristescu und dem Propagandasekretär des Kreisparteikomitees, Eugen Florescu, die uns als Verfasser eines Protestbriefes am 26. September 1984 ins Kreisparteikomitee vorgeladen hatten, um uns dort klein zu hacken, zu demütigen, einzuschüchtern und uns mit Gefängnis zu bedrohen. Ich übernahm sofort die Rädelsführerschaft und legte gewaltig los. Punkt für Punkt blätterte ich ihnen meine Unzufriedenheit mit dem System hin, direkt und ohne Abschweifungen, ohne Verrenkungen, ohne Verzierungen. Und als es daraufhin zum Eklat kam, zum offenen Disput, ließ ich mich nicht einschüchtern, sondern legte ein Zahnrad zu. Der Meinungsstreit entbrannte gewaltig, Florescu und Cristescu beschimpften uns, ich schimpfte zurück. Was wir uns denn vorstellten, riefen sie, wer wir hier wären, und wenn alle ihre Rechte wollten, könnten ja auch die arabischen Gaststudenten Forderungen einklagen. Damit war der Höhepunkt der Eskalation erreicht und mit erhobenem Zeigefinger rief ich ihnen zu: „Was stellen Sie sich eigentlich vor, wer Sie sind? Merken Sie sich das ein für allemal, wir Rumäniendeutschen sind nicht die Araber Rumäniens, ist das klar!" Da gingen beide hoch, die Sicherungen brannten durch, es folgten wüste Drohungen, und sie warfen uns raus. Wir gingen wie die Sieger, selten hatte ich mich so stark gefühlt und war in jenem Augenblick so wehrlos wie nie vorher oder danach. Die – wie ich sie nenne – „Araberaffäre" ist in dem darauf folgenden Bericht des Geheimdienstchefs Antonie Ianculescu und seines Stellvertreters Cristescu an das Innenministerium – Direktion I-a, Dienst II – bedauerlicherweise nicht mit einem einzigen Buchstaben vermerkt. Mir scheint, die hatten beide die Hose voll und wagten es nicht, den „Araber"-Vorfall nach Bukarest zu melden.

In einem sehr fröhlichen Teil des Berichtes erklären Ianculescu und Cristescu ihren Vorgesetzten in Bukarest, dass es ihnen gelungen sei, alle von Samson vorgetragenen Argumente zu widerlegen und zu beweisen, dass sie unzutreffend seien. Das ist wirklich eine der heitersten Stellen in meiner Akte, eine Passage von hoher humoristischer Qualität. Ich lache heute noch darüber, das könnte von Loriot sein. Weil ich aber in meinen Äußerungen immer so deutlich und direkt war und mir nichts gefallen ließ, hielt man mich wohl auch für einen ganz schlimmen Finger, einen Unverbesserlichen. Ab jenem Zeitpunkt war ich auch nicht mehr nur auf dem Papier Gegner des Regimes, sondern ein ‚feindliches Element', gegen das man – wie es ein Securitate-General etliche Akten später ausdrückte – „alle Mittel einsetzen (müsse), über die wir verfügen!"

Meine Mutter behauptet felsenfest, ich wäre schon als Kind manchmal so widerspenstig gewesen. Ich war tatsächlich bis zur achten Klasse äußerst draufgängerisch und rauflustig. Überhaupt glühte ich ganz schnell bei Ungerechtigkeiten. Damit habe ich immer noch ein Problem, ein Beherrschungsproblem. Dass meine Direktheit bei anderen vielleicht als provozierend empfunden wurde, das kann gut sein, zumindest kann ich mir das heute gut vorstellen. Damals dachte ich darüber nicht nach, weil ich mit mir im Reinen war. Ich war so naiv zu glauben, mir stünde auf die Stirn geschrieben oder auf meiner blauen Iris wäre zu lesen, dass ich ein aufrechter Freund und Mensch bin. Welch ein Irrtum! Das begreife ich jetzt – aus der eigenen Akte wird ersichtlich, dass ich mich auf der Stirn anderer selbst verlesen hatte. In dem zusammenfassenden Endbericht beschreiben die Geheimdienstler, dass sie nach dem ‚Protestbrief der Sieben' in Erfahrung hätten bringen können, dass ich noch andere Protestaktionen vorbereiten würde und Mitstreiter suchte.

Darauf hätten sie unter meinen Dichterfreunden die Nachricht gestreut, dass der Samson für den Geheimdienst arbeiten würde, worauf sich alle von mir losgesagt hätten, was wiederum dazu geführt hätte, dass es mir, der ich nun isoliert und durch die Gerüchteküche kalt gestellt war, nicht mehr gelungen sei, gegen Partei und Staat aufzuwiegeln.

Damit wären wir bei der anderen Seite der Medaille, denn wahr ist auch, dass die Freunde mir nicht gesagt hatten, der oder jener verbreitet, du würdest für die Securitate arbeiten. Als ich nach der Bedrohung, man würde mich umbringen, in höchster Gefahr schwebte, da ließen sich die Freunde als Schutzmaßnahme in den westdeutschen Schriftstellerverband (VS) aufnehmen und genossen die Solidarität der bundesdeutschen Kollegen, ohne sich mit mir solidarisch zu verhalten. Das war so. Ich wusste von der VS-Geschichte kein Wort, hörte es nachts über den Rundfunksender Freies Europa und war am Boden zerstört. Es folgten Tage, an denen ich zum ersten Mal echte Angst hatte, bis es mir auf etwas verschlungenen Pfaden gelungen war, selbst Kontakte aufzubauen und Mitarbeiter der Deutschen Botschaft in Bukarest und des Goethe-Instituts auf meine Gefährdung aufmerksam zu machen. Danach beruhigte ich mich langsam. Nach der Lektüre meiner Akte kann ich meine Freunde von damals, die auch meine Freunde von heute sind, ein Stück weit verstehen. Vielleicht hatten sie wirklich Angst, ich wäre ein Täter, ein Spitzel, und könnte ihre VS-Geschichte torpedieren. Da frohlocken die Securitate-Jungs in ihrem Abschlussbericht wohl zurecht, da scheint ihnen etwas Unerwartbares gelungen zu sein, denn nach der VS-Geschichte war zwischen uns natürlich nichts mehr so, wie es vorher war.

Was hat dich bei der Lektüre deiner Akte am meisten berührt? Ist es der Stolz, wenigstens Versuche unternommen zu haben, sich einer totalitären Macht nicht zu beugen? Ist es die Freude, einem verbrecherischen Regime, dem man regelrecht ausgeliefert war, zwar mit „Blessuren", aber ungebrochen entkommen zu sein? Gab es Enttäuschungen und unangenehme Überraschungen etwa darüber, dass Bekannte und Freunde diesem Druck bzw. den Verlockungen nicht standgehalten haben und sich – aus welchen Gründen auch immer – zu Werkzeugen dieses Einschüchterungs- und Repressionsapparates haben machen lassen?

Geblieben, im Gedächtnis eingebrannt, ist realiter nicht nur Nennenswertes, sondern auch Widerwärtigkeiten sind präsent, Verletzungen, Verrat, Wunden, die auf den schnellen Blick geheilt erscheinen, aber auch spontan aufreißen können. Die Verästelungen der Vergangenheit ranken sich mitunter schmerzlich ins Heutige und ihre widerwärtigen Verflechtungen mit unserer Biografie lähmen uns immer noch vor Entsetzen. Aber die Akten haben sekundär auch was

Gutes: Sie gaben mir vergessenes, vielleicht verdrängtes Leben zurück, verloren geglaubte Briefe, Gedichte, sogar alte Freundschaften polierten sie auf. Richard Wagner und ich haben uns – nach zwei Jahrzehnten der Distanz aus teils komplexen Motiven heraus – wieder gefunden, und das erfüllt mich, bei allem Dissens, der zwischen uns war, vielleicht noch oberflächlich fortbesteht, mit Freude. Als ich meine Akten hatte, beschloss ich für mich die sofortige Liquidierung der ‚Geheimakten' und ihre Überführung in die Öffentlichkeit. Ich ging also her, kopierte für alle Betroffenen ausnahmslos alle Dokumente, in denen sie namentlich in meiner Akte vorkamen. Wenn wir besser jene Jahre begreifen und auch die Täter enttarnen wollen, musste jeder von uns alles wissen, was uns an Dokumenten, Fakten und Erkenntnissen, aber auch an Lügen zur Verfügung steht. Und zwar ungeschminkt und ungeschwärzt. Jedes Detail, das sollte sich prompt zeigen, könnte von Belang sein, irgendeinen Saukerl auffliegen zu lassen. Genau so sahen das auch Richard Wagner und Johann Lippet. Wir tauschten alle Blätter untereinander aus. Das brachte uns weiter, und so kamen wir schnell auf die Spur der Verräter, wobei es uns bisher nicht gelungen ist, alle IM nahtlos zu entzaubern, die in unseren Akten rumspuken. Die CNSAS-Behörde ist dabei nicht hilfreich, die Mitarbeiter dort behaupten doch allen Ernstes, die IM nicht namentlich zu kennen. Mir wurde auf meine schriftliche Anfrage hin ein einziger Name genannt, der eines verstorbenen, nahezu unbekannten rumänischen Dichters, der immer Nikolaus Berwanger umschwänzelte, meinen damaligen Chefredakteur bei der NBZ, so lange, bis mich Berwanger bat, für den *Kulturboten* der Zeitung doch ein Gedicht von ihm ins Deutsche zu übersetzen. Dafür hat er sich netterweise … gerächt.

Ich hantiere nicht so gerne mit dem Begriff Stolz, aber in diesem Kontext deiner ins Schwarze treffenden Frage würde ich darauf rekurrieren. Ja, ich bin heute wie damals stolz darauf, dass ich unbeugsam war und es geblieben bin. Heute frage ich mich oft, ob ich immer noch den Mut, die Energie, die Überzeugungskraft hätte, solchem Druck zu widerstehen? Ich bin da unsicher. Ich war damals jung und kam mir wie ein Siegfried vor. Ich wusste aber auch, meine Frau ist an meiner Seite, und ich konnte mich auf sie verlassen, dass sie sich im Ernstfall um unseren Sohn kümmern würde. Über den Fall, was ist, wenn sie dich einsperren, haben wir nie gesprochen, das haben wir weggedrückt, für diese Gefahr war ich seltsamerweise blind. Man könnte auch sagen, typisch Samson! Vielleicht blieb ich deshalb stark, weil ich über meine Schwächen und meine Verwundbarkeit kaum Gedanken verlor und so tat, als müsste ich am Ende des Endes die Pfeiler eindrücken und die Philister mit mir im Tempel begraben.

Oh ja, ich suchte mein Leben, das von heute im Gestrigen, ich suchte es mit den Augen dieser Tage in jenem Land des Verrats, in dem man mir fast den

Atem abgeschnürt hat. Ich hatte den Eindruck, mein Körper ist gerädert, doch ich wusste auch, da musst du durch. Alles noch einmal von vorne, das ist keine leichte Entscheidung. Es wäre so einfach gewesen, wegzugehen, die Tür hinter mir zufallen lassen, ins Flugzeug zu steigen, über die Wolken zu gleiten und alle Verlogenheiten, die mich mehr verletzten als jene, die sie begangen haben, abzustreifen. Als ich deinem Drängen, lieber Stef, nachgab, meine Akten doch einzusehen, da ahnte ich von solchen Befindlichkeiten noch nichts, mir war lediglich klar, ich würde gewiss auf dem Papier Gestalten in Metamorphose begegnen, die sich wie Dorian Grays von Freunden in Verräter verwandeln, von makellosen Schönheiten in eklige Fratzen. Wer würde es sein, fragte ich mich noch im Hinflug nach Bukarest, und das Jagdfieber legte sich eisern um meine Gedanken, ließ sie nicht mehr frei.

Auch aus unseren Reihen haben IM wie „Voicu", „Walter" oder „Sorin" vermutlich nie geglaubt, dass ihre Ruchlosigkeiten eines Tages ans Licht kommen. Auf manche, die mir da aus den Akten als IM entgegenkamen, hatte ich gewartet, andere tauchten überraschend vor mir auf.

Dein beruflicher Werdegang ist in mancherlei Hinsicht anders verlaufen als der deiner etwas älteren Banater Dichterfreunde. Deine Familie ist durch die Deportation in den Bărăgan, wo du geboren wurdest, von den politischen Ereignissen ärger betroffen worden als die vieler deiner Schriftstellerkollegen. Auch hast du im Unterschied zu ihnen nicht Germanistik studiert, sondern hast dich am Pädagogischen Lyzeum im siebenbürgischen Hermannstadt, bevor du Journalist wurdest, zum Grundschullehrer ausbilden lassen.

Das ist richtig. Meine Eltern wollten, dass ich deutscher Lehrer werde, und sie wollten, dass ich bei den buchbeflissenen Siebenbürger Sachsen studiere. Sie hielten deren Schulen für die besseren, und so schickten sie mich als Vierzehnjährigen 600 Kilometer weit in die Fremde, zu den Aufnahmeprüfungen nach Hermannstadt, und waren bereit, im Erfolgsfall für meine Bildung viel mehr Geld in die Hand zu nehmen, als wenn ich im Banat geblieben wäre. Ich rechne ihnen das hoch an. Ich komme aus einer bürgerlichen Familie, meine Großeltern beiderseits waren Geschäftsleute mit eigenem Laden, mit Wirtshaus, Tanzsaal und Kegelbahn, meine Mutter war Staatsangestellte, arbeitete in der familieneigenen Sodawasserabfüllanlage für den Staat, und mein Vater war gelernter Kaufmann, durfte jedoch als ehemaliger Soldat bei der Waffen-SS, er war Meldefahrer bei der Nordland-Division, und als Deportierter in der Bărăgansteppe lange Zeit nicht in diesem Beruf arbeiten. Er schuftete in den Schweineställen des Schweinemastkombinats in Marienfeld und im Kuhstall der Staatswirtschaft in Albrechtsflor, bis sich die Zeiten öffneten und er Jahre später dann als Geschäftsführer den neu gebauten Universalladen der Handelskooperative übernehmen durfte. Im weißen Kittel stand er da oft vor den riesigen Glasfenstern, die Hände in den Taschen und palaverte mit der Kundschaft. Er war ein großer Büchernarr und ihm missfiel, dass bei uns im Banat die Intelligenz immer noch wie vor dem Krieg und der Enteignung in Hektar gemessen wurde, wie er gelegentlich satirisch anmerkte. Auf die Sachsen hielt er, was die Bildung anlangte, große Stücke. Während unsere Bauern von nachts bis abends spät auf dem Feld rackerten, haben die Sachsen bibliothekenweise Bücher gelesen, sagte er oft verschmitzt. Er konnte ein echter Galgenvogel sein! Als ich dann mit einer sächsischen Frau heimkehrte, waren er und meine Mutter von ihr geradezu begeistert. Vater trug sogar eine kleine Fotografie von Edda, meiner Frau, in seiner Brieftasche – bis ans Ende seiner Tage.

Wenn man die Gedichte deiner frühen Bände liest und sie in den literaturgeschichtlichen Kontext der 1970er und 1980er Jahre stellt, hat man gelegentlich den Eindruck, dass dir die Kollegen der „Aktionsgruppe Banat" sowohl in der abgehandelten Thematik als auch in der künstlerischen Innovation oft „um eine Nasenlänge" voraus waren. Ist aufgrund deiner anders verlaufenen Biografie für dich als Schriftsteller auch ein unverkennbares Nachhol- und Einholbedürfnis entstanden?

Ja, das war auf jeden Fall so. Ich sagte ja schon, ich kam aus einer ganz anderen Himmelsrichtung, dort spielte die Musik. Ich mochte Gedichte, aber ich konnte nur schlechte schreiben, die stehen in meinem Erstlingsbändchen *Der blaue Wasserjunge*. Ich entflammte aber damit ganz schnell für die Literatur, besonders für Lyrik, musste aber viel dazu lernen, fraß Bücher, hatte plötzlich Zugang zu moderner Literatur, die unter den damaligen Autoren zirkulierte, und schaffte mir eine eigene beachtliche Bibliothek an, steckte viel Geld in Bücher, etwa in Solschenizyns *Archipel Gulag*, den ich mir aus Deutschland bringen ließ. Ein Band kostete, wenn ich mich richtig erinnere, um die 48 D-Mark, die drei Bände bedeuteten für mich ein kleines Vermögen – berücksichtigt man den Schwarzmarkt-Umtauschkurs von damals 15 Lei pro D-Mark. Ab meinem zweiten Gedichtband, dem preisgekrönten Buch *tiefflug*, ging ich beachtenswerte eigene Wege, entdeckte eine originäre Art, mich dichtend mit der rumäniendeutschen Problematik auseinanderzusetzen und entwickelte meinen eigenen Stil. Ich war ganz tief im Rumäniendeutschen verhaftet, das ist schnell nachgelesen. Und ich war im Grunde genommen ein Einzelgänger, ein Bărăgansteppenwolf, wenn du so willst. Ich gehörte zwar zur Gruppe, aber eben nicht zur „Aktionsgruppe", das bleibt immer so. Den Einzelgänger sehen manche nicht in mir, weil ich immer mittendrin agierte und als Sekretär des Literaturkreises mehr Einfluss auf die literarischen Aktivitäten des Kreises hatte als die meisten anderen. Hinzu kam, dass Nikolaus Berwanger mich mochte und ich ihn auch. Ich bin ihm bis heute dankbar, dass er mich aus der Schule rettete und mich buchstäblich in einer Nacht- und Nebelaktion zur Zeitung befördert hat – eine unglaubliche Chance, die mein Leben grundlegend veränderte. Ich befreundete mich mit Eduard Schneider, der als Leiter des Feuilletons der NBZ auch mein Chef war. Er ist sehr belesen und achtsam in seinen kritischen Äußerungen zu und über Autoren und Literatur, das tut gut und hilft weiter, wenn jemand weiter will. Ich mochte ihn von Anfang an und lernte viel von ihm. Nur seine Gelassenheit, die ist auf mich nie übergesprungen, die hätte ich manchmal gut gebrauchen können, auch hier in der Bundesrepublik Deutschland. Richard Wagner, Johann Lippet, Herta Müller, William Totok, Rolf Bossert, Balthasar Waitz und gelegentlich Gerhard Ortinau oder Gerhardt Csejka – da gab es oft hochspannende Streitgespräche über Texte, Bücher und viel zu lernen. Hinzu kam noch mein Lektor Franz Hodjak, ein wunderbarer Dichter, geistreich, tierisch satirisch, doch auch ein geduldiger Lehrer, ein verlässlicher Freund. Oder Peter Motzan, ein Kenner, Könner und Wissender, den ich über alles schätze. Und dich, lieber Stef, nicht zu vergessen, dich gibt es ja auch noch in jenem schönen Reigen von Literaturbeflissenen, die mir damals nahe standen und in Rumänien meine Wege kreuzten. Da bin ich doch wirklich zu beneiden. Viele gesprächsreiche Stunden verbringe ich regelmäßig mit Johann Lippet in Sandhausen bei Heidelberg, wir verstehen uns wie Brüder. Er hat seine Securitate-Akte blendend aufgearbeitet. Sein inspiriertes Manuskript „*Wieso schläfst du?" Chronologie einer Bespitzelung* setzt Maßstäbe.

In deine lyrischen Texte sind neben zahlreichen anderen Anregungen verständlicherweise auch Erfahrungen eingeflossen, die du während deiner einzelnen Lebensstationen gemacht hast. Die Realität des banatschwäbischen Dorfes ist, freilich künstlerisch kodifiziert, ebenso präsent in deinen Texten wie Siebenbürgen mit seiner Landschaft, seiner Kultur und Geschichte. Später kam die Aufarbeitung der Erfahrungen, die du in Temeswar und sonst im kommunistischen Rumänien machtest, hinzu, die deinen in der Zeitschrift Neue Literatur *und in den Verlagen Dacia und Kriterion veröffentlichten Texten, eine unverkennbar eigene Note verliehen. Wie ist es dir in relativ kurzer Zeit gelungen, von einem Lyriker mit verfrühtem Buchdebüt zu einem der profilierten rumäniendeutschen Autoren der damals jungen Generation zu werden?*

Ich habe hingesehen, genau und aufmerksam hingesehen, auf mich, auf mein Umfeld, auf die Literatur, auf die Menschen und die Machthaber im Lande. Und ich habe darüber nachgedacht, genau nachgedacht. Ich habe zugehört, ich habe nicht weggesehen, ich blieb immer geradlinig, ich habe meine Erkenntnisse miteinander vernetzt, ich habe mitgeredet und ich habe geschrieben, im Schreibprozess wurde mir vieles tiefer bewusst. Gewiss half mir auch Talent, schnelle Auffassungsgabe und meine frühe Begeisterung für Musik ließ mich todsicher genauer auf Töne, Nuancen, Variationen und Improvisationen horchen, die gesamte Geräusch- und Faktenkulisse um mich herum tiefer durchdringen und emotional nachhaltig verarbeiten. Vielleicht half mir auch Übergeordnetes – ich bin im Sternbild des Zwillings geboren. Ein Zwilling begreift schnell, hat er aber begriffen, wird ihm die Sache mitunter auch schnell langweilig. Das ist in mancher Hinsicht so. Es gibt bisher für mich nur drei Ausnahmen, die mich bei der Stange hielten: meine Frau, mein Sohn und die Gedichte. Es sind die Reibflächen, die mich aufwecken, die mich drängen, die Dinge zu benennen, sie zu thematisieren, in einem Interview ebenso, wie in einem Gedicht, Brief oder Essay. Die Schäubles dieser Republik legen die Vaterlunte an die Demokratie, das ist gegenwärtig keine ultimative Gefahr, aber wehe, es ändern sich die Zeiten und der politische Pöbel übernimmt die Hebel des Machtapparates! Überhören, übersehen, verkennen, abstreiten, verleugnen, verdrängen, verschwitzen, übertünchen, übersehen, totschweigen, wegsehen, vergessen – das sind Vokabeln, die zu durchsuchen und zu verhören wären. Josef K. aus Kafkas Roman *Der Prozess* war nicht nur Opfer, sondern in hohem Maße auch Täter und Gehilfe der Macht. Das sollte die Lehre sein. Im Unterschied zu meiner Zeit in der Ceaușescu-Diktatur interessieren sich hierzulande junge Schriftsteller so gut wie gar nicht für politische, gesellschaftliche Reibflächen der Gegenwart – weder im Lande, noch außerhalb. Sie sehen da keinen Stoff für ihre Prosa, für ihre Gedichte, ihre Theaterstücke, für ihr Gewissen. Die „Feuchtbiotope des Unterleibs" – das ist es, was Leser, Literaturkritiker und den medialen Verdummungsapparat zu echten Höhepunkten treibt, alles andere ist Rosstäuscherei. In einem Land, in dem die Bestsellerliste das leuchtende Werbebeispiel und der Empfehlungsmaßstab der Buchhändler und der Journaille geworden ist, haben wir uns doch alle schon ein gutes Stück weit aufgegeben. Darüber zu klagen ist fast schon unlauter, denn wir haben genau das, was wir alle verdienen.

Wie konnte es geschehen, dass der AMG-Literaturkreis an der – wie du es nennst – „Bulhardt-Affäre" zerbrochen ist, als der Bukarester Schriftsteller Franz Johannes Bulhardt bei euch Mitglied werden wollte?

Ich wüsste das auch gerne! Aber im Ernst gesprochen – Fakt ist auf jeden Fall, der AMG ist nicht an Bulhardt zersplittert, es muss gewichtigere Ursachen gegeben haben, richtig ist aber auch, Bulhardt war nur ein Stichwort, war der äußere Anlass zur literarischen ‚Kernspaltung'. Ich fasste erst vor kurzem in einer langen E-Mail an Richard Wagner den Bulhardt-Handlungsstrang zusammen, wie er sich damals entwickelte und uns darin verwickelte. Eines Tages ließ Nikolaus Berwanger – aus Bukarest kommend – den Franz Johannes Bulhardt aus dem Sack. Der wolle bei uns Mitglied werden und auch eine Lesung abhalten. Berwanger war als Leiter des Literaturkreises damals sehr stolz, dass immer mehr deutsche Schriftsteller aus anderen Landesteilen Mitglied im Temeswarer „Adam-Müller-Guttenbrunn"-Literaturkreis wurden, nicht nur Rolf Bossert, der damals in Bukarest lebte, auch Joachim Wittstock aus Hermannstadt oder Hellmut Seiler aus Târgu Mureș, um nur einige Beispiele von ‚Auslandsbanatern' zu nennen, die die Ziele und den Literaturkreis stützen wollten. Der AMG war damals in allen Belangen der stärkste Literaturkreis, mauserte sich zum „rumäniendeutschen Schriftstellerverband", und die Provinz Temeswar, wo 1949 die erste Ausgabe der später nach Bukarest und noch später verrückterweise sogar in die Bundesrepublik Deutschland entführten Zeitschrift *Neue Literatur* erschien, konturierte sich als literarische Hauptstadt. Der AMG hatte zwar eine Satzung, doch die war leider dermaßen stümperhaft von uns hingebreitet, dass es – aus heutiger Sicht fast schon ein Skandal war. Die Quintessenz: Jeder, ausnahmslos jeder, der den Mitgliedsbeitrag in Höhe von 100 Lei bezahlt, ist Mitglied im AMG, ob er Gedichte, Prosa oder nur Briefe an seine Tante geschrieben hat oder ob er Buchhalter war. Theoretisch hätte die gesamte Securitate AMG-Mitglied werden können.

Was war denn eigentlich der Streitpunkt rund um den Zankapfel Bulhardt?

Mit Franz Johannes Bulhardt pochte ein stalinistischer Reimer und Verklärer an unsere Tür. „Auf dem Himmel blühen / Nicht mehr rote Wiesen, / Die ihr Rot entfachten, / Schmachten in Verliesen. / Knüppel, Sichel, Sense / Werden leicht bezwungen, / Wenn die Wucht des Hammers / Nicht wird mitgeschwungen!" Bei solchen Versen befielen uns junge Autoren doch auf der Stelle die Pocken. Für mich war der ‚Buli', wie wir ihn gelegentlich nannten, ein Undichter, für andere, wie Richard Wagner, war er geradezu der Wackerstein des Anstoßes. Darf er oder darf er nicht – das war plötzlich die Frage aller Fragen. Es bildeten sich schnell zwei Lager, ein kleineres und ein größeres. Richard führte als stellvertretender Kreisvorsitzender das kleinere an, ich als Sekretär des AMG das andere. Er war dafür, Bulhardt die Mitgliedschaft zu verweigern und ihn nicht im Literaturkreis lesen zu lassen, ich vertrat die Meinung, dass die von uns allen gemeinsam formulierte und abgesegnete Satzung, die für alle anderen Bürger der Welt galt, auch für Franz Johannes Bulhardt gelten müsse, dass wir als Demokraten nicht willkürlich andere ausschließen dürften, dass wir nicht tun könnten, was wir prinzipiell kritisierten. Ihm die

Mitgliedschaft zu verwehren, weil er Parteidichter, Intrigant oder sonst was war, weil wirklich keiner von uns ihn mochte, solche Willkür wollte und konnte ich nicht befürworten. Das war die Krux. Eine Selektion der Mitglieder nach Gusto, das hätte uns in unseren hohen Ansprüchen unglaubwürdig gemacht. Wer andere willkürlich ausgrenzt – das wäre es nämlich gewesen –, hätte nach meiner Überzeugung das Recht verwirkt, nicht von anderen ebenfalls willkürlich ausgeschlossen zu werden, etwa weil er Brillen, einen Bart oder Krawatte trug, Deutscher, Biertrinker oder Parteimitglied war. Außerdem votierte ich dafür, Bulhardt lesen zu lassen und argumentierte damit, dass es für uns eine wunderbare öffentliche Stunde der Abrechnung mit der stalinistischen Parteidichtung werden könne. Für eine solche Auseinandersetzung gab es unter uns jungen Autoren eine Mehrheit an Sympathisanten.

Doch Richard Wagner ließ sich nicht umstimmen, hatte für seine Position aber keine Mehrheit, nicht im Vorstand und nicht in der Mitgliedschaft. Daraus zog er die Konsequenz und kehrte dem Literaturkreis den Rücken. Das war ein Problem, und was für eines, leider aber auch eines, über das man sich bei der Securitate vermutlich am stärksten gefreut haben dürfte, war der AMG doch längst nicht mehr nur ein stumpfer Balken in ihren Augen. Warum es so kam, wie es kam, habe ich verstanden, aber nie begriffen. Fest steht, die von mir erhoffte Sternstunde der Abrechnung mit der stalinistischen Literatur und den Parteibarden fiel in die Pfütze, es wurde nichts daraus, und es wäre doch eine exzellente Gelegenheit gewesen, öffentlich reinen Tisch zu machen mit der Propagandadichterei. Wir hätten statt des Pegasus' die Schindmähre aufzäumen können, mit denen wir die Hymnendichter in die Unterwelt hätten reiten lassen. Franz Johannes Bulhardt hat im AMG nie aus seinen Werken gelesen. Der AMG-Kreis ist jedoch weder an der Buli-Affäre zerbrochen, noch am Austritt von Richard Wagner, dennoch war klar, stärker waren wir nachher nicht in unserer Auseinandersetzung mit der RKP-Demokratur und dem NC-Spitzelstaate.

Es war eine bittere Zeit, da wir zu schwächeln schienen, denn just zu diesem falschen Zeitpunkt kehrte auch der AMG-Vorsitzende Nikolaus Berwanger von einer Reise in die Bundesrepublik nicht mehr zurück. Keinen Vorsitzenden mehr, keinen stellvertretenden Vorsitzenden mehr – da verwechselte man uns leichtfertig mit einem führungslosen Haufen. Das Securitate-Pack und der Propagandasekretär des Temescher Kreisparteikomitees der Rumänischen Kommunistischen Partei, Eugen Florescu, waren sofort wach, hellwach. Und sie schlugen zu. Statt mit Diplomatie versuchten sie es mit der Brechstange, aber wir griffen in Notwehr zur Keule. Ich hatte damals als AMG-Sekretär und interimistischer Leiter des Literaturkreises mit dem Goethe-Institut in Bukarest eine öffentliche Lesung des bundesdeutschen Dichters Günter

Herburger in Temeswar in die Wege geleitet. Die wurde von Florescu glatt verboten, der wohl meinte, die Dezimierung sei eine herrliche Gelegenheit, die Bevormundung der AMG-Leitung durchzusetzen und uns an die Kandare zu nehmen. Also wollte er mit uns Schlitten fahren und die Strippen ziehen, an denen wir als Marionetten tanzen sollten. Das ließen wir uns nicht gefallen und machten auch keinerlei Kompromisse.

Ich bin heute sehr zufrieden, dass ich damals, anlässlich des Verbots der Herburger-Lesung, die Reißleine gezogen und in Übereinstimmung mit dem gesamten Vorstand – Franz Liebhard alias Robert Reiter, Johann Lippet, Eduard Schneider und William Totok – kurzen Prozess gemacht habe und wir als unübersehbares Signal blutenden Herzens den AMG auflösten – nach einstimmigem Votum. Selbst Anghel Dumbrăveanu als Vertreter und Vorsitzender der Temeswarer Schriftstellervereinigung hatte sich in jener entscheidenden Vorstandssitzung zurückgehalten und Verständnis für unseren Protest gezeigt, statt sich blöd und parteipolitisch zu äußern – das muss man ihm zu Ehren erwähnen. Diesen Schlag ins Kontor hatte uns wahrscheinlich keiner zugetraut, niemand in der Partei und Securitate hatte wohl damit gerechnet, dass wir aus freien Stücken den AMG aufgeben würden. Der Coup katapultierte uns aus einer ausweglosen Situation an den längeren Hebel, mit dem freilich, da habe ich mir nichts vorgemacht, auch nichts auszurichten war. Aber immerhin waren die anderen jetzt im Zugzwang, plötzlich standen die Securitate, das Kreisparteikomitee, die Schriftstellervereinigung und die Parteispitze am Pranger. Wie von der Tarantel gestochen schreckten die auf, Hektik brach aus. Unserem Kabinettstückchen musste der Versuch folgen, den AMG wiederzubeleben, eine im damaligen Kontext perverse Situation. Jene, denen der AMG schon immer ein Dorn im Auge war und die ihn am liebsten zerschlagen hätten, liefen sich jetzt plötzlich die Füße wund, um ihm Leben einzuhauchen und irgendwelche und irgendwie akzeptierbare Nachfolger für einen neuen Vorstand zu finden. Selten ist Geschichte auf perfidere Art schön gewesen. Dass es trotzdem gelungen ist, eine Ersatzleitung zu installieren, kann heute noch verärgern, obwohl ich längst eingesehen habe, dass die ‚Hinterbliebenen' auch ihr literarisches Forum haben wollten, ja brauchten, statt nur verbranntes Land. Ich habe damals meinem Freund Eduard Schneider in einem Gespräch heftig vorgeworfen, dass er und die anderen sich als Werkzeuge ins Boot der Partei und der Propaganda hätten nehmen lassen und unsere Sache deswegen verraten hätten, aber ich meine heute, ich hatte damals Unrecht.

Du hast vergleichsweise spät, im Frühjahr 1987, Rumänien verlassen und die sich deutlich abzeichnende Endzeit des rumäniendeutschen Literaturlebens in Temeswar und darüber hinaus live miterlebt. Was war 1987 anders als etwa ein Jahrzehnt davor, als du mit einem ersten eignen Gedichtband an die Öffentlichkeit tratest?

1987 war vieles anders als zehn Jahr vorher. Damals brauchte man den jungen Dichter Horst Samson, um zu zeigen, es gibt nicht nur die Aktionsgruppler, da kommen wieder andere junge Autoren nach, das Reservoir ist nicht leer. Das sollte ja auch stimmen, denn auch nach mir versiegte der Dichterzufluss keineswegs. Wilhelm Pauli, ein scharfzüngiger viereckiger Altlinker mit Sympathiewert und hohem Ironiequotienten, den ich aus meiner Heidelberger Zeit kenne, schrieb beim Erscheinen meines Gedichtbandes treffend wie trefflich: „Und Horst Samson, rumäniendeutscher Autor aus dem scheinbar unerschöpflichen Temeswarer Dichterpool, gewandert durch Heidelbergs Aussiedlerlager, entbirgt noch einmal das ganz sicher unerschöpfliche Heimweh, die Farben der angstdurchseuchten Heimatlosigkeit in einem Poem on Demand, La Victoire, geschrieben in Temeswar, Heidelberg, Leonberg, Hanau, Neuberg-Ravolzhausen. Allein, wer Hanau kennt, versteht seinen Schmerz." 1987 gehörte meine Zukunft – die literarische wie die berufliche – der Vergangenheit an. Ich selbst war vergangen, für die Öffentlichkeit jedenfalls, war ein verbotener Autor. Und die Morddrohung folgte mir und meiner Familie jeden Tag auf den Fersen, erzeugte Angst, Druck und Verunsicherung. Für mich war die Welt damals am Ende der Welt, und Heimat schien mir noch ein Wort aus sechs Buchstaben zu sein. Gehen oder vergehen – eine andere Alternative gab es nicht, jedenfalls sah ich keine. Ich stand unter mächtigem Druck, hatte die Verantwortung nicht nur für meine Frau und unseren Sohn, sondern auch für meine Eltern und Großeltern, weil klar war, dass ich sie nicht als Geisel zurücklassen durfte, weil ich mich erpressbar gemacht hätte. 1987 war ich ein kranker König ohne Land.

Im bundesdeutschen Literaturbetrieb hast du trotz Augenblicks- und Achtungserfolgen, im Unterschied zu einigen deiner Banater Dichterfreunde, erst spät richtig Fuß fassen können, zu beachtlichem Erfolg hat dir erst dein beeindruckendes Poem La Victoire *verholfen, das von der Kritik zu Recht mit Lob bedacht worden ist. Ist in Zukunft mit ähnlichen „Würfen" zu rechnen?*

Ich bin kein Prosaautor und wollte auch in der Bundesrepublik Deutschland keiner werden. Ich sehe bisher wenig Sinn in inszenierten Dialogen, in manipulierten Geschichten: „Er griff nach dem Aschenbecher und schob ihn unwillkürlich von der linken Schreibtischecke in die rechte. Da hing dieses Foto der jungen Frau vor ihm. Er stierte darauf, sein Blick bohrte sich durchs Glas, durch die Wand. Dahinter lag die Bucht von Mamaia, und er sieht, wie sie in dem blauen Bikini lächelnd auf ihn zuläuft, wie sie weit ausholt und mit einer Hand voll Sand nach ihm wirft. Plötzlich steht jener verhängnisvolle Tag vor seinem Auge, jener unvergessliche Tag, der so unscheinbar begann, wie eine leichte Welle, die gemächlich auf das Ufer zuschaukelt. Nachdenklich zieht er an der Zigarette." Warum sollte ich das aufschreiben? Viele Romane lassen sich, ich will großzügig sein, ohne Verluste auf zwei Dutzend Seiten reduzieren, manche auch nur auf ihre Buchdeckel. Das ist bei Lyrik aber oft nicht anders. Dennoch ist das Gedicht mir Heimat. Als Dichter verhungerst du aber in diesem Land, bist abhängig und unfrei. So konnte ich nicht leben. Ich war ja eine Zeit lang in Hanau freischaffend, wir lebten von dem Gehalt meiner Frau, nicht einmal schlecht. Es war dennoch schrecklich, irgendwann hatte ich Selbstmordgedanken, in mir reifte die Selbstzerstörung. Jetzt oder nie, sagte ich mir gerade noch rechtzeitig und entschied mich für den Brotlaib. Ich will mich nicht beklagen, denn das sind immerhin drei gut dotierte Literaturpreise pro Jahr, aber nach einem Zehn-Elf-Stundentag als Journalist oder Redaktionsleiter ist man ausgebrannt. Immerhin schaffe ich zehn bis zwanzig Gedichte in einem Jahr, ein Schneckentempo, ich weiß, aber ich bin zufrieden und hoffe, dass ich mindestens eines meiner drei großen Poem-Projekte noch beenden kann. Im Hirn brennen ein Poem über das Feuer, eines über die Jagd und vielleicht noch eines über Farben und Töne. Hoffentlich geht es mir nicht wie meinem ehemaligen Kollegen bei der *Neuen Banater Zeitung* in Temeswar, Ludwig Schwarz. Er erzählte mir gelegentlich bei einem Bier sehr prägnant und ausgeschmückt von seinem Roman über die Bărăgansteppe, *Das Dorf ohne Schatten*, an dem er schreibe, ein Buch über jenen Landstrich der Deportation, in dem ich geboren wurde und wo er als Deportierter eine Baustelle mit hochgestellten politischen rumänischen Häftlingen leitete. Seine Arbeit daran zog sich aber in die Länge. Nach seinem Tod, als der Nachlass gesichtet wurde, war ich nur gespannt auf dieses Typoskript. Doch es existierte nichts davon, keine beschriebene Seite, lediglich ein Blatt gab es, auf dem stand: *Das Dorf ohne Schatten*, Roman von Ludwig Schwarz. Oft habe ich gedacht, vielleicht müsste, sollte ich dieses Buch schreiben, sei es auch nur ein Buch über diesen nicht existierenden Roman und seine verschollene Welt.

4/2008

"ICH GEHÖRE NICHT ZU DEN PRODUKTIVSTEN DER BRANCHE"

Hellmut Seiler

Obwohl er vergleichsweise spät debütierte und in Rumänien bloß einen schmalen Gedichtband, *die einsamkeit der stühle* (1982), veröffentlichen konnte, gehörte Hellmut Seiler zu den profiliertesten Lyrikern der damals jüngsten Generation rumäniendeutscher Schriftsteller. Der am 19. April 1953 in Reps (Siebenbürgen) geborene Autor, der in den 1970er und Anfang der 1980er Jahre mit Gedichten und Rezensionen in deutschsprachigen Zeitungen und Zeitschriften die Aufmerksamkeit auf sich lenkte, galt in der immer noch recht lebendig wirkenden rumäniendeutschen Literaturszene als Hoffnungsträger. Wie seine befreundeten Zunftbrüder verstand es auch Seiler, die Zensur auszutricksen und in pointierten Kurzformeln und Momentaufnahmen, aber auch in ausholenden und abschweifenden Langgedichten realsozialistische Gegebenheiten zu entlarven.

Den Beruf eines Deutschlehrers – er studierte von 1972 bis 1976 Germanistik und Anglistik in Hermannstadt – hat Seiler in Rumänien keine zehn Jahre ausüben dürfen. Nachdem er 1985 den Ausreiseantrag gestellt hatte, um in die Bundesrepublik Deutschland auszusiedeln, wurde er aus dem Schuldienst entfernt, vom rumänischen Geheimdienst schikaniert und mit Publikationsverbot belegt. Erst drei Jahre später durfte er das Land verlassen.

Seit 1988 lebt Seiler in der Gegend um Stuttgart und betätigt sich neben seinem Beruf als Lehrer für Deutsch und Englisch zunehmend als Lyriker, Übersetzer und Prosaschriftsteller. 1994 erschien nach einer längeren Unterbrechung sein erster Gedichtband in Deutschland *siebenbürgische endzeitlose*, dem die Lyriksammlungen *Schlagwald, Grenzen, Gänge* (2000) und *An Verse geheftet* (2007) sowie zwei Bände mit Kurzprosa, *Der Haifisch in meinem Kopf* (2000) und *Glück hat viele Namen* (2003), folgen sollten.

Hellmut Seiler erhielt für sein dichterisches Werk u. a. das Stipendium des Förderkreises deutscher Schriftsteller in Baden-Württemberg (1989, 1992), das Stipendium des Writers and Translaters Centre of Rhodes (2000) und den Würth-Literaturpreis (2000).

Seit 2014 ist Seiler Generalsekretär des Internationalen P.E.N., Zentrum der Schriftstellerinnen und Schriftsteller im Exil deutschsprachiger Länder (Exil-P.E.N.)

Hellmut Seiler, am 28. Juli d. J. warst du im zweiten Programm des Südwestfunks zu hören, am 25. September liest du Gedichte und Prosatexte in Stuttgart. Du bist auch sonst als Autor immer wieder bei Lesungen, Vorträgen und Gesprächen vor allem im südwestdeutschen Raum präsent. Inwiefern kommt diese Publizität der Rezeption deiner literarischen Texte entgegen?

Jede Begegnung mit dem interessierten Publikum ist ein willkommener Anlass, die Wirkung der eigenen Texte zu überprüfen. Beim Schreiben denke ich nicht primär daran, auch nicht an den Leser überhaupt; eher habe ich ein bestimmtes Bild von einem fiktiven Leser / einer Leserin im Kopf, den / die ich mir so vorstelle, dass er / sie meinen Wünschen entspricht. Das tatsächliche Publikum erweist sich häufig als etwas ganz anderes, und es ist immer wieder für Überraschungen gut. Dabei kann ich feststellen, mit welchem Text oder welcher Textstelle ich mich sozusagen auf dem Holzweg befinde, was aber in den seltensten Fällen bei Texten, an denen ich noch arbeite, dazu führt, dass ich etwas ändere. Es geht eben nicht nur um Eingängigkeit, Literatur sollte hauptsächlich gelesen werden, nicht (nur) gehört. Besonders vielfältige und intensive Kontakte ergaben sich anlässlich der Lesereise durch fünf siebenbürgische Städte (darunter Hermannstadt, damals Kulturhauptstadt Europas), die das Institut für Auslandsbeziehungen (ifa) 2007 organisiert hat und bei der meine Frau fotografisch sowie die beiden Söhne musikalisch mitwirkten. Praktischerweise war mein (erster) Gedichtband auf Rumänisch *Pădurea de interdicţii* im Klausenburger Limes-Verlag gerade rechtzeitig erschienen, so dass ich auch daraus vorlesen konnte. Außerdem las ich, wo immer es sich anbot, auch Gedichte, die ich selber ins Siebenbürgisch-Sächsische übersetzt habe – was in aller Regel freudig begrüßt wurde, auch wenn es dem kaum ähnelt, was man gemeinhin unter Mundartliteratur versteht.

„Wir reden miteinander / wie im dabeisein eines dritten / der schwelt – ein schleichendes feuer – und zehrt mit tausend gierigen saugnäpfen / an unsern überlegungen / zerrt an ihnen / verzerrt sie / also steht genosse / zwischen uns mehr / als nur dieser schnaps / und uns erfüllt außer diesem / ein leises misstrauen / worten gegenüber ", heißt es im Schnapsgedicht, *einem deiner frühen Texte. Hat sich das, was du damals wohl auch als Vermutung aussprachst, nach deinem Einblick in die Nachlassenschaft der Securitate bewahrheitet, oder war man im kommunistischen Rumänien übertrieben und unbegründet vorsichtig?*

Also das, lieber Stef, kann man nun wirklich nicht behaupten: bei der hautnahen und – in vielen Fällen – beinahe lückenlosen Überwachung und Verfolgung eines jeden, der in irgendeiner Weise hervorstach, war Vorsicht allemal die Mutter der Privatsphäre. Nur konnte man sich dabei gerade dadurch falsch verhalten, wie ich (für meine Person) jetzt feststellen kann: wir haben uns – während der 13 Monate dauernden Rund-um-die-Uhr-Abhörung meiner

Wohnung – mit den Freunden gerade bei Gesprächen, die nicht für jedesmistkerls Ohren bestimmt waren, an den Ort zurückgezogen, an dem wir uns ungestört wähnten: meine Wohnung, und wir schlossen dabei die Tür zum Flur. Und sprachen somit meinen Verfolgern via Funksender direkt ins Ohr; allein diese Protokolle (aus fünf Sprachen aufgezeichnet, aus vieren davon übersetzt) machen mehr als ein Drittel meiner Akte aus. In „ausgesuchten" Lokalen ging das Abhören (über Wanzen, die in Blumenvasen oder Aschenbechern versteckt waren) munter – oder eher: verbissen – weiter.

Die Bespitzelung und Ausspähung der Schriftsteller nahm, wie wir es mittlerweile aus Selbstzeugnissen und aus der umfangreichen Fachliteratur zu diesem Thema wissen, zuweilen krasse, ja geradezu absurde Formen an. Gibt es auch in deiner Akte solche Vorkommnisse?

Deren genug! Je enger sich deren Netz um mich zuzog, desto erfolgloser waren sie: der Chef der Abteilung III (Auslandsspionage) des Kreises Muresch, Oberstleutnant Chereches, erfuhr immer erst im Nachhinein – von seinen Kollegen aus Bukarest bzw. Hermannstadt –, dass ich mich (erneut) mit dem Kulturattaché der BRD getroffen hatte, was er (durch all die von ihm angeordneten Maßnahmen) unbedingt hatte verhindern wollen. Daraufhin setzte er, man merkt an der Wortwahl und der Dringlichkeit seines Tons, dass er vor Wut schäumte, etliche weitere „technisch-operative Maßnahmen" sowie IMs (auf rumänisch „surse", also Quellen) auf mich an – bis zu meinem nächsten Treffen mit dem Kulturattaché – und diese fanden manchmal tatsächlich unter abenteuerlichen Umständen statt, als dieser sich zum Beispiel einmal spätabends mit den Verfolgern eine wilde Jagd im Auto lieferte in Hermannstadt, vor unserer Besprechung in einem Privathaus, das – Ironie des Zufalls! – unweit des dortigen Polizeisitzes lag, der damals noch „Kommissariat der Miliz" hieß. Nur einmal scheinen dem Oberstleutnant tatsächlich Zweifel am Sinn seines Tuns gekommen zu sein, nämlich als er – handschriftlich – am Rande die bange Frage vermerkte: „Was könnte er (= Boris, der Deckname, unter dem meine Akte lief) wirklich verraten?" Bemitleiden sollte man ihn trotz seiner Erfolglosigkeit in diesem Fall trotzdem nicht – er erfreut sich, falls er noch lebt, sicherlich einer Rente, die – wie bei den meisten 1991 pensionierten Securitate-Offizieren – beim etwa Zehnfachen der mittlerweile geltenden Mindestrente von 350 RON liegt.

Eine weitere Absonderlichkeit stellt die Tatsache dar, dass ich zwei Briefe des ehemaligen Bundesministers des Auswärtigen, Hans-Dietrich Genscher, an die Vorsitzende des Verbands deutscher Schriftsteller (VS), Anna Jonas, die dann an mich weitergeleitet worden waren, erst nach fast 21 Jahren, nämlich jetzt beim CNSAS, der rumänischen Gauck-/Birthler-Behörde, gelesen habe. Bereits 1987 war ich in den Verband aufgenommen worden, und auf dessen Anfrage teilte Herr Genscher mit, was er unternommen hatte, um meine Ausreise zu beschleunigen. Die Briefe, in ganz unauffälligen Kuverts und mit unverfänglichem Absender, waren abgefangen und zurückgehalten worden, ich wusste bis zur Akteneinsicht nichts von ihrer Existenz.

Hektik, als hätte jemand in ein Wespennest gestoßen, entfaltete die Abteilung III, als mein Offener Brief an den Innenminister Tudor Postelnicu am 12. Februar 1988 vom Radiosender „Freies Europa", kurz darauf von der BBC und der „Deutschen Welle" gesendet wurde. Ihr Chef ordnete – nebst den bestehenden Maßnahmen – „rigorose Kontrolle durch Beschattung" an, heimliche Wohnungsdurchsuchungen „im geeigneten Moment", Abhörmaßnahmen an öffentlichen Orten und den Einsatz von drei zusätzlichen „Quellen" („Barbu", „Ana" und „Marcel").

Eingeschaltet werden sollte (und wurde auch) der „Dienst" (= die Abteilung) D (steht für „propagandă, intoxicare și disimulare", also „Propaganda, Vergiftung – im übertragenen Sinn – und Verheimlichung", an anderer Stelle auch „Desinformation"), um beispielsweise einen vorgeblichen Brief (rum. „scrisoare chipurile") anzufertigen, der der Vorgabe „kollektive Anzeige" (durch empörte Nachbarn wegen suspekten Besuchen von Ausländern und wiederholter nächtlicher Ruhestörung in diesem Fall) gerecht würde. Der wiederum lieferte den Vorwand zu einer Vorladung zum Verhör, bei dem ich massiv bedroht wurde („Was hier drin steht, reicht aus, dein Hirn da an die Wände zu verspritzen!").

Bei alledem – und dies möchte ich mit allem Nachdruck betonen – sehe ich mich nicht als Opfer, das besonders leiden musste oder an diesen Schikanen beinahe zugrunde gegangen wäre. Es gab dort damals ganz bestimmt eine Menge Leute, die diesen Repressalien weitaus massiver und ungeschützter ausgesetzt waren, viele haben sie nicht überlebt.

Die grundlegende Absurdität dieser „komplexen" Überwachung bestand darin, dass sie mich spätestens nach der Ausstrahlung dieses Offenen Briefes im Endeffekt nur noch rasch loswerden wollten – genauso wie auch ich je eher, desto besser weg wollte. Dass es dann doch noch sieben Monate dauerte, war der allgegenwärtigen Bürokratie geschuldet.

Eine Kuriosität am Rande möchte ich noch anmerken: die Wanze in meiner Wohnung (die in einem Wohnblock lag, in dem etwa 800 Leute wohnten) war noch nach meinem Auszug / meiner Ausreise „in Betrieb": in meiner Akte ist auch das Gespräch enthalten, das die neuen Mieter mit einem Zimmermaler führen und in dessen Verlauf sie sich über Muster und Farbe des neuen Wandanstrichs unterhalten!

Im Unterschied zu der Zeit, die du als Gymnasiallehrer in Neumarkt am Mieresch verbrachtest und in der du eingehend vom rumänischen Sicherheitsdienst observiert wurdest, bist du in den Jahren davor, laut Aktenlage, nicht ins Visier der allwissenden Behörde geraten, obwohl du bereits seit deiner Studienzeit schriftstellerisch und publizistisch aktiv warst.

Du sagst es: laut Aktenlage. An einen „Vorfall" erinnere ich mich genau: Der Literaturkritiker Peter Hamm, der beim Bayerischen Rundfunk tätig war, war im Dezember 1974 über das Goethe-Institut (zusammen mit Walter Kempowski) auf Lesereise auch in Hermannstadt; kurz davor war die Lyrikanthologie *Aussichten* mit einem klugen Nachwort von ihm erschienen, ich arbeitete damals schon an meinem germanistischen Schwerpunkt „Die Nachkriegslyrik der BRD am Beispiel Hans Magnus Enzensberger" – und da kam mir der Mann wie gerufen. Wir kamen ins Gespräch und ich lud ihn – als Leiter des Literaturkreises der Studenten, und der fand an dem Abend gerade statt – dazu ein. Eigenmächtig! Hamm hatte sich überpünktlich eingefunden, saß schon im betreffenden Raum und harrte des Kommenden. Als ich dazustieß, wurde ich umgehend zum Leiter des Germanistiklehrstuhls, dem Schriftsteller Georg Scherg, beordert; der eröffnete mir denn alsbald, dass es nicht anginge, irgendjemand aus dem Westen ohne Vorankündigung zum Literaturkreis einzuladen, ich müsse ihn fortschicken. Es war Georg Scherg denkbar unangenehm, das sah ich ihm an. Und mir blieb nichts anderes übrig, als Peter Hamm – wieder auszuladen! Wir verabredeten uns für nachher in einem Lokal. Tags darauf sagte mir eine der Sekretärinnen unserer Hochschule, die wohl etwas für mich übrig hatte, ich solle aufpassen, was ich machte, es seien zwei Herren da gewesen, die sich nach mir erkundigt hätten; woher, sagte sie nicht. Ich maß dem „Vorfall" damals keine große Bedeutung bei (eher war mir oberpeinlich, dass ich den verehrten Peter Hamm hatte wegschicken müssen!), aber er zeigt, wie leicht man in deren Visier geraten konnte. Möglicherweise haben die Verdachtsmomente in dieser Zeit nicht ausgereicht, eine Akte (auf Rumänisch, wie ich jetzt weiß, „dosar de urmărire informativă" genannt) anzulegen, oder sie wurde (noch) nicht aufgefunden/mir nicht ausgehändigt.

Georg Scherg wurde in Bezug auf meine Person ein weiteres Mal die undankbare Aufgabe zuteil, eine Veranstaltung abzublasen: eine Lesung von mir im Hermannstädter Literaturkreis, kurz nachdem ich meine Ausreise beantragt hatte im Herbst 1985; die Lesung war angekündigt worden, stand auch in der Lokalzeitung, die Teilnehmer hatten sich eingefunden, als er – knapp vor dem geplanten Beginn – das Unabänderliche, die Weisung „von oben" bekanntgeben musste. Das war für mich sozusagen das Fanal zum Abbruch, der unmissverständliche Wink, dass es von da an vorbei war mit öffentlichen Auftritten.

Du galtest ab Mitte der 1970er Jahre in der zwar schrumpfenden, doch immer noch recht lebendig wirkenden rumäniendeutschen Literaturszene als Hoffnungsträger.

Nachdem du mit Gedichten und Rezensionen aufmerksam auf dich gemacht hattest, erschien dein erster Gedichtband – die einsamkeit der stühle – *1982 im Klausenburger Dacia Verlag. Ist der Band, der eine Reihe guter Gedichte enthält, aus Zensurgründen so schmal ausgefallen?*

Teils. Einige Gedichte, die ich dafür vorgesehen hatte, stehen im nächsten Band, der nach vielen Jahren in Frankfurt am Main erschienen ist; andere wieder sind in Zeitschriften wie *Akzente* (3/88) erschienen, andere habe ich schlicht verworfen oder aber gründlich überarbeitet. Der Lektor meines Debütbandes war Franz Hodjak, und jeder, der Gelegenheit hatte, ihn als Lektor kennenzulernen, wird mir darin beipflichten: das war ein seltener Glücksfall in finsterer Zeit – und sicherlich wurde, was „das Licht des Buchdrucks" erblicken sollte (wie das bildhaft auf Rumänisch heißt), auch auf den Weg gebracht.
Tatsache ist aber auch, dass ich – nicht nur zum eigenen Bedauern, wie ich hier unbescheiden mutmaße – nicht zu den produktivsten der Branche gehöre. Oligograf trifft wohl eher zu.

Rund zehn Jahre lang hast du den Beruf eines Fremdsprachenlehrers (Deutsch und Englisch) in Rumänien ausüben dürfen. Nachdem du 1985 den Ausreiseantrag gestellt hattest, um wie viele deiner Landsleute in die Bundesrepublik Deutschland auszusiedeln, wurdest du aus dem Schuldienst entfernt. Auch nach deiner Aussiedlung (1988) warst du als Lehrer in der Region um Stuttgart tätig. Inwiefern wirkt sich deine intensive Beschäftigung mit Literatur auch auf deine Arbeit als Gymnasiallehrer aus?

Seit drei Jahren leite ich eine Arbeitsgemeinschaft „Kreatives Schreiben" bei uns an der Schule, habe für die Fachkollegen aus unserm Oberschulamtsbezirk auch die eine oder andere Fortbildung zu diesem Thema durchgeführt. Ansonsten aber stehen sich die beiden Tätigkeitsfelder eher konträr gegenüber, als dass sie kongruent wären, herrscht da eher Divergenz als Konvergenz oder gar Harmonie. Wenigstens wird mir seitens der Schulleitung die Teilnahme an Lesungen oder Tagungen grundsätzlich erlaubt, wenn ich dafür einen Tag oder zwei fehlen muss.
   Als jemand, der mit und in der Sprache arbeitet, habe ich ein geschärftes Ohr für alle Formen der Sprachverhunzung und -verarmung; dieses wird im Alltag auf eine harte Probe gestellt, und ich erlebe täglich mehrfach, welch Schindluder mit Deutsch heutzutage getrieben wird. Nur in den seltensten Fällen kann ich minimale Korrekturen vornehmen, das sind dann meine pädagogischen „Haileitz". Auf dem Weg dahin aber durchlaufe ich „Aufs und Abs", dass mir die Ohren sausen, meist scheinen alle Bemühungen keinen Sinn zu „machen". Man könnte glatt den Glauben „in" die Lernfähigkeit Jugendlicher und das Vertrauen „in" sie verlieren. Da „lebt" beispielsweise einer „mit seiner Mutter" (statt *bei*

ihr zu *wohnen*) in einer Stadt, wo er „einen Unterschied machen" (statt *eine Rolle spielen*) will. Wenn ich den Unterschied auf- und auch sonst wendig erläutere und dann frage, ob sie's kapiert haben, höre ich aus der ersten Reihe ein unschuldiges „Nicht wirklich"!

Besonders schwer ist derlei bei Übersetzungen ins Deutsche zu ertragen. Jegliches Bemühen auch nur um elementare sprachliche Richtigkeit wird spätestens mit dem Einschalten des Fernsehers wenige Stunden später zunichte gemacht und unwiderruflich ausgelöscht: dabei macht, um ehrlich, um genau zu sein, wieder alles Sinn, solange der „Hedhanter" oder der „Schugerdädi okej" ist und sich selbst zu einiger „Fingerfut!" hilft.

So etwas kann man sich dort anhören, und so – oder schlimmer – wird das Kommunikationsmedium der Zukunft klingen. Die Jugendlichen trifft dabei – noch! – keine Schuld – es sind die Medienmacher und die Wortführer allenthalben, die dieses nie wieder gut zu machende Schlamassel angerichtet haben. Die „coolen" Moderatoren, Locker-vom-Hocker-Sprecher, Werbefuzzis und windigen Redakteure, die wetterwendischen Politiker, im speziellen die Kultusminister, die „spannenden Einschaltquotenkiller" und Möchtegernautoren, die die Sprache verformen, ihres Sinns entleeren und vergewaltigen. Und das Paradoxe dabei ist, dass diese Leute, die die Macht über die Sprache ausüben, diese nicht beherrschen, ihrer in aller Regel gar nicht mächtig sind. Kompetente Stimmen, auch die von seriösen Schriftstellern, verhallen dagegen ungehört bzw. hallen in fein abgegrenzten und abgeschirmten Räumen, wo sie unter sich sind und nur sich selber hören.

Es gibt wohl keinen zweiten Beruf von vergleichbarer heroischer Nutzlosigkeit und Lächerlichkeit wie den eines Sprachenlehrers.

1994 erschien nach einer längeren Unterbrechung dein erster Gedichtband in Deutschland siebenbürgische endzeitlose, *dem in den nächsten Jahren zwei weitere*, Schlagwald, Grenzen, Gänge *(2001) und* An Verse geheftet *(2007), sowie zwei Bände mit Kurzprosa,* Der Haifisch in meinem Kopf *(2000) und* Glück hat viele Namen *(2003), folgen sollten. Was für ein Buch kommt als nächstes auf den Markt?*

Das wird wohl ein Kurzprosaband werden, der Satiren und Miszellen umfasst, mit dem Arbeitstitel „Das nächste Opfer, bitte!"

Einige der Satiren „geißeln", wie man im Deutschunterricht zu sagen pflegte, die Verhältnisse im diktatorisch gegeißelten Rumänien, wo die Realsatiren auf der Straße lagen. Es sind viele hinzugekommen, die sich auf hiesige Gegebenheiten beziehen. So manches, was sich in letzter Zeit hierzulande zugetragen und die Emotionen in Wallung gebracht hat, ist satirewürdig: die Ausspähung und die Bevormundung des Einzelnen am Arbeitsplatz, seine erzwungene Identifikation mit seiner Arbeit, die schweigend hingenommene Einengung seiner

Privatsphäre, die Preisgabe des Bankgeheimnisses, der verzweifelte Ruf nach dem Eingreifen des Staates in wirtschaftliche Belange usw. Ich könnte noch mehr nennen, aber das sind Schlagworte. Wichtig erscheint mir, wie sich all dies konkret auswirkt, zu welchen Verrenkungen und Abstrusitäten es im Einzelfall kommt – ohne dass die Betroffenen es überhaupt merken!

Die anderen Texte sind sprachreflexiver Natur, haben also ihr eigenes Material zum Gegenstand. Sie beruhen – ich habe dies auch bei anderen Gelegenheiten gesagt, und werde nicht müde, es zu wiederholen – auf der Überzeugung, dass einzig die poetische Sprache den Worten die Frische, Kraft und Bedeutung verleihen kann, um die man immer mehr Grund hat zu befürchten, sie gingen verloren.

Nachdem Gedichte von dir bereits in der berühmten und wirkungsreichen Anthologie von Peter Motzan Vînt potrivit pînă la tare *(Mäßiger bis starker Wind, 1982) in Bukarest erschienen waren, gab 2007 ein Klausenburger Verlag (Limes) in der Übersetzung von Andrei Zanca den Gedichtband* Pădurea de interdicții *(Schlagwald) auf Rumänisch heraus. Wie haben die rumänische Literaturkritik und Leserschaft auf dieses Buch reagiert?*

Dazu sind in Kulturmagazinen und Literaturzeitschriften wie *Vatra*, *Steaua* und *Tribuna* mehrere ausführliche (lobende bis schmeichelhafte) Rezensionen renommierter Kritiker wie Iulian Boldea, Gheorghe Perian und Stefan Borbély erschienen, außerdem wurde im Klausenburger „Radio Renașterea" ein zweistündiges Gespräch gesendet, das der Verleger (und Schriftsteller) Mircea Petean mit mir geführt hat. Seitens der Leserschaft sind mir – außer sporadischen Äußerungen während der schon erwähnten Lesereise durch Siebenbürgen – keine Reaktionen bekannt.

War in deinen ersten in der Bundesrepublik Deutschland erschienenen Büchern immer wieder von Demütigungen und Verfolgungen, die du unter der Diktatur erlitten hattest, von Identitätsnöten und den Schwierigkeiten des Anfangs in ungewohnten Verhältnissen die Rede, so traten in deinen neueren und neuesten Texten mehr und mehr existenzielle Fragen (Tod, Liebe) sowie Themenkomplexe wie Sprache, Gesellschaft, Politik in den Mittelpunkt deiner Aufmerksamkeit. Wird die Aufarbeitung deiner Vergangenheit, die dich aufgrund der Einsicht in die von der Securitate gehorteten Materialien nun erneut eingeholt hat, hinfort wieder eine größere Rolle in deinem literarischen Werk spielen?

Ich kann es nicht ausschließen. Du merkst auch am Verlauf dieses Interviews, wie stark es von dieser Materie geprägt ist. Am ersten Tag der Einsichtnahme war ich wie vor den Kopf gestoßen, ich saß nachher mit zwei Freunden im „Caru' cu bere" und brachte kein Wort heraus. Außerdem hatte ich beim „Studium" einen Jugendfreund getroffen, ebenfalls Exilliterat, den ich seit 20 Jahren nicht mehr gesehen und gesprochen hatte. Es kam alles zusammen, und die Eindrücke überwältigten mich. Ich sah mich zurückversetzt in eine Zeit und in eine Lage, die ich geklärt wähnte und musste nun feststellen, dass ein bisschen Stochern in der Vergangenheit sie wieder aufbrechen ließ, wie eine frische Wunde. Es hatte sich, was man pauschal mit dem Begriff „Bewältigung" abtut, nur gesetzt, der Niederschlag hat sich nicht verfestigt, er trübt auf einmal meine Biografie, vergleichbar einer Schneekugel, die man auf den Kopf stellt und etwas schüttelt. Ich habe nun als Kopie jedes einzelne in meiner Wohnung gesprochene Wort der letzten 13 Monate in jenem Land auf Papier, bevor ich Rumänien endgültig verließ; viele der Stimmen hatte ich vergessen, jetzt kann ich sie wieder hören. Da ist Stoff vorhanden für ein Hörspiel oder ein Bühnenstück oder sonst was, einen Arbeitstitel hätte ich schon: „Eine Wanze namens Boris". Mehr will ich nicht verraten, wer weiß, ob überhaupt etwas daraus wird.

Du bist für dein literarisches Werk mit mehreren Preisen ausgezeichnet worden. Welche Bedeutung misst du solchen Auszeichnungen bei?

Mehr als die Preise selbst, bedeuteten und bedeuten mir die Bekanntschaften, die ich bei deren Anlass schließen konnte; lebhaft ist mir die Endrunde des ersten Dresdner Lyrikpreises 1996 in Erinnerung, wobei ich Christian Döring, damals noch bei Suhrkamp, und Elke Erb (von den Jurymitgliedern) kennenlernte, ebenso Aglaja Veteranyi (eine besonders intensive Begegnung, literarisch gesprochen) und Thomas Böhme als Teilnehmer. Den Preis erhielt damals übrigens Thomas Kunst, und ich konnte erkennen, wie im Grunde entwürdigend und beschämend es für die war, die leer ausgingen, sie wurden/werden von dem Augenblick der Verkündigung an wie Luft behandelt – da braucht es schon ein dickes Fell! Ähnlich, habe ich mir sagen lassen, geht es bei den anderen bedeutenderen Preisverleihungen wie der in Meran oder Klagenfurt zu. Aber die Kontakte, die sich bei solchen Gelegenheiten ergeben haben, auch und besonders während der dreitägigen Klausur in Kloster Irsee 2002 und 2003 (wobei mir zuletzt der „Pegasus" verliehen wurde), gehören zu den wertvollsten, und ich möchte sie unter keinen Umständen missen.

3/2009

II. Teil

„Skepsis ist die ständige Begleiterin des Wissenschaftlers"

Kulturwissenschaftler aus Deutschland, Österreich, Serbien und Ungarn

„SKEPSIS IST DIE STÄNDIGE BEGLEITERIN DES
LITERATURWISSENSCHAFTLERS"

Alexander Ritter

Die Erforschung der deutschen Minderheitenliteraturen verdankt Alexander Ritter (geb. 1939) bedeutsame Impulse. Nach Studium (Germanistik und Geografie) und Promotion an der Universität Hamburg begann sich Ritter intensiver seit Ende der 1960er Jahre mit dem Thema „deutsche Minderheitenliteraturen" zu beschäftigen. Der seit 1989 habilitierte Literaturwissenschaftler und Privatdozent, dessen Publikationsliste zahlreiche Veröffentlichungen zur neueren deutschen Literatur aufweist, verfasste seit Anfang der 1970er Jahre auch eine ganze Reihe von Studien und Büchern zur Literatur der deutschen Minderheiten. Ritter, der von 1981 bis 1999 Studienleiter am Landesinstitut Schleswig-Holstein für Praxis und Theorie der Schule tätig war, hielt zahlreiche Vorträge im In- und Ausland zu Fragen regionaler und interkultureller Forschung und erhielt für seine wissenschaftliche Arbeit mehrere Preise und Ehrungen (u. a. Bundesverdienstkreuz 1990).

Über zehn Jahre (1983–1993) hin organisierte und leitete er die Tagungen der Akademie Sankelmark, in denen es über den Rahmen der Literatur hinaus um Existenzfragen deutscher Minderheiten im Ausland ging. Die von Alexander Ritter seit 1974 im Olms-Verlag erscheinende Anthologiereihe ‚Auslandsdeutsche Literatur der Gegenwart', umfasst 28 Bände und dokumentiert die Literaturentwicklung für nahezu alle deutschen Sprachgruppen weltweit.

Der Verlag des Südostdeutschen Kulturwerks gab um die Mitte des Jahres 2001 ein umfangreiches Buch von Alexander Ritter heraus, das die wichtigsten Studien des Literaturwissenschaftlers zur deutschsprachigen Literatur des Auslandes beinhaltet.

Alexander Ritter, vor kurzem ist im Verlag Südostdeutsches Kulturwerk ein allein schon von seinem Umfang her beeindruckendes Buch von dir erschienen, das den Großteil deiner Beiträge zum Fragenkreis „Deutsche Minderheitenliteraturen" versammelt. Wie allgemein in deinen Beiträgen geht es dir auch hier nicht nur um Summierung bisheriger Forschungsleistungen, sondern auch um theoretische Fundierung künftiger literaturwissenschaftlicher Vorhaben. Wird dein Buch die Diskussion über die außerhalb des deutschen Sprachraums entstandenen Literaturen befördern helfen?

Eine angemessene Portion Skepsis ist die ständige Begleiterin des Literaturwissenschaftlers und seines philologischen Geschäftes. Sie hat Teil daran, wenn er die Gegenstände seines Interesses auswählt und sich entscheidet, wie er mit ihnen umgehen wird, denn sie ist die zwangsläufige Folge jener Frage, die er sich nach der gesellschaftlichen und wissenschaftlichen Relevanz seiner Objekte zu stellen hat. Für die Interessenlage der allgemeinen Öffentlichkeit heute sind die deutschen Minderheiten, ihre Sprache und Literatur relativ unerheblich, für die Literaturwissenschaft traditionell ein Randthema im Katalog ihrer Themen, es sei denn, dass es außergewöhnlichen Begabungen gelingt, mit außergewöhnlichen Leistungen Verleger- und Leserinteresse im deutschen Literaturraum zu erreichen, thematisch und literarästhetisch so angelegte Versuche der Weltbeschreibung vorzustellen, dass die den Prozess der Literaturentwicklung befördern. Großartige Autoren wie Paul Celan, Rose Ausländer, Herta Müller und andere sind überzeugende Beispiele dafür.

Sehen wir einmal davon ab, ob es überhaupt – im Sinne der Definition einer eigenständigen Literatur – überzeugende Kriterien gibt, dass von ‚Literaturen' der verschiedenen deutschen ‚Minderheiten' gesprochen werden kann. Der literarräumlichen Zuordnung nach existiert sie in den anderssprachigen, national-staatlich anders verwalteten Randzonen des deutschsprachigen Literaturraumes, in davon insular isolierten Regionen europäischer Länder und in der fernen kulturellen Diaspora überseeischer Zuwanderungsstaaten. Ihre unterschiedlich ausgeprägte Existenz konditioniert ein Raster variabler labiler Bedingungen. Diese resultieren aus der kulturpolitischen, interkulturellen und literaturgeschichtlichen Zwischenlage, gesteuert von den jeweils innenpolitischen, soziologischen und literarhistorischen Entwicklungen in den unterschiedlichen Heimatstaaten. Ergänzt werden sie durch die sentimentalisierbare und dadurch ideologieanfällige Rückbindung an den erbegeschichtlichen Herkunftsraum des deutschsprachigen Mitteleuropa. Der damit verbundenen Gleichzeitigkeit von ungleichzeitig bestimmtem Selbstverständnis des existenzsichernden Beharrens, der zeitgeschichtlichen Öffnung, verkompliziert durch die erzwungene Erfahrung einer unvermeidlichen Verbindung von kultureller Abwehrhaltung und Kulturen übergreifender Vermittlerrolle, ist das soziokulturell und gesellschaftspolitisch verschieden konstituierte Selbstverständnis der Gruppenkultur ausgesetzt. Wer sich diesen komplexen Verhältnissen zuwendet, der vermag sich nur dann der literarkulturellen Wirklichkeit anzunähern, wenn er die verengende ethnisierte Perspektive meidet und dem interkulturellen Diskurs von Literatur und ihrer Entwicklung folgt.

Literatur, erdacht, geschrieben, publiziert und rezipiert unter solchen Umständen, ist zugleich von minderheiteninternen Themen, Stoffen und literarhistorischer Tradition bestimmt und von minderheitenexterner Orientierung, vom Blick auf den literarkulturellen Prozess im Heimatstaat und dem unterschiedlich in die Distanz gerückten Raum der deutschen Literatur. Die so bedingte zwanghafte Beobachtung, was denn im eigenen Literaturleben aktuellerweise geschehe, diskutiert werde, was die Rezeptionsumstände und Identitätsbedürfnisse verlangen und im eingegrenzten Literatursystem möglich sei, und das Verfolgen dessen, was an Gesprächen über Gebrauchswert von Literatur, literartheoretischer Avantgarde und Marktgeschehen im maßgeblichen deutschen Literaturraum geschieht, dieser so kontinuierlich irritierte Blick von Autoren, Kritiker und Philologen spiegelt die kontinuierliche Verunsicherung, das oft benannte literarkulturelle Dilemma.

Es ist Literatur im Konflikt mit den beiden disparaten Anforderungen, dem identitätspragmatischen Dienstleistungsanspruch der kulturell zu erhaltenen Gemeinschaft und dem davon unabhängigen Überprüfen der literarästhetischen Prinzipien durch den Autor als Künstler in dieser Zeit, dieser Gesellschaft, diesem Weltteil. Mit anderen Worten: Der Urheber und seine Literatur, beide – wenn es dem ‚auctor' denn bewusst ist – sind eingespannt zwischen der Gebrauchsfunktion von Literatur als sprachlicher Leistung deutscher Kultur und ethnischem Identitätsanspruch, dem Selbstverständnis des Literaten, sich und sein Tun als Teil der nationalen und der deutschen Literatur zu verstehen, und der Anforderung durch einen Kunstanspruch, der sie für den deutschen Literaturraum ‚hoffähig' macht und der trotzdem die eigene Leserklientel mit Lektüre bedient. In summa: Auch wenn man – die skizzierten Voraussetzungen anerkennend – berechtigterweise davon ausgeht, Minderheitenliteratur deutscher Sprache ist Teil deutscher Literatur im interkulturellen Prozess der literarischen Entwicklung, daher folgerichtig Gegenstand der Germanistik im In- und Ausland, so bleibt sie doch ein Randthema, nicht nur bedingt durch die historisch beschleunigte Erosion der Minderheitenszenen seit Anfang der 1990er Jahre, sondern auch auf Grund ihrer überaus komplexen Gegebenheiten, den wechselnden ‚mainstream'-Themen der Philologien folgend, aber auch der immer schwieriger gewordenen Karriereplanung innerhalb der Geisteswissenschaften. Bleiben wir aber trotz mancher Einwände beim philologisch reizvollen Gegenstand, die anfänglich erwähnte Skepsis als notwendige Ergänzung beibehaltend. Wenn es so etwas gibt wie einen ‚genius loci', der auch das Bewusstsein dauerhaft zu ‚infizieren' vermag, dann ist Klabunds skeptischer Blick auf die Welt Teil der Perspektive des hier Sprechenden.

Norbert Mecklenburg, dem die regionale Literaturforschung nachhaltige Anregungen verdankt, behauptet in der Einleitung zu deinem Buch, Germanisten, die über ihr familiäres Umfeld mit Flucht und Vertreibung konfrontiert worden wären, hätten ein besonderes Interesse an Forschungsfeldern, die Raum, Landschaft, Heimat und

Fremde, Herkommen und Ankommen, Provinz und Welt „als menschliche Lebensbezüge" einschließen. Lässt sich deine Neugierde an den „territorialen, geschichts- und kulturräumlichen Dimensionen" der deutschen Literatur im Allgemeinen und jener der Minderheitenliteraturen im Besonderen auch biografisch begründen?

Der Romancier Alfred Andersch hat in einem Essay darauf hingewiesen, „dass wir unser ganzes Leben in der Gewalt jener Erlebnisse verbringen, die uns in der Jugend ergriffen haben, und dass wir kein Milieu jemals besser kennen lernen". Was der Autor im Aperçu zuspitzt, gilt wohl im Grundsätzlichen vor allem für diejenigen, deren Leben von einschneidenden Erfahrungen bestimmt ist, wozu auch diejenigen gehören, die sich aus den Ursachen und dem Erleben von Aufbruch aus dem Heimatraum und Wanderung ergeben haben. Daher mag es schon so sein, dass das Verfasserinteresse an dem Phänomen von Literatur unter mehrheitlich anderssprachigen Bedingungen unmittelbar verbunden ist mit einem biografisch ausgelösten Interesse an Räumen, an Region als Heimat, an ihren Grenzen, der beharrenden und grenzüberschreitenden Kulturentwicklung, unter dem Einfluss geopolitischer und wanderungsgeschichtlicher Umstände.

Der Einfluss eigener Fluchterfahrungen 1945 im Zusammenhang mit dem katastrophalen Ende des Zweiten Weltkrieges ist sicherlich nicht zu leugnen. Das Erleben des erzwungenen Regionenwechsels vom brandenburgischen Osten nach dem niedersächsischen Westen, der Heimatverlust als Identitätsirritation, die Erfahrung kultureller Verheerung und regionalkultureller Unterschiede, all das kann das Interesse des späteren Literaturwissenschaftlers an dem Thema ‚Minderheiten und literarische Kultur' sensibilisiert haben. Entscheidend jedoch wirkten sich drei Erfahrungen aus. Dazu gehört die Schulung im kulturräumlichen Denken durch das Geografiestudium, während dessen mich vorrangig die natur- und kulturräumlichen Umstände der Geschichte der osteuropäischen Staaten, besonders Russlands/der UdSSR, und die sie kennzeichnende Spannung von ethnischer Vielfalt und ideologisierter zentralstaatlicher Administrierung interessierten. Ergänzt wurde eine derartige kulturräumliche Sichtweise durch die Fächer übergreifende, interkulturelle Perspektive von Literaturgeschichtsbetrachtung, wie es mein Lehrer, der Literaturwissenschaftler Erich Trunz, konzeptionell vertreten und gelehrt hat. Ihm ist es zu verdanken, dass er mit seinem Hinweis auf die deutsch-amerikanischen Literaturbeziehungen während des ersten Drittels des 19. Jahrhunderts den Blick auf die internationalen Interdependenzen literarhistorischer Entwicklung gelenkt hat, auf die implizierten politischen, sozialgeschichtlichen Zusammenhänge der deutschen Migranten, die Umstände ihrer Etablierung in der Kultur des Zielstaates und die Wechselwirkungen zwischen der Entstehung einer amerikanischen Nationalliteratur sowie deren Abnabelung vom europäischen Literaturvorbild und ihre Rückwirkung auf den europäischen Literaturraum.

Die von beiden Voraussetzungen her angeregte Überprüfung der philologischen Forschungslage zum Gegenstand ‚Minderheitenliteratur' führte Ende der 1960er Jahre zu der Erkenntnis, dass das Thema der literarischen Kultur deutscher Minderheiten für die Literaturwissenschaft auf Grund der fachgeschichtlich fatalen Einlassungen mit dem Nationalsozialismus eine Tabuzone war und es keinerlei relevante Forschung gab. Die Beschäftigung mit diesem Thema war eine Wiederentdeckung, die nicht nur anfänglich, sondern über viele Jahre in Kreisen der interessierten Öffentlichkeit, aber vor allem im Wissenschaftsbetrieb sowohl auf Desinteresse als auch auf erheblichen Widerstand stieß.

Als du somit Ende der 1960er, Anfang der 1970er Jahre, angeregt über das Studium der Geografie und dank deiner Arbeit an der Dissertation über den Deutschamerikaner Charles Sealsfield (Karl Postl) auch die deutschen Minderheitenliteraturen entdecktest, stießest du – wie du erwähnst – in germanistischen Kreisen eher auf Widerstand als auf Zustimmung. Die Auseinandersetzung mit dem Forschungsgegenstand war als Folge seiner Vereinnahmung durch Germanisten, die der NaziIdeologie nahe gestanden hatten, anrüchig, die allein auf ästhetische Textrelevanz ausgerichtete Literaturbetrachtung jener Jahre an künstlerisch mangelhaft gestalteten literarischen Gebilden nicht interessiert. Dennoch hast du dich hiervon nicht abgewandt, sondern hartnäckig und konsequent immer neu komponierte Studien zu dieser Thematik vorgelegt.

Minderheiten in der politischen und kulturellen Gemeinschaft des anderen Nationalstaates sind immer Gegenstand des politischen Interesses im Heimatstaat und Herkunftsstaat. Intensität und Zielrichtung eines solchen Interesses wechseln bekanntermaßen nach innen- und außenpolitischer Situation. Diese Bedingungen gelten insbesondere für die deutschen Minderheiten, die sich seit dem ausgehenden 19. Jahrhundert in einer Position zwischen dem nationalistischen Anspruch Deutschlands und demjenigen des jeweiligen Heimatstaates wiederfanden, mit der Folge, so dass Loyalitätskonflikt, Identitätskrise und Anspruch auf Kulturautonomie zu den maßgeblichen Bedingungen ihrer Existenz wurden.

Die Voraussetzungen für die spätere Anfälligkeit, eigene Ethnoexistenz im Kontext der NS-Ideologie deutschnational zu definieren und im Sinne der propagierten deutschen Vorbildkultur und ihrem Weltgeltungsanspruch zu funktionalisieren, sind in der völkischen Denktradition zu suchen. Seit der Reichsgründungsphase in den 1870er Jahren wurde der öffentliche Diskurs von

Politik und Kulturwissenschaften in nachhaltiger Weise davon bestimmt, was an fordernden nationalistischen, ethnisch orientierten Äußerungen schon seit dem Ende des 18. Jahrhunderts für die Definition der deutschen Kulturnation bemüht wurde, die Existenz der Deutschen als Staatsnation einfordernd. Die kulturpolitische Instrumentalisierung der deutschen Minderheiten durch die NS-Politik und die solche ‚Verwendung' flankierenden Bemühungen der germanistischen Fachwissenschaft sind noch immer ein durch die fachwissenschaftliche Reflexion der eigenen Fachgeschichte nur verhalten angesprochener Zusammenhang. Die dominierende Rolle des österreichischen Germanisten Heinz Kindermann als einer der maßgeblichen Protagonisten einer ideologisierten Beschäftigung mit deutscher Minderheitenliteratur findet selbst in einer aktuellen Publikation zur 150-jährigen Geschichte der Germanistik in Wien so gut wie keine Beachtung.

Der grundsätzliche, scheinbar existenzstabilisierende, letztlich aber existenzgefährdende Konsens zwischen deutschnationalem Selbstverständnis in den Minderheiten und ideologisiertem nationalistischem Zugriff der deutschen Kulturaußenpolitik resultierte in den Existenzproblemen nach Kriegsende 1945. Das enge Zusammenwirken von NS-Staat, NS-Ideologie und deutscher Germanistik führte besonders in diesem Fall der deutschen Kultur im Ausland, verstanden als ‚Vorpostenfunktion' einer expansionistischen Politik des „Dritten Reichs", zu den bekannten Folgen.

Noch Anfang der 1970er Jahre erwies sich das Thema ‚deutsche Minderheiten' als ideologiegeschichtlich so belastet, dass eine Beschäftigung damit den Philologen der Diskriminierung aussetzte. Drei markante Erfahrungen belegen dies. Adrien Finck, der Straßburger Ordinarius für deutsche Literatur an der dortigen Universität, hatte mich zu einem Kolloquium mit seinen Doktoranden eingeladen. Während der Diskussion, die einem Vortrag zum Thema deutscher Minderheitenliteratur folgte, wurde der Referent als Nazi beschimpft. Zahlreiche Zuhörer verließen empört den Raum. Heute, nachdem ich mich mit Adolf Meschendörfer auseinander gesetzt habe, seine gegenüber dem NS-Regime unsägliche Servilität kenne, von seinen Lesereisen auch nach Straßburg erfahren habe, erscheint mir dieses, mich damals irritierende Ereignis eher begreiflich. Übrigens: Adrien Finck, mit dem ich von Beginn an zusammengearbeitet habe, der in Straßburg zahlreiche kleine Veranstaltungen und große Konferenzen zusammen mit mir zum Thema durchgeführt hat, der mehrere Bände elsässischer Literatur und eine elsässische Literaturgeschichte in der von mir betreuten Reihe im Olms-Verlag ediert hat, ist mir nicht nur immer zuverlässig beistehender Kollege gewesen, sondern auch darüber zum Freund geworden. Durch ihn, mit meiner Unterstützung, ist die literaturwissenschaftliche Forschung zur elsässischen Literatur wirkungsvoll gefördert worden, hat die elsässische Literatur in dem Literaten, Wissenschaftler und unermüdlichen Herausgeber ihren maßgeblichen Förderer gefunden.

Seit Beginn der 1970er Jahre hatte ich einen langjährigen, von den sozialistischen Sicherheitsdiensten der DDR und UdSSR sicherlich überwachten Postkontakt zu zahlreichen deutschsprachigen Schriftstellern der so genannten sowjetdeutschen Nationalität in der Sowjetunion, vor allem zu meinem Kollegen Victor Klein in Nowosibirsk. Auf der Grundlage des Publikationsmaterials, mit dem er mich zuverlässig versorgte, konnte 1974 die erste Anthologie deutscher Minderheitenliteratur nach dem Krieg erscheinen, *Nachrichten aus Kasachstan* betitelt. In dieser Zeit des Kalten Krieges muss diese westliche Publikation in den zuständigen Moskauer Regierungsabteilungen Irritation ausgelöst haben. Bereits ein Jahr später folgte mit einem Buch des APN-Verlages (Moskau) eine korrigierende Darstellung zu diesem Band, veranlasst durch die regierungsoffizielle Presseagentur Nowosti. Mit diesem Textbuch, der den Auftaktband zu einer Anthologiereihe mit heute 28 Bänden bildete, und über erste Zeitschriftenbeiträge entwickelte ich das Konzept einer literaturwissenschaftlich systematischen Erforschung von Minderheitenliteratur, wozu vor allem auch die grundsätzlichen Fragen nach dem Zusammenhang von germanistischer Fachgeschichte, völkischer Tradition, NS-Ideologie und Instrumentalisierung von Minderheitenliteratur gehörte sowie die Erkundigung nach den Grundsätzen der Entwicklung und Existenz solcher Literaturen, ihrer literartheoretischen Diskurseinbindung, der literarhistorischen Erfassung und literarkritischen Bewertung.

Sämtliche Bemühungen jedoch in der Bundesrepublik Deutschland, über wissenschaftliche oder kulturpolitische Einrichtungen eine organisatorische und finanzielle Unterstützung zu erreichen, schlugen zur selben Zeit fehl. Eine direkte Anfrage beim Präsidialamt und dem damaligen Bundespräsidenten Scheel führte zu der symptomatischen Antwort, dass man aus politischer Opportunität und mit Rücksicht auf die deutsche Geschichte der jüngeren Vergangenheit diese Thematik gar nicht sympathisch finde. Sie liege außerhalb des bundespolitischen Interesses und man gewähre darum grundsätzlich keinerlei Unterstützung, in welcher Form auch immer. Carlo Schmid habe das in seiner programmatischen Bundestagsrede *Zur auswärtigen Kulturpolitik* 1963 definitiv deutlich gemacht. Das Thema sei unerwünscht. Es war aber nicht nur im politischen Raum tabuisiert worden. Entsprechend verhielt sich die Fachwissenschaft, vermied das Thema auf Kongressen, Verlage und Zeitschriftenredaktionen äußerten sich vergleichbar. An dieser Stelle ist ausdrücklich dem Olms-Verlag in Hildesheim und dem Verlagsdirektor Eberhard Mertens zu danken, der unabhängig von den verbreiteten Bedenken das damalige

Wagnis einer Anthologiereihe riskierte, dazu des Verfassers Konzept akzeptierte, dem eigenen verlegerischen Spürsinn zu Recht vertraute.

Diese Erfahrungen verweisen auf die politischen Implikationen, die man bei der Auseinandersetzung mit dem Thema zu gewärtigen und zu berücksichtigen hatte. Sie tangierten nach damaliger Einschätzung keineswegs die Relevanz des Themas, im Gegenteil, sie bestätigten dessen Wichtigkeit für den Kontext von deutscher Historie, von germanistischer Fachgeschichte, interkulturell verlaufender Literaturgeschichte und zwischenstaatlicher Kulturbeziehungen.

Zunächst nahmst du dich der sowjetdeutschen Literatur an. Wieso war diese Literatur, die aufgrund besonderer historischer und sprachlicher Umstände von ihrer ästhetischen Qualität her nicht mit den anderen deutschsprachigen Minderheitenliteraturen konkurrieren kann, zuerst in dein Blickfeld gerückt?

Dass das Interesse sich zuerst auf die ‚sowjetdeutsche Literatur' richtete, hat eine relativ einfache Ursache. Während des Geografiestudiums beschäftigte ich mich – wie oben erwähnt – vorrangig mit Russland bzw. der Sowjetunion und den damit verbundenen kulturgeografischen Sachverhalten. Seit den revolutionären Veränderungen 1918/19 war die Gesetzgebung für die ideologisch begründete sowjetische Nationalitätenpolitik eine wesentliche Grundlage der administrativen Organisation des großen Landes, der Förderung von kulturell besonders geprägten Bevölkerungsgruppen zum Zwecke der internen Sowjetisierung und externen Propaganda des vorgeblich ‚toleranten Vielvölkerstaates'. In diesem Zusammenhang einer ‚demokratisierten' Kulturpolitik, bei der es vorrangig um ideologisch kontrollierbare Vereinheitlichung zur Sowjetkultur mit ethnisch verzierender Etikettierung ging, führte dies zu teilweise grotesken Konsequenzen, weil man, um des statistischen Eindrucks willen, jede Sprache förderte, sie durch Buchpublikationen dokumentieren ließ, zur eigenständigen Literatur ernannte, auch wenn es sich z. T. nur um wenige, in einzelnen Fällen lediglich um einen Autor handelte. Die DDR-Literaturgeschichtsschreibung übernahm in zahlreichen Publikationen über die ‚Literaturen der Völker der Sowjetunion' oder zur ‚multinationalen Sowjetliteratur' bis in die 1980er Jahre solche ‚tonnenideologische' Darstellung von Literaturentwicklung, ohne den bizarren Unsinn in irgendeiner Form in Frage zu stellen.

Im Zusammenhang mit der parteipolitisch bestimmten Literaturpolitik im Vielvölkerstaat UdSSR spielte die deutsche Minderheit eine erhebliche Rolle, weil sie in der Gruppe der nichtslawischen Ethnien die bedeutendste war. Das Zugeständnis einer relativen Eigenstaatlichkeit in Form der Autonomen Sozialistischen Republik der Wolgadeutschen (ASSR) führte zu einer ideologisch gewollten, politisch kontrollierbaren scheinbaren Stabilisierung deutschsprachiger Kultur während der 1920er und 1930er Jahre, dann wieder in den 1960er Jahren, aber um den Preis einer Literaturentwicklung, die sich praktisch vollständig an den politpoetologischen Maßgaben des ‚sozialistischen Realismus' ausrichtete. Es entstand die Illusion einer literarischen Eigenständigkeit, die letztlich nur staatlich geduldet war und eine tatsächlich eigenständige Literatur nicht entstehen ließ.

Der Einblick aber in diese Mechanismen der Entstehung, politischen Regulierung und Manipulation von Autorschaft und Literatur interessierten den Philologen. Mit den an dieser literarischen Situation gewonnenen Erkenntnissen der Abhängigkeiten von Minderheitenliteratur, der steuerbaren Bewertungsmaßgaben, dem davon abgeleiteten selbst inszenierten, kulturpolitisch abhängigen Literaturleben ging ich daran, die Umstände bei den weiteren deutschen Minderheiten zu erforschen.

Als du dann Ende der 1970er Jahre die rumäniendeutsche Literatur und ihren zwar eingeengten, aber dennoch vergleichsweise lebendigen Literaturbetrieb kennen lerntest, hast du nicht nur hierüber geschrieben, sondern diese Minderheitenliteratur den anderen immer auch als Muster empfohlen. Was war das Besondere an dieser regionalen Literatur, was hatte sie, was die anderen nicht hatten?

Bis zum Frühsommer 1989 waren mir die literartheoretischen und literargeschichtlichen Umstände der rumäniendeutschen Literaturentwicklung im Grundsätzlichen bekannt. Das bezog sich auf die Kenntnis darüber, wie eine deutschsprachige Literatur im sozialistischen Rumänien ihre konsequent betriebene Gratwanderung zwischen politischer Duldung und scheinheiliger, weil politisch beabsichtigter Förderung, widerständiger Selbstbehauptung und Selbstdarstellung, solider intellektueller Organisation und literarkünstlerisch beeindruckender Leistung vollzog. Es war aber auch das schon erläuterte Dilemma von Minderheitenliteratur unter bevormundender Kulturpolitik erkennbar geworden, das sich nicht nur im Konflikt von literarischer Kunst als identitätsstiftendem Gebrauchsgut und ästhetischem Phantasieprodukt zeigte, sondern auch in den deutlich sichtbaren Bruchlinien, die das Literaturleben durchzogen, verursacht von radikal riskantem autonomen Kunstverständnis, inszenatorischer, regimekonformer Selbstdarstellung, das Regime und seine kulturpolitische Knebelung unterlaufene Textsubtilitäten, das Tun der Laien und der Könner.

Mein Aufenthalt in Rumänien im Frühsommer 1989 ergänzte diese Informationen, bis dahin gewonnen aus den literarischen Texten und der Forschung. Es waren mehrere Erfahrungen, besonders die Gespräche mit Kollegen unter argwöhnischer Beobachtung von Funktionären und mit Sicherheit der Securitate, die dem Besucher aus dem Westen wenige Monate vor dem Sturz Ceaușescus beeindruckten und ihm am außergewöhnlichen Beispiel denjenigen Kontext der politischen Abhängigkeit von Minderheiten vermittelten, der für die Betrachtung von Minderheitenliteraturen *prinzipiell* mitzudenken ist.

Das Paradigmatische der ‚rumäniendeutschen Literatur' als Regional- und Minderheitenliteratur liegt natürlich nicht in den Bedingungen dieser politischen Ausnahmesituation. Es resultiert zum einen aus der Abhängigkeit von den politisch und kulturell festgelegten Bedingungen durch die Landesregierung und ihrer politischen Philosophie, dem Verständnis von nationaler Kultur der Einheitlichkeit oder Vielfältigkeit, den daraus folgenden innenpolitischen Regulierungen und außenpolitisch zugelassenen Beziehungen zwischen der Minderheit und ihrem sprachlich-kulturellem Herkunftsraum. Zum andern gibt es keine vergleichbare deutsche Minderheit, die kulturgeschichtlich auf eine so lange Tradition und ein relativ geschlossenes Siedelgebiet verweisen kann, aus der sich Strukturen eines Kulturraumes entwickeln konnten, die für die Literaturentwicklung positive Konsequenzen hatten.

Der Kommunikationsraum der rumäniendeutschen Minderheit verfügte spätestens im 20. Jahrhundert über sämtliche wesentlichen Einrichtungen, die eine relativ differenzierte Literaturentwicklung ermöglichten: ein Schulsystem mit Hochschulabschluss, Theater, Verlage, Zeitungen, Distributionseinrichtungen, eine eigenständige literaturwissenschaftliche Forschung, getragen von kompetenten Literaturwissenschaftlern, deren Erkenntnisse – bei allen Einschränkungen durch Zensur und ideologisch veranlasste Selbstkontrolle – publiziert und diskutiert werden konnten. Und es gelang, wenn auch mit zeitlicher Verzögerung, den literaturwissenschaftlichen Diskurs und die literarische Entwicklung aus dem deutschsprachigen Mitteleuropa aufzunehmen, kritisch zu rezipieren und anzuwenden. Es ist dieser, von den wechselnden politischen Gegebenheiten wechselnd intensiv geführte Kommunikationsprozess innerhalb der Minderheit, geführt von der Intelligenz, welche – bei allen politisch bedingten Kompromisslösungen – seriöse Maßstäbe für Schulbildung, Forschung und Literaturkritik setzte. Die rumäniendeutschen Intellektuellen, die Schriftsteller und Wissenschaftler, haben einen überzeugenden Literaturbetrieb unter periodisch immer wieder politisch schwierigen Umständen aufrecht erhalten können, weil es die grundsätzliche Geschlossenheit der Minderheitenkultur gab, der kulturelle Austausch mit Mitteleuropa nie völlig abbrach und – von Ausnahmen abgesehen – ihre literarische Kultur nicht vollständig kompromittierten, indem man sich nicht zum Funktionsträger der staatlichen Ideologie machte und den literaturpolitischen Vorschriften auslieferte, wie es in der Sowjetunion geschehen ist.

Nein, keine Empfehlung als ‚Muster'. Der Begriff ist falsch. Aber eine Empfehlung an die Literaturwissenschaft, die rumäniendeutsche Literaturszene in ihrer Beispielhaftigkeit eines funktionierenden Literatursystems mit einem überschaubaren Koordinatennetz zu studieren, um grundsätzliche Einsichten zu gewinnen.

Für eine gewisse Präsenz in der interessierten Öffentlichkeit sorgten die von dir über zehn Jahre hin organisierten Tagungen der Akademie Sankelmark, in denen es über den Rahmen der Literatur hinaus um Existenzfragen deutscher Minderheiten im Ausland ging. Fragen des Sprachgebrauchs, der Volkskultur, des kirchlichen, schulischen, wirtschaftlichen und literarischen Lebens wurden dabei erörtert und durch Tagungsbände verbreitet. Geschah das auch mit dem Ziel, die Rahmenbedingungen dieser Literaturen deutlicher in Erscheinung treten zu lassen?

Bei der Ausrichtung der Kolloquien zur deutschen Kultur im Ausland in den Jahren 1983 bis 1993 ging es um drei Absichten. Die eine richtete sich darauf, über kontinuierlich jährliche Veranstaltungen durch die Wahl wechselnder Themen auf die Existenz der deutschen Minderheiten europaweit aufmerksam zu machen und diejenigen komplexen Bedingungen vorzustellen, unter denen diese Gruppierungen unter variierten Konditionen ihre kulturelle Identität zu bewahren suchen. Es ging ferner darum, die Wissenschaftler aus den einzelnen Regionen zum Gespräch zusammenzuführen, um für die Forschung interethnische Kontakte herzustellen.

Die Erfahrungen mit dieser Veranstaltungsreihe waren durchweg positiv, auch wenn der Tagungsort, unmittelbar an der dänischen Grenze gelegen, für die weite Anreise der Referenten und Gastbesucher eine deutliche Belastung war. In der gesamten Zeitspanne gelang es, für die jeweils wechselnden Tagungsthemen von Literatur, Sprache, Schule, Volkskultur, Presse, Kirchengeschichte, Wirtschaft, Büchereiwesen usw. regelmäßig die für den jeweiligen Sachverhalt maßgeblichen Referenten aus Frankreich (Elsass), Italien (Südtirol), Ungarn, Polen (Oberschlesien), Dänemark (Südschleswig), Belgien (Ost-Belgien), auch aus Luxemburg und verschiedenen wissenschaftlichen Einrichtungen der Bundesrepublik Deutschland zu gewinnen. Die Vorträge liegen in zehn Bänden als Dokumentation vor und sollen dafür sorgen, dass über den engen Kreis der fachlich Interessierten die Resultate der Veranstaltungen der interessierten Öffentlichkeit und dem wissenschaftlichen Diskurs zur Verfügung stehen.

Bedauerlicherweise ist die weitere Entwicklung des Projektes durch interne organisatorische Probleme der veranstaltenden Gesellschaft, vor allem aber auf Grund kulturpolitischer Weichenstellungen und der Einrichtung einer regierungsnahen Institution durch die sozialdemokratische Regierung in Schleswig-Holstein verhindert worden.

Bedeutsam für die Bekanntmachung der deutschsprachigen Regionalliteraturen waren die im Olms-Verlag, in der Reihe „Deutschsprachige Literatur des Auslands" erschienenen Bände, in der sämtliche heute literarisch noch aktive deutsche Bevölkerungsgruppen durch Auswahlbände ihrer Autoren berücksichtigt wurden. Besteht seitens des Herausgebers und des Verlags auch weiterhin die Absicht, die Reihe fortzuführen?

Die seit 1974 im Olms-Verlag erscheinende Anthologiereihe, ‚Auslandsdeutsche Literatur der Gegenwart', umfasst 28 Bände und dokumentiert für nahezu sämtliche deutschen Minderheiten anhand ausgewählter Texte die Literaturentwicklung. Im Unterschied zu den Sankelmark-Konferenzen, zu denen aus praktischen und vor allem finanziellen Erwägungen lediglich die Minderheitenkultur im europäischen Raum berücksichtigt werden konnte, erwies sich für die herausgeberische Betreuung der Anthologien als möglich, auch die literarischen Leistungen südost- und osteuropäischer sowie überseeischer Literaturszenen vorstellen zu können.

Der damit leicht zugänglich gelieferte Textfundus hat nicht nur die Öffentlichkeit informiert, sondern erweist sich bis heute als willkommene Grundlage für die Forschung. In den 1970er Jahren handelte es sich um die am breitesten angelegte Dokumentation zur literarkulturellen Entwicklung der deutschen Minderheiten in Europa und Amerika. Und man kann davon ausgehen, dass die Veröffentlichung der Texte zusammen mit den Kommentaren und Bibliografien auch entsprechende Rückwirkung auf das kulturelle Selbstbewusstsein der Minderheiten, vor allem auf die die Literatur tragenden Intellektuellen hatte, aber auch auf die daran interessierten osteuropäischer Staaten. Für das Elsass sind die von Adrien Finck edierten Bände bis heute Zeugnis der dortigen Regionalliteratur im alemannisch-französisch-deutsch geprägten Kulturraum, zugleich Dokumentation der literarisierten politischen Reaktion durch die Aktion der Kernkraftgegner und die Verfechter einer liberalen Verbindung von einer regional spezifischen elsässischen Kultur mit den deutschen und französischen kulturellen Einflüssen. Seine Bände haben die literaturwissenschaftliche Auseinandersetzung mit dieser Literatur im kulturellen Übergangsraum maßgeblich in Gang gebracht.

Als positive Folge der eigenen nachdrücklich betriebenen Auseinandersetzung mit den literarkulturellen Bedingungen deutscher Minderheiten, der dann einsetzenden Regionalismus-Diskussion im Zusammenhang mit den

Forderungen nach einem europäischen Einheitsstaat, dem Ende des Kalten Krieges, des damit verbundenen Zusammenbruchs des kommunistischen Machtbereichs, der unterschiedlich weit gehenden politischen Befreiung osteuropäischer Staaten aus der ideologischen Bevormundung, der davon beförderten Rückwanderung politisch und wirtschaftlich enttäuschter deutscher Minderheitenangehöriger und des politischen, kulturpolitischen und wissenschaftlichen Akzeptierens solcher Bevölkerungsgruppen und ihrer Kultur sind eine Fülle von Einrichtungen gegründet worden, die sich heute bei angemessener personeller und finanzieller Ausstattung mit dem Gegenstand beschäftigen. Dort wird in extenso Material gesichtet, dokumentiert und archiviert. Diese Situation ist erfreulich. Die Hartnäckigkeit, mit der die eigene Forschung und Vervielfältigung der Informationen betrieben worden ist, scheint sich bewährt zu haben.

Die politischen Veränderungen in Ost- und Südosteuropa seit 1990 haben für die deutschen Minderheiten jener Regionen völlig neue Bedingungen geschaffen. Das Ende der „ideologischen Konfrontation", heißt es in einem deiner Beiträge zu diesem Thema, „vielfältige Migrationen", die „Erosion muttersprachlich deutscher Potenziale" werden wohl auch die Kultur dieser Bevölkerungsgruppen nicht unberührt lassen. Wird es unter diesen Voraussetzungen hinfort noch „unabhängige deutsche Minderheitenliteraturen" geben können?

Die anfänglich erwähnte Skepsis gegenüber dem Effekt der eigenen wissenschaftlichen Bemühungen gilt erst recht für die Frage nach der zukünftigen Existenz deutscher Literatur unter Minderheitenbedingungen. Ohne die Bedeutung der verständlichen Forderungen nach einem ‚Europa der Regionen' unterbewerten zu wollen, mit denen nicht nur Politiker, sondern auch Bürger nach einem begreifbaren Zusammenhang von Region, Geschichte und Heimat als Teil der eigenen Identität verlangen, vollzieht sich für jeden sichtbar ein Prozess der kulturellen Einebnung. Die Konturen der kulturell so unterschiedlich gekammerten deutschen und europäischen Kulturlandschaft verschwimmen zunehmend. Alles das, was man an Gegensteuerung aufbietet, bleibt künstliche Maßnahme, die die Erosion der gewachsenen Grundlagen kaum wird aufhalten können.

Das gilt im besonderen Maße für die Kultur der deutschen Minderheiten. Die Offenheit der Grenzen, die dem minderheitenkulturellen Widerstand zum Schutze der eigenen Kultur den Impetus nimmt, das Fortfallen der nationalstaatlichen Absicht, die anderssprachige Minderheiten mit der eigenen Kultur aus staatspolitischer Räson zu verklammern, die begriffliche wirtschaftliche Orientierung von Minderheitenangehörigen und ihre Bereitschaft zur Abwanderung in die Räume ökonomischen Wohlergehens werden mittelfristig das besondere Profil von Minderheitenkulturen abschleifen.

Der Kulturwissenschaftler bedauert dies, aber versteht es. Und die Frage nach den literarkulturellen Interferenzräumen ist längst Teil des sachlichen wie methodischen Zugriffs auch der deutschen Germanistik und der Auslandsgermanistik geworden. Teil dieser Frage wird die literarische Kultur von Minderheiten bleiben, auch derjenigen der deutschen. Eine angemessene Betrachtung aber bedarf der Einsicht, dass Letztere integrativer Teil der deutschen und anderssprachigen Literaturentwicklung ist. Jede ethnozentrisch orientierte Hochwertung verfehlt den seriösen kulturgeschichtlichen und literaturwissenschaftlichen Zugriff. Als literaturgeschichtlich marginale Erscheinung, singuläre Literaten von Rang und literarhistorischem Einfluss ausgenommen, hat sie im Diskurs zur sozialgeschichtlichen Dimension von Literatur in ihrer regionalen Bindung eine ihr sorgfältig anzumessende Bedeutung.

4/2001

„MEINEM TATENDRANG FREIEN LAUF LASSEN"

Anton Schwob

Prof. Dr. Anton Schwob, der anlässlich seines 60. Geburtstages von der Karl-Franzens-Universität in Graz mit einer rund 600 Seiten starken Festschrift geehrt worden ist, hat sich neben der Beschäftigung mit mittelalterlicher deutscher Literatur, über die er Vorlesungen und Seminare anbot, Fachbücher und Studien verfasste sowie wissenschaftliche Tagungen organisierte und leitete, seit seiner Studienzeit wissenschaftlich eingehend mit Geschichte, Sprache und Literatur der Südostdeutschen auseinandergesetzt. An die Themen und Methoden der südostdeutschen Sprach- und Literaturforschung wurde der am 29. August 1937 in Apatin (Batschka) geborene Schwob, nachdem er – nach der Flucht aus einem titoistischen Lager – in Salzburg die Schule besucht hatte, in Marburg/Lahn und Innsbruck herangeführt, wo er u. a. auch bei Karl Kurt Klein studierte. In seiner Dissertation, die er 1967 verteidigte, verfolgte Schwob die *Siedlermischung und den Sprachausgleich in jungen südostdeutschen Sprachinseln* und explizierte diesen Prozess am Fallbeispiel der Mundart von Neubeschenowa (Banat). Seit der Habilitation trat die Beschäftigung mit älterer deutscher Sprach- und Literaturgeschichte in den Vordergrund, speziell die Auseinandersetzung mit der Biografie und dem Werk des spätmittelalterlichen Lyrikers und Komponisten Oswald von Wolkenstein, über den Schwob eine Monografie sowie mehrere Studien verfasste und dessen Werkedition er leitete, die mit Band 3 (2004) ihren Abschluss fand.

Als ehemaliger Geschäftsführer und langjähriges Mitglied des Südostdeutschen Kulturwerks, dessen 2. Vorsitzender er war und dessen Schriftenreihen er herausgab, hat sich Schwob intensiv und nachhaltig für die Belange der südostdeutschen Forschung engagiert und zahlreiche Bände betreut.

Anton Schwob war Leiter des Germanistischen Instituts in Graz, Mitglied in zahlreichen wissenschaftlichen Beiräten und Kommissionen und 1996–2000 auch Präsident der „Österreichischen Gesellschaft für Germanistik". 2005 ist er mit dem Großen Silbernen Ehrenzeichen für Verdienste um die Republik Österreich ausgezeichnet worden.

Nach seiner Emeritierung (2005) zog Schwob von Graz nach Salzburg, wo er auch heute lebt.

Herr Professor Schwob, am 18. Oktober 1997, als Ihr 60. Geburtstag an der Karl-Franzens-Universität Graz feierlich begangen wurde, ist Ihnen eine umfangreiche

Festschrift überreicht worden, an der zahlreiche Wissenschaftler aus dem In- und Ausland mitgewirkt haben. Obwohl Sie nach wie vor voller Tatendrang sind, beginnt damit wohl der letzte Abschnitt einer erfolgreichen akademischen Laufbahn an einer Universität, an die Sie 1982 als Ordinarius für Ältere deutsche Sprache und Literatur berufen worden sind und deren Institut für Germanistik Sie seit 1992 leiten. Was hat Ihnen die Arbeit an diesem Institut bedeutet, welche pädagogischen und wissenschaftlichen Projekte möchten Sie bis zu Ihrer Emeritierung noch verwirklichen?

Die Festschrift, die mir zu meinem 60. Geburtstag gewidmet wurde, ist tatsächlich ein Höhepunkt in meiner akademischen Laufbahn. Sie hat mir große Freude und Genugtuung bereitet. Viele arbeitsreiche Jahre haben damit eine Anerkennung gefunden, wie ich sie mir nie erhofft, nicht einmal erträumt hatte. Gerade deshalb will ich über den „letzten Abschnitt" meiner Tätigkeit als Universitätslehrer, Wissenschaftler und Organisator nicht gern sinnieren; glücklicherweise kann ich in Österreich bis zu meinem 68. Lebensjahr im Amt bleiben und meinem Tatendrang freien Lauf lassen. Es war die Erfüllung meines Lebensziels, eine traditionsreiche Lehrkanzel wie die Grazer für Ältere deutsche Sprache und Literatur weiterführen zu dürfen. Ich hatte die Chance, mit einem jungen Team von Mitarbeitern neu zu beginnen, eine Schule zu begründen und Schwerpunkte dort zu setzen, wo ich wollte. Ein breit gefächerter Aufgabenbereich vom Gotischen über das Alt- und Mittelhochdeutsche bis zum Frühneuhochdeutschen und von der karolingischen Literatur bis zu der der Lutherzeit, von der Gebrauchsliteratur bis zur Dichtung stand mir für meine Vorlesungen und Übungen offen. Als Schwerpunkte wählte ich die frühneuhochdeutsche Sprachperiode, die Literatur des Hoch- und Spätmittelalters sowie die Editionswissenschaft. In diesen Bereichen möchte ich auch weiterarbeiten und vor allem die mehrbändige Edition der Lebenszeugnisse Oswalds von Wolkenstein zum Druck bringen. Außerdem wünsche ich mir, alle meine Mitarbeiter bis zur Habilitation zu begleiten, und als Institutsvorstand hoffe ich, die Grazer Germanistik trotz ministerieller Sparpläne in der bisherigen Form erhalten zu können.

Neben Ihrer Tätigkeit als Wissenschaftler und Hochschullehrer waren Sie seit Beginn Ihrer wissenschaftlichen Laufbahn viel mit Organisation und Verwaltung beschäftigt und haben oft auch die Funktionen eines Mentors und Mittlers wahrnehmen und ausüben müssen. Sie sind Mitglied in zahlreichen wissenschaftlichen Beiräten und Kommissionen und seit 1996 haben Sie auch das verantwortungsvolle Amt eines Präsidenten der „Österreichischen Gesellschaft für Germanistik" inne. Wie schaffen Sie es, all diese nicht selten zeitaufwendigen Tätigkeiten und Verpflichtungen mit Ihren eigenen Forschungsvorhaben in Einklang zu bringen?

Es wäre vermessen zu behaupten, meine zahlreichen Tätigkeiten und Verpflichtungen in Verwaltung und Organisation seien problemlos mit meinen Aufgaben als Lehrer und Vorhaben als Forscher zu verbinden. Ich arbeite viel und hart. Ich lebe in ständigem Stress. Oft scheint mir die Bewältigung meiner Arbeit unmöglich. Aber ich kann auch auf Unterstützung durch Mitarbeiter rechnen. Selbst die Familie ist bei Engpässen bereit zu helfen. So kann es geschehen, dass wir die Weihnachtsferien damit verbringen, einen Sammelband druckfertig zu machen, wobei meine Frau Korrekturen liest und mein Sohn bei der Erstellung des Layouts keine Mühe scheut. Doch zurück zur Frage nach meinen Funktionen in Beiräten, Kommissionen, Kulturinstituten und wissenschaftlichen Gesellschaften: Um Forschung betreiben zu können, müssen die entsprechenden Voraussetzungen geschaffen und erhalten werden. Wissenschaftler müssen bereit sein, auch Aufgaben in Organisation und Verwaltung zu übernehmen sowie Gutachten zu schreiben, denn sie wissen am besten, was sie für ihre Tätigkeit benötigen, was sie anregen, neu einführen oder bewahren müssen. Ich sehe dies als eine Art kulturpolitische Arbeit und habe sie immer gern getan. Natürlich gibt es dabei pure Pflichtaufgaben und solche, die auch ehren. Meine Wahl zum Präsidenten der „Österreichischen Gesellschaft für Germanistik" war eine mit Pflichten verbundene Ehre. Die Gesellschaft vereint die Germanisten Österreichs mit österreichischen Germanisten im Ausland und mit Germanisten, die sich im Ausland mit österreichischer Literatur beschäftigen. Ihre Mitglieder kommen aus etwa 40 Ländern. Möglicherweise haben meine guten Kontakte zum Ausland bei der Wahl eine Rolle gespielt; dies war jedenfalls der ausdrückliche Grund für meine Bestellung zum Präsidenten der „Österreich-Kooperation", durch die das österreichische Wissenschaftsministerium Lektoren für das Fach Deutsch ins Ausland sendet.

In der germanistischen Fachliteratur zur Sprache und Dichtung des Mittelalters wird Ihr Name in erster Linie mit dem aus dem südlichen Tirol stammenden spätmittelalterlichen Dichter Oswald von Wolkenstein assoziiert, über den Sie u. a. eine bislang mehrfach aufgelegte, auf eingehenden Quellenstudien beruhende Monografie verfasst haben. Hat Sie zur Beschäftigung mit dem Werk und der Biografie dieses lange Zeit nur von Kennern beachteten, danach Ende der 1970er Jahre plötzlich so bekannt gewordenen Minnelyrikers auch die Tatsache angeregt, dass der sprachgewandte und seiner Zeit weit vorausdichtende Poet, der ein bewegtes und abenteuerliches Leben führte und viel in der Welt herumkam, aus einer Grenzregion kommt?

Der spätmittelalterliche Lyriker, Komponist und Tiroler Adelspolitiker Oswald von Wolkenstein fasziniert mich seit nunmehr zwanzig Jahren in zunehmendem Maße, und dies nicht nur, weil er aus einer Grenzregion kommt: Sein spannendes Leben ist außergewöhnlich dicht und daher einmalig präzis durch Urkundenmaterial belegt und kann in seiner Beispielhaftigkeit für spätmittelalterliche Adelsexistenz von der Geschichtsforschung nicht oft genug herangezogen werden. Auch als Künstler muss dieser Mann sowohl im musikalischen wie im sprachlichen Bereich zu den Großen gezählt werden. Zahlreiche Publikationen von Literarhistorikern, Sprach- und Musikwissenschaftlern, die vor allem seit Ende der 1970er Jahre Bücher und Zeitschriften füllen, beweisen, dass man die Lieder Oswalds von Wolkenstein nur intensiv betrachten muss, um, aus welcher Perspektive auch immer, neue und interessante Beobachtungen vorbringen zu können. Was mich bei diesen Beobachtungen stets aufs Neue anregt und überrascht, sind die Parallelen oder Berührungspunkte zwischen den historischen Quellen und den Liedern: Die einen überliefern juristisch relevante Momentaufnahmen, die sich zu einer, wenn auch lückenhaften, Lebensgeschichte aneinander reihen lassen, die anderen enthüllen uns die persönliche Meinung des adeligen Dichters über solche Momente und Entwicklungen. Beide Textsorten, die Urkunden wie die Lieder, müssen mit Umsicht gelesen und mit größter Vorsicht gedeutet werden, denn sie waren an mittelalterliche Normen und die Erwartungshaltung der Zeitgenossen gebunden; wer dies berücksichtigt, kommt zu unerwarteten Ergebnissen, die die Kulturgeschichte des Spätmittelalters unerhört bereichern können. Die Beziehungen zwischen Geschichte und Literatur haben mich, der Germanistik und Geschichte studiert hat, nicht nur am Beispiel Oswald von Wolkenstein interessiert (Biografie des Dichters, Untersuchung zur Stilisierung der Gefangenschaft, zahlreiche Aufsätze), es gab auch andere Forschungsschwerpunkte: So hat mich der meines Erachtens als Satire gegen Friedrich Barbarossa verfasste *Reinhart Fuchs* mit seinen vehementen Angriffen auf die Rechtsunsicherheit seiner Zeit (*„gewalt vert uf der straze"*, singt Walther von der Vogelweide wie zur Bestätigung, und: *„fride und reht sint sere wunt"*) lange Zeit beschäftigt. Auch die Geschichte vom bäuerlichen Straßenräuber *Helmbrecht*, der sich einbildete, Ritter werden zu können, zeigt spannende Berührungspunkte zwischen Geschichte und Literatur, desgleichen die Lieder Neidharts wie überhaupt die literarische Gestaltung der ‚Haussorge-Problematik' bei verschiedenen Dichtern (etwa Süßkind von Trimberg, Johann Hadlaub), der ‚Armut' von wandernden Literaten (Friedrich von Sonnenburg) oder der Pflege des Nachruhms durch Dichtung (Kaiser Maximilian). Ferner habe ich auch Beiträge über Zeitvorstellungen in der mittelalterlichen Dichtung, zur Gebrauchsliteratur des Spätmittelalters, vor allem zu Reiseberichten, und zur frühneuhochdeutschen Urkundensprache sowie zur Frühgeschichte der Literaturgeschichtsschreibung verfasst. Ein gemeinsamer Nenner verbindet die hier genannten literarhistorischen Forschungsinteressen mit meinen dialektgeografischen Untersuchungen, nämlich das Interesse des Germanisten an der Geschichte oder des Historikers an Sprache und Literatur.

Vor den Perioden des persönlichen wie familiären Glücks und des beruflichen Erfolgs erstrecken sich in Ihrer Biografie auch düstere Zeitspannen. Besonders Ihre Kindheit und früheste Jugend sind von materieller Not und existenzieller Bedrängnis nicht verschont geblieben. Im Unterschied zu anderen Deutschen aus Ost- und Südosteuropa, denen ein ähnliches Schicksal widerfuhr und die von ihren traumatischen Erlebnissen und Erfahrungen nicht loskommen, haben Sie in der wissenschaftlichen Auseinandersetzung mit der Geschichte und Kultur Ihrer Herkunftsregion eine Möglichkeit gefunden, persönliche und gruppenspezifische Vergangenheit nicht nur zu bewältigen, sondern diese auch differenziert und ohne Betroffenheitsrhetorik zu vermitteln. Es war wohl keine leichte Aufgabe, diese Haltung in Kreisen durchzusetzen, die Illusionslosigkeit und Sachlichkeit nur schwer ertragen und statt Nüchternheit eher einen verklärenden Diskurs bevorzugen?

So lebensbedrohend die Verhältnisse im titoistischen Lager Gakovo gewesen sein mögen, wo ich als sieben- bis neunjähriges Kind zusammen mit meiner Mutter Angst, Krankheit und Fluchtversuche durchgestanden habe, so viel Glück hatte ich damit, damals noch ein Kind gewesen zu sein. Kinder nehmen das Leben so, wie es gerade ist. Auch die Flucht, im Winter zu Fuß durch Ungarn, und der schwere Anfang im rettenden Österreich, nämlich in einem Auffanglager, in dem es fast nichts zu essen gab, hat mich nicht traumatisiert, galt es doch, den Vater zu finden und neu zu beginnen. Im Land und in der Stadt Salzburg sowie in den Schulen, die ich dann besuchte, fühlte ich mich freundlich aufgenommen. Die Politik der Kirche, damals geleitet von Erzbischof Andreas Rohracher, und des Landes – ich erinnere mich vor allem gern an Landeshauptmann Josef Klaus – war ohne Vorurteile gegenüber Flüchtlingen und Vertriebenen: man versuchte lieber, ihnen eine Chance zu geben und sie zu integrieren. Diese Jahre der Aufstiegsmöglichkeit vom verspäteten Grundschüler über die Hauptschule in die angesehene Lehrerbildungsanstalt, wo ich schließlich maturieren konnte, haben mich entscheidend geprägt. Ihnen verdanke ich meine ‚objektive', eher wissenschaftlich als emotional bestimmte Einstellung zur Geschichte und Kultur der Region, in der ich geboren wurde. Dass dies in manchen Kreisen, in denen sich Deutsche aus Südosteuropa zusammenfanden, eher auf Befremden stieß, habe ich viele Jahre lang gar nicht bemerkt.

Außer Ihrer Herkunft war es auch Ihr Bildungsweg, der ihren wissenschaftlichen Werdegang wohl mitbestimmte. Neben dem Aufenthalt an der Marburger Burse war es unter Ihren akademischen Lehrern vor allem der Innsbrucker Ordinarius für Ältere deutsche Sprache und Literatur Karl Kurt Klein, der – Ihren Beiträgen über ihn nach zu urteilen – Sie sonderlich beeindruckte. Inwiefern hat Kleins vielseitiges wissenschaftliches und kulturpolitisches Wirken für Sie auch heute noch Vorbildfunktion?

Am Ende meiner Schulzeit hatte ich so viel Mut angesammelt, dass ich mich entschloss, nicht als Volksschullehrer im Lande Salzburg zu unterrichten, sondern zu studieren. Die finanzielle Situation meiner Familie erforderte allerdings Unterstützung durch Stipendien, und so gelangte ich, empfohlen von Landeshauptmann Klaus, in die Deutsche Burse zu Marburg an der Lahn und an die dortige Universität. Die ethnopolitischen Interessen des Leiters der Burse, Professor Johann Wilhelm Mannhardt, das Zusammenleben mit Studienkollegen aus aller Welt, anregende Diskussionen unter Studenten und nicht zuletzt das Kennenlernen einer Studienkollegin, die später meine Frau werden sollte, haben diese Zeit in meinem Gedächtnis gut bewahrt, wenn auch ein wenig verklärt. Als Student der Germanistik hatte ich die Möglichkeit, den Deutschen Sprachatlas, damals ein Zentralinstitut für die Erforschung der deutschen Sprache und ihrer Dialekte, zu besuchen. Ihr Leiter, Professor Ludwig Erich Schmitt, nahm mich freundlich in die Gruppe der von ihm Geförderten auf und sorgte später dafür, dass ich im Rahmen der Gesamtaufnahme deutscher Mundarten achtundachtzig südostdeutsche Ortsmundarten auf Tonband und mit Fragebogen für die Dialektgeografie sichern konnte. Anlässlich eines Gastvortrags in Marburg lud mich Professor Karl Kurt Klein ein, meine Studien bei ihm in Innsbruck fortzusetzen. Klein war ein außergewöhnlich anregender Lehrer, der seinen Schülern viel zutraute und sie mit den schwierigsten Aufgaben bedachte, der sie zu unvorstellbarer Arbeitsleistung nötigte, sie aber auch verlässlich betreute. Er schickte mich 1960, als die Stelle eines Geschäftsführers des Südostdeutschen Kulturwerks vakant wurde, kurzerhand nach München, wo ich lange blieb und meine Studien zeitweilig arg vernachlässigen musste. Knapp vor seinem Tod bewog er mich außerdem, die Schriftleitung des *Korrespondenzblattes des Arbeitskreises für Siebenbürgische Landeskunde* zu übernehmen, einer angesehenen Zeitschrift, die er selbst zwischen 1930 und 1940 unter dem Titel *Siebenbürgische Vierteljahrsschrift* herausgegeben hatte.

Die Anfänge Ihrer Forschungen standen im Zeichen der südostdeutschen Sprachwissenschaft. In Ihrer Dissertation erörterten Sie die politischen, gesellschaftlichen und sprachgeschichtlichen Zusammenhänge, die zu Sprachausgleichserscheinungen in den südostdeutschen Mundarten, vor allem jenen aus der Batschka und des Banats, geführt haben. Nach einiger Zeit wandten Sie sich jedoch intensiver und zielstrebiger der

Literaturwissenschaft zu. Gab es außer den Überlegungen zur beruflichen Zukunftssicherung auch andere Gründe für diese Entscheidung?

Angeregt, ja fast gedrängt von Karl Kurt Klein begann ich meine wissenschaftliche Publikationsreihe mit Beiträgen zur Sprachgeschichte und Sprachgeografie. Speziell interessierte mich das Verhältnis von Sprachnorm und Sprachwandel und dessen Auswirkung auf Sprecher verschiedener regionaler und lokaler Sprechweisen, wie sie in den nachtürkischen, jüngeren deutschen Sprachinseln Südosteuropas zusammengekommen sind. Sprachmischung und Sprachausgleich ließen sich hier wie in einem Labor beobachten und mit historischem Quellenmaterial vergleichen. Ich konnte nachweisen, welche Sprechweisen besondere Durchschlagskraft gezeigt und welche historischen Begleitumstände Einfluss auf die sprachliche Entwicklung genommen haben. Dies war nicht nur für sich und bezogen auf südosteuropäische Ausgleichsmundarten von Interesse, sondern zeigte auch Bedingungen und Gesetze auf, die zur Entstehung der neuhochdeutschen Schriftsprache geführt haben dürften. Mein Überwechseln von sprachhistorischen und dialektgeografischen Arbeiten zu literarhistorischen war vor allem dem Nachfolger von Professor Klein auf dem Innsbrucker Lehrstuhl für Germanistik, Professor Johannes Erben zuzuschreiben. Erben stellte mich 1968 als Assistent ein. Er erwartete von seinen Mitarbeitern die Beschäftigung sowohl mit der Sprache als auch mit der Literatur. Als Voraussetzung für eine Habilitation waren seiner Meinung nach, wissenschaftliche Publikationen aus beiden Bereichen vorzuweisen, obwohl er selbst mehr der Grammatik und Wortgeschichte des Deutschen zugeneigt war. Ich begann mit einem in Tirol nahe liegenden, an der Universität Innsbruck traditionellen Thema, dem übrigens auch Professor Klein seinen Tribut gezollt hatte, nämlich mit Oswald von Wolkenstein. Was mich veranlasst hat, mich fortan und mit Sicherheit auch in Zukunft von diesem Thema fesseln zu lassen, habe ich bereits erzählt. Ich schrieb eine Biografie nach den historischen Quellen, vornehmlich Urkunden und Akten, interpretierte Lieder, die historische Relevanz aufwiesen, beobachtete die Auseinandersetzung Oswalds von Wolkenstein mit seinem Landesfürsten in den historischen und literarischen Quellen, griff zahlreiche Einzelprobleme auf und verfasste eine Habilitationsschrift über Fragen des Verhältnisses von historischer Realität und literarischer Umsetzung am Beispiel der Gefangenschaftslieder dieses Dichters. Dies alles diente meinem beruflichen Weiterkommen, hatte mich als Interessensgebiet aber bald so sehr eingenommen, dass ich auch nach meiner Berufung nach Graz immer wieder zu diesem Thema zurückgekehrt bin.

Vor allem arbeite ich zusammen mit einem engagierten Team an einer voraussichtlich fünfbändigen Edition der *Lebenszeugnisse Oswalds von Wolkenstein*.

Der vornehmlich als Liedermacher bekannt gewordene Tiroler Adelige hat nämlich der Nachwelt neben zwei repräsentativen Liederhandschriften und mehreren Porträts eine Vielzahl (rund 700 Stücke) von Urkunden, Akten, Briefen und persönlichen, wenn auch nicht unbedingt persönlich geschriebenen Aufzeichnungen hinterlassen. Ihr Studium erlaubt es, dem Leben eines für seine Zeit besonders interessanten, aber für seinen Stand durchaus typischen Menschen nachzugehen und gelegentlich Einblick in seine Arbeitsweise als Künstler zu nehmen. Es handelt sich um Quellentexte aus dem spätmittelalterlichen Rechts- und Geschäftsleben, die zwar nur punktuelle, durch ihre juristische Perspektive zusätzlich verengte Aufhellungen liefern können; die aber andererseits größtenteils präzis datierbar und lokalisierbar sind. Ihre Autoren und Adressaten werden meistens namentlich genannt, ihr jeweiliger Zweck ist offenkundig. In chronologischer Reihenfolge ediert und kommentiert können diese Texte die Biografie der Bezugsperson klären, deren Stationen zu einem Lebenslauf zusammenfügen und diesen in das historische Umfeld einbetten. Dazu gehört auch, dass sie der Interpretation von autobiografischen Liedern des Künstlers, etwa von politischen Liedern oder Gefangenschaftsliedern, Hilfestellung geben. Keine nichtfürstliche Person des deutschen Spätmittelalters dürfte derart detailreich dokumentiert sein wie Oswald von Wolkenstein.

Ihre Beziehungen zum Südostdeutschen Kulturwerk in München gehen bis in Ihre Studentenzeit zurück. Mittlerweile sind Sie als 2. Vorsitzender zuständig für die wissenschaftlichen Belange des Instituts und als Herausgeber verantwortlich für die fünf Veröffentlichungsreihen des Verlags. Welcher Stellenwert kommt dieser Tätigkeit im Rahmen Ihrer vielseitigen Arbeitsfelder zu?

Wer schon als Student Geschäftsführer eines Instituts mit so weitreichenden und interessanten Aufgaben, wie sie das Südostdeutsche Kulturwerk hat, sein konnte, wird sich nie mehr davon lösen können. Ich habe jedenfalls kontinuierlich mitgestaltend die Arbeit des Kulturwerks verfolgt, als ich längst wieder in Innsbruck und auch als ich später in Graz war. Ich messe dem Kulturwerk eine außerordentlich große Bedeutung für die Sicherung des kulturellen Erbes der Südostdeutschen zu und bin der Meinung, dass es nicht nur eine kulturpolitische Rolle spielen soll, sondern auch eine wissenschaftliche Funktion haben muss, die tagespolitische und parteipolitische Einflussnahmen sowie kulturpolitische Moden fernzuhalten vermag. Ich bin stolz darauf, dass dieses Anliegen im Kulturwerk akzeptiert wurde und wird, und sehe mit Freude, wie sehr sich dies zum Nutzen der Institution auswirkt. Die Entwicklung des Südostdeutschen Kulturwerks vom Einpersonengeschäft, das zudem in Abhängigkeit vom Südost-Institut agieren musste, zum selbständigen Institut mit zahlreichen kompetenten Mitarbeitern habe ich mit so viel Freude verfolgt, dass es mir die zusätzliche Arbeit wert war.

Parallel zur mittelalterlichen literarischen Forschung gilt ihre Aufmerksamkeit auch der deutschen Literatur- und Sprachgeschichte Südost- und Mitteleuropas, zu deren Thematik Sie in den letzten Jahren mehrere Sammelbände herausgeberisch betreut haben. Beabsichtigen Sie dieser Arbeit, trotz simultaner Ansprüche auch in Zukunft treu zu bleiben oder sie gar zu intensivieren?

Die angesprochenen Sammelwerke zur Sprach- und Literaturgeschichte Südost- und Osteuropas ergaben sich aus Tagungen, die ich allein oder gemeinsam mit anderen Germanisten in Graz oder an anderen Universitäten, zum Teil auch in Zusammenarbeit mit dem Südostdeutschen Kulturwerk oder anderen Institutionen organisiert habe. Das gleiche Interesse von Kollegen sowie die geografische Lage und Wissenschaftsgeschichte des Grazer Instituts als Zentrum und Treffpunkt für Literarhistoriker aus den ehemals kommunistischen Staaten Südost- und Osteuropas haben fördernd mitgewirkt. Ich konnte auch immer auf Hilfestellung durch Mitarbeiter rechnen. Wenn sich künftig solche Tagungen ergeben und deren Beiträge veröffentlicht werden sollen, bin ich jederzeit daran interessiert, mitzuarbeiten, obwohl mein eigentliches Fachgebiet nach wie vor die mittelalterliche Sprache und Literatur ist.

Sie haben sich von den konjunkturbedingten Kehren und Wenden der Literatur- und Sprachwissenschaft der letzten Jahrzehnte weder sonderlich beeindrucken noch einschüchtern lassen und der südostdeutschen Forschung die Treue gehalten, auch in einer Zeit, als selbst die wissenschaftliche Auseinandersetzung mit einer solchen Problematik in der germanistischen Öffentlichkeit übel beleumdet, ja sogar karrierehinderlich war. Lässt sich seit 1990 in der Universitätsgermanistik diesbezüglich ein Wandel erkennen? Ist deren Bereitschaft, sich Themen aus dem südostdeutschen Literatur- und Sprachbereich zuzuwenden, seither gewachsen, oder wird die wissenschaftliche Beschäftigung mit diesem Gegenstand weiterhin aus dem Lehr- und Forschungsangebot der germanistischen Institute ausgeschlossen bleiben?

Es war tatsächlich in den 1960er und 1970er Jahren problematisch und jedenfalls für einen angehenden Wissenschaftler gewagt, sich mit Fragen der Deutschen in Südosteuropa zu beschäftigen. Die Autorität von Karl Kurt Klein in Innsbruck hat zwar zeitweilig ein verständnisvolles Klima für solche Interessen geschaffen, aber der übrigen wissenschaftlichen Welt waren sie suspekt. Allzu leichtfertig wurden solche Fragestellungen verdächtigt, rechtslastig zu sein. Wer sich dennoch in das Gebiet der südostdeutschen Dialektgeografie vorwagte, musste riskieren, mit landsmannschaftlichen Aktivisten in einen Topf geworfen zu werden, ja viele Wissenschaftler wollten nicht einmal zur Kenntnis nehmen, dass und wo in Südost- und Osteuropa Deutsche gelebt haben und leben. Dies hat sich seit etwa Mitte der 1980er Jahre grundlegend geändert. Gar mancher Universitätsprofessor, der früher keine Erwähnung von Siebenbürger Sachsen oder Donauschwaben ertragen konnte, entdeckte plötzlich seine Liebe zur ‚fünften deutschen Literatur', zur Sprache der Donauschwaben, zu ihrer Musik, ihrem Gesellschaftsleben und manchem anderen, ja er fühlte sich als Entdecker dieser lange vernachlässigten Themenbereiche. Als einer der wenigen, die schon in der Zeit des Kalten Krieges über alle ‚eisernen' Grenzen hinweg mühsam die Beziehungen zu Wissenschaftlern Südosteuropas und Osteuropas gepflegt haben, als einer, der Tausende Briefe geschrieben, Mitarbeiter aus diesen Ländern für Zeitschriftenbeiträge gewonnen, sie zur Teilnahme an Tagungen eingeladen hat und dies auch bei den politisch entscheidenden Personen und Stellen durchgesetzt hat, sehe ich mit Staunen dem Treiben heutiger ‚Entdecker' zu. In den Kanon des Lehr- und Forschungsangebotes germanistischer Institute scheint die Beschäftigung mit der Sprache und Literatur der Ost- und Südostdeutschen immer noch zögerlich Einzug zu halten, sie bleibt vorerst in erster Linie den Sonderveranstaltungen wie Tagungen sowie der Einzelforschung vorbehalten.

4/1997

„MEIN BUKOWINERTUM IST MIR UNREFLEKTIERT ‚ZUGEWACHSEN'"

Kurt Rein

Zu den Arbeitsgebieten von Prof. Dr. Kurt Rein gehört außer der Sprachdidaktik, der Dialektologie und der Soziolinguistik auch die Sprachinselforschung. 1932 in Frautautz, in der Bukowina, geboren, hat Rein, dessen Fluchtweg mit der Familie über Ostpreußen, Schlesien, das Sudetenland nach Bayern führte, zu seiner südosteuropäischen Herkunftsregion und zu deren Kultur und Geschichte zwischenmenschliche und wissenschaftliche Kontakte gepflegt.
Nach dem Abitur (1951) studierte Rein in München, Mainz und Marburg Germanistik, Anglistik und Geschichte und promovierte 1957 in Marburg/Lahn bei Walter Mitzka mit einer dialektgeografischen Arbeit. Nach Stationen in Marburg und Innsbruck, wo er unter der Leitung von Karl Kurt Klein am *Siebenbürgisch-Deutschen Sprachatlas* mitarbeitete und nachdem er sich über die *Deutschen Sprachinseln täuferischen Ursprungs im Mittelwesten der Vereinigten Staaten* habilitierte, übernahm Rein 1976 eine Professur für Linguistik und Didaktik an der Ludwig-Maximilians-Universität München. Neben Fragen der bairischen Dialektologie, der siebenbürgisch-sächsischen Mundart- und Herkunftsforschung, der Interferenzlinguistik und Sprachdidaktik nimmt die Analyse des zeitgenössischen Sprachgebrauchs bei den deutschen Minderheitengruppen in Südosteuropa einen zentralen Platz in den wissenschaftlichen Abhandlungen von Kurt Rein ein. Besondere Aufmerksamkeit wird hierbei der Kultur- und Literaturgeschichte der Bukowina geschenkt.
Kurt Rein, Emeritus der Ludwig-Maximilians-Universität, lebt in Baldham bei München.

Herr Professor Rein, in der Antwortrede auf die Laudatio von Karl Stocker anlässlich der Feier Ihres 65. Geburtstages an der Ludwig-Maximilians-Universität München führten Sie u. a. aus, Sie hätten vor einigen Jahren, wenn Sie sich als „homo Bucovinensis" zu erkennen gaben – wohl auch unter dem Eindruck der maghrebinischen Geschichten Gregor von Rezzoris –, „entweder ein zwinkernd-nachsichtiges Lächeln" geerntet, oder man hätte Sie für einen Celan-Exegeten gehalten. Hat sich zwischenzeitlich an diesem Sachverhalt einiges geändert und, wenn ja, worauf lässt sich dieser Wandel in der Wahrnehmung zurückführen? Verbindet man hierzulande mit der Bukowina nun mehr als nur die Namen von Paul Celan, Rose Ausländer oder Gregor von Rezzori?

KURT REIN

Diese Frage hat durch den Tod des letzten der wohl bekanntesten Bukowiner Literaten, Gregor von Rezzori – am 23. April 1998 – nochmals eine Aktualität bekommen, die bereits eine Antwort einschließen könnte: In den Nachrufen des Geehrten war dessen Heimat als „Czernowitz" oder „Bukowina" – meist ohne weiteren Kommentar – genannt worden, offenbar weil dies nicht mehr als nötig erachtet wurde. Die für die Literatur offensichtlich so anregende multiethnische und – man traut sich fast nicht, das so oft und meist missbräuchlich gebrauchte Wort noch zu nennen – multikulturelle Bukowina ist noch vor dem Verstummen ihres größten Poeten doch so bekannt geworden, dass man sie heute nicht mehr eigens vorstellen zu müssen glaubt.

In jüngster Zeit kam dem auch noch der Umstand zugute, dass der zwar in Sachsen geborene, aber aus politischen Gründen bei seinen Großeltern in Sereth aufgewachsene Edgar Hilsenrath in seinen letzten Romanen *Jossel Wassermanns Heimkehr* und *Ruben Jablonski – ein autobiographischer Roman* sich zu seinem Bukowiner Erbe bekannte, und diese einmalig vielgestaltige Welt detailreich und liebevoll beschrieben hat. Aber das dürfte schon der endgültige Bekanntheitszenit oder eher schon dessen Ausklang sein.

Das Hauptverdienst an dem Ruhm der (Literatur)landschaft Bukowina gebührt sicher den bekanntesten Namen Rose Ausländer und vor allem Paul Celan. Der hat als Czernowitzer – und das war symptomatisch für die Bekanntheit der Bukowina damals – es sich in einem Brief verbeten, wegen seiner deutschen Sprache als „Exote" angestaunt zu werden.

Aus dieser Unkenntnis wurden die an genauen Ortskenntnissen armen, aber an interpretativer Phantasie umso reicheren binnendeutschen Literaturwissenschaftler in der Nachkriegszeit gezwungen, sich näher mit diesem sie so völlig überraschenden Phänomen Celan zu befassen. Inzwischen haben sie dann auch die diese Aspekte behandelnde südostdeutsche Sprach- und Kulturwissenschaft zur Kenntnis genommen, sei es durch Teilnahme an Symposien wie jenem von Ihrem Institut in Graz durchgeführten, oder indem man – wie dies bei der großartigen Rose-Ausländer-Ausstellung im Literaturhaus in München im Vorjahr geschah – das Bukowina-Institut Augsburg zur Dokumentation des biografischen Hintergrunds der wohl bekanntesten Buchenländer Dichterin heranzog.

Sie sind 1932 in Frautautz geboren und obwohl Sie die Bukowina bereits im frühen Alter verlassen haben und der Fluchtweg Ihrer Familie über Ostpreußen, Schlesien, das Sudetenland schließlich nach Bayern führte, haben Sie zur Herkunftsregion, zu deren Geschichte, Kultur, Sprache und nicht zuletzt zu den Menschen, die dort leben bzw. von dort stammen enge Verbindungen unterhalten. Auch in Institutionen – wie beispielsweise dem Augsburger Bukowina-Institut – sind Sie führend tätig, und in den letzten Jahren haben Sie auch die Beziehung zu den „entfernten Bukowiner Verwandten" in den Vereinigten Staaten und in Kanada aufgenommen. Wie definiert sich heute Bukowiner Identität?

Mein persönliches Bukowinertum ist mir eigentlich – wie ich es vereinfacht sagen möchte – ziemlich unreflektiert „zugewachsen". Es beruhte auf den Eindrücken des ersten Lebensjahrzehnts „im oberen" Dorf mit seiner evangelischen Kirche, mit Kindergarten und Schule daneben, den Onkel und Tanten (mein Vater hatte sechs Geschwister!) und den Nachbarskindern um unseren Hof. Dieser für binnendeutsche Verhältnisse heute unvorstellbare – bis unerträgliche – Großfamilienzusammenhalt hat wohl auch das Weiterbestehen dieser (Gefühls-)Tradition trotz Umsiedlung, Flucht und Wiedersesshaftwerden in der Ferne nach dem Krieg ermöglicht – zuletzt sogar auch nach der Rückkehr der Familie in die Urheimat in der Pfalz.

Eine bedeutende Rolle dabei würde ich der Sprache, besser der Mehrsprachigkeit zuschreiben, die in dieser Gegend selbstverständliches Erbe der Österreicher war und die ich mal mit dem Ausspruch charakterisierte, dass der Fiakerkutscher vor dem Czernowitzer Jugendstilbahnhof um 1900 mehr Sprachen beherrschte als die Universitätsprofessoren dort heute.

Das waren neben dem „schwäbisch" genannten, eigentlich aber pfälzischen Dialekt, das erst in der Schule richtig gelernte Hochdeutsch und das Rumänische – akzentfrei, wenn auch unvollständig erworben von Kindermädchen oder Knechten; außerdem das weniger und nur gelegentlich gehörte Ungarische in Andrásfalva, wenn der Vater einen im Pritschenwagen an seinen Dienstort als Gemeindenotar mitnahm und man mit der ungarischen Dorfjugend radebrechend mitspielen wollte; dann aber das Jiddische, in dem die Familie des Gemeindesekretärs Reichmann die Kinder des Vorgesetzten ihres Vaters ansprachen und verwöhnten, ein Idiom, das aber ebenso wie die anderen Landessprachen in zahlreichen Lehnwörtern auch ins Deutsche der Region eingedrungen und unüberhörbar war.

Diese Vielfalt, die mir erst später als „Reichtum" aufging, hat mir offenbar ein frühes (Selbst)Verständnis – Stolz wäre wohl zu hoch gegriffen – auf diese Besonderheit meiner Heimat eingegeben. Mein Vater, der immer betonte, dass er in „Österreich" geboren sei, versuchte wenigstens einen Teil dieser Polyglossie nach der Umsiedlung der Familie nach Deutschland (1940) noch z. T. dadurch zu erhalten, dass er zu unserer Verwunderung in Deutschland plötzlich Rumänisch mit uns Kindern sprach – was ihm Tadel wegen „völkischer Unzuverlässigkeit" von Seiten des übereifrigen und parteilinientreuen Lagerleiters eintrug.

Ernsthaftere Gedanken über diese Selbstverständlichkeiten habe ich mir erst viel später gemacht, als ich mich beruflich mit Sprache(n) und der durch sie indizierten, aber keinesfalls eingeengten ethnischen Identität wissenschaftlich auseinander setzen musste. So habe ich einen Studiengang „Deutsch als Zweitsprache" für Lehrer der so genannten „(Gastarbeiter)Kinder mit nichtdeutscher Muttersprache" an meinem Lehrstuhl aufgebaut. In deren Biografie spielt es eine große Rolle, nicht nur Sprachen kompetent zu beherrschen, sondern auch beide samt den darin repräsentierten Kulturen und Traditionen in einer modernen (Doppel?)Identität möglichst harmonisch zu vereinen.

Und im Unterschied zu den binnendeutschen Kollegen, für die nur eine möglichst rasche Integration, ja Assimilation als Lösung in Frage kommt, habe ich eine solche Sonder- oder Zwischenstellung – vielleicht Übergangslösung – nicht nur für gut möglich, sondern für erstrebenswert gehalten. Als Beispiel eines solchen „Interimsstatus" sehe ich auch meine Identität als „homo Bucovinensis" an, die sich bei mir – um eine letzte Antwort auf Ihre Frage zu geben – auch noch durch die wissenschaftliche Beschäftigung mit „meiner" Bukowina speiste. So war meine erste philologische Publikation als Zwanzigjähriger die Darstellung meines schwäbischen Dialekts im Fratautzer Heimatbuch; und diese Bukowiner Identität gab auch den Ausschlag, dass ich mich trotz voller beruflicher Auslastung durch wissenschaftliche Arbeit für diesen „spiritus Bucovinensis" engagierte, einmal in der Raimund Friedrich Kaindl-Gesellschaft von ihrer Gründung an und dann am Bukowina-Institut beteiligte, als sich mit diesem vor zehn Jahren endlich größere Möglichkeiten für diese wichtige Aufgabe eröffneten.

Sie haben in einem Rückblick auf Ihre Biografie, den „generationslangen Zickzackkurs" über viele Sprach- und Kulturgrenzen als Grund für Ihr späteres Sprachenstudium und Ihre Hinwendung zur Dialektgeografie, Sprachinsel-, Kontakt- und Migrationsforschung angegeben. Über den engen Fachzaun hinaus haben Sie immer wieder Ausflüge in die Kultur- und Literaturgeschichte vor allem der Bukowina unternommen und Korrekturen an dem Bild der nach Ihrer Meinung einseitig gezeichneten deutschsprachigen Literaturszene des Buchenlandes anzubringen versucht. Glauben Sie, dass angesichts der offensichtlich ungleichen Verteilung der literarischen Gewichte die kanonisierte Literarhistorie, die das Verständnis dieser Literatur schon seit Jahrzehnten prägt, revidiert und „demokratisiert" werden müsste?

Ich bin zwar als Philologe älterer Schule im früheren vollen Umfang dieses Fachs ausgebildet, habe aber vorwiegend auf sprachwissenschaftlichem oder linguistischem Gebiet gearbeitet und weniger als Literaturwissenschaftler oder -historiker. Doch glaube ich, dass auch Literaturwissenschaftler die sprachlichen Grundlagen für die von ihnen untersuchte Poesie genau zu kennen und deshalb die Ergebnisse der Sprachwissenschaft zur Kenntnis zu nehmen – wennschon nicht selber zu untersuchen – haben. Nur dann können sie ihre Funde und Ergebnisse sichern und sich vor allzu gewagten Spekulationen bewahren.

Das gilt nicht nur für die Czernowitzer und Bukowiner Lokalkenntnisse, die durch Veröffentlichungen unserer Landsleute, Frau Edith Silbermann oder die Herausgeber der Anthologie zur Lyrik der Bukowina von Amy Colin und Alfred Kittner bekannt gemacht wurden.

Diese Kenntnisse der multilingualen Verhältnisse und der Sprach- und Kulturkontakte sind die unerlässliche Voraussetzung für die Auflösung der hermetischen Sprach- und Bilderwelt von Paul Celan oder Rose Ausländer.

Aber auch für die Einordnung der Bukowiner Regionalliteratur in die deutsche Literaturgeschichte sind die näheren Kenntnisse über deren bescheidene Anfänge im frühen 19. Jahrhundert vonnöten, um den durch die Flucht im Ersten Weltkrieg vor den Russen nach dem literarisch ultramodernen Wien ausgelösten Schub in die (Ultra-) Moderne zu begreifen, wie sie sich im *Nerv* in Czernowitz artikulierte und den Boden etwa für Rose Ausländer, Robert Flinker, Alfred Kittner und all die anderen vorbereitete. Vor allem aber für Paul Celan, der durch sein Studium in Tours in den 1930er Jahren mit den neuesten Strömungen der damaligen französischen Gegenwartsliteratur dann zu seinem persönlichen Stil fand.

Gerade diese letztgenannten Phänomene um die Zeitschrift *Der Nerv*, in der etwa auch der spätere evangelische Landesbischof Siebenbürgens Viktor Glondys publizierte, zeigt, dass eine Reduzierung der bukowinadeutschen Literatur auf die Autoren jüdischer Abkunft eine unerlaubte Verengung darstellt, wie sie etwa der krasse Außenseiter auf diesem Gebiet, der ostdeutsche Literaturwissenschaftler Klaus Werner, in seinen Beiträgen vorgenommen hat. Weniger ausgeprägt findet sich diese Sicht bei den Autoren der „Bukowiner Literaturgeschichte", in der 1986 von Amy Colin und Alfred Kittner herausgegebenen Anthologie.

So steht eine wirklich alle Äußerungen in deutscher Sprache aus der Bukowina umfassende Geschichte und Anthologie noch aus. Eine Ergänzung durch die betont buchenlanddeutschen Autoren hatte die Kulturreferentin der Landsmannschaft der Buchenlanddeutschen, Frau Bornemann, vorgehabt; doch wegen ihrer schweren Erkrankung nicht mehr realisieren können.

Mit einer solcherart erst vollständigen Geschichte (und einer entsprechenden Anthologie) der deutsch(sprachig)en Literatur in der Bukowina könnte man die (binnen)deutsche Literaturwissenschaft mit mehr Recht auf ihre Pflicht hinweisen, sich auch dieser deutschen Regionalliteratur besser anzunehmen und sie in das Gebäude der Literatur in deutscher Sprache besser und vollständiger zu integrieren.

Zumal die Auslandsgermanistik, wie z. B. die amerikanische oder die rumänische (für Celan) oder auch die polnische (für Rezzori), bereits damit angefangen haben.

Nicht zuletzt soll darauf hingewiesen werden, dass es ein Bukowiner, Karl Emil Franzos, war, der bereits Ende des vorherigen Jahrhunderts eine Zeitschrift *Die deutsche Literatur* herausgab, und ein Czernowitzer Professor der Germanistik, Wilhelm Kosch, der das lange Zeit klassische *Deutsche Literaturlexikon* herausbrachte.

Zu Ihrem wissenschaftlichen Hauptarbeitsgebiet gehört außer der Didaktik der deutschen Sprache, der allgemeinen Dialektologie, der Soziolinguistik speziell die Sprachinselforschung. Sie haben sich der deutschen Sprach- und Sprechgruppen in Südosteuropa und in den Vereinigten Staaten bereits in einer Zeit angenommen, als die germanistische Linguistik wie auch die Literaturwissenschaft fast ausschließlich an „großen" Themen interessiert war. Wollten Sie bereits damals ein Zeichen gegen die – lassen Sie mich ein Modewort gebrauchen – „Globalisierung" in der Germanistik setzen?

Meine Arbeit an der Erforschung der deutschen Sprachinseln hat sich außer durch die Herkunft aus einer solchen vor allem aus der Verpflichtung entwickelt, die in Südost- und Osteuropa seit längerem existierende deutsche Dialektologie fortzuführen. Die in Marburg entstandene Dialektgeografie eignete sich ganz besonders gut für die räumliche Untersuchung von Sprach- bzw. Dialektverbreitung. Die deutschen Siedlungen in Südosteuropa waren ein bevorzugtes, wenn auch wie das Beispiel Siebenbürgen zeigt, nicht immer restlos befriedigendes Arbeitsfeld für die Sprach-/Dialektgeografen.

Diese Erfahrung konnte ich als Schüler von Karl Kurt Klein immer wieder machen. Von diesem – zumindest wissenschaftlich gesehen – zu einem Siebenbürger umfunktioniert, konnte ich die drei Bände des *Siebenbürgisch-Deutschen Sprachatlasses* bearbeiten und herausgeben. Diese von mir gern geleistete Aufgabe erfolgte z. T. unter abenteuerlichen Erhebungsbedingungen vor Ort bei den Ergänzungen unseres älteren Datenmaterials.

Aber die konkrete, modernen Ansprüchen genügende Lösung des siebenbürgischen Herkunftsrätsels in Form einer eindeutig umschreibbaren Herkunftslandschaft steht noch immer aus.

Weit bessere Chancen boten dagegen die nur maximal 250 Jahre alten österreichischen oder russischen Siedlungen der großen Kaiserinnen des 18. Jahrhunderts, Maria Theresia und Katharina. Das hatte schon die südostdeutsche Forschung – wie z. B. jene von Ladislaus Michael Weifert – der Zwischenkriegszeit erkannt und herausgearbeitet.

Ich hatte nun angefangen, diese Sprachinseluntersuchungen – deren Ergebnisse Anton Schwob in seiner Dissertation zu den Ausgleichmundarten 1972 dargestellt, aber nicht weitergeführt hatte – mit Hilfe der modernen, ungleich exakteren Sprachanalysemethoden wieder aufzunehmen und so das alte Anliegen anzugehen, Geschichte mit sprachlichen Zeugnissen unter Zuhilfenahme moderner Mittel zu erhellen.

Inzwischen haben auch andere moderne Linguisten – so die Amerikaner ihre Pennsylvania-deutschen Siedlergruppen – die „Linguistic Islands" als interessantes Phänomenfeld nicht nur der historischen (Herkunfts)forschung, sondern auch der modernen, heute im Vordergrund des Interesses stehenden „Sprach-Kontaktforschung" entdeckt und erfolgreich untersucht.

Vor drei Monaten habe ich einem Star der englischen Dialektologie, Peter Trudgill, der derzeit in der Schweiz die deutschen Sprachinseln an und jenseits der romanisch-germanischen Sprachgrenze untersucht, zeigen können, dass viele der von ihm als neu vorgetragenen Sprachmischungs- und -ausgleichsvorgänge bei Anton Schwob aus den südostdeutschen Siedlungen bereits belegt, wenn auch nicht so exakt beschrieben, zu finden sind.

Ihre Habilitationsschrift galt den deutschen Sprachinseln täuferischen Ursprungs in den USA als Sprachgemeinschaftsmodelle. Was hat Sie an diesen Gruppen, deren Lebensweise, Wertvorstellungen und Sprache fast archaisch anmuten, jenseits der gewiss interessanten sprachwissenschaftlichen Aspekte so angesprochen, dass Sie Ihnen eine ausführliche monografische Darstellung widmeten?

An den von mir zuerst untersuchten Täufersiedlungen in der Neuen Welt – mit ihrer kapitalistischen melting potIdeologie bilden sie nicht nur auffällige Sprach-, sondern auch Kulturinseln – konnte ich einen eigenen Sprachinseltyp nachweisen: Ich nannte sie „mobile Sprachinseln", weil die Sprecher, nachdem sie wie die aus Tirol stammenden „Hutterischen Brüder" im Laufe eines Jahrhunderts einmal zur Gruppenbildung in ihrem ersten Exil in West-Mähren gelangt waren, diese sprachlich gut nachweisbare Identität auch dann beibehielten, als sie aus denselben religiösen Gründen zum Weiterwandern gezwungen waren. Auch in einem „anderssprachigen Meer" behielten sie ihren einmal ausgebildeten Sprachinselcharakter bei – und das gleich mehrere Male. Denn ungefähr ein Jahrhundert nach dieser ersten Vertreibung – um 1650 – wurden sie von der in Österreich nachwirkenden Gegenreformation gezwungen, Mähren zu verlassen, und gingen 1750 nach Winz und Großpold in Siebenbürgen.

Leider fanden sie auch unter den hier ebenfalls protestantischen Glaubensbrüdern als Sektierer wegen ihrer „kommunistischen" Lebensweise nicht die erhoffte Toleranz. So zogen sie nach nur wenigen Jahren, in denen einige vertriebene Kärntner, so genannte Landler, zu ihnen stießen und religiös wie sprachlich absorbiert worden waren, nach dem damals russischen Wolhynien, wo sie ihre Bruderhöfe in gewohnter Weise aufbauten. Als die zaristische Zentralregierung um 1870 die allgemeine Wehrpflicht einführte, wanderten die konsequenten Wehrdienstverweigerer geschlossen nach Amerika aus, wo heute ebenso wie im anschließenden Kanada gut 30 000 Hutterer auf ihren mit modernstem landwirtschaftlichem Gerät bearbeiteten Bruderhöfen von ca. 120 Seelen ihr strenggläubiges und einfaches Leben im Wesentlichen wie in Mähren weiterführen. Desgleichen behielten sie ihre kärntnerische Merkmale aufweisende Grundmundart bei, daneben das vor allem von den Ältesten gesprochenes spätbarocke „Predigerhutterisch" (insbesondere in Liedern deutscher Schule) – alles neben der Umgebungssprache Englisch, die von staatlichen Lehrer/innen unterrichtet und von allen Hutterern gesprochen wird.

Diese sprachlich so differenzierte, durch ihre strenge, aber bestechend aggressionsfreie „kommunistische" Lebensweise faszinierende Lebensweise – die mir zu studieren nur erlaubt wurde, nachdem ich mit Frau und Kind eine Zeitlang auf so einem Hof gelebt hatte, war zu faszinierend, um einen so bald wieder loszulassen. Das gilt aber auch methodisch-wissenschaftlich: Um sie als Muster für die Entstehung historischer Sprachgemeinschaften durch andere als geografische – hier: religiöse isolierende Faktoren – zu studieren und zu beschreiben, waren die Hutterer sehr ergiebig. Sie bildeten nicht zuletzt den Anfang meiner Liebe zur neuen Welt. Die wurde seither in vielen unterschiedlich langen Aufenthalten – von Tagungen und Kongressen bis hin zu Gastprofessuren – erneuert und fand zuletzt in einer Geschichte der Immigration von Buchenländern in den Mittleren Westen ihren vorläufigen Abschluss.

In Ihren wissenschaftlichen Abhandlungen nimmt die Auseinandersetzung mit der Sprache der Deutschen in Rumänien und Ungarn einen zentralen Platz ein. Seit Ihrem Studium in Marburg und Ihrer Mitarbeit am Siebenbürgisch-Deutschen Sprachatlas *haben Sie sich immer wieder kompetent zu Fragen der siebenbürgisch-sächsischen Dialektologie, zur Lexikologie und zur Herkunftsforschung geäußert. Diese eher historisch ausgerichteten Untersuchungen haben Sie später durch Analysen des zeitgenössischen Sprachgebrauchs bei den deutschen Minderheitengruppen in Südosteuropa erweitert. Bereits gegen Ende der kommunistischen Diktaturen konstatierten Sie eine bedenkliche Zunahme von rumänischen Trans- und Interferenzen in dem in Rumänien gesprochenen Deutsch. Unter welcher Form wird sich deutsche Sprache in diesen Regionen nach dem fast gänzlichen Weggang der Rumäniendeutschen am Leben erhalten können? Wird sich für die immer noch dort Ansässigen eine – ich greife eine Ihrer Formulierungen auf – eine „baltendeutsche" (deutsche Hochsprache ohne mundartlichen*

Untergrund) oder eine „elsässische" (deutscher Dialekt und fremde Landessprache) Lösung abzeichnen, oder wird Deutsch hinfort bloß als Fremdsprache fortbestehen?

Biografische und wissenschaftsgeschichtliche Beweggründe haben mich immer wieder (zurück) zu den deutschen Landsleuten in Südosteuropa geführt – und auch zu der „Schulterung" der Arbeit an den diesen Raum betreffenden wissenschaftlichen Fragen. So wurde ich – wie es einer meiner Bukowiner Landsleute vorwurfsvoll formulierte – zum Beute-Siebenbürger, nachdem Klein offenbar keinen Sachsen für den Siebenbürgisch-Deutschen Sprachatlas finden konnte. Und ich habe das keineswegs bereut, sondern mit einer gewissen wissenschaftlichen Konsequenz und in Dankbarkeit für meinen damaligen Lehrer, so gut es mir möglich war, gemacht.

Ebenso selbstverständlich schien es mir, sich um die jüngste Entwicklung des Deutschen in diesem Raum zu sorgen, soweit das aus der – nach anfänglich positiven Erfahrungen in den frühen Siebzigern, dann aber immer schwerer zu überwindenden – Ferne möglich war. Zumal es darum ging, die vor Ort z. T. unternommenen bewundernswerten Bemühungen – so etwa die Freihaltung des Deutschen von allzu vielen Romanismen, wie sie beispielsweise Johann Wolf und sein Schüler Peter Kottler in Temeswar leisteten – mit einigen anspruchsvollen theoretischen Überlegungen zu unterstützen und in größere, die Einsicht fördernde Zusammenhänge zu stellen. Dabei erhoben sich neben dem Engagement natürlich aber auch allgemein linguistische Fragestellungen von einigem Interesse, so die alte Frage, wie sich die Sprachinselsprecher die nicht wegzuleugnende „Mehrarbeit" der faktischen Dreisprachigkeit (deutsche Mundart und deutsche Schulsprache sowie umgebende Landessprache Rumänisch) erleichtern, und zwar, indem sie jene zur normalüblichen Diglossie reduzieren, wie dies die Elsässer taten, indem sie deutschen Dialekt und Französisch als Hochsprache (unter Aufgabe der deutschen) wählten, oder wie früher die Baltendeutschen, die ihre ehemaligen Dialekte früh aufgaben und nur die jeweiligen Hochsprachen Deutsch und Russisch bzw. Estnisch/Lettisch verwendeten.

In früheren Untersuchungen der 1970er Jahre mit mehr Sprechern und somit mit mehr Sprachgelegenheiten des Deutschen in Rumänien glaubte ich beide Tendenzen nebeneinander zu sehen. In den Städten gaben die Sachsen/Schwaben ihre jeweiligen alten (Orts-)Dialekte zugunsten eines eher sächsisch/schwäbisch gefärbten „Rumäniendeutschen" auf; in einzelnen Familien auf den Dörfern ohne deutsche Schulen hingegen überlebte nur der Dialekt neben dem Rumänischen – auf Kosten des Hochdeutschen.

Letzteres dürfte – ähnlich wie schon unter den Russland- und den meisten Ungarndeutschen – die zukünftige Entwicklung auch in Rumänien sein. Dabei zeichnet sich als eine mögliche Alternative das Erhalten des Deutschen durch Wiedereinführung als „bevorzugte Fremdsprache" ab, eine Entwicklung, die insbesondere in den Orten mit deutscher Tradition und Restbevölkerung sich abzuspielen scheint.

Dessen ungeachtet ist – in Südungarn oder in Westrumänien – in empirischen Untersuchungen eindeutig eine für die Lernmotivation ungeheuer wichtige Aufgeschlossenheit festgestellt worden, die man durch die in anderem Zusammenhang entstandene Bezeichnung „Zweitsprache" ausdrückt. Ein junger Temeswarer Germanist, Sorin Gădeanu, schlug dafür den Begriff „gehobene Fremdsprache" vor, ohne ihn näher zu begründen, so dass er, da ihm die Nähe fehlt, kaum Aussicht auf allgemeine Annahme haben dürfte.

Besonders seit der Aufnahme Ihrer Tätigkeit als Ordinarius am Lehrstuhl für Sprachdidaktik an der Universität München haben Sie auch dem Phänomen der Zweisprachigkeit und seinen zahlreichen Erscheinungsformen Ihre wissenschaftliche Aufmerksamkeit geschenkt. Davon ausgehend haben Sie sich mit dem Bilingualismus und der Diglossie u. a. auch bei den Deutschen in Ungarn und Rumänien befasst und auch die Möglichkeiten des hochdeutschen Spracherwerbs über die vor Ort noch vorhandenen dialektalen Formen erörtert. Inwiefern wurden Ihre Vorschläge von den Germanistiklehrstühlen in Rumänien und Ungarn aufgegriffen und in der Didaktik berücksichtigt?

Wie schon in der Antwort zur vorigen Frage angedeutet, ist es heute inzwischen kolossal wichtig, alle motivationalen Ressourcen für das Erlernen einer weiteren Sprache als der Muttersprache aufzubieten, wenn nicht gerade wie im Falle des Englischen der Sog der amerikanischen Musik, Kultur, Sport etc. ein solches Vorhaben fast unnötig macht.

So stellte ich schon anlässlich meiner ersten Lehrerfortbildungen im Ungarn der 1970er Jahre fest, dass die Lehrer – und auch die ungleich wenigeren Kinder – viel lebhafter und lieber antworteten, wenn ich sie auf „Schwowisch" ansprach und nicht das astreine Hochdeutsch des Hochschullehrers gebrauchte. Desgleichen zeigten von mir und Kollegen in Fünfkirchen und Budapest angeregte empirische Untersuchungen, dass in Klassen, wo auch nur wenige Mundartsprecher waren, der (Anfangs)Unterricht viel schneller und leichter anging, wenn diese Mundartreste bewusst eingebaut und insbesondere für die Aussprache und den Anfangswortschatz genutzt wurden.

Dazu konnte man auf ähnliche Erfahrungen im Elsass verweisen, wo man sogar so weit ging, erst eine Art „Vorschule" zur starken (Re)konstruktion einer kompletten Dialektkompetenz anzuregen, von dem dann ein systematischer Umstieg ins Deutsche leicht herzustellen war.

Die Chancen für eine Übertragung auf die ungarndeutschen Verhältnisse waren nicht ganz so günstig, obgleich ich den Verfechter dieses dialektgestützten Deutschunterrichts zu einer eigens dafür einberufenen Lehrerfortbildung nach Budapest brachte. Der große Erfolg scheiterte angeblich an mehreren Hindernissen. Zunächst waren es – genau besehen – doch recht unterschiedliche zwei Dialekte – ein mittelbairischer im Norden und in Budapest und ein südwestdeutsch-hessisches Schwäbisch im Süden. Das aber hätte, weil weniger stark durch Aussiedlung dezimiert, sicher die (neue) dialektale Führung gut abgeben können.

Noch schädlicher aber wirkten sich sekundäre Fakten aus, insbesondere die Geringschätzung des Dialekts, nicht zuletzt propagiert durch die linientreuen Lektoren aus der insgesamt dialektfernen DDR, die ihr Sächsisch als Hochdeutsch ausgaben und allen Ernstes ein Deutsch, wie es um Hamburg gesprochen wird, als Ideal ausgaben, anstatt des nahe liegenden und von den älteren Budapestern ehedem gesprochenen „Österreichisch".

Da muss man schon sagen, hat die ganze inzwischen beträchtliche Intellektualität der Ungarndeutschen, insbesondere die in der vergleichsweise personell gut bestückten Germanistik tätigen, vor einer großen historischen Aufgabe versagt. Auch wenn sie nun von der Germanistik zum Ungarndeutschen zurückgefunden hat, wie einer ihrer Vertreter in einem in dieser Zeitschrift geführten Interview unlängst freimütig bekannte.

Verstärkend kam hinzu, dass der Sprachunterricht lange Zeit unter der Ägide der von keinerlei didaktischem Fortschritt erfassten Methodik aus der DDR beherrscht war, und die Germanistik, insbesondere jene der Deutschlektoren, sich in verschiedensten Literaturvorlesungen erschöpfte. Zuerst nahmen die Genossen aus Berlin und Leipzig ihren ideologischen Heimvorteil wahr und lehrten die fortschrittliche DDR-Literatur, dann durften die Österreicher ins Land, die natürlich in Kafka und dem *Mann ohne Eigenschaften* ihre erschöpfenden Schwerpunkte hatten. Als ab Anfang der 1980er Jahre dann auch die westdeutschen Lektoren ins Land kamen, brachten diese natürlich die bisher vernachlässigten westdeutschen Autoren ins Gespräch.

Inzwischen war der Sprachunterricht, wenigstens in Ungarn, so ineffektiv geworden, dass man diese diversen Literaturen gar nicht mehr im Original, sondern in Übersetzungen lesen musste – und sich damit auch weitgehend abplagte. Das ging so weit, dass man auch die ohnedies nur in Auszügen goutierten Klassiker nur mehr in ungarischen Übersetzungen verstand, was natürlich die Nähe von Goethe zu Madách noch deutlicher und einsichtiger machte.

Inzwischen hat sich doch einiges getan, vor allem in Ungarn, wo man sich schon viel früher von der Umarmung durch die ostdeutschen Genossen löste und bis zur Wende auch von der Öffnung der deutschen Kulturpolitik nach

Osten idealiter und materialiter (Bücherspenden und personaler Lehreraustausch für die wieder entdeckte deutsche Sprache) profitierte.

In Rumänien war die Situation eine andere, ich würde sagen, günstigere. Dank des guten, auch in Ceaușescus wildester Systematisierungszeit nicht völlig zerstörten deutschen Minderheiten-Schulsystems kamen fast nur Studierende mit „near native competence" als Fast-Muttersprachler, wenn auch zahlenmäßig stark beschränkt, zum Germanistikstudium. Man konnte dort fast wie an den deutschen Universitäten sich gleich dem Sachstudium zuwenden und musste nicht dem Sprachstudium wertvolle Zeit widmen. Mit dem weitgehenden Exodus der Minderheitenangehörigen änderte sich das, und die heutige rumänische Germanistik wird auch an den west- und mittelrumänischen Germanistik-Kathedern in Temeswar, Klausenburg, Hermannstadt, Kronstadt als „internationale Germanistik" gelehrt. Diese widmet sich dann in ihrer wissenschaftlichen Arbeit und Forschung auch in Ungarn und Rumänien so gut untersuchten Themen wie Thomas Mann oder der Klassikrezeption und wendet sich nur zögerlich ihren landesspezifischen Themen (rumäniendeutsche und speziell banatdeutsche Literatur) zu. Doch wird man sich – wie die letzte Tagung der Germanisten Rumäniens in Sinaia zeigte – auch dieser „autochthonen Wurzel" immer bewusster, wie dies u. a. auch die „Heimholung" eines der größten Germanisten Rumäniens, des bereits erwähnten Jassyer, nach dem Kriege Innsbrucker Germanisten Karl Kurt Klein, in den zahlreichen Vorträgen einer eigenen Sektion in Sinaia bewies. Trotz des nach wie vor hohen Niveaus der nur noch nominell deutschen Gymnasien in Temeswar, Hermannstadt etc. erhält der dortige Sprachunterricht des Deutschen als Mutter-, Fremd- sowie als neu bezeichnete „Zweitsprache" eine zunehmend größere Bedeutung. Ich kann das vor allem für Temeswar bestätigen, mit dem mein Lehrstuhl im Rahmen einer Germanistik-Institutspartnerschaft seit sieben Jahren im MOE-Programm und neuerdings über das Brüsseler Sokrates-Programm eng zusammenarbeitet: Von dort kommen je zwei bis drei Studierende (bevorzugt im längeren Wintersemester) nach München und stellen hier unter Mitarbeit in unseren Seminaren und unter Mithilfe der hiesigen, ungleich besseren Bibliotheksverhältnisse ihre anspruchsvollen Diplomarbeiten fertig bzw. bereiten diese recherchemäßig vor. In bis zu einmonatigen Aufenthalten kommen auch bevorzugt jüngere Dozenten nach München, zur Fertigstellung ihrer Arbeiten. Unser Gegenbesuch besteht meist in Fortbildungsveranstaltungen für Deutschlehrer und Deutschstudierende, zu denen drei bis vier Münchner Dozenten für Intensivkurse von bis zu vier Tagen Dauer hin fahren und unseren Forschungsstand und unsere dort neuen Methoden vorstellen.

Inwieweit meine konkreten Anregungen, die Minderheitenlehrpläne Ungarns als inhaltliches Vorbild für die letztes Jahr im Entstehen begriffenen in

Rumänien aufgegriffen wurden, werde ich erfahren und beurteilen können, wenn ich im März und April in Budapest und Temeswar jeweils als Gastdozent im Sokratesprogramm tätig sein werde.

Ihre Lehrkanzel in München schließt auch die bairische Dialektologie ein. Neben Ihrer Mitarbeit am Bairischen Wörterbuch *haben Sie auch ein umfangreicheres Projekt über die Sprachregion München betreut. Die Erhebungen der Projektmitarbeiter ergaben, dass sowohl die Mundartkompetenz als auch die Sprachsozialisation im Dialekt sehr stark ausgeprägt sind. Wie ist es unter diesen Umständen um die Situation der deutschen Aussiedler aus Südosteuropa bestellt, die ihre mitgebrachten Idiome eher als „restringierte", die Hochsprache beeinträchtigende Sprechweise empfinden. Werden diese Sprachformen völlig aussterben, oder wird man sie in den Aussiedlerfamilien möglicherweise als Bereicherung und für die Kinder nicht bloß als mehrbelastend und karrierehemmend empfinden?*

Die Einstellung bayerischer Dialektsprecher zu ihrer Mundart habe ich einem DFG-Projekt der 1970er Jahre in seiner ganzen Ambivalenz gerade in Bayern erhoben. Wir kamen zu folgendem Ergebnis: Einerseits Dialektloyalität und sogar ein gewisser Stolz auf die angestammte Sprechweise bei 80% der Bewohner, andererseits aber auch eine realistische Abwägung der „Mehrbelastung" durch insbesondere allzu breiten Dialekt. Dieser letzte Gesichtspunkt scheint in der jüngsten Zeit und in den Städten besonders zugenommen zu haben – wie auch unsere derzeitige Kontrastuntersuchung in der „Sprachregion München" zeigt. Von der Stadtregion mit der S-Bahn ausgehend ins Umland hinein nimmt das Münchnerische Hochdeutsch zu und die Mundartkompetenz der Kinder rapide ab. Die Situation auf dem Land ist etwas besser und der mehr oder minder echte Dialekt überlebt besser.

Das lange gepredigte Lernziel der Diglossie, d. h. der guten Beherrschung von Mundart und Hochsprache, ist in München vorüber; ebenso ihre früher selbstverständliche Verwendung, je nach Situation: erstere in Familie und Freundeskreis, die Schriftsprache in Öffentlichkeit und schriftlicher Form.

So dürfte es auch unrealistisch sein, zu erwarten, dass die Aussiedler ihre Sprechweise über die nächste Generation hinweg werden erhalten können. Man hat Untersuchungen über Vertriebenensiedlungen – z. B. Neugablonz bei Kaufbeuren, wo einige größere Gruppen von Sudetendeutschen aus einer Gegend angesiedelt waren und wo sich der mährische Dialekt innerhalb des Ortes noch einige Zeit erhielt – angestellt, in denen die Kinder bidialektal waren, d. h. außerhalb des Elternhauses auch schwäbisch sprachen. Man hat festgestellt, dass, sobald diese größer und etwa heiratsfähig waren, das einheitliche Bild aufbrach und die auch aus der Heimat bekannten Phänomene eintraten. Bei den Mischehen setzte sich fast immer die Sprechweise bzw. der jeweilige Dialekt der neuen Umgebung durch.

Dabei wird die sicher größere und stolzere Mundartloyalität der Sachsen durch die größere Distanz – und damit Auffälligkeit ja Hinderlichkeit ihres Dialektes – aufgehoben, und die Banater werden mit ihrem Schwäbisch in Südwestdeutschland weniger auffallen, aber auch in den näheren deutschen Dialekt leichter hinüber gleiten.

Nähere Untersuchungen von Nina Behrend unter ihren westmittelsüddeutsch (Hessisch-Schwäbisch) redenden Landsleuten in der Nähe von Mannheim ergaben aber auch hier ernüchternde Resultate: der doch etwas andere ältere russlanddeutsche Dialekt – mit seinem dicken l und harten r – wurde als befremdlich empfunden. Das führte zu desillusionierenden Feststellungen – „für einen Russen/Rumänen sprechen Sie aber recht gut Deutsch" – mit dem Resultat, dass die jüngeren sich umso schneller regionalen Sprechweisen zuwandten, sobald sie dazu imstande waren. So wird man wohl zu den landsmannschaftlichen Treffen oder gleich nach Temeswar oder Hermannstadt fahren müssen, wenn man diese Dialekte noch horen will. Das ist sicher nicht erfreulich, aber doch noch günstiger gelagert als im Fall des Schlesischen oder Ostpreußischen, wo man diese Möglichkeit nicht und noch weniger ältere Sprachen hat. Die Aufführung von Hauptmanns Dialektstück *Die Weber* etwa wird bald mangels geeigneter Sprecher nicht mehr möglich bzw. nur aus der Tonkonserve zu hören sein.

So rundet sich der Kreis auch persönlich für mich. Mit mir als der siebenten Generation jenes mit einem Sohn und fünf Töchtern aus der Saarpfalz ausgewanderten Urvaters und mit der achten meiner Kinder erfolgt die Auflösung in die gesamtdeutsche, ja europäische Zukunft. Dass sie bei aller Euphorie nicht zur Geschichte wird, dafür zu sorgen, betrachte ich als meine Aufgabe. Inwieweit dies und die Weitergabe dieses südostdeutschen Bukowiner Erbes gelungen ist, wird die viel zitierte Zukunft zeigen.

1/1999

„FÜR DIE REDAKTION VERANTWORTLICH"

Johann Adam Stupp

Am 15. Mai 1927 in Singen als Sohn einer Mittelschullehrerin und eines Kaufmanns, der enge Beziehungen auch zu den Regionen und Menschen Südosteuropas unterhielt, geboren, verbrachte Johann Adam Stupp die Kindheit in Radolfszell am Bodensee. Nachdem er von 1940 bis 1945 das Akademische Gymnasium in Wien besucht hatte, studierte er ab 1947 evangelische Theologie an den Universitäten Tübingen, Lund/Schweden und Bonn.
Nach Abschluss des Studiums trat Stupp das Amt eines Seelsorgers nie an, er arbeitete zeitweilig als wissenschaftlicher Assistent und war früh gesellschafts- und kulturpolitisch tätig.
Von 1968 bis 1993 war er Leiter des Collegium Alexandrinum der Universität Erlangen-Nürnberg (Studium Generale).
Stupp veröffentlichte neben literaturgeschichtlichen Aufsätzen vor allem Beiträge zur Bildenden Kunst.
Als langjähriges Mitglied im Vorstand des Südostdeutschen Kulturwerks e. V. hat Stupp die Geschichte dieses Vereins entscheidend mitgeprägt. Von 1981 an war er zunächst Redaktionsmitglied, von 1983 bis 2005 verantwortlicher Redakteur der in München erschienenen *Südostdeutschen Vierteljahresblätter* und, nachdem 2006 die Zeitschrift umbenannt worden war, bis 2008 Mitherausgeber der *Spiegelungen*.
Er lebt in Möhrendorf bei Erlangen.

Herr Stupp, Ende März dieses Jahres (2001) begeht das Südostdeutsche Kulturwerk feierlich seinen 50. Geburtstag. Als langjähriges Mitglied haben Sie die Geschichte dieses Vereins nicht allein begleitet und miterlebt, sondern – vor allem seit Sie dem Vorstand angehören – dessen Entwicklung auch entscheidend vorangetrieben und mitgeprägt. Welche Zäsuren und Wegmarken in der Geschichte des Südostdeutschen Kulturwerks scheinen Ihnen rückblickend bedeutend gewesen zu sein?

Tatsächlich wurde ich vor über 26 Jahren, 1974, Vorstandsmitglied des Südostdeutschen Kulturwerks an der Seite meines Freundes Anton Schwob, des Stellvertretenden Vorsitzenden. Gleichzeitig übernahm Hans Diplich an Stelle von Franz Hamm den Vorsitz. Der liebenswerte, gesundheitlich schon angeschlagene Pädagoge und Schriftsteller Diplich besaß kaum Organisationstalent und wenig Durchsetzungskraft; alles war eher chaotisch. Deutlich aufwärts ging es mit seinem Nachfolger, Prälat Haltmayer (1979–85), einem verehrungswürdigen, weitdenkenden Kirchenmann, dem es gelang, in Bonn die Dotierung einer akademischen Geschäftsführerstelle zu erwirken. Wie es besondere Umstände wollten, musste ich, obwohl nur „Beisitzer" im Vorstand, 1984 aus einer Fülle von Bewerbern die geeignete Persönlichkeit aussuchen. Es war sicher der wirkungsvollste Dienst, den ich dem Kulturwerk leisten konnte, letztlich Dr. Krista Zach zu wählen, die seither im Zusammenwirken mit dem 1. Vorsitzenden Franz Hutterer sehr viel geleistet und erreicht hat. Als die bedeutendsten Fortschritte, die gemacht werden konnten, nenne ich den Umzug der Geschäftsstelle aus den völlig unzureichenden Räumen in der Güllstraße in München in die Leo-Graetz-Straße 1991 und die Errichtung des Instituts für deutsche Kultur und Geschichte Südosteuropas im vergangenen Jahr. Als größtes Manko betrachte ich die unzulängliche Situation der Bibliothek.

Sie sind seit 1981 Mitglied der Redaktion der Südostdeutschen Vierteljahresblätter *und darüber hinaus als Schriftleiter verantwortlich für Inhalt, Gestaltung und Redigierung der Zeitschrift. Inwiefern hat sich die Ausrichtung der Zeitschrift, deren Schriftleitung Sie 1983 von Heinrich Zillich übernahmen, in den beiden letzten Jahrzehnten gewandelt?*

Heinrich Zillich, der bis zu seinem Tode 1988, gemeinsam mit Hans Diplich, Herausgeber der *Südostdeutschen Vierteljahresblätter* blieb, betrachtete meine Bestellung zum verantwortlichen Schriftleiter mit Misstrauen und versuchte vergeblich, sie rückgängig zu machen. Es lag mir sehr daran, ihn als den langjährigen Alleinredakteur der Zeitschrift nicht zu vergraulen; dies hätten die siebenbürgisch-sächsischen Leser auch nicht hingenommen. Im Laufe der folgenden Jahre fand sich Zillich mit den Gegebenheiten ab und revidierte seine Einstellung auch mir gegenüber. Die Änderung der Ausrichtung der Zeitschrift erfolgte behutsam. Beiträge der bisherigen Mitarbeiter nahmen wir weiter entgegen, allerdings wurde einseitige Polemik im politischen und kulturellen Bereich unterbunden. Das bewusste Verschweigen der Verbrechen des Ceaușescu-Kommunismus und die Glorifizierung Titos in weiten Teilen der Presse der 80er Jahre verurteilten wir mit Entschiedenheit. Neu aufgenommen wurde die bisher verpönte Berichterstattung über moderne Autoren und Künstler südostdeutscher Provenienz in unseren Blättern, außerdem ließen wir – was zuvor so gut wie nie wahrgenommen wurde – Beiträge rumänischer, ungarischer, südslawischer und jüdischer Autoren erscheinen. Verstärkt beobachtete die Zeitschrift die Literatur südosteuropäischer Schriftsteller.

Während der ersten zehn Jahre war Anton Schwob mein hauptsächlicher Partner bei der redaktionellen Arbeit; dies fiel ihm jedoch mit zunehmender Belastung als Universitätsprofessor immer schwerer. Im letzten Jahrzehnt fand der redaktionelle Feinschliff in enger Abstimmung mit den Herausgebern, Hans Bergel und Franz Hutterer, statt. Die selbstständige Verwaltung der Rezensionen durch Peter Motzan seit einigen Jahren erleichtert mir nicht nur die Arbeit, sondern hat zu einer umfangreicheren und qualitativ verbesserten Bücherschau geführt.

Zu Ihren Aufgaben als Schriftleiter der Südostdeutschen Vierteljahresblätter *gehört es unter anderem, die vielfältigen Kontakte zu den Mitarbeitern und Lesern zu pflegen, was oft mit Zeitaufwand und einer ausführlichen Korrespondenz verbunden ist. Wie gelingt es Ihnen, die Erwartungen eines heterogenen Mitarbeiter- und Leserkreises, dessen Interessen kleinregional und thematisch recht unterschiedlich sind, zu erfüllen?*

In der Tat sind stets wesentlich mehr Einsendungen zu verzeichnen als Platz zu Verfügung steht. Es sind vor allem Gedichte, Erzählungen und Erinnerungen, die wegen erheblicher qualitativer Mängel nicht aufgenommen werden können. Mir fällt es immer noch nicht leicht, dies den erwartungsvollen, gutmeinenden Autoren mitzuteilen. Auch kommen hin und wieder Fehlbeurteilungen vor, und nicht alles, was veröffentlicht wurde, wird einer kritischen Betrachtung standhalten. Ein verbreitetes Missverständnis sieht unsere Kulturzeitschrift als ein wissenschaftliches Fachblatt für Südosteuropafragen. Hier ist die Abgrenzung nicht leicht und kann nur von Fall zu Fall vorgenommen werden. Wir wünschen uns die Bearbeitung von Themen, die den kleinregionalen Aspekt überschreiten und von allgemeinerem Interesse sind.

Ihre Beziehung zu Südosteuropa ist Ihnen auch durch Ihre Biografie vorgegeben. Ihr Vater unterhielt als Kaufmann enge Beziehungen zu den Regionen und Menschen Südosteuropas und war – wie auch Ihre Mutter – ein entschiedener Gegner des Nationalsozialismus. Ist Ihnen die Sympathie für sozial- und ideologiekritische Positionen, für eher links orientierte Anschauungen in der Geschichte der Südostdeutschen von der Familie mit auf den Weg gegeben worden?

Keineswegs. Zwar spendete mein Vater für die illegale „Rote Hilfe" und niemals für die NS-Volkswohlfahrt. Aber meine Mutter, vor ihrer Heirat Mittelschullehrerin, führte in Wien ein Haus von großbürgerlichem Zuschnitt, in dem Mitglieder der ehemaligen k.u.k.-Gesellschaft ein und aus gingen. Wenn ich beim Durchblättern der Gästebücher auf die Namen Radetzky, Eszterházy, Montecuccoli, Wassilko, Degenfeld, Schönborn u. a. m. stoße, sehe ich ihre Träger noch vor meinem geistigen Auge. Da gab es z. B. einen Feldmarschallleutnant Carl v. Augustin, der als junger Offizier im Jahre 1878 am Feldzug zur Annexion Bosniens teilgenommen hatte und von den erbitterten Kämpfen damals zu erzählen wusste. Ständiger Gast und Hausfreund war mein Nennonkel Gustl, der Sohn eines Erzherzogs, der Gestapohaft und Lager überlebte, aber an den Haftfolgen wenig später starb. Als mehrere Freunde meiner Eltern bei einem Fliegerangriff im Jockeyclub erschlagen wurden – sie gingen nie in die Luftschutzkeller – stand dies gleichsam symbolisch für das endgültige Ende dieses Kreises.

Sie haben ab 1947 in Tübingen evangelische Theologie studiert, das Amt eines Seelsorgers jedoch nie angetreten, stattdessen waren Sie gesellschafts- und kulturpolitisch früh tätig. Eine lange Zeitspanne haben Sie am Collegium Alexandrinum der Universität Erlangen-Nürnberg, zuletzt als dessen Leiter, gewirkt. War es das Studium Generale, das Ihren vielseitigen Bildungsinteressen entgegenkam und Sie für so viele Jahre an die Universität band?

Studium Generale war immer mein Traum; ich konnte ihn mir erfüllen. Nicht zuletzt durch das beständige Gespräch mit einer Ärztin und Mikrobiologin – meiner Frau – sind mir auch ursprünglich ferner liegende naturwissenschaftliche Anschauungsweisen vertrauter geworden. Einen notwendigerweise spezialisierten Wissenschaftler und Forscher vergleiche ich mit einer Quelle, aus der beständig frisches Wasser sprudelt. Ich jedoch sehe mich eher als Schwamm, der alles aufsaugt, aber nur dann Wasser abgibt, wenn er gedrückt oder getreten wird. Zum Beispiel durch unaufschiebbare Termine.

Sie haben als Jugendlicher Ihre Gedanken auch in poetisch verklausulierten Bildern zum Ausdruck gebracht. Ein 1963 veröffentlichtes Gedichtbändchen lässt neben starken Anlehnungen an die lyrischen Vorbilder auch eine beachtliche Sprachbegabung erkennen. Sind diese Versuche danach für immer eingestellt worden, oder sind Sie bloß damit nicht mehr an die Öffentlichkeit getreten?

Ansätze, die nicht fortgeführt werden, sind öffentlicher Beachtung nicht würdig. Ich hatte 1945 im Lazarett den Wunsch, mich vor den täglichen Schrecken in eine andere Welt zu flüchten. Das ist lange her.

Einen Großteil Ihrer Arbeiten haben Sie der bildenden Kunst gewidmet. Ihre Vorworte zu Katalogen, Ihre Künstlerporträts, Bild- und Ausstellungsbesprechungen zeugen von Einfühlungsvermögen und Professionalität. Sagt Ihnen die im maleri-

schen Bild kodifizierte Welt eher zu als jede andere Form der künstlerischen Weltaneignung, auch die der dichterischen?

Durch meine Schulfreunde vom Akademischen Gymnasium in Wien, Heribert und Wolfgang Hutter, erlebte ich in der ersten Nachkriegszeit die Gütersloh-Schule des phantastischen Realismus als künstlerische Offenbarung. Später führte mich mein Freund Egon Eppich zur gegenstandslosen, konkreten Kunst. Während und nach meinem Studium habe ich immer auch kunsthistorische Vorlesungen gehört, in Tübingen bei Georg Weise, in Bonn bei Heinrich Lützeler, in Erlangen bei Adalbert Voretzsch. So erwarb ich mir das fachliche Rüstzeug, um über Kunst sprechen und schreiben zu können. Ich gehöre zu denen, die davon überzeugt sind, dass Zeichnen, Malen und Bildhauen eine Zukunft haben und sich nicht alles in neuen Techniken und Installationen auflösen wird.

Obwohl die Literaturwissenschaft wohl nicht zu Ihren primären wissenschaftlichen Anliegen gehört, haben Sie sich immer wieder auch literaturgeschichtlichen Themen zugewandt. Mit dem Nachweis, dass Georg Trakls Vorfahren zum Teil aus Westungarn stammen, werden Sie in der Fachliteratur gelegentlich zitiert. Auch sind Sie in den letzten Jahren wiederholt als Referent bei literaturwissenschaftlichen Tagungen im In- und Ausland aufgetreten. Haben Sie vor, die Arbeit auf literarhistorischem Gebiet künftig zu intensivieren?

Dass die Familie Trakl aus Ödenburg stammt, war schon lange bekannt. Meine biografische Forschung ermittelte, dass Georg Trakl nicht das vierte, sondern das fünfte Kind seiner Eltern und dass Trakls Mutter eine geschiedene Frau war, die vor ihrer Eheschließung mit Tobias Trakl, dem Vater, ein uneheliches Kind hatte, das früh gestorben ist. Die Aufdeckung dieses Familiengeheimnisses war insofern von Bedeutung, als verschiedene, bis dahin in Dunkel gehüllte Verse Georg Trakls sich auf das erste Kind seiner Eltern beziehen. Meine andere Leistung für die Trakl-Forschung war die Erstveröffentlichung des Krankenblattes Trakls mit dem Eintrag seines Todes am 3. November 1914 im Lazarett in Krakau. Wie an diesen Beispielen zu sehen ist, sind meine Beiträge zur Literaturwissenschaft biografischer oder geistesgeschichtlicher Art, nicht aber germanistische Forschungen. Ich habe ja nie Germanistik studiert. Von einer Intensivierung meiner Arbeit auf diesem Gebiet kann schon altersbedingt nicht die Rede sein.

Über die Kreise der Südostdeutschen hinaus sind Sie auch im Kunst- und Vereinsleben der Stadt Erlangen sehr aktiv. In welche Richtung haben Sie sich da besonders engagiert?

JOHANN ADAM STUPP

Der Umgang mit Kunstschaffenden war und ist mir immer wichtig. So habe ich, nicht nur in Erlangen, sondern in vielen fränkischen Städten Ausstellungen gestaltet und Einführungsreden gehalten. Ich habe 14 Jahre lang den traditionsreichen Kunstverein Erlangen geleitet und bin auch heute noch besonders als Verfasser von Katalogbeiträgen gefragt. Eine für mich erfreuliche Perspektive.

1/2001

"VOM INGENIUM DES BUCHES ANGERÜHRT"

Hans Meschendörfer

Der Buchhändler, Verleger und Kulturhistoriker Hans Meschendörfer spielte im Kulturleben der seit dem Ende des Zweiten Weltkrieges in Deutschland verbliebenen bzw. danach hierher ausgesiedelten Siebenbürger Sachsen eine bedeutende Rolle. Seine 1954 gegründete „Versandbuchhandlung Hans Meschendörfer" bot den nunmehr in der Zerstreuung lebenden Deutschen aus Südosteuropa die Möglichkeit, Bücher und Schriften über ihre Herkunftsregionen zu erwerben. Hiermit setzte der am 23. September 1911 in Kronstadt geborene Buchhändler eine Tätigkeit fort, die er bereits 1935 in seiner Heimatstadt mit der Errichtung der „Bücherstube Hans Menschendörfer" begonnen hatte.

Nach dem Besuch des Honterus-Gymnasiums (1922–1929) bildete sich Meschendörfer zum Buchhändler in Leipzig, Paris und Königsberg aus. Nach dem Ende des Zweiten Weltkrieges, den er auf den Kriegsschauplätzen in Russland und Bosnien kennen gelernt hatte, verblieb er in Deutschland und war von 1947 bis zu seinem Eintritt in den Ruhestand 1981 im Verlagswesen tätig.

Meschendörfer hat sich auch als Verleger Verdienste erworben. Bereits in Kronstadt gab er in seinem Verlag Schriften zur siebenbürgischen Kunst, Literatur und Geschichte heraus, eine Arbeit, die er ab 1953 in München intensivierte.

Publizistisch trat Meschendörfer – sieht man von den wenigen Anfang der 1930er Jahre veröffentlichten Artikeln ab – recht spät an die Öffentlichkeit. Erst als Rentner verfasste er eine ganze Reihe von umfangreicheren und genau dokumentierten Studien vorwiegend zur Geschichte des Buch- und Verlagswesen der Siebenbürger Sachsen. Fragen der kartografischen Darstellung Südosteuropas und solche, die die bildende Kunst seiner Landsleute betrafen, schenkte er ebenfalls wissenschaftliche Aufmerksamkeit. Zu seinen wichtigsten Veröffentlichungen gehören der geschichtliche Überblick *Das Verlagswesen der Siebenbürger Sachsen* (München 1979) und seine voraussichtlich in diesem Jahr (2000) erscheinende umfangreiche Studie über die Träger des Namens „Siebenbürger".

Mit Hans Meschendörfer, der am 15. Juli 2000 plötzlich verstarb, war das nachfolgende Gespräch seit Jahren vereinbart und während unserer zahlreichen Begegnungen in groben Umrissen auch skizziert worden. Doch die Fragen, die ihm auf dem Postweg zugestellt wurden, haben ihn nicht mehr erreichen können. Die Antworten, die er selbst nicht mehr geben konnte, sind teils Meschendörfers bereits gedruckten Schriften entnommen, teils stammen sie aus der bislang unveröffentlichten Dankesrede, die er 1984 anlässlich der Entgegennahme des Siebenbürgisch-Sächsischen Kulturpreises in Dinkelsbühl gehalten hat.

Herr Meschendörfer, es waren zwei Arbeitsfelder, denen Sie sich im Laufe Ihres Lebens, das im nächsten Jahr (2001) neun Jahrzehnte umschließen wird, besonders widmeten. Bis 1975 waren Sie – von den Unterbrechungen durch den Zweiten Weltkrieg abgesehen – hauptsächlich als Buchhändler und Verleger tätig. Dieser Beruf hat Sie anscheinend so sehr ausgefüllt, dass Sie sich erst als Rentner, intensiver publizistisch und wissenschaftlich zu betätigen begannen. Sie taten es jedoch mit respektgebietender Kompetenz und erstaunlicher Konsequenz, so dass Ihre Veröffentlichungen die Zahl Hundert überschreiten konnten. Welchen der beiden Arbeitsgebiete fühlen Sie sich retrospektiv eher verbunden?

[Ich habe bereits 1984 bei der Entgegennahme des Siebenbürgisch-Sächsischen Kulturpreises betont:] „Ich bin weder schöpferischer Gestalter, noch bildnerisch Schaffender oder wissenschaftlicher Forscher. Wenn Sie mich trotzdem des Preises für würdig halten, kann ich es nur so verstehen, dass Sie in mir eine der Randfiguren ehren wollen, die dem sächsischen Geistesleben dienten. Aber es beschleichen mich, vor allem nach einer solchen Laudatio, einige Bedenken. Wie sagte der Pianist und Dirigent Hans von Bülow? ‚Je preiser einer gekrönt wird, desto durcher fällt er später.'"

Die „Richtung zum Buch", von der Sie einmal sprachen, ist Ihnen zunächst durchs familiäre Umfeld vorgegeben worden. Nicht nur Ihr Großonkel, der bekannte siebenbürgische Schriftsteller Adolf Meschendörfer, war ein Verehrer des schönen Buches, auch Ihr früh verstorbener Vater soll es gewesen sein.

Bedenke ich es recht, so war es mein Vater, der mir die Richtung wies. Ja, nicht einmal er selbst, denn ich habe an ihn, der schon zu Beginn des Weltkrieges 1914 in Polen gefallen war, keine Erinnerung. Aber das, was er hinterlassen hatte, zog mich schon früh in seinen Bann: ein großer Bücherschrank voll der herrlichsten Bücher. Als begeisterter Anhänger der neuen Buchkunst, die zu Beginn dieses Jahrhunderts aufkam, und als kenntnisreicher Liebhaber der Literatur hatte er schon in jungen Jahren begonnen, sie zu sammeln. Da standen sie nun, die frühen Vorzugsausgaben und Pressedrucke der jungen deutschen Verlage. Und die Namen der Buchgestalter und Drucker, der Künstler, die neue Schriften schufen, die Namen der Illustratoren und Buchbinder gingen mir ein, wie Honig. Ich bin heute glücklich, dass einige dieser seltenen Bücher trotz Plünderungen in zwei Weltkriegen gerettet werden konnten.

Ich möchte aber keinen falschen Eindruck erwecken: ich war ein Lausbub wie jeder andere Burggässer im gleichen Alter. Aber der Bücherschrank meines Vaters und eine behutsame Hinlenkung durch meine gute Mutter, haben dazu geführt, dass ich in jedweder Beschäftigung mit dem Buch die schönste Erfüllung finde. Erst viel später habe ich erfahren, dass es auch der größte Wunsch meines Vaters war, Buchhändler zu werden und dass er zu dem Zweck dieselbe Buchhändler-Lehranstalt in Leipzig besuchen wollte, wohin ich 23 Jahre später kam.

Zu den frühen Lehrmeistern im Umgang mit dem Buch gehörten wohl auch Mitglieder der Verleger- und Buchhändlerfamilie Zeidner, die Sie in den Jahren 1929 und 1930 als Gehilfen beschäftigte. Waren die geschäftstüchtigen und erfolgreichen, über die Grenzen Kronstadts hinaus bekannten Zeidner-Brüder das Vorbild, dem der künftige Buchhändler und Verleger hinfort nachstreben sollte?

Heinrich Zeidner d. Ä. (1841–1915) erwarb 1867 die Buchhandlung Haberl in Kronstadt, baute sie aus und erweiterte sie, schloss ihr bald einen Verlag an, in welchem vor allem deutsche, ungarische und rumänische Lehrbücher, aber auch eine große Zahl von populären Schriften erschienen. Nach seinem Tod wurde die Buchhandlung von dem ältesten Sohn Heinrich Zeidner d. J. und dessen Bruder Hermann geführt. Es war stadtbekannt, dass die beiden Brüder so zerstritten waren, dass sie nicht miteinander sprachen. Sie hatten aber eine Lösung gefunden: Heinrich führte den Buchhandel, Hermann das umfangreiche Papier- und Schreibwarengeschäft und die Buchhaltung. Untereinander verkehrten sie nur schriftlich – und das tagein, tagaus über 30 Jahre lang! Aber dieser Zustand konnte dem gut gehenden Unternehmen nichts antun. So konnte sich jede Sparte unter ihrem Leiter voll entwickeln – mag auch manchmal die Hilfe eines Rechtanwalts notwendig gewesen sein.

Die Buchhandlung – am Marktplatz auf der Kornzeile, Ecke Purzengasse, hatte sie die beste Geschäftslage – hatte die verlustreiche und wirtschaftlich kritische Zeit der Umstellung beim Anschluss Siebenbürgens an Rumänien gut überstanden. Nach den Irritationen des Zusammenbruchs der Doppelmonarchie galt es, die geistige und kommerzielle Anbindung an den Westen wiederzufinden. Das gelang dem leidenschaftlichen Buchhändler Heinrich Zeidner verhältnismäßig schnell, dank der nur für kurze Zeit unterbrochenen Verbindung zum Kommissionshaus F. A. Brockhaus in Leipzig, das die Buchhandlung seit ihrer Gründung 1867 beliefert hatte. Eine umfassende Allgemeinbildung, große Belesenheit, außerordentlicher Fleiß, ein phänomenales Buchhändlergedächtnis, Gespür für interessante und aktuelle Lagerhaltung und hervorragende Kundenkenntnis befähigten Heinrich Zeidner schon in den 1920er Jahren, die Buchhandlung zum bedeutendsten deutschen Unternehmen dieser Art im Südosten aufblühen zu lassen. Es ist mit sein Verdienst, dass die so lebendigen 1920er Jahre mit ihren literarischen und geistigen Strömungen und Unausgewogenheiten weit über Kronstadt hinaus miterlebt und bekannt wurden.

Heinrich Zeidner suchte und fand viele neue Dauerkunden bei den zahlreichen Ausländern im Erdölgebiet um Ploiești und im Industriegebiet des Prahovatales, besonders in Bukarest. Ebenso besuchten intellektuelle Rumänen und Ungarn die Buchhandlung wegen des vielseitigen Bücherangebots.

Nach dem Ende des Zweiten Weltkrieges, im Frühjahr 1946, wurde den alten erfahrenen Geschäftsinhabern eine kommunistische Administratorin vorgesetzt, die nach wochenlangen Recherchen einen geringfügigen Kalkulationsfehler entdeckte. Am nächsten Tag wurden die Inhaber verhaftet. Mit ausgesuchter Impertinenz sperrte man die beiden Brüder, die zeitlebens nicht miteinander auskamen, in eine Zelle. Niemand hat erfahren, ob sie sich in dieser Zeit näher gekommen sind. Als sie nach einem kostspieligen Gerichtsverfahren entlassen wurden, existierte die Buchhandlung nicht mehr. Chauvinistische Kommunisten hatten sie kurzerhand aufgelöst. Das in achtzig Jahren aufgebaute Lebenswerk war mit einem Handstreich zerstört worden. Bald darauf ist Hermann Zeidner gestorben (1947), der verdiente Buchhändler Heinrich Zeidner folgte ihm 1950.

In den Schulferien vor der Abiturklasse hatte ich mehrere Wochen in der Buchhandlung Heinrich Zeidners gearbeitet und einen Eindruck von seiner Persönlichkeit und seinen Eigenheiten bekommen. Als wir im Laufe des letzten Schuljahres zwischen zwei Aufsatzthemen, *Ein weggeworfenes Zündholz* und *Ein Sonderling*, wählen durften, beschrieb ich ihn und häufte auf ihn alle erlebten und ihm nachgesagten Schrullen. Ich wusste damals noch nicht, dass es kaum einen Buchhändler ohne Absonderlichkeiten gibt.

Zu danken habe ich ihm nicht nur dafür, dass er mich in der ersten Lehrlingszeit in die Anfangsgründe des Buchhandels einführte und mir manche nützliche Anweisung mitgab, sondern ganz besonders dafür, dass er später, als ich meine Bücherstube eröffnet hatte, sich als fairer, ja kollegialer Konkurrent erwies. Er war tiefernst und verschlossen geworden – der tragische Tod seines Sohnes und Nachfolgers, Siegfried, der sich nach gründlicher Ausbildung kurz vor Eintritt in das väterliche Geschäft das Leben nahm, hatte ihn tief getroffen. Wortkarg nahm er an den häufigen Abmachungen teil, die zwischen den Kronstädter Buchhändlern zu treffen waren. Verhandlungen mit rumänischen Stellen, die uns alle betrafen, ließ er durch seinen Ersten Gehilfen, den geschickten Wilhelm Schepp, führen. Auch in diesen Dingen erwies sich

Heinrich Zeidner stets als verlässlicher Partner. Wir Jüngeren haben ihm, dem Senior, unsere Hochachtung nicht versagt.

Einen Teil Ihrer Buchhändler-Lehrzeit haben Sie in Leipzig verbracht, in einer Zeit, als diese Stadt die meisten Verlage in Deutschland beherbergte. Neben der praktischen Verleger- und Buchhändlertätigkeit lernten Sie in jenen Jahren Persönlichkeiten kennen, die auf dem Gebiet der Buchherstellung und -gestaltung zu den herausragendsten gehörten.

[Es] drängen sich mir Erinnerungen an einige meiner Lehrer auf, denen ich noch viel größeren Dank schulde. Vergessen wir nicht allzu schnell jene, die uns unterwiesen, angeleitet und angeregt haben? „Ausbilder" nennt man sie heute im faden Gewerkschaftsdeutsch. Nein, es waren keine Ausbilder, es waren Lehrmeister und Vorbilder. Sie haben aus ihrem Wissen und Können, aus ihren großen Erfahrungen reichlich an die Jüngeren weitergegeben. Es waren indessen keine weithin bekannten Größen und wenn einigen von ihnen ein gewisser Ruhm anhing, war er in ihren Leistungen und im menschlichen Wesen begründet. Ihre Namen sind längst verklungen und nur noch wenigen sind sie bekannt.

Aus meiner Leipziger Zeit (1930/31) sind mir vor allem drei Lehrer in lebhafter Erinnerung geblieben. Dr. Julius Zeitler (1874–1943) war einer von ihnen. Sein Name war mir aus dem väterlichen Bücherschrank bekannt. Er gehörte zu den eigenwilligen Verlegern, die kurz nach der Jahrhundertwende, keineswegs aus rein kaufmännischen Gesichtspunkten, sondern aus Liebhaberei, Bücher in hervorragender Ausstattung herausbrachten. Zeitler, der Philosophie, Kunst- und Literaturgeschichte studiert hatte, war Schriftsteller, Übersetzer und Herausgeber seiner Verlagswerke in einem. Aber schon 1912 hatte er die Verlagsrechte abgegeben und widmete sich von nun an der Schriftstellerei als „Sprecher der neuen Buchkunst" (G. K. Schauer). 1920 wurde er Professor an der Akademie für Graphische Künste und Buchgewerbe und lehrte kurze Zeit Kunstgeschichte auch an der Buchhändler-Lehranstalt zu Leipzig. So profitierten wir angehenden Buchhändler von seinem kunsthistorischen Wissen und von seinen Verlagserfahrungen. Ein besonderer Genuss waren seine Vorträge über die Geschichte der Illustrationsgrafik von den ersten Holzschnittbüchern des 15. Jahrhunderts bis zu den Lithografien eines Max Slevogt oder Rudolf Großmann. Wohl hatte er den Verlegerberuf schon längst aufgegeben, aber aus dieser Darstellung sprach immer noch der Hersteller und Gestalter des schönen Buches.

Julius Zeitler ist 1943 gestorben, in demselben Jahr, in dem Leipzig durch schwere Bombenangriffe zerstört wurde und aufhörte, die Bücherstadt Deutschlands zu sein.

Ganz anders war der zweite Lehrer, der mich beeindruckte: Dr. Arthur Luther (1876–1955), ein Deutschbalte, dessen Aussprache sich so wohltuend vom „Leipzscher Säksch" abhob. Er machte einen strengen, unnahbaren Eindruck, und wir wussten anfangs wenig über ihn. Es ging das Gerücht um, er stamme aus einem ins Baltikum gelangten Zweig der Familie Martin Luthers – was sich später bewahrheitete, sein Ahne war Hans Luther, ein Vetter Martins. Manchmal konnte ich ihn im Katalogsaal der einzigartigen Deutschen Bücherei beobachten, wie er – die Brille auf die Stirne geschoben – selbstvergessen und mit äußerster Konzentration ganz dem Nachschlagen hingegeben war.

In seinen Literaturstunden über die neue deutsche Dichtung erlebten wir, welch ein außergewöhnlicher Kenner er war. Diese Stunden gehörten zum Besten, was die Buchhändlerschule damals bieten konnte. Er verstand es unvergleichlich, zwischen echter Dichtung und dem Machwerk, zwischen dichterischem Gehalt und hohler Phrase zu unterscheiden. Er sparte nicht mit scharfer Kritik und das machte seine Vorträge für uns Buchhandels-Novizen so lebendig. Unvergesslich, mit welch beißendem Spott er ein heute längst vergessenes Erfolgsbuch zerpflückte!

Nach und nach kamen wir dahinter, dass Arthur Luther vor dem Krieg Professor für neuere Literaturgeschichte an der Frauenuniversität in Moskau gewesen und dort 1914 vom Ausbruch des Weltkrieges überrascht worden war. Nachdem er 1918 eine Anstellung als Bibliothekar an der Deutschen Bücherei in Leipzig – der Sammelstelle des gesamten deutschsprachigen Schrifttums seit 1911 – gefunden hatte, begann seine fruchtbare schriftstellerische Tätigkeit. Die Liste seiner Bücher über russische Geschichte, Kultur und Literatur ist sehr ansehnlich. Bedeutender ist er aber als Übersetzer gewesen, und es hat den Anschein, als würden – dreißig Jahre nach Arthur Luthers Tod – seine Übertragungen der großen Russen (von Puschkin, Lermontow, Gogol, Dostojewski, Tolstoi und Leskow bis zu Schmeljew und Bunin), immer mehr denen der anderen Übersetzer vorgezogen. Aber nicht nur Russen hat er übersetzt. Viele [Siebenbürger] kennen die Romane Harsányis (*Ungarische Rhapsodie*; *Und sie bewegt sich doch*) oder *Mit den Augen einer Frau* in Luthers Übertragung. In dem lesenswerten Essay über *Die Kunst des Übersetzens* steckt der ganze Arthur Luther: gescheit, feinnervig, kritisch, doch gerecht im Urteil und mit warmem Empfinden für das Echte.

Auch als Lexikograf hat Luther Werke geschaffen, die ihn überdauerten. In die beiden literarischen Nachschlagewerke *Deutsches Land in deutschen Erzählungen* (Leipzig 1936 und 1937) und *Deutsche Geschichte in deutschen Erzählungen* (1940) hat er auch die Bücher über Siebenbürgen, über Bistritz, Hermannstadt, Kronstadt, Mediasch und Schäßburg aufgenommen. Der Bearbeiter der Neuausgabe aus den 1950er Jahren ist allerdings vom Prinzip möglichster

Vollständigkeit abgewichen – sicherlich nicht in Luthers Sinn – und hat [meine] Heimat fallengelassen. Arthur Luther ist, nachdem er noch Vorlesungen an der Universität Marburg gehalten hatte, 1955 in Baden-Baden gestorben.

Der älteste und liebenswerteste Lehrer in Leipzig war aber Dr. Johann Goldfriedrich, als Mitverfasser der vierbändigen *Geschichte des deutschen Buchhandels* (Leipzig, 1908–1923) für uns fast schon eine legendäre Gestalt. Er war ein schmächtiges Männchen, das seinen Vortrag immer atemlos mit zitterndem Bärtchen begann. Einmal verriet er uns weswegen: „Es is doch'n scheenes Gefiehl, wenn mr noch zwee Dräbbn uff eenmal nähmn gann."

Dass er die ehrwürdige Geschichte des Buches in reinstem „Säksch" behandelte, verzieh ich ihm anfangs nur, weil es in der Bücherstadt Leipzig geschah. Später störte es mich nicht mehr, denn was er vortrug, fesselte mich immer schon. Das Buch eingefügt in die Geistes- und Kulturgeschichte, in den technischen Fortschritt, seine Wandlung im Auf und Ab der Stilrichtungen, die Stationen und Probleme seines Vertriebs und Handels, die Geschichte der Bibliotheken, „die das Gedächtnis der Menschheit darstellen" (G. Weisenborn), die Namen der großen Drucker, Verleger, Buchbinder, Künstler, Buchhändler und Förderer des Buches und schließlich dessen Wirkung auf die Zeitgenossen, das alles gehörte zur Domäne des „alten" Goldfriedrich. Und er bezog neben Deutschland auch Frankreich, England und Italien in seine Betrachtungen ein.

Ein unauslöschliches Erlebnis hing mit dem zusammen, was Zeitler und Goldfriedrich uns gelehrt hatten. Nach dem Leipziger Jahr besuchte ich die Preußische Staatsbibliothek in Berlin, damals die größte Büchersammlung Deutschlands. Beim Bibliothekar Dr. Hans Nickel, dem Ehemann einer aus Danzig stammenden Freundin meiner Mutter, durfte ich einen Wunsch äußern. Da fiel mir das von den Lehrern hochgepriesene Werk des Franceso Colonna *Hypnerotomachia Poliphili* (Der Traum des Poliphilus) ein, das Aldus Manutius 1499 in Venedig gedruckt hatte und von dem die Preußische Staatsbibliothek ein besonders gut erhaltenes Exemplar besaß. Mein Wunsch wurde sogleich erfüllt, und nun stand ich grüner Jüngling aus den Karpaten vor dem „berühmtesten und schönsten Holzschnittbuch aller Zeiten" (S. H. Steinberg). Ich durfte darin blättern und die kaum mehr erreichte Harmonie von Schrift und Bild, den unübertroffenen Aufbau der Seiten und die klassische Ruhe der Umrissholzschnitte bewundern. Es war ein Augenblick großer Ergriffenheit. Ich kann mich nicht erinnern, jemals wieder vom Ingenium eines Buches derart angerührt worden zu sein.

Weniger anregend scheint Ihr Praktikum im renommierten Pariser Verlag Firmin-Didot verlaufen zu sein. Hing es bloß daran, dass Ihnen um die Zeit in einer der ältesten und erfolgreichsten Institutionen Frankreichs kein persönlicher Lehrmeister begegnete?

Gerade dort, wo viel Neues zu lernen war, in Paris (1931/1932), fand ich keinen persönlichen Lehrmeister. Über fünf Ecken war ich 1931 als Praktikant in einem der ältesten und ruhmreichsten Unternehmungen Frankreichs untergekommen. Seit Generationen hatte die Familie Didot berühmte Buchdrucker, Schriftgießer, Verleger, Buchhändler und Papierfabrikanten hervorgebracht. François Didot (1689–1757) hatte das Unternehmen zu Beginn des 18. Jahrhunderts gegründet. Seine Söhne und Nachkommen verstanden es, das begonnene Werk beträchtlich auszubauen und zu erweitern. Meisterdrucke von höchster Qualität, weltbekannte Editionen, hochgeschätzte Klassiker- und Monumentalausgaben waren aus ihrer Druckerei ausgegangen; neue Schriften, wie die Didot-Antiqua, wurden gegossen und eroberten sich die europäischen Druckereien; Verbesserungen, wie die der Stereotypie oder des typografischen Punktsystems revolutionierten die Druckindustrie; in der Papierfabrikation gelang die Anwendung der 1799 erfundenen Langsiebmaschine und damit die Erzeugung der endlosen Papierbahn; alles dieses dank der genialen Familie Didot.

Noch im vorigen Jahrhundert gehörte die Firma Firmin-Didot zu den angesehensten wissenschaftlichen Verlagen in Paris. Meine Erwartungen waren also groß. Aber ich musste erleben, wie lähmend Tradition und Ruhm auf einem Unternehmen lasten können. Den letzten Firmin-Didots fehlte – jedenfalls im Druck- und Verlagswesen – die Dynamik, die ihre Vorgänger in so hohem Maße besessen hatten.

Was aber sonst in Paris auf dem Gebiete des Buches zu erfahren und zu lernen war, war ungeheuer viel. Als ich nach einem Jahr Frankreich wieder verließ, nahm ich die Lehre mit, dass sich der Handel mit dem Buch auch mit leichterer Hand bewältigen lässt, nicht so befrachtet mit Kultur- und Sendungsbewusstsein wie in Deutschland, sondern spielerischer, zwangloser. Sicherlich arbeitete der französische Buchhandel nicht so funktionell wie der deutsche. Dafür fehlten ihm aber auch die einengenden Klammern einer bis ins Letzte ausgeklügelten Organisation.

Mehr als Ihre Leipziger und Pariser Zeit dürfte Ihr Volontariat bei Gräfe & Unzer in Königsberg, der damals größten Buchhandlung Europas, Spuren in ihrer beruflichen Entwicklung hinterlassen haben. Was nahm der Lernbegierige aus Königsberg für seinen weiteren Lebensweg mit?

Wie anders verlief die Zeit in Königsberg (1933/34) im äußersten Nordosten des Deutschen Reiches. Auch hier kam ich durch besondere Umstände in ein altes Unternehmen. Die Buchhandlung Gräfe & Unzer nahm in den Jahren, da damals im Reich „Ausländerstopp" herrschte, gerne Deutsche aus dem

Ausland als unbezahlte Volontäre auf. Und diese Lernbegierigen gingen gerne dorthin, weil sie in der seinerzeit größten Buchhandlung Europas gut ausgebildet wurden. Die Größe des Unternehmens war durch die marktbeherrschende Stellung gegeben, denn Gräfe & Unzer belieferte fast die ganze Provinz Ostpreußen.

Aber es war auch eine der ältesten Buchhandlungen Deutschlands. Johann Jakob Kanter (1738–1786), der Sohn eines Buchdruckers, hatte sie 1760 gegründet. Bald schon spielte Kanter eine führende Rolle, und seine Buchhandlung wurde Treffpunkt der geistigen Größen von Königsberg. Er war mit Hamann befreundet, Kant wohnte vier Jahre lang bei ihm und durch ihn wurde Herder zur Literatur geführt. Kanter war ein sehr unternehmender Mann. Er gründete Filialen in Elbing und Berlin, kaufte eine Papiermühle und errichtete eine Druckerei. Allzu gerne hätte er auch den Titel eines Hofrats erworben. Aber Friedrich der Große lehnte sein Gesuch mit der an den Rand geschriebenen Bemerkung ab: „Buchhandeler ist ein honetter Titul."

Die Buchhandlung Gräfe & Unzer war also weithin bekannt. Auf ihr lastete nicht lähmende Tradition, sie erreichte selbstbewusst in jenen Jahren vielleicht ihre größte Ausdehnung. In vier Stockwerken voller Bücher im großen Gebäude am Paradeplatz gegenüber der Universität waren 105 Angestellte beschäftigt. Die Volontäre – mit mir zusammen lernten die beiden Brüder Krauß aus Reichenberg in Tschechien – arbeiteten reihum in den verschiedenen Abteilungen des Hauses. Und so kam ich eines Tages auch unter die Fittiche des Herrn Gerhard Stoßberg. Der hochgewachsene, schlanke Mann regierte mit strengem Blick und blitzender Brille sein Reich, die wissenschaftliche Abteilung im ersten Stock. Er sprach nicht viel; knapp und sachlich waren seine Anweisungen, die unverzüglich und flink, wie er es selbst war, ausgeführt werden mussten. Nur mit Professoren und Dozenten sah man ihn in längere, oft sehr herzliche Gespräche vertieft.

Gefürchtet waren die seitenlangen Bücherlisten der Universitäts- und der Seminarbibliotheken, die bibliografisch bearbeitet, ergänzt, richtiggestellt und mit Neuerscheinungen vervollständigt werden mussten. Für den Zweck stand ein riesiges Katalogmaterial lückenlos von 1750 bis zum Bücherverzeichnis der letztvergangenen Woche zur Verfügung. Als Jüngster in der Abteilung bekam ich diese langweilige Nachschlagearbeit bald auch aufgebrummt, und ich stöhnte, wie meine Vorgänger, über dem Aufsuchen verstümmelter Buchtitel, entstellter Autorennamen und oft nur flüchtig hingeworfener Bücherwünsche. Wenn ich dachte, alle Kataloge durchgesehen zu haben und neben vielen Titeln den Vermerk „nicht zu ermitteln" geschrieben hatte, bekam ich die Listen wieder zurück und das Suchen begann von neuem. Denn Herr Stoßberg war unerschöpflich im Finden neuer Suchmöglichkeiten. So habe ich unter seiner

Anleitung gelernt, die ganze Klaviatur der Kataloge und Nachschlagewerke zu benützen. Und fast über Nacht war mir der Knopf aufgegangen und das Vergnügen am Aufspüren noch so entlegener Bücher geweckt. Von nun an war ich mit Eifer dabei, wenn neue Listen kamen und ich merkte, dass er, der so karg mit Lob umging, mir langsam wohlgewogen wurde. Er lehrte mich auch den Wert und die gewaltige, meistens anonyme Arbeit, die in guten Katalogen steckt, richtig einzuschätzen. Gibt es anregendere Lektüre als z. B. die Durchsicht eines ausführlichen Auktionskatalogs? Das ganze Reich der Bücher und des Geistes steckt in nuce darin und entfaltet sich im Verbinden und Verknüpfen von Namen und Zahlen; Zeiten, Strömungen, Auseinandersetzungen; hohe Gedanken, können sich einem aus bloßen Titeln eröffnen. So wenig braucht der Mensch: ein Katalog schon kann ihn glücklich machen. Gepriesen sei der, der mich dieses lehrte! Er hat ein jähes und schreckliches Ende gefunden. Um 1947, als sich nach dem Krieg allerhand dunkles Gelichter in Deutschland herumtrieb, ist er – wie mir ein einstiger Königsberger Kollege berichtete – in Marburg auf offener Straße ermordet worden.

Nach Kronstadt zurückgekehrt, eröffneten Sie 1935 – Sie waren damals 24 Jahre alt – Ihre eigene „Bücherstube". Wie ist es Ihnen trotz ernsthafter Konkurrenz gelungen, sich einen Kundenkreis zu schaffen?

Nicht alle deutschen Buchhandlungen Siebenbürgens konnten die wirtschaftlich sehr labile Zeit nach dem Anschluss an Rumänien durchstehen. Seit 1914 hatte es manche Veränderungen gegeben. Mehrere Firmen waren eingegangen, neue kamen hinzu, andere hatten ihre Besitzer gewechselt. Nachdem sich die Lage gefestigt hatte, zählte das *Adressbuch des Deutschen Buchhandels* im Jahre 1930 zwanzig Buchhandlungen in Siebenbürgen, die durch Kommissionäre in Leipzig vertreten waren. Ja, es schien, als sei der Beruf des Buchhändlers für die Zukunft aussichtsreich geworden, denn bis 1939 hatte sich ihre Zahl auf 24 erhöht. Junge, in Leipzig oder in anderen Städten Deutschlands ausgebildete Buchhändler hatten sich nach ihrer Rückkehr in den 1930er Jahren in Hermannstadt und Kronstadt selbständig gemacht.

Nach dem Königsberger Jahr meinte ich, genug gelernt zu haben, und kehrte heim. Ich war wie ein Fohlen, das auf die Koppel drängt, wo sich die Erwachsenen tummeln. Wie wenig ich tatsächlich beschlagen war, merkte ich sehr bald. Etwa als ich den mit der Bücherzensur beschäftigten rumänischen Sicherheitsbeamten in Kronstadt auf landesübliche Weise „überzeugen" musste, dass er mir die eingetroffenen Bücherkisten zur Eröffnung meiner Bücherstube freigäbe und mich dabei reichlich ungeschickt und unerfahren anstellte. Es wurde mir bewusst, dass ich in die Fänge eines neuen Lehrmeisters geraten war: in die Fänge der Wirklichkeit des praktischen Lebens, in einem balkanischen Land.

Mit Misstrauen betrachteten die rumänischen Behörden die Lagerbestände wie auch die eingehenden Büchersendungen aus Deutschland. Schnüffelbesuche von Sicherheitsbeamten in den Buchhandlungen waren an der Tagesordnung. Dabei wurden die Behörden nicht so sehr durch die politische, seit 1933 nationalsozialistische Literatur irritiert, die auch in Siebenbürgen wie in allen Buchhandlungen des „Reichs" angeboten wurde. Vielmehr waren es Bücher siebenbürgischer Autoren, die – seit Adolf Meschendörfer mit dem Roman *Die Stadt im Osten* der Durchbruch 1931 in Deutschland gelungen war – in großen deutschen Verlagen erschienen. Heinrich Zillichs Roman *Zwischen Grenzen und Zeiten*, später auch sein Buch *Siebenbürgen und seine Wehrbauten*, Erwin Wittstocks *Bruder, nimm die Brüder mit*, Hans Wührs *Deutsche Kunst in Siebenbürgen* waren einige der unerwünschten bzw. verbotenen Bücher. Aber gerade diese Erfolgswerke des siebenbürgischen Schrifttums wurden viel verlangt. Also mussten die Zensurbeamten auf landesübliche Weise nachsichtig gestimmt werden. Als das auf die Dauer zu kostspielig wurde, einigte man sich um den halben Preis mit Postbeamten, damit sie die Sendungen erst gar nicht der Zensur vorlegten.

Es gab auch den umgekehrten Fall. Besucher, die in den 30er Jahren immer häufiger kamen, waren erstaunt – manche erfreut, andere schulmeisterlich missbilligend –, in den siebenbürgischen Buchhandlungen Bücher zu finden, die im „Reich" verboten oder unerwünscht, also aus den dortigen Buchhandlungen verschwunden waren, wie z. B. die Romane der Nobelpreisträgerin Sigrid Undset oder Werke von Stefan Zweig u. a. Diese durften noch ins Ausland ausgeführt werden. Sie waren dort sogar preiswerter, als sie in Deutschland gewesen waren. Denn die Reichsschrifttumskammer hatte im Herbst 1935 als „Exportförderung", sprich Kulturpropaganda, für ausgeführte Bücher eine Ladenpreisermäßigung von 25% angeordnet. Dieser Vorteil wirkte sich selbstverständlich sehr günstig auf den Absatz aus.

Dagegen wirkte sich die Maßnahme nachteilig auf die sächsische Buchproduktion aus. Konnten sich die im Lande hergestellten Bücher schon der kleinen Auflagen wegen preislich nicht mit den eingeführten deutschen messen, so wirkten ihre Preise nun erst recht hoch. Trotzdem ließen die sächsischen Verleger in ihrer Tätigkeit nicht nach. Selbst die jungen Buchhändler versuchten sich fast alle auf diesem Gebiet.

In München, wo Sie sich nach dem Ende des Zweiten Weltkrieges niederließen, wagten Sie, nachdem Sie zwischenzeitlich führend in Münchner Verlagen tätig gewesen waren, 1954 erneut den Schritt in die Selbständigkeit. Gemeinsam mit Ihrer Frau bauten Sie die Versandbuchhandlung Hans Meschendörfer mit angeschlossenem Verlag auf, die hauptsächlich auf Schriften aus und über Südosteuropa ausgerichtet war. Neben Büchersendungen in die deutschsprachigen Länder und gelegentlich auch in Länder, wo Deutsche aus Südosteuropa ansässig geworden waren, gingen Ihre Bücherpakete zuweilen auch in den damals kommunistischen Südosten, was wohl alles andere als einfach gewesen sein dürfte.

Für die Siebenbürger Sachsen, die sich nach Flucht, Kriegsgefangenschaft, Verschleppung in die UdSSR und nach der Aussiedlung im Westen niedergelassen hatten, stellte sich das Problem „Buch" nach 1945 ganz anders dar. Es war zunächst gar nicht vorhanden, weil die Sorge um das Dach über dem Kopf, um Arbeit, um die kümmerliche Ernährung, um Kleidung und Hausrat im zerstörten Deutschland überwog. Erst nach dem Erscheinen einiger siebenbürgischer Bücher in deutschen und österreichischen Verlagen um 1950 konnte daran gegangen werden, diese den in alle Welt verstreuten Landsleuten anzubieten. Ein schwieriges Unterfangen, denn sie mussten zuerst ausfindig gemacht werden. Langsam brachte [m]eine 1954 in München wiedergegründete sächsische Buchhandlung einen Kundenstamm zusammen und konnte daran gehen, selber wieder einige Bücher herauszubringen.

Eine große Aufgabe kam auf sie zu, als 1956 erneut Bücher und Zeitschriften an Empfänger in Siebenbürgen gesandt werden durften. Es ist heute kaum noch vorstellbar, welche Freude diese Büchersendungen dort nach zwölfjähriger Isolierung vom Westen auslösten. Eine schmale Öffnung hatte sich aufgetan, durch die man wieder in die Welt blicken konnte.

Es hatte sich bald herausgestellt, was die sehr prompt und gründlich arbeitende rumänische Zensurstelle nicht ins Land hineinließ: religiöse Bücher, Politik und Zeitgeschichte, allgemeine Lexika, Atlanten, Bücher, in denen Ostblockstaaten erwähnt sind, Kriminalromane und – was hüben und drüben besonders kränkend empfunden wurde – die im Westen erschienenen Bücher über Siebenbürgen und die Siebenbürger Sachsen. In dieser Beziehung hatte sich also nichts geändert; es [war] der überspitzte rumänische Nationalismus, der einst unter König Karl II. und [später] unter den Kommunisten solches nicht [zuließ]. Gerade an dieser westlichen Siebenbürgenliteratur [bestand] dort aber begreiflicherweise größtes Interesse.

Das Spektrum der von Ihnen bearbeiteten Themen zur siebenbürgischen Kulturgeschichte ist breit und zeitlich weit gefächert. Dennoch lässt sich schwerpunktmäßig eine Vorliebe für die Geschichte des südostdeutschen Buches, speziell des siebenbürgischen in all ihren kulturgeschichtlichen Verflechtungen feststellen.

Westliche Besucher Siebenbürgens – von Charles Boner etwa, dem englischen Schriftsteller im 19. Jahrhundert, bis zu Günter Grass – äußerten sich oft erstaunt über den hohen Bildungsgrad der Siebenbürger Sachsen, wenngleich sie manches in Siebenbürgen auch recht rückständig fanden. Die Erklärung ist einfach: Einem kleinen Volksstamm wie den Siebenbürger Sachsen [blieb] keine andere Möglichkeit, als sich entschieden der Bildung und dem Fortschritt zu verschreiben, wenn er, inmitten einer erdrückenden Mehrheit von anderen Völkern, als eigenständige Gemeinschaft fortbestehen und sich weiter entfalten [wollte].

Es waren im Wesentlichen zwei Faktoren, welche die Siebenbürger Sachsen befähigten, weitab von den Kerngebieten des europäischen Kulturgeschehens, auf der Höhe der Zeit zu bleiben: ein gut entwickeltes Schul- und Ausbildungswesen mit einer geeigneten Lehrerschaft, dazu die Gelegenheit, sich im westlichen Ausland beruflich fortzubilden oder dort Universitäten zu besuchen, und ein ständiger, breit gefächerter Informationsfluss aus dem Westen, der – im Zeitalter, da es weder Rundfunk noch Fernsehen gab – einen gut funktionierenden Buchhandel und ein rühriges Presse- und Zeitschriftenwesen voraussetzte.

Dem Buch [kam] also im Streben nach Selbstverwirklichung der Siebenbürger Sachsen eine ganz entscheidende Bedeutung zu. Welchen Rang es im Kulturleben einnahm, wurde immer dann schmerzlich empfunden, wenn historische Ereignisse seinen Fluss von West nach Südost unterbrachen.

3/2000

„ICH SPRECHE AUS EINER GROSSEN ERFAHRUNG"

Zoran Konstantinović

Zoran Konstantinović, der am 22. Mai 2007 hochbetagt, aber völlig unerwartet in Belgrad verstarb, gehörte zu den international renommierten Forschern auf dem Gebiet der vergleichenden Literaturwissenschaft. Er wurde am 5. Juni 1920 in Belgrad geboren, wo er auch Volksschule und Gymnasium besuchte. Als Teilnehmer am Zweiten Weltkrieg geriet er in deutsche Kriegsgefangenschaft. Nach dem Studium der Germanistik in Belgrad und Zagreb, u. a. bei Zdenko Škreb, wirkte er als Hochschullehrer in Belgrad. 1970 erhielt Konstantinović einen Ruf an die Innsbrucker Universität, wo er den ersten Lehrstuhl für Komparatistik in Österreich aufbaute.

Sein umfangreiches Werk umfasst zahlreiche Bücher und Studien zur literaturwissenschaftlichen Methodologie und zu den interliterarischen Beziehungen in Mittel- und Südosteuropa mit besonderer Berücksichtigung der deutsch-slawischen Kontakte.

Konstantinović, der nach seiner Emeritierung die letzten Jahre seines Lebens in seiner Heimatstadt Belgrad verbrachte, ist vielfach geehrt worden. Er war Preisträger der Deutschen Akademie für Sprache und Dichtung und Mitglied von Akademien der Wissenschaften aus zahlreichen Ländern.

Das nachfolgende Gespräch konnte am 29. März 2007 während eines Besuches in seinem Haus in Belgrad aufgezeichnet werden.

Herr Professor Konstantinović, wer wie ich am 28. März 2007 die Gelegenheit hatte, Sie im Goethe-Institut in Belgrad anlässlich der Vorstellung eines Buches über die deutsch-serbischen literarischen Begegnungen zu erleben, ist erstaunt über die Vitalität und die geistige Frische, die einem beim Anhören eines geradezu druckreif frei gesprochenen Vortrags entgegenschlägt. Wie erhält man sich trotz der Altersgebrechen diese intellektuelle Neugierde?

Das ist, lieber Freund, eine Frage, die sehr schwer zu beantworten ist. Ich bin freilich sehr stolz auf diese geistige Frische, aber meine verstorbene Frau sagte mir vor ein paar Jahren, bei der Feier meines 80. Geburtstags, als ich mich wegen dieser geistigen Neugierde vor ihr rühmte: „Ja das glaubst du, dass du noch so frisch bist." Ja, es ist schon ein sonderbarer Zustand. Ich habe jetzt das Gefühl, dass ich mich im Laufe der Jahre und Jahrzehnte so entwickelt habe, aufgrund meiner wissenschaftlichen und menschlichen Erkenntnisse, so dass ich jetzt den Eindruck habe, dass ich an einem Punkt angelangt bin, wo ich wirklich aus der Erfahrung sprechen und zu meinen Freunden und ehemaligen Studenten sagen kann: So sieht das Leben aus, und das ist die Geschichte der vergangenen 90 Jahre dieses Raumes. Wie du ja weißt, ist ein großer Teil meiner Arbeit ausgefüllt mit Leben, das der Erforschung der deutsch-serbischen Beziehungen gewidmet war. Ein faszinierendes Thema, ein wundervolles Thema und dann wieder auch ein ungemein trauriges Thema. Wenn man die Geschichte der letzten hundert Jahre Revue passieren lässt und sich dabei die Frage stellt, wieso sich zwei Entitäten, die sich so großartig ergänzen könnten, in wirtschaftlicher, politischer und kultureller Hinsicht, aufgrund der historischen Verhältnisse, der Kontexte immer wieder in Situationen geraten sind, in denen sie sich feindlich gegenüberstehen mussten, da könnte man schier verzweifeln. Des Öfteren habe ich mich gefragt, warum war das eigentlich alles notwendig? Welche Kräfte waren es, die Menschen so oft gegeneinander ausgespielt haben? In der Schule, im Zweiten Belgrader Gymnasium, hatten wir in meiner Klasse drei Schüler, aus der deutschen Umgebung von Belgrad. Du weißt, lieber Stefan, jenseits von Donau und Save gab es viele deutsche Siedlungen. Wir sind mit denen aufgewachsen, groß geworden, und dann hat das Schicksal uns auf ganz verschiedene Seiten geworfen. Zwei dieser Schulkollegen haben Kriegs- und Nachkriegszeit überlebt, der dritte ist im Zweiten Weltkrieg gefallen. Die Begegnung mit den anderen beiden nach so vielen Jahren war wirklich rührend. Ich bin dabei zur Erkenntnis gelangt, dass zwischen den Menschen Beziehungen bestehen, die weit über alle unglücklichen Ereignisse hinausreichen, die einem die Wirklichkeit in den Weg stellt.

Neben diesen deutschen Schulfreunden aus Belgrad gab es auch in Ihrer Familientradition einen engen Bezug zur deutschen Sprache und Kultur, die bei Ihrem Entschluss, Germanistik zu studieren, wohl mitentscheidend war.

Ich entstamme einer alten Belgrader Familie, mütterlicherseits gehen deren Wurzeln ins serbische Kernland zurück, väterlicherseits in die Militärgrenze. Die Familie väterlicherseits stand in der Tradition dieser Grenzerfamilien, meine männlichen Vorfahren waren durch viele Generationen kaiserliche Offiziere. Diese Grenzerfamilien besaßen neben ihren eigenen Traditionen auch ein erhöhtes Maß an Familienstolz, der auch gepflegt wurde. In Belgrad nennt man diese Serben die „Wurzbach-Serben", nach dem Verfasser eines Lexikons über das Kaisertum Österreichs, in das auch Serben aufgenommen wurden, die Österreich und der deutschen Kultur sehr eng verbunden waren. In dieser Grenzerfamilie wurde eine ganz eigenartige deutsche Sprache gesprochen, das so genannte „Grenzerdeutsch". Es war mit vielen französischen Wörtern durchsetzt und hatte auch eine ganz eigenartige Aussprache, die unnachahmlich ist, die leider mit ihren Sprechern ausgestorben ist, die aber noch immer in mir nachklingt. Neben Deutsch wurde in diesen Familien, die sich dem Militäradel zugehörig fühlten, auch Französisch gesprochen. In Belgrad konnte kein Kandidat in eine bessere Familie hineinheiraten, wenn er das Französische nicht beherrsche. Vor dem Krieg hatten wir auch alle begonnen, Englisch zu lernen. England galt damals als Hort und Inbegriff der Demokratie.

Über die Zeit des Krieges, die du ansprichst, rede ich nicht gerne, auch vor meinen eigenen Kindern nicht. Ich möchte überhaupt Erinnerungen daran verdrängen. Ich war lange Zeit, wie viele junge Serben, in einem Lager inhaftiert. Nach dem Krieg, im neuen System, hatte ich eine makellose Vergangenheit. Ich hätte mich der Politik widmen, ich hätte Karriere machen können, bin aber dem universitären Beruf nachgegangen und habe das auch nie bereut. Ich spreche aber ungern darüber, weil ich während des Krieges auch die ganze jugoslawische Tragödie erlebt habe, das kroatische Problem, die Verhaltensweisen der einzelnen Volksgruppen. Darüber spreche ich sehr ungern.

Seit Ihrer Emeritierung an der Innsbrucker Universität haben Sie Ihren Wohnsitz erneut ins heimatliche Belgrad verlegt, woher Ihre Biografie ihren Ausgang nahm, womit hängt diese enge Bindung an diese Stadt, an diesen Raum, zusammen?

Meine momentane Bindung an meine Heimatstadt ist in erster Linie bedingt durch meinen Gesundheitszustand. Der ist seit rund drei Jahren sehr schlecht, ich bin nicht mehr in der Lage, zu reisen, und hier in Belgrad ist meine Familie, die sich um mich kümmert, in Innsbruck wäre das nicht möglich. Aber ich hatte auch in Innsbruck einen sehr schönen Wirkungskreis. Viele Studenten, und von Innsbruck aus auch die Zusammenarbeit mit akademischen Einrichtungen in München. Ich bin immer zu den Jahresversammlungen der Südosteuropa-Gesellschaft gefahren. Aber auch der Bezug zu Wien, zur österreichischen Akademie, war von Innsbruck aus gegeben. Seit ich wieder in Belgrad lebe, hat sich die Optik ein wenig verändert. Ich bin in die Arbeit des Instituts für Literaturwissenschaft und in die Arbeit der Serbischen Akademie der Wissenschaften, in deren Literaturkommission, eingebunden. Ich möchte hierbei hervorheben, dass das Institut für Literaturwissenschaften an literarischen Begegnungen in und aus dem südosteuropäischen Raum sehr interessiert ist. Das Faszinierende daran ist, dass das gemeinsame Leben Völker völlig unterschiedlicher Sprachen und unterschiedlicher Herkunft zu einer ähnlichen Mentalität und zu ähnlichen Manifestationen in ihrer Kultur führt, so dass es lohnenswert ist, die literarischen Erzeugnisse der Schriftsteller der einzelnen Sprachen miteinander zu vergleichen und die gegenseitigen Beziehungen aufzudecken. Vom modernen wissenschaftlichen Standpunkt aus gesehen, kann man von einem System sprechen, einem System mit gemeinsamen Strukturen, wobei sich jedes Subsystem auch nach eigenen Gesetzen entwickelt. Leider haben besonders seit dem Zweiten Weltkrieg in diesem Raum große Veränderungen stattgefunden, aber sowohl in der Erinnerung als auch in den Nachwirkungen lebt seine Geschichte weiter.

Sie haben in Belgrad studiert und hier auch als Hochschullehrer lange gearbeitet, dennoch sind Sie 1970 nach Innsbruck gegangen, wo Sie den ersten österreichischen Lehrstuhl für vergleichende Literaturwissenschaft aufgebaut haben. Welches waren die Gründe Ihres Weggehens?

Ich möchte nicht von einem Weggehen sprechen, ich war hier in Belgrad Professor und hatte eine sehr schöne Aufgabe. Aber Innsbruck war eine große Chance, eine Herausforderung für mich, einen Lehrstuhl, den ersten dieser Art in einem anderen Land, zu gründen. Ich wurde dazu eingeladen, und das habe ich als verlockend gesehen, obwohl mir eigentlich der Abschied nicht leicht gefallen ist. Aber ich wurde in völligem Einvernehmen mit der Universität und mit allen offiziellen Ämtern akzeptiert.

Nach Innsbruck hatte ich einen Ruf erhalten. Es war damals nicht so, dass man sich auf eine universitäre Stelle ohne weiteres bewerben konnte, sondern die Fakultät hat eine Liste zusammengestellt. Ich war die Nummer zwei, vor mir war ein spanischer und nach mir ein Schweizer Professor. Von der Fakultät habe ich irgendwann mal einen Brief bekommen, in dem die Einladung ausgesprochen wurde, ich möge zu einem Gastvortrag nach Innsbruck kommen. Ich bin gefahren, habe den Vortrag gehalten und nach einiger Zeit bekam ich einen weiteren Brief vom österreichischen Unterrichtsministerium, in dem bei mir angefragt wurde, ob ich den ersten Lehrstuhl für vergleichende Literatur in Österreich übernehmen möchte. Später habe ich erfahren, dass der spanische Professor, der mir zunächst vorgezogen worden war, sich in einem Innsbrucker Hotel, in dem er logierte, maßlos betrunken und eine Schlägerei angezettelt hatte. Die Polizei hatte ihn abführen müssen und hatte gleich danach die Universität verständigt. Damit hatte der Spanier seine Chance vertan, und ich bin zum Zug gekommen. In Innsbruck habe ich 20 Jahre diesen Lehrstuhl innegehabt, ihn nach allen möglichen Richtungen hin ausgebaut, wobei ich sehr viele Studenten aus dem Ausland hatte. Im Winter waren immer mehr Studenten da, wegen des Wintersports. Innsbruck ist eine interessante Universität, und sie war in einem gewissen Sinne auch eine Eliteuniversität der reichen Deutschen.

Diese haben die Universität und meinen Lehrstuhl auch finanziell unterstützt, und dieses Geld durfte ich auch dazu nutzen, um Gäste aus ärmeren Ländern einzuladen. Es sind viele Studenten zu mir gekommen, und auch ich bin mit den Studenten gereist, durch alle diese Länder, und wir sind überall sehr gut aufgenommen worden. Das hat natürlich bei den Studenten Eindruck hinterlassen. Sie haben bei dieser Gelegenheit auch einen Blick hinter den Eisernen Vorhang werfen können. Ich habe auch vielen Kollegen helfen können, aus der ehemaligen DDR beispielsweise. Viele, die sonst verschlossen, misstrauisch und im Umgang sehr vorsichtig waren, haben sich mir gegenüber geöffnet, vielleicht weil ich aus einem Land mit einem ähnlichen System kam.

Auch nachdem ich in Innsbruck meine Stelle angetreten hatte, war ich in ständiger Verbindung mit Belgrad und mit Neusatz/Novisad, hatte hier auch Doktoranden und habe immer wieder auch Projekte an der Serbischen Akademie der Wissenschaften betreut. Ich war in einer glücklichen und vergleichsweise in einer privilegierten Lage, da ich ja nicht so weit weg war von meinem Land, in das ich immer kommen konnte und von hier aus immer wieder nach Innsbruck zurückreisen durfte. So hatte ich die Möglichkeit, mein Leben als eine Art Brücke zu gestalten und zwischen der deutschen Kultur und der südslawischen Welt vermittelnd zu wirken. Ich habe nicht nur den ganzen südslawischen Raum, alle südslawischen Universitäten in diese Arbeit einbezogen, sondern auch darüber hinaus ganz Ostmittel- und Südosteuropa, weil mein Projekt, das ich in Innsbruck entworfen hatte, als „vergleichende Mitteleuropaforschung" konzipiert worden war.

Durch zahlreiche Veröffentlichungen und die Organisation wichtiger wissenschaftlicher Tagungen und aufgrund Ihrer Beziehungen zu zahlreichen Wissenschaftlern des Fachbereiches haben Sie dem Lehrstuhl für vergleichende Literaturforschung in Innsbruck internationales Renommee verschafft. Was würden Sie im Nachhinein als besonderen Erfolg verbuchen?

Es sind natürlich viele, viele Erinnerungen, die mich mit diesem Lehrstuhl verbinden, und dennoch war alles, im Rückblick betrachtet, irgendwie auch sonderbar.

Zunächst war es etwas ungewöhnlich, dass nach Innsbruck ein Professor aus einem Land berufen wurde, das zwar nicht jenseits des Eisernen Vorhanges lag, das sich aber „sozialistisch" verstand und verhielt. Natürlich trat man an diesen Mann mit Erwartungen heran, man war neugierig, wie und welche Konzepte er entwickeln würde. Das Überraschende war, dass gerade dieser Mann, der aus einem fremden Land gekommen war, den Mut hatte, den Österreichern zu sagen: „Ihr müsst euch eurer ungeheuren geistigen Traditionen bewusst sein.

Österreich ist ein kleines Land, aber eine kulturelle Großmacht, und so müsst ihr so viel wie möglich aus der gemeinsamen Erinnerung herausholen, denn das ist für das künftige Europa von immensem Wert. Ihr müsst auch wissen, dass diese Tatsache kulturell immer noch nachwirkt."

Es wird vielleicht auch dich überraschen, lieber Freund, wenn ich dir sage, dass man heute in Serbien oft zu hören bekommt, dass diese österreichische Monarchie als ein gemeinsames Reich, mit seiner Verwaltung, mit einem Wort als Rechtsstaat ein Beispiel war, und dass man dieser Rechtsstaatlichkeit heute ungemein nachtrauert. Mein verstorbener Professor hier in Belgrad Pero Slijepčević war als junger Mann Mitglied des so genannten „Jungen Bosnien". Ich weiß nicht, ob ihr das in Deutschland wisst, das ist diese Organisation, die das Attentat auf Franz Ferdinand verübt hat. Er war Herzegowiner und ist noch in der Nacht nach dem Attentat über die Drina auf serbisches Gebiet geflohen. Mit mir hat er über dieses Ereignis des Öfteren gesprochen. Und er sagte mir u. a. Folgendes: „Weißt du, dieses Österreich, das war ein Rechtsstaat, und es hätte noch alle Kriege verlieren können und hätte weiter bestanden, wenn es nicht durch das Unglück des Nationalitätenproblems aufgelöst worden wäre." Und das sagte ein Mann, der eine ausgesprochen nationale Vergangenheit hatte. Das sagt übrigens auch Ivo Andrić, in seinem mit dem Nobelpreis gekrönten Roman, *Die Brücke über die Drina*, ein Roman, der mit einer Apotheose der österreichischen Verwaltung ausklingt. Er sagt in etwa, ich umschreibe: „Das war die Zeit, wo dieses Land nach einem Dornröschenschlaf aufgeblüht ist, wo man begonnen hatte zu bauen, zu entwickeln, wo sich das Leben wirklich entfaltet hat, in einer relativ kurzen Zeit." Siehst du, ich spreche aus einer großen, großen Erfahrung, und sage all den Menschen, die gern den Nationalismen verfallen, nein, das ist nicht der richtige Weg. Der richtige Weg ist der Weg des Verständnisses, des Ausgleiches, des Begreifens. Wie viele ungeheure, blutige Zusammenstöße hat es in diesem Raum gegeben. Aber es hat sich auch gezeigt, dass man mit Klugheit zusammenarbeiten und ein gemeinsames Leben gestalten kann. So eins haben wir einst mit den Deutschen gehabt, in Jugoslawien, im ehemaligen, und nachträglich sprechen hier die Menschen und sagen „naše švaba", also „unsere Schwaben". Die sind etwas anderes als die übrigen Deutschen. Ich bin so oft bei ehemaligen „Volksdeutschen" auf eine rührende Anhänglichkeit zur alten Heimat gestoßen, und dies trotz all dessen, was sie erlebt haben. Auch bei den Serben, in der serbischen Literatur ist die wunderschöne Tendenz vorhanden, dieser Ereignisse in einigen bedeutenden literarischen Werken zu gedenken. Diesen Weg gilt es fortzuführen.

Die vergleichende Literaturwissenschaft erfreute sich in den 1970er und 1980er Jahren eines guten Rufes in den philologischen Disziplinen. Sie wurde auch als Lehrfach an den philologischen Fakultäten angeboten. Zurzeit scheint es aber so zu sein, dass sie eher ein marginales Dasein fristet. Worauf ist das zurückzuführen?

Ich würde sagen, es war eine Entwicklung, die sich phasenweise verfolgen lässt. Die vergleichende Literaturforschung ist eine alte Disziplin und war zunächst in Frankreich ein universitäres Lehrfach. In Deutschland wurde die Komparatistik von der Germanistik zeitweilig verdrängt, besonders während des Wilhelminischen Reiches, als die Scherer-Schule die Germanistik als nationale Wissenschaft etablierte; da konnte die Komparatistik nicht viel Raum gewinnen. Nach dem Zweiten Weltkrieg wurde sie als Fach verstanden, das Brücken schaffen sollte, und der erste Lehrstuhl im deutschen Sprachgebiet wurde in Mainz gegründet. Hier befasste man sich vor allem mit der Geschichte der deutsch-französischen Beziehungen. Später wurden dann weitere Lehrstühle errichtet, in ganz Deutschland, die sich jeweils ganz unterschiedlichen Themen widmeten. Aber die Grundtendenz war und ist immer die gleiche: Es ging und geht stets um die Vermittlung von literarischen Werken in den unterschiedlichsten Kommunikationsräumen. Im Rahmen des Rezeptionsprozesses in einem neuen kulturellen Umfeld erhält jedes literarische Werk einen anderen Stellenwert, als es ihn in der eigenen nationalen Kultur hatte. Es erreicht über die nationalen Grenzen hinaus übernationale Geltung. Diesen Fragen nachzugehen ist immer noch sehr reizvoll. Dass heutzutage den Geisteswissenschaften und damit auch der Komparatistik weniger Bedeutung beigemessen wird, ist bedauerlich, hat aber in erster Linie mit der weltweiten wirtschaftlichen und naturwissenschaftlich-technischen Entwicklung zu tun. Das hat leider dazu geführt, dass man diese Fächer einschränkt. Doch trotz dieser Erscheinungen muss ich zu meiner Freude sagen, dass in Innsbruck die Seminare und Kolloquien für Komparatistik überbelegt sind. Einer meiner ehemaligen Studenten erzählte mir, er habe als ausgebildeter Literaturwissenschaftler einen Job bei einer Bank gefunden. Man habe ihn übernommen, weil er im Unterschied zu den anderen Kandidaten über eine Bildung und ein Allgemeinwissen verfügt habe, das ihm im Umgang und im Gespräch mit den Kunden, von großem Nutzen gewesen sei. Ohne ein Wissen über Literatur, Philosophie, Kultur, wird auch die technisierte und globalisierte Welt nicht weiterkommen. Da bin ich mir sicher. Deshalb, wenn irgendwo was reformiert wird und humanistische Fächer gestrichen werden, dann schreibe ich Briefe an die zuständigen Stellen, ja gelegentlich selbst an die Präsidenten einzelner Länder.

Sie haben sich spätestens seit Ihrer Dissertation über das phänomenologische Verfahren in der Literaturwissenschaft mit der Methodenlehre dieser Disziplin auseinander-

gesetzt und wesentliche Beiträge zu den Deutungsmustern dieses Faches geleistet. Inwiefern hat Ihr Modell seine Richtigkeit noch beibehalten, auch in der Konfrontation mit den neueren, ja neuesten Richtungen in der gegenwärtigen Literaturwissenschaft?

Ich habe nie die Ambitionen gehabt eine eigene Literaturmethode zu entwickeln. Aber nachdem ich nach Innsbruck berufen worden war, stellten sich mir einige Aufgaben auch in diese Richtung. Den einen Aufgabenkreis, die Mitteleuropaforschung, habe ich schon erwähnt. Der andere visierte die theoretischen Grundlagen der Komparatistik und die interliterarischen Beziehungen zwischen den verschiedensten Völkern an. Da musste man auch den Modellen Rechnung tragen, die in Frankreich oder England beispielsweise erarbeitet worden waren und die immer etwas Spezifisches hatten. Die Methodenfrage hat sich in diesem Zusammenhang eigentlich auch aus dem Interesse meiner Studenten ergeben, die meine Meinung wissen wollten. Um die Zeit war bekanntlich ein Methodenstreit in der Literaturwissenschaft entbrannt, und ich musste auch Stellung beziehen. Ich habe mich später von einer Methode zur anderen durchgekämpft und habe, wie im Leben übrigens, auf diese Weise immer auch neue Einblicke in die Literatur und in die Welt bekommen. Ich gehöre noch der Generation an, die ganz im Geiste des Positivismus erzogen worden ist. In der Prüfung wurde ich danach gefragt, wann hat der Dichter das eine und wann das andere Werk geschrieben, wer ist rechts, wer links von Shakespeare begraben? Doch mein verstorbener Professor Pero Slijepčević stand sehr stark unter dem Einfluss von Wilhelm Dilthey. Ideengeschichte, die Geschichte des Geistes, war sein Steckenpferd. So hat er auch den Blick auf die Literatur gelenkt und vor allem auf jene Themen, die die Wirkung des „deutschen Geistes" auf uns Serben betrafen. Das hat auch mich sehr fasziniert, es ist eines der schönsten Kapitel deutsch-serbischer Zusammenarbeit, und die geisteswissenschaftliche Methode hat das Wissen über diese Kontakte stark erweitert. Die offizielle Ideologie in Jugoslawien zur Zeit Titos war ja der Marxismus. Zwar war der „sozialistische Realismus" nicht die einzig erlaubte künstlerische Darstellungsweise, aber die marxistische Ideologie war für unser Leben und die Kunst letztendlich doch bestimmend. Wir haben uns mit der marxistisch-leninistischen Theorie auch auseinandersetzen müssen, und ich muss gestehen, dass sie nicht ohne Eindruck auf mich geblieben ist. So habe ich beispielsweise Georg Lukács sehr geschätzt, und streng genommen geht jede soziologische Literaturbetrachtung von ihm aus, besonders im deutschsprachigen Raum. Diese Auseinandersetzung hat auch einen gewissen oppositionellen Geist in uns geweckt, ebenso unser Interesse an dem, was sich damals in der westlichen Welt zutrug. In Anlehnung an Martin Heidegger, der damals groß in Mode war, hatte ich begonnen, mich mit der Phänomenologie zu beschäftigen. Ich habe zuerst hier ein Buch in serbischer Sprache verfasst, und es dann in erweiterter Form in deutscher Sprache herausgebracht. Ich hatte das Glück, dass ich auf diese Weise mit den Promotoren der einzelnen methodologischen Schulen in Verbindung treten konnte, so dass mir Einzelne von ihnen in inniger Freundschaft zugeneigt waren. Ich war beispielsweise sehr gut befreundet mit Hans Robert Jauß. Er ist oft zu mir gekommen. Seine Rezeptionstheorie habe ich versucht, auf serbische Literaturverhältnisse zu übertragen und habe unter dem Einfluss von Jauß zahlreiche Arbeiten zum Themenkreis der deutsch-serbischen Literaturbeziehungen verfasst. Eingehend habe ich mich auch mit Fragen des Strukturalismus in der Literaturwissenschaft befasst, ich gehöre beispielsweise zu den Mitentdeckern von Julia Kristeva, deren Erkenntnisse zu Themen der Intertextualität mich ebenfalls beeindruckt haben. Ihr Modell hier zu entwickeln, wie auch über weitere literaturtheoretische Fragen mich hier auszulassen, sprengt zweifellos den Rahmen unseres Gesprächs.

Von den rund 500 Beiträgen, Büchern und Aufsätzen, die Sie verfasst haben, gelten sehr viele dem mitteleuropäischen Raum. Auch eines Ihrer letzten Bücher, das Sie mit Fridrun Rinner im Jahre 2003 geschrieben haben, gilt der Literatur in Mitteleuropa vom Humanismus bis zur Gegenwart. Sie wagen am Ende dieses Buches keinen Ausblick in die Zukunft. Nun hat sich seit Ende des letzten Jahrhunderts, gerade in den letzten Jahren einiges getan, Europa beginnt sich gegenüber den USA geistig neu zu positionieren. Wie sehen Sie in diesem Kontext die Weiterentwicklung Mitteleuropas?

Das Buch wurde fertiggestellt in einem Augenblick des so genannten Überganges aus dem ehemaligen sozialistischen in das kapitalistische System, wir nennen das hier Transition. Dieser Augenblick war für die Länder des ehemaligen Sozialismus alles andere als leicht. Die Situation war nun mal so, dass die Menschen dort an eine Form des Lebens gewöhnt waren und nun erwarteten, hier wird nun einfach über Nacht ein Paradies entstehen, wenn der Kapitalismus eingeführt wird. Nun, die Einführung der Marktwirtschaft, besonders in der ersten Phase der Transition, brachte aber auch viele Enttäuschungen mit sich. Zuerst eine große Arbeitslosigkeit. Im Sozialismus war jeder gewohnt, eine Arbeitsstelle zu haben. Die Lage der Schriftsteller, die sich als Stimme der Nation verstanden, änderte sich. Im Sozialismus waren die Schriftsteller teils gut bezahlte Staatsbeamte, teils Dissidenten. Über Nacht hörten die gut bezahlten Staatsbeamten auf, Staatsbeamte zu sein, und sie mussten nun zeigen, dass sie schreiben konnten. Aber auch bei den Dissidenten zeigte sich, dass das, was sie geschrieben hatten, seinen Wert erst dadurch bekommen hatte, weil es im Untergrund entstanden und mit Gefahr verbunden war. Dann kam die Zeit, dass die Dissidenten auf einmal keine Schriftsteller mehr waren. Sie wurden Minister, Abgeordnete, Chefredakteure. Aber ein Schriftsteller, der Schriftsteller ist, muss Schriftsteller bleiben. Diese Zeit des Überganges scheint mir noch nicht beendet zu sein. Die ersten Enttäuschungen waren groß. Doch das Leben beginnt sich zu normalisieren, und es beginnt auch eine neue Epoche in der Literatur. Die Werte des mitteleuropäischen Raumes werden bleiben. Diese literarischen Entwicklungen werden dann die jungen Wissenschaftler, nach mir, erforschen. Jetzt ist diese Optik ja nicht mehr so interessant. Jetzt interessiert man sich, von all diesen Ländern aus, für die amerikanische und englische Literatur. Die Verbundenheit der mitteleuropäischen Literaturen untereinander ist nicht mehr so bedeutsam, aber es gibt zweifellos ein spezifisches mitteleuropäisches Wertesystem. Ich könnte da einige Beispiele anführen. Zum Beispiel der ungarische Außenminister unter Horthy 1941 war Graf Teleki. Ungarn hatte mit Jugoslawien einen Freundschaftsvertrag geschlossen. Doch Horthy erlaubte der deutschen Wehrmacht in Ungarn einzumarschieren und auch von Ungarn aus, am 6. April, Jugoslawien anzugreifen. Graf Teleki, der Außenminister, jagte sich daraufhin eine Kugel durch den Kopf, weil er sein Wort gegeben hatte. Diese „feudale Ritterlichkeit", ich will es mal unzeitgemäß ausdrücken, das ist meiner Meinung nach Teil eines solchen Wertesystems.

In Ihrem Vortrag im Goethe-Institut haben Sie, wie des Öfteren in Ihren Schriften, erneut die legendäre Begegnung zwischen Vuk Karadžić und Goethe erwähnt, die Ihnen symbolisch erscheint und der Sie eine zukunftsweisende Bedeutung für Ihr Land beimessen.

Ja, ich habe gestern wieder Vuk Karadžić Besuch bei Goethe erwähnt. Karadžić, der große Reformator der serbischen Sprache, wurde, wie du weißt, von Jacob Grimm sehr gefördert, und Jacob Grimm hat ihn im deutschen Raum bekannt gemacht. Grimm war es wohl auch, der das Interesse Goethes auf die serbische Volksdichtung lenkte, die ja Karadžić gesammelt hat. Es kam zu der Begegnung, die ich erwähnt habe und die ich als Sternstunde der deutsch-serbischen Beziehungen betrachte. Am 13. Oktober 1823 lässt Karadžić seine Kutsche vor das Quartier vorfahren, wo der berühmte Schriftgelehrte abgestiegen war. Karadžić ist seit seiner frühen Jugend lahm an einem Bein, mit einem Stelzfuß. Nur mit Mühe, auf Krücken gestützt, humpelt er die Treppen hinauf, zu Goethe, dem Vertreter des europäischen Geistes, zu dem damals viele Zeitgenossen aufblickten. Als Karadžić in das Arbeitszimmer von Goethe eintrat, empfing ihn Goethe mit den Worten: „Herr Karadžić, nicht zum ersten Mal sind Sie mein Gast, schon lange sind Sie unter meinem Dach", und er wies mit einer Handbewegung auf das Kanapee, wo ein Bündel mit Manuskripten lag. Es waren die Manuskripte von Goethes *Beiträgen für Kunst und Altertum*, wo er über das serbische Volkslied schreiben sollte. Damit war natürlich der Weg für das serbische Volkslied, nicht nur im deutschen Sprachraum geöffnet worden, sondern in der ganzen gebildeten Welt. In diesem Besuch habe ich auch eine Symbolik erkannt, nämlich die Situation des serbischen Volkes, damals, als es sich nach einer 400-jährigen türkischen Herrschaft in einem blutigen Aufstand von der osmanischen Oberhoheit befreien und wieder nach Europa zurückkehren konnte.

In Ihren Betrachtungen über Ost-, Mittel- und Südosteuropa haben Sie dem Phänomenfeld „Deutsch" eine besondere Rolle zugewiesen. Sie haben immer wieder auf die Bedeutung des Deutschen als Verkehrs- und Kultursprache in diesem Raum hingewiesen und dabei auch die Leistung der deutschen Minderheiten nicht unerwähnt gelassen.

Ich bin noch bevor Bourdieu seine Theorie des literarischen Feldes entwickelt hatte, auf den Begriff der so genannten „Inseltheorie" gestoßen, die u. a. besagte, die deutschen Gruppen in Südosteuropa hätten ein „Inseldasein", losgelöst von den anderen Völkern und Völkerschaften dieses Raumes, geführt. Das ist aus meiner Erkenntnis aber nicht richtig. Eher gab es eine „Schicksalsgemeinschaft", und zwar nicht als Gruppenidentität, sondern in Verbindung mit den anderen Völkern dieser Region. So war beispielsweise in den Gegenden, wo Deutsche und Serben gemeinsam lebten, der Fußballclub ein gemeinsamer, die Hagelschäden betrafen die Felder sowohl der Deutschen als auch der Serben. Es hat auch Ehen zwischen Deutschen und Serben gegeben. Ich könnte auch eine Reihe schöner Beispiele aufführen, wie gerade deutschsprachige Familien ungemein viel für Serbien getan haben. Ich erwähne hier nur den Namen Weifert. Das ist eine Familie, die die erste Bierindustrie bei uns aufgebaut hat. Sie sind immer deutsch geblieben, doch waren sie auch großartige serbische Bürger. Weifert war der Gouverneur der serbischen Nationalbank, und das war – ich spreche ganz offen – das einzige Mal, dass diese funktioniert hat. Von ihm werden wunderschöne Geschichten erzählt. Durch den Zweiten Weltkrieg ist da leider eine Kluft entstanden. So wie die Deutschen in Deutschland standen auch die Deutschen in Serbien unter dem Einfluss des Nationalsozialismus. Das hat auf beiden Seiten viel Leid gebracht. Es hat Jahre gedauert, bis man wieder halbwegs vernünftig miteinander sprechen konnte. Ich erinnere mich an meine erste Begegnung in Sindelfingen, wo die Donauschwaben ein Kulturzentrum haben. Dorthin war ich zu einem Vortrag eingeladen worden. Es war interessant, wie mich die Leute aufgenommen haben. Einer der Vorträge hatte die deutschen Opfer in Jugoslawien zum Thema. Ein sehr trauriges Kapitel unserer gemeinsamen Geschichte und wissenschaftlich berechtigt. Ich hatte mich danach auch zu Wort gemeldet und u. a. gesagt, dass es völlig legitim sei, dieses Thema zu bearbeiten. Aber noch wichtiger schiene es mir, aus diesem Kreis der gegenseitigen Schuldzuweisung herauszukommen und wieder den Anschluss zu finden an das, was vorher war, mit Blick auch in die Zukunft, das wäre meiner Meinung nach der einzig richtige und gangbare Weg.

Wie die Begegnungen mit Studenten und Wissenschaftlern aus vielen Ländern hat mich auch der Kontakt zu Vertretern der Deutschen aus Südosteuropa bereichert. Ich kann mir heute keinen größeren Reichtum vorstellen, als bei Büchern zu sitzen, umgeben von Briefen meiner Freunde, zwischen meinen Manuskripten. Das lässt sich mit Geld nicht aufwiegen.

2/2007

„ZWISCHEN VÖLKERN ZU VERMITTELN, DIE OFT DURCH
TIEFE GRÄBEN GETRENNT WAREN"

Zoran Žiletić

Prof. Dr. Zoran Žiletić lehrte bis zu seiner erzwungenen Emeritierung durch das Milošević-Regime im Jahre 1998 an der Belgrader Universität neben Geschichte der älteren deutschen Literatur vor allem historische Grammatik des Deutschen und germanistische Linguistik. Seit 1992 bot er den Studenten der Germanistik auch eine Vorlesungsreihe über donauschwäbische Siedlungs- und Kulturgeschichte im serbischen Donauraum an.
Der am 14. Oktober 1933 in Belgrad geborene Sohn eines Angestellten besuchte die Grundschule z. T. in einer serbisch-deutschen Privatschule und studierte von 1952 bis 1957 Germanistik und Anglistik an der Belgrader Universität. Von 1957 bis 1958 war er Gastarbeiter in Geislingen/Steige und Hannover sowie Gasthörer der Wiener Universität. Ab 1960 bis zu seiner Emeritierung war Žiletić Universitätslehrer, ab 1985 ordentlicher Professor am Institut für Germanistik der Universität Belgrad. Als Stipendiat des Deutschen Akademischen Austauschdienstes hielt sich Žiletić von 1962 bis 1964 in Göttingen auf, wo er sich besonders dem Studium des Gotischen und des Frühneuhochdeutschen widmete und seine Dissertation über suffixderivierte Substantive und Adjektive in den Versnovellen *Mai und Beaflor* und *Königstochter von Frankreich* vorbereitete. In den Jahren 1968–1971 wirkte Žiletić als Lektor für Serbokroatisch am Institut für Baltische und Slawische Philologie der Universität München. Žiletić verfasste neben Studien zur diachronen und synchronen Wortbildung im Deutschen auch kontrastive Analysen des Deutschen und Serbokroatischen sowie mehrere Beiträge über die Fälschung der donauschwäbischen Zeitgeschichte von 1945 bis zum Fall des Milošević-Regimes. Es gehört zu den Hauptanliegen des auch politisch und sozial engagierten Germanistikprofessors, der bis 2001 der 1991 gegründeten Deutsch-Serbischen Gesellschaft vorstand, „zwischen zwei Völkern, die oft durch tiefe Gräben getrennt waren" (*Süddeutsche Zeitung*, 18. Aug. 1999), zu vermitteln.
Zoran Žiletić, der in Belgrad als emeritierter Professor lebte, war Mitglied mehrerer internationaler Akademien und wissenschaftlicher Gesellschaften. Er ist am 15. Dezember 2013 in Belgrad gestorben.

Herr Professor Žiletić, seit einem Jahr etwa beginnen sich die deutsch-serbischen Beziehungen wieder zu normalisieren. Ihr Ministerpräsident Zoran Djindjić, der wie kaum ein anderer Politiker Ihres Landes die Westintegration der Republik Jugo-

slawien verfolgt und vorantreibt, hat besonders zu den deutschen Politikern einen sehr guten Draht. Zunehmend mehr Ihrer Landsleute scheinen die Ansicht zu teilen, dass es zum Westkurs keine vernünftige Alternative gibt. Lässt sich auch in Ihrem Bekannten- und Wirkungskreis ein solcher Wandel feststellen?

Die Entkrampfung der serbisch-deutschen Beziehungen ist die direkte Folge der angelaufenen Normalisierung der serbischen Verhältnisse. Durch die von Tito 1945 eingeleitete und von Milošević bis zum 5. Oktober 2000 fortgesetzte rücksichtslose Bekämpfung des freien Wirtschaftslebens und die zähe, über ein halbes Jahrhundert betriebene Enteuropäisierung des rest- bzw. vormals panjugoslawischen Raumes hatten sich die deutsch-serbischen Beziehungen sehr verschlechtert. Zwar durfte man beispielsweise einen Mercedes-Wagen bewundern, nicht aber die ökonomischen und gesellschaftlichen Voraussetzungen, die am Zustandekommen eines solch vorzüglichen Autos mitbeteiligt sind.

Doch leistungsorientierte Wirtschaft war in den Zeiten, die vor Tito und seinem eifrigsten Schüler Milošević lagen, immer schon hauptsächlich auf Deutschland angewiesen und entsprechend auch europäisch ausgerichtet. Titos Planwirtschaft, bis zu seinem Bruch mit Stalin, und seine anschließende Hinwendung zur Dritten Welt setzten sich jedoch als das eigentliche Ziel, uns von dem zivilen und leistungsorientierten Europa abzuschotten. Unter Milošević wurde es auch nicht anders, wobei er den unwirksam gewordenen Klassenkampf Titos durch eine nationalistische Ideologie ersetzte, die bis zuletzt militärische Konflikte zur Folge hatte. Dass die wirtschaftliche Zusammenarbeit von Titos Jugoslawien mit der ersten deutschen Bundesrepublik zeitweise funktionierte, besagt jedenfalls nicht, dass unsere Beziehungen zu Deutschland irgendwann vor dem 5. Oktober 2000 normal gewesen wären.

Meine Landsleute waren übrigens immer westlich orientiert, wenn man von den roten Machtträgern und ihren scheinheiligen Mitläufern absieht. Wer konnte schon Gefallen finden am sowjetischen Alltag in Moskau, Prag, Ost-Berlin oder Tirana und erst recht an sowjetischen Waren bzw. an unter dem Kuratel der Zensur entstandenen Geistesprodukten.

Unsere prowestliche Einstellung geriet allerdings ins Schwanken nach der wohl aus taktischen Überlegungen heraus organisierten restlosen Parteinahme des Westens für das extrem serbenfeindliche Kroatien Tudjmans und die separatistisch denkenden und terroristisch operierenden Kosovo-Albaner. Vom Jahrzehnte lang durch die Kosovo-Albaner individuell betriebenen Terror an der serbischen Dorfbevölkerung, mit dem Ziel, sie zum Verlassen Kosovos zu bewegen, wusste die westliche Öffentlichkeit nichts, weil man bei uns damals darüber öffentlich nicht diskutieren durfte.

Heutzutage ist vieles besser geworden. Man kann jeden Sender einschalten, jede Zeitung aufschlagen, ohne dabei Magenkrämpfe zu bekommen angesichts der dreisten Behauptungen, das neokommunistische Regime Miloševićs eröffne uns nach wie vor die besten Perspektiven.

Weil Sie zur Zeit des Milošević-Regimes auch zu jenen serbischen Intellektuellen gehörten, die vor einer Isolation Jugoslawiens warnten und für eine Anbindung an NATO und die EU plädierten, wurde seitens der damaligen Behörden Druck auf Sie ausgeübt, gelegentlich wurden Sie als „Vaterlandsverräter" und „Agent der Deutschen" geschmäht. Wie ist es Ihnen gelungen, diese Zeit unbeschadet zu überstehen?

Während der Regierungszeit von Milošević wurden seine Gegner in der Regel indirekt, aber gezielt bekämpft. Was meine Person angeht, begnügte man sich damit, mich z. B. im gesamten in Rumpf-Jugoslawien ausgestrahlten Fernsehen nicht auftreten zu lassen, auch wenn es um keine ausgesprochen politischen Themen ging, zu denen ich mich äußern sollte. Das Regime führte nämlich Listen von Personen, deren öffentliches Auftreten den verantwortlichen Redakteur seine Stelle gekostet hätte. Es schnitt auch routinemäßig Telefongespräche mit, stärker belangte es sie jedoch nicht, da es sich durch seine Widersacher, die sich in den von Massen wahrgenommenen Medien nicht artikulieren durften, nicht bedroht fühlte. Zu Freiheits- oder enormen Geldstrafen verurteilt wurden vor allem Wissensträger unter Journalisten, die für Milošević eine Gefahr bedeuteten, von denen sich einer auch den Genickschuss einhandelte.

Weit verbreitet war auch das Arbeitsverbot für ideologisch unzuverlässige und aufmüpfige Personen innerhalb von Institutionen oder Betrieben, die den jeweiligen Milošević treuen Leitern regelrecht ausgeliefert waren. Meine Weigerung, die Unterschrift unter einen Arbeitsvertrag zu setzen, den ein Universitätsgesetz eines auf sein Ende hin zusteuernds Regime erlassen hatte, veranlasste mich dazu – wie manchen anderen auch –, indem ich den vorzeitigen Ruhestand beantragte, das Arbeitsverbot über mich selbst zu erwirken.

Sie haben ein Leben lang als Hochschullehrer in Belgrad und zuweilen auch im Ausland sich vor allem dafür engagiert, Ihren Hörern über das Studium der deutschen Sprache und Kultur einen bedeutenden Teil der kulturellen Überlieferung Europas näher zu bringen. Wie weit reicht Ihr persönlicher Bezug zu dieser Sprache zurück?

Er reicht bis in das Jahr 1942. Als achtjähriger Bub wurde ich nämlich – auf das gutgemeinte Drängen einer mit meinen Eltern eng befreundeten russischen zaristischen Familie, die sich nach der Oktoberrevolution in Belgrad niedergelassen hatte – zum Schüler der 2. Klasse in der privaten deutschen Grundschule in Belgrad. Diese Gründung der deutschen evangelischen Gemeinde aus dem Jahre 1852 fand übrigens unter dem Patronat des serbischen Fürsten- und späteren Königshauses Karadjordjević statt. Diese Schule nahm seit 1854 auch serbische Kinder auf und wurde mit der Zeit zu einer deutsch-serbischen Begegnungsschule, wo man auch mitten im Zweiten Weltkrieg, nebst dem Unterricht in Deutsch, als Serbe auch den muttersprachlichen Unterricht bester Qualität sowie serbische Geschichte und den serbisch-orthodoxen Religionsunterricht hatte. Da in meinem Elternhaus niemand Deutsch konnte, erhielt ich parallel zum Schulunterricht in Deutsch auch noch Privatstunden bei einem Mädchen, das Ende der 1930er Jahre in Österreich eine katholische Klosterschule besucht hatte. Leider ist die deutsche Schule in Belgrad, wie die anderen Schulen auch, im April 1944 geschlossen worden wegen der damals einsetzenden intensiven Luftangriffe der Alliierten, die bis zum Abgang des deutschen Besatzers im Oktober des gleichen Jahres andauerten.

Im neusprachlichen Gymnasium, zu dem ich im Spätherbst 1944 zugelassen wurde, gab es zwar Deutsch, jedoch erst ab der 5. Klasse. Wenn ich mich auch aus purer Bequemlichkeit in der 5. Gymnasialklasse für Deutsch entschied, so hatte ich dadurch unbewusst die in der deutschen Grundschule erworbene Artikulationsbasis für meine spätere zeitweilige Lektorentätigkeit gerettet. Für das Germanistikstudium entschied ich mich allerdings im letzten Augenblick, und zwar weil meine Mathematikkenntnisse für das Fach Maschinenbau, das ich gern belegt hätte, nicht ausreichend waren. Dessen ungeachtet fand ich im Nachhinein großes Gefallen am Germanistikstudium, wobei mein ganzer Ehrgeiz der möglichst intakten Beherrschung des Deutschen galt, worin ich unter meinen Kommilitonen keine Ausnahme bildete.

Ein paar Jahre nach dem Zweiten Weltkrieg, der auch den Völkern Jugoslawiens viel Leid gebracht hatte, war in der Bevölkerung mit einer besonderen Akzeptanz für die Sprache der ehemaligen Besatzungsmacht wohl nicht zu rechnen.

Sicherlich haben diese Umstände eine Rolle gespielt. Übrigens hätte ich diese Ablehnung fast am eigenen Leibe verspürt, als – kurz nach dem Abgang der deutschen Besatzer – eine Gruppe Altersgenossen aus der Belgrader Gegend, in der ich mit meinen Eltern wohnte, mir mit Steinen in den Händen nachjagte, weil ich ein ehemaliger „Zögling der Deutschen Schule" gewesen sei. Es waren dies Jungs, deren Eltern sich vom gerade importierten Sozialismus eine Menge versprachen. Es handelte sich also eher um proletarischen als um patriotischen Nachwuchs.

Diese Art „Patriotismus", der auf der sechsundfünfzig Jahre lang staatlicherseits gehegten und gepflegten Germanophobie gründet, wird bis heute von den Milošević- und von Šešelj-Anhängern praktiziert. Vor allem der Ministerpräsident Serbiens Zoran Djindjić wird immer wieder als „deutscher Schüler" seitens der Sozialistischen Partei Miloševics und seitens der Radikalen angeprangert, nur weil er in der Bundesrepublik als Humboldtianer bei Prof. Iring Fetscher in Frankfurt am Main geforscht und einige weitere Jahre auch noch bei Prof. Jürgen Habermas in Konstanz tätig war.

Dabei vergisst man in diesen Kreisen, dass viele bedeutende Serben ihre wissenschaftliche und kulturelle Prägung der deutschen Sprache verdanken. Schließlich stammt das größte serbische technische Genie Nikola Tesla, um hier bloß dieses eine Beispiel von vielen anzuführen, aus dem Gebiet der von den Habsburgern in Kroatien eingerichteten Militärgrenze, wo er in eine Schule mit deutscher Unterrichtssprache ging. Angeblich soll er in der Schule besser in Deutsch als in Mathematik gewesen sein.

Die Kriegsereignisse zwischen 1941–1944 haben auf jeden Fall keine geringe Rolle beim Schwund der ursprünglich lebhaften Akzeptanz für Deutsch gespielt. Sie wirkten sich aber eher auf die Zeit bis 1948 aus. Nach der Loslösung von der Sowjetunion musste Tito jedoch Jugoslawien politisch neu positionieren, was auch auf die Situation des Fremdsprachenunterrichts nicht ohne Folgen blieb. Wohl auch um den Siegeszug des Englischen zu verhindern, wurden alle vier Sprachen in den Schulen und Gymnasien mit gleicher Intensität gefördert. Daher kamen neben Russisch, das seit dem Schuljahr 1948/49 kein Pflichtfach mehr war, und Englisch auch noch Französisch und Deutsch wieder zu ihrem Recht.

Wie verlief vor diesem historischen Hintergrund die Entwicklung der jugoslawischen Germanistik? Wie sah das Lehrangebot aus?

Der 1905 begonnene Aufbau der Belgrader Germanistik wurde in den späten 1930er Jahren nach damaligen Vorstellungen seinem vorläufigen Ende zugeführt. Germanistikstudenten gab es um die Zeit zirka zehn pro Studienjahr oder auch weniger. Nicht etwa, weil Deutsch als Fremdsprache nach hundert Jahren seiner absoluten Dominanz in Serbien infolge der bitteren Kriegsjahre 1914–1918 hinter das Französische zurückgefallen wäre, nein, sondern weil es damals Massenfächer einfach nicht gab. Auch im Westen kam es zum Massenstudium erst nach dem Zweiten Weltkrieg, als es die wirtschaftliche Blüte erlaubte, und im jugoslawischen Raum war es die „rote Kultur- und Bildungsrevolution" im Kielwasser der totalen Vereinnahmung sämtlicher Produktionsstätten und sämtlicher Institutionen durch die Kommunistische Partei, die ein kostenloses

Studium möglich machte und die Ansprüche für die Zulassung zum Studium herabschraubte.

An der Germanistik-Abteilung musste man durchschnittlich zwölf Stunden wöchentlich intensiven Deutschunterricht mit Übersetzungs- und Konversationsübungen belegen, um die Studenten rein sprachpraktisch zum Germanistikstudium überhaupt erst zu befähigen. Zur Zeit des bürgerlichen Jugoslawien war solch ein Unterricht nicht nötig, da nur diejenigen, die Deutsch schon vor dem Studium in Wort und Schrift beherrschten, Germanistik studierten. Ihr Deutsch war entweder das vom deutschen Kinderfräulein oder das in einer deutschsprachigen Schule erlernte, in manchen Fällen war es die Sprache der Eltern.

Eigentlich gab es in den 1950er Jahren nur zwei Segmente: den literaturgeschichtlichen Teil mit der integrierten Geschichte des Mittelhochdeutschen und den der Sprachpraxis mit integrierter Schulgrammatik. Die Sprachpraxis diente vor allem dazu, das aus der Oberschule mitgebrachte dürftige Deutsch zu ergänzen. Das eigentliche Ziel war es, uns Sprachfertigkeiten beizubringen, die das Verfassen von Aufsätzen hauptsächlich mit literaturgeschichtlicher Thematik ermöglichten sowie die Lektüre von repräsentativen Werken der deutschen Literaturgeschichte. Die Veranstaltungen zur Schulgrammatik konzentrierten sich vor allem auf die Morphosyntax des Verbs und die Satzsyntax in der Tradition Otto Behaghels.

Allerdings waren dies Folgen einer durch den Krieg ausgelösten und siebzehn Jahre andauernden Talfahrt vor allem im Bereich der germanistischen Linguistik. Der Privat-Dozent Ladislaus Weifert, ein Neffe Georg Weiferts, der seit 1939 als erster an der Belgrader Universität über das Mittelhochdeutsche las, verließ 1944 Jugoslawien. Erst ab 1962 mit der Berufung meines nachmaligen Doktorvaters Prof. Dr. Ivan Pudić an die Belgrader Universität wurden die Lehrveranstaltungen zur Sprachgeschichte, zur Historischen Grammatik und zu der Vergleichenden Grammatik der germanischen Sprachen aufgenommen.

Neben Ladislaus Weifert, der auch Deutschlehrer des späteren jugoslawischen Königs Peter II. war, verlor die Belgrader Universität bald darauf auch den Begründer ihrer seit 1905 bestehenden Germanistik – den Literaturwissenschaftler Milos Trivunac. Er wurde nämlich wie viele anderen bürgerlichen Intellektuellen jener Zeit Anfang Januar 1945 zum Tode verurteilt und erschossen. In der Urteilsbegründung hieß es unter anderem, er habe als langjähriger Vorsitzender der Jugoslawisch-Deutschen Gesellschaft nicht nur deutsche Wissenschaftler zu Vorträgen nach Belgrad eingeladen, sondern habe auch als Kultusminister in der serbischen Regierung der Kriegszeit unter General Milan Nedić der „faschistischen" Indoktrination der studentischen Jugend Vorschub geleistet.

„ZWISCHEN VÖLKERN ZU VERMITTELN, DIE OFT DURCH TIEFE GRÄBEN GETRENNT WAREN"

Unter Ihren Kommilitonen dürften, zumindest anfänglich, auch Studenten gewesen sein, die der deutschen Minderheit angehörten?

An der Belgrader Universität, wo ich ab 1952 inskribierte, belegten pro Jahrgang etwa 90 bis 100 Studenten den Fachbereich Germanistik. Einige darunter entstammten den Reihen der Deutschen aus der Wojwodina. Nachdem die Lager 1948 aufgelöst worden waren und sie danach zwei bis drei Jahre Zwangsarbeit geleistet hatten, versuchten die Deutschen Jugoslawiens, insofern sie nicht umgekommen, geflüchtet oder vertrieben worden waren, ihr Leben neu einzurichten. Vielen Abiturienten aus den Reihen der deutschen Minderheit bot das Studium der Germanistik nicht nur die Möglichkeit, einen akademischen Beruf zu ergreifen, für den man viele Voraussetzungen bereits aus Familie und Schule mitbrachte, sondern auch seine Identität nun unter eingeschränkteren Bedingungen fortzuleben. Ab 1954 verließen jedoch sehr viele Donauschwaben Jugoslawien, zunächst vor allem in Richtung Vereinigte Staaten von Amerika, und, nachdem auch das ‚Wirtschaftswunder' in der Bundesrepublik Deutschland einsetzte, in den westlichen Teil Deutschlands. Das bedeutete gleichsam auch das Ende der deutschen Minderheit in Jugoslawien. Die rund 500 Klassenzüge mit deutschsprachigem Unterricht, die es bis dahin für diese Minderheit gegeben hatte, lösten sich auf, auch die in deutscher Sprache herausgegebene Zeitung *Der Schaffende*, die zwar als Adressaten nicht so sehr die Leser der deutschen Minderheit anvisierte, sondern eher die deutschen Facharbeiter, die im Zuge der Reparationsarbeiten nach Jugoslawien kamen, stellte Anfang der 1960er Jahre ihr Erscheinen ein.

Ihre Deutschkenntnisse haben Sie jedoch nicht allein über die Welt des Buches, sondern auch im deutschsprachigen Umfeld aufgebessert. Im Unterschied zu anderen Germanisten aus dem Ostblock, die nicht in den Westen reisen durften, hatten Sie die Möglichkeit, dies zu tun, ja, Sie durften zeitweilig sogar einer Arbeit nachgehen.

Als ich 1956 auch den letzten Seminarschein erlangt hatte und mich für die Diplomprüfung vorbereiten sollte, war ich mit meinen Deutschkenntnissen sehr unzufrieden. Da mein Versuch, vom Deutschen Akademischen Austauschdienst ein Stipendium zu bekommen, gescheitert war, entschied ich mich, mir in der Bundesrepublik Deutschland eine vorübergehende Arbeitsstelle zu suchen und somit Gelegenheit zu bekommen, eine Zeit lang dort zu verbringen, um mein ungelenkes Umgangsdeutsch „in Fluss zu bringen".

Vereinzelt waren nämlich einige meiner Kommilitonen vor mir mit dem gleichen Ziel nach Deutschland gegangen. Bei der Arbeitssuche half mir ein deutsch-tschechisches Ehepaar aus unserer Nachbarschaft, das in den 1920er

Jahren aus Bosnien nach Belgrad übersiedelt war. Der Mann war Holzhändler und eine seiner Nichten, die im habsburgischen Bosnien zur Welt gekommen war, hatte sich mit ihrem Ehemann in der Schwäbischen Alb bzw. in Geislingen an der Steige niedergelassen, nachdem sie nach dem Zweiten Weltkrieg aus dem tschechischen Weipert, der Heimat ihrer Vorfahren, vertrieben worden waren. Ihr Mann hatte geschäftliche Beziehungen zu einer weltweit bekannten württembergischen Metallwarenfabrik, wo ich dann auch bald Arbeit in der Versandabteilung bekam.

Die Arbeit war nicht gerade erhebend, aber die Leute waren mir gegenüber sehr freundlich, ja lieb. Gleichzeitig war ich von den Einheimischen sehr beeindruckt, weil sie alle eigentlich immer recht munter waren und gesprächig. Ihre Arbeitsamkeit, die sich von der, die ich im sozialistischen Alltag zu Hause kennen gelernt hatte, deutlich unterschied, ihren ausgeprägten Mutterwitz und ihre gemütliche Häuslichkeit bewunderte ich zutiefst. Ich hatte das Gefühl, ich sei an einen Ort geraten, wo ich, mitten in einer geregelten Umgebung, in der jeder seinen Platz wusste und seiner Arbeit nachging, mit jedem Tag gesünder würde. Es lag wohl auch daran, dass ich nach Deutschland zur Zeit des aufkommenden Wirtschaftswunders kam, und zwar aus einem damals dahinsiechenden sozialistischen Land. 1957 war nämlich Titos Jugoslawien mit den Milliardenkrediten des Westens noch nicht überschüttet worden, wie das dann in den 1960er und 1970er Jahren geschehen sollte.

Wie dem auch gewesen sein mag, diese Kleinstadt war und blieb für mich meine zweite Heimat. Ich bin in ihr nämlich damals so ziemlich anders geworden, ich möchte fast sagen, dass ich dort im gewissen Sinne neu geboren wurde.

Diese meine erste Begegnung mit Deutschland brachte mir jedenfalls viel mehr ein, als ich erwartet hatte. Es waren dies keine großen Erlebnisse, keine inspirativen Kulturveranstaltungen oder gar Kontakte mit akademisch Gebildeten, die mich grundlegend beeinflusst hätten. Es war bloß eine Aneinanderreihung alltäglicher Ereignisse, die mir die Augen geöffnet hatten für Möglichkeiten, die eine zivilisierte Gesellschaft dem Einzelnen bietet, um ihm die Eingliederung in eine organisierte Welt zu ermöglichen.

Dies alles stand damals im krassen Gegensatz zum bei uns seit der Sowjetisierung Jugoslawiens gestörten Verhältnis zwischen Arbeit und Entgelt im Namen einer aufoktroyierten Gleichheit, die uns angeblich zur klassenlosen Gesellschaft führen sollte.

Trotz dieser überwiegend positiven Erfahrungen hielt es Sie nicht lange im Schwäbischen, nach einiger Zeit wechselten Sie nach Niedersachsen.

Was mich als angehenden Deutschlehrer allerdings beunruhigte, war das mir sonst sympathische Schwäbeln in meiner damaligen Umgebung. Außerdem wachte in mir der Großstädter wieder auf. Daher beschloss ich, in einer der größeren Städte Norddeutschlands Arbeit zu suchen, weil dort bekanntlich das Umgangsdeutsch dem Schriftdeutschen wesentlich näher liegt.

Auch diesmal half mir ein ehemaliger Jugoslawiendeutscher, ein gewesener Bauunternehmer aus Belgrad aus dem Bekanntenkreis meiner Eltern, der 1944 Belgrad verlassen und sich – damals schon ein alter Mann – in einem kleinen Ort im Moselfränkischen niedergelassen hatte. Er verwies mich auf eine mit ihm verwandte Familie in Hannover. Es waren einfache Leute, Vertriebene aus einem Dorf im jugoslawischen Banat, bei denen ich mich vorübergehend einmietete. Wir sprachen über dies und jenes, und zwar Serbisch, aber über ihre Situation zwischen Oktober 1944 und ihrer Ausreise um die Mitte der 1950er Jahre wohl kaum. Ich kann mich nur daran erinnern, dass sie von der in der alten Heimat so üppigen und schmackhaften Küche schwärmten. Dass wir über ihre mögliche Lagerzeit oder ihre sonstigen Martyrien gesprochen hätten, kann ich mich heute nicht mehr erinnern. Über die Lager für „unsere Schwaben", wusste ich damals überhaupt nichts. In Mošorin, dem Geburtsort meiner Mutter, den sie bereits als Sechzehnjährige verlassen hatte, sowie in zwei weiteren Dörfern – Bačko Gradište und Krčedin –, wohin zwei ihrer Schwestern geheiratet hatten, hatte es so was nicht gegeben, sonst hätte ich meine Vermieter natürlich danach gefragt.

Arbeit fand ich diesmal beim Herausgeber einer Tageszeitung, dem *Hannoverschen Anzeiger*, als Hilfsarbeiter in der so genannten Andruck-Abteilung, wo Klischees für die in der Offset-Technik hergestellten Plakate, Straßenkarten und Reproduktionen von Malerarbeiten hergestellt wurden.

Das kleine, arbeitsfrohe Team machte Probeabdrucke, um die Farben der Vorlage oder dem Farbfoto anzugleichen. Meine Aufgabe bestand darin, die Zinkplatte vor jedem Auftragen einer der Grundfarben mit dem wassergetränkten Schwamm anzufeuchten. Die Monotonie dieses Eingriffs langweilte mich insofern nicht, als man sich die ganze Zeit seelenruhig über Gott und die Welt unterhalten konnte. Die Drucker waren bis auf einen älteren Herrn, aufgeweckte, durchwegs junge Leute. Auch sie hatten Humor, und zwar den trockenen, den man mit dem in Berlin vergleichen könnte. Was mich dabei sehr beeindruckte, war die Tatsache, dass dieser Humor praktisch ohne unanständige Wörter auskam, was im krassen Gegensatz zum Humor auf dem Balkan stand! Ich genoss außerdem das Lispelnde ihrer mitunter ins Niederdeutsche ausrutschenden Artikulation, die weder den vor *p*, *t* und *k* vorkommenden *s*- zum verschobenen *sch*-Laut kennt noch die so genannte *s*-Erweiterung, weshalb dieser Reibelaut in der Mundartebene nördlich der Benrater Linie alveolar verblieben ist. Bei uns ist eine solche lispelnde Artikulation nämlich für Kleinkinder typisch, bis sie das mediale *sch* in den Griff bekommen.

Nach sechs Monaten in Hannover ging ich nach Wien, wo ich keine Arbeit mehr aufnehmen wollte, da ich ein wenig erspartes Geld hatte. Etwa drei Monate wohnte ich zusammen mit einem Studienkollegen aus Belgrad, mit dem ich eng befreundet war, bei seinem Vermieter und bewunderte das Naturhistorische und das Kulturgeschichtliche Museum, die Ausstellungsräume in der Hofburg, das Burgtheater, die Wiener Oper und das Volkstheater, Schönbrunn usw.

Ihr Traum, einen Studienaufenthalt in Deutschland wahrnehmen zu dürfen, erfüllte sich erst einige Jahre später, da Sie sich nach Ihrer Rückkehr nach Belgrad vorerst um Ihre berufliche Laufbahn kümmern mussten.

Im Dezember 1958 kehrte ich nach Belgrad zurück nach insgesamt einem Jahr und acht Monaten meines ersten Aufenthalts im deutschen Sprachraum. Da für die Diplomprufung drei Termine – Januar, Juni, September – vorgesehen waren, entschied ich mich für Juni 1959. Die Diplomprüfung bestand ich mit dem Prädikat „sehr gut", und der Institutsleiter Prof. Miljan Mojašević trat nach der Prüfung an mich und an meinen Studienkollegen, mit dem ich zusammen in Wien gewohnt hatte, mit der Frage, ob wir bereit wären, nach dem obligatorischen Wehrdienst, als Assessoren im Universitätsdienst angestellt zu werden. Dies war für mich eine große und nicht minder angenehme Überraschung, etwas, was ich nicht einmal im Traum erwartet hätte. Selbstverständlich bin ich auf den Vorschlag eingegangen. Nach einem Jahr meines Infanteristendaseins in Montenegro, wo ich jeden Morgen die von unserem Zugführer vorgetragene so genannte „moral-politische Erziehungsansprache", zusammen mit Landwirten und Bergleuten aus Bosnien und einem Schweinehirten aus Slawonien, mitanhörte, um anschließend Schützengräben auszuheben oder umliegende Berghänge zu stürmen, wurde ich am 1. Oktober 1960 als Deutschlektor am Germanistischen Institut verpflichtet.

Mein unmittelbarer Vorgesetzter wurde der Oberstudienrat im Universitätsdienst Ognjan Radović, ein vorzüglicher Kenner der deutschen Grammatik in der junggrammatischen Tradition, ein hervorragender Übersetzer aus dem Deutschen und Englischen und Verfasser einer sehr guten und wohlüberlegten Anthologie deutscher Texte vom 18. bis zum 20. Jahrhundert, die auch ein Beiheft hatte, worin die schwierigsten Textstellen sehr genau erklärt und mit einem Übersetzungsvorschlag versehen waren.

Meine Aufgabe in den zwei folgenden Jahren bestand darin, eine Anzahl von Texten aus seiner Anthologie in den Übersetzungsübungen mit den

Studenten verschiedener Semester zu besprechen. Nun waren die Texte bei weitem kein Kinderspiel, wenn man z. B. an die Novelle Heinrich von Kleists *Der Findling* oder an *Das Bettelweib von Locarno* denkt oder gar an *Michael Kohlhaas*. Kraft gab mir das Bekenntnis meines Vorgesetzten, er habe in der Zeit seiner Übersetzertätigkeit für fast jeden Satz des Romans *Der grüne Heinrich* von Gottfried Keller bis sieben serbischer Varianten angefertigt, bevor es sich für die von seiner Sicht aus beste darunter entschieden habe.

Im Frühjahr 1962 wurde ich zum Assistenten für das Fach Deutsche Sprache befördert und im Herbst des gleichen Jahres ging mein Traum von einem Studienaufenthalt in Deutschland in Erfüllung. Der Deutsche Akademische Austauschdienst war es, den ich einige Jahre davor um ein studentisches Stipendium erfolglos angegangen hatte, der mir nun ein einjähriges Stipendium gewährte. Ich entschied mich für die Universität Göttingen, wo ich das Fach Deutsch belegte und an Lehrveranstaltungen und Seminaren über das Gotische, das Althochdeutsche und das Frühmittelhochdeutsche teilnahm. In meiner Belgrader Studentenzeit gab es, wie ich schon sagte, keine Lehrveranstaltungen für Gotisch und Althochdeutsch. In der Göttinger Akademie, wo ich mich in der dort befindlichen Arbeitsstelle des *Deutschen Wörterbuchs* für die mir ein Jahr davor zugesandten Informationsmaterialien über dieses Wörterbuch bedanken wollte, kam ich ins Gespräch mit Prof. Hans Neumann, den ich einige Wochen später um ein Thema für meine Doktorarbeit bat.

Professor Hans Neumann – einer der damals vier Neumanns an der Göttinger Germanistik – schlug mir vor, den sich im Wortbildungsbereich an der Wende vom Mittelhochdeutschen zum Frühneuhochdeutschen abzeichnenden Wandel zu beschreiben. Als Korpus über dem ich die Untersuchung durchführen sollte, empfahl er mir zwei an die Crescentia-Legende anknüpfenden Versnovellen aus jeweils einer der beiden Sprachperioden und als Untersuchungsobjekt die darin vorkommenden, durch Suffigierung gebildeten Substantive und Adjektive.

Ein Jahr davor war an die Belgrader Germanistik der bis dahin als Privatdozent für Deutsche Sprachgeschichte und Historische Grammatik in Sarajevo wirkende Ivan Pudić berufen worden. Dieser nach dem Ende des Zweiten Weltkriegs für vier Jahre mit Arbeitsverbot belegte ehemalige bosnische Franziskaner schloss die fast zwei Jahrzehnte lange, durch den Weggang Ladislaus Weiferts aufgerissene Lücke im Lehrbereich Diachronie des Deutschen. Er wurde gleichzeitig zu meinem unmittelbaren Vorgesetzten und willigte nach meiner Rückfrage in den Vorschlag Hans Neumanns vorbehaltlos ein, unter anderem auch deshalb, weil das Frühmittelhochdeutsche bei uns damals noch nicht als eigenständiges Phänomen behandelt wurde.

In Göttingen wohnte ich zuerst in einem privaten Studentenheim und anschließend im Fritjof-Nansen-Haus, einer Gründung eines im Krieg von den Deutschen zum Tod verurteilten norwegischen Pfarrers, der seinen Schergen irgendwie entwischt und nach dem Krieg nach Göttingen gekommen war, mit der Absicht, Angehörige der im Zweiten Weltkrieg verfeindeten Nationen unter den Göttinger Studenten und dem wissenschaftlichen Nachwuchs einander näher zu bringen. Um seine Ziele zu verwirklichen, war jedes der Arbeits- und Wohnzimmer von einem Deutschen und von einem Ausländer bewohnt. Ich teilte mir den Raum mit einem Studenten der Geschichtswissenschaften, einem etwas lahmen Kerl, der bei weitem keine die deutschen Studenten in der Regel auszeichnende intellektuelle Dynamik besaß.

Nicht wirkungslos blieb die Freundschaft zu Holger Homann, einem der damaligen Hilfsassistenten des namhaften Germanisten Albrecht Schöne, der unter anderem am Entstehen des Deutschen Emblemata-Lexikons seines Chefs mitbeteiligt war und auch einen guten Draht zu meinem Göttinger Betreuer Hans Neumann hatte. Ihm, der heute zurückgezogen in New Mexiko lebt, nachdem ihn seine damals schon stark verminderte Sehkraft zum vorzeitigen Ruhestand zwang, und Professor Neuman habe ich übrigens zu verdanken, dass ich beim DAAD auch noch ein zweites Stipendienjahr in Göttingen erwirken konnte.

Als Doktorand hatte ich nämlich kein leichtes Leben. Als Deutschlektor in Belgrad war ich nur mit Unterrichtsstunden und nicht auch mit Forschungsarbeit betraut. In Göttingen wurde ich auch dazu gezwungen, als eine Art Postgraduierter an Vorlesungen und Übungen teilzunehmen. Ganz große Schwierigkeiten bereitete mir der Mangel an soliden, abgerundeten Kenntnissen auf dem Gebiet vor allem der Historischen Grammatik, die ohne Wissen aus dem Bereich der vergleichenden Grammatik der germanischen Sprachen nicht denkbar ist. Weder die eine noch die andere Disziplin hatte es während meiner Studienzeit in Belgrad gegeben. Auch die Techniken des Bibliografierens und Zitierens wurden im Lehrbetrieb der Belgrader Germanistik für nicht so wichtig erachtet, weil man auf diese erst als wissenschaftliche Nachwuchskraft angewiesen war, nicht jedoch als künftiger Deutschlehrer oder Deutschlektor.

Auch sonst dürfte sich der Alltag eines jungen Belgrader Germanisten von dem eines Göttinger unterschieden haben, beispielsweise was die ideologische Bevormundung anbelangt?

Als einen, der mit den Verhältnissen im kommunistischen Rumänien vertraut ist, mag es Sie vielleicht wundern, dass von den etwa vierzehn am Institut tätigen Lehrkräften nur drei Mitglied der Kommunistischen Partei waren. Eines dieser Mitglieder hatte mir übrigens – wahrscheinlich im Auftrag der Parteiorganisation der Fakultät – kurz nach meiner Beförderung zum Assistenten nahe gelegt, man würde mich gerne in die Kommunistische Partei aufnehmen, was ich kurzerhand ablehnte.

Dies war nach dem Bruch mit Stalin eigentlich keine Heldentat, und meine Weigerung bedeutete auch nicht, mir würden deshalb Steine in den Weg gelegt werden. Es hatte nur insofern bittere Folgen, als ich bis zu meinem vierzigsten Lebensjahr bei meinen Eltern wohnen und anschließend mit meiner ersten Frau das Einfamilienhaus mit den Schwiegereltern teilen musste. Ein eigenes Arbeitszimmer hatte ich zu Hause nur zwischen 1973 und 1985 und am Germanistischen Institut von 1987 bis zu meiner Emeritierung. Denn eine Wohnung – eine so genannte Kaderwohnung – bekamen in der Regel nur Parteimitglieder, und zwar schon als Lektoren oder Assistenten. Und sich einmieten, wie dies unsere Väter bis zum Ende des Zweiten Weltkriegs konnten, war nicht möglich, da sämtliche Wohneinrichtungen – zur Gänze oder teilweise – dem Staat zur Verfügung gestellt wurden, der sie an seine Getreuen zu lächerlichen Mieten vergab, zu denen Tausende ehemalige Dorfbewohner aus Kroatien oder Bosnien gehörten, was zu einer schrecklichen Wohnungsnot bis in die 1970er Jahre geführt hatte.

Ein gutes Beispiel für die teilweise Enteignung war die zwangsweise Einquartierung einer Familie aus der Nachbarschaft, deren Sohn nach Abschluss seines Studiums bei Titos Sicherheitspolizei tätig wurde, ins Elternhaus meiner ersten Frau im Oktober 1944. Als der Besagte dann als Mitglied des Sicherheitsdienstes mit seinen Eltern in seine „Kaderwohnung" umgezogen war, bekamen meine Schwiegereltern eine andere Familie ins Haus. In die ihr von der Firma, wo das Familienoberhaupt tätig war, zugeteilte Wohnung ist diese Familie dann doch erst Mitte der 1960er Jahre schweren Herzens umgezogen, da sie sich inzwischen an das Villenviertel gewöhnt hatte. Sie wäre ansonsten für immer da verblieben, hätte sie nicht das von ihnen vereinnahmte Erdgeschoss mit meiner Frau und mir plötzlich teilen müssen, nachdem wir den Kohlenkeller und die Waschküche für unseren Wohnraum umgestaltet hatten. Es gibt übrigens immer noch nicht wenige solche „Nachbarschaften", die den teilweise enteigneten Hauseigentümern aufgezwungen worden sind. Zu ihrem ureigensten Besitz sind nämlich, so wie unsere Donauschwaben übrigens auch, viele Eigentümer, obwohl waschechte Serben, bis heute nicht gekommen. Beide Gruppen sind einfach lebenslängliche Opfer nicht der ethnischen, sondern der sozialen Unduldsamkeit der roten Herren aus den 1940er Jahren.

Kehren wir nach diesen Exkursen doch wieder zur Sprachwissenschaft, zur Forschung und Lehre zurück. Ihre Dissertation über die beiden mittelalterlichen Versnovellen enthielt nicht nur eine Menge neuer Fakten, Sie beschritten auch methodologisch neue Wege.

Nach zweiundzwanzig Monaten Göttinger Aufenthalt brachte ich eine Menge Material zum Thema meiner geplanten Doktorarbeit und ein mit einem akademischen Wortschatz angereichertes Deutsch nach Belgrad mit. Mein Assistentenstatus war in der Zwischenzeit auch administrativ zur Realität geworden. Deshalb musste ich in der Sprachpraxis nunmehr keine zwölf, sondern bloß vier Wochenstunden bestreiten, und den Rest von für einen Assistenten insgesamt acht vorgeschriebenen Wochenstunden deckte meine Teilnahme an den von meinem Belgrader Doktorvater gehaltenen Seminaren. Parallel dazu stand ich so ziemlich ratlos vor einem Berg von Materialien, die zu einer Doktorarbeit „verarbeitet" werden wollten. Besonders die Frage der Methodologie bereitete mir großes Kopfzerbrechen. Den positivistischen Zugang anzuwenden, dem sowohl mein Göttinger als auch mein Belgrader Lehrer verpflichtet waren, war ich nicht bereit. Andererseits waren mir die strukturalistischen Arbeitsmethoden, was die Erforschung der Wortbildung anging, jedoch nicht geläufig, da sie zu der Zeit weder in Belgrad noch in Göttingen angewandt wurden.

Aus der Ratlosigkeit verhalf mir die in der internationalen Sprachgermanistik der 1970er Jahre bekannt gewordene Sprachdidaktikern Pavica Mrazović von der Germanistikfakultät in Neusatz/Novi Sad. Sie ließ mir nämlich das Buch des Leipziger Sprachgermanisten Wolfgang Fleischer über die Wortbildung in der deutschen Gegenwartssprache zukommen.

Die Bücher und Studien der DDR-Germanistik waren innerhalb der jugoslawischen Germanistik des Tito-Jugoslawien nicht im Umlauf. Die Kontakte mit den dortigen Germanisten fanden in den weitaus meisten Fällen aus purer Courtoisie statt oder im Rahmen der Verpflichtungen auf der Ebene der zwischenstaatlichen Beziehungen, wenn diese den Kulturbereich berührten.

Vor allem die Literaturwissenschaft der DDR schien uns einfach zu doktrinär und verlogen, und unsere in den 1960er Jahren noch in der junggrammatischen Tradition verhaftete Sprachgermanistik zeigte zunächst kein Interesse an den dortigen aktuellen Ansätzen.

Auch wenn man diese Ansätze nicht ablehnte, musste man sich arg zusammen nehmen, um die Übungshefte, die für das Lehrprogramm Deutsch für Ausländer am Herder-Institut in Leipzig konzipiert worden waren, verkraften zu können. Sogar in den darin konstruierten Beispielen wurde nämlich nicht nur die konzeptionelle, sondern auch die dort gelebte Überlegenheit des Sozialismus, an dem allein Deutschland und die nichtsozialistische Welt genesen könne, wie in einem schlechten Witz gelobt. Sehr lange lehnte es unser Institutsleiter ab, Gastvorträge von DDR-Professoren bei uns stattfinden zu lassen. Energisch stemmte er sich – bis in die 1970er Jahre hinein und aus welchen Gründen auch immer – gegen bohrende Versuche der DDR-Botschaft, DDR-Lektoren bei uns durchzusetzen.

Doch das strukturalistisch-taxonomische Wortbildungsmodell Fleischers beeindruckte mich, ich konnte es bei der Analyse von den in den beiden Versnovellen evidentierten Adjektiven und Substantiven gut anwenden.

Bevor es zum Abschluss Ihrer Dissertation kam, führte Sie Ihr Berufsweg erneut ins deutschsprachige Ausland, diesmal als Lektor für Serbokroatisch an der Münchner Universität.

Im Herbst 1967 erging an das Germanistische Institut in Belgrad die Anfrage des Seminars für Baltische und Slawische Philologie der Uni München, ob es einen Serbokroatisch-Lektor für zwei Jahre stellen könnte. Keiner von den vor mir danach befragten ranggleichen Kollegen erklärte sich dazu bereit, ich aber griff zu und übernahm das Lektorat im Januar 1968. Der Institutvorstand Professor Alois Schmaus war in der Zwischenkriegszeit ein Jahrzehnt lang selbst Universitätslektor in Belgrad gewesen, das schuf eine gute Grundlage für ein freundschaftliches Verhältnis.

Das Interesse am Serbokroatischen und an der in dieser Sprache verfassten Gegenwartsliteratur war zu der Zeit ziemlich rege. Dass ich Deutsch konnte, war dabei nicht unwichtig, weil Serbokroatisch nur die wenigsten Slawistikstudenten beherrschten. Auch wurde es nicht als Hauptfach gelehrt. Außerdem gab es unter den Teilnehmern meiner Veranstaltungen immer wieder auch einige Nichtslawisten wie z. B. den späteren Professor für Ost- und Südosteuropäische Geschichte am Osteuropa-Institut der FU Berlin Holm Sundhaussen. Auch einige spätere Diplomaten in Belgrad hatten an diesen Kursen und Übungen teilgenommen.

Ich musste mich mächtig ins Zeug legen, um das Serbokroatische aus der Sicht des deutschen Muttersprachlers zu präsentieren. Doch gelang es mir, schon nach einigen Monaten als Mitverfasser eines Lehrbuchs des Serbokroatischen für Deutsche an die Öffentlichkeit zu treten. Auch später, in den 1980er Jahren beim Mitverfassen der ersten vollständigen vergleichenden Grammatik einer slawischen und einer germanischen Sprache – der Kontrastiven Grammatik Deutsch-Serbokroatisch –, stützte ich mich zum Teil immer noch auf die hierbei gesammelten Erfahrungen.

Nach dem Ablauf der vier Semester wurde mein Lektorenvertrag für anderthalb Jahre verlängert. Zu der Zeit war Professor Schmaus nicht mehr am

Leben. In diesen zusätzlichen anderthalb Jahren wandte ich mich erneut meiner Doktorarbeit zu und schloss das Typoskript im Juni 1971 ab.

Auch diesmal, wie vormals in Geislingen, Hannover oder Göttingen, blickte ich gern über den Fachzaun hinaus. Aufmerksam verfolgte ich, trotz der vielen Arbeit, das ungezwungene Verhältnis zwischen den Angehörigen des Lehrkörpers und den Studenten. So eine entkrampfte Beziehung besteht bei uns leider nicht. Unsere Studenten sind in der Regel scheu bzw. recht unsicher im Kontakt zu ihren Lehrern. Außerdem vermisse ich immer noch bei uns die sehr vernünftige Praxis, dass beim geselligen Beisammensein in einem Lokal ein jeder sein eigener Gast ist, was Kaffee- oder Bierrunden erst möglich macht. Auf dem Balkan gibt es nämlich den unvernünftigen Brauch, dass sich der Initiator eines Treffens am Gasthaustisch verpflichtet fühlt, die ganze Zeche zu übernehmen. Ganz anders verlief die Kaffeerunde mit Professor Schmaus am Samstagvormittag, zu der sich jeder von uns gesellen konnte. Sie war sehr interessant und gewinnbringend.

Der kontrastiven Darstellung des Deutschen und Serbokroatischen widmeten Sie auch danach einen großen Teil Ihrer wissenschaftlichen Aufmerksamkeit.

Unsere Bemühungen um die vergleichende Darstellung des Deutschen und Serbokroatischen weckten unerwarteter Weise das Interesse des Rechenzentrums an der Belgrader Universität für das dependenzverbgrammatisch ausgerichtete Modell von Ulrich Engel. Den Leiter des Rechenzentrums, einen Mathematiker, der sich seit Jahren leidenschaftlich mit der maschinellen Verarbeitung des Serbokroatischen befasste, kannte ich von früher, weil er durch Zufall auf die in meiner Dissertation – ich war im Juli 1971 von München nach Belgrad zurückgekehrt und hatte im Dezember des gleichen Jahres meine Dissertation verteidigt – angewendete Kodierung von semantischen Strukturen der Ableitungen aufmerksam gemacht worden war.

Das Interesse des Rechenzentrums der Belgrader Universität richtete sich vor allem auf den maschinell angelegten Sprachkorpus der deutschen Gegenwartssprache im Mannheimer Institut. Außerdem – angeregt durch das dependenzerbgrammatisch orientierte Verfahren Ulrich Engels bei der Kontrastierung des Deutschen und Serbokroatischen – versuchte man in diesem Rechenzentrum unter anderem, die Gesetzesänderungen maschinell einzubringen, indem man dabei von dem Engelschen Valenzbegriff als der subklassenspezifischen Rektion ausging.

Ende der 1970er und Anfang der 1980er Jahre – dank den inzwischen aufgenommenen persönlichen Verbindungen – ließ sich der Leiter des Projekts „Maschinelles Korpus der Serbokroatischen Sprache" immer wieder im

Mannheimer Institut beraten. Dank dieser Zusammenarbeit wurde die Belgrader Gruppe der Computerlinguisten miteinbezogen, am Projekt der UNESCO teilzunehmen, das zum Ziel hatte, auch die kleinen europäischen Sprachen für ihre maschinelle Erforschung zu präparieren,

Bei alledem ist es belangvoll zu wissen, dass das Institut für deutsche Sprache in Mannheim von außerordentlicher Wichtigkeit ist für die Sprachgermanistik insgesamt und erst recht für die im Ausland, vor allem wenn es um die deutsche Sprache der Gegenwart und speziell um Deutsch als Fremdsprache geht. Es ist zu einem Treffpunkt der internationalen sprachgermanistischen Elite sowie der verschiedenen Generationen von Forschern geworden. Dort bin ich auch mit meinem Göttinger Betreuer Prof. Hans Neumann Anfang der 1970er Jahre wieder einmal zusammengekommen und später auch mit Johannes Erben und Peter von Polenz. Meine Berufung zum Korrespondierenden Mitglied des Wissenschaftlichen Rates dieses Instituts ermutigte mich, die linguistische Bildung unserer Studenten und Absolventen weiterhin zu fördern.

Sehr ergiebig war für mich, wie für die anderen jugoslawischen Sprachgermanisten die jahrelange Zusammenarbeit mit Ulrich Engel. Er hat uns die Augen für die Axiomatik und die Arbitrarität des Sprachenmodellierens geöffnet. Um den Zugang zu seinem Sprachmodell im serbokroatophonen Sprachraum begrifflich und nicht zuletzt sprachlich zu erschließen, habe ich seine Grammatik in einer meiner Arbeiten in ihren Grundzügen in serbokroatischer Sprache darzustellen versucht.

Im letzten Jahrzehnt haben Sie sich über Ihren Beruf hinaus politisch und gesellschaftlich besonders im Rahmen der Deutsch-Serbischen Gesellschaft engagiert, deren Vorsitzender Sie seit ihrer Gründung im Jahre 1991 bis 2001 waren. Zu den Aufgaben dieser Gesellschaft gehört auch die ideologisch unverkrampfte Aufarbeitung der jüngsten Geschichte Ihres Landes, einschließlich der Geschichte der Donauschwaben.

Im Februar 1991 wurde die Gesellschaft für serbisch-deutsche Zusammenarbeit im Plenarsaal der Serbischen Akademie der Wissenschaften und Künste gegründet. Eines ihrer Ziele war es, sich der an die 800 000 Angehörigen der serbischen Gastarbeiterfamilien in Deutschland anzunehmen, da diese sich infolge der Satanisierung Serbiens durch einige Medien für diskriminiert hielten. In der Tat gab es in der serbischen Diaspora kaum akademisch Gebildete aus dem Bereich der Sozialwissenschaften. Die serbischen Mediziner, Chemiker, Computerspezialisten und Techniker in Deutschland sahen sich nämlich in Interviews und in öffentlichen Diskussionen mit kroatischen Sezessionisten über die geschichtlichen und sonstigen Unterschiede, die aus der Sicht der

Kroaten das Leben im damals noch gemeinsamen Staat unmöglich machten, einfach überfordert.

Die Gesellschaft setzte sich als Aufgabe, Geschichts- und Sprachwissenschaftler aus Serbien ausfindig zu machen, die in der Lage wären, in den serbischen Vereinen in Deutschland aufklärende Vorträge zu halten. Auch sollte sich die Gesellschaft der sonstigen serbischen Belange in der Diaspora annehmen. Als nominierter 1. Vorsitzender hatte ich in diesem Zusammenhang auf die Notwendigkeit hingewiesen, dass die Gesellschaft sich ebenso der deutschen Diaspora in Serbien und ihres Kulturerbes annehmen sollte.

Zu diesem Anlass hatte ich mich eingehend mit der Geschichte vor allem der Donauschwaben auseinander gesetzt. Als Sprachgeschichtler war mir zwar die Geschichte der deutschen Länder vertraut, nicht jedoch die der Deutschen in der Zerstreuung. Die Gesellschaft brauchte jedoch dringend Argumente, um die damals bereits siebenundvierzig Jahre anhaltende Satanisierung der Deutschen in der Wojwodina und auch im sämtlichen Ex-Jugoslawien Titos nach Möglichkeit zu entkräften. Im Frühjahr 1992 hielt ich anlässlich der Gründung des ersten Vereins der ethnischen Deutschen nach dem Zweiten Weltkrieg in Neusatz/Novi Sad einen Vortrag über die Ansiedlung der späteren Donauschwaben in der Wojwodina. Diesen Teil der donauschwäbischen Geschichte erachtete ich für sehr wichtig, weil die kommunistische und erst recht die neokommunistische Presse Miloševićs die donauschwäbische Ansiedlung im europäischen Südosten immer wieder als einen Germanisierungsakt hingestellt hatte.

Im Januar 1994 hielt ich auf Einladung des Humboldt-Klubs Serbiens, dem Verein ehemaliger serbischer Stipendiaten der international hochgeachteten Alexander von Humboldt-Stiftung, im vollen Veranstaltungssaal des Goethe-Instituts und im Beisein von Dr. Gerhard Schrömbgens, dem damaligen Chef der Deutschen diplomatischen Mission in Restjugoslawien – ihm verdankte die damalige serbische Opposition viel –, den Vortrag in deutscher Sprache unter dem Titel *Die Geschichte der Deutschen in der Wojwodina. Ihre Ansiedlung, ihre Herkunft und ihre geschichtliche Leistung.* Danach veröffentlichte ich im Organ des Serbischen Schriftstellerverbandes *Knjizevne novine* die erweiterte Version dieses Vortrags in serbischer Sprache in drei Fortsetzungsfolgen unter dem gleichen Titel.

Kurz darauf lernte ich den einstigen Pressesprecher der Landsmannschaft der Donauschwaben aus Jugoslawien, Ungarn und Rumänien, Friedrich Binder, kennen, der den mit mir befreundeten Journalisten und Schriftsteller Nenad Stefanović dazu animierte, Interviews mit insgesamt zwölf in Deutschland und Österreich lebenden donauschwäbischen Vertriebenen und Aussiedlern zu machen. Dieses 1966 erschienene, *Ein Volk an der Donau* betitelte Interviewbuch wurde von den in Stuttgart und Umgebung lebenden serbischen Wissenschaftlern, Technikern und Ärzten finanziell unterstützt, was für uns, auch als moralischer Beistand, von ganz großer Bedeutung war. Dieses Buch wurde für uns zum damals wichtigsten Mittel, die serbische Öffentlichkeit wachzurütteln.

Nach der Vorstellung dieser Veröffentlichung in Großbetschkerek/Zrenjanin gelang es uns im Jahre 1998, unter anderem auch noch diese schon damals nicht mehr sozialistisch regierte Kreisstadt von der Notwendigkeit zu überzeugen, der Gesellschaft für serbisch-deutsche Zusammenarbeit zu gestatten, Gedenktafeln über zwei Massengräbern im zwischen 1945–1948 zum Sammellager umfunktionierten einstigen donauschwäbischen Dorf Rudolfsgnad/Knićanin, wo ca. 12 000 arbeitsunfähige Donauschwaben aus dem ganzen Banat als Opfer des Hungers, der Kälte und der Seuchen liegen. Ein Jahr davor, am 7. November 1997, veranstaltete die Gesellschaft die erste Gedenkfeier über diesen Massengräbern seit ihrem Bestehen im Beisein hoher kirchlicher Würdenträger und unter Anteilnahme der Öffentlichkeit.

Unsere Deutschen waren bis 1991 eines der Tabuthemen der stark eingeschränkten Öffentlichkeit und somit auch kein Thema für die jugoslawische Germanistik seit dem Ende des Zweiten Weltkrieges. In der Belgrader Germanistik wurden sie erst 1992 Gegenstand eines von mir veranstalteten halbsemestrigen Spezialkurses über ihre Ansiedlung, ihre Herkunft und ihre kulturelle Leistung bis zu ihrer Vertreibung.

Ihren gelegentlichen Äußerungen nach zu urteilen, sind Sie um den gegenwärtigen Stand der Germanistik im Rahmen des serbischen Fremdsprachenunterrichts besorgt? Was müsste getan werden, um deren Position auch künftig zu sichern?

Sogar die wenigen national gesinnten serbischen Germanisten sind sich des außerordentlich großen Beitrags der Deutschen in unserer Kultur- und Wirtschaftsgeschichte bewusst. Jeder weiß, welch außergewöhnliche Bedeutung beispielsweise Goethe, Jacob Grimm oder Leopold von Ranke in dieser Hinsicht zukommt. Verglichen damit spielt die deutsche Sprache im Rahmen des Fremdspracheunterrichts, meiner Meinung nach immer noch eine viel zu geringe Rolle. Bedenken Sie bitte den Umstand, dass diejenigen Schüler, die Fachschulen im Bereich Fremdenverkehr oder Gastwirtschaft besuchen in der Mehrheit Russisch als Fremdsprache haben. Dies klingt unglaublich, ja skurril, wenn man bedenkt, dass es in Serbien kaum russische Touristen gibt im Vergleich zu Deutschen, Österreichern oder Tschechen. Außerdem kann jeder Serbe nach einigen Monaten Russischunterricht diese Sprache verstehen.

Ähnlich verhält es sich auch mit den in unseren Schulen nach dem Zweiten Weltkrieg ausgebildeten Journalisten und Geschichtswissenschaftlern, von denen die wenigsten der deutschen Sprache mächtig sind. Sie sind auf ins Englische übersetzte Texte angewiesen, auch wenn sie über deutsche Verhältnisse berichten wollen. Doch ich frage mich, wie sollen unsere Journalisten deutschsprachige Fernsehsendungen analytisch verfolgen? Und auf die Geschichtswissenschaftler bezogen, wie kann man geschichtswissenschaftliche Untersuchungen speziell im Bereich der serbisch/jugoslawisch-deutschen Beziehungen anhand allein der russischen oder angelsächsischen Forschungsergebnisse vornehmen? Wie soll Serbien angesichts solcher Probleme in der Kommunikation mit dem deutschen Sprachraum seinen Platz in Europa auch wirklich wiederfinden? Der Weg zur Hochkultur im Bereich der europäischen Rechtsstaatlichkeit und der sozialen Marktwirtschaft ist nämlich über den deutschen Sprachraum wesentlich kürzer als über den des britischen Englisch oder gar des Russischen. Unter anderem auch deshalb, weil diese Räume in Bezug auf Europa eigentlich am Rande liegen. Vielleicht sind diese Räume auch aus diesem Grund vor allem wirtschafts- und kulturpolitisch bedeutend weniger kooperativ mit Serbien als der deutsche Sprachraum.

Um hier baldigst Abhilfe zu schaffen, müsste, meiner Meinung nach, eine Umverteilung im Bereich des Fremdsprachenunterrichts, ein Umdenken speziell im Bereich Neuere serbische Geschichte sowie ein Umdenken im Bereich der Medien stattfinden. Die Medien in Serbien dürften sich nicht mehr an den sich inzwischen leider tief eingefressenen, von ehemaligen Instituten für die Geschichte der internationalen Arbeiterbewegung gefälschten geschichtlichen Gegebenheiten orientieren. Die universitäre Geschichtswissenschaft müsste die Unterrichtsprogramme im Bereich Neuere serbische Geschichte revidieren und die Schule den Russischunterricht quantitativ entscheidend einschränken.

Auch in den Geschichtsdarstellungen müsste so manches revidiert werden. Es ist hier nicht der Ort, auf falsche und einseitige Darstellungen unserer Geschichtsschreibung der letzten fünfzig Jahre hinzuweisen. Doch ich will den Sachverhalt bloß an einem einzigen Beispiel verdeutlichen. In Bezug auf das Attentat von Sarajevo müsste unseren Schulkindern nämlich auch gesagt werden, dass die Annexion von Bosnien-Herzegowina durch Österreich-Ungarn mit der Annexion von Ägypten und Zypern durch Großbritannien und von Tunesien durch Frankreich einherging, damit der fortgeschrittene Verfall des Osmanischen Reiches den Frieden in diesen einstigen osmanischen Besitzungen nicht in Frage stelle. Auch müssten unsere Schüler wissen, dass Frankreich, das uns ab 1914 brüderlich unterstützte, dieser präventiven Maßnahme auf dem Berliner Kongress zugestimmt hatte, ebenso Russland. Nicht einmal erhob das damalige Fürstentum Serbien Einspruch gegen diese Regelung.

Außerdem dürfte in den Schulbüchern hinfort nicht mehr behauptet werden, es habe die Deutschen immer schon nach dem Südosten gedrängt. Erstens, besteht der Südosten Europas nicht nur aus serbischen Landen, noch war, zweitens, Preußen je am Balkan interessiert. Dies war allein das Haus der Habsburger, das seit der Belagerung Wiens 1683 und der Vertreibung der osmanischen Heere aus Ungarn bemüht war, das Karpatenbecken militärisch und wirtschaftlich zu konsolidieren, damit es zu keiner dritten Belagerung Wiens komme. Und man müsste endlich offen zugeben, dass es zum erfolgreichen Kampf Serbiens gegen die Osmanen Anfang des 19. Jahrhunderts nicht gekommen wäre ohne die logistische Unterstützung der serbischen Diaspora im Habsburg-Ungarn.

Nur wenn man dies in unseren Geschichtsbüchern auch lesen darf, wird man irgendwann aufhören, die Deutschen – ob die in Österreich oder die in der Bundesrepublik Deutschland – für den serbischen Erzfeind zu erachten. Nur so wird unser emotionales Verhältnis – ob mit positiven oder negativen Vorzeichen – sowohl zu Russland und Frankreich als auch zu Deutschland und Österreich durch ein pragmatisch orientiertes ersetzt werden können, nur so werden die Voraussetzungen für unsere Wiedereingliederung in Europa geschaffen. Dazu brauchen wir wiederum – neben Englisch als der lingua franca, die heute jedermann verstehen müsste – vor allem Deutsch als die Sprache unserer traditionellen Wirtschafts- und Kulturpartner Österreich und Deutschland und auch Französisch als die Sprache der eigentlichen europäischen Kulturmacht mit der längsten Vergangenheit. Die Europäische Union ist letztendlich nicht allein in den wirtschaftlichen Interessen, sondern auch in der europäischen Hochkultur verankert, indem sie sich an den daraus entwickelten philosophischen, rechtlichen, ethischen und sozialen Grundsätzen orientiert.

1/2002

„DIE CHANCEN ZUM ÜBERLEBEN"

Antal Mádl

Prof. Dr. Dr. h. c. Antal Mádl (geb. 1929) gehört zu den führenden, auch international bekannten Germanisten Ungarns. Seine zahlreichen Studien und Aufsätze zu Fragen der deutschen Literatur des 19. und 20. Jahrhunderts, vor allem aber seine Buchveröffentlichungen über Nikolaus Lenau, die österreichische Literatur des Vormärz und Thomas Mann, die in deutschen Verlagen erschienen, erfreuten sich in der Fachwelt einer guten Resonanz.
Antal Mádl ist Ehrendoktor der Universität Hamburg, Mitglied mehrerer Zeitschriftenredaktionen und internationaler Fachgremien. Seit Mitte der 1950er Jahre lehrt Mádl Neuere deutsche Literatur an der Budapester Universität, deren Germanistikabteilung er von 1964 bis 1989 auch leitete. Nachdem er die fünfziger und sechziger Jahre unbeschadet, wenn auch nicht ohne Kompromisse und Konzessionen überstanden hatte, engagierte sich Mádl in der Zeit danach für eine möglichst ideologiefreie, methodologischen Erneuerungen aufgeschlossene ungarische Literaturwissenschaft.
Die Kindheitsjahre in einem überwiegend von Deutschen bewohnten Dorf – Antal Mádl wurde in Bandau, in der Nähe von Wesprim geboren – haben Leben und Beruf des Wissenschaftlers nachhaltig beeinflusst. Krieg, Vertreibung, Flucht, Verlust von Heimat, Familie und Identität gehören zu den prägenden Ereignissen seines Lebens.
Nach dem Besuch des Piaristen-Gymnasiums in Budapest studierte Mádl deutsche und ungarische Philologie an der Budapester Universität, wo er danach auch lehrte.
Seit Mitte 1998 emeritiert, lebte Mádl in Dunakeszi, in der Nähe von Budapest, bis zu seinem Tod am 14. Juni 2013.

Herr Professor Mádl, seit mehr als drei Jahrzehnten haben Sie durch Ihre Lehrtätigkeit an der Universität, durch Ihre wissenschaftliche Arbeit und die Mitgliedschaft in leitenden Gremien des In- und Auslandes die Entwicklung der Germanistik in Ungarn maßgeblich mitbestimmt. Nun stehen Sie kurz vor Ihrer Emeritierung und eine neue Generation, die schon längst in den Startlöchern wartet, wird Ihr Erbe antreten. Welche Möglichkeiten bieten sich dieser Generation und was für Herausforderungen kommen auf sie zu?

Ihre Formulierung „Startlöcher" lässt den Eindruck entstehen, als ob eine jüngere Generation verbissen auf einen Erbantritt warte. Nun ganz so war bzw. ist es nicht. Der Nachwuchs wurde in der ungarischen Germanistik – und überhaupt in den neuphilologischen Fächern, die Slawistik ausgenommen – nach dem Zweiten Weltkrieg in seiner Entwicklung stark beeinträchtigt. Fachrichtungen mit zwei Fremdsprachen sind ab 1950 nicht mehr zugelassen worden. Germanistik, Anglistik und Romanistik mussten – abgesehen von Budapest – an den Philosophischen Fakultäten des Landes ihre Tätigkeit einstellen. Sie durften den Lehrbetrieb erst nach 1956 in Szeged und Debrecen erneut aufnehmen, in Pécs hat man die Philosophische Fakultät nach 1945 völlig eingehen lassen. Doch da mangelte es bereits an jungen Nachwuchskräften. Vertreter der älteren Generation (János Koszó in Pécs, Heinrich Schmidt in Szeged, Béla Pukánszky in Debrecen) waren inzwischen entweder ausgeschieden, oder sie hatten noch vor der kommunistischen Machtergreifung das Land verlassen: Elemér Schwartz nahm einen Ruf nach Löwen an, Tivadar Thienemann ging in die USA, wo er als Professor für Psychologie wirkte. Einschränkend trat hinzu, dass etwa seit 1950 an der Grundschule und im Gymnasium bloß Russisch als Pflichtsprache unterrichtet wurde. Unsere Absolventen konnten bestenfalls mit ihrem zweiten Fach (Geschichte, Ungarisch, Geografie usw.) eine Arbeitsstelle an einer Schule erwerben. Die meisten der Germanistikabsolventen, deren Zahl stark reduziert worden war, versuchten auf anderen Gebieten Arbeit zu finden (Presse, Rundfunk, Fernsehen, Bibliothekwesen, Übersetzungs- und Dolmetschertätigkeit). Als sich ihnen die ersten Reisemöglichkeiten ins westliche Ausland boten, ergriffen viele in ihrem Lehrerberuf arbeitslos gewordene Deutschlehrer die Flucht. Später war durch Eheschließungen mit Nicht-Ungarn auch eine legale Aussiedlung möglich. Auf diese Weise befinden sich ehemalige Studenten, die sich zum Teil stolz als meine Schüler bezeichnen, heute im Ausland – von den USA über die Niederlande, Deutschland, Österreich bis Neuseeland, zum Teil im Universitätsbetrieb, aber auch in leitenden Stellen als Bibliothekare oder als Leiter von bzw. Mitarbeiter in Reisebüros.

Auch mit dem Erbantritt nach meiner bevorstehenden Emeritierung hat es seine Bewandtnis. Ich war seit 1964 – mit einer einzigen Unterbrechung – bis 1989 Direktor des Deutschen Seminars der Budapester Universität und bat 1989 aus Gesundheitsgründen, wobei vielleicht auch Amtsmüdigkeit eine Rolle gespielt hat, um eine Befreiung von dieser Ehre, die ich eher als drückende Last empfand, nicht zuletzt infolge des ständigen Balancierens zwischen den beiden deutschen Staaten und den oft bescheidenen Möglichkeiten, die die germanistische Forschung damals hatte. Seitdem beschränke ich mich ausschließlich auf meine Lehrtätigkeit. Schrittweise übergab ich den jüngeren Kollegen – fast alle sind ehemalige Studenten von mir – die Vertretung in verschiedenen Gremien, vermittelte und überantwortete ihnen die wissenschaftlichen Kontakte mit deutschen und mit Germanisten außerhalb Ungarns. Das heißt – ich komme auf Umwegen erst jetzt auf den Kern Ihrer Frage zurück – neue Generationen sind bereits seit etwa zehn Jahren aus ihren Startlöchern, dürfen und müssen heute aber miteinander konkurrierend sich durchsetzen und sich in leitenden Stellen behaupten. Ich bin Gott sei Dank außerhalb des Gefechts. „Mein Erbe" stand und steht ihnen seitdem uneingeschränkt zur Verfügung. Ob und inwieweit sie davon Gebrauch machen, ist ihnen überlassen.

Seit der Wende, die sich in Ungarn früher als in den anderen Ostblockstaaten abzeichnete, hat sich – wie ich es nun auch von Ihnen bestätigt bekomme – die Situation der Germanistik grundlegend gewandelt. Das in den 1950er und 1960er Jahren eher nur geduldete und stark marginalisierte Studienfach erlebte Ende der 80er und Anfang der 90er Jahre regelrecht einen Boom, der noch nicht abzuflauen scheint. Inwiefern wirkte sich diese Entwicklung auch auf die Lehr- und Forschungstätigkeit an den einzelnen germanistischen Lehrstühlen aus?

Der Unterschied zu der Zeit von 1960 bis 1980 ist gewaltig. Mitte der 1950er Jahre habe ich bei den jährlichen Aufnahmeprüfungen mit den Universitäts- und ministeriellen Behörden immer einen erbitterten Kampf geführt, um die Aufnahmequote für das Fach etwas aufzustocken. Die Zahl lag anfangs bei zehn bis zwölf Studenten pro Jahrgang, nach 1956 konnte sie auf fünfundzwanzig bis dreißig erhöht werden. Einen besonderen Kampf bedeutete auch später noch die limitierte Zahl bei Aufnahmen in den Fachrichtungen mit zwei Fremdsprachen. Für sämtliche Sprachen außer dem Russischen wurden jährlich an der Budapester Universität bloß zehn Kandidaten zugelassen.

Meine Nachfolger haben heute eine ganz andere Art von Sorgen: Ministerium, Universitätsleitung und sogar die Fakultät haben es den einzelnen Instituten überlassen, wie viele Kandidaten sie bei dem Boom von Bewerbern von Jahr zu Jahr verkraften können. Das einstige „Orchideenfach" Germanistik ist zu einem Massenfach geworden, das heute an Größe unmittelbar nach der Anglistik folgt. Das vergangene Jahrzehnt brachte neue Möglichkeiten: ein erweiterter Mittelbau ist herangebildet worden, eine neue wissenschaftliche Qualifizierung wird bereits seit längerem praktiziert, ein neues Promotions- und Habilitationsrecht, eine neue Studienordnung bieten den Studierenden im Unterschied zum früheren gestrafften Unterrichtssystem eine breitere Wahlmöglichkeit. All das stellt aber die Lehrenden dieser Generation vor eine Reihe neuer Herausforderungen. Professoren und Dozenten haben die Übersicht über ihre Studenten völlig verloren. Sie sehen sie während der Vorlesungen (oder auch nicht), können nur einen kleinen Teil in die eigenen Seminare aufnehmen (der Rest versucht bei Assistenten unterzukommen). Ein nicht genügend durchdachtes Experiment hat zu einer erschreckend hohen Zahl von Zwischenprüfungen geführt. Da die in mündlicher Form nicht mehr abgenommen werden können, treten schriftliche Prüfungen an ihre Stelle. Ein persönlicher Kontakt zwischen Professor und Studierenden kann auf diese Weise nur vereinzelt zustande kommen. Ein von heute auf morgen um das fünf- bis sechsfache erweiterter Mittelbau (Assistenten und Oberassistenten), auf deren Schultern der Großteil des Unterrichts lastet, ist überfordert, und zwischen Unterricht, eigener Qualifizierung bzw. aus sozialen Gründen betriebenen „Nebenberufen" hin und her gerissen.

Mehr als die Hälfte der germanistischen Hochschuleinrichtungen sind Neubildungen, an denen es gegenwärtig noch an qualifizierten Kräften und an gut ausgestatteten Bibliotheken, überhaupt an einer nötigen Infrastruktur fehlt.

Dasselbe gilt für die Forschungstätigkeit: Die Professoren und Dozenten sind durch ein angestiegenes Management, durch enorm angewachsene Verwaltungsarbeit überlastet; für die eigene Forschung bleibt ihnen kaum Zeit und für die Anregung und Leitung von Forscherteams noch weniger. Die unangenehme Folge wird sich erst in den nächsten Jahren bemerkbar machen, denn vorläufig publizieren sie meist aus dem Bereich des früher angesammelten Wissens. Das Gesamtbild entspricht einer Übergangsphase, die noch über die Jahrtausendwende andauern kann.

Als Sie Anfang der 1950er Jahre, in einer Zeit der politischen Unsicherheit und der ideologischen Vereinnahmung, in den Hochschulbetrieb eintraten, lagen die wohl bittersten Jahre Ihrer Biografie bereits hinter Ihnen. Um Vertreibung und Deportation zu entgehen, flohen Sie mit ihrer Familie aus Ihrem Heimatdorf und hielten sich eine Weile versteckt und verdeckt. Auch später haben Sie aus Angst und erzwungener Anpassung Ihre ungarndeutsche Identität eher verschwiegen als hervorgekehrt. Wie stehen Sie heute dazu und wie beurteilen Sie diese Zeit im Rückblick?

Sollte ich einmal der Versuchung nicht widerstehen können, meine Memoiren niederzuschreiben, die an einem Einzelschicksal die Lage des ungarischen Deutschtums der Kriegs- und Nachkriegszeit darstellen, so müsste darin das Kapitel über die Vertreibung und ihre unmittelbaren Folgen einen zentralen Platz einnehmen. Als Sohn deutscher Eltern in einem kleinen „Schwabendorf", nördlich vom Plattensee, geboren, in dem zu 90% Deutsche lebten, sprach ich bis zu meinem sechsten Lebensjahr ausschließlich eine gemischte – bayerisch, fränkisch, alemannische – Mundart. Das Ungarische wurde mir erst in der Schule beigebracht, dort aber so intensiv, dass wir erst von der zweiten Klasse an – zweimal in der Woche in je einer halben Zusatzstunde –

"Deutschunterricht" erhielten. Die ungarische Assimilation war als unausweichlicher Druck der Schule dadurch vorprogrammiert. Die Sprache in den Pausen zwischen zwei Unterrichtsstunden und auch sonst in der Familie, auf der Straße war die ererbte deutsche Mundart. Der Religionsunterricht wurde uns ungarisch vermittelt, der Gottesdienst vom selben Pfarrer dagegen in deutscher Sprache gehalten. Die Magyarisierung wurde bei den Kindern durch die Schule, bei den Männern durch die Ämter (Dorfnotar, Gerichts- und Verwaltungswesen) und den zwischendörflichen Verkehr vorangetrieben. Die Frauen kamen kaum aus dem Dorf, sie hielten deshalb auch eher an ihrer Muttersprache fest. Die Bevölkerung nahm das in meiner Kindheit als eine gegebene, unveränderbare Sachlage hin. Erst der ansteigende Einfluss Deutschlands, teils über den Volksbund, gegen Ende der 1930er Jahre führte zu Spannungen. Die Magyarisierungstendenz verschärfte sich, gleichzeitig stieg auf der anderen Seite bei der Bevölkerung der Wunsch, den Kindern einen erweiterten Unterricht in deutscher Sprache zu sichern. In der Familie konnte die Großmutter noch kein Ungarisch, auch die Mutter beherrschte die einst als Dienstmagd in Budapest erlernte Sprache nur ungenau. Nur die Männer (Vater und Großvater) sprachen Ungarisch, das ihnen beim Militär zwangsläufig beigebracht worden war und ihnen beim Verkehr mit den amtlichen Stellen sowie mit den Bürgern der ungarischen Nachbargemeinden unentbehrlich war. Die Lehre, die mein Vater, ein praktisch denkender und im Dorf angesehener Mann, etwa Mitte der 30er Jahre daraus gezogen hatte, und die er bei verschiedenen Volksbefragungen über die Schule in der Gemeinde als "Geschworener" immer wieder vertrat, war: Wird sind Deutsche und gleichzeitig ungarische Staatsbürger, unsere Kinder müssen beide Sprachen beherrschen, der Unterricht ist dementsprechend zu gestalten.

Das war etwa der Stand im Dorf vor und während des Zweiten Weltkrieges. Für mich wurde die Sache dadurch noch weiter kompliziert, dass ich mit zwölf Jahren in das Piaristengymnasium nach Veszprém kam (deutsche Mittelschulen gab es damals auf dem Lande nirgends). Dort erhielt ich eine sehr anspruchsvolle Bildung; Unterricht und Erziehung gingen bei den Piaristenmönchen Hand in Hand. Die Schule führte den in der Familie herrschenden streng katholischen Geist weiter. Bei den Piaristen wurde ein "Schwabenkind" auch immer daran gemessen, ob und inwiefern es zu einem guten ungarischen Patrioten geworden war. Diesem Geist wiederum wirkte entgegen, dass die Ortsgemeinschaft des Volksbundes sich bestimmten Magyarisierungstendenzen widersetzte, was auch nicht ohne Einfluss auf mich und meine Generation blieb. In diesem Umfeld widerstrebender Meinungen spielte das Vorbild meines Vaters die entscheidende Rolle, der bestimmte: keinen Kontakt mit dem Volksbund, Erfüllung der ungarischen staatsbürgerlichen Pflichten auf jeder

Ebene, aber gleichzeitig Bewahrung der Muttersprache, der Bräuche und Sitten der deutschen Vorahnen. Ich erlebte auf diese Weise meine ersten fünfzehn Jahre in einer Bauernfamilie, die einen festen Schutz bot und deren Leben, wenn ich heute zurückblicke, trotz Krankheiten und mühseliger Arbeit auch Idyllisches anhaftete. Selbst der Krieg schien uns anfangs verschonen zu wollen; mein Vater war über das Soldaten-Pflichtalter beinahe hinaus, ich noch nicht soweit, mit einer Einberufung rechnen zu müssen. Die Identitätsfrage: wer bin ich eigentlich, regte sich nur gelegentlich in mir und ausschließlich in einer abwehrenden Form, bald gegen die gewaltsame ungarische Assimilation, bald gegen den zu massiven Eingriff von Vertretern Hitler-Deutschlands.

Doch die Zeitumstände machten dem idyllischen Familienleben ein rapides Ende. Im Februar 1945 sollte ich zum Militär. Dank der Anstrengungen meines Vaters konnte ich mit ärztlicher Hilfe vorläufig noch freigesprochen werden. Tage darauf folgte dann im noch nicht besetzten westlichen Teil Ungarns eine allgemeine Mobilisierung, die Vater und Sohn gleichermaßen betraf. Jetzt begingen wir als Familie zum ersten Mal einen Verstoß gegen die so genannten staatsbürgerlichen Pflichten und gleichzeitig auch gegen Verordnungen der deutschen Besatzungsmacht. Der das Dorf umgebende Buchenwald bot uns vorübergehend Schutz; wir hofften auf diese Weise das Kriegsende abwarten zu können, was uns letztendlich auch gelang.

Der letzte Kriegstag war für mein Heimatdorf der 23. März 1945 – ein Schreckenstag: Den vorangegangenen Evakuierungsaufforderungen der Kriegsführung leisteten die Einwohner des Dorfes nicht Folge. Sie hielten jede Art von Flucht für völlig aussichtslos. Auch dem etwas früheren Aufruf des deutschen Militärs, die Rettung im Reich zu suchen, folgten nur wenige Menschen aus dem Dorf; die Mehrheit – Kolonnen von Banater und Batschkaer Schwaben auf ihrer Flucht vor Augen – war nicht bereit, von Haus und Hof wegzuziehen. Auch benahmen sich die kämpfenden SS-Truppen weniger als „Waffenbrüder", sondern eher als Vertreter einer feindlichen Besatzungsmacht, was auch bei der Behandlung der Zivilbevölkerung zum Ausdruck kam. So nahmen sie als Tarnung vor den Russen mit Vorliebe die Gehöfte und Wohnhäuser der Dorfbewohner in Anspruch, wodurch das Dorf zur Zielscheibe der Russen wurde. Bei ihrem Abzug verzichteten sie vor Angst, eingekesselt zu werden, auf ihre eigenen Geschütze und steckten mit diesen zusammen auch das Dorf an mehreren Stellen in Flammen. Auch der väterliche Bauernhof fiel zur Gänze dem Feuer zum Opfer.

Diese äußeren Geschehnisse haben schon damals und freilich auch nachher immer wieder die Identitätsfrage in mir aufkommen lassen. Eine frühere, teils unbewusste Abwehr nach beiden Seiten verstärkte sich, reichte aber für die Zukunft nicht mehr aus. Der Alltag brachte allzu harte Ereignisse mit sich, und meine Situation wurde durch Todesfälle in der Familie – meine Mutter und ein jüngerer Bruder starben – verschlimmert. Die idyllische Kindheit war endgültig vorbei, eine Familie, die Halt hätte bieten können, existierte nicht mehr. Für mich galt es, meine Zukunft mit eigenen Händen aufzubauen.

Kindliche Neigungen zum Lehrerberuf verstärkten sich zum festen Entschluss, diesen Beruf auch zu erlernen und auszuüben, wozu mein Klassenvorstand, ein Piaristenmönch, durch seine Lehrtätigkeit als Sprachlehrer den Anstoß gab, der mir zum Vorbild wurde und es bis heute geblieben ist. Das Interesse für meine deutsche Muttersprache, für Mundartvarianten, die ich in der nächsten Umgebung meines Heimatdorfes – die einzelnen Dörfer im Bakonyer Wald hatten damals noch ihre mundartlichen Eigenarten –, aber auch für die von diesen Menschen über zweihundert Jahre bewahrten Bräuche und Sitten wurde immer größer. Hinzu traten während meiner Gymnasialzeit die ersten Begegnungen mit deutschen Dichtern (Walther von der Vogelweide, Hans Sachs, Goethe, Schiller, Heine, Lenau, Uhland u. a.), die in mir den Wunsch weckten, mehr von deutscher Sprache, Geschichte und Literatur zu erfahren. Als weitere Fächer kamen Latein, Französisch, Ungarisch oder Geschichte in Frage. Der Entschluss war gefasst, auch auf das Risiko hin, dass ich den Wunsch meiner verstorbenen Mutter, Priester zu werden, nicht erfüllen werde können. Allein mein ganzes Leben zu bleiben, war für mich einfach undenkbar.

Die Verwirklichung dieses Entschlusses wurde mir, dem ältesten Sohn der Familie, durch einen vom Verlust seiner Frau, seines jüngsten Sohnes und seines sämtlichen Hab und Guts seelisch gebrochenen Vaters erschwert. Mein Vater beging – nach einem nachträglich bekannt gegebenen ungarischen „Urteilsspruch" – den „schweren Fehler", als zweite Frau die Witwe eines 1943 verstorbenen Volksbündlers – eines übrigens völlig harmlosen, politisch naiven Menschen – zu heiraten. Doch dies schien den damaligen Behörden Grund genug, ihn im Januar 1948 als ungarischen Staatsfeind auf die Vertreibungsliste zu setzen. Seine angestrengten Bemühungen, mit seiner zweiten Frau eine neue Existenz aufzubauen, waren dadurch völlig zunichte gemacht worden. Sogar ein innerer Vorwurf stieg in ihm auf, er hätte zum zweiten Mal nicht heiraten dürfen, denn damit habe er nur seinen Söhnen geschadet. Auch seine jahrzehntelangen Bemühungen, sich von magyarischen ebenso wie von deutschen Nationalisten in gleichem Maße fernzuhalten, schienen sich jetzt bitter zu rächen. Er gehörte nirgends hin.

Mein persönlicher Entschluss stand fest: die Reifeprüfung bestehen und an der Universität Budapest studieren. Finanzielle Vorkehrungen (Arbeit in den Sommermonaten, privater Deutschunterricht während des Schuljahrs) waren bereits vorher schon getroffen worden. Mein Vater schloss sich zusammen mit seiner Frau und meinem Bruder mir an. Wir tauchten am Vortag vor der Vertreibung unter. Nachbarn berichteten später, dass wir am Stichtag, als wir auf den Bahnhof mit den vorgeschriebenen Lebensmitteln und Kleidung – pro Kopf achtzig Kilogramm – hätten erscheinen sollen, vom ungarischen Staatssicherheitsdienst (ÁVO) gesucht wurden. Im Stall und der Scheune unseres Bauernhofes wurden Salven in Heu und Stroh geschossen, in der Meinung, wir könnten uns dorthin versteckt haben.

Von den Familienmitgliedern hatte ich es noch am leichtesten in dieser Zeit, denn ich fand Quartier und Verpflegung bei den Piaristen, deren Orden noch ein halbes Jahr unterrichten durfte.

Es mussten noch Jahre vergehen, bis nach einer Gesetzesänderung das bis dahin völlig geplünderte Haus von der Familie wieder bezogen werden durfte und wir aus der Illegalität wieder als gleichberechtigte Bürger im Heimatdorf erscheinen konnten. Ein Versteck über zwei Jahre, ständig mit der Angst lebend, wann wird man entdeckt, verurteilt oder einfach in ein Arbeitslager gesteckt – all das zehrte an den Nerven. Die Größe dieser Gefahr, der ich meine Familie durch meine persönliche Entscheidung ausgesetzt hatte, wurde mir erst nachträglich völlig bewusst und machte mir nicht wenig Kummer.

Die Folgen für meinen beruflichen Werdegang waren kompliziert und wirkten lange nach. Mit einem deutschen Namen, aus einer früheren Klosterschule kommend und Germanistik, das hieß damals „diese faschistische Sprache", studieren zu wollen, war in Ungarn nach 1948 mehr als verdächtig. Mein Deutsch, verständlicherweise noch stark mundartlich gefärbt, musste jedem meiner Lehrer auffallen. Meine Flucht vor der Vertreibung habe ich verschwiegen, aus Angst, man würde mich zum Studium nicht zulassen, oder von der Universität entfernen bzw. in ein Arbeitslager stecken. Aus nachträglich mir bekannt gewordenen ähnlichen Schicksalen, war diese Furcht nicht unbegründet. Meine ungarndeutsche Herkunft war freilich nicht zu leugnen, daran habe ich auch nicht gedacht. Um mich über Wasser zu halten und einer Enthüllung meiner Flucht vor der Vertreibung bzw. deren befürchteten Folgen vorzubauen, blieben mir zwei Mittel. Das eine war, im Studium möglichst gute Leistungen aufzuweisen, was jedenfalls im Universitätsbereich geschätzt wurde und bei einigen meiner Lehrer gegebenenfalls eine Stütze hätte sein können. Dieses Bestreben hat sich später nicht nur als Verteidigungsmanöver gegen eine drohende Abweisung bewährt, sondern mir – bei der ersten, wenn auch nur vorübergehenden politischen Lockerung des starren Systems unmittelbar nach Stalins Tod, im März 1953 – völlig unerwartet sogar die akademische Laufbahn eröffnet.

Das zweite Mittel war psychologisch viel schwieriger und nicht frei von inneren Kämpfen und gelegentlichen Anschuldigungen. Kompromisse waren unvermeidlich und, um mit meiner „belasteten Vergangenheit" nicht aufzufallen, mussten sie meinerseits gelegentlich größer sein als die, die die sonstigen Studenten eingehen mussten. Das Umfeld (Universität, staatliche und Parteibehörden) durften keinen Verdacht schöpfen, dass meine Familie vor der Vertreibung untergetaucht ist, dass ihr sämtliches Hab und Gut konfisziert und ihr die ungarische Staatsbürgerschaft entzogen worden war. Ich bin formal gesehen eigentlich bis heute nicht in die ungarische Staatsbürgerschaft zurückversetzt worden: sicher eine etwas seltsame Situation. Meinen Personalausweis habe ich erst in der Zeit meines Studiums erhalten, aufgrund von Dokumenten, die ich aus einer Zeit hatte, als jeder Gymnasiast, Anfang der 1940er Jahre, sie vorlegen musste, um seine nicht-semitische Herkunft zu legitimieren. Diese Dokumente – durch reinen Zufall erhalten geblieben – reichten aus, um einen Personalausweis ausgestellt zu bekommen. Alles, was zwischenzeitlich geschehen war, blieb verschwiegen.

Auf ähnliche Weise musste zumindest nach außen hin verdrängt werden, was die Familie und die Piaristenschule an Religiosität und Weltbetrachtung mir auf den Weg gegeben hatten. Ein schwer zu ertragender Kompromiss war es, während des Studiums die Sonntagvormittage im Studentenheim mit politischen Diskussionen – eigentlich waren es bloß Lippenbekenntnisse – zu verbringen. Auch Literaturseminare arteten oft zu ähnlichen Bekenntnissen zu den Klassikern des Marxismus aus, oder sie beschränkten sich nicht selten auf die Hervorkehrung atheistischer Einstellungen des einen oder anderen Autors. Davon konnte man sich nicht ausschließen.

Dieses Verhalten erzwang eine Verschlossenheit auch im unmittelbaren persönlichen Verkehr. Erfahrungen in studentischen Kreisen, wie Freundschaften mit anderen Studenten oder sich anbahnenden Liebesbeziehungen mit Studentinnen, wurden häufig zu Denunziationen benutzt. Die einzige Lösung war die völlige, schweigsame Zurückhaltung. Ein Beispiel aus meinem Studentenleben soll diese Situation veranschaulichen. Nach zwei Jahren Unterkunft in einem Studentenheim war für einen Kommilitonen aus der Baranya mit einem schön klingenden deutschen Namen und für mich das weitere Verbleiben dort nicht mehr möglich. Die Direktion hatte uns in ein Vierbett-Zimmer zusammengelegt, mit zwei weiteren Studenten, deren denunziatorische Tätigkeit an der ganzen Universität bekannt war. Mein Freund und ich zogen darauf in Untermiete und verbrachten in einem gemeinsamen Zimmer vier Semester. Erst nachdem wir das Diplom in der Hand hatten, stieg gleichzeitig in uns der Drang auf, dem anderen offen zu bekennen, was uns eigentlich seelisch drückte. Er erfuhr meine Geschichte, ich seine „Geheimnisse": zwei Schwestern und der Vater waren 1944 von den Russen verschleppt worden. Die eine Schwester fand in einer russischen Kohlengrube den Tod.

Die Hervorkehrung einer deutschen Identität bis etwa Sommer 1953 hätte mir mindestens die Entfernung von der Universität eingebracht oder zur Internierung in ein Zwangsarbeitslager führen können, genützt hätte sie niemandem.

Die Zeit ideologischer Zwänge in den Geisteswissenschaften hat in Ungarn zwar nicht so lange gedauert wie beispielsweise in Rumänien, dennoch sind auch Ihre frühen Arbeiten nicht ganz frei von Zugeständnissen an die damals vor- und allein herrschende marxistische Doktrin. Wie ist es Ihnen trotz dieser Einschränkungen gelungen, wissenschaftlich und publizistisch tätig zu bleiben?

Einiges von meinem Verhalten in meinen Publikationen etwa im ersten Jahrzehnt oder etwas darüber hinaus dürfte sich aus dem bisher Gesagten erklären. Wollte man überhaupt als junger Assistent publizieren, so mussten Thema und Darbietungsform sich einigermaßen der um die Mitte der 1950er Jahre völlig etablierten Orientierung der Zeitschriften bzw. dem Profil der einzelnen Verlage anpassen. Die Revolution (1956) konnte nur wenige Veränderungen erwirken. Erst von der Mitte der 1960er Jahre lockerte sich die Lage etwas. Dazu kamen auch subjektive Motive: der Lehrstuhlinhaber, bereits 1919 von der Räterepublik zum Professor befördert und kurz darauf vom Lehrstuhl entfernt, wollte nach seiner zweiten Ernennung übereifrig seine – übrigens nicht existente – marxistische Überzeugung durch Themenwahl und sprechende Zitate von Marx, Engels, Lenin und Stalin unter Beweis stellen. Als sein erster und einziger Aspirant musste ich seine mehr persönlich als ideologisch bedingte Anstrengung über mich ergehen lassen. Die „Themenwahl" meiner Promotionsschrift ist teilweise damit zu erklären. Es ist freilich eine ganz andere Frage, was ich daraus gemacht habe. Ich erinnere Sie an ein früheres Gespräch, bei dem Sie mir sagten, Sie haben im Kapitel über die Revolutionsdichtung 1848 eigentlich den Einfluss der revolutionären Ereignisse und ihre Beschreibung von 1956 im Hintergrund gefühlt. Es war tatsächlich so, dieses Kapitel ist 1957–1958 entstanden, und wurde in bedeutendem Masse von den Flugschriften der ungarischen Ereignisse und der darauf folgenden Reaktion der Menschen angeregt.

Was mich an einem marxistischen Herangehen an die Literatur ansprach, war sicher zum Teil auch von Georg Lukács angeregt. Der soziologische Aspekt seiner Literaturbetrachtung beeindruckte mich, obwohl ich bei einem Gesamturteil über sein Schaffen Thomas Mann recht geben muss, der nach einer Begegnung mit Lukács über den „Eindruck fast unheimlicher Abstraktheit" schreibt, der in ihm zurückgeblieben sei. Ohne – eigentlich bis heute – herausfinden zu können, was eine marxistische Literaturwissenschaft eigentlich ist, versuchte ich mir unter „verbotenen Bäumen", wie Positivismus, Geisteswissenschaft, textimmanente Interpretation usw. ein eigenes Verfahren zu entwickeln, das ich heute am ehesten als eine Mischung von Positivismus und Literatursoziologie bezeichnen würde. Neben diesen beiden Hauptströmungen haben auch Methoden der Komparatistik, der Einflusstheorie, der Rezeptionsästhetik und die sich damals anmeldenden neuen Bestrebungen von Werkanalysen und Motivuntersuchungen mein Literaturverständnis geprägt. Ich plädiere auch heute für ein umfassendes, komplexes Herangehen an ein literarisches Werk und vertrete den Standpunkt, dass neue Methoden ältere Errungenschaften nicht überflüssig machen, sondern diese in sich zu integrieren haben.

Ich bin, um studieren und die akademische Laufbahn antreten zu können, manche Kompromisse eingegangen. Wozu uneingeschränkte rohe Gewalt führen kann, habe ich am eigenen Schicksal und in meiner unmittelbaren Umgebung demonstriert bekommen. Es war kein tapferes, kein heldenhaftes Verhalten, auf das ich nach Jahrzehnten zurückblicken kann, aber es bot mir Chancen zum Überleben, mein Studium zu Ende zu führen und dem von mir bereits als Kind gewählten Lehrerberuf anzutreten. Dass dieser zu einer Universitätslaufbahn und wissenschaftlichen Betätigung führen sollte, hätte ich nicht gedacht. Auch die äußeren Verhältnisse waren bis 1953 keinesfalls danach.

Das Bekenntnis zu einer deutschen Identität – von deklamatorischen Erklärungen halte ich nicht viel – war erst nach Abschluss meines Studiums möglich. Als Assistent an der Germanistik leitete ich eine von Studenten gebildete Kulturgruppe, mit der ich, den Verhältnissen Rechnung tragend, deutsche Volkslieder einstudierte, 1955 mit einem Schiller-Programm, 1956 mit einem Heine-Programm ungarndeutsche Dörfer bereiste und die völlig verschreckte deutsche Bevölkerung in ihrer Muttersprache ansprach. Zu gleicher Zeit leitete ich ein so genanntes „Gesellschaftliches Gremium", das die einzige ungarndeutsche Wochenzeitung (damals: *Neues Leben*) zu unterstützen hatte. Von dieser Zeit an war das Bekenntnis zur ungarndeutschen Identität keine waghalsige und – in meinem Urteil – auch niemanden etwas nutzende Tat mehr. Doch wer sich nachher – wie heute leider auch noch – zum Ungarndeutschtum zugehörig fühlte und dies öffentlich auch kundtat, hatte in Ungarn keine Vorteile. Der ungarische Nationalismus gehört nicht gänzlich der Vergangenheit an, Überbleibsel sind leider noch vorhanden, und was noch mehr zu bedauern ist, sie werden gelegentlich auch politisch instrumentalisiert. Die gleichen Rechte für die ungarische Minderheiten mit den benachbarten Staatsnationen außerhalb der Landesgrenzen zu fordern und dieselben gleichzeitig den Minderheiten im eigenen Land zu verweigern – gehört leider immer noch zur ungarischen Wirklichkeit.

Mein Fazit in dieser Frage: Die ersten 8–10 Jahre nach 1945, solange es zunächst um Kopf und Kragen, dann um die Gründung einer normalen menschlichen Existenz ging, habe ich möglichst darüber geschwiegen, wessen Kind ich bin. Seitdem lebe ich als ungarischer Staatsbürger (wenn auch seit 1948 illegitim), bekenne mich zum Ungarndeutschtum, ohne dieses Bekenntnis als Aushängeschild zu verwenden oder daraus irgendwo einen Nutzen ziehen zu wollen. Der Heimat meiner Voreltern, die, zu den Dorfarmen in Deutschland gehörend, nach Ungarn kamen, bin ich treu geblieben. Mein Land zu verlassen, obwohl sich mir durch meinen Beruf und meine vielseitigen Kontakte mit deutschen Kollegen nach 1956 zahlreiche Möglichkeiten geboten hätten, ja gelegentlich sogar Anträge solcher Art an mich herangetragen wurden, kam für mich nicht in Frage.

Während Ihrer intensiven und langjährigen Beschäftigung mit zahlreichen Autoren der deutschen Literaturgeschichte des 19. und 20. Jahrhunderts sind Sie immer wieder auf das Werk und die Biografie von Nikolaus Lenau zu sprechen gekommen, über den Sie Bücher und Studien verfasst und an dessen historisch-kritischen Edition seiner Schriften Sie erfolgreich mitgewirkt haben. Was hat Ihre wissenschaftliche Aufmerksamkeit am Werk und an der Lebensgeschichte dieses Dichters so lange wach gehalten?

Dem Namen Nikolaus Lenau begegnete ich zum ersten Mal im deutschen Schulbuch des Gymnasiums. Darauf entlieh ich eine ungarische Übersetzung seiner Gedichte aus der Schulbibliothek. So las ich Lenaus Gedichte; teils im Original, teils in Übersetzungen zur selben Zeit, als wir Sándor Petőfi und János Arany im ungarischen Literaturunterricht durchnahmen. Die Landschaftsdichtung, für die mein Lehrer eine besondere Vorliebe hatte, machte tiefen Eindruck auf mich, und dieser wurde, durch meine deutsche Muttersprache vermittelt, verstärkt. Aus dieser ersten Begegnung entwickelte sich eine Jahrzehnte während Liebe, die auch noch heute fortdauert.

Das private Schicksal Lenaus sprach mich ebenfalls früh an. Mit einem heutigen Modewort könnte man bei ihm von einer Identitätskrise sprechen, die bei diesem Dichter mehrere Ursachen hat. Im Vormärz-Ungarn galt er als Österreicher oder Deutscher, seine schwäbischen Dichterfreunde sahen in ihm den „feurigen", in seinen Leidenschaften unbeherrschten Ungarn, in Amerika sehnte er sich in das Alpenland Österreich zurück. Seine Identitätsunsicherheit war auch durch seine gesellschaftliche und soziale Herkunft bedingt. Die Großmutter väterlicherseits war adlig, die Mutter – deutschsprachig erzogen im Vormärz-Ungarn – das Kind eines wohlhabenden Syndikus aus Pest. In Schwaben wurde Lenau als ungarischer Graf betrachtet, geehrt und bewundert; er war sogar befreundet mit der herrschenden Familie der Württemberger-Dynastie. Doch all das hinderte ihn nicht, Kritik gegen aristokratische

Allüren zu äußern und gleichzeitig Partei für soziale Außenseiter zu ergreifen. Das Ergebnis war eine völlige innere Zerrissenheit, die zu einer großartigen dichterischen Leistung führte, das private Leben aber völlig zerrüttete.

Vielleicht hat all dies zusammen mein Interesse für Lenau über Jahrzehnte wachgehalten. Wird mir am Ende meines siebenten Jahrzehnts noch etwas Zeit gegönnt, so soll noch eine Aufsatzsammlung über Lenau mit teils neuen Arbeiten erscheinen. Vielleicht wird diese Ihre Frage etwas überzeugender, aber jedenfalls ausführlicher beantworten.

Sie gehören zu den Mitbegründern der Internationalen Lenau-Gesellschaft (ILG), einer der wenigen literaturwissenschaftlichen Organisationen, die in den Jahren der kommunistischen Diktaturen einen Dialog zwischen den Germanisten und Historikern in West-, Mittel- und Osteuropa aufrecht erhalten konnten. Seit 1990 sind diese Kontakte nun ohne politische Einschränkung möglich. Hat damit die ILG ihre historische Rolle erfüllt oder kommen seither andere Aufgabenbereiche auf sie zu?

Die Internationale Lenau-Gesellschaft, 1964 in Stockerau – wo Lenau einige Zeit bei seinen väterlichen Großeltern lebte – von Dr. Nikolaus Britz, dem aus der serbischen Batschka vertriebenen Lehrer und späteren Hochschullehrer in Baden bei Wien, und dem Bürgermeister von Stockerau Joseph Wondrak gegründet, hat über ein Vierteljahrhundert Germanisten, Historiker, Lenauliebhaber aus Ost und West des Kontinents zusammengeführt. Ihre Jahrestagungen in verschiedenen „Lenaustädten" hatten neben ihrer wissenschaftlichen Bedeutung auch eine völkerverbindende Rolle. Für zahlreiche Germanisten und Vertreter anderer geisteswissenschaftlicher Disziplinen der damaligen Ostblockstaaten waren diese Tagungen jahre-, ja jahrzehntelang die einzige Möglichkeit, eine Lücke im Eisernen Vorhang zu finden.

Ein vorläufiges Endergebnis ist neben zahlreichen Einzelpublikationen über den Dichter die historisch-kritische Gesamtausgabe seiner Werke und Briefe, deren noch ausstehender letzter Band demnächst erscheinen soll. Es darf freilich auch die von Ihrem Haus veranstaltete Lenau-Ausstellung nicht vergessen werden, die seit Jahren ihren Siegeszug durch Deutschland, Ungarn und Rumänien macht.

Die Regionen, in denen Lenau einst lebte und wirkte, benötigen auch gegenwärtig im dichterischen und wissenschaftlichen Umgang miteinander einen vermittelnden, versöhnenden, toleranten Ton. Das gegenseitige Kennenlernen ist noch nicht beendet, noch weniger das sich gegenseitige Verstehen und Verständigen. Kunst, Literatur, das dichterische Wort können, – wenn sie heute auch nicht hoch im Kurs stehen – in bestimmten Situationen wieder Wunder bewirken. Wir sollten sie deshalb auch anderen vermitteln.

Von Lenau ausgehend, haben Sie sich mit Vorliebe auch der Literatur des österreichischen Vormärzes zugewandt und besonders dessen Beziehungen und Parallelerscheinungen zur ungarischen Literatur der Zeit verfolgt. Waren es allein die bis dahin weniger erforschten Verbindungen und Zusammenhänge, die Sie zur Auseinandersetzung mit diesem literaturhistorischen Zeitabschnitt anregten oder spielten auch andere Gründe hierbei eine Rolle?

Das Interesse für die österreichische Literatur ging tatsächlich von meiner Beschäftigung mit Nikolaus Lenau aus. Von hier führte der Weg weiter zu seinem lyrischen Umfeld in Österreich, danach in Ungarn. Anschließend habe ich meine Forschungen auf die Literatur der Jahrhundertwende ausgedehnt.

Auch Themen für Diplom- und Promotionsarbeiten vergab ich aus diesem Forschungsfeld. So entstand z. B. von János Szabó eine vergleichende Untersuchung, die den österreichischen Satiriker Karl Kraus, den ungarischen Humoristen Ferenc Karinthy und den Tschechen Jaroslav Hašek neben einander stellte.

Zu den bevorzugten Themen ungarischer Germanisten gehört auch das Werk von Thomas Mann, nicht zuletzt, weil dieser bedeutende Schriftsteller unseres Jahrhunderts zeit seines Lebens eine mehr als nur oberflächliche Beziehung zu Ungarn unterhalten hat. Kein Wunder, wenn die Germanisten Ihres Landes nicht müde geworden sind, in Büchern und Studien immer wieder hierauf zu verweisen. Inwieweit waren Sie selbst an der Aufdeckung und Bekanntmachung dieser Verbindungen beteiligt?

Zu Thomas Mann führten mich gleichzeitig mehrere Beweggründe. Die allgemeine Beliebtheit seiner Werke in Ungarn – bei Literaten ebenso wie beim Lesepublikum – hat hierbei sicher eine Rolle gespielt. Auch war ich nach meiner Promotion über die österreichische Vormärzlyrik dabei, mich anderen Genres, anderen Epochen zuzuwenden und auch im wissenschaftsmethodischen Herangehen neue Wege zu erproben. Kontakte von Dichtern und Wissenschaftlern, die aus verschiedenen Sprachgebieten stammten, Wechselwirkungen, Einflüsse aus dem deutschsprachigen Kulturkreis auf Ungarn – seit 1960 nicht mehr verpönte Untersuchungsgegenstände – begannen mich besonders zu interessieren. Da spielte mir der Zufall einige unveröffentlichte Thomas-Mann-Briefe in die Hände, die ich nicht nur für den Druck vorzubereiten hatte, auch den Adressaten musste nachgegangen werden. Mit dem Werk und der Person von Thomas Mann und seinen Beziehungen zu Ungarn eröffnete sich mir ein riesiges Forschungsgebiet. Zuerst ließ ich in einer Promotionsarbeit aufgrund von Pressequellen Thomas Manns sechs Ungarnreisen mit allen seinen Begegnungen, Abendlesungen und zahlreichen Interviews dokumentieren. Die daraus entstandene sehr wertvolle Doktorarbeit von der leider allzu früh verstorbenen Dr. Judit Győri führte dann für uns beide mit der Heranziehung eines ehemaligen Schülers und heutigen Kollegen von mir, Ferenc Szász, zu einer umfangreichen Dokumentation und anschließenden Bibliografie mit dem Titel *Thomas Mann und Ungarn*. In der Entstehungszeit – sie zog sich bis zur Veröffentlichung über ein Jahrzehnt hin – konnten noch lebende ungarische Kontaktpersonen zu Thomas Mann konsultiert werden, u. a. Georg Lukács, die Witwe des Barons Lajos Hatvany, der neben Lukács' Vater mehrmaliger Gastgeber Thomas Manns in Ungarn war. Es kam ein beträchtliches Bildmaterial über Thomas Manns Begegnungen mit ungarischen Persönlichkeiten (K. Kerényi, Familie Hatvany, A. József, die Familie des Vaters von Georg Lukács u. v. a. m.) zustande. Schriftliche Dokumente, Bildmaterial und eine Vollständigkeit anstrebende Bibliografie über Thomas Mann in Ungarn erschienen sodann in einen umfangreichen Band. Die Arbeit wurde mir auch dadurch erleichtert, dass das Züricher Thomas-Mann-Archiv mir mit Hilfeleistungen beistand und ich – dank dieser Vermittlung – auch die Witwe von Thomas Mann und den Sohn Golo Mann noch kontaktieren und um gelegentliche Auskünfte bitten konnte. Die Lektüre seiner Werke ergab, dass Thomas Mann bei seinem Montageverfahren sehr früh auch auf seine ungarischen Kontakte eingegangen ist. Die kompakteste Verwendung seiner Ungarneindrücke umfassen in *Doktor Faustus* zwei vollständige Kapitel. All diese Quellen und Entdeckungen führten zu einer umfangreichen Einführung in den erwähnten dokumentarischen Band. Daraus entwickelte sich auch meine Habilschrift über Thomas Manns Humanismus, die, nachdem inzwischen auch die Tagebücher vorliegen, bereichert in ungarischer Sprache als Monografie demnächst erscheinen soll. Der Text der Habilschrift – damals bei einem Ostberliner Verlag sprachlich streckenweise in ein DDR-Deutsch umgewandelt – liegt seit zwei Jahrzehnten in deutscher Sprache vor.

In Ungarn kann die Literatur in deutscher Sprache auf eine lange Tradition zurückblicken. Nicht nur die der Minderheit und dem deutschen Städtebürgertum angehörenden Schriftsteller haben sich ihrer bedient, auch zahlreiche jüdische und sogar ungarische Autoren nahmen sie als Ausdrucks- und Wirkungsform zeitweilig gern in Anspruch. Inwiefern ist man sich in der ungarischen Öffentlichkeit heute dieses Sachverhalts bewusst und was kann die Germanistik tun, um die Erinnerung an diesen Aspekt der ungarischen Vergangenheit wach zu halten?

Deutschsprachige Literatur, genauer: ein Schrifttum in deutscher Sprache, gab es im Karpatenbecken – wie bekannt – seit Jahrhunderten. Von deutschsprachigen Urkunden über Städtegründungen im Mittelalter, über eine Gebrauchsliteratur religiösen, medizinischen oder sonstigen Inhalts bis zur Herausbildung der später als schöngeistig bezeichneten Literatur ist die Palette erstaunlich breit. In ungarischen Archiven und Handschriftenabteilungen der Bibliotheken rangieren beim Material bis zur Wende vom 18. zum 19. Jahrhundert Latein und Deutsch an vorderster Stelle, erst dann folgt mit einem großen Abstand das Material in der Nationalsprache.

Das Bürgertum von Buda, Pest und den meisten westungarischen Städten hatte deutsche Bildung. Meistens war auch die tägliche Verkehrssprache Deutsch. Bei adligen Familien war es eine Selbstverständlichkeit, die Kinder vom „deutschen Fräulein" erziehen zu lassen. Die Hocharistokratie verbrachte einen Teil des Jahres in Wien oder Preßburg, ihre Kinder lernten nicht selten Ungarisch erst als Zweitsprache, nach dem Deutschen. Die jüdische Intelligenz verkehrte untereinander in deutscher Sprache, aber auch der kleine Mann jüdischer Herkunft bediente sich ihrer. Nur bei der Begegnung mit einem Ungarn wechselten sie das Idiom. Bei der deutschen Minderheit war es eine Selbstverständlichkeit, trotz ungarischer Assimilierungstendenzen seit dem Vormärz, sich der örtlichen Mundart zu bedienen. In der ungarischen Öffentlichkeit hat man diese Tatsache bereits seit dem 19. Jahrhundert an immer wieder herunterzuspielen oder – wie später geschehen – überhaupt nicht zur Kenntnis zu nehmen versucht. Nach 1945 hat man sich, an die frühere Habsburgfeindlichkeit anknüpfend, „pflichtgemäß" gegen alles gerichtet, was mit Deutsch und der deutschen Sprache zu tun hatte. Deutsche Kulturtraditionen wurden gewaltsam verdrängt, mussten verschwiegen werden und gingen somit infolge des mehrmaligen Generationswechsels weitgehend verloren. Es musste von vorne begonnen werden. In der Mehrheit der Fälle ist hiervon nichts oder kaum etwas noch in der Erinnerung eines Durchschnittsmenschen der heutigen Generation geblieben.

Die Germanistik muss aus der Tiefe der Vergangenheit, und zwar durch schrittweises Richtigstellen, den heutigen Generationen den tatsächlichen Sachverhalt vor Augen führen. Sie hat diese Aufgabe nie aufgegeben. Nur waren nach 1945 lange Zeit ihre Hände gebunden. Die Germanistik an der Pädagogischen Hochschule Pécs hat ihre Aufgabe darin gesucht und zum Teil auch gefunden, die ungarndeutsche Folklore möglichst am Leben zu halten und in eine neue Zukunft hinüberzuretten. In Budapest konnten deutsche Sprachdenkmäler pannonischer Herkunft oder Ungarn betreffend ans Tageslicht gefördert, der aus deutschen Lehnwörtern bestehende ungarische Wortschatz erfasst, Mundartforschung betrieben werden. Für all diese Betätigungen haben sich nach der Wende theoretisch unbegrenzte Möglichkeiten geöffnet. Auch ein längst in Angriff genommener Sprachatlas der deutschen Mundarten in Ungarn kann heute mit deutscher Unterstützung weiter vorangetrieben werden.

Weniger übersichtlich zeigt sich der literatur- und kulturhistorische Anteil dieser Neuentdeckungen. Textsammlungen, die völlig in Vergessenheit geratene Quellen des 18. und 19. Jahrhunderts erschließen, und Promotionsschriften über einzelne ungarndeutsche Persönlichkeiten entstehen heute bereits regelmäßig. Einige Periodika – wie das *Jahrbuch der ungarischen Germanistik*, verschiedene Reihen der einzelnen germanistischen Einrichtungen, so z.B. die *Budapester Beiträge zur Germanistik* und auf einer anderen Ebene die *Neue Zeitung*, das Wochenblatt der Ungarndeutschen, oder der *Neue Pester Lloyd* – greifen gelegentlich auf diese Traditionen zurück. Aber all das geschieht meistens sporadisch, es ist nicht genügend koordiniert und auch nicht immer auf einem erwünschten fachlichen Niveau.

Vor allem fehlt es an zwei Dingen: zum einen an einer aktionsfähigen Koordinierungsstelle, die die potenzielle geistige Kapazität zusammenführen würde bzw. könnte; zum anderen an einem höheren Interesse im Lande, das sich auch in den gewährten Zuschüssen manifestieren könnte.

Eine ungarische Öffentlichkeit erfährt immer noch viel zu wenig von dieser Tätigkeit, und ist traditionell allem Deutschen gegenüber eher ablehnend eingestellt. Eine angeblich von dem ungarischen Dichter der Nationalhymne Ferenc Kölcsey stammende Äußerung, der zufolge der ungarische Intellektuelle tagsüber die Franzosen lobt und in der Nacht die Deutschen liest, dürfte auch heute zutreffend sein, mit dem Unterschied, dass anstelle der Franzosen der amerikanische Kriminalroman zu nennen wäre, in Buchform und auf dem Bildschirm, wobei Letzterer noch die Gefahr mit sich bringt, vom Lesen überhaupt völlig abzulenken.

4/1998

„VOM PROPHETEN ZUM GEWERBETREIBENDEN"

György Dalos

Am 23. September 1943 in Budapest geboren, wuchs György Dalos, da sein Vater zwei Jahre nach seiner Geburt starb, bis zu seinem 12. Lebensjahr in jüdischen Internaten auf. Nach dem Abitur, das er an einem staatlichen ungarischen Gymnasium ablegte, studierte er von 1962 bis 1967 in Moskau Deutsche Geschichte. Ein Jahr nach seiner Rückkehr aus der Sowjetunion wurde er im so genannten „Maoistenprozess" als Mitglied einer linksradikalen Aktionsgruppe zu sieben Monaten Gefängnis auf Bewährung verurteilt. Ausschluss aus der Kommunistischen Partei Ungarns, die Entlassung aus dem Dienst und Publikationsverbot waren die Folge. Dalos lebte daraufhin hauptsächlich von Übersetzungen und anderen Auftragsarbeiten. Seit 1981 war er Mitarbeiter der Untergrundzeitschrift *Beszélő* (Der Sprecher), er hielt Vorträge an den so genannten „Fliegenden Universitäten", Vorlesungen in Privatwohnungen und gehörte zu den Unterzeichnern der Solidaritätserklärungen ungarischer Intellektueller vom Oktober 1979 zugunsten der Charta 77. Nachdem er bereits in den Jahren 1984/85 ein Stipendium des DAAD und der Universität Bremen wahrnehmen durfte, lebte er ab 1987 in Wien und Budapest und arbeitete u. a. für deutsche Rundfunkanstalten und Zeitungen. Dalos war von 1992 bis 1997 Vorstandsmitglied der Heinrich-Böll-Stiftung in Köln, von 1995 bis 1999 war er Direktor des Hauses Ungarn in Berlin. Er lebt als freischaffender Schriftsteller in Berlin und Budapest.

Dalos ist Verfasser einer ganzen Reihe belletristischer Werke (Romane, Erzählungen) und Sachbüchern zur ungarischen Geschichte und zur Situation der Literatur in Ungarn und Osteuropa. Er wurde mit zahlreichen Preisen ausgezeichnet, u. a. mit dem Adelbert-von-Chamisso-Preis, der Goldenen Plakette der Republik Ungarn und dem Leipziger Buchpreis für Europäische Verständigung.

Herr Dalos, als die Revolution im Herbst des Jahres 1956 in Budapest ausbrach, waren Sie, wie es Ihrem, 2006 im C. H. Beck Verlag erschienenen Buch 1956. Der Aufstand in Ungarn zu entnehmen ist, ein „magerer, auf gutes Essen und französische Romane gleichsam hungriger Junge von mäßigem Lernfleiß." Dieses Ereignis hat Sie, wie viele Intellektuelle Ungarns, ein Leben lang beschäftigt. Sie haben den Aufstand im Laufe Ihres Lebens unterschiedlich beurteilt. Nun haben Sie bei der

Recherche zu Ihrem Buch auch bisher unzugängliche Archivquellen auswerten können. Sind Sie zu neuen Erkenntnissen gelangt, die es Ihnen ermöglichen, ein neues Bild der ungarischen Revolution zu zeichnen?

Es gibt sehr viele Historiker, die aufgrund ihrer Recherchen ein neues, zeitgemäßes Bild der Revolution zeichnen und die auch mit verschiedenen Mythen und Legenden, die sich um diesen Aufstand ranken, aufzuräumen versuchen. Neben der wissenschaftlichen Darstellung der Ereignisse gibt es auch eine politische Rezeption, und diese Rezeption ist chaotisch, denn jede politische Richtung macht sich ein eigenes Bild vom Aufstand. Man kann sich in diesem Chaos von Meinungen und Auffassungen erst Klarheit verschaffen, wenn man die Sichtweisen der Interpreten den einzelnen politischen Richtungen zuordnet.

Vor 1989 durfte öffentlich über die Ereignisse des Jahres 1956 nicht diskutiert werden, im vertrauten Kreise wurde darüber freilich gesprochen. Erst nach 1989 ist in Ungarn unzensiert über jene Jahre geschrieben worden, was eine Flut von Publikationen nach sich zog.

Persönlich habe ich, wie ich dies auch in meinem 2006 erschienenen Buch erläutere, im Laufe der Jahre und Jahrzehnte über den Volksaufstand die unterschiedlichsten Ansichten vertreten. Gegen Ende der 1950er Jahre – ich war fast noch ein Kind – verspürte ich Trauer über die Niederlage, als überzeugter Jungkommunist in den 1960er Jahren habe ich den Aufstand als Konterrevolution verdammt. In den 1970er Jahren hatte ich aufgrund meiner Lektüre und meiner Erfahrungen mit dem kommunistischen System mehr Verständnis für die Aufständischen, ohne allerdings eine Wiederholung der blutigen Auseinandersetzungen herbeizuwünschen. Distanzierter war mein Rückblick auf die Geschehnisse in den 1980er Jahren, doch vom Herbst 1956 bin ich ein Leben lang nicht weggekommen, es ist mir nicht gelungen, ihn aus meinem Denkprozess zu eliminieren, selbst wenn ich dies gewollt hätte.

Mit einem anderen bedeutenden Ereignis der Zeitgeschichte, dem Zusammenbruch des Kommunismus in Mittel- und Osteuropa, befassen Sie sich in einem Ihrer letzten Bücher, über die Balaton Brigade *(2005). Dabei bedienen Sie sich diesmal nicht des sachlichen wissenschaftlichen Diskurses, sondern ziehen den Gebrauch fiktionaler epischer Darstellungsmittel vor. Fehlt da noch die nötige Distanz zu den historischen Ereignissen?*

Der zeitliche Abstand ist in diesem Fall viel kleiner, doch nicht das war der Grund, dass ich mich für eine fiktionale Darstellung der jüngsten Zeitgeschichte entschied, sondern der „Stoff", der sich mir regelrecht aufdrängte und eine literarische Bearbeitung erforderte. Ich lasse in diesem Buch einen verrenteten ehemaligen Stasi-Offizier, der im Glauben an die DDR und den sozialistischen Machtblock bis 1989 gelebt hat, nach der Wende seine Geschichte erzählen, und zwar erzählt er diese seinem Hund, weil sonst kaum jemand an seinen Schilderungen interessiert ist. 1988 war er anlässlich der Jahresfeier der „Großen Sozialistischen Oktoberrevolution" als langjähriger Mitarbeiter des Ministeriums für Staatssicherheit nach einer 25-jährigen Tätigkeit im Dienste dieser Behörde zum Hauptmann befördert worden. Die Beförderung ging mit einem neuen Auftrag einher. Da er ungarndeutscher Herkunft und auch des Ungarischen mächtig ist, soll er am Plattensee/Balaton in Zusammenarbeit mit dem ungarischen Geheimdienst und einer Schar von IMs, die DDR-Touristen, die zunehmend via Ungarn in die Bundesrepublik zu flüchten versuchen, überwachen. Den Auftrag nimmt er gern an, bietet er ihm doch auch die Gelegenheit, für eine Weile ins Land seiner Kindheit zurück und Ost-Berlin vorübergehend den Rücken zu kehren. Vor allem aber glaubt er dadurch seiner Pflicht enthoben zu sein, seine Tochter, die sich mit einem in West-Berlin lebenden Chilenen eingelassen hat, fürderhin auszuspionieren. Wie der Stasioffizier seiner Arbeit in Ungarn nachzugehen versucht, welche Schwierigkeiten sich für ihn beruflich und privat ergeben und wie er von der Entwicklung der Ereignisse regelrecht überrollt wird, darüber habe ich in trocken-humorvoller Weise in meiner längeren Erzählung berichtet.

In zahlreichen Ihrer Werke bildet Ihre eigene Lebensgeschichte den Mittelpunkt des Geschehens. Ist es Ihre Absicht, Ihre Biografie möglichst wahrheitsgetreu zu rekonstruieren?

Eigentlich nicht, doch ich komme davon nicht los, weil ich bewusst in meiner Zeit gelebt habe. In einem dünnen Suhrkamp Taschenbuch, *Der Rock meiner Großmutter* (1996) betitelt, habe ich Authentisches und Anekdotisches aus meiner Lebensgeschichte zusammengetragen. Da habe ich beispielsweise die wenigen mir bekannten Daten und Fakten über meinen Vater Andor Deutsch (1906–1945), den ich hier Andor Ivor nenne, zusammengefügt und anhand dieser und aufgrund der Überlieferungen ein kleines Porträt von ihm gezeichnet. Aber auch andere Mitglieder meiner Familie, meine unvergessliche Großmutter beispielsweise, Lehrer und andere Menschen, die meine Biografie kreuzten, habe ich darin mit wenigen Strichen porträtiert.

Literarisch verarbeitet habe ich Stationen und Situationen meiner Lebensgeschichte in einer ganzen Reihe anderer Werke, wobei Kindheit und frühe Jugend zweifellos überwiegen. Freilich die Grenzen zwischen tatsächlich Geschehenem, Erlebtem und dichterisch Erfundenem sind fließend, die schriftstellerische Phantasie genießt in meiner Prosa zweifellos Vorrecht. In der *Beschneidung* (1990) ist es die Geschichte eines zwölfjährigen Jungen jüdischer Abstammung, der im Jahr der ungarischen Revolution (1956) ins Dilemma gerät, entweder seine religiös-jüdische Identität zu leben oder den Verlockungen des kommunistisch-atheistischen Staates zu erliegen. Als Zögling des jüdischen Knabenwaisenhauses, wo er in althergebrachter jüdischer Tradition erzogen wird, darf er die Wochenenden in der kleinen Gemeinschaftswohnung von Mutter und Großmutter verbringen. Während die kränkelnde Mutter ihn sonntags zu den Gottesdiensten der „Brüdergemeinschaft Christusgläubiger Juden" mitnimmt und ihn in die Richtung ihrer Glaubensauffassung zu beeinflussen sucht, versucht die pragmatisch denkende, dem Kommunismus keineswegs abgeneigte Großmutter den Jungen für das neue Gesellschaftsmodell zu begeistern.

Aus der Sicht dieses Jungen schildere ich den Untergang jener Restformen der jüdischen Welt, die sich nach dem Zweiten Weltkrieg und dem Holocaust in die so genannte sozialistische Epoche hinüberretten konnten.

Im *Versteckspieler* (1994) ist es ein ungarisch jüdischer Oppositioneller, in dessen Rückblenden ich die Zeit nach der Niederschlagung der Revolution aus dem Jahre 1956 aufleben lasse. Im *Gottsucher* (1999) sind diese Jahre, die ich anhand von Ausschnitten aus dem Leben des jüdischen Gymnasiasten Gábor Kolozs aufrolle, mehrfach präsent. Dessen Schwanken zwischen der Welt seiner familiären Traditionen und der neuen kommunistischen Ideologie bringt die Handlung dieses Romans in Gang. Auch mein bislang letzter Roman *Jugendstil* (2007) spielt in Budapest Anfang der 1960er Jahre. Robert Singer, die Hauptgestalt mehrerer meiner autobiografisch gefärbten Romane, eine Art Alter Ego, wenn Sie wollen, ist Schüler der Oberstufe und hat sich dem Marxismus verschrieben. Er erlebt, wie unter dem Druck der Sowjets nach dem gescheiterten Aufstand auch die letzten Reste der ungarischen bürgerlichen Kultur zerstört werden, auch die Architektur des Jugendstils, dem seine große Leidenschaft gehört.

Weniger ist aus meiner Lebensgeschichte in den Roman *Seilschaften* (2002) eingeflossen, in dessen Mittelpunkt ich typische Repräsentanten der ungarischen Emigration der 1980er Jahre gerückt habe.

Schon ein flüchtiger Blick auf Ihr Gesamtwerk lässt erkennen, dass sich Belletristik und Sachbuch in etwa die Waage halten.

Ich habe mich, seit ich in Österreich und Deutschland lebe, außer mit Belletristik, sehr intensiv auch mit ungarischer und mit der Geschichte Mittel- und Osteuropas beschäftigt. Gegen Ende der 1980er Jahre, im Vorfeld des revolutionären Umbruches, habe ich mich mit der Entstehung der demokratischen Opposition in Ungarn befasst und die deutsche Leserschaft in meiner Schrift *Archipel Gulasch* (1986) darüber eingehend informiert. Darin habe ich die Geschichte der demokratischen Oppositionsbewegung in Ungarn von ihren Anfängen in den 1950er Jahren bis in die frühen 80er Jahre verfolgt. Vorgestellt werden Akteure und Gruppen dieser Bewegung, ebenso wird der Versuch eines Überblicks der Dissidentenliteratur und ihrer Publikationsorgane geboten. Deren Erfahrungen mit der kommunistischen Zensur werden auch geschildert, und in einem aufschlussreichen Anhang sind zahlreiche Dokumente veröffentlicht, die die Tätigkeit dieser Bewegung veranschaulichen. Über die Situation in meinem Land habe ich die deutsche Öffentlichkeit seit meinem ersten längeren Aufenthalt in der Bundesrepublik Deutschland Mitte der 1980er Jahre informiert. Meine Beiträge sind zunächst im Deutschlandfunk und im Westdeutschen Rundfunk gesendet worden, veröffentlicht habe ich sie u. a. in der *Frankfurter Allgemeinen Zeitung* und im *Kursbuch* und danach in weiteren überregionalen Medien. Im Jahre 1991 habe ich einen Teil dieser Beiträge in dem Band *Ungarn – Vom Roten Stern zur Stephanskrone* gebündelt, der bei Suhrkamp in Frankfurt am Main erschienen ist.

Mit einer gewissen Vorliebe widmen Sie sich den Lebensschicksalen einzelner Schriftsteller aus der ungarischen Literaturgeschichte. Dem „Rollenwandel der Literaten in Ungarn und Osteuropa", wie der Untertitel eines weiteren Ihrer Bücher lautet, sind Sie in einem bemerkenswerten Essay über die Zeit der politischen Umbrüche in Osteuropa nachgegangen.

Der Rollenwandel der osteuropäischen Schriftsteller *Vom Propheten zum Produzenten*, so der Titel eines 1992 erschienenen längeren Essays, hat mich lebhaft interessiert. Ich habe darin anhand zahlreicher Biografien aus der ungarischen Literaturgeschichte von der Mitte des 19. Jahrhunderts bis in unsere Gegenwart aufzuzeigen versucht, welche Wandlungen das Rollenverständnis der Literaten unterzogen worden ist, wobei mich die Situation im 20. Jahrhundert besonders faszinierte. Anfang der 1990er Jahre kam eine ganze Reihe erschütternder Dokumente über den düsteren Kerkeralltag ungarischer Autoren an die Öffentlichkeit, die nach der Niederschlagung der Revolution aus dem Jahre 1956 zu mehreren Jahren Haft verurteilt worden waren. Ich habe in meinem Buch u. a. auch eine literaturgeschichtliche Sammlung erwähnt, die die Briefe enthält, die die Ehefrauen der Verurteilten an die kommunistischen Machthaber seinerzeit adressiert hatten, um das Los ihrer Ehemänner zu erleichtern. Überliefert ist beispielsweise ein Brief, den die Gattin des berühmten ungarischen Schriftstellers Tibor Déry, dem neun Jahre Gefängnis aufgebrummt worden waren, an den sowjetischen Parteichef Nikita S. Chruschtschow während dessen offiziellen Besuchs in Ungarn im Dezember 1959 gerichtet hatte, worin sich die Gattin Dérys gegenüber Chruschtschow verpflichtete, wenn ihr Mann entlassen werde, „er in seinem ganzen, ihm noch verbleibenden Leben durch Arbeit seine Treue gegenüber der Sache des Kommunismus beweisen" werde. „Genosse Chruschtschow" möge doch dem „Genossen Kádár ein paar gute Worte" sagen, damit ihr kranker Mann „nicht als Feind im Gefängnis sterben" müsse. Aus einer ähnlich verzweifelten Situation heraus wandte sich auch die Frau des jungen Lyrikers István Eörsi an den Gefängnisdirektor, man möge ihrem Mann, der zu acht Jahren Kerkerhaft verurteilt worden sei, erlauben, einen Bleistift zu benützen. Das Recht war in den Gefängnissen zur Zeit der Herrschaft János Kádárs keine Selbstverständlichkeit, sondern ein Privileg. Diese Vergünstigung, die Déry wahrscheinlich auf Druck der Proteste von Albert Camus, Jean Paul Sartre, T. S. Eliot u. a. prominenter Schriftsteller gewährt worden war, benutzte Déry auch dazu, um aus dem Gefängnis Briefe an seine 90-jährige Mutter zu schreiben, in denen er ihr vormachte, er befände sich im westlichen Ausland und sei mit der Verfilmung seiner Erzählungen beschäftigt.

Schriftsteller, die vormals viele Jahre in kommunistischen Gefängnissen verbracht hatten, sind nach 1990 zu einflussreichen Politikern geworden. Hat sich dieser Umstand positiv auf die Situation der Literatur in den jungen osteuropäischen Demokratien ausgewirkt?

Wie ich in meinem Buch *Vom Propheten zum Produzenten* bereits dargelegt habe, hat sich nach 1990 in allen Staaten des ehemaligen Ostblocks ein Mehrparteiensystem etabliert, diese Länder haben den Weg zur Marktwirtschaft beschritten und sind mittlerweile Mitglieder von NATO und EU geworden. Gleich nach 1990 wurde die Zensur aufgehoben, und einige der einstigen Akteure der literarischen und politischen Opposition haben sich bald in neuen Rollen üben müssen. In Ungarn wurde gleich nach der Wende der Schriftsteller und Übersetzer Árpád Göncz, der wegen seiner Beteiligung am Oktoberaufstand des Jahres 1956 viele Jahre im Gefängnis verbracht hatte, zum Präsidenten der Republik gewählt. Doch die Herausforderungen für die Schriftsteller waren damit nicht kleiner geworden, denn die Zeiten, in denen die Literatur die einzige legale Ausdrucksmöglichkeit der Wahrheit war, waren vorbei. Der Pluralismus äußert sich seit 1990 im Parlament und in den Medien, und die Rolle des Propheten und die Funktion als öffentliches Gewissen und moralische Instanz sind dem Schriftsteller abhanden gekommen. Zwar ist gleich nach der Wende die Zahl der Verlage, von Zeitungen und Zeitschriften in Schwindel erregende Höhen gestiegen, doch ein bedeutender

Teil ist eingegangen bzw. hat sein Erscheinen eingestellt. Ohne staatliche Subventionen könnten, weil die Nachfrage nachgelassen hat, kaum noch belletristische Bücher erscheinen. Damit hat sich auch ein neuer Schriftstellertypus herausgebildet. Ehemalige Propheten und Staatskünstler haben sich in private Gewerbetreibende verwandelt, der Schriftsteller als Handwerker ist eine neue Station auf dem Entwicklungsweg der osteuropäischen Autoren.

Obwohl Sie diplomierter Historiker sind, haben Sie sich in der Erörterung von rein historischen Themen dennoch lange Zeit zurückgehalten. Doch mit Ungarn in der Nussschale *haben Sie es gewagt, einen ironisch-witzigen Überblick der Geschichte Ihres Landes zu bieten.*

Ich bin, obwohl ich über ein Diplom als Historiker verfüge, kein Wissenschafter, sondern Schriftsteller. Doch wie viele meiner Landsleute unterhalte ich eine besondere Beziehung zur Geschichte, vor allem zu jener meiner ungarischen Heimat, denn zu sehr habe ich, wie andere Ungarn auch, ihre Auswirkungen an meiner verwickelten Laufbahn zu spüren bekommen. Und für mich als Schriftsteller ist Geschichte, wie ich in der Einleitung zu meinem Buch *Ungarn in der Nussschale* schrieb, immer auch ein unerschöpfliches Märchen, das nie langweilig wird, und in dem sich die Zuhörer wieder erkennen. Ich habe in diesem Buch die kollektive Biografie der Ungarn vom Ende des neunten Jahrhunderts bis in unsere Gegenwart erzählt. Es war ein unaufhörliches Ringen um die Selbstbehauptung zwischen Ost und West, Heidentum und Christentum, Verzweiflung und Hoffnung, Provinzialität und Weltoffenheit, Tradition und Moderne.

Dieses Buch zu schreiben, hatte ich schon lange vor. Seit ich mich nämlich im deutschsprachigen Raum bewege und hier auch literarisch und publizistisch präsent bin, war es mein innigster Wunsch, dem deutschen Lesepublikum die Welt, aus der ich komme und die mich entscheidend geprägt hat, zu erklären und bekannt zu machen. Mit dem Beitritt Ungarns zur Europäischen Union habe ich es für nötig befunden, dieses Buch zu veröffentlichen. Deshalb habe ich am Ende meines historischen Exkurses auch deutlich gemacht, dass das, was Ungarn im 21. Jahrhundert am meisten braucht, eine reife Zivilgesellschaft ist, die der Versuchung widerstehen kann, soziale Fragen autoritär zu beantworten, Minderheiten im Ernstfall zu Sündenböcken abzustempeln und Offenbarungen einander befehdender Eliten für bare Münze zu nehmen. Auch würde ich es begrüßen, wenn das als Reflex der Geschichte vererbte tragische Pathos allmählich jener ruhigen, ironischen Skepsis weichen würde, deren Aufstieg meine Generation in den 60er und 70er Jahren des 20. Jahrhunderts miterlebt hat.

Außer von Ihrem Heimatland Ungarn und von den deutschsprachigen Ländern, in denen Sie seit fast dreißig Jahren ein zweites Zuhause gefunden haben, ist Ihre Biografie wesentlich durch Ihren Studienaufenthalt in der ehemaligen Sowjetunion geprägt worden. Als junger Moskauer Student, der sich auch als Lyriker schriftstellerisch zu betätigen begann, hatten Sie die Möglichkeit, Einblick in die russische Kultur und Lebensweise zu nehmen. Es hat aber lange gedauert, bis Sie Ihre sowjetisch-russischen Erfahrungen literarisch zu verwerten begannen.

Ich habe den wichtigsten Teil meiner Jugend in der damaligen Sowjetunion verbracht und während meines dortigen mehrjährigen Aufenthaltes viele originelle und warmherzige Menschen kennen gelernt. In die Zeit meines Studiums in Moskau fallen auch meine literarischen Anfänge. Nachdem ich mich nach meiner Rückkehr nach Ungarn zunehmend zum politischen Dissidenten entwickelte, habe ich mich auch aufgrund meiner Erfahrungen und meiner Lektüre gefühlsmäßig immer weiter von der Sowjetunion entfernt. Mein politisches Handeln war auf Ungarn und Mitteleuropa gerichtet, meine schriftstellerische Tätigkeit hatte immer mehr mit dem deutschen Sprachraum zu tun. Gleichzeitig hatte ich ein schlechtes Gewissen gegenüber der russischen Kultur, dem Land und seinen Menschen, ich fühlte mich in der Schuld.

Wollen Sie mit den Büchern, die Sie über führende Repräsentanten der russischen Literatur verfasst haben, auch einen Teil dieser Schuld abtragen?

Wahrscheinlich auch, doch es waren auch literaturgeschichtlich sehr brisante Fälle, derer ich mich angenommen habe. Denken Sie nur an die Liebesgeschichte zwischen Anna Achmatowa und Sir Isaiah Berlin, die ich 1996 unter dem Titel *Der Gast aus der Zukunft* in der Europäischen Verlagsanstalt Hamburg herausgebracht habe. Ich erzähle hier die Geschichte einer einzigen Nacht aus dem Jahre 1945, der Nacht eines Besuches des englischen Philosophen Isaiah Berlin bei der berühmten russischen Lyrikerin Anna Achmatowa. Diese Begegnung hatte vor allem für die Schriftstellerin fatale Folgen. Sie machte sie zum ideologischen Feind Nummer eins der wachsamen Sowjetmacht und den Londoner Universitätsprofessor zum „britischen Spion". Bis ans Ende ihres Lebens im Jahre 1966 ist Anna Achmatowa vom KGB bespitzelt worden. Sie wurde aus dem Schriftstellerverband ausgeschlossen, Schdanow beschimpfte sie öffentlich als „Nonne und Dirne". Ihre Bespitzelungsakte, die über sie angelegt wurde und die ich mit meiner Mitarbeiterin Andrea Dunai einsehen konnte, umfasst über 900 Seiten.

Sowohl Achmatowa als auch Berlin haben diesem Treffen, das nur eine Nacht und einen Tag, vom Abend des 25. November 1945 bis zum Morgen des nächsten Tages dauerte, eine große Bedeutung beigemessen. Ihm verdankt die Literatur die wohl schönsten Liebesgedichte, die in russischer Sprache im 20. Jahrhundert verfasst wurden. Die Schriftstellerin war überzeugt, dass mit diesem Datum der Kalte Krieg, die Spaltung der Welt begonnen habe. Für den zwanzig Jahre jüngeren englischen Besucher war dieses Treffen mit der „tragischen Königin" die „denkwürdigste Begegnung seines Lebens", wie er später sagen sollte. Diese Liebesgeschichte, in die die Politik hineingewirkt hat, ist gleichzeitig eine Parabel auf sowjetische Normalität und Absurdität, auf die komplizierte Beziehung zwischen Staatsmacht und Literatur.

Ausschnitte aus der Biografie Boris Pasternaks beleuchte ich in dem Buch über Olga Iwinskaja (*Olga – Pasternaks letzte Liebe*, 1999). Es geht darin um die Nobelpreisaffäre des Jahres 1958, als der russische Schriftsteller die hohe Auszeichnung zunächst angenommen, danach aber auf Druck der sowjetischen Behörden und aus Angst vor der drohenden Ausbürgerung darauf verzichtet hatte. Eine Schlüsselrolle hatte damals Pasternaks Privatsekretärin und Geliebte Olga Iwinskaja gespielt, die dem Schriftsteller das Vorbild für die berühmte Figur der Lara aus dem *Doktor Schiwago* geliefert hat. Olga, deren Lebensschicksal ich nachzuzeichnen versuche, war eine zwiespältige Persönlichkeit, mit einer aufopfernden Liebe zu Pasternak, für die sie auch in Stalins Gulag geschickt wurde.

Ein weiteres Ihrer Bücher zu diesem Themenkreis führt Sie über den literaturhistorischen Anlass hinaus, bis in unsere Zeit, und damit berühren Sie auch Fragen gegenwärtiger Weltpolitik.

Sie meinen wohl mein Buch *Die Reise nach Sachalin* (2001), in dem ich auf den Spuren des russischen Schriftstellers Anton Tschechow, der 1890 die Insel Sachalin besucht und darüber berichtet hatte, 2000 ebenfalls in den Fernen Osten gereist bin. Tschechow hatte die russische Insel, die damals am Ende der Welt lag, bereist, um hauptsächlich über die Lage der Strafgefangenen zu berichten. Das zaristische Russland hatte am Ende des 19. Jahrhunderts rund 60 000 politische und kriminelle Häftlinge – zum Teil auch deren Familien – auf die unwirtliche und abgelegene Insel deportiert. Tschechows Bericht geht über die Schilderung der Lebensverhältnisse der Sträflinge hinaus, er nimmt die Insel als Ganzes ins Blickfeld, ihre Geografie und Naturbeschaffenheit, die Geschichte, Sprache und Ethnografie ihrer Bewohner. Den Schilderungen Tschechows habe ich im zweiten Teil meines Buches meine eignen Eindrücke 120 Jahre danach beigegeben und so Tschechows Geschichte eigentlich fortgeschrieben und mit neuen Fakten und Einsichten aktualisiert. Um das tun zu können, habe ich mich eingehend nicht nur über Tschechow und seine Zeit informiert, sondern allgemein über die Insel Sachalin, über ihre Bodenbeschaffenheit, ihr Klima, ihre Geschichte, vor allem aber ihre jetzigen Bewohner und deren Gewohnheiten und Traditionen, und nicht zuletzt über ihre gegenwärtigen Probleme. Ich bin zur Schlussfolgerung gekommen, dass Sachalin nicht nur ein Teil Russlands ist, sondern auch eine Metapher für das riesige Land, es bildet nämlich alle dortigen Verhältnisse im Kleinen ab.

1/2008

III. Teil

„Am Rand der Mitte"

Literaturwissenschaftler in und aus Rumänien

„FÖRDERND-ANREGEND MÖCHTE ICH GERNE BLEIBEN"

Gerhardt Csejka

Gerhardt Csejka, von dessen Aufsätzen richtungsweisende Impulse sowohl für die Literaturkritik als auch für die jüngere Literatur dieser Region ausgegangen sind, gehört zu den einflussreichsten Theoretikern der neueren rumäniendeutschen Literatur. Der am 11. April 1945 in Guttenbrunn im rumänischen Banat geborene Gerhardt Csejka besuchte das deutsche Gymnasium in Temeswar, wo er in den Jahren 1963–1968 auch Germanistik und Rumänistik studierte. Erste journalistische Erfahrungen machte er zunächst in der Redaktion der Bukarester deutschsprachigen Tageszeitung *Neuer Weg*. 1970 wechselte er zur Zeitschrift *Neue Literatur*, wo er sich als Kritiker, Literaturtheoretiker und Übersetzer profilierte und mehr als anderthalb Jahrzehnte lang tätig war.
1986 reiste er in die Bundesrepublik Deutschland aus und ließ sich nach einer Zwischenstation in West-Berlin im Raum Frankfurt am Main nieder, wo er bis 2014 als freischaffender Publizist und Übersetzer lebte. Seither wohnt er in Berlin.
Sein Werk umfasst, außer Kritiken und Essays zur rumäniendeutschen Literatur des 20. Jahrhunderts, Editionen (Rolf Bossert, Anemone Latzina) und Übersetzungen aus der rumänischen Literatur (Norman Manea, Mircea Eliade, Mircea Cărtărescu, Andrei Pleşu, Caius Dobrescu u. a.) 2008 erhielt Csejka den Übersetzerpreis der Kunststiftung NRW.
Von 1992 bis 1999 gab er die neue Folge der *Neuen Literatur. Zeitschrift für Querverbindungen* in Frankfurt am Main und Bukarest heraus. 2015 erschien im Regensburger Verlag Friedrich Pustet der von ihm mitedierte Band *Vexierspiegel Securitate. Rumäniendeutsche Autoren im Visier des kommunistischen Geheimdienstes*.

Gerhardt Csejka, du gehörst dem Projektteam an, das die Leipziger Buchmesse (26. bis 29. März 1998) vorbereitet, die als Länderschwerpunkt Rumänien hat. Im Unterschied zur Frankfurter Messe ist in Leipzig auch an Autorenlesungen gedacht. Nach welchen Kriterien und Gesichtspunkten ist die Auswahl rumänischer Schriftsteller und der sie begleitenden Übersetzer getroffen worden?

Nicht nur die Spezifik der Leipziger Buchmesse an sich, sondern auch die Voraussetzungen, die Rumänien als Gastland mitbringt, rücken das literarische und künstlerische Rahmenprogramm diesmal in den Vordergrund: Rumänien bringt nämlich, grob gesprochen, ausgerechnet jene Voraussetzung nicht mit, die es für eine Buchmesse auf Anhieb attraktiv erscheinen ließe: es ist nicht berühmt, hat keinen guten Ruf. Man weiß so wenig darüber, dass dieses Wenige auch schon alles zu sein scheint, was damit im Zusammenhang wissenswert ist. Ich möchte nicht von der einseitigen westlichen Medienberichterstattung sprechen, weil ich natürlich weiß, dass die Schuld nicht nur bei den Medien liegt, doch ich kann obigen Satz am besten mit den zwei Evergreens unter den Rumäniengeschichten in Presse und Fernsehen illustrieren: Die Waisenkinder von Cighid und die Verbrecherbanden, die originellerweise deutsche Geldschränke mit Stumpf und Stiel auszureißen und abzuschleppen pflegen, statt sie redlich zu knacken. Im Normalfall, d. h. in jedem „normalen" Fall sind das Geschichten am Rande, von denen niemand auf die gesellschaftlichen Verhältnisse insgesamt, auf den Zivilisationsgrad oder die kriminellen Neigungen eines ganzen Volkes schließen würde; sobald sie mangels anderer und anders gearteter Geschichten jedoch in den Mittelpunkt der Wahrnehmung rücken, bestimmen sie das ganze Bild, das ist klar.

Doch zurück zur Buchmesse: Sie kann die Wahrnehmungsbedingungen natürlich von sich aus nicht ändern, sie kann nur versuchen, das Bild der Kultur, die den Schwerpunkt bildet, unter den gegebenen Umständen so gut wie möglich zu vermitteln. Auf Rumänien bezogen, hieß das für mich in erster Linie, Anhaltspunkte zur Orientierung in einem unbekannten, dunklen, als unstrukturiert empfundenen Raum anzubieten; die Kraftlinien herauszuarbeiten, die wichtigsten Koordinaten sichtbar zu machen – und: mangels Masse und Vielfalt im Angebot übersetzter Titel die Lesungen gezielt möglichst so zu gestalten, dass die Präsenz der Autoren diesen Mangel vergessen macht, Neugier weckt, erahnen lässt, worin die kräftigsten Reize dieser Literatur liegen mögen.

Gefragt war somit bei der Auswahl der Autoren vor allen Dingen, dass ihre Texte von ausgeprägter Eigenart sind, einen klaren Charakter haben, nicht den Allerweltstouch der gehobenen internationalen Mittelklasse. Zu beachten war natürlich auch, dass wenigstens einige Autoren dabei sind, deren Namen auch in Deutschland bereits eine gewisse Resonanz haben, taugt doch das beste Programm nichts, wenn es vor leeren Stühlen abläuft. Es ist gewiss ein außerordentlicher Glücksfall, dass zwei Poeten vom Rang eines Gellu Naum und Oskar Pastior gemeinsam eine Lesung bestreiten, wobei Pastior natürlich nicht nur als Naum-Übersetzer auftritt, sondern auch seine eigene poetische Wunderwelt im Zusammenhang mit Rumänien vorstellt. Ähnlich verhält es sich bei Franz Hodjak und Ana Blandiana, Werner Söllner und Mircea Dinescu, Ernest Wichner und Elena Ștefoi. Die Wahl der Übersetzer war also eindeutig vorentschieden. Auch im Falle der nicht selbst dichtenden Übersetzer übrigens, denn auch diese haben sich ihre Autoren in der Regel selbst ausgesucht. Georg Aescht stellt Alexandru Vona und Alexandru Papilian vor, ich selbst Mircea Cărtărescu und Nora Iuga, außerdem Ștefan Agopian, dessen *Lehrbuch der Geschehnisse* ich zwecks Übersetzung bereits in dem Koffer hatte, mit dem ich 1986 nach Deutschland gekommen bin. Vielleicht bringt mich die Messe nun endlich dazu, meinen Vorsatz zu verwirklichen.

Der deutschen Literatur, die im Laufe von mehreren Jahrhunderten auf dem Territorium des heutigen Rumäniens geschrieben, verbreitet und gelesen worden ist, widmen die Leipziger Veranstalter eine eigene Ausstellung. Deutsche Schriftsteller, die in Rumänien geboren wurden, dort einen Teil ihres Lebens verbrachten und jetzt bis auf wenige Ausnahmen in der Bundesrepublik Deutschland sind, werden als Autoren oder Übersetzer ebenfalls dabei sein. Inwiefern wird die Chance genutzt, der literarischen Öffentlichkeit diese Autoren sowohl als deutsche Schriftsteller von eigenartiger südöstlicher Prägung als auch als bedeutsame und konstante Vermittler rumänischer Literatur im deutschen Sprachraum zu präsentieren?

Außer den genannten Lesungen mit deutsch/rumänischer Besetzung wird es rund um die von dir erwähnte Ausstellung, die übrigens höchst interessant zu werden verspricht, noch ein Podiumsgespräch speziell zur rumäniendeutschen Literatur geben sowie im weiteren Umkreis dieser Problematik eine Debatte zu den Minderheitenkulturen in Rumänien allgemein. Oskar Pastior, Franz Hodjak und Werner Söllner werden zudem in einer Veranstaltung des „Kulturkreises der deutschen Wirtschaft im Bund der Deutschen Industrie" als Preisträger dieses Kreises eine gemeinsame Lesung bestreiten, und auch der toten aus Rumänien stammenden Preisträger wird gedacht werden: Paul Celan und Rose Ausländer stehen im Mittelpunkt einer gesonderten Veranstaltung.

Deine Berufung in das Leipziger Organisationsgremium hängt nicht zuletzt mit dem Ruf zusammen, den du als Kenner sowohl der rumänischen als auch der rumäniendeutschen Literatur genießt. Zu rumänischen Literaten hattest du besonders in deiner Bukarester Zeit ein gutes Verhältnis, du kanntest viele Schriftsteller und Kritiker, du warst mit deren Veröffentlichungen vertraut und hast dich schon damals auch als Übersetzer betätigt. Auch nach deiner Übersiedlung in die Bundesrepublik Deutschland (1986) sind einige wichtige Werke dieser Literatur ins Deutsche von dir übertragen worden, in Essays und Kritiken hast du für die rumänische Literatur und Kultur geworben. Doch mit allzu großem Interesse ist die deutsche Leserschaft dieser südosteuropäischen Literatur nicht begegnet. Worauf lässt sich diese mangelnde Rezeptionsbereitschaft zurückführen? Könnte es sein, dass die rumänischen Bücher, die in den letzten Jahren als Übersetzungen auf den deutschen Büchermarkt kamen, hierin eine Wende einleiten?

Die Frage nach den Ursachen, die das Interesse für einzelne Kulturen unterschiedlich ausfallen lassen, beschäftigt mich in der Tat seit langem und ist in wenigen Sätzen nicht zu klären, ohne in Gemeinplätzen zu stranden. Es geht dabei ja auch um den komplexen Sachverhalt der relativen Nähe oder Fremdheit von Kulturen. Trotzdem möchte ich hier ein paar Feststellungen und vielleicht auch einige Hypothesen zu formulieren versuchen.

Klar ist (für mich) zunächst: Der Widerhall, den ein fremdes Kunstwerk findet, ist nicht unabhängig von der Beziehung dessen, der es betrachtet/liest/genießt, zum Schöpfer des Werkes und zu der Welt, der dieser entstammt. Diese Beziehung hat eine ausgeprägt erotische, sprich nichtrationalisierbare Komponente. Doch sofern eine eindeutig festzustellende Zuneigung dem britischen Humor, der österreichischen Morbidität, dem französischen Esprit oder schlicht der albanischen Poesie gilt, ist dies sehr wahrscheinlich jeweils an Voraussetzungen gebunden, die man im Einzelnen u. U. analysieren kann. Nur: so eindeutig feststellbar ist es eben selten.

Eine andere Denkbarkeit ergibt sich aus der banalen Beobachtung, dass die Neugier der Menschen – und die damit verbundene Phantasie – im Grunde erstaunlich gering ist, dass ihr Interesse für Dinge, die sie nicht unmittelbar betreffen oder ihr Selbstgefühl nicht in befriedigender Weise bestärken bzw. herausfordern, sehr rasch wieder erlischt – so es denn überhaupt erwachte. Daran ist in der Tat nichts Skandalöses, auch dies ist banal, man „muss damit leben", und der Literaturvermittler bzw. Übersetzer leitet daraus die nüchterne Regel ab, dass er sich auf Balanceakte zwischen Vertrautem und Exotischem zu spezialisieren hat: schon bei der Entscheidung für das Werk, das er übersetzen möchte, und ebenso bei der Wahl der sprachlichen Mittel, die er in der Zielsprache einsetzt. (Ich kenne die schönen, romantischen Theorien, die von der Übersetzung fordern, das Unvertraute nicht in Vertrautes umzufälschen, zumindest aber das „Echo des Originals" zu erwecken. In der Alltagspraxis läuft man damit schnell auf, denn: Der Markt fordert etwas anderes).

Spannend, finde ich, wird die Frage erst dort wieder, wo die Selbstbezüglichkeit des Konsumbereichs trotz allem durchbrochen ist, wo nicht mehr die Gesetze des Marktes regieren, sondern die viel tiefer reichenden hierarchischen Ordnungsmuster der Wertschätzung. Das klingt gewiss etwas seltsam, wenn ich das so sage, und nicht von ungefähr – handelt es sich doch tatsächlich um so etwas wie eine Probe aufs Exempel für das vorhin erwähnte „Echo": das Original, von dem es ausgeht, findet sich, wie du dir denken kannst, im östlich/südöstlichen Europa, wo die Gesellschaften in anderer Weise von autoritären

Strukturen durchsetzt sind als hier im Westen (feiner dispergiert, homogener verteilt und dichter, wie mir scheint); jenseits von kultureller Nähe oder Ferne waltet jedenfalls ein Kanon, der den so genannten „großen" Kulturen einen sakrosankt wirkenden Vorrang einräumt, eine Autorität, deren Zustandekommen im Einzelnen konkret zu untersuchen wäre und deren Kehrseite eine mitunter geradezu krankhaft anmutende Selbstverachtung der „kleinen" Kulturen ist. Ich denke an Emil Ciorans frühe Leiden an Rumänien, oder an des jungen Eugen Ionesco verzweifelt-wütende Schimpftirade: „Ich mache Sie und Ihre historischen Umstände [...] verantwortlich für all meine Mängel, den Mangel an Intelligenz, an Bildung, an geistigem Erleben, an Genialität." Wieso sollte da überhaupt, mag man sich fragen, der Teilhaber einer „großen" Sprache und Kultur mit derselben Neugier auf die „kleinen" zugehen, mit der umgekehrt der frustgezeichnete Vertreter der Letzteren auf die Segnungen der „großen" blickt? Zum Glück nimmt sich das alles heute in der fast schon globalen Postmoderne nicht mehr ganz so krampfig aus, obwohl ich nicht glaube, dass das Problem wirklich entschärft ist. Vielmehr sehe ich die Gefahr, dass ein neuartiger Kulturkolonialismus ohne Kultur die (charakter- und wirtschafts) schwächsten Glieder in der Kette letztlich stillschweigend wegfrisst, durchaus als gegeben an.

Was Rumänien betrifft, wird es seine gewiss beachtlichen Ressourcen sehr umsichtig und intensiv nutzen müssen, um die verschlafenen Chancen rasch wettzumachen und die nötige „Spielstärke" zu erlangen, die den Erfolg ermöglicht (aber nicht sichert). Ich denke schon, dass die Beachtung, die zuletzt Cărtărescus *Nostalgia* zuteil wurde, als positives Zeichen zu werten ist, und dass die Leipziger Buchmesse die Bereitschaft, künftig etwas aufmerksamer und erwartungsvoller in diesen so finster anmutenden Winkel Europas zu blicken, etwas erhöhen wird.

Mehr als anderthalb Jahrzehnte gehörte die kritische und fördernde Auseinandersetzung mit der rumäniendeutschen Gegenwartsliteratur zu deiner Hauptbeschäftigung, und dies nicht nur von Berufs wegen. Du hast den historischen Verlauf dieser Literatur im 20. Jahrhundert anhand repräsentativer Schriftsteller verfolgt, ihr seit 1968 durch deine Kritiken und Essays auch richtungsweisende Entwicklungsimpulse zu geben versucht. Mit der Aussiedlung der Autoren und dem Zusammenbruch des rumäniendeutschen Literaturbetriebs ist die fördernd-anregende Funktion der Kritik obsolet geworden. Bleibt da einem Kritiker, der sich bis dahin gern auch als Anstöße vermittelnder Theoretiker dieser Literatur verstand, da notgedrungen der Ausweg in die literaturhistorische Retrospektive?

Was unsre rumäniendeutschen Suppentöpfe anbelangt, habe ich gerade mit der literaturhistorischen Retrospektive das Problem, dass ich nicht weiß, wer die aufgewärmte Suppe auslöffeln soll. Natürlich bin ich als rumäniendeutscher Kritiker funktionslos geworden, natürlich kann ich auch nicht ohne weiteres umsteigen ins deutsche Feuilleton. „Fördernd-anregend" allerdings möchte ich schon gerne bleiben. Meine Chance dazu sehe ich nach wie vor darin, dass ich mein Osteuropäertum ein bisschen „theoretisiere" – meine biografisch bedingte abweichende Sicht auf verschiedene Dinge muss als kritischer Standpunkt ja erst legitimiert werden –, und sodann unbedingt ein bisschen auch darin, dass ich durch die Zeitschrift und einzelne damit verbundene Veranstaltungsaktivitäten Begegnungen vermittle, die anders möglicherweise gar nicht zustande kämen oder in ihrer Tragweite unerkannt blieben. Die „Zeitschrift für Querverbindungen", wie die *Neue Literatur* jetzt im Untertitel heißt, ist als Projekt noch längst nicht zu voller Entfaltung gelangt und hoffentlich auch finanziell noch über einige Zeit immer wieder von Neuem zu retten. Die Frage ist natürlich, wer sich davon anregen lässt. Ich selbst habe weder im engeren Sinn pädagogische noch generell aufklärerische oder Weltverbessererambitionen, auch möchte ich niemand zu einer bestimmten Sicht „bekehren", höchstens nachdenklich machen, indem ich gewissermaßen den kulturrelativistischen Advocatus diaboli spiele.

In deiner kleinen Bukarester Wohnung in der Dinicu-Golescu-Straße reichten sich die Literaten regelrecht die Klinke in die Hand. Hierbei wurden nicht allein die Texte der Autoren Zeile für Zeile durchdiskutiert, sondern oft auch kulturpolitische Strategien entwickelt. Würdest du heute diese Gespräche auch als Beiträge zur Entstehung einer Gegenöffentlichkeit einschätzen, in denen ein Literaturkonzept entwickelt wurde, das sich von dem offiziell geforderten und geförderten unterschied? Wie verhielt sich die Securitate zu diesen Begegnungen, die von ihnen wohl Kenntnis gehabt haben dürfte?

Die Begegnungen in der Bukarester Wohnung waren, wenngleich sicherlich von überdurchschnittlicher Frequenz und Dichte, nicht öffentlich, sondern privat. Was letztlich daraus entstanden ist, weiß ich nicht so genau, aber eine Gegenöffentlichkeit wohl kaum. Diesbezüglich waren die so genannten Literaturkreise weitaus effizienter, auch Unterrichtsklassen konnten gegebenenfalls zu kleinen öffentlichen Einheiten werden; nicht zufällig hat die Temeswarer Securitate auf Schullesungen der „Aktionsgruppen"-Mitglieder besonders nervös reagiert. Mich und meine Besucher mag man bespitzelt haben, doch bis Anfang der 1980er Jahre war mir das eigentlich kein Problem. Ich bin nie vorgeladen oder sonst wie gezielt eingeschüchtert worden, ich nehme an, der Staat sah keine akute Gefahr in mir. Doch solange ich nicht in der Akte nachlesen kann, wie unsere Intellektuellengespräche von den Hütern der rechten Ordnung aufgenommen wurden, will ich nicht spekulieren, man macht sich da ja so gern etwas vor. Ich habe die Securitate jedenfalls nur in Temeswar im Zusammenhang mit den Aktivitäten der „Aktionsgruppe" als solche erlebt und bei der „Arbeit" beobachten können; das war Oktober 1975 in der dramatischen Episode unserer einwöchigen U-Haft, als man William Totok, Richard Wagner, Gerhard Ortinau und mir einen illegalen Grenzübertrittsversuch anhängen wollte. Ansonsten hat sich mir kein Mitarbeiter der Lauschbehörde je ausdrücklich zu erkennen gegeben. Vielleicht war dieser Behörde die Offenheit unsres Bukarester Hauses und die Offenheit auch unserer Gespräche ja ausgesprochen willkommen, vielleicht hat sie mit unserer unfreiwilligen Hilfe ein paar Spitzel eingespart. Wir waren alles in allem ja brave Staatsbürger, und die Wachsamkeit der Staatssicherer galt, meiner Erkenntnis nach – zumindest in den 70er Jahren – weit weniger den ideologischen Abweichungen als den Unbotmäßigkeiten und Auffälligkeiten gestörten Untertanenverhaltens. Hätten wir unsere theoretischen Auseinandersetzungen und scharfsinnigen Situationsanalysen tatsächlich in die Öffentlichkeit zu tragen versucht, wäre die Reaktion des „Schlosses" garantiert viel deutlicher ausgefallen.

Denn im Grunde war die Rolle, in der ich mich rückblickend sehe, merkwürdig genug, sofern ihre Staatsfeindlichkeit oder -freundlichkeit zur Debatte steht (und sofern ich mich nun doch dazu verleiten lasse, mein eigenes Tun durch die Brille eines präsumtiven Spitzels zu betrachten): Oft genug ging es mir darum, dass wir uns viel zu leicht mit de *Negation*, dem billigen „So nicht!" zufrieden gaben, statt eine fundierte, durchartikulierte politische Position zu beziehen, statt uns darüber klar zu werden, wie die Verhältnisse, die wir befürworten könnten, begründet zu sein hätten. Es irritierte mich immer wieder zutiefst, dass das ganze Opponieren so gut wie ausschließlich auf der emotionalen Ebene ablief. Mir war irgendwann beim Lesen der *Zeit*, der *Frankfurter Allgemeinen*, des *Spiegel* mit Erschrecken aufgegangen, dass ich, plötzlich in die „Freie Welt" versetzt, außerstande wäre, mich einer politischen Partei zuzuordnen; und je angestrengter ich versuchte, mir einen klaren Standpunkt zu erarbeiten, desto schärfer musste ich erkennen, dass mir dazu so gut wie jede Voraussetzung fehlte. Ich hatte zwar einige Texte der Frankfurter Schule gelesen, andererseits auch bei Arnold Gehlen einige für mich sehr wichtige Entdeckungen gemacht; doch verhalf mir solche Lektüre ebenso wenig zu praktischer politischer Orientierung wie etwa des guten alten Max Stirner *Einzelner und sein Eigentum*. Die sehr vage Antwort auf die sehr theoretische Frage, was für eine Partei ich wählen/gründen würde, wenn ... lautete: eine linke, eine liberale, eine linksliberale. Und das hat bei dem präsumtiven Spitzel in meiner Wohnung sicher nicht gleich die Alarmglocken ausgelöst. Zumal er garantiert gewusst hat, dass für meine rumänischen Freunde keine Ansteckungsgefahr bestand, sie reagierten auf alles Linke ausgesprochen allergisch. Schlimmer fand ich jedoch, dass sie alles, was mit soziologischen Fakten und Denkmustern zu tun hatte, ebenso anrüchig fanden und einfach „links" liegen ließen.

Als maßgeblicher und meinungsbildender Redakteur der Bukarester Zeitschrift Neue Literatur, *der wohl renommiertesten deutschen Literaturzeitschrift außerhalb des geschlossenen deutschen Sprachgebiets, hast du dich nachhaltig und erfolgreich für die Verbreitung eines thematisch vielseitigen und ästhetisch niveauvollen Literaturangebots eingesetzt. Die Zeitschrift veröffentlichte auch in jenen Jahren, als der ideologische Druck das literarische Leben der deutschen Minderheit zu ersticken drohte, neben belanglosen und freilich nicht selten Zustimmung simulierenden Beiträgen immer wieder auch sozialkritische Texte. Wie war es möglich, das so grundverschiedene Textmuster oft nebeneinander stehen konnten?*

Dass dies möglich war, ist erst einmal eine Tatsache, und sie muss hier sicher vor allem deshalb erklärt werden, weil die gängigen Epochenbilder mit Despotenpaar den Gedanken, es könnte im Rumänien jener Zeit überhaupt etwas Lesbares gedruckt worden sein, gar nicht erst aufkommen lassen. Wenn ich nun aber sage, dass die Zeiten widersprüchlicher und die Verhältnisse komplizierter waren, soll das andererseits nicht suggerieren, es wären ganz normal und selbstverständlich immer wieder auch kritische Stimmen laut geworden. Nein, es war nicht die Regel, dass die Presse sich solchen Stimmen zur Verfügung stellte, wie es auch keineswegs zur Normalität gehörte, dass subversive Autoren, Dissidenten, anarchisch-geniale Dichterrebellen den Redaktionen die Tür einrannten. Doch ab und zu kam ein Text herein, der konsequenter als andere einer persönlichen Wahrnehmung folgte, sich kraftvoller und inspirierter gegen die Zumutungen der Gehirnspüler sperrte – klar, dass wir ihm den Vorzug vor gedrechselten Versen und mühsam auf modern polierten Stories gaben, doch ob er letztlich erschien, hing natürlich auch noch vom Zensor ab. Ich meine: Es war nicht so sehr die politisch „gewagte" Botschaft eines einzelnen Textes, um die unser Engagement in erster Linie ging, sondern die Diskreditierung von Verlogenheit, Verquastheit und Schwulst ganz allgemein. Wir waren ein großartiges, gut aufeinander abgestimmtes Team, das gegen die Betonköpfe fast hundertprozentig zusammenhielt, doch die Qualität der Texte, die uns die Autoren lieferten, konnten wir nur sehr bedingt beeinflussen. Die große revolutionäre Ruhmestat bleibt auch in dieser Beziehung die Redakteursexpedition (mit Paul Schuster an der Spitze, Helga Reiter, Anemone Latzina und mir) im Herbst des Jahres 1970 in die damals sieben Banater Lyzeen mit deutscher Unterrichtssprache: Dort sangen wir einer neuen Autorengeneration das Lied vom aufrechten Gang an der Wiege, und siehe da, es wurde erhört: Rolf Bossert, Richard Wagner, Gerhard Ortinau, Herta Müller und noch ein paar mehr waren bald unsere entschiedensten Mitstreiter gegen Verlogenheit, Verquastheit und Schwulst in der rumäniendeutschen Literatur. Die Zensur aber forderte in den späten 1970er und erst recht in den 1980er Jahren immer gebieterischer das Gegenteil. Es würde zu weit führen, wollte ich den ungleichen Kampf mit wechselndem Ausgang hier eingehend beschreiben. Die Redaktion gab jedenfalls nicht klein bei, und das ist zumindest die Hälfte der Erklärung dafür, dass immer wieder auch Texte in der Zeitschrift zu lesen waren, deren Erscheinen sensationell, unglaublich wirkte.

Dein Leben als Literaturkritiker war mit der Neuen Literatur *zweifellos sehr eng verbunden. Sogleich nach der Wende in Ost- und Südosteuropa unternahmst du einen zunächst vielversprechenden Versuch, von Deutschland aus das durch die Auswanderung stark gefährdete Unternehmen weiterhin am Leben zu unterhalten. Wer die insgesamt vierzehn Hefte der neuen Folge durchgeht, stellt fest, dass sich die thematische Spannweite und vor allem Orientierung der „Zeitschrift für Querverbindungen" deutlich von der „Zeitschrift des Rumänischen Schriftstellerverbandes" abhebt. Könnte die vielleicht doch zu weit gefasste, und damit nicht präzise zu erfassende Zielgruppe mit ein Grund sein, dass die* Neue Literatur *ihr Erscheinen einstellen musste?*

Die *Neue Literatur* ist nicht eingegangen, sondern hat anderthalb Jahre geruht. Sie macht zunächst mit einem Rumänienheft weiter und wird danach, so hoffe ich, noch eine Weile mit neuem Schwung den alten Bahnen folgen. Ihre Schwierigkeiten mit der Zielgruppe kann ich nicht ohne weiteres als den Grund für ihre Finanzierungsschwierigkeiten erkennen. Bei einer Literaturzeitschrift lässt sich die Zielgruppe, glaube ich, generell nicht so genau eingrenzen, dass man mit halbwegs gesicherten Abonnentenzahlen rechnen könnte. Und ob der Verkaufserfolg im Falle der Beibehaltung des alten, auf rumäniendeutsche Leserschaft orientierten Konzepts wirklich größer gewesen wäre, und zwar auf Dauer größer, und in einem Ausmaß, das ihr die wirtschaftliche Eigenständigkeit ermöglicht hätte, das ist doch sehr zu bezweifeln.

Zeitungsberichten zufolge soll in Rumänien trotz der Aussiedlung des überwiegenden Teiles der rumäniendeutschen Schriftsteller weiterhin ein zwar bescheidenes, aber dennoch lebens- und entwicklungsfähiges literarisches Leben in deutscher Sprache existieren. An einigen Treffen der Literaturkreise in Bukarest, Temeswar und Kronstadt hast du teilgenommen, wohl auch in der Absicht, Mitarbeiter für die Neue Literatur *anzuwerben. Welche Chancen räumst du diesen und ähnlichen Versuchen ein?*

Ich habe im Gedenken an meine viel zu früh verstorbene Kollegin, die Dichterin Anemone Latzina, ein Jahr nach ihrem Tod den ehemals in Bukarest tagenden „Literaturkreis der Neuen Literatur" wiederzubeleben versucht und ließ sämtliche „jungen Hoffnungen", von denen ich Kunde bekommen hatte, durch die „Stiftung zur Förderung der deutschen Literatur in Rumänien" nach Kronstadt einladen; eine kleine Gedenkstunde für Anemone sollte auch die Geburtsstunde des nun nach ihr benannten Zirkels sein. Die Sache ließ sich nicht schlecht an, es versammelten sich rund zwei Dutzend potenzielle Autoren und Freunde der Literatur, und ich war gespannt, wie es weitergehen würde. Die Texte, die ich in der Folge aus Rumänien zugeschickt bekam, gaben meinem Enthusiasmus zwar den ersten Dämpfer, doch ich ermahnte mich zur Geduld. Wichtig schien mir, dass es wieder eine Einrichtung gab, in der die tastenden Versuche der Anfänger den Reaktionen einer vergleichsweise qualifizierten kritischen Öffentlichkeit ausgesetzt wurden, und die Schreibenden unter einander Kenntnis nahmen von ihrem Wollen und ihrem Tun. Sobald sie ein gewisses Niveau erreicht hatten, sollten sie in der *Neuen Literatur* dann einem breiteren Publikum vorgestellt werden. Soweit der Plan, den ich heute noch gut finde, obwohl er letztlich nicht funktioniert hat. Dass er scheiterte, lag weit mehr an einigen wenig günstigen äußeren Umständen als am Desinteresse oder mangelnder Literaturbegeisterung bei der schreibenden Jugend.

Was ich an Texten einsehen konnte, dokumentierte zwar eindrucksvoll den bekannten Tatbestand der weggebrochenen Sprachgemeinschaft, so dass neben steifer, ängstlicher Beachtung der sprachlich-poetischen Ausdruckskonventionen wahrhaft anarchische, jegliche Norm verachtende Souveränität das Bild prägten, doch grundsätzlich ist diese Ausgangssituation nicht von vornherein hoffnungslos. Wenn ich trotzdem heute skeptischer bin als vor ein paar Jahren, so liegt der Grund dafür eher in der überall im Osten zu beobachtenden Entwicklung, dass mit dem politisch-wirtschaftlich-sozialen Umbruch auch die Literatur völlig destabilisiert wird und ihren Ort in der Gesellschaft neu bestimmen muss. Ich glaube, ich war etwas voreilig, habe die Trommel zu früh gerührt und verhalte mich jetzt erstmal eine Zeitlang abwartend.

So mancher Terminus, der zur Beschreibung der existenziellen, soziohistorischen und sprachlichen Situation der rumäniendeutschen wie allgemein der Literaturen außerhalb des geschlossenen deutschen Sprachraumes verwendet wird, ist von dir geprägt worden. Lange Zeit hatten die „Bedingtheiten" Konjunktur, nun scheint sich das Begriffspaar „Rand" und „Mitte" durchzusetzen. Könnte es sein, dass der „Cheftheoretiker der neueren rumäniendeutschen Literatur", wie dich dein Zunftkollege Peter Motzan bezeichnete, zur Zeit über neue griffige Formulierungen im Zusammenhang mit einer Literatur sinniert, die es eigentlich nicht mehr gibt?

Meine „Theorie" von der Rand-Mitte-Dynamik bezieht sich auf die deutsche Literatur insgesamt, ist von mir aber noch gar nicht konsequent ausformuliert worden. Vielleicht ist das Begriffspaar gerade deshalb vergleichsweise schnell und oft aufgenommen worden, jeder bastelte im Grunde seine eigene „Theorie" damit. Wesentlich ist, dass beides kulturräumlich gedacht und lediglich als Projektion des wechselseitig anderen bestimmt wird, also keineswegs etwa an Hans Sedlmayrs *Verlust der Mitte* anknüpft. Ich möchte, so ich noch dazukomme, diesen Problemkomplex zu bearbeiten, das „Randphänomen", um mit Oskar Pastior zu sprechen, auch noch am Beispiel Balkanländer als ungemein vielfarbige, reizvoll eigenartige Struktur beschreiben, die immerzu auf der Suche nach dem „Zentrum" ist, das ihr das Rückgrat stärkt.

Auch die Literatur aber, die es nicht mehr gibt, macht, wie wir wissen, sehr wohl weiter, die neueste für den interessierten Beobachter aufregende Nachricht kam aus Berlin: Gerhard Ortinau ist unter die Dramatiker gegangen, und sein im November/Dezember-Heft von *Theater der Zeit* abgedrucktes Stück *Käfer* ist vom Stoff her *nicht* rumäniendeutsch, sondern der deutschen Geschichte verpflichtet, wie schon die Erzählung über den SS-Hauptsturmführer Dr. Weber, die 1992 in der ersten Nummer der neuen Folge unserer Zeitschrift stand. Natürlich interessiert mich, was da literarisch geschieht, wenn ein Autor, der als junger Mensch vom „Rand" ins „Zentrum" umzog, vom Minderheitenautor zum Mehrheitsautor mutiert. Ich verfolge aufmerksam alles, was mit der rumäniendeutschen Literatur zusammenhängt, in Rumänien wie auch hier in Deutschland, lese zwischendurch auch mal die Älteren wieder (Erwin Wittstocks Erzählungen beispielsweise, die mich jedes Mal in ihren Bann ziehen), und frage mich, wie der lebendige Zusammenhang zwischen der abgebrochenen Vergangenheit, der dispersen Gegenwart und der ungewissen Zukunft wiederhergestellt werden könnte.

In einer unlängst im Böhlau-Verlag erschienenen literarhistorischen Darstellung der deutschen Literaturen Siebenbürgens, des Banates und des Buchenlandes (1848–1918) behauptet der Verfasser Dieter Kessler, „die aus Rumänien ausgewanderten Philologen vermochten sich bis heute nicht aus den Mustern der in Rumänien gepflegten Germanistik zu lösen – wobei ein ‚wertfreier' Positivismus, garniert mit den dem erwünschten Selbstbild folgenden Wertungen sowie den politisch gebotenen Floskeln, im kommunistischen Rumänien gewiss die entscheidende, weil einzig mögliche Nische einer ‚Germanistik' bot". Gab es tatsächlich nur diese Nische, und würdest du diese Pauschaleinschätzung auch in deinem Fall gelten lassen?

Dieter Kessler beschreibt die Nischenexistenz der „Germanistik" (mit Gänsefüßchen) in Rumänien nicht schlecht, finde ich; seine wie gewohnt etwas überdeutlichen kritischen Worte treffen gewiss einen wesentlichen Teil dessen, was sich in der Zeit, die er dort erlebt hat, an den Hochschulen wissenschaftlich gespreizt hat. Die Frage indes, ob eine Germanistik (ohne Gänsefüßchen) in dem Sinne, in dem auch Dieter Kessler sie gut fände, in Rumänien überhaupt möglich war, und wo sie nach der Auswanderung nach Deutschland gegebenenfalls weitermacht, kann nicht mit solch pauschalem Gestus beantwortet werden. Sicher haben wir alle ein gewisses Nachholbedürfnis, nur betrifft es in der Regel gar nicht so sehr die methodologische Seite des Berufs als vielmehr das allgemeine Funktionsverständnis und die akademische Integration. Ich selbst als alter Grenzüberschreiter habe allerdings zurzeit ganz andere Sorgen.

Deine kritischen Beiträge, die sich nur in selteneren Fällen durch übergroße Länge auszeichnen, liegen verstreut in Zeitschriften, Zeitungen und Sammelbänden, was nicht nur den Umgang mit ihnen erschwert, sondern gelegentlich auch nicht gerade wohlwollende Äußerungen aufkommen lässt, du wärest bei all deinen Verdiensten, eigentlich ein Kritiker ohne Werk. Hast du schon die Möglichkeit ins Auge gefasst, deine längeren Beiträge als Sammelband herauszugeben, oder gar in nächster Zukunft mit einer umfangreichen abgerundeten Veröffentlichung aufzuwarten?

Nichts ist abgerundet, das „Werk" an allen Flanken offen und in vollem Gange. Ich hoffe, dies kann noch eine Weile so bleiben.

1/1998

„AM RAND DER MITTE"

Peter Motzan

Am 7. Juli 1946 im siebenbürgischen Hermannstadt geboren, ging Peter Motzan nach dem Besuch der deutschen Grund- und Volksschule sowie des Gymnasiums in seiner Geburtsstadt 1965 nach Klausenburg, wo er bis 1970 Germanistik und Rumänistik studierte und danach aufgrund vorzüglicher Leistungen als Universitätsassistent am Lehrstuhl für Anglistik und Germanistik – im Bereich Neuere deutsche Literaturwissenschaft – der Babeş-Bolyai-Universität tätig war. Bereits während des Studiums leitete er den Literaturkreis der Germanistikstudenten und war Redakteur der Universitätszeitschrift *Echinox*, deren deutschsprachigen Teil er bis 1972 betreute.
Peter Motzan machte sich in den 1970er Jahren mit Rezensionen und Aufsätzen zur deutschen, rumäniendeutschen und rumänischen Gegenwartsliteratur einen Namen. 1980 promovierte er an der Universität Bukarest mit der Arbeit *Die rumäniendeutsche Lyrik nach 1944. Problemaufriss und historischer Überblick*, die in gekürzter Fassung im selben Jahr im Klausenburger Dacia Verlag erschien, zum Dr. phil.; außerdem wirkte er auch als Übersetzer aus dem Rumänischen und als Herausgeber mehrerer Anthologien rumäniendeutscher Lyrik und Prosa.
Nach seiner Ausreise in die Bundesrepublik Deutschland (1990) war Motzan zunächst Gastprofessor an der Marburger Universität und seit 1992 Wissenschaftlicher Mitarbeiter des Südostdeutschen Kulturwerks, des Vorgängervereins des Instituts für deutsche Kultur und Geschichte Südosteuropas an der Ludwig-Maximilians-Universität München, dessen stellvertretender Direktor er bis zum Übertritt ins Rentenalter (2011) war.
Seine Forschungstätigkeit konnte er in diesem Rahmen fortsetzen und ausweiten – als Verfasser grundlegender Studien sowie als Herausgeber von Tagungsbänden und Autoreneditionen. Motzan, der 2003 mit einer Ehrenprofessur der Klausenburger Universität ausgezeichnet worden ist und 2011 den Siebenbürgisch-Sächsischen Kulturpreis erhielt, hat von 2001 bis 2011 Lehrveranstaltungen im Fachbereich neuere deutsche und rumänische Literaturwissenschaft an der Ludwig-Maximilians-Universität München und an südosteuropäischen Universitäten angeboten.
Im Verlag Friedrich Pustet wird sein Band *Die Szenerien des Randes. Dreizehn Aufsätze zur deutsch(sprachig)en Literatur in und aus Ostmittel- und Südosteuropa* erscheinen.

PETER MOTZAN

Im Vorfeld zu deinem 60. Geburtstag haben achtzehn Schriftsteller und Literaturwissenschaftler aus fünf Ländern, ältere und jüngere, die mit dir befreundet bzw. beruflich mit dir verbunden sind, in dem neuesten Heft der Zeitschrift der Germanisten Rumäniens deine Person und deinen Beitrag zur Erforschung der deutschen Literatur im südöstlichen Mitteleuropa in meist kurzen, oft sehr persönlichen Grußworten gewürdigt. Als du von den Plänen erfuhrst, dir eine Festschrift zu diesem Anlass zu widmen, hast du dich dagegen gewehrt und den Initiatoren eine Abfuhr erteilt, so dass das Vorhaben gestoppt und auf einen späteren Zeitpunkt verlegt werden musste. Auch warst du bislang nie bereit, mit mir ein Gespräch über deinen beruflichen Werdegang, deine Rolle im rumäniendeutschen Literaturbetrieb oder über deine Aktivitäten nach der Aussiedlung zu führen.

„Abfuhr" ist sicherlich eine zu ‚scharfschnittige' Vokabel für meine Bitte, von dem Vorhaben abzusehen. Die Verweigerung zeugt, das sage ich in aller Unbescheidenheit, von ‚mentaler' Integration in das Land meiner Muttersprache, obwohl ich beruflich eigentlich auch hier in eine Position des Dazwischen geglitten bin: Als Inlandsgermanist mit deutschem Pass kommentiere, ediere und lehre ich, so gut ich's eben kann, vorrangig deutsche Literatur in und aus Ostmittel- und Südosteuropa, wo auch die meisten unserer Kooperationspartner wirken und forschen. Nun ist es in Deutschland durchaus unüblich, dass einem Wissenschaftlichen Mitarbeiter eines kleinen (oder auch größeren) Instituts, einem ‚Insassen' des akademischen Mittelbaus, eine Festschrift gewidmet wird. Weitaus produktiveren und verdienstvolleren deutschen Literaturwissenschaftlern als mir wurde diese Ehre nicht zuteil, warum also hätte mir eine solche widerfahren sollen?

Wir kennen uns, lieber Stefan, seit rund vier Jahrzehnten, und für mich zumindest war's eine irrwitzige ‚Schicksalsfügung', die ich mir selbst in meinen kühnsten Träumen nicht ausgemalt habe, dass wir gleichermaßen Seit' an Seit' und jeder in seinen Gefilden in München das fortführen können, was wir im kommunistischen Rumänien unter ungleich ungünstigeren Bedingungen, aber oft in maßloser Selbstüberschätzung unserer Bedeutung betrieben haben. Der Weg führte, um ein Wort Richard Wagners, abzuwandeln, von der Mitte des Randes an den Rand der Mitte. Er führte aus einer Sondersituation – der des mutter-, des inselsprachlich geprägten Auslandsgermanisten, der an einer rumänischen Universität neuere deutsche Literatur lehrte, aber bis in die 1980er Jahre zu etwa 75% Absolventen deutschsprachiger Gymnasien unterrichtete – in den binnendeutschen Sprachraum. Dabei profitierten wir, wie die etwa gleichaltrigen Autoren unseres Herkunftsraumes auf anderer Erfolgsebene, in den frühen 1990er Jahren von einer überaus günstigen Konjunktur: 1991 wurden gleich zwei Stellen für Wissenschaftliche Mitarbeiter im Fachbereich Germanistik vom „Südostdeutschen Kulturwerk" ausgeschrieben! Seit nunmehr fast 15 Jahren tauschen wir uns in unmittelbarer Büro-Nachbarschaft und meist auf der gleichen Wellenlänge fachlich aus, und die kleine überschaubare Szene, auf der wir als Akteure mitwirken, hat uns auch vielerlei Anlässe für Heiterkeit, die vor uns selbst nicht halt machte, beschert. In einem anhand schriftlich übermittelter Fragen geführten Gespräch wird die Spontaneität zwangsläufig gedrosselt, schlüpfen wir in Rollen, die wir in einem Duett *coram publico* noch nicht erprobt haben. Es bereitete mir, ungelogen, Schwierigkeiten, mich auf diese inszenierte Form eines Dialogs einzustellen. Um mich nicht des Vorwurfs der Arroganz auszusetzen, wo doch ganz andere Beweggründe sich diesem Interview entgegenstellten, habe ich mich auf dein Drängen und das anderer Beobachter der kulturellen Landschaft, aus der ich herkomme, bereit erklärt, in dies Rollenspiel einzuwilligen und die Gelegenheit zu nutzen, in meiner wenig abenteuerlichen Lebensgeschichte zu blättern – aber erst zu einem Zeitpunkt, in dem das Ende – in des Wortes mehrfacher Semantik – heranrückt.

Den Erzählungen deiner Hermannstädter Schulkameraden und Freunde nach zu urteilen, hast du in deiner Geburtsstadt trotz des kommunistischen Regimes, von dem deine Familie auch betroffen wurde, eine recht sorgenfreie Jugend verbracht. Erinnerungen an tolle Streiche und unvergessliche Partys scheinen mit zunehmendem Alter sich deiner intensiver zu bemächtigen.

Dass mich die Erinnerung derzeit recht häufig in meine pubertären und postpubertären Erlebnisse zurückkatapultiert, hängt wohl auch damit zusammen, dass 2004 in einem fränkischen Ort mit dem wohlklingenden Namen „Kühedorf" unser 40-jähriges Abituriententreffen stattfand – sowohl der „Human-" (neusprachliche Ausrichtung) als auch der „Realklasse" (naturwissenschaftliches Profil) – und ich auch mit Ex-Kollegen/innen zusammenkam, die mir für viele Jahre lang aus dem Blickfeld, aber niemals gänzlich aus dem Sinn geglitten waren. Die gymnasiale Ausbildung war offensichtlich in Rumänien nicht die schlechteste. Etwa zwei Drittel der Absolventen der deutschsprachigen „Realklasse", die 1960 an das rumänische „Gheorghe-Lazăr"-Lyzeum angegliedert worden war, haben studiert, mehr als ein Fünftel promoviert, und beruflich haben fast alle in Deutschland, Rumänien, den USA, Österreich, Italien festen Fuß gefasst. Die Wiederbegegnung nach vielen Jahren führte über das gemeinsame Einst ins zersplitterte Jetzt.

Doch gerade das, was meine Erinnerung zu neuem Leben erweckte, was sie als schillernde Fracht und als Born von nostalgischem Gelächter aufbewahrt hat, wirkt andererseits dahin, dass ich heute mit gemischten Gefühlen auf meine Gymnasiastenjahre zurückblicke, da in dieser Zeitspanne das Einzige, was mich als Kind wirklich fasziniert und interessiert hatte – Bücher, die getextete, fiktionalisierte Wirklichkeit, die des gestalteten Wortes –, an den Rand gedrängt wurde.

Unter dem Gruppenzwang wollte ich alles andere als ein Stubenhocker sein. Statt, wie bisher, Bücher erbat ich als Dreizehnjähriger Fußbälle sowie Schallplatten von Caterina Valente und Conny Francis als Geschenke, ich verbrachte als Zuschauer und mittelmäßiger Handballer viel Zeit auf Sportplätzen, übte mit Gleichaltrigen Tänze wie Cha-cha-cha und Charleston, um mich auf Partys nicht zu blamieren, ich wurde aufmüpfig und vorlaut, saß in Kaffeehäusern herum und begann zu rauchen, dem Unterricht konnte ich bis auf die Deutschstunden von Hans Wiesenmayer – als Schüler der „Realklasse" – wenig abgewinnen. Die lustigen Jahre waren andererseits vergeudete, verlorene. Von einem Germanistikstudium, das wenig Prestigewert besaß und außerdem noch als ideologisch präformiert galt, wurde mir allerseits dringend abgeraten. So begann ich mich damit abzufinden – auf Wunsch meines Vaters –, Chemie studieren zu müssen und sah schon etwas resigniert einer voraussichtlich ‚stressigen' Zukunft entgegen. Doch anlässlich einer ärztlichen Untersuchung im Februar 1964 – geprüft werden sollte unsere Militärdiensttauglichkeit – erspähte man an meiner Lunge eine Frühform von Tuberkulose. Bis zu meiner Genesung wurde ich vier Monate – glücklicherweise – in meinem Elternhaus behandelt und vergrub mich dabei in Bücher, entdeckte mit einiger Verspätung die Literatur um 1900, lernte ungezählte Rilke-Gedichte auswendig und rang meinen Eltern auch das Plazet für ein Philologiestudium ab. Da ich das Abitur erst im Herbst ablegen durfte und mir dringend empfohlen wurde, erst nach Jahresfrist das Studium aufzunehmen, blieb mir etwas Zeit, um einige wenige meiner vielen und tief klaffenden Bildungslücken zu schließen.

Während der Studienzeit an der Klausenburger Universität hast du dich mit anhaltender Leseneugier der ‚großen' deutschen und der Weltliteratur zugewandt. Wie und unter welchen Umständen fand deine Annäherung an die rumäniendeutsche Literatur statt?

Germanistik und Rumänistik studierte ich während der Zeitspanne einer relativen Liberalisierung der Bildungs- und Kulturpolitik, als sich auch in der universitären Lehre ungeahnte und unerwartete Verhaltens- und Handlungsspielräume eröffneten. Diese Lockerungen eines bis dahin arg ‚verschulten' Betriebs brachten es beispielsweise mit sich, dass die große Anzahl der Pflicht-Wochenstunden reduziert und die Anwesenheit bei den Lehrveranstaltungen kaum noch kontrolliert wurde, dass sich Methodenvielfalt in der Wissensvermittlung durchsetzte, mehr noch, dass bei den tonangebenden rumänischen Literaturprofessoren marxistisch-leninistische Darstellungs- und Bewertungsprinzipien als obsolet und unfein galten. Hochkonjunktur hatte der Strukturalismus. Auch ich verfiel einer seiner eher gemäßigten Spielarten.

Getrieben von einem großen Nachholbedürfnis, las ich als Student viel mehr, als ich verdauen und verstehen konnte. Gefallen waren die Informationsschranken, Büchersendungen aus dem westlichen Ausland gelangten ungehindert in die Bibliotheken und gelegentlich in Taschenbuchformaten sogar in die Buchhandlungen. An den politischen Verhältnissen und Geschehnissen lebte ich, soweit das möglich war, bis etwa 1968 „vorbei", auch in den langen Sommerferien in Hermannstadt, wo unbeschwerte Stunden im Waldbad „Schreyer-Mühle", ungestörte Lesetage bei Regenwetter und turbulente nächtliche Feten, umwoben von den Songs der Beatles, Rolling Stones, Bee Gees, Animals, einander ablösten. Prägend für den Novizen wurde die Freundschaft mit dem wenig älteren Bernd Kolf, der auf Umwegen an die Uni kam, einen großen Kenntnisvorsprung hatte und über seine Arbeitsleistungen in einer Malerbrigade auf siebenbürgischen Baustellen nicht weniger mitreißend zu erzählen verstand als über seine Lieblingsautoren Kleist und Kafka. Von dem jungen Hochschullehrer Michael Markel, der auch meine Magisterarbeit über Rilke betreute, lernte ich viel – u. a. die werkimmanente Zergliederung und Deutung von Textgestalten, aber auch manches von der Art und Weise seiner Maieutik, seiner Fragetechnik, die in genau vorauskalkulierten kleinen Schritten im Dialog mit den Studenten die Besonderheiten sprachlicher Gebilde herausarbeitete. Später habe ich dann als sein jüngerer Kollege zeitweilig versucht, diese Interpretationsmethode anzuwenden – doch vermutlich mit weniger Geduld und Präzision.

Von der Existenz einer zeitgenössischen rumäniendeutschen Literatur wusste ich wenig, fast nur das, was wir im Gymnasium vorgesetzt bekommen hatten, als der Kanon des Sozialistischen Realismus sie nahezu ungenießbar machte. Jene begegnete mir vorerst in der Gestalt des Klausenburger Studenten und Lyrikers Frieder Schuller und danach in Gedichten von Franz Hodjak, auf die ich in Heft 9/10 1966 der Bukarester Zeitschrift *Neue Literatur* stieß, der angehende Poet hatte uns nichts von seinen dichterischen Ambitionen verraten. Franz war es dann auch, der mich eindringlich auf die Wegbereiter der Moderne, auf Oskar Pastior und Dieter Schlesak, hinwies und mir als Erster die zu neuem Leben erwachte rumäniendeutsche Literatur schmackhaft zu machen versuchte. In die Literaturszene bin ich allerdings als Redakteur der deutschen Seiten der dreisprachigen Studentenzeitschrift *Echinox* hineingeraten, die 1968 gegründet wurde. Kein Studentenblatt schwebte ihren Mitarbeitern vor, sondern eine konkurrenzfähige Kultur-

und Literaturzeitschrift mit Kompromissen auf Sparflamme, sozusagen ein Revier ästhetischer Autonomie – ein ehrgeiziges Ziel, das schnell erreicht wurde, auch wenn die Hoffnung, „Widerstand durch Kultur" zu betreiben, sich schon in den 1970er Jahren als schiere Illusion erwies. Heute ist die Zeitschrift, vor allem dank der Leistungen der rumänischen Redakteure der Anfangsjahre, die zu bedeutenden Kulturpersönlichkeiten heranwuchsen, eine geradezu mythisch umwitterte ‚Ikone' geworden, Bücher wurden über sie geschrieben, und 2005 erschien sogar in Klausenburg ein Lexikon der *Echinox*-Mitarbeiter. Ich verdanke den vier Jahren meiner redaktionellen Tätigkeit allerlei, nicht zuletzt die Hinwendung zur modernen rumänischen Literatur, und die Freundschaften, die damals geschlossen wurden, haben die Zeit überdauert.

Auch im rumäniendeutschen Literaturbetrieb war in der zweiten Hälfte der 1960er Jahre einiges in Bewegung geraten, den Autoren wurde ein weitaus größerer Ausdrucks-Freiraum gewährt als in den extrem restriktiven fremdbestimmten 1950er Jahren, die Redaktionen durchliefen einen Verjüngungsprozess und förderten ihrerseits die Newcomer. So konnte ich schon als Student Rezensionen in den deutschsprachigen Blättern und meine ersten kleineren Aufsätze in rumänischen Kulturzeitschriften veröffentlichen.

Nach dem Studium wurdest du zum Assistenten am Lehrstuhl für Germanistik ernannt und 1978 zum Dozenten befördert. Klausenburg, diese multiethnische Stadt mit ihrer unverwechselbaren kulturellen Atmosphäre, wurde für viele Jahre zu deiner ‚Heimat', zum Mittelpunkt deines privaten und beruflichen Lebens.

Dafür, dass meine Eltern trotz ihrer Bedenken einem Philologiestudium zugestimmt hatten, wollte ich mich mit guten Zensuren ‚revanchieren'. Das gelang mir ohne qualvolle Anstrengungen, das „Lernen" fiel mir fast so leicht, wie mir das Schreiben schwer fällt. Außerdem spielte der Notendurchschnitt damals die entscheidende Rolle bei der so genannten „Zuteilung" der Absolventen auf die von einer Bukarester Kommission ausgeschriebenen freien Stellen. Da es im germanistischen Fachbereich anno 1970 eine vakante Stelle gab, wurde ich als Jahrgangsbester zum Assistenten ‚ernannt' und auch gleich, als Vierundzwanzigjähriger, mit der Abhaltung von zwölf Wochenstunden (Literaturseminare, Textinterpretationen, Übersetzungsübungen) betraut. Später bot ich auch Vorlesungen zur deutschen Literatur des 20. Jahrhunderts an – dazu bedurfte es in Rumänien keiner *venia legendi*. Trotz der massiven Re-Ideologisierungs-Kampagne nach 1971 bildete das kleine „Feld" der Fremdsprachenphilologien eine „Nische", die Umgangsformen mit literarischen Erscheinungen wurden einem nicht vorgeschrieben und auch die Themenauswahl nicht. Die wichtigsten germanistischen Fachperiodika erhielten wir von Inter Nationes, Bonn, und dem Stuttgarter Institut für Auslandsbeziehungen. Dank der DDR- und DAAD-Gastlektoren und ihrer Publikationsbestellungen war es durchaus möglich, in den Besitz der neuesten Primär- und Sekundärliteratur zu gelangen. Ich kannte damals, auch als eifriger *neue deutsche literatur-*, *Akzente-*, *Zeit-* und *FAZ*-Leser, die deutsche Gegenwartsliteratur besser als heute. Den Paradigmenwechsel in der Literaturwissenschaft machte ich mit einem Linksruck am Rande mit und bekannte mich nun zu „materialistisch" fundierten und ideologiekritisch orientierten Lesarten. Neben Walter Benjamin und Hans Robert Jauß war es der kroatische Literaturhistoriker Viktor Žmegač, dessen Herangehensweise an Texte und Kontexte mich bis zu unerfüllbaren Nachahmungssehnsüchten beeindruckte.

Ansonsten habe ich ein recht angepasstes Leben geführt und in die Lehre viel Zeit investiert. Die Tatsache, dass ich mich gegen Anwerbungsversuche des Geheimdienstes Securitate zur Wehr setzte – es gehörte, diese Erfahrung habe zumindest ich gemacht, nicht besonders großer Mut dazu –, hatte keine unmittelbar spürbaren Folgen. Abgesehen davon, dass es mir verwehrt war – wie übrigens auch dir und einigen wenigen Kollegen –, ins westliche Ausland reisen zu dürfen. „mit wirklichem eifer", schrieb damals mein Student Werner Söllner, „habe ich nur für eine sache plädiert:/ dass ich zu meinen freunden sprechen kann/ ohne angst." Ein Minimalprogramm, aber ein lebenswichtiges in sich verfinsternden Zeiten. Und ich hatte, so glaube ich felsenfest, das Glück, solche Freunde in Rumänien zu finden. Andererseits will ich doch nicht auf die nunmehr möglich gewordene Einsichtnahme in meine Securitate-Akte, die mehrere Bände umfasst, verzichten.

Mit Kritiken, mit denen du den Entwicklungsgang junger Autoren begleitetest, erschriebst du dir einen führenden Platz im rumäniendeutschen Literaturbetrieb – 1977 bezeichnete dich Horst Schuller als den „zweifellos begabtesten" rumäniendeutschen Literaturkritiker. Deine Anthologien – zwei erschienen 1981 und 1984 in der DDR – wurden auch in der überregionalen deutschen Presse beachtet, deine umfangreicheren Darstellungen und Studien zur Geschichte der rumäniendeutschen Literatur des 20. Jahrhunderts setzten Maßstäbe analytischer Schärfe und zeichneten sich durch kultivierten Sprachgebrauch aus. Wie ließ sich deine publizistische Tätigkeit mit den Lehrverpflichtungen vereinbaren, da diese doch unterschiedlich ausgerichtet waren?

Geschichte der deutschen Minderheitenliteratur(en), die ab 1972 an den Germanistik-Sektionen Rumäniens als so genannte „Spezialvorlesung" angeboten wurde, lehrte mein Kollege Michael Markel – bis zu deren ‚Eliminierung' aus dem Curriculum. Ich habe allerdings recht viele Magisterarbeiten zu diesem Themenkreis betreut. Über die ‚große' deutsche Literatur, die ich den Studenten zu vermitteln hatte, schrieb ich nur gelegentlich – Aufsätze und längere Rezensionen in Publikumszeitschriften, Kapitel für die Deutschlehrbücher der muttersprachlichen Gymnasien oder Überblicke in Lehrwerken für den Hochschulgebrauch. Zwar beherrschte ich die Landessprache so gut, dass ich mich ihrer bei der Abfassung von Beiträgen für Periodika oder von Vorworten bedienen konnte, doch zweifelte ich daran, sie mit der nötigen Sicherheit und Eleganz zu handhaben, um Monografien rumänisch schreiben zu können. Und bei Übertragungen deutscher Lyrik ins Rumänische arbeitete ich meist mit rumänischen Dichtern zusammen, während ich aus dem Rumänischen ins Deutsche im Alleingang übersetzte. Im ungleich größeren und interessanteren rumänischen Kunst- und Literaturbetrieb übernahmen rumäniendeutsche Essayisten, allgemein gesehen, nur kleinere Rollen, keiner reichte an den souveränen Zweisprachler und Grenzgänger zwischen den beiden Kulturen Oscar Walter Cisek heran – mit Ausnahme der sensiblen und klugen Elisabeth Axmann.

Was mich einerseits dazu bewogen hat, die Literaturlandschaften des Banats, der Bukowina und Siebenbürgens weiterhin zu durchreisen und auch unverhoffte Entdeckungen zu machen, war die allmählich sich auswachsende Überzeugung, dass ich – aus meiner damaligen Sicht – einer wissenschaftlichen Auseinandersetzung, sozusagen auf gleicher Augenhöhe, in Konkurrenz mit den Literaturwissenschaftlern des ‚Zentrums' nicht gewachsen war. Ich las ja auch vorwiegend Bücher ihrer bedeutendsten Vertreter. Trotz der von mir erwähnten guten Informationsmöglichkeiten in Klausenburg hätte ich das benötigt, was heute glücklicherweise für die rumänischen Nachwuchsgermanisten zum Normalfall geworden ist: längere Forschungsaufenthalte an deutschen Universitäten. So wurde mir bewusst, dass ich, auf die eine oder andere Weise und trotz des durch Zensur und Selbstzensur eingeschränkten Auslegungsspielraums, nur bei der Aufarbeitung ‚regionaler' Problemfelder oder von rumänisch-deutschen komparatistischen Fragestellungen neue Forschungsergebnisse bieten könnte. Andererseits machte mir das Mitmischen auf dem rumäniendeutschen Nebenschauplatz als kritischer Publizist großen Spaß, ich hatte auch das trügerische Gefühl des Gebrauchtwerdens. Einer Aufbruchs-Generation empfand ich mich zugehörig, mochte aber auch die Weißkircher-Geschichten des schlitzohrigen Hans Liebhardt, schätzte und liebte die älteren Wolf von Aichelburg und Alfred Kittner. Da ich als Hochschullehrer nicht den Sachzwängen eines Redakteurs oder Verlagslektors unterworfen war, hatte ich eine relative Unabhängigkeit bei der Formulierung meiner ‚Einsichten'. Allerdings forderte mir das, was du freundlicherweise

„kultivierten Sprachgebrauch" nennst, manchmal auch stundenlange Arbeit an einem Absatz ab. Wie schrieb doch anno 1988 unser gemeinsamer Freund und Verleger Franz Hodjak, bevor er Suhrkamp-Autor wurde: „Auf einer Sprachinsel zu leben spornt uns an, uns von der deutschen Sprache nicht bemitleiden zu lassen." Schwierigkeiten beim Schreiben der Wahrheit, oder was man dafür hielt, bereiteten zusätzliche Schwierigkeiten. Doch hatte ich nun mal den Ehrgeiz, in meinen Texten, um ein Wort von Martin Walser aufzugreifen, *Ausdruck* und *Mitteilung* verbinden zu wollen, auch wenn der Aufwand letztlich in keinem Verhältnis zum Ergebnis stand. Beim Durchblättern meiner Publikationen, die zwischen 1968 und 1989 in Rumänien erschienen sind, überflutet mich zunehmend Unbehagen.

Der von dir herausgegebenen und von Ioan Muşlea übersetzten Lyrikanthologie Vînt potrivit pînă la tare *(Mäßiger bis starker Wind, 1982), die dem rumänischen Leser zehn junge rumäniendeutsche Autoren – von Anemone Latzina bis Helmut Britz – vorstellte, kommt das Verdienst zu, einen Wendepunkt in der rumänischen Gegenwartsliteratur herbeigeführt und die Verwendung neuer Schreibweisen einer hoch begabten Generation jüngster rumänischer Autoren veranlasst zu haben.*

Ich würde das etwas vorsichtiger formulieren. Auch die vor dieser Anthologie in rumänischer Übersetzung erschienenen Gedichtbände von Franz Hodjak, Werner Söllner und Johann Lippet blieben im rumänischen kulturellen Milieu nicht unbeachtet. Andererseits ist statistisch nachweisbar, dass kein anderes Buch seit der Existenz der deutschen Minderheitenliteraturen in jenem geografischen Mehrvölkerraum so viele Kommentare und Besprechungen in der rumänischen Presse ‚eingeheimst' hat wie diese Anthologie – gleich nach ihrer Veröffentlichung. Und nach der Wende wurde in literaturhistorischen Synopsen, in Bestandsaufnahmen und Retrospektiven der enorme Einfluss junger rumäniendeutscher Poeten auf die jüngsten rumänischen, auf die so genannte „Generation 80", ausdrücklich hervorgestrichen. Doch hatte sich diese, unabhängig von der rumäniendeutschen Literatur, schon in den Endsiebzigern zu Wort gemeldet, um – unter dem Firmament der schillernden Postmoderne – etablierte und verfestigte Schreibweisen aufzubrechen und zu parodieren. Ihnen ging es dabei, wie der Kritiker Ioan Buduca bereits 1983 feststellte, um die Durchsetzung innovativer Diskursformen, während die rumäniendeutschen Autoren, gleichermaßen bemüht, modern und zeitgemäß zu schreiben, auch darauf abzielten, die sie umschnürende Wirklichkeit kritisch zu durchleuchten. Dieser sozialkritische Impetus führte bei vielen rumänischen Autoren nachweislich zu einer neuen Standortbestimmung, zu einer intensiveren Befragung und Thematisierung gesellschaftlicher Abhängigkeiten und Zwänge.

Dass eine in Auflösung begriffene kleine Minderheitenliteratur in eine Vorreiterrolle aufrückte, Schrittmacherdienste für eine Nationalliteratur leistete, ist ein recht ungewöhnliches Kapitel einer Wirkungsgeschichte, dem sicherlich keine Fortsetzung beschieden sein wird.

Ende der 1980er Jahre gingst auch du den Weg, den viele deiner Freunde bereits gegangen waren, du stelltest den Ausreiseantrag, verlorst deine Arbeitsstelle, hieltest dich mit Privatstunden über Wasser, durftest nur unter Pseudonym veröffentlichen.

Das „Problem" der Aussiedlung habe ich lange Zeit ausgeblendet. Ich hatte ja auch keine Verwandten „ersten Grades" in der Bundesrepublik Deutschland, erst 1985 nahm meine, nach dem Tod meines Vaters an schweren Depressionen leidende Mutter auf dem Umweg über die USA, wo ihre Schwester lebt, Wohnsitz in Augsburg. Im Sommer 1987 durfte ich sie, nach einer Audienz beim neuen Chef des Klausenburger Passamtes, dessen Ehefrau, eine Anglistin, meine Lehrstuhlkollegin war, auch besuchen. Von der Verbogenheit meiner Denkweise zeugte das ungute Gefühl, das mich dabei umgarnte, ich fragte mich, was ich ‚falsch' gemacht hätte, dass mir nach vielen „Absagen" endlich die Reisegenehmigung erteilt worden war – wobei mich sogar meine Frau begleiten durfte –, und ob ich nach unserer Rückkehr von der Securitate nach meinen Eindrücken, Kontakten und Begegnungen befragt werden würde. Doch davor blieben wir verschont, es war ja auch keine „Dienstreise".

Rumänien war in der zweiten Hälfte der 1980er Jahre ein kaltes und finsteres Land geworden, das der zeitweilig vom Westen intensiv hofierte nationalkommunistische und größenwahnsinnige Diktator Ceaușescu in den Ruin getrieben und in die Isolation manövriert hatte. Das Ausland, bis auf wenige neostalinistisch regierte Bruderländer, wurde zum Hort des Bösen und Gefährlichen deklariert, der Fremdsprachenunterricht in Gymnasien und an Universitäten radikal reduziert, das Philologiestudium verlor zunehmend an Attraktivität. In Klausenburg schrumpfte die Germanistik zum Nebenfach, zu einer Gruppe von sieben (!!) Studenten. Verbote und Sprachregelungen schlugen nun mit der Unberechenbarkeit von Naturkatastrophen ein, die deutsche Sprachinsel war einem unaufhaltsamen Erosionsprozess ausgesetzt. Und nicht nur die meisten Rumäniendeutschen, sondern auch viele Ungarn und Rumänen trachteten danach, den unzumutbaren Zuständen zu entrinnen. Wir stellten den Antrag auf Ausreise erst im Oktober 1988. Dabei fürchtete ich mich nicht vor der Wartezeit in Rumänien, sondern vor der Ankunft im Ungewissen. Dafür waren sowohl meine Frau als auch ich denkbar schlecht „gerüstet" – mit Studienabschlüssen in Anglistik bzw. Germanistik, außerdem beide mit Rumänistik als Nebenfach. Ich hatte noch keine bundesdeutsche

Universität von innen besehen, auch die Integrationsschwierigkeiten und Umschulungszwänge vieler ausgesiedelter Germanisten waren mir nicht verborgen geblieben. Im November 1988 wurde meine Frau, im Januar 1989 ich fristlos entlassen. Das erging damals allen ausreisewilligen Lehrern so, wir hatten damit gerechnet. Mit Privatstunden für Deutsch und Englisch überlebten wir nicht schlecht, die Redaktion der Bukarester *Neue Literatur* akzeptierte anstandslos für meine wenigen Veröffentlichungen die transparente Signatur M. Peter, von Claus Stephani wurde ich sogar zum 40-jährigen Jubiläum der Zeitschrift eingeladen. Was den Wartezustand für mich erträglich machte, das war die offen bekundete Solidarität meiner zum Bleiben entschlossenen oder gezwungenen Freunde, nicht zuletzt jene rumänischer Hochschullehrer, vor allem des Kreises, der sich um den Literaturhistoriker Mircea Zaciu gebildet hatte.

Den Sturz der Ceaușescu-Diktatur erlebtest du sozusagen auf gepackten Koffern, die Überredungen rumänischer und rumäniendeutscher Literaten, die von einem Neuanfang träumten, konnten dich von dem gefassten Entschluss, Rumänien zu verlassen, nicht abbringen.

Ich hatte mich auf den Weggang nun mal mühselig eintrainiert und eingestimmt, außerdem waren mir Hunderte meiner Bücher vorausgeeilt, auch dank der selbstlosen Hilfsbereitschaft der Mitarbeiter *beider* deutschen Botschaften sowie der Klausenburger Gastlektoren aus der Bundesrepublik *und* der DDR. Doch denke ich nicht ohne eine gewisse Genugtuung an das lange Gespräch mit dem Klausenburger Rektor, dem Prorektor und dem Dekan der Philologischen Fakultät zurück, die auf mich einredeten, meinen Entschluss doch rückgängig zu machen und mir die sofortige Beförderung zum Professor in Aussicht stellten, der übrigens auch zahlreiche andere Dozenten der Babeș-Bolyai-Universität im Jahr 1990 teilhaftig wurden. Nun hatte die späte Aussiedlung auch ihre unleugbaren Vorteile. In den nachrevolutionären Wirren war es möglich, weitere große Teile meiner Bibliothek auszuführen. Unvergessen ist dabei ein Brief von Klaus Hensel, der mich geradezu beschwor, mein Archiv – als „künftige Arbeitsgrundlage" – mitzunehmen, was ich dann auch tat.

Im Unterschied zum Großteil der aus Rumänien ausgesiedelten Germanisten, denen neue Berufsorientierungen nicht erspart blieben, konntest du kurz nach der Aussiedlung eine Vertretungsprofessur an der Marburger Universität wahrnehmen und ein Jahr danach eine Planstelle im damaligen Südostdeutschen Kulturwerk (SOKW) besetzen. Verglichen mit deiner Tätigkeit an der Klausenburger Universität, einer der besten des Landes, war das wissenschaftliche Leben, das du fernab von den Zentren des großen bundesrepublikanischen Literaturbetriebs verbringen musstest, zweifellos ein beruflicher Abstieg.

1990 war bekanntlich ein europaweites Jahr des Umbruchs und hellauf lodernder Hoffnungen. Über Dezennien hinweg war die rumäniendeutsche Literaturszene in der Bundesrepublik Deutschland weggeschwiegen worden. Nun wurde die Mauer der Ignoranz durchbrochen, wobei sich das Interesse allerdings leider ausschließlich auf eine als Gruppe wahrgenommener jüngerer Autoren konzentrierte. Kaum war ich, Anfang Mai 1990, versehen mit dem Stigma einer fremd klingenden Aussprache, unter die ‚Deutschländer' gekommen, ereilten mich unerwartete Angebote, die zum Abbau meiner Berührungsängste beitrugen. Freunde, ohne die nichts gelaufen wäre, wurden für mich aktiv. Auf Empfehlung von Werner Söllner konnte ich einige Rezensionen in der *Frankfurter Allgemeinen Zeitung* und in der *Welt* veröffentlichen, Klaus Hensel vermittelte mir Angebote des Hessischen Rundfunks, Bernd Kolf beauftragte mich mit der Zusammenstellung einer Anthologie mit klassischen Zitaten und Versen für allerlei Anlässe, Professor Wilhelm Solms, damals geradezu verliebt in die rumäniendeutsche Literatur, ebnete mir 1991 den Weg zu einer einsemestrigen Vertretungsprofessur an der Philipps-Universität Marburg. Für eine Universitätskarriere war ich als krasser Outsider jedoch völlig chancenlos, obwohl mir in Marburg zugeredet wurde, ein Habilitationsstipendium bei der Deutschen Forschungsgemeinschaft zu beantragen. Ich hätte auch die Möglichkeit gehabt, im Sachbuch- und Ratgeberverlag Falken in Niedernhausen einzusteigen, dessen Lektoratsabteilung von Bernd Kolf geleitet wurde.

Doch es sollte anders kommen. An meiner Einstellung im Südostdeutschen Kulturwerk (SOKW) warst du nicht ganz unbeteiligt, u. a. hat sich auch der vielseitige Schriftsteller und Publizist Hans Bergel, Vorstandsmitglied des SOKW, den ich erst 1990 kennen lernte, für mich eingesetzt. Doch dürften nicht zuletzt meine Aktivitäten auf einem ‚Nebengleis' in Rumänien dazu beigetragen haben, dass ich im März 1992 vom SOKW ‚angeheuert' wurde. Hier habe ich versucht, allen simultanen Ansprüchen, denen ich als Wissenschaftlicher Mitarbeiter in einem außeruniversitären Institut ausgesetzt war, gerecht zu werden. Durch die Aufgabenverteilung geriet, wer weiß das besser als du, die eigene Forschung zwangsläufig ins Hintertreffen. Priorität hatten Zuarbeit bzw. Herausgeber- sowie Verlagstätigkeit. Bei meiner langsamen Schreibweise war ich daher genötigt, Angebote zur Mitarbeit an der überregionalen Presse und zur Teilnahme an nicht unmittelbar institutsverbundenen Tagungen immer öfter auszuschlagen. Auch an Wochenenden ‚diente' ich dem SOKW. Dass wir beide mit Lehrerfahrungen im Gepäck angereist waren, blieb fast ein Dezennium lang unberücksichtigt, obwohl schon in den frühen 1990er Jahren an mehreren deutschen Universitäten die Nachfrage nach Lehrveranstaltungen über deutsche Literatur im südöstlichen Mitteleuropa laut wurde.

Beruflicher Abstieg? Anfänglich empfand ich meinen Neubeginn sicherlich als einen solchen. Doch zwischenzeitlich hat sich dank des Umbaus des SOKW zu einem An-Institut der LMU München ja einiges verändert. Die Musterung der derzeit äußerst prekären Arbeitsmarktsituation für Geisteswissenschaftler lässt mich nachträglich meine unbefristete Einstellung geradezu als Riesenfortüne betrachten, allerdings ist das ungetrübte Glück, na ja, immer anderswo und auch nicht im Schöpfungsplan vorgesehen.

Nun haben sich seit der EU-Erweiterung auch Änderungen in der Wahrnehmung der südostdeutschen Regionalkulturen vollzogen, Literaturwissenschaftler aus Deutschland, Österreich und der Schweiz – auch ohne Migrationshintergrund und biografischen Bezug zu den Ländern des südöstlichen Mitteleuropa – und vor allem aus Rumänien, Slowenien, Ungarn wenden sich mit erhöhter Aufmerksamkeit regionalliterarischen Themen zu. Kann mit einem tiefgehenden und nachhaltigen Wandel gerechnet werden, und worauf ist er zurückzuführen?

Über die Gründe der anhaltenden Wahrnehmungsverweigerung sowie die des -wandels, der schon vor der EU-Erweiterung einsetzte, ist bereits viel sinniert und geschrieben worden. In den späten 1980er und frühen 1990er Jahren wirkten im Zusammenspiel zahlreiche Faktoren dahin, dass sich das Erkenntnisinteresse in der Sphäre politisch-gesellschaftlicher und historisch-kultureller Reflexion allmählich wandelte: das geschärfte Bewusstsein für die Besonderheit regionaler Existenzweisen, deren Erkundung in den Werken vieler deutscher und österreichischer Autoren; die Neubestimmungen der Territorialbegriffe „Region" und „Provinz" als historisch geprägte Kommunikationsräume und Lebenswelten; die Bereitschaft der Germanistik, kulturwissenschaftliche Perspektiven zu berücksichtigen und ihre Tätigkeitsfelder zu erweitern; der Zusammenbruch kommunistischer Herrschaftsformen in Ostmittel- und Südosteuropa und damit das Näherrücken eines eingekerkerten Teils des Kontinents und seiner verdrängten Geschichte; der anschwellende Exodus der deutschen Restminderheiten sowie die daraus resultierende Frage nach dem „Schicksal" ihres kulturellen „Erbes"; die intensive Auseinandersetzung mit der Lyrik Paul Celans und Rose Ausländers und die damit verbundene Entdeckung der Literatur in und aus der Bukowina; die Abschieds- und Endzeitthematik in den Verlautbarungen einiger (ex)rumäniendeutschen Schriftsteller, die eine erstaunliche Beachtung auf dem überquellenden deutschen Büchermarkt fanden.

Nach Jahrzehnten gedrosselter Kommunikation mit den Staaten des Ostblocks gehören Austausch und Kooperation zwischen Inlands- und Auslandsgermanistik nunmehr zur ‚Normalität' des Wissenschaftsbetriebs. In den letzten Jahren befragte die neuere deutsche Literaturwissenschaft verstärkt die Überlappungen und Überschneidungen kultureller Manifestationen – *Hybridität* lautet ein Schlagwort des Moments – im „neueren größeren Zusammenhang des internationalen Diskurses über Migration, Multikulturalität und postkoloniale Literatur", wie Karl Esselborn in einem fundierten und bilanzierenden Aufsatz feststellte. Entstehungs- und Entfaltungsspielräume deutscher Minderheitenliteraturen bieten sich als ‚Exerzierfelder' für interdisziplinäre Verfahrens- und interkulturelle Betrachtungsweisen geradezu an. Dass auf diesen Wandel derzeit bald euphorisch, bald sachlich immer wieder hingewiesen wird, zeugt jedoch andererseits davon, dass die wissenschaftliche Auseinandersetzung mit diesem kleinen Ausschnitt deutscher Literatur noch nicht zur Selbstverständlichkeit geworden ist. Erfreulich ist immerhin die relativ große Zahl von Dissertationen, die darüber geschrieben wurden oder sich noch – von Vancouver bis Jassy/Iași, von Tübingen bis Laibach/Ljubljana – in Arbeit befinden. Von der weiteren ‚Professionalisierung' und grenzüberschreitenden ‚Vernetzung' der Forschung wird die Ausweitung der Akzeptanz ihres Gegenstandsbereichs in nicht geringem Maße abhängen.

2/2006

"DIE LEHRE WAR MIR VON ANFANG AN WICHTIG"

Horst Fassel

In zahlreichen Buchbeiträgen, Aufsätzen und Zeitungsartikeln hat sich Horst Fassel, der zu den produktivsten und vielseitigsten deutschen Literaturwissenschaftlern aus Rumänien gehört, nicht nur mit der Geschichte der Regionalliteraturen in Südosteuropa auseinander gesetzt, sondern seine wissenschaftliche Aufmerksamkeit immer auch Fragen der Interferenz, der Rezeption und der Wirkung von deutscher Literatur im rumänischen und ungarischen Sprachraum gewidmet.
Der am 15. August 1942 in Temeswar geborene Sohn der Lyrikerin Irene Mokka wurde recht früh an die Literatur herangeführt und begann bereits als Schüler erste Texte in der Temeswarer deutschsprachigen Regionalpresse zu veröffentlichen. Nach dem Besuch des Lenau-Lyzeums in der Stadt seiner Geburt studierte Fassel von 1960 bis 1965 Germanistik und Rumänistik an der Klausenburger Universität. Danach war er bis kurz vor seiner Aussiedlung in die Bundesrepublik Deutschland (1983) fast zwei Jahrzehnte lang als Hochschullehrer am Germanistiklehrstuhl der Universität Jassy tätig.
Nachdem er in Deutschland u. a. zwei Jahre lang die *Banater Post*, die Zeitung der Landsmannschaft der Banater Schwaben, redaktionell betreut hatte, wurde Fassel 1987 am Institut für donauschwäbische Geschichte und Landeskunde als wissenschaftlicher Mitarbeiter eingestellt, das er von März 1989 und bis zu seinem Eintritt in den Ruhestand im Jahre 2007 als Geschäftsführer leitete.
Fassel schrieb seine Abschlussarbeit an der Klausenburger Universität über Oskar Pastiors frühe, in Rumänien verfasste Lyrik. Seine Dissertation *Über die deutsche Reisebeschreibung und ihre Form in der zweiten Hälfte des 19. Jahrhunderts* verteidigte er 1978 in Jassy. Neben zahlreichen Studien zur neueren deutschen Literatur verfasste Fassel auch eigene Gedichte, die er bislang bloß in einem Band (*Kenn-Zeichen*, Bukarest 1981) sammelte, sowie auch zahlreiche Übersetzungen aus dem Rumänischen (u. a. Lyrikbände der Jassyer Dichter Corneliu Sturzu, Mihai Ursachi). Fassel ist Mitglied mehrerer Gesellschaften und Vereine, Herausgeber und Mitherausgeber von Zeitschriften und Lehrbeauftragter an der Tübinger Universität.
1991 erhielt er den Donauschwäbischen Kulturpreis, die Klausenburger Babeş-Bolyai-Universität zeichnete ihn mit einer Honorarprofessur, die Temeswarer Universität des Westens mit dem Ehrendoktor aus.

Horst Fassel, bereits ein flüchtiger Blick auf deine lange Publikationsliste lässt erkennen, dass sich bei einer beeindruckenden Fülle von Studien, Aufsätzen und Rezensionen, die du in zahlreichen und recht unterschiedlichen Zeitungen und Zeitschriften im Laufe mehrerer Jahrzehnte veröffentlichtest, die Zahl der eigenen Bücher – Hochschulvorlesungen, Editionen und Mitarbeit an Sammelbänden würde ich nicht dazu zählen – dennoch unverhältnismäßig klein ausgefallen ist. Zieht der produktive Literaturhistoriker es vor, seine Forschungen in den für den Tag bestimmten Medien zu publizieren oder fehlen ihm einfach die Zeit und die Geduld, seine Erkenntnisse in einer umfangreicheren Veröffentlichung zusammenzufassen und abzurunden?

„Der Tag beginnt mit einer Schusswunde", könnte ich, leicht abgewandelt, Wondratschek zitieren. Vielleicht ist deine erste Frage mein wunder Punkt. Sicher ist es denkbar, dass manchem, vielleicht auch mir, die größere oder große Form nicht liegt, dass ich sie nicht bewältigen kann, oder man kann annehmen, dass, aufgrund eines Kräfteverschleißes, fehlender Konzentrationsfähigkeit, die, wie du sie nennst, „eigenen" Bücher nicht so zahlreich vorhanden sind wie die Aufsätze, die Einzeluntersuchungen, die vielfältigen (mehr oder weniger) Kleinarbeiten. Doch es geht mir nicht ausschließlich ums Publizieren, wie du meinst, selbst wenn ich die Vermittlungsformen der Periodika, auch die der Zeitungen, nicht klein reden will. Dies ist zum Teil nicht der Fall, weil gerade die Lehre mir von Anfang an wichtig war. Vor allem die Lehre, in die Ergebnisse wissenschaftlicher Arbeit Eingang und Verwendung finden, ist mir genau so bedeutsam wie die Forschung.

Hinderlich für meine größeren Buchprojekte war auch, dass ich im Laufe meiner über drei Jahrzehnte dauernden Berufstätigkeit immer am Aufbau oder Neuaufbau von einzelnen Einrichtungen mitbeteiligt war. Das ist einerseits eine Chance, ein Glücksfall, andererseits aber auch eine Bürde, vor allem in dem Fall, wenn das Begonnene nicht in der ursprünglich konzipierten Richtung weitergeführt wird. Dann ist das Ganze immer auch mit Enttäuschungen verbunden. Mein Berufsweg begann für mich im Jahre 1965 am Germanistiklehrstuhl in Jassy, der 1964 aus dem Dornröschenschlaf geweckt wurde, der ihm in den frühen 1950er Jahren – wie auch den anderen Lehrstühlen im Land (abgesehen von Bukarest) – verordnet worden war. Als ich im Dezember 1965 nach dem Militärdienst in Jassy eintraf, gab es dort zwar bereits ein zweites Studienjahr im Hauptfach, aber kein einziges Buch am Lehrstuhl und auch keine unmittelbare Unterstützung durch die Fakultäts- und Universitätsbibliothek. Meine erste Stunde – Deutsch als Fremdsprache bei den Wirtschaftswissenschaftlern – hielt ich ohne jegliches Lehrbuch und mit Hilfe von Rilkes *Panther*, der für Sprachübungen herhalten musste.

Als ich Anfang 1982 den Germanistiklehrstuhl als Folge des Ausreiseantrags verlassen und eine weniger gut dotierte Stelle am Institut für rumänische Sprache und Literatur in Jassy antreten musste (meine Frau war diesen Weg aus demselben Grunde schon Monate zuvor gegangen), wollte ich dort meine Arbeitskollegen vom Lexikon der rumänischen Literatur, die schon seit langem meine Freunde und Lesegefährten in der Universitätsbibliothek waren und die mich nie fühlen ließen, dass ich als Zu-Bestrafender versetzt worden war, davon überzeugen, das umzusetzen, was ich 1968 unter ganz anderen Voraussetzungen vorgeschlagen hatte: den Einbau der deutschen Primär- und Sekundärliteratur aus Rumänien in dies lexikografische Großunternehmen.

Im Oktober 1983 begann unsere Arbeitssuche in Deutschland. In Freiburg wohnend, war ich von 1985 bis 1987 u. a. Redakteur der *Banater Post*, die 1986 vom Kleinformat zum Zeitungsformat wechselte, eine Veränderung, die auch inhaltlich nicht ohne Folgen blieb.

Danach kamen die Jahre des Aufbaus am Donauschwäbischen Institut in Tübingen mit im Laufe der Jahre zunehmenden Verpflichtungen im familiären und gesellschaftlichen Bereich. Damit du in etwa eine Vorstellung meiner nicht immer „wissenschaftlichen" Aktivitäten hast, sei darauf verwiesen, dass ich zum Zeitpunkt deiner Fragestellung u. a. die Festschrift für Professor Förster und die letzten Vorbereitungen zur Stuttgarter Lenau-Tagung abzuschließen habe; ebenso ist der Semesteranfang zu bewältigen, ich muss einen Beitrag zu einer Ausstellung über Lenaus weltweite Wirkung nach Kamenz schicken, die Tagung der Südostdeutschen Historischen Kommission und des Instituts im Juli in Ulm mit vorbereiten, dazu als Geschäftsführer unseres Instituts den bürokratischen Kleinkram erledigen und die Betreuung von Studierenden aus Ost und West nicht aus den Augen verlieren. Dass dabei wenig Zeit für kontinuierliche Arbeit an einem Großtext übrig bleibt, ist einleuchtend, aber dennoch bloß ein Aspekt der Problematik.

Auch deine größere Geschichte des deutschen Theaters in Südosteuropa lässt wohl noch eine Zeitlang auf ihr Erscheinen warten. Was hindert den informierten Rechercheur dieses thematisch auf mehrere Regionen und Staaten ausgreifende Buch, dessen Veröffentlichung in der Regionalpresse seit Jahren immer wieder angekündigt wurde, fertig zu stellen? Ist es das weitgehend unerschlossene Material, die Schwierigkeit, eine adäquate Methode der Darstellung zu finden, oder kann der Forscher die Zeit nicht hernehmen, einer bereits in vielen Kapiteln vorliegenden Arbeit den letzten Schliff zu verpassen?

Meine umfangreiche Arbeit wird nicht bloß eine Geschichte des deutschen Theaters in Südosteuropa beinhalten, sondern auch eine Darstellung der Illusionen, die man hegte, wenn man glaubte, die Gruppenidentität der deutschen Minderheiten in Südosteuropa durch bestimmte Kulturveranstaltungen und Institutionen stärken und erhalten zu können. Der große Arbeitsaufwand allein rechtfertigt die lange Entstehungszeit freilich nicht, doch im ersten Quartal des nächsten Jahres dürfte dieser erste Band erscheinen. Die Vertiefung von Einzelaspekten ist inzwischen in Einzelbeiträgen erfolgt.

Ich nehme die Gelegenheit wahr um, zum ersten Mal in diesem Gespräch, über uneingelöste Erwartungen zu sprechen. Eigentlich hatte ich gehofft, durch Zusammenarbeit mit Kollegen aus Südosteuropa die noch vorhandenen Lücken zu füllen. Das ist bisher ebenso wenig zufriedenstellend gelungen, wie sich die Ansätze, mit jungen Stipendiaten aus Ungarn und Rumänien zusammenzuarbeiten, zu einem größeren Vorhaben entwickeln. So hat Monica Wikete, eine junge Germanistikassistentin aus Temeswar, einen Teilaspekt (Goethe-Rezeption im Banat und in Siebenbürgen) gut recherchiert, und László Klemm, ein Germanistikassistent aus Budapest, gibt Anlass zu der Hoffnung, dass er die Fragen der Theaterzensur im ungarischen Vormärz letztendlich befriedigend beantworten wird. Die beiden erwähnten jungen Germanisten waren als Stipendiaten in Tübingen. Möglicherweise kann es auch innerhalb der 1992 gegründeten wissenschaftlichen Vereinigung „Thalia Germanica" – sie wurde im estnischen Tallinn von Wissenschaftlern aus Skandinavien, dem Baltikum, aus Deutschland und Kanada aus der Taufe gehoben – in absehbarer Zukunft ein Zusammenwirken geben, so dass die kleinere Gruppe der Wissenschaftler aus Südosteuropa, die schon 1999 in Tübingen ihre Themen absprachen und die sich im September im siebenbürgischen Klausenburg zum Thema „Theater und Politik. Deutschsprachige Minderheitentheater in Südosteuropa im 20. Jahrhundert" äußern werden, diesen Fragenkreis abhandeln wird.

Du siehst, bei den sehr materialreichen Themen wird auf Teamarbeit gesetzt, damit auch die bisher unbeachteten komplexen Zusammenhänge schneller und gründlicher erfasst werden können.

Mit Fragen der Literatur bist du recht früh vertraut gemacht worden. Als Sohn der Dichterin Irene Mokka wurde dir die Literatur gleichsam – lass es mich so formulieren – in die Wiege gelegt, was wohl auch zu deinem recht frühen Debüt als Schriftsteller führte. Auch später hast du dich literarisch versucht, einen eigenen Gedichtband publiziert und in einem Interview aus den 1970er Jahren sogar behauptet, es gäbe wohl kaum einen Philologen, der nicht auch Literatur schreibe. Doch seit deinem Lyrikbuch bist du kaum noch als Dichter in Erscheinung getreten. War es die eher kühle Aufnahme deines Gedichtbuches durch die damalige rumäniendeutsche Kritik, die dir das Weiterschreiben von Poesie verleidete, hat die intensive wissenschaftliche

Beschäftigung den Dichter in dir verstummen lassen oder wird im Stillen und Geheimen weiter produziert?

In meinem Elternhaus – es war eine Dreizimmerwohnung in einem von meinem Großvater Ferdinand Albert erbauten Familienhaus, die wir zusammen mit einer anderen Familie bewohnten – war einiges an Literatur vorhanden. (Übrigens mit der handwerklichen Tüchtigkeit und der Geradlinigkeit dieses Großvaters verbinde ich die eigene Vorstellung von Lebensgestaltung, zu der dann auch die notwendige menschliche Offenheit und Bescheidenheit gehören.) Mein den Naturwissenschaften zugeneigter Vater, der 1944 bei Sewastopol als rumänischer Soldat fiel, hatte gleichwohl alles Regionale und alles, was die Deutsche Buchgemeinschaft an bürgerlichem Bildungsangebot herausbrachte, angeschafft, und mein Ziehvater Hans Mokka, der 1948 meine Mutter heiratete, die französische und deutsche Moderne, oft in ungarischen Ausgaben. Meine beiden Eltern – dazu zähle ich meinen Ziehvater – verdienten sich ihr Geld mit Korrekturarbeiten für die *Temesvarer Zeitung* und für das *Banater Schrifttum*, waren in dem Literaturkreis, der sich zunächst „Flacăra" (Die Flamme), seit 1954 „Nikolaus Lenau", seit 1969 „Adam Müller-Guttenbrunn" nannte, wöchentlich oder halbmonatlich anzutreffen, aber die Gespräche über die dort erörterten Themen, der Kontakt mit der entstehenden Auftragsliteratur waren für mich von geradezu abschreckender Wirkung. Sie haben dafür gesorgt, dass ich mich erst sehr spät mit deutscher Regionalliteratur beschäftigte. Ich kannte viele der Schreibenden persönlich, aber das hieß keineswegs, dass ich all ihre Elaborate zur Kenntnis nehmen konnte. Außerdem gab es mindestens zwei Ebenen, auf denen die Literaturgespräche stattfanden: die offizielle Ebene im Schriftstellerverband bzw. dem Literaturkreis und die private, im Familienkreis, bei der ich altersbedingt nicht sehr häufig anwesend war. Die Teilnehmer an den beiden Gesprächsrunden waren nicht immer die gleichen. Im Literaturkreis fand unter der Ägide von Franz Liebhard, Michael Pfaff, Andreas A. Lillin eine Diskussion über sowjetische Autoren von Ostrowski (*Wie der Stahl gehärtet wurde*) bis Simonow statt, die durch gelegentliche Temeswar-Besuche von Sowjetautoren stimuliert wurden; die „fortschrittliche" Literatur Rumäniens und der DDR waren ebenfalls Gesprächsgegenstand, aber die Regionalliteratur rückte erst allmählich in die Gespräche ein. Im privaten Kreis, zu dem bei uns zu Hause Martha und Klaus Kessler, Rudolf Hollinger, später gelegentlich auch Georg Scherg und Wolf von Aichelburg gehörten, wurde über Josef Weinheber, Rudolf Hagelstange, Rilke und Nietzsche und, um die Mitte der 50er Jahre, auch über die französische und deutsche Moderne gesprochen.

Meine eigenen literarischen Versuche haben wenig mit meinem Zuhause zu tun. Ich begann – sieht man von dem Broterwerb bei der Zeitung *Die Wahrheit* ab, für die ich Sportreportagen schrieb, was möglich wurde, weil Erich Pfaff meine handgeschriebene Zeitung mit Anekdoten aus dem Schulalltag und Sportergebnissen zu Gesicht bekam und mich zur Mitarbeit an der Zeitung aufforderte – als Student in Klausenburg unter dem Einfluss der Lektüre von Pinthus *Menschheitsdämmerung* zu dichten und unterlasse dies bis heute nicht, obwohl ich nie das Bedürfnis hatte, diese Versuche zu publizieren. Meiner Mutter enthielt ich die Texte nicht vor, und sie drängte auf eine Veröffentlichung. Du darfst mir glauben, dass ich die Besprechungen zu dem Gedichtband nicht kenne, weil ich sehr wohl weiß, dass man die Ansprüche an sich stellen sollte, die man auch an andere Produktionen stellt, und das Ergebnis ist dann wohl, dass man enthaltsam oder zumindest zurückhaltend wird. Dichten ist keine Nebenbeschäftigung, was nicht heißt, dass nicht der Literaturhistoriker selbst Versuche anstellen kann, um stellenweise die Rezeption durch Produktion zu ersetzen. Obwohl ich gern auf dem Gebiet der Epik tätig sein möchte, habe ich Prosaentwürfe immer beiseite geschoben oder bloß skizziert, weil es in der Prosa in erster Linie darum geht, sich dem Text voll und ganz zu widmen, und das kann ich nicht, so lange ich der Literaturvermittlung verpflichtet bin. Wenn ich auf einem Gebiet etwas mehr getan habe und wovon ich auch weiterhin nicht ablassen will, dann ist es die Tätigkeit als Übersetzer. Sie hat nichts mit dem mehr oder weniger zufälligen Übersetzerpreis des rumänischen Schriftstellerverbandes (1979) zu tun. Aber in einem Vielsprachengebiet ist das Leben mit oder neben diesen Sprachen und Kulturen auch eine Verpflichtung: man muss soweit wie möglich den immer „klein" genannten Literaturen helfen, indem man sie anderen zugänglich macht. Gescheitert bin ich schon als Gymnasiast als Übersetzer von Lermontow-Gedichten, da waren die zwangsverordneten Russischkenntnisse doch zu gering. Bei französischen Gegenwartsautoren war dies anders, aber es blieb bei Übungen. Die guten Gedichte und Prosastücke aus der rumänischen Literatur, die mir vertraut sind, nicht versuchsweise in deutschen Fassungen vorzulegen, wäre meiner Ansicht nach ein Versäumnis gewesen.

Du hast, obwohl Temeswarer, wie viele andere Germanisten Rumäniens, die später wissenschaftlich und publizistisch tätig werden sollten, an der Klausenburger Universität studiert. Das Thema deiner Diplomarbeit war die Lyrik von Oskar Pastior, der damals in Bukarest lebte und als Rundfunkredakteur sein Brot verdiente. Was hat dich bewogen, über einen zu der Zeit jungen Dichter deine Abschlussarbeit zu schreiben, der zwar in Rumänien als große Begabung und als Hoffnungsträger sehr bewundert wurde, über dessen Grenzen hinaus aber nicht bekannt war und von dem – von einem Kinderbuch und Übersetzungen abgesehen – bloß zwei Bände vorlagen?

Dazu muss ich zunächst ausholen und etwas über den Germanistiklehrstuhl in Klausenburg berichten, über dessen Vorgeschichte für uns Studierende damals – wohl aufgrund einer Selbstzensur der Lehrkräfte – nichts zu erfahren war, vor allem über den Zusammenschluss der beiden Universitäten, der rumänischen und ungarischen und der Zusammenlegung der Germanistiklehrstühle. Als ich 1960 das Studium begann, war die Abteilung Literaturwissenschaft durch die Professoren Harald Krasser und Edmund Pollack und durch die Wissenschaftliche Assistentin Zsuzsa Szell bestens vertreten. Sie förderten u. a. auch unser Interesse an Gegenwartsliteratur, die allerdings – was den westlichen Teil Deutschlands betraf – kaum aufzutreiben war. Eine Wiener KP-Zeitung, das *Neue Deutschland*, die *Neue deutsche Literatur* und *Sinn und Form* waren die einzigen ausländischen Periodika, die uns zugänglich waren. Das Interesse an den neuen Texten in der Bukarester *Neuen Literatur* war ebenfalls vorhanden, und Oskar Pastior war mehrmals zu Gesprächen mit uns (meinen Freunden Hermann Menning, Werner Schuller, Hans Roth) nach Klausenburg gekommen; ich traf ihn mehrmals in Temeswar, wo er u. a. meine Eltern besuchte. Die Wahl des Themas ging auf eine methodische Überlegung zurück, die ich heute noch für jeden Anfänger als empfehlenswert erachte: Es sollte gezeigt werden, dass man sich auch mit Literatur beschäftigen kann, die noch nicht durch eine Flut von Sekundärliteratur erschlossen worden ist. Der spontane Zugang zu noch unerschlossenen Texten sollte gewagt werden. Zweifellos hat die Qualität vieler Gedichte von Pastior (1965 gab es bloß einen Sammelband, die *Offenen Worte*) bei der Wahl eine Rolle gespielt. Auch die Möglichkeit, mit dem Autor selbst zu diskutieren, mag dabei eine Rolle gespielt haben, denn in Klausenburg war es nach 1963, als Krasser durch Krankheit, Pollack und Szell durch Ausreise (nach Bonn bzw. nach Budapest) Klausenburg verlassen hatten, in Sachen Literaturwissenschaft sehr still geworden. Und die ideologische Berieselung, mit der etwa Rilke als „der Steigbügelhalter des preußischen Junkertums" diffamiert wurde, war alles andere als stimulierend. Die Hinwendung zu den neueren Versuchen der rumäniendeutschen Literatur galt als Ausweg. Allerdings reagierte der verunsicherte Lehrstuhl auf diesen Themenvorschlag durch Abwarten: eine Woche vor dem Staatsexamen war ich noch immer ohne Betreuer, denn wie sollte man prüfen, wenn über den Autor noch keine größeren Untersuchungen vorlagen? Die Lehre, die ich hieraus zog: hinfort wusste ich, dass die Beschäftigung mit von der Forschung noch nicht erschlossener Literatur – ein großer Teil des deutschen Regionalschrifttums in Rumänien gehörte dazu – nötig ist.

Ein bedeutender Abschnitt deines beruflichen Werdegangs ist mit dem Germanistik-Lehrstuhl der Universität Jassy verbunden. Fast zwei Jahrzehnte warst Du an einer

Hochschule tätig, die von den historischen Siedlungsgebieten – vor allem jener der Banater Schwaben und der Siebenbürger Sachsen – etwas weitab lag, die aber infolge der Lehrtätigkeit hervorragender rumänischer und rumäniendeutscher Germanisten während der Zwischenkriegszeit einen gut Ruf besaß und die auch heute dank eines rührigen und über den Grenzen Rumäniens hinaus bekannten Lehrstuhlleiters von sich reden macht. Kommt da nicht Nostalgie oder gar der Wunsch auf, an die frühere Wirkungsstätte, zumindest für eine befristete Zeit, zurückzukehren?

Die Frage hätte ich früher ebenso gestellt. Heute muss ich allerdings sagen, dass Jassy für mich ein Stück zum Teil erfreulicher Geschichte geworden ist. Rückblickend darf ich auch daran erinnern, dass in der ehemaligen Hauptstadt der Moldau seit 1830 an Gymnasien Deutschunterricht erteilt wurde, seit 1835 an der Michaelsakademie, einer Hochschuleinrichtung. (Die Literaturveranstaltungen bot der Siebenbürger Christian Flechtenmacher an.) Der Germanistiklehrstuhl in Jassy war in der Zwischenkriegszeit durch Traian Bratu und Karl Kurt Klein zweifellos einer der am besten funktionierenden Germanistiklehrstühle des Landes. Von den Schülern fielen allerdings bloß Bronislaus Irion und Alexandru Ivănescu auf (der Letzte war ein frühes Opfer des Zweiten Weltkriegs). Nach dem Zweiten Weltkrieg hätte Irion, der die Leitung der Universitätsbibliothek nach Klein übernommen hatte, auch Lehrstuhlleiter werden können. Er fiel einer Denunziation zum Opfer, und Jean Livescu, später auch Rektor der Universität, wurde Lehrstuhlinhaber. Zwei seiner Schülerinnen, Cornelia Andriescu (vormals Macarevici) und Hertha Perez, haben in den 1950er Jahren Deutsch als Fremdsprache unterrichtet, danach am Lehrstuhl für Komparatistik deutsche Literaturgeschichte angeboten. 1964 wurde Deutsch im Hauptfach wieder eingeführt und außer Cornelia Andriescu und Ingeborg Pintilie aus der Moldau kamen Grete Jumugă und Alexandru Țenchea nach Jassy, 1965 Hermann Menning und ich. Die Vorgeschichte kannte ich damals selbstverständlich nicht. Für einen ordentlichen Lehrbetrieb war 1965 so gut wie nichts vorhanden. Von der ehemaligen Seminarbibliothek entdeckte ich erst 1967 Spuren, und diese 1000 Bände umfassende Restbibliothek war die Grundlage der Lehrstuhlbibliothek, die durch Schenkungen des DAAD und der DFG, ebenso der DDR-Lektoren bis 1981, als mein Abschied anstand, auf 7000 bis 8000 Exemplare angewachsen war. Da wir die „Schenkungen" mit Titellisten steuern konnten, handelte es sich um Grundlagenliteratur, die das ergänzte, was bis 1945 durch die Bibliothekarstätigkeit von Klein und Irion vorhanden war.

Bis 1969 versuchten Hermann Menning und ich (1969 siedelte er nach Österreich, später nach Bonn um), die literaturwissenschaftlichen Lehrveranstaltungen einheitlich zu gestalten. Schwerpunkt war – damals auch eine Mode –

die Textinterpretation, denn die literaturgeschichtlichen Vorlesungen wurden von Cornelia Andriescu und von Hertha Perez gehalten, die seit 1967 Lehrstuhlinhaberin war. Wenn Traian Bratu das Fach Deutsch als Fremdsprache, Klein die Erforschung der Regionalliteratur gefördert hatten, dann versuchte Hertha Perez die vorhandenen komparatistischen Ansätze auszubauen und das Fach Deutsch in rumänischen Medien zu popularisieren; auch der Erstellung von Unterrichtsmaterialien für die Germanistikstudenten des Haupt- und Nebenfachs wurde große Beachtung geschenkt. Dadurch wurde in Jassy – ebenso wie in Klausenburg – der literaturwissenschaftliche Zweig der Germanistik ausgebaut, oft zum Nachteil der Sprachwissenschaft. Seit 1968 war ich mit Vorlesungen betraut worden, wobei die Barockliteratur und das 18. Jahrhundert sowie die Literatur von 1880 bis 1945 im Vordergrund standen. Ein Schwerpunkt war für mich die Komparatistik, mit der ich mich eingehend beschäftigen konnte, und deutsch-rumänische Literaturbeziehungen brachten mich auch in Verbindung mit der deutschen Regionalliteratur. Was Karl Kurt Klein in Rumänien begonnen hatte – er war auch der Initiator für diese Regionalvergleiche –, versuchte ich in den späten 1970er Jahren fortzusetzen: die Geschichte der Germanistik in Jassy und in Rumänien. Heute hat dieser Arbeitsbereich in Rumänien selbst Konjunktur, was erfreulich ist, denn nach Sammelarbeiten werden wohl die sozialgeschichtlichen und mentalitätsgeschichtlichen Untersuchungen zu nennenswerten Erkenntnissen führen.

Nein, Nostalgie ist nicht vorhanden, so lange es hier in Tübingen genug Aufgaben für mich gibt. Eher bedauere ich, dass seit 1982 die Lehre in Jassy für mich, der ich Bruchstücke von Informationen aus der Ferne zur Kenntnis nehme, unverständliche Formen angenommen hat: In den 1980er Jahren wurden Lehrveranstaltungen der Germanisten in der Landessprache abgehalten, und als ich vor drei Jahren meine Frau begleitete – sie vertrat die Partneruniversität Jena bei einem Germanistentreffen in Jassy – konnte ich mir die Klagen meiner Schüler und späteren Kollegen anhören, die mich an die Jahre 1965–1968 erinnerten, wobei ich eigentlich immer angenommen hatte, dass die Anlaufschwierigkeiten längst überwunden worden wären. Ebenso horche ich immer wieder überrascht auf, wenn ich Thesen vernehme wie z. B., dass im kommunistischen Rumänien rumäniendeutsche Germanisten Privilegien genossen hätten, die dem Staatsvolk und anderen Minderheiten vorenthalten worden wären oder dass die Toleranz in der Bukowina eine Erfindung der Landsmannschaften sei, weil es dort in Wirklichkeit erbitterte Nationalitätenkämpfe und menschenverachtende Diskriminierungen gegeben habe. Nein, Nostalgien sind mir fremd. Die Frage aber, ob und warum ich heute vielleicht bessere Beziehungen zu Klausenburg unterhalte, ist zum Glück nicht gestellt worden. Persönliches spielt bei Beziehungen immer eine Rolle, und nachdem ich hier in Deutschland schon mehrfach ehemalige Absolventen (auch Gruppen) aus Jassy treffen konnte, wobei Erinnerungen zweifelsohne eine Rolle spielten, kann man eventuell sagen: die Beziehungen haben sich aus der Moldau nach Deutschland verlagert. In Jassy scheint die Stimmung am Lehrstuhl sehr gut zu sein. Das hat wohl auch die Konferenz der rumänischen Germanisten im Mai gezeigt. Und mit den Büchern von Andrei Corbea, seinem sehr guten Czernowitz-Lesebuch (das allerdings ähnlich einseitig wie die Veröffentlichungen der Landsmannschaften bloß ein „jüdisches Städtebild" zeichnet, wo es sich um eine Vielvölkerstadt handelt), seinen vorzüglichen Untersuchungen zum Lebenswerk von Valeriu Marcu, ebenso mit den kulturgeschichtlichen Teilen der Promotionsschrift von Cornelia Cujbă (über die deutsch-rumänischen Kulturbeziehungen in Jassy) und mit den Arbeiten von Astrid Agache zur Jassyer Tätigkeit von Karl Kurt Klein sind erfreuliche Kontakte über Grenzen hinweg möglich.

Die Beschäftigung mit den deutschen Regionalliteraturen Südosteuropas ist bloß seit deiner Aussiedlung in die Bundesrepublik Deutschland zu deinem eigentlichen Arbeitsgebiet geworden. Als Hochschulassistent und -dozent der Universität Jassy war dein Interesse wohl eher auf die große deutsche Literatur des 17. und 20 Jahrhundert ausgerichtet, die du nicht nur deinen Studenten in Vorlesungen und Seminaren, sondern auch den rumänischen Lesern durch Übersetzungen und literaturgeschichtliche Kommentare näher gebracht hast. Wie hat ein in mehreren Epochen der deutschen Literaturgeschichte bewanderter Hochschullehrer seine Verwandlung zum Regionalforscher verkraftet?

Die Beschäftigung mit einer Regionalliteratur ist, so wichtig sie zu sein vermag und so aufwändig die Untersuchungen sein mögen, immer bloß Teil einer Auseinandersetzung mit der „großen" deutschen Literatur. Die Regionalliteraturen mögen im Laufe ihrer Geschichte phasenweise eine mehr oder weniger ausgeprägte Eigenständigkeit aufgewiesen haben, sie mögen durchaus imstande sein, eigene Wege zu gehen, letztendlich sind sie eingebettet in das größere Ganze der jeweiligen Nationalliteratur. Doch die Traditionen unterhalb der allgemeinen Leitlinien sind für regionale Zusammenhänge von großem Interesse und von Bedeutung, und es bleibt zu bedauern, dass man bei der Erforschung dieser Literaturen, bislang bloß das – quasi ausschlaggebende – Kriterium, das der ästhetischen Bedeutung nicht durch andere Bewertungskriterien (beispielsweise ihre Rolle in der Gruppenbildung und -beglaubigung, in der Kulturvermittlung) ergänzt hat. Die regionalen Produkte sind für eine Gemeinschaft selbst, die sie in erster Linie anvisieren, von nicht zu unterschätzender Bedeutung. Ein Engagement für diese Literatur ist deshalb mehr als verständlich.

Zweifellos hat meine berufliche Tätigkeit in Deutschland die Beschäftigung mit deutscher Regionalliteratur entscheidend mitveranlasst. Die Auseinandersetzung mit dieser Literatur begann früher, wobei ich sie – wie auch in anderen Fällen – nicht ausschließlich durch eigene Arbeiten belegen kann. Ich habe die Studierenden in Jassy dazu ermutigt, sich mit Themen der deutschen Regionalliteratur der Bukowina, der Moldau, ebenso auch des Banats und Siebenbürgens zu beschäftigen. In einem einzigen Fall ist sogar in Hermannstadt eine Arbeit über den deutsch dichtenden Bukowiner Theodor Lupul entstanden, dessen Nachlass sich in Jassy befindet. Auch für den Themenschwerpunkt Deutschunterricht in Jassy haben sich Bearbeiter gefunden, so hat in den frühen 1980er Jahren Caroline Stanciu (sie gehörte zu den sieben Studierenden des ersten Absolventenjahrgangs 1969 in Jassy) eine Arbeit über den Deutschunterricht an Gymnasien in Jassy geschrieben, die als Prüfungsarbeit für den 1. Grad als Gymnasiallehrerin angenommen wurde.

Innerhalb meiner komparatistischen Arbeiten ist die deutsche Regionalliteratur ebenfalls ein Anliegen gewesen. Besonders die Werke der aus Rumänien stammenden Exilautoren (Leo Katz, Klara Blum, David Runes) habe ich untersucht. Die Beschäftigung mit der Regionalliteratur blieb jedoch im Rahmen des Lehrprogramms in Jassy etwas marginal; bloß Hilde-Marianne Paulini hat Lehrveranstaltungen zu regionalen Themen abgehalten. In diesem Sinne war die Beschäftigung mit regionalen Literaturentwicklungen in Deutschland ein Novum für mich. Das war anfangs unvermeidlich und hing mit der – mir doch recht neuen – journalistischen Tätigkeit und mit den regionalen Exklaven zusammen, die sich hier auch als eine Form der Ausgliederung ergaben und die zum Teil hinter das in Rumänien schon erreichte überregionale deutsche Minderheitenbewusstsein zurückfielen. Diese Trennlinien zwischen Siebenbürger Sachsen und Banater Schwaben, zwischen Buchenlanddeutschen und Sathmarschwaben, sie verweisen auf eine frühere Entwicklungsperiode, auf Zeiten, als die regionale „Eininselung" als Notwendigkeit einer Selbstbehauptung als Minderheit galt.

Meine eigenen regionalen Interessen konnten hierzulande zum Teil weitergeführt werden – auch in der Zeitschrift *Banatica*, wo allerdings nach einigen Jahren Einspruch dagegen erhoben wurde, dass nicht ausschließlich Banater Themen behandelt werden. Meine Beiträge für die Vierteljahresschrift *Banatica*, für die Zeitung *Banater Post*, die Herausgabe einer Banater Literaturanthologie (*An Donau und Theiß*, 1986) sind Zeugnisse dieser Banatlastigkeit, die sich auch in den späteren Buchausgaben der Banater Bibliothek (vgl. die Einzelbände zu Diplich, Engelmann, Alscher, Krischan) erkennen lässt. Ob daraus eine Geschichte der Banater deutschen Regionalliteratur entstehen wird, die auch über das zuletzt von Dieter Kessler Geleistete hinausgeht, kann ich im Augenblick nicht sagen. Ich neige eher dazu anzunehmen, dass eine Eingliederung der Banater Regionalliteratur in das weiträumigere Beziehungsgefüge der deutschen Minderheitenliteratur (im Königreich Ungarn bis 1918, im Königreich Rumänien nach 1918 und im kommunistischen Rumänien nach 1945) – nach dem Vorbild der literaturgeschichtlichen Darstellungen eines Béla von Pukánszky in Castle/Nagl/Zeidlers *Deutsch-österreichischen Literaturgeschichte* – sinnvoller wäre. Die Region Banat als Teil des Königreichs Ungarn, dieses als Teil der k. u. k Doppelmonarchie, schließlich die Doppelmonarchie als Teil einer deutschen Literaturentwicklung, die alle deutschsprachigen Länder in Europa umfasst: das wäre eine logische Verquickung.

Mit dem Beginn meiner Tätigkeit am Institut für donauschwäbische Geschichte und Landeskunde kam auch die Wende: ich konnte in Lehrveranstaltungen, die zwar regionale Elemente aus Südosteuropa behandeln müssen, auch wieder zu den Themen zurückkehren, die mir von Anfang an viel bedeuteten (selbstverständlich nicht in gleichem Umfang wie früher). Innerhalb der Regionalliteratur hatte ich sowieso nur diejenigen Entwicklungsabschnitte gewählt, die sich mit meiner früheren Tätigkeit vereinbaren ließen: das 17. Jahrhundert (Siebenbürgen und Türkenliteratur), das späte 19. sowie das 20. Jahrhundert. Dem entsprechen auch die Themen meiner Lehrveranstaltungen. Die späte Rückkehr – es liegen fast acht Jahre zwischen den letzten Lehrangeboten in Jassy und den ersten in Tübingen – in den Seminarraum hatte auch Vorteile.

Deine Tätigkeit als Redakteur der Banater Post *war nicht von langer Dauer. Sie fiel in eine Zeit, als u. a. die Banater Schriftsteller der „Aktionsgruppe" Schwierigkeiten mit dem Ceauşescu-Regime bekamen und die bundesdeutsche Presse die Aufmerksamkeit auf ihre Situation und ihre Werke zu lenken begann. Inwiefern wurden diese damals in Not geratenen Schriftsteller durch die Landsmannschaft der Banater Schwaben und deren Medien unterstützt?*

Ich war von 1985 bis 1987 Redakteur der *Banater Post*. Nach einer Eingewöhnungsphase war es mir 1986 möglich, die Zeitung im heutigen Format herauszugeben, was für die Zeitung eine neue Struktur bedeutete und der Kulturpräsentation die Möglichkeit erschloss, regelmäßig und mit umfangreicheren Beiträgen in Erscheinung zu treten. Allerdings wurde auf die grün-weiße Aufmachung der Zeitung – ohne Vorwarnung und ohne Absprache mit mir – ein Jahr später wieder verzichtet. Die Zeitung erscheint heute in einer monotonen schwarz-weiß Gewandung, weil „wir nicht zu den Grünen gehören", wie die Leser angeblich reagiert haben sollen; dabei muss man wissen, dass die Vereinsfahne der Banater Landsmannschaft grün und weiß ist.

Was die Autoren der „Aktionsgruppe" anbelangt, so muss zwischen der Reaktion auf ihre literarischen Leistungen und ihrer Selbstdarstellung als Opfer und Dissidenten unterschieden werden. Auch waren in den Kreisen der Banater Leser – sieht man von Herta Müller, die eigentlich nicht zur Gruppe gehörte, und Richard Wagner ab – die übrigen Autoren eher unbekannt.

In Rumänien hatte eine Leserreaktion eingesetzt, die einerseits die Modernität der Texte der jungen Autoren ablehnte, andererseits auf Inhaltliches reagierte, das – wie im Falle der Parabel vom *Schwäbischen Bad* von Herta Müller – zu heftigsten und irrationalen Angriffen auf die Autoren bzw. die Autorin führte. Das war in Deutschland nicht anders: man bezichtigte vor allem Herta Müller der „Nestbeschmutzung", missverstand symbolische Texte als Widerspiegelung von Realität und unterstellte ihnen deshalb eine – auch den rumänischen Zensurbehörden genehme – Denunziation der schwäbischen Tugenden.

Zu dieser Art von Rezeption, die in Heimatzeitungen anzutreffen war – bei der *Banater Post* vermochte auch meine Vorgängerin in der Redaktion, Dorothea Götz, daran kaum etwas zu ändern –, ist nichts hinzuzufügen, die Einstellung spricht für sich selbst. Die Sensibilisierung literaturfremder Rezipienten – durch jahrzehntelange Diskriminierungen – lässt auch solche Interpretationen zu. Die Autoren, auch Herta Müller, ließen es auf offene Provokationen durch diese literarisch kaum Gebildeten ankommen und unterstellten dem Ganzen einen unvermeidlichen Generationenkonflikt. In Rumänien und in Deutschland wurde dementsprechend „die Landsmannschaft" für Verbalinjurien und Angriffe auf die „Aktionsgruppe" verantwortlich gemacht. Dass diese Landsmannschaft in den späten 1970er und frühen 1980er Jahren zum größten Teil aus Leuten bestand, die aus dem kommunistischen Rumänien ausgereist waren, die keinesfalls – wie in den früheren Jahrzehnten – zu rechten, erzkonservativen Gruppen gehörten, wurde von den Autoren geflissentlich übersehen. Das Konfliktpotenzial hüben und drüben wurde nicht abgebaut, sondern es wurden beide Seiten in höchste Alarmbereitschaft gesetzt. Es war schon im Banat fraglich, ob man den politisch Diskriminierten das vorwerfen musste, was ihnen das System vorenthalten hatte, nämlich Denkfreiheit, Selbstbewusstsein und vor allem adäquate Bildung. Aber die Auseinandersetzungen nahmen in Deutschland an Heftigkeit zu, und der Ausgangspunkt, der die Beschäftigung mit Literatur hätte sein müssen, entschwand völlig aus den Augen. Unter solchen Umständen war eine Unterstützung für Müller und Wagner nicht denkbar. Dies war umso weniger möglich, nachdem beide behaupteten, nicht als Vertriebene nach Deutschland gekommen zu sein.

In der *Banater Post* wurden Neuveröffentlichungen der Gruppe präsentiert, in der erwähnten Anthologie Banater Literatur sind diese Autoren vertreten, und in der Zeitschrift *Banatica* erschienen Untersuchungen zum Werk dieser damals jungen Banater Autoren.

Was jedoch den Mythos vom Widerstand anbelangt, den die Teilnehmer der Gruppe vorgeblich geleistet haben sollen, so kann ich davon bloß so viel begreifen: Um im bundesdeutschen Literaturbetrieb akzeptiert zu werden, war für diese Autoren eine – auch politisch motivierte – Legitimation notwendig. Als Dissidenten gegen ein zwischenzeitlich weltweit geächtetes Zwangsregime konnte man auf Zustimmung hoffen. Es wurde auch – wie zuvor in Rumänien – versucht, als geschlossene Gruppe aufzutreten und zu agieren. Das war in einem Land des Individualismus nicht machbar, und wenn man früher geschlossen gegen die Vätergeneration gewettert hatte, die in der Regel durch stillschweigende Förderung der Jungen deren Karriere erleichtert hatte, so wurde nun das Mono-Thema Ceaușescu- bzw. Regimekritik aufgegriffen, das nie zum Dauerbrenner werden konnte. Wenn man sachlich bleibt, dann hat es in Rumänien immer bloß zwei Orthodoxe und sonst bloß Protestanten gegeben, wie dies ein politischer Witz wusste, aber eine offene Kritik am Regime war auch in den Reihen der deutsch schreibenden Autoren nicht vorhanden. Ebenso haben die in der Bundesrepublik lebenden Banater nicht, wie viele von ihnen meinen, mehr gelitten als andere in Rumänien auch. Sowohl Leid als auch Aufopferungswillen und -fähigkeiten waren in diesem Jahrhundert sehr häufig vorhanden, aber die größten Opfer und der entschiedenste Widerstand gegen Diktatur und Zwang waren nicht an der Temesch und an der Marosch zu verzeichnen. Auch sollte man die Anpassungsschwierigkeiten, die jeder hatte und hat, nicht anderen aufhalsen und nicht denjenigen die Schuld zuweisen, die keine oder keine größere Schuld, als man selbst hatte, auf sich geladen haben.

Seit 1985 bist du Mitarbeiter des Instituts für donauschwäbische Geschichte und Landeskunde in Tübingen und seit 1989 auch dessen Geschäftsführer. Das Institut widmet sich einer ganzen Reihe von Themen zur Siedlungs-, Sprach- und Kulturgeschichte der Banater und der Donauschwaben. Diese Auseinandersetzung spiegelt sich u. a. auch in zahlreichen großformatigen Materialienbänden des Instituts und gelegentlich auch in den anderen Veröffentlichungen der Kollegen wider. Ist hinfort damit zu rechnen, dass die Mitarbeiter mit ihren Veröffentlichungen den internen Kommunikationsrahmen durchbrechen und sich zunehmend einer breiteren wissenschaftlichen Öffentlichkeit stellen werden, auch mit eigenen Büchern, wie es zum Teil bereits geschehen ist?

Das Institut für donauschwäbische Geschichte und Landeskunde wurde im Sommer 1987 gegründet und bestand zunächst aus einer Fünfzimmerwohnung, die im Laufe des Jahres möbliert wurde. Da einerseits beschlossen worden war, eine eigene Bibliothek aufzubauen, sich eigene Sammlungen

(Archiv, Tonträger, Karten) zuzulegen, war für die zunächst zwei, ab Oktober 1987 vier, später fünf Projektleiter die Notwendigkeit gegeben, diese Sammlungen anzulegen und auszubauen. Außerdem sollten die Kontakte zu Kollegen und wissenschaftlichen Einrichtungen im In- und Ausland geknüpft werden, um hierdurch die Grundlage für eine ausgedehntere Tätigkeit in Forschung und Lehre zu schaffen. Ebenso waren Studierende an die vom Institut vorgeschlagenen und angebotenen Themen heranzuführen, wissenschaftliche Exkursionen in die südosteuropäischen Staaten wurden geplant und ausgeführt. Ich lasse es bei der Erwähnung dieser Vorhaben bewenden, auf gedrängtem Raum kann das hier nicht alles ausgebreitet werden. Die allgemeinen Zielsetzungen sind bis heute beibehalten worden, ihre Umsetzung und Konkretisierung ist mühevoll genug. Und wenn ich auf die Informationsbroschüren, die du ansprichst, die so genannten „Materialien", verweisen darf, so sei daran erinnert, dass bisher elf Bände, die zum Teil die Ergebnisse von Tagungen in Ungarn und Rumänien festhalten und zur schnellen Information dienen, erschienen sind. Diese Beiträge erleichtern die wissenschaftliche Kommunikation, und die Monografien und die größeren Tagungsbände, die bisher vorgelegt wurden, sind das Resultat einer wissenschaftlichen Tätigkeit, die von fünf Projektleitern/innen und dem Institutsleiter geleistet worden ist. Außerdem sind in Ungarn und Rumänien Publikationen herausgebracht worden, die dort ein positives Echo gefunden haben. Es wurde lange überlegt, ob ein eigener Verlag, ob eine eigene Institutszeitschrift als Nachweis der eigenen Forschung nicht dienlicher sei. Wenn es dazu nicht gekommen ist, dann hat dies vor allem den Grund, dass uns die Arbeit mit den Kollegen vor Ort, in den einzelnen Ländern Südosteuropas, dringlicher schien, die Vermittlung durch Lehre, Tagungen, Seminare und Exkursionen dortigem Bedarf angemessener. Auch waren und sind die Zusammenarbeit mit der Südostdeutschen Historischen Kommission, deren Zeitschrift *Südostdeutsches Archiv* auch von Mitarbeiten unseres Instituts herausgegeben wird, die Kontakte zum Budapester Europa-Institut, zum Germanistikzentrum Budapest, zu den Lehrstühlen in Szeged und Fünfkirchen, die kontinuierlichen Aktivitäten in Rumänien mit den unterschiedlichsten Fakultäten der Klausenburger Partneruniversität, ebenso die Beziehungen zu Temeswar, Neusatz zu den Universitäten in Uschgorod, in Lemberg Ausdruck einer zielstrebigen Politik der Öffnung, des Dialogs, der Kräfte in West und Ost mobilisiert. Ob und wann die Ergebnisse dieser Tätigkeit auch in den höchsten wissenschaftlichen Etagen wahrgenommen werden, kann ich nicht sagen.

Seit 1988 hast du auch Lehraufträge an der Tübinger Universität zu Themen der deutschen Regionalliteraturen in Südosteuropa übernommen, und seit dem Ende des

Kommunismus in Osteuropa veranstaltest du auch Blockvorlesungen an Universitäten in Ungarn und Rumänien. Welches Interesse seitens der Studenten schlägt da dem Vortragenden entgegen?

Ich glaube, man müsste in erster Linie allgemein dafür Sorge tragen, dass die Resultate der Forschung bekannt und weiterverwendet werden. So bleibt eine der Zielsetzungen des Instituts die Vermittlung von Erfahrungen und Kenntnissen in Lehre und Forschung. Auf die breite Palette der Volkshochschulbildung, der diversen kulturellen Veranstaltungen von Vereinen, an denen unsere Mitarbeiter teilnehmen, muss ich nicht eingehen, sie ist ebenfalls Teil der Tätigkeit der Institutsmitglieder. Die Lehre wird am Institut immer wichtig bleiben, denn der Institutsleiter ist im Hauptamt Professor an der Eberhard-Karls-Universität. Von den fünf Projektleitern halten zwei seit langem, eine Kollegin seit jüngster Zeit Lehrveranstaltungen im In- und Ausland.

Ich selbst sollte vor allem deutsche Regionalliteratur aus Südosteuropa bei den Germanisten anbieten. Das erste Seminar im Sommersemester 1988 galt den siebenbürgisch-sächsischen und den Banater Prosaautoren der Zwischenkriegszeit. Die erste Erfahrung, die ich machte, war, dass man nicht nur diese Autoren nicht kannte, sondern ebenso wenig Hesse oder Döblin. Die Seminare mit regionaler und am Neckar so abwegiger Thematik mussten sich mit drei bis fünf Studenten begnügen. Zum ersten Mal hatte ich fünfzehn Teilnehmer, als ich das Thema „Mythos und Geschichte" anhand der Beziehungen zwischen Thomas Mann und Karl Kerényi behandelte. Seither biete ich die Seminare bei Germanisten und Komparatisten an, gehe oft auf Werke der bekannten binnendeutschen Autoren, ebenso auf die Werke aus anderen, südosteuropäischen Nationalliteraturen ein und habe eine Gruppe von acht bis zwanzig Studenten, die sich mit Begeisterung das Ungarn-Bild in der deutschen Literatur, deutsche Dramatiker aus Deutschland und Südosteuropa, Lenau und seine Freunde aneignen. Das Interesse an Minderheiten, an Gegenden, die im Medienalltag im Westen weiße Flecken sind, ist unter den Studenten recht groß. Es ist inzwischen längst keine Seltenheit mehr, dass Studentinnen und Studenten, die eines der Regionalseminare besucht haben und damit die Pflicht, einen Schein zu erwerben, absolviert haben, ein zweites oder drittes Mal an diesen Seminaren teilnehmen. Das allein lässt schon hoffen, weil es nicht mehr Zufall oder kurzfristiges Interesse ist, das sie dazu antreibt.

Anders in Ostmittel- und Südosteuropa. Dort könnten wir wann immer Dutzende von Lehrveranstaltungen anbieten. Nach den Erfahrungen vor Ort, nach einem Seminar zu Methoden der Literaturwissenschaft in Budapest (1994) und einem Seminar zur deutschen Regionalliteratur im Königreich Ungarn in der Zeit von 1848 bis 1918 in Fünfkirchen (45 Teilnehmer) erschien es mir wenig sinnvoll, einzelne Seminare oder Vorlesungen zu halten. Eine Kontinuität innerhalb des Studiums ist wichtiger, denn einzelne Lehrveranstaltungen im ansonsten luftleeren Raum bringen den Studierenden nicht viel ein.

In Budapest gibt es inzwischen einen eigenen Studiengang für Nationalitätengermanisten, d. h. für Mitglieder der ungarndeutschen Gruppe. Dort wird auch die Geschichte der deutschen Literatur in Ungarn (Dr. András Balogh) vorgetragen. Innerhalb dieses festen Rahmens erscheint eine Lehrtätigkeit sinnvoll, weil eine Entwicklung von Fähigkeiten und einem dauerhaften Interesse an den Regionalthemen bewirkt werden kann.

Ähnliches wird möglicherweise bald auch an der Babeş-Bolyai-Universität Klausenburg verwirklicht werden können. Tagungen sind ihrerseits punktuelle Chancen einer Begegnung und eines Dialogs. Lehrtätigkeit hat Kontinuität zur Voraussetzung.

Aus diesem Grund wird es immer schwierig sein, von Tübingen oder von München aus diese Bildungsbemühungen konsequent voranzutreiben. Auf sie zu verzichten, läge nicht im Sinne aller bisher beschriebenen Tätigkeiten.

2/2000

„EINE EINSTELLUNG, DIE WELTOFFENHEIT EINSCHLIESST"

Walter Engel

Dr. Walter Engel, der als Leiter des „Gerhart-Hauptmann-Hauses. Deutschosteuropäisches Forum" (Düsseldorf) sich besonders nach der politischen Wende der 1990er Jahre große Verdienste um das Zustandekommen eines erfolgreichen kulturellen Ost-Westdialogs erworben hat, wurde am 13. November 1942 im banatschwäbischen Dorf Deutschsanktmichael geboren. Er besuchte das Gymnasium in Hatzfeld und die Germanistikfakultät in Temeswar (1960–1965). Nach dem Abschluss seines Studiums ging er nach Siebenbürgen, wo er als Gymnasiallehrer in Heltau (1965–1968) und Kulturredakteur der *Hermannstädter Zeitung* (1968–1972) tätig war. Bis zu seiner Aussiedlung in die Bundesrepublik Deutschland (1980) lehrte er an der Germanistikabteilung der Temeswarer Universität, wo er Vorlesungen und Seminare vor allem zur deutschen Literatur des 19. und 20. Jahrhunderts anbot. Seine bereits in Rumänien begonnene Dissertation über die banatschwäbischen Kulturzeitschriften verteidigte er 1981 an der Universität Heidelberg. Neben der Geschichte der deutschsprachigen Presse des Banats beschäftigte sich Walter Engel mit der Wahrnehmung der rumänischen Literatur in deutschsprachigen Medien im 19. und 20. Jahrhundert.

Nach einer Ausbildung für den Höheren Dienst an wissenschaftlichen Bibliotheken (1982–1984) war Walter Engel Projektmitarbeiter der „Forschungsstelle 19. Jahrhundert" an der Stadt- und Universitätsbibliothek Frankfurt am Main und Abteilungsleiter im Amt für Wissenschaft und Kunst in dieser Stadt. Von 1988 bis 2006 war Walter Engel Direktor des „Hauses des Deutschen Ostens", Düsseldorf, das sich 1992 in „Gerhart-Hauptmann-Haus" umbenannte. Walter Engel, der in den Jahren 1990–1994 auch einen Lehrauftrag für rumäniendeutsche Literatur an der Heinrich-Heine-Universität seiner Heimatstadt wahrnahm, ist der Autor zahlreicher Veröffentlichungen zur Literatur und Kunst der historischen deutschen Ostgebiete. Seine Studien und Aufsätze zur Geschichte der deutschen Literatur in Rumänien bündelte er 2013 in dem in München erschienenen Band *Blickpunkt Banat. Beiträge zur rumäniendeutschen Literatur und Kultur.*

2007 erhielt Walter Engel den Donauschwäbischen Kulturpreis.

Walter Engel, in den Würdigungsartikeln zu deinem 60. Geburtstag, den du unlängst begingst, werden nicht nur die Vielzahl deiner beruflichen Stationen und die Vielfalt deines Wirkens hervorgehoben, sondern auch die „Weite der östlichen Seele", die in den Gesprächen mit dir spürbar werde, wie es der Schriftsteller Hans Bergel in dieser Zeitschrift formulierte. Nun lebst du schon seit mehr als zwei Jahrzehnten in der Bundesrepublik Deutschland und giltst, nach dem Urteil der Gratulanten, als „beispielgebend" in der „Heimat deiner Vorfahren" integriert. Wie kommt es, dass du trotz der fortgeschrittenen Integration „Geist und Zungenschlag deines östlichen Erbes" so lange beibehalten konntest?

Zugegeben, mir hat Hans Bergels Wort von der „Weite der östlichen Seele" sehr gut gefallen. Es trifft ja auf viele unserer Landsleute – Banater oder Siebenbürger – zu, ob sie sich dessen bewusst sind oder nicht, ob sie es zugeben wollen oder nicht. Möglicherweise ist dieses Empfinden bei Künstlern, Schriftstellern oder Kulturhistorikern und Publizisten ausgeprägter, da sie über Landschaft und Menschen, über historische Umbrüche und Identitätsstiftung im Raum ihrer Herkunft intensiver reflektieren und Exemplarisches im Wort oder Bild aufheben wollen. Doch auch unabhängig von Beruf und Bildung hat uns das Gemeinschaftsleben und die trotz des kommunistischen Systems in der Familie und Nachbarschaft tradierte Lebens- und Denkweise einen eigenen Stempel aufgedrückt. Es war und ist viel Positives dabei, was Lebenseinstellung und Existenzbewältigung bei der steten Gratwanderung einer gefährdeten Minderheit anbelangt. Kleinkariertes und Eigenbrötlerisches blieb da natürlich nicht aus. Ich habe dies aber nicht im Vordergrund gesehen. Und es wäre mir nicht eingefallen, als Intellektueller oder als ein Besserwisser über die Banater Schwaben als Gemeinschaft herzuziehen. Ich hatte und habe mich von meiner Prägung im Elternhaus und der Dorfgemeinschaft her immer als Banater Schwabe gefühlt. Meine Mutter stammt aus dem kleinen Ort Aurelheim – zehn Kilometer von meinem Geburtsort Deutschsanktmichael entfernt –, wo seit Generationen Deutsche und Ungarn zusammenlebten. Mein Vater hat als Malermeister auch für die alteingesessenen Rumänen der umliegenden Ortschaften, auch für die Ungarn und Serben gearbeitet. Wir waren fest in die Tradition unserer Herkunft eingebunden, respektierten aber die Menschen anderer Sprache und Mentalität mit der größten Selbstverständlichkeit. Diese Einstellung, die aus meiner Sicht Weltoffenheit einschließt, ist mir bis heute geblieben.

Ob ich nun hierzulande „beispielgebend" integriert bin, weiß ich nicht. Die Frage der Integration habe ich mir nie gestellt, es sei denn als Existenzaufbau. Wir sind ja mit drei Kindern nach Deutschland gekommen, sonst mit leeren Händen, und wussten nicht, wie wir es schaffen werden. Die Zugehörigkeit zum deutschen Sprach- und Kulturraum hatten sich die Banater Schwaben trotz wechselnder Staatsangehörigkeit über fast drei Jahrhunderte bewahrt, so dass sie sprachlich und kulturell, abgesehen von ihren materiellen Problemen und vom aktuellen jeweils lokalen Kulturleben, sofort „integriert" waren. Über die psychischen Belastungen, denen vor allem die Kinder, aber auch wir Erwachsenen in den Anfangsjahren ausgesetzt waren, sind wir uns erst später voll bewusst geworden.

Als Banater Schwabe in Deutschland zu leben, war eben kein Widerspruch für mich. Auf der anderen Seite gehören „Geist und Zungenschlag des östlichen Erbes", genauer gesagt jene der Banater Schwaben, organisch zu meiner Biografie. Dies schließt den Besuch eines deutschsprachigen Gymnasiums und der Universität Temeswar mit ein.

Ich war achtunddreißig, als ich ausgewandert bin. Die intellektuellen Grundlagen, inklusive „Zungenschlag" waren gelegt. Es stellte sich heraus, dass ich darauf sehr gut und mit Bemühen auch erfolgreich in Deutschland aufbauen konnte, ohne die Hälfte des Lebens aufzugeben. Da bin ich aber kein Einzelfall. Bei einem Treffen mit meinen ehemaligen Temeswarer Germanistikstudenten – Absolventenjahrgang 1976 – konnte ich feststellen, dass alle, aber auch alle ihren Weg in Deutschland gemacht haben. Was jedoch die Banater Gepflogenheiten betrifft, so sind dafür noch die Familie und das Vereinsleben – z. B. Landsmannschaft – als Nischen geblieben in einer zunehmend von moderner Kommunikation und Internationalität geprägten Gesellschaft. Wir können also „nicht bleiben, was wir sind", aber unsere spezifische gewachsene Kultur als „Farbtupferl" in die deutsche Kultur einbringen, das sollten wir können. Sie gehört auch als Mosaiksteinchen in das Kulturbild des Landes, in dem wir geboren und aufgewachsen sind. Diesen Spagat mag jeder auf seine Weise spüren. Nimmt man ihn positiv an, so ist es keine Belastung, sondern eine fruchtbare Erfahrung, die man nicht missen möchte.

Die ersten prägenden Eindrücke deutschen Minderheitendaseins erfuhrst du in der kleinen banatschwäbischen Dorfgemeinschaft Deutschsanktmichaels, in die du während des Zweiten Weltkrieges hineingeboren wurdest. Der Besuch des Gymnasiums in der Großgemeinde Hatzfeld und der Germanistikfakultät in Temeswar haben die Bindungen an die Region deiner Herkunft enger und vielfältiger werden lassen. Dennoch verbliebest du nach dem Abschluss des Studiums nicht im Banat, du gingst im Unterschied zum überwiegenden Teil deiner schwäbischen Kommilitonen zunächst nach Siebenbürgen. War es die bereits in deiner Jugend sich ankündende „Weite der östlichen Seele", die dich veranlasste, auch andere Regionen und Landschaften kennen zu lernen?

In meinem Geburtsort Deutschsanktmichael gab es nur eine Grundschule, so dass ich mit elf Jahren nach Temeswar kam, dann in die Gemeinde Gertjanosch, wo meine Schwester Lehrerin war, schließlich an das Gymnasium in Hatzfeld. Ich musste mich immer wieder anpassen, in den Schulen, bei den „Quartiersleuten" oder im Internat. Es fiel mir nicht sonderlich schwer, aus heutiger Sicht. Vielleicht entstand da schon die Offenheit für Veränderungen. Ich habe schnell Anschluss gefunden und hatte zu meinen Lehrern, bis auf wenige Ausnahmen, ein ausgezeichnetes Verhältnis. Noch heute denke ich mit Respekt und Anerkennung an meine Lehrer und Lehrerinnen, denen ich viel zu verdanken habe. Am liebsten wäre ich auch im Banat geblieben als Deutschlehrer an einem Gymnasium. Es gab aber keine freien Stellen, als ich 1965 mein Germanistikstudium abschloss. Die damals in Rumänien übliche zentrale Stellenzuteilung brachte meine Frau und mich als Deutschlehrer nach Siebenbürgen, ins malerisch gelegene Michelsberg und nach Heltau, in eine uns unbekannte Landschaft, in der wir uns bald wohl fühlten, wenngleich wir die siebenbürgisch-sächsische Mundart, die ja auch im Lehrerzimmer gesprochen wurde, erst nach geraumer Zeit und dann nur fragmentarisch verstehen konnten. Siebenbürgen sollte nicht nur eine Lebensstation mit Familiengründung werden – meine zwei ersten Kinder sind in Heltau und Hermannstadt, das jüngste in Temeswar geboren –, sondern eine wichtige Erweiterung des Horizonts, echte Lehrjahre und natürlich, wenn man so will, ein Schritt zu dem hin, was man poetisch „Weite der östlichen Seele" nennen kann.

Die Arbeit als Gymnasiallehrer hat dich wohl nicht recht ausgefüllt. Bereits nach drei Jahren hast du zur Hermannstädter Zeitung *gewechselt und dich einer Arbeit zugewandt, die dir offenbar mehr zusagte. Wie hat sich ein Banater Schwabe in einer Lokalredaktion zurechtgefunden, in der ausschließlich Siebenbürger Sachsen tätig waren?*

Eigentlich konnte ich mir ein Leben als Gymnasiallehrer, vielleicht auch als Hochschullehrer, sehr gut vorstellen. Meine Hochschullehrer – Johann Wolf, Josef Zirenner, Karl Streit, Eva Marschang, Maria Pechtol – entstammten selbst der deutschen Minderheit des Banats und waren von der Bedeutung der Schule und damit auch des Lehrerberufs für die Bewahrung unserer Sprache und Kultur voll und ganz überzeugt. Sicher war dies nicht vordergründig bei den Lehrveranstaltungen ein Thema. Aber wir spürten es, vor allem bei Dr. Wolfs Didaktik- und Methodikvorlesungen: Ihr werdet gebraucht, die deutsche Sprache und Literatur weiterzugeben.

Dass Heltau nur eine kurze Episode für mich sein würde, war damals nicht abzusehen. Mit dem Germanistikstudium hatte ich mich für den Lehrerberuf entschieden. Andere Chancen waren rar gesät. Auf Grund meiner Abschlussnote hätte ich als Assistent an die Jassyer Germanistiksektion gehen können.

Das war mir doch zu weit und zu fremd. Der *Neue Weg* warb unter den Germanistikabsolventen. Nach Bukarest wollte ich aber auch nicht.

In Heltau hatte ich sehr gute Kollegen – Siebenbürger Sachsen und Rumänen – und eine schöne Aufgabe: Die deutsche Abteilung wurde zu der Zeit aufgebaut. Dass ich zur *Hermannstädter Zeitung* ging, war mehr oder weniger ein Zufall. Ich hatte im *Neuen Weg* zwei, drei kurze Beiträge in der „Sprachecke" veröffentlicht. Und als Anfang 1968 ein Aufbaustab vom *Neuen Weg* nach Hermannstadt kam, um die *Hermannstädter Zeitung* auf den Weg zu bringen, erinnerte sich Walter Jass an seinen etwas jüngeren Studienkollegen, der in Heltau arbeitete. Man ließ mich kommen und bot mir eine Stelle an. Ewald Zweier war Chefredakteur in spe, Horst Breihofer und Ilse Schumann saßen in chaotisch anmutenden Räumen. Das Sagen hatte noch Erich Wayand. Astrid Connerth-Wiesenmayer war bereits für die Kultur auserkoren. Mir bot man die Redaktion des Auslandsteils der Zeitung und Mitarbeit in der Kulturabteilung an. Erst ein halbes Jahr später, nachdem ich als Halbtagskraft schon fest mitgearbeitet hatte, aber weiterhin mein volles Deputat am Gymnasium bewältigte, ging ich zur Zeitung. Es war keine leichte Entscheidung, zumal ich wusste, dass die Zeitungsleute als parteikonform und bei der deutschen Bevölkerung als nicht sehr vertrauenswürdig galten. Meine Eltern waren über meine neue berufliche Laufbahn nicht sehr glücklich. Ich wusste, dass ich als Journalist nicht alt werden würde und legte sogar noch die so genannte „Definitivats"-Prüfung fürs Lehramt ab, um mir ein Hintertürchen offen zu halten. Überdies warnten mich meine Heltauer Freunde: Pass auf, die Hermannstädter deutschen Intellektuellen sind so etwas wie eine geschlossene Gesellschaft. Da wirst du als Banater Schwabe kaum reinkommen. Es sollten vier anstrengende, aber auch erfahrungsreiche Jahre werden. Ab und zu wurde ich scherzhaft als Banater vorgezeigt, nie boshaft oder diskriminierend, eher mit Augenzwinkern: Seht her, was es in der Redaktion gibt!

In der Redaktion entwickelte sich ein ausgesprochen kollegiales Klima. Dafür sorgten vor allem Ewald Zweier und Felix Caspari. Vielleicht sehe ich das heute etwas verklärt. Aber wenn ich an Astrid Connerth denke, an Horst Breihofer, Hermann Schobel, Horst Weber, Rolf Maurer, die Fotografen Horst Buchfellner und Fred Nuß oder an Gerhild Antoni und Karl Drotleff so war es alles in allem eine gute Truppe, die außerhalb der Arbeit auch gern miteinander feierte.

Nachdem Astrid Connerth 1970 von einer Reise in die Bundesrepublik nicht mehr zurückgekommen war, übernahm ich die Kulturabteilung in der *Hermannstädter Zeitung*. Der Umgang mit den Hermannstädter deutschen Intellektuellen war für mich äußerst instruktiv, der Gedankenaustausch anregend und fördernd, sei es im Literaturkreis, nach den Theaterpremieren oder anlässlich von Interviews. Damals war ich kaum achtundzwanzig! Ich nenne hier Bernhard Capesius, Harald Krasser, Georg Scherg, Wolf von Aichelburg, Gisela Richter, Christian Maurer, Hanns Schuschnig, Joachim Wittstock, Walther Seydner, Heinz Acker, Peter Szaunig. Sie alle waren Mitarbeiter der Zeitung. Mit Wolf von Aichelburg führte ich lange Gespräche, auch noch hier in Deutschland. Ich empfand es als besondere Auszeichnung, die Laudatio auf Wolf von Aichelburg anlässlich der Verleihung des ersten Siebenbürgisch-Sächsischen Kulturpreises im Frankfurter Kaisersaal zu halten.

Meine Zeit als Journalist hat mir für die spätere berufliche Entwicklung, sei es an der Uni Temeswar oder in Deutschland, viel gegeben. Über Literatur und Theater habe ich eigentlich in allen deutschsprachigen Periodika Rumäniens in den 1970er Jahren publiziert. Nach der Auswanderung 1980 konnte ich in der *Neuen Züricher Zeitung*, der *Frankfurter Allgemeinen Zeitung*, der *Rhein-Neckar-Zeitung* (Heidelberg) u. a. veröffentlichen. Manches hätte ich ohne journalistische Erfahrung auch als Leiter des Gerhart-Hauptmann-Hauses Düsseldorf nicht leisten können.

Deine wissenschaftlichen und publizistischen Interessen galten anfänglich der neueren deutschen Literatur und dem Theater. Erst als Assistent und Dozent am Lehrstuhl der Temeswarer Germanistikfakultät rückte die banatschwäbische Literatur zunehmend in den Mittelpunkt deiner Forschungsinteressen.

Ja, das stimmt. Zunächst waren ja Autoren wie Franz Kafka, Paul Celan oder Ingeborg Bachmann, die man uns im Studium quasi als dekadente bürgerliche Dichter vorenthalten hatte, zu entdecken. Sicher haben mich dann Böll, Grass, Lenz und Dürrenmatt, über die ich auch für ein Lehrbuch an deutschen Gymnasien geschrieben habe, mehr interessiert als Andreas A. Lillin. Allmählich habe ich mich doch mit der Banater deutschen Literatur, weniger mit der banatschwäbischen, befasst. In meiner Zeit am Temeswarer Germanistik-Lehrstuhl habe ich vom alten Franz Liebhard und natürlich von Dr. Johann Wolf entscheidende Anregungen für meine Beschäftigung mit der Banater deutschen Literatur- und Pressegeschichte bekommen. Dass ich aber dann über die Zeitschrift *Von der Heide* eine Anthologie mit monografischer Studie herausgegeben habe, war auf eine Anfrage des Kriterion Verlags Bukarest zurückzuführen. Damit legte ich auch den Grundstein für meine Dissertation, die zunächst Prof. Dr. Stefan Binder betreute, die ich aber erst 1981 bei Prof. Dr. Dietrich Harth in Heidelberg einreichen und bei Julius Groos publizieren konnte. Die Arbeit war bereits 1978 in Temeswar fertig. Wegen meines Ausreiseantrags wurde ich dann auf einer Sitzung an der Uni als ideologisch „unzuverlässiges Element" und gar als „Abenteurer" abgestempelt, der es nicht verdient, im sozialistischen Rumänien zu promovieren.

Bei der Arbeit an der Dissertation über *Das literarische Schrifttum im Spiegel der Banater deutschsprachigen literarisch-kulturellen Periodika (1840–1939)* stieß ich dann auf Themen und Autoren der Region, über die ich weiter forschte und publizierte, so über Josef Gabriel d. Ä. und Josef Gabriel d. J., über Otto Alscher und Peter Barth, aber auch über die Beziehungen der Banater Schriftsteller zu ihren siebenbürgisch-sächsischen Kollegen.

Als Dozent am Germanistik-Lehrstuhl galt mein Interesse in der Lehre dem deutschen Drama des 20. Jahrhunderts und den Autoren der Nachkriegszeit, vor allem der Gruppe 47.

Über die deutschsprachige Presse des Banats stießest du auch auf einen Themenkreis, der dich als Literaturhistoriker nicht minder faszinierte: die Präsenz der rumänischen Literatur in der Wahrnehmung der deutschsprachigen Medien im 19. und 20. Jahrhundert.

Gerade im Banat leben und lebten ja mehrere Sprachen und Kulturen nebeneinander und in vielleicht geringerem Maße miteinander. Wechselbeziehungen zwischen der deutschen Literatur der Region, der rumänischen, ungarischen und serbischen galt und gilt es immer noch zu erforschen. In den von mir untersuchten Zeitschriften stieß ich immer wieder auf diesen besonderen Aspekt des kulturellen und literarischen Lebens. Mich interessierten darüber hinaus die deutsch-rumänischen Literaturbeziehungen im größeren Zusammenhang. Ich konnte feststellen, dass die französisch-rumänischen oder italienisch-rumänischen Literaturbeziehungen, die gegenseitige literarische Rezeption weit aus besser und gründlicher erforscht sind als dies bei den deutsch-rumänischen Literaturbeziehungen der Fall war und wohl noch ist. Dieser Austausch und die daraus resultierende Wechselwirkung habe ich ausführlich in meiner Monografie über die Zeitschrift *Romänische Revue* (1885–1894) herausgearbeitet. Publiziert habe ich auch über die Rezeption deutscher Literatur nach 1945 in Rumänien.

Von Anfang an, etwa seit Mitte des 19. Jahrhunderts, spielten Übersetzer, Literaturwissenschaftler und Kritiker aus der deutschen Minderheit Siebenbürgens und des Banats, die in beiden Sprachen und Kulturen heimisch sind, in diesem Bereich eine wichtige Vermittlerrolle. Dies gilt bis heute. Darüber fehlt eine Überblicksdarstellung. Alfred Margul-Sperber, Wolf von Aichelburg, Alfred Kittner, Hans Diplich, Georg Scherg, Dieter Roth, Franz Hodjak, Werner Söllner, Georg Aescht fallen mir dabei ad hoc ein.

WALTER ENGEL

Nach der Aussiedlung in die Bundesrepublik Deutschland hast du neben der Promotion auch eine Ausbildung für den Höheren Dienst an wissenschaftlichen Bibliotheken abgeschlossen und berufsbedingt deine Forschungen auch auf die deutsche Literatur des 19. und 20. Jahrhunderts ausgedehnt.

Zur Forschung im engen Sinne blieb mir in den ersten Jahren kaum Zeit. Der recht schnellen Promotion in Heidelberg und Förderern wie dem bekannten Romanisten Prof. Dr. Heitmann, dem Literaturprofessor Dietrich Harth und nicht zuletzt dem großen Historiker Werner Conze, ehedem Rektor der Heidelberger Universität – er stammte übrigens aus Königsberg – habe ich es zu verdanken, dass ich in relativ kurzer Zeit Fuß fasste und an der Heidelberger Universitätsbibliothek als wissenschaftlicher Mitarbeiter einsteigen konnte. Neben der Bearbeitung literarischer Nachlässe, meine dortige Hauptbeschäftigung, wurde ich von Prof. Dr. Joachim-Felix Leonhard zur Mitarbeit an größeren Ausstellungen herangezogen: „Goethe und Heidelberg" (zum 150. Todestag des Dichters); „Karl Jaspers und Heidelberg"; „Verfemt, verbannt, verbrannt. Verfolgte Autoren unter dem Nationalsozialismus" u. a. Damit waren natürlich Recherchen sowie Publikationen verbunden und ein allmähliches Hineinwachsen in das wissenschaftliche Informationssystem, Erweiterung der Kontakte. Dies scheint mir als Voraussetzung für den Beginn meiner Ausbildung für den Höheren Dienst an wissenschaftlichen Bibliotheken ganz wichtig gewesen zu sein.

In Frankfurt am Main, wo ich diese Ausbildung 1984 abschloss, konnte ich dann in einem Projekt der Deutschen Forschungsgemeinschaft zur Bibliografie der deutschen Literaturzeitschriften des 19. Jahrhunderts in einem mir zusagenden Bereich weiterarbeiten. Es lief aber schließlich über das Frankfurter Amt für Wissenschaft und Kunst, wo ich zwei Jahre als Abteilungsleiter beim Kulturdezernenten Hilmar Hoffmann arbeitete, doch in eine andere Richtung, hin zum so genannten Kulturmanagement. Darauf konnte ich in Düsseldorf gut aufbauen.

So richtig ausleben konntest du die „Weite deiner östlichen Seele" aber erst nach deinem Berufswechsel nach Düsseldorf, zum Gerhart-Hauptmann-Haus, das du seit 1988 als Direktor leitest und zu einem der erfolgreichen Institutionen im Ost-West-Dialog ausgebaut hast. Aus der Vielfalt der Aufgaben, die euer Haus in den historischen deutschen Siedlungsgebieten wahrnimmt, scheinen dir persönlich besonders die Begegnungen mit bedeutenden Schriftstellern, Künstlern und Wissenschaftlern, die einen Bezug zu diesen Regionen haben, am Herzen zu liegen.

Mit dem Wechsel ans Düsseldorfer „Haus des Deutschen Ostens", seit 1992 „Gerhart-Hauptmann-Haus. Deutsch-osteuropäisches Forum", kehrte ich auf einer anderen Ebene der Spirale in die deutsche östliche Kultur zurück, eine kulturpolitisch überregionale Ebene, die die historischen deutschen Ostprovinzen umfasst, bis hin in die Königsberger Region, aber auch die deutschen Siedlungsgebiete im südöstlichen Europa, einschließlich das Banat und Siebenbürgen. Die Vielfalt des Veranstaltungsprogramms – Ausstellungen, Lesungen, Vortragsreihen, wissenschaftliche Tagung – und die anfallenden Verwaltungsaufgaben lassen wenig Freiraum für kontinuierliche Forschungs- und Publikationstätigkeit, es sei denn, die Themen sind direkt mit dem Programm des Hauses zu verbinden. Natürlich nimmt die Literatur – Autorenlesungen, literaturwissenschaftliche Vorträge, literaturhistorische Tagungen und west-östliche Autorenbegegnungen – einen wichtigen Raum in meiner programmatischen und konkret inhaltlichen Arbeit ein. Faszinierend und bereichernd waren und sind die zahlreichen Kontakte mit bedeutenden Schriftstellern, Künstlern und Wissenschaftlern, die ich in Düsseldorf haben konnte, aus Deutschland und Ostmitteleuropa. Selbstverständlich habe ich die Beziehungen zu den Banater und Siebenbürger Literaten aufgefrischt und weitergeführt: Wolf von Aichelburg, Georg Scherg, Hans Kehrer/Stefan Heinz, Hans Bergel, Franz Heinz, Oskar Pastior, Dieter Roth, Joachim Wittstock, Richard Wagner, Herta Müller, Franz Hodjak, Werner Söllner, Johann Lippet, Peter Motzan, Eduard Schneider u. a. waren mit Lesungen oder Vorträgen hier zu Gast. Beim Literaturforum Ost-West, das ich in Kooperation mit der Universität und der Stadt Düsseldorf seit 1989 jährlich veranstalte, trafen sich bisher rund 170 Autoren aus neun Ländern. Aus Rumänien kamen u. a.: Ștefan Augustin-Doinaș, Ana Blandiana, Mircea Dinescu, Ștefan Bănulescu, Ioan Alexandru usw. Marin Sorescu hatte mit seinem Übersetzer Dieter Roth eine gemeinsame Lesung.

Aus Deutschland nenne ich Horst Bienek, Peter Härtling, Walter Kempowski, Hilde Domin, Sarah Kirsch, Heinz Czechowski, Arno Surminski, Ralph Giordano.

Von den literaturwissenschaftlichen Tagungen, die zumeist internationalen Charakter haben, erwähne ich jene über Andreas Gryphius, Gerhart Hauptmann, Rose Ausländer, deren Beiträge auch in Buchform erschienen sind. Ähnliches lässt sich über Kunstausstellungen und Künstler sagen.

Doch, um wieder auf die „Weite der östlichen Seele" zu kommen: Die Begegnungen und Gespräche mit sehr vielen Menschen, die im Osten ihre Heimat verloren, viel erlebt und erlitten haben, aber das Bild ihrer Heimatstadt oder ihres Dorfes, ihrer Landschaft für sich und andere bewahrt haben, sind mir ebenso wichtig. Ich konnte selbst die Städte und Landschaften von der Kurischen Nehrung, Memel und Königsberg über Masuren und Schlesien, Prag und die Zips mit Menschen bereisen, die von dort kommen. Es ging dabei nicht nur um Nostalgie, sondern um erlebte Geschichte, um kritische Bestandsaufnahme, vielfach um Verständnis für die heutigen Bewohner und um die Hoffnung, dass Zeugnisse der eigenen Geschichte für eine europäische Zukunft erhalten bleiben. Diese Erfahrungen oder Eindrücke verflüchtigen sich nicht ganz, auch wenn man aus einer anderen Region kommt. Vielleicht werden sie ein Teil dessen, was hier als „Weite der östlichen Seele" gemeint ist.

In den Jahren 1990 bis 1994 hast du im Rahmen einer Lehrveranstaltung an der Düsseldorfer Heinrich-Heine-Universität den Studenten u. a. auch die rumäniendeutsche Literatur näher gebracht.

Zu den Düsseldorfer Germanisten habe ich sehr schnell Kontakte geknüpft. Nach einem Vortrag an der Heinrich-Heine-Universität ist mir ein Lehrauftrag angeboten worden. Ich habe natürlich zugegriffen und in einem Seminar rumäniendeutsche Literatur angeboten. Das Interesse bei den Studenten war nicht überwältigend, aber immerhin durchaus vorhanden. Erstens standen rumäniendeutsche Autoren in der öffentlichen Diskussion, z. B. Herta Müller, Richard Wagner, Werner Söllner, Franz Hodjak u. a. Zum anderen hatte der Umsturz in Rumänien die Aufmerksamkeit auf dieses sonst fast vergessene Land gelenkt. Ich habe mich natürlich nicht auf die genannten Autoren beschränkt, sondern nach einer literaturhistorischen Einführung Texte von deutschsprachigen Bukowiner, Bukarester, Siebenbürger und Banater Autoren im Kontext der Landes-, Regional- und Minderheitengeschichte sowie in Beziehung zu Entwicklungen in der binnendeutschen Literatur interpretiert. Dabei habe ich auch Gespräche mit rumäniendeutschen Literaten vor Studenten einbezogen, so mit Alfred Kittner und Eduard Schneider. Ein Semester habe ich dann dem Werk des aus Ostpreußen stammenden Johannes Bobrowski gewidmet. Meine Arbeit im „Gerhart-Hauptmann-Haus", vor allem die damals noch häufigeren Dienstreisen in östliche Nachbarländer zwangen mich jedoch, von diesem Lehrauftrag Abstand zu nehmen.

Trotz deines immensen Aufgabengebietes hast du dir immer auch Zeit für die kulturellen Belange deiner banatschwäbischen Landsleute genommen. Du warst der Gründungspräsident des mit viel Elan und großen Hoffnungen 1993 gegründeten „Kulturverbands der Banater Deutschen e. V.", der sich zum Ziel setzte, die Geschichte und Kultur der Banater Schwaben wissenschaftlich zu erforschen. Nach einem guten Anlauf und großem Engagement deinerseits bist du 1998 zur Verwunderung manches Außenstehenden überraschend zurückgetreten.

Zu meiner Überraschung bin ich auf der Gründungssitzung des „Kulturverbandes der Banater Deutschen e. V." im Oktober 1993 in Stuttgart zum Präsidenten des Vereins gewählt worden. Ich bin nicht zum Funktionär geboren und Vereinsmeierei ist mir fremd. Ich sah aber ein, dass jemand das machen muss, und dachte, dass meine Erfahrung als Mitglied in diversen Beiräten, meine Arbeit im „Gerhart-Hauptmann-Haus" und nicht zuletzt ein gewisser Einblick in die Kulturgeschichte und die aktuelle Lage der Banater Schwaben mir bei der Ausfüllung dieses Ehrenamtes zu Gute kommen werden. Übrigens war ich fest davon überzeugt, und bin es heute noch, dass ein solcher Verband, der die Banater deutschen Intellektuellen zusammenführen soll zur Erforschung und niveauvollen Vermittlung der eigenen Kulturgeschichte in den wichtigsten Bereichen auf jeden Fall notwendig ist. Auch schien mir der Zeitpunkt, wenige Jahre nach dem großen Exodus von 1990, dafür geeignet. Es gab ja bereits die „Adam-Müller-Guttenbrunn-Gesellschaft e. V.". Doch sollte der Kreis erweitert werden, die Arbeit differenzierter und sich auf angemessenem wissenschaftlichem bzw. künstlerischem Niveau darstellen. Dafür wurden Fachkreise für bildende Kunst, Musik, Volkskunde usw. gegründet. Die wissenschaftlichen Tagungen der ersten Jahre waren Erfolg versprechend. Es war auch mit viel Mühe gelungen, von der öffentlichen Hand Fördermittel zu bekommen. Die Landsmannschaft der Banater Schwaben unterstützte die Publikationen, die Buchreihe „Banater Bibliothek" und die Zeitschrift *Banatica*, die nun vom Verband herausgegeben wurde. Ich konnte mich auf die vertrauensvolle Zusammenarbeit mit Eduard Schneider, dem Geschäftsführer des Verbandes, und meines Stellvertreters, Herrn Prof. Franz Kumher, stützen. Doch ein Teil des Präsidiums verschloss sich einer kollegialen Kooperation, die Verknüpfung der Arbeitskreise bzw. Fachkreise mit der „Guttenbrunn-Gesellschaft" ist nicht gelungen, die finanzielle Förderung blieb aus, so dass nicht einmal die allernötigsten Besprechungen des Präsidiums stattfinden konnten und das Erscheinen der *Banatica* stets gefährdet war. Was im Grunde genommen – ungeachtet der finanziellen Probleme – fehlte, war der Wille zur Etablierung eines Banater deutschen Kulturverbandes wohl bei vielen unserer Intellektuellen und auch bei der Landsmannschaft, die den Verband eigentlich gegründet hatte, aber zu dessen Verselbständigung und Entfaltung zu wenig beigetragen hat. Die Landsmannschaft hat unbestreitbar beachtliche Verdienste um die kulturelle Breitenarbeit, um die sozialen Belange der ausgesiedelten und auf sich gestellten Landsleute.

Die Einsicht, dass wir einen Fachverband für Wissenschaft und Kunst brauchen, der nach außen wirken kann bei der Vermittlung banatdeutscher Kulturgeschichte im deutschen Sprachraum, konnte jedoch nicht Platz greifen. So haben wir eine relativ starke Kulturarbeit nach innen, dank der gut organisierten Heimatortsgemeinschaften, der Kreis- und Landesverbände, sicher auch der Bundesführung, aber geben ein schwaches Bild nach außen ab.

Trotz deiner vielfältigen organisatorischen Verpflichtungen, findest du dennoch Zeit für die eine oder andere Publikation. Dennoch scheinst du einige deiner wissenschaftlichen Vorhaben schon seit Jahren vor dir her zu schieben. Wird deren Verwirklichung zu den Hauptaufgaben des Rentners gehören?

Na ja, von Plänen für die Rentnerzeit zu sprechen, scheint mir etwas verfrüht. Meine Zusage, für das Lexikon deutschsprachiger Autoren Südosteuropas einige Artikel zu liefern, will ich auf jeden Fall noch in meiner aktiven Zeit nachkommen.

Ansonsten fehlt es nicht an Forschungsthemen und Ideen. Man kann nur hoffen, dass die recht eingeschränkten Publikationsmöglichkeiten in unserem Bereich erhalten bleiben.

1/2003

„EINE SELBSTERMUNTERUNG, DIE KEINE SELBSTILLUSIONIERUNG IST"

Horst Schuller Anger

Horst Schuller Anger, der von 1990 bis zu seiner Aussiedlung 2002 als Professor am Germanistiklehrstuhl der Lucian Blaga-Universität in Hermannstadt tätig war, wurde am 13. August 1940 in Meschen in Siebenbürgen geboren. Nach dem Besuch der Lehrerbildungsanstalt in Schäßburg studierte er von 1957 bis 1962 in Klausenburg Philologie (Deutsch und Rumänisch). Danach war er Deutschlehrer in Marienburg bei Kronstadt und seit 1968 Kulturredakteur der in Kronstadt erscheinenden Wochenschrift *Karpatenrundschau*. 1984 promovierte er zum Dr. phil. mit einer Arbeit über die von Heinrich Zillich in den Jahren 1923–1939 in Kronstadt herausgegebene siebenbürgische Kulturzeitschrift *Klingsor*.

Schuller Anger schrieb kulturpolitische, literaturkritische und -historische Aufsätze, die er vorwiegend in der *Karpatenrundschau*, aber auch in anderen rumäniendeutschen Periodika veröffentlichte. Er ist Herausgeber von Veröffentlichungen der Schriftsteller Michael Königes (1972), Friedrich Wilhelm Schuster (1981), Georg Maurer (1982) sowie einer Anthologie siebenbürgisch-sächsischer Mundartlyrik (1988).

Horst Schuller Anger lebt in Eppelheim bei Heidelberg.

Herr Professor Schuller, es ist nicht allzu lang her, da waren Sie in der deutschen Presse Rumäniens nicht allein mit literaturkritischen und -historischen Beiträgen, sondern auch mit Berichten über die kulturellen und gemeinschaftsstiftenden Veranstaltungen der deutschen Minderheit präsent, nicht zuletzt weil Sie im Rahmen des Deutschen Forums diese Tätigkeiten auch koordinierten. Aus Ihren Beiträgen war neben einem leisen, aber unüberhörbaren Engagement für die Belange der nach 1990 stark reduzierten deutschen Minderheit auch die Zuversicht herauszuhören, dass die Aktivitäten der Rumäniendeutschen im Bereich der Kultur und des Gemeinschaftslebens zwar vermindert, aber dennoch fortgeführt werden könnten. Seit einiger Zeit vermisst der Leser rumäniendeutscher Publizistik jedoch Ihre Berichterstattungen über kulturelle und gemeinschaftliche Ereignisse der Deutschen in Rumänien. Nimmt Sie Ihre Professur an der Hermannstädter Lucian-Blaga-Universität so sehr in Anspruch, dass für publizistische und gemeinnützige Arbeit keine Zeit mehr bleibt, oder gibt es andere Gründe für Ihre Zurückhaltung?

Ob der Leser deutscher Zeitungen in Rumänien meine Kulturberichte vermisst, wie Sie freundlicherweise annehmen, weiß ich nicht. Dass ich nicht mehr oder tatsächlich zunehmend seltener zum Verfassen publizistischer Beiträge komme, liegt in der Tat an meinem ab 1990 vollzogenen Berufswechsel und an den wachsenden Lasten dieses neuen Aufgabenbereichs: mehrere Lehrdeputate an der Hermannstädter Universität, Vorlesungen am dortigen Aufbaustudienkolleg Translationswissenschaften, die Mitherausgabe der Halbjahresschrift *Germanistische Beiträge*, die jährliche Veranstaltung regionaler und internationaler Arbeitstagungen, gelegentlich Seminarleitungen im Lehrerfortbildungszentrum Schuller-Haus Mediasch, Tagungsreferate für Veranstaltungen im In- und Ausland (Ungarn, Polen, Deutschland), Gastvorträge (an den Universitäten in Marburg, Antwerpen, Leipzig, Kopenhagen, Aalborg), Doktorandenbetreuung für Kandidaten aus dem ganzen Land, Mitarbeit am Internationalen Germanistenlexikon (Marbach) und am Österreichischen Biografischen Lexikon (Wien), Aufsätze über die Situation der rumäniendeutschen Literatur für die Zeitschriften *Der Literat* und *Magyar Napló*. Ist das viel, ist das wenig?

Meine Kräfte und meine Zeit sind jedenfalls begrenzt, und ich freue mich, wenn ich Aufgaben, nicht nur jene der Berichterstattung, weitergeben und die Zersplitterungsgefahr möglichst eindämmen kann. Ich habe einige Jahre lang im Rahmen des Siebenbürgenforums in anregender Zusammenarbeit mit vielen echten Enthusiasten – ich erwähne hier nur Inge Jikeli und Hugo Schneider in Mediasch – Konzepte für Festabläufe, Jubiläumsfeierlichkeiten, Tagungen entwickelt, Moderationen und Vorträge übernommen. Eine der schönsten Veranstaltungen war für mich die Stephan-Ludwig-Roth-Feier im Mai 1996, die mit einem Symposium in deutscher und rumänischer Sprache und einer an zwei Tagen unternommenen Gedenkfahrt zu den Lebensstätten Roths ergreifendes Erleben und nüchterne Reflexion für ganz unterschiedliche Teilnehmerschichten in willkommener Ergänzung ermöglicht hat.

Nachdem jetzt andere organisatorische Kräfte am Werk sind, kann ich es mir als Gast erlauben, in der jeweiligen Teilnahmeentscheidung wählerischer und unbeschwerter zu handeln.

Auf einer Tagung der Evangelischen Akademie in Hermannstadt sprachen Sie über die Notwendigkeit, die jüngste kommunistische Vergangenheit der Deutschen in Rumänien kritisch und selbstkritisch aufzuarbeiten. Dabei gingen Sie auch auf Abschnitte Ihrer eigenen Biografie ein. Nach dem Besuch der Lehrerbildungsanstalt in Schäßburg haben Sie von 1957 bis 1962 in Klausenburg Germanistik und Rumänistik studiert, und dies in einer Zeit, als nach der Niederschlagung des ungarischen antikommunistischen Aufstandes verschärft Verhaftungen auch von Angehö-

rigen der deutschen Minderheit stattfanden. Wie hat sich dieser Terror auf das Leben der deutschen Studenten in Klausenburg im Allgemeinen ausgewirkt und wie ist es einem beflissenen und engagierten Studenten der Germanistik gelungen, sich ihm zu entziehen?

Das Seminar „Vom Wasser, das flussauf floss ...", das die Evangelische Akademie Siebenbürgen im Mai 1999 in Hermannstadt veranstaltete, beschäftigte sich mit den Widersprüchen der politischen Entwicklung im Rumänien der 1960er Jahre und mit der speziellen Situation der Rumäniendeutschen in jenem Jahrzehnt. Ich habe die Einladung zum Gespräch genutzt, um in Episodenberichten und in der Kommunikation mit Erlebnispartnern mich der empirischen Wahrheit vergangener Vorgänge und Verhältnisse zu vergewissern. Letzten Endes habe ich über *Mein Ende der Eiszeit* gesprochen.

Im Jahre 1960 war ich zwanzig Jahre alt, ein blauäugiger Philologiestudent im dritten Studienjahr. An Herbstsonntagen spazierte ich gerne mit vielen anderen gleicher Muttersprache zum nahen Făget-Berg, wo man sich zum Tanz im Freien oder in der Schutzhütte traf. In kühleren Abendstunden sprang man über prasselnde Lagerfeuer. Zu Silvester verliebte ich mich in meine hübsche Tanzpartnerin, die zudem ihr Taftkleid selbst genäht hatte. Sonntagvormittag stürmten wir mit Hauruck, die eh nur halbherzig verschlossenen Türen zum Konzertsaal der Philharmonie. Die Mediziner stellten den Philologen mitunter knifflige Fragen: Waren Arnold Zweig und Stefan Zweig Brüder? Zu Weihnachten schenkte man einander Gedichte von Georg Trakl: durch blasses Kopierpapier abgetippte Taschenbücher, in Wellkarton geheftet, mit Bastschnur dekoriert.

Der rumänische Universitätschor brauchte neue Sänger. Diesmal fahre man ganz bestimmt auf Tournee nach Leningrad. Außerdem dürfe man das weiße Hemd und den dunkelblauen Chor-Sakko am Sonntag auch privat tragen. Einmal haben wir von der Opernbühne aus neben vielen anderen Chören der Stadt und Umgebung zur dunklen Loge hinaufsingen dürfen, wo Gheorghe Gheorghiu-Dej die Huldigungen der Großveranstaltung entgegennahm. Ehe man auf die Bühne durfte, wurden die Personalausweise kontrolliert. Man war wichtig.

Das magere Stipendiengeld besserte ich mit Deutschstunden auf. Einmal habe ich die Privatstunde im Babeș-Park abgehalten. Mein damaliger Schüler lud mich zur Kahnfahrt ein, ich hielt zum ersten Mal Ruder in der Hand.

Die Schatten fehlten nicht in dieser Zeit. Aber sie fielen, so schien es, nur auf andere, man konnte wegsehen.

Ein schriftstellernder Dozent war verhaftet worden. Vielleicht war er ja wirklich ein Reaktionär. Hatte er nicht gelegentlich über Brecht geäußert, der sei ein schwieriges, ja „haariges Subjekt!"? Wir waren gerade dabei, in einer

Sondervorlesung von Brechts epischem Theater fasziniert zu werden. Noch aus den Deutschstunden in der Schäßburger Bergschule trug ich als Erinnerung einen Refrain wie einen Ohrwurm mit mir herum: „… rülpste, kotzte, stank und schrie: Freiheit und democracy …" (Gemeint waren die amerikanischen Besatzer in Westdeutschland.)

Und der Leiter des evangelischen Kirchenchors, ein Student des Konservatoriums, bat uns, im Studentenwohnheim vor Zimmerkollegen von den Proben im Sakristeiraum zu schweigen und uns auch nicht durch geistliche Tonleitern zu verraten.

Der Schauspieler Jean Marais besuchte Klausenburg und ließ sich schon am Bahnhof für die Lokalpresse fotografieren. Im Gruppenbild entdeckten die Aufpasser anderntags eindeutig auch einige unbekümmerte Studentinnen, die sich aus purer Lust und nicht als von Sicherheitskräften bestellte Kulisse in die Nähe des Stars gedrängt hatten. Sie wurden in einer anbefohlenen Sitzung, bei der der Rektor sich zu empören hatte, wegen kosmopolitischen Verhaltens geschasst.

Ich saß mit am Sitzungstisch, der demonstrativ auch mit braven, stummen, fleißig-vorbildlichen Studenten dekoriert worden war. Vielleicht bin ich damals Mitarbeitern der Securitate aufgefallen: ein von der Blauäugigkeit her gut passendes Opfer für die nächste Inszenierung.

Im Winter 1961 war es dann so weit. Ungarische Kollegen hatten angeblich nicht nur zu viel getrunken, sondern auch ungehemmt laut auf der Straße gelacht und politisch Lästerliches geäußert, vielleicht auch, wer weiß, weil ihre Bolyai-Universität mit der Babeș-Universität zwangsvereint worden war. Ehe sie dem Gericht zugeführt wurden, sollte nach bekanntem Einschüchterungsmuster ein erzieherisch abschreckendes Exempel statuiert werden. Damit das nicht nach nationaler Verfolgung aussehe, wurde die Regie aktiv: Der eine hatte eine rumänische Freundin, mit der er, wie es hieß, sogar schlafe. Die wurde der Einfachheit halber gleich mal mitverdonnert. Mir war wohl paritätisch die Rolle zugedacht worden, den Klassenfeind deutscher Nationalität abzugeben. Ich wurde einen Tag lang verhört, man zeigte mir die Blutspritzer an der Wand, doch ich wurde nicht geschlagen. Geohrfeigt wurde indessen ein Zimmerkollege jüdischer Nationalität, der sich geweigert hatte, in seinem Verhör lügnerische Aussagen über mich zu machen. Kurzum, es kam der Tag des Scheingerichts vor anbefohlener Studentenvollversammlung, die von Beamten der Sicherheitsbehörde durchmischt war. Ich hatte aus dem dunklen Saal vor den Tisch, in das Schand- und Rampenlicht zu treten. Die Anschuldigung: Über den afrikanischen Staatsmann Tschombé habe ich Negatives geäußert und außerdem darüber gesprochen, dass mein Vater in sowjetischen Zwangsarbeitslagern deportiert gewesen sei.

Die Ungarn erhielten Gefängnisstrafen, jene rumänische Freundin, eine Absolventin, die mittlerweile irgendwo als Lehrerin tätig war, wurde wegen Unmoral beschimpft. Ich habe meine Schuld zu bekennen, hieß es, dann käme ich vielleicht noch glimpflich davon. Doch hatte ich damals einfach schon zu viel Hermann Hesse gelesen und gelernt, den Tag emotionslos auch unter dem Zeichen der Ewigkeit zu betrachten. Ich forderte die Kommission direkt auf, zusätzliche Recherchen in meinem Fall vorzunehmen, da ich mir keiner Vergehen bewusst sei.

Die brave, fleißige, vorbildliche Studienkollegin am Tisch, die nach üblichem Muster zu meiner Schelte bestellt worden war, erwies sich tatsächlich als vorbildlich. Denn als sie nun vor das Mikrofon trat, fand sie wieder zu sich selbst und verteidigte mich, statt mich anzuschwärzen. Die Situation drohte zu kippen, im Saal begann es zu rumoren, die Aktion wurde rascher als geplant abgeschlossen.

Ich dürfe ihm das Gemächt abschneiden, meinte einer der Sicherheitsbeamten, wenn ich je die Staatsprüfung ablegen werde. Professoren, darunter auch einer der das KZ Mauthausen überlebt hatte, rieten mir in unauffälligen, immer wieder ermutigenden Begegnungen, wo und wann Protest einzulegen, was in diesem Schwebezustand zu unternehmen sei.

Ich wurde nach mehreren Wochen der Ungewissheit vor düstere, mir unbekannte Gesichter ins Rektorat bestellt, doch durfte ich schließlich im letzten Augenblick meine Staatsprüfung ablegen. Das war dann ein Argument dafür, auch meinen studentischen Militär-Dienst in Oradea wie alle anderen abzulegen, allerdings die ersten Wochen, zur allgemeinen Erleichterung, ohne Gewehr.

Ich hatte über dem Zwischenfall mein üppig angelegtes Haupthaar, die in Aussicht gestellte Chance einer Hochschulkarriere und meine politische Unschuld verloren. Ich musste lernen, dass Hass auch den treffen kann, der selbst keinen Hass verbreitet. Bis dahin eher verdrängte Vorfälle zeigten sich mir jetzt in ihrem eigentlichen Schatten, dessen Warnung ich nicht wahrgenommen hatte.

Auf jenen Făget-Ausflügen gab es diesen merkwürdigen Burschen, der sich als bulgarisches Waisenkind ausgegeben und Vertrauen erweckend in alle Gespräche hineingehorcht hatte. In der Schutzhütte war eines Sonntags plötzlich ein Gästebuch aufgetaucht, in das wir, bitte, doch alle unsere Namen leserlich eintragen mögen. Bekannte aus dem Studentenheim brauchten plötzlich Nadel und Zwirn: ein Vorwand zu einem Aushorchgespräch. Mit welchem Zug genau führe ich in die Ferien? Ein Dozent war, das wussten wir, aus dem Zug heraus verhaftet worden. Eine Studentin hatte sich unter den Zug geworfen, eine andere war aus dem Fenster des Heims gesprungen. War es Liebeskummer oder

Ausweglosigkeit anderer Art? In der Universitätsbibliothek durfte ich in letzter Zeit den Buchstaben H des Nachschlagewerkes nur noch unter Aufsicht lesen, ich hätte, weiß Gott, nicht nur zu meinem Diplomthema über das Opernlibretto in der Zusammenarbeit von Richard Strauß und Hugo von Hofmannsthal, sondern auch über den üblen Adolf, geb. Schicklgruber, lesen können. Die Hofmannsthal-Werkausgabe der germanistischen Fachbibliothek verschwand übrigens Monate vor meiner Abschlussprüfung aus dem Regal.

Doch ich hatte ja letzten Endes Glück. Während in der erstarrten Provinz die alten Wachsamkeitsrituale der Sicherheitsbehörde mit Eifer weiter betrieben wurden, setzte in Bukarest schon das Tauwetter ein. Der Dichter Dan Deşliu, dessen Bergarbeiterhymnen wir seinerzeit in der Schule gelernt hatten, erzählte in engerem Kreis auf dem Abschlussbankett, wohin er als Ehrengast eingeladen worden war, von dem neuen Wind in der Hauptstadt. Eine Kommilitonin aus jenem vertrauten Zirkel winkte mich alsbald ins Damenklo, um mir zuzuflüstern, dass ich auf Wiederherstellung meines guten Rufes, d. h. die Zulassung zur Staatsprüfung, hoffen dürfe.

1962 absolvierte ich und durfte unbehelligt auf dem Lande eine Stelle als Deutschlehrer antreten. Nach drei Jahren forderte mich der Dekan der Klausenburger Philologiefakultät auf, mich doch um eine vakante Assistentenstelle zu bewerben, mir sei seinerzeit Unrecht geschehen. Ich schickte meine Bewerbungspapiere ein, eine Antwort von der zuständigen Kaderabteilung habe ich nie erhalten.

Nach einer etwa fünfjährigen Tätigkeit als Deutschlehrer in Marienburg wurden Sie 1968 Kulturredakteur der Karpatenrundschau, *in der der Großteil Ihrer kulturpolitischen und literaturkritischen Aufsätze erschienen ist. Besonders den Kulturredakteuren der Zeitung war es daran gelegen, die Anliegen der deutschsprachigen Leserschaft im Rahmen der damaligen Möglichkeiten zu vertreten. Damit hing auch zusammen, selbst in den schlimmsten Jahren der Ceauşescu-Diktatur bei allen Kompromissen, die die Redaktion eingehen musste, eine sozialkritische Literatur weiter am Leben zu erhalten und Texte zu publizieren, in denen den Lesern verklausuliert und in Anspielungen Nachrichten über die wahren Zustände im Land vermittelt wurden. Was für Autoren und Redakteure damals als Mutprobe galt und was auch viele Leser als Wagnis honorierten, wird heute im besten Fall mit einem verständnisvollen milden Lächeln bedacht. Und nicht selten wird jeder, der unter einer Diktatur an exponierter Stelle tätig war, allein schon aufgrund dieses Tatbestandes der Komplizenschaft mit einem perversen Regime bezichtigt.*

Erst als ich 1968 die Gelegenheit nutzen konnte, in die Redaktion der neu gegründeten Kronstädter Wochenzeitschrift *Karpatenrundschau* hinüberzuwechseln, war für mich die eine Eiszeit beendet, denn der Chefredakteur fegte letzte, telefonisch vorgebrachte Einwände der Personalabteilung einfach vom Tisch.

Ich war erleichtert, aber nicht mehr naiv. 1964 hatte ich die geschorenen Männer im offenen Zugabteil gesehen, die – aus dem Gefängnis entlassen – stumm nach Hause fuhren und auch alle Mitfahrenden hatten verstummen lassen. Am Bahnhof versuchte einer zu telefonieren. Er fand sich mit Münze und Hörer nicht zurecht. Niemand traute sich, ihm zu helfen.

Die Schatten hielten sich zwar nach 1965 eher im Hintergrund, aber sie waren da. Man lebte nach dem Rilke-Satz: „Wer spricht von Siegen, Überstehen ist alles". Obwohl die Lockerung nach 1968 fast grenzenlos schien. Über alles dürfe man nun schimpfen – das Vaterland und den Parteiführer ausgenommen. Die Dichterin Nina Cassian verkündete stolz vor DDR-Autoren, die zum unerbittlichen Optimismus verpflichtet waren, dass man jetzt in Rumänien auch über den Tod Gedichte schreiben dürfe.

Viele Schriftsteller, Redakteure und Verleger nutzten jenes Trägheitsgesetz, wonach Prozesse des Überbaus, des Diskurses den Entscheidungen der Realpolitik für gewöhnlich nachhinken. Sie haben über die 1960er Jahre hinaus versucht, das Freiheitspotenzial der Kunst zu verteidigen. Aber der Diktator ließ sich ab 1971 seine kleine Kulturrevolution auf Dauer nicht ausreden.

Was zu jener Zeit als Mut galt, muss an den Maßen jener Zeit und jenes Ortes gemessen werden. Mildes Lächeln von heute über die Existenzform von gestern bleibt eine schöne, aber lebensferne Privatreaktion. Mut zeigen konnte man schon durch Understatement, durch betonte Sachlichkeit oder gar besondere Gepflegtheit des Ausdrucks, die als Affront gegen politische Schaumschlägerei oder die Sprachnot der Holzköpfe wirken konnten. Ich hoffe, dass man zumindest einmal auch die Protokolle der Zensoren wird lesen können, um sich über die publizistischen Wagnisse ein genaueres Bild zu machen. Sicher sind alle, die in einer Diktatur gelebt und überlebt haben, von Zwängen der absoluten Macht, aber auch von unterschiedlich aufgebauter innerer Gegenwehr geprägt. Ich halte nichts von pauschalen, enthistorisierenden Bezichtigungen. Die Frage stellt sich heute nicht nur, ob jemand Mitglied im ZK der RKP gewesen ist, sondern und vor allem, was er in dieser politisch exponierten Funktion nun wirklich getan oder gelassen hat.

Ich habe nicht so sehr vor den Offiziellen Angst gehabt, sondern vor den heimlichen Ohrenbläsern der Macht, den korrupten Werkzeugen, den willfährigen Zuträgern, vor bestellten, aber auch vorauseilenden Denunzianten, vor den charakterlosen Komplizen des Geheimdienstes, die sich gar als Lebenskünstler und kasuistische Philosophen gerierten, während sie unexponiert Freunde und Bekannte ausspionierten und verrieten.

Keine geringe Aufmerksamkeit widmeten Sie in den 1980er Jahren der Literatur in siebenbürgisch-sächsischer Mundart. Sie waren an allen Treffen der Dialektautoren federführend beteiligt und haben 1988 auch eine Textanthologie zusammengestellt. Wie viele Autoren, Kritiker und Liebhaber dieser Poesie dachten wohl auch Sie in jenen Jahren, die Mundartdichtung könnte identitäts- und heimatstiftend auf die Deutschen in Siebenbürgen wirken und möglicherweise ihren schon damals sich deutlicher abzeichnenden Exodus verhindern helfen. Nun sind bis auf wenige Ausnahmen die Mundautoren mit ausgewandert, und einige schreiben auch in Deutschland ihre Mundarttexte unentwegt fort. Auf einem der Treffen, die die siebenbürgisch-sächsischen Schriftsteller in Deutschland gelegentlich veranstalten, waren Sie als kundiger Fachreferent dabei. Glauben Sie an eine Zukunft dieser Literatur?

Ich habe eigentlich nie damit gerechnet, dass Literatur, in welchem Idiom auch immer, den Zug nach Westen oder nach anderen Himmelsrichtungen, werde stoppen oder fördern können. Aber ich bin der Meinung, dass Literatur helfen kann, Entscheidungen in Würde und mit klarerer Bewusstheit zu treffen. Ich habe fünf der insgesamt sechs Treffen von Dialektautoren in Siebenbürgen geleitet und dabei meine eigenen anfänglichen Vorurteile dieser Gelegenheitsdichtung gegenüber überwinden können. Einer der Reize der Dichtung im Dialekt bestand auch darin, dass hier im weniger observierten Sprachraum, im mündlichen Vortrag Themen aufgegriffen werden konnten, die im hochdeutschen Literaturbetrieb tabuisiert waren. Freilich machen Themen allein noch keine Literatur. Hier ließ sich aber auch ein konkretes Wirkungspotenzial erleben, das jenes der üblichen Literaturkreise überwog. Als die Bäuerin Katharina Ehrmann im voll besetzten Schäßburger Stadthaussaal ihr Gedicht *Mer wälle Briut* (Wir wollen Brot) vortrug, hätte man eine Stecknadel fallen hören, denn da sprach jemand authentisch befreiend über konkrete und nicht nur zwischen den Zeilen angedeutete existenzielle Not.

Meine Textanthologie *Vill Sprochen än der Wält* habe ich im Wissen darüber zusammengestellt, dass die Zeit gekommen war, eine Summe zu ziehen. Leider hat die Zensur all jene Autoren aus dem Band entfernt, die 1988 nicht mehr in Rumänien lebten. Weder ich als Herausgeber noch Franz Hodjak als Verlagslektor haben es verhindern können.

Ich erinnere mich an ein herausforderndes Bonmot aus dialektfernen, aber dennoch toleranten Kreisen der Klausenburger *Echinox*-Zeitschrift: Das Siebenbürgisch-Sächsische gleiche dem Lateinischen – beides seien ausgestorbene Sprachen. Das stimmt im Falle des Dialektes noch nicht. Er wird möglicherweise in der dritten Generation der nach Deutschland ausgewanderten Sachsen verschwinden, sich aber vielleicht in jenen, wohl nicht sehr zahlreichen, siebenbürgischen Ortschaften erhalten, wo noch ein eigenes Gemeinschaftsleben der Sachsen alle Herausforderungen der Auflösung überdauert. So lange Dialekt gesprochen wird, ist auch eine Dichtung darin denkbar.

Neben Ihrer Arbeit als Journalist fanden Sie immer auch Zeit, sich als Literaturhistoriker zu betätigen. Sie haben in deutschen Abteilungen rumänischer Verlage eine ganze Reihe von siebenbürgischen Autoren – Friedrich Wilhelm Schuster, Michael Königes, Georg Maurer u. a. – ediert und zuletzt 1995 bei Nicolai in Berlin die Schriften des Historikers und Sprachwissenschaftlers Johann Karl Schuller herausgegeben. Haben Sie vor, Ihre editorische Tätigkeit fortzusetzen?

Ich möchte sehr gerne die Korrespondenz aus dem Nachlass des siebenbürgischen Vormärzautors Josef Marlin herausbringen. Es handelt sich um Briefe von Marlins Hand und um zahlreiche Schreiben an ihn und seine Familienangehörigen. Das Entziffern der verblassten Handschriften ist für meine Augen allerdings eine sehr mühevolle Arbeit, Informationen über die einzelnen Absender sind kaum zu beschaffen. Einen ersten Teil, und zwar die Briefe Marlins an seinen Freund Anton Grohs von Fligely, habe ich für das Jahrbuch der Internationalen Lenaugesellschaft vorbereitet.

Ihre bisher umfangreichste literarhistorische Untersuchung haben Sie der von Heinrich Zillich im dritten und vierten Jahrzehnt unseres Jahrhunderts in Kronstadt herausgegebenen siebenbürgischen Kulturzeitschrift Klingsor *gewidmet, die, obwohl sie 1984 als Dissertation bereits vorlag, erst nach der Wende als Buch (1994) mit zehnjähriger Verspätung erscheinen konnte. Trotz Ihrer Bemühungen, ideologische Spuren aus Ihrem literarhistorischen Diskurs zu tilgen, scheint doch – eher ungewollt als gewollt – so manche Formulierung aus der Zeit vor 1990 stehen geblieben zu sein, worüber sich besonders ein Kritiker aus der Bundesrepublik etwas unwirsch und herablassend äußerte.*

Wie Sie aus eigener Erfahrung wissen, hat der Autor einen großen Vorteil seinen Rezensenten gegenüber: Er kennt die Schwächen seiner Bücher am besten. Aber er weiß in der Regel auch über die Ziele seiner Arbeit, über die thematischen Aspekte und die Wege der Recherche besser Bescheid und kann deshalb auch die Ernsthaftigkeit oder Oberflächlichkeit seiner Kritiker unterscheiden. Ich habe Zutreffendes aus den in Deutschland erschienenen Äußerungen von Brigitte Tontsch und Stefan Mummert gelesen, ich habe auch die „ungerade" Seite in *Halb-Asien* zur Kenntnis genommen. Jeder, der veröffentlicht, muss im Prinzip auch damit rechnen, sich unter Umständen zu blamieren. So auch der von Ihnen gemeinte, nicht immer ganz gesunde Buchbesprecher, der Unmut zeigt, weil seine notorischen Vorurteile über die rumäniendeutsche Literatur von diesem Band keine Bestätigung erfahren. Dass meine 1984 vorgelegte Untersuchung über die literarischen Tendenzen in der siebenbürgischen Zeitschrift *Klingsor* erst nach der politischen Wende erscheinen konnte, war freilich kein Glücksfall, spricht aber nicht unbedingt gegen das Buch. Umso mehr da ich keineswegs bemüht sein musste, wendefleißig ideologische Spuren zu tilgen, sondern bloß die bibliografischen Hinweise zu ergänzen.

Ihre Karriere als Hochschulprofessor währt nicht von allzu lange her. Nachdem Sie 1972 bereits auf Honorarbasis an der Germanistikabteilung der damaligen Hermannstädter Fakultät für Philologie und Geschichte unterrichtet, danach sich aber für die journalistische Laufbahn entschieden hatten, kamen Sie erst 1990 an den nach der Wende neu gegründeten Germanistiklehrstuhl der Hermannstädter Philologiefakultät. Gab es für den langjährigen Journalisten Schwierigkeiten, sich im Universitätsbetrieb zurechtzufinden, nicht zuletzt auch deshalb, weil Sie verglichen mit den endsechziger Jahren in Hermannstadt eine von Grund auf gewandelte Situation vorfanden?

Selbstverständlich gab und gibt es Schwierigkeiten, wenn man nach mehr als zwei Jahrzehnten Redaktionsarbeit wieder ins Lehramt zurückgeht, plötzlich Vorlesungen und Seminare vorzubereiten hat und vor geplünderten Bibliotheksbeständen und erstarrten Curricula steht. Gleichzeitig stellte dieser neue Berufsweg 1990 für mich eine willkommene Herausforderung dar und vermittelte aktivierende Lust des Beginnens. Viel Zeit zu möglicherweise entmutigenden Vergleichen blieb mir nicht, eine bestimmte Unbefangenheit ließ mich das Wichtige und weniger Wichtige im Universitätsbetrieb wohl schneller unterscheiden. Bald waren auch die richtigen Kollegen zur Seite, mit denen man über Reformen nicht nur diskutieren, sondern sie auch konkret angehen konnte, umso mehr als der Rektor selbst Philologe und ein aufgeschlossener Weltbürger ist. Zuerst haben wir das Deutsche Bibliotheksinstitut in Berlin um Bücher gebeten; eine Privatinitiative „Wissenstransfer" aus Essen sprang zusätzlich ein; die Volkswagenstiftung zeigte sich bereit, ein wohlbegründetes Forschungs-Projektbündel zu fördern; die Hermannstädter Universität wurde als einzige aus Rumänien in das „Internationale Zentrum zur wissenschaftlichen Kooperation" der Universität Tübingen, einem Konsortium von insgesamt 19 Universitäten aus aller Welt, aufgenommen, was unkomplizierte Fortbildungsmöglichkeiten für die planenden und veranstaltenden Teilnehmeruniversitäten bietet. Eine Partnerschaft mit der Universität Marburg schafft auch für Studenten und Lehrkräfte des Fachbereichs Germanistik zusätzliche Möglichkeiten der Weiterbildung. Sie sehen, es bewegt sich vieles, und man darf bei aller Bescheidenheit sagen, selbst auch für Anstöße gesorgt zu haben.

Zu den Großprojekten Ihres Lehrstuhls gehört auch die Erstellung eines Lexikons der deutschen Übersetzer aus dem Rumänischen, an dessen Ausarbeitung mehrere Lehrkräfte und Studenten der höheren Jahrgänge beteiligt sind. Bislang haben Sie fast 500 Übersetzer eruieren können. Welche Informationen bietet Ihr Lexikon seinen Lesern an?

Das Lexikon deutscher Übersetzer aus dem Rumänischen will eine empfindliche Informationslücke schließen und bio-bibliografische Daten über Literaturvermittler aus mehreren Ländern und mehreren Jahrhunderten bieten. Die notwendigen Bibliotheks- und Dokumentationsfahrten nach Leipzig, Marbach, Frankfurt am Main, Heidelberg, Tübingen, Göttingen, Wien, Innsbruck werden aus Mitteln der Volkswagenstiftung finanziert. Wir meinen, dass ein solches Projekt in den originellen Aufgabenbereich der interkulturell orientierten Auslandsgermanistik gehört, deren Ziele auch vom Hermannstädter Germanistiklehrstuhl in der reformierten Curriculumgestaltung bedacht werden.

Als einer der wenigen Professoren über die Rumänien im germanistischen Bereich verfügt, kommt Ihnen auch die Aufgabe zu, Absolventen im Dissertationsverfahren anleitend zu begleiten. Über welche Themen kann man bei Ihnen promovieren?

In den Vorgesprächen mit möglichen Kandidaten fragen wir nach deren Themenvorschlägen und versuchen, falls nötig, diese einzugrenzen oder zu präzisieren. Meine Empfehlungen gehen in die Richtung vergleichender Literaturbetrachtung, Übersetzungskritik und Rezeptionsgeschichte. So wurden und werden u. a. Themen behandelt wie: George Coşbuc und die deutsche Literatur; Faszination und Provokation bei Herta Müller; Celan-Rezeption in Rumänien; Literatur der Schweiz in Rumänien; Rumänische Volksballaden in deutscher Übersetzung; Geschichte des Klausenburger Germanistik-Lehrstuhls; Rumänische Literatur in Österreich; Goethe-Rezeption bei deutschen Lesern in Rumänien; Spezielle Schwierigkeiten beim Übersetzen humoristischer Tucholsky-Texte in die rumänische Sprache; Goethes *Faust* in den Übersetzungen von Lucian Blaga und Ştefan Augustin Doinaş.
Solche und ähnliche Themen verführen nicht zur Kompilation, sondern fordern den Doktoranden durchaus eigene Arbeit ab.

Mit dem Ende des Kommunismus eröffneten sich auch für die vormals streng abgeschirmten Germanisten Rumäniens neue Möglichkeiten der Kooperation mit Wissenschaftlern und Institutionen aus dem deutschen Sprachgebiet. An Reisen verhinderte Hochschullehrer blicken zwischenzeitlich auf eine ansehnliche Zahl von Auslandsaufenthalten, Stipendien etc. zurück, die nicht selten während des Hochschuljahres wahr-

genommen werden. Wie kann unter solchen Umständen der universitäre Lehrbetrieb „funktionstüchtig" bleiben?

Wir wollen uns neidlos über alle Auslandsaufenthalte und Stipendien freuen, die rumänische Germanisten heute nutzen können. Es sind immer noch weniger als jene westlicher Germanisten, und bei mit Verspätung gezahlten Hungerlöhnen von umgerechnet etwa 200 DM sind dem Reisen und der Teilnahme an diversen Tagungen sehr rasch Grenzen gesetzt, wenn nicht ein europäisches Mobilitätsprogramm (Erasmus, Sokrates) punktuell hilft. Freilich müssen solche Aufenthalte mit dem Lehrstuhl abgesprochen, durch Vertretungen abgesichert, die ausfallenden Stunden in Blockveranstaltungen nachgeholt werden. Wer auslandssüchtig einen Stipendienaufenthalt an den anderen reiht, jedoch seit Jahren keine Forschungsergebnisse nach Hause bringt, ist sehr bald und zu recht bei den Kollegen und wohl auch bei Studenten abgeschrieben. Doch das sind eher die Ausnahmen.

Ich bin jedenfalls dafür, dass alle unsere jungen Mitarbeiter/innen die Zeit nutzen, ehe Familiensorgen und Altersbegrenzungen ihre Beweglichkeit einschränken. Wir haben eine Roman-Herzog-Stipendiatin, zwei Hilfsassistentinnen in Zürich, zwei DAAD-Stipendiatinnen in Marburg und Berlin, die ganz konkrete Arbeitsziele verfolgen und nicht touristisch unterwegs sind. Wir müssen die Anregungen, die sie mitbringen, ernst nehmen, dürfen ihnen die Lust an Veränderungen nicht austreiben, sollten sie auf ihrem Karriereweg ermuntern, uns nicht taktlos, besserwisserisch oder skeptisch in ihre Entscheidungen einmischen. Ich hoffe auf die verändernde Kraft der jungen Generation und die geistige Beweglichkeit ihrer älteren Kollegen. Mit dieser Selbstermunterung, die keine Selbstillusionierung ist, wollen wir dies Gespräch vielleicht ausklingen lassen.

3/1999

„DIE INTERESSEN DER RUMÄNISCHEN GERMANISTIK
WIRKSAM ARTIKULIEREN"

George Guțu

George Guțu, der zu den führenden Germanisten Rumäniens gehört, erlernte die deutsche Sprache zunächst an einem Gymnasium der Donaustadt Galatz, wo er am 16. März 1944 geboren wurde. Vervollkommnen konnte er seine fremdsprachlichen und philologischen Kenntnisse während des Studiums in Leipzig (1965–1969); hier durfte er 1977 auch promovieren. Seit 1977 als Hochschullehrer tätig, wurde Guțu 1993 zum Professor für Neuere deutsche Literatur am Germanistiklehrstuhl der Bukarester Universität berufen, den er von 1998 bis 2012 leitete.

Seit seiner Dissertation, die den rumänischen Einflüssen und Prägungen in der Lyrik Paul Celans nachgeht, hat Guțu seine Forschungen vorwiegend auf die deutschsprachige Literatur der Bukowina ausgerichtet. Zahlreiche nachgelassene Briefe an Alfred Margul-Sperber, den Mentor der buchenländischen Dichter, wurden von Guțu erstveröffentlicht. Ebenso gehört die Auseinandersetzung mit dem Werk von Moses Rosenkranz, dessen Gedichte er 1998 mit herausgab, zu seinen primären Forschungsanliegen. Ins Rumänische hat Guțu u. a. Friedrich Nietzsche, Hermann Hesse, Hans Bergel und Matthias Buth übersetzt. An der rumänischen Gesamtausgabe von Goethes Schriften ist Guțu federführend beteiligt. Auf seine Initiative geht die 1990 vorgenommene Neugründung der Gesellschaft der Germanisten Rumäniens und die Herausgabe von deren Organ, der *Zeitschrift der Germanisten Rumäniens*, sowie weiterer Publikationsreihen zurück.

Seit 2004 nahm Guțu, der u. a. mit dem rumänischen Orden für Kulturelle Verdienste im Rang eines Ritters und mit dem Österreichischen Ehrenkreuz für Wissenschaft und Kunst ausgezeichnet wurde, wiederholt Lehr- und Forschungsaufträge auch an ausländischen Universitäten (Frankfurt/Oder, Rom, Trier u. a.) auf.

George Guțu, Ende Mai dieses Jahres fand in Jassy ein internationaler Germanistenkongress statt, an dem über 200 Referenten vorwiegend aus Rumänien, aber auch aus Deutschland, Österreich und anderen Ländern West-, Mittel- und Osteuropas, ja sogar aus Japan, Georgien und Tadschikistan teilnahmen. Es war die fünfte Zusammenkunft rumänischer und ausländischer Germanisten seit der Gründung (1931) der Gesellschaft der Germanisten Rumäniens (GGR) und die dritte seit dem Ende der rumänischen kommunistischen Diktatur. Was versprichst du dir als Präsident dieser Gesellschaft von solchen Großveranstaltungen und was für einen Nutzen haben die rumänischen Deutschlehrer und Studenten davon?

Gleich nach der Wende ergriff ich im März 1990 die Initiative zur Gründung der Gesellschaft der Germanisten Rumäniens, eines Fachverbandes, der die vielfältigen, hauptsächlich beruflichen Interessen der Deutschlehrer/innen aller Stufen des rumänischen Schulwesens, hauptsächlich jedoch jener, die an den Hochschulen tätig waren, angemessen vertreten sollte.

Uns schwebte vor, an die 1930er Jahre anzuknüpfen, als man die „Societatea Germaniştilor Români" gründete, um die Interessen der Deutschlehrer/innen und Germanist/innen in Rumänien zu verteidigen und die germanistischen Bemühungen zu fördern. In den Vorgesprächen habe ich betont, dass angesichts des germanistischen „Aderlasses", der nach der Wende dramatische Ausmaße annahm, da nicht nur rumäniendeutsche, sondern auch rumänische Deutschlehrer/innen und Germanisten/innen Rumänien verließen, ein gemeinsamer Verband aller im Bereich des Deutschunterrichts und der germanistischen Lehre und Forschung Tätigen gegründet werden sollte, was schließlich auf allgemeine Zustimmung stieß. So kam es im März 1990, kurz vor Goethes Todestag, im Goethe-Saal des Bukarester Germanistiklehrstuhls zur Gründung der Gesellschaft der Germanisten Rumäniens, die in diesem Jahr auf zehn Jahre Tätigkeit zurückblicken konnte.

Parallel zur organisatorischen Festigung des Verbandes, der heute über elf Zweigstellen im ganzen Land verfügt, liefen verschiedene Veranstaltungen, die durch ein internationales Paul-Celan-Symposion im November 1990 zum 20. Todes- und 70. Geburtstags des aus der Bukowina stammenden Dichters eingeleitet wurden. 1992 erschien das erste Heft der *Zeitschrift der Germanisten Rumäniens*, die ebenfalls auf meine Initiative und durch meinen Einsatz ins Leben gerufen wurde und im Format sowie im Inhalt an die *Revista Germaniştilor Români* (1932–1938) anknüpfen sollte. Vom 7. bis 9. Oktober 1993 fand in Bukarest ein weiteres Symposion zum Thema *Aspekte der zwischenmenschlichen Kommunikation* in Zusammenarbeit mit der von Prof. Tatiana Slama-Cazacu geleiteten und weltweit bekannten Rumänischen Gruppe für Angewandte Linguistik statt, die den Willen der GGR nicht nur zur Internationalität, sondern auch zur Interdisziplinarität unter Beweis stellte.

Von Anfang an wurden unsere Fachveranstaltungen vom Deutschen Akademischen Austauschdienst (DAAD) in Bonn finanziell großzügig unterstützt, wozu ihm, vor allem seinem Präsidenten, Prof. Dr. Dr. h. c. mult. Dr. Theodor Berchem, auch an dieser Stelle gedankt sei. Zugleich wollten wir Internationalität selbst bei der Organisierung unserer Kongresse signalisieren und vorführen, indem Institutionen und Fachverbände um Mitwirkung gebeten wurden. So standen uns bisher der Deutsche Germanistenverband, die Österreichische Gesellschaft für Germanistik, das Südostdeutsche Kulturwerk in München, das nun Institut für deutsche Kultur und Geschichte Südosteuropas heißt, die Friedrich-Ebert-Stiftung, die Rumänische Akademie etc. tatkräftig zur Seite.

Du fragst nach dem Nutzen der rumänischen Deutschlehrer und Studenten von einer solchen Großveranstaltung. Ich möchte dabei nur zwei Schlagzeilen in der rumäniendeutschen Presse zitieren, deren Aussagekraft jeglichen Kommentars entbehren: „Minderwertigkeitskomplexe abstreifen" (Udo-Peter Wagner) und „Mutmachende Selbstbestätigung" (Horst Schuller).

Schließlich möchte ich noch eine erfreuliche Folge dieser Großveranstaltungen erwähnen: Seit dem Kongress in Neptun zeigten die einzelnen Germanistiklehrstühle des Landes, dass sie jegliche „Minderwertigkeitskomplexe" abgestreift haben und in „mutmachender Selbstbestätigung" bereit waren, eigene wissenschaftliche Tagungen zu veranstalten, die von Jahr zu Jahr an Bedeutung, Gewicht sowie Umfang gewonnen haben. Damit nahm auch die Rückbesinnung auf die eigenen regionalen Forschungstraditionen einen größeren Aufschwung, so dass sich nun die Germanistik in Rumänien von einer durchaus positiven Seite zeigen kann: im weit verbreiteten *Fachdienst Germanistik* sprach man schlichtweg von einer „erstaunlichen Tätigkeit" der Germanisten in Rumänien.

Das Themenspektrum war auch diesmal sehr weit gefasst. Erfreulich war in unserem Interessenzusammenhang zu vermerken, dass sich zunehmend auch junge Germanisten und Germanistinnen in Rumänien regionalen Themen zuwenden wie auch Wissenschaftler aus dem Ausland, die nicht aus den Reihen der deutschen Minderheitengruppen stammen, was interessante, oft kontrovers verlaufende Betrachtungen über die deutschsprachigen Inselliteraturen Südosteuropas und ihre Beleuchtung aus unterschiedlichen Blickwinkeln ermöglicht.

Über die Themenvielfalt bekommen wir hin und wieder sanftere oder heftigere Schelte. Manche sind der Meinung, man solle sich thematisch eingrenzen, um dadurch Tiefe zu erreichen. Diese Meinung mag auch ihre Gründe und ihre Berechtigung haben, doch unsere Grundüberlegung geht von der Tatsache aus, dass wir als Auslandsgermanisten unter besonderen Bedingungen arbeiten und dass ein solches Treffen wie der Kongress der Germanisten Rumäniens möglichst vielen die Gelegenheit bieten soll, sich einerseits wissenschaftlich zu artikulieren, andererseits durch den nationalen und internationalen Vergleich festzustellen, wo sie stehen – kritisch, selbstkritisch, objektiv.

Zu dieser thematischen Vielfalt gehört von Anfang an, wie ich schon sagte, die Sektion, die sich mit Fragen der deutschen Regionalliteraturen in Rumänien wissenschaftlich beschäftigt. Das war und ist für uns eine wichtige, ja ich möchte sagen Herzensangelegenheit. Die Gespräche mit dem Südostdeutschen Kulturwerk in München, mit Prof. Dr. Anton Schwob, Hans Bergel und Dr. Krista Zach haben zu einem sofortigen Einvernehmen darüber geführt, dass die Sektion vom SOKW betreut werden wird, was ja bislang dreimal geschehen ist. In Sinaia nahmen wir die Gelegenheit der 100. Wiederkehr des Geburtstages des großen siebenbürgisch-sächsischen Germanisten Karl Kurt Klein wahr und widmeten ihm das Gros der in dieser Sektion gehaltenen Vorträge, was sich in einem bald im Verlag des Südostdeutschen Kulturwerks erscheinenden Band widerspiegelt.

Es wäre töricht, ein jahrhundertealtes, die Kultur und Zivilisation Rumäniens konstituierendes und auf weiten Strecken ihrer Entwicklung prägendes geistiges Gut außer Acht zu lassen und eine der wertvollsten Traditionen der Germanistik in Rumänien nicht fortzusetzen.

Ein weiterer Anlass war die Auswanderung der Deutschen aus Rumänien. Einerseits nahm der germanistische Lehrbetrieb nach 1990 einen neuen Aufschwung, andererseits sah man sich verstärkt mit einem immer größeren Mangel an Lehrkräften konfrontiert. Auch namhafte Germanisten/innen, die zusammen mit rumänischen Kollegen/innen der Germanistik in Rumänien aufgrund ihrer weitgehenden Idiosynkrasie gegenüber ideologischen Einmischungen und Bevormundungen in den 1970er und 1980er Jahren zu beachtlichen internationalen Kontakten, ja zu internationalem Ansehen verhalfen (ich möchte dabei unbedingt einige Namen anführen wie Georg Scherg, Heinrich Mantsch, Helmut Kelp, Brigitte Tontsch, Horst Fassel, Peter Motzan, Michael Markel), verließen das Land und hinterließen nicht mehr zu schließende Lücken. Hatte sie bis 1990 das verhasste kommunistische Regime nicht nur für personna non grata, sondern praktisch für tot erklärt, so war es doch selbstverständlich, dass die fachlichen und menschlichen Kontakte nach 1990 verstärkt gepflegt und ausgebaut werden sollten.

Ein weiterer Beweggrund war folgender: In den ehemals rumäniendeutschen Germanisten/innen, aus deren Reihe die heute bekanntesten Schriftsteller wie Oskar Pastior, Hans Bergel, Dieter Schlesak, Herta Müller, Franz Hodjak, Richard Wagner, Werner Söllner, Ernest Wichner oder hervorragende Übersetzer rumänischer Literatur wie Oskar Pastior, Gerhardt Csejka, Georg Aescht, Ernest Wichner, Wolf Aichelburg hervorgingen, findet die rumänische Literatur, die rumänische Kultur überhaupt, ihre besten kritischen, scharfsinnigen, kompetenten Botschafter im deutschsprachigen Raum! Wenn die Politiker meines Landes diese Tatsache leider nicht in vollem Umfange begriffen zu haben scheinen, so war es selbstverständlich, dass die Germanisten in Rumänien sich ihrer voll bewusst sind und daraus die alleinige Konsequenz ziehen: Mit allen uns zur Verfügung stehenden Mitteln diese Mittler- und Vermittlertätigkeit in ihrer grenzüberschreitenden, interkulturellen Dimension darzustellen und bekannt zu machen. Deshalb richteten wir auf unserem Kongress auch Lesungen deutscher und ehemals rumäniendeutscher Autoren ein. Die jungen Germanisten/innen, Deutschlehrer/innen und die Studenten/innen lernen dabei Autoren direkt kennen und schätzen, schaffen sich eine ersten Zugang zu deren Texten und sind potenzielle Übersetzer solcher Werke ins Rumänische. Auch gehen von solchen Lesungen wichtige Impulse für die Gestaltung des Literaturunterrichts an den Hochschulen des Landes aus.

Seit 1992 erscheint die von der Gesellschaft der Germanisten Rumäniens (GGR) herausgegebene und von dir redaktionell betreute Zeitschrift der Germanisten Rumäniens, *die es im Laufe von sieben Jahren auf 14 Hefte gebracht hat und in der neben zahlreichen ausgezeichneten Beiträgen namhafter Literatur- und Sprachwissenschaftler des In- und Auslands, auch die mitunter nicht immer gehaltvollen Aufsätze der rumänischen Germanisten und Germanistinnen erscheinen. Nun soll die Zeitschrift in ein Jahrbuch umgewandelt werden. Wird dieses thematisch neu ausgerichtet, anders gestaltet und hinfort allein auf germanistische Qualität bedacht sein?*

Wer von einer Auslandsgermanistik die Leistungen der Inlandsgermanistik (Deutschland, Österreich) erwartet, liegt falsch: Auslandsgermanistik ist a priori benachteiligt (in sprachlichem Sinne) durch das andersprachige Umfeld, damit auch durch mangelnde Informationsquellen sowie durch eine gewisse Desynchronisation in Bezug auf die aktuelle Diskussion und auf die Forschungstrends. Deshalb kann es keine Auslandsgermanistik geben, die Gleichwertiges zu leisten vermag wie die Inlandsgermanistik. Deshalb sind auch die Leistungen der Auslandsgermanistik durchaus unterschiedlich, unausgeglichen. Oft hängt es vom Werdegang der Einzelnen ab – manche Kollegen/innen aus Rumänien hatten und haben die Chance längerer Aufenthalte im deutschsprachigen Kulturraum, sie konnten und können sich auf dem Laufenden halten mit der Dokumentation, kennen die höheren Ansprüche des germanistischen Betriebs etc. Die rumänische Germanistik hat als eine der ersten Auslandsgermanistiken eine Möglichkeit geschaffen, den Kollegen/innen Mut zu machen, ihnen Selbstvertrauen einzuflößen, damit sie eventuelle Minderwertigkeitsgefühle überwinden – dazu ist die *Zeitschrift der Germanisten Rumäniens* ins Leben gerufen worden, die es bislang auf eine stattliche Anzahl von Heften gebracht hat. Inzwischen ist das Fachorgan der GGR in der germanistischen Welt ziemlich bekannt und genießt Anerkennung.

Nur ich und meine engsten Mitarbeiter wissen um die unsagbaren Nöte, um die übermenschlichen Anstrengungen, über die erniedrigende Bettelei um Sponsorengelder, um die bittere Mühe der Geburt einer solchen Publikation ...

Die ständige finanzielle Unsicherheit bei der Herstellung der *Zeitschrift der Germanisten Rumäniens* hat uns Ausschau halten lassen nach einer Möglichkeit, die Herausgabe dieser Publikation dauerhaft zu sichern. Noch vor Jahren habe ich beim DAAD angeregt, die ZGR in ein *Jahrbuch der Germanisten Rumäniens* umzuwandeln, doch damals war man sich noch nicht schlüssig – die ZGR schien eine akzeptable Variante. Nun haben wir mit dem DAAD verhandelt und vereinbart, ab 2001 das *Jahrbuch der Germanisten Rumäniens* in der gemeinsamen Herausgeberschaft der Gesellschaft der Germanisten Rumäniens und des DAAD herzustellen. Auf Anregung der GGR soll das Jahrbuch nun turnusmäßig von einem jeweils anderen Germanistiklehrstuhl des Landes und von der jeweiligen Zweigstelle der GGR zusammengestellt und redigiert werden. Man soll sich jedoch keinen Illusionen hingeben: Die neue Bezeichnung, der neue wissenschaftliche Beirat, die bessere grafische Aufmachung werden *dieselbe* germanistische Landschaft darstellen müssen wie die ZGR – mit ihrem gesamten Relief, mit Bergen und Tälern, mit Ebenen und Niederungen ...

Auf meine Initiative geht auch die Schaffung der Buchreihe „GGR-Beiträge zur Germanistik", in der bislang sechs Bände erschienen sind, zurück. Damit sollte für rumänische Germanisten/innen, die keine Möglichkeit haben, im deutschsprachigen Ausland zu publizieren, eine solche in Rumänien geschaffen werden. Dissertationen, thematische Bände, Monografien etc. sollen die Palette germanistischer Publikationen im Lande bereichern.

Im Unterschied zu anderen rumänischen Hochschulgermanisten, die entweder der deutschen Minderheit entstammten oder in deren Schulen und Gymnasien ihre frühe sprachliche Prägung erhielten, kommst du aus einem rein rumänischen Umfeld. Du bist 1944 in der Donauhafenstadt Galatz geboren, musstest dort als erste Fremdsprache Russisch „wählen" und konntest dich erst an der Universität eingehender dem Studium der deutschen Sprache widmen. Worauf lässt sich deine Faszination für die Germanistik zurückführen?

In der Tat, ich bin ein „waschechter" Rumäne. Der Ausdruck hat mich, als ich ihn erstmalig in Deutschland zu hören bekam, amüsiert und hat sich mir eingeprägt. Ich weiß inzwischen, dass er auch zweischneidig, d. h. semantisch polyvalent geladen ist, ich verwende ihn allerdings allein in seiner positiven Bedeutung. Neben dem „Wahl"fach Russisch konnte man damals von der fünften Klasse an auch eine zweite Fremdsprache wählen – das war bei mir eben Deutsch. Wie ich dazu kam? Wahrscheinlich dadurch, dass ich als Kind in der Nähe unserer Wohnung in Galatz mehrere Familien russischer Offiziere kennen lernte – freilich flüchtig, oft lang genug jedoch, um sie Russisch sprechen zu hören. Nicht selten sprachen sie von den „nemtzy", die ich ja auch in Filmen zu sehen bekam. Ich wurde neugierig: wie reden denn die „nemtzy"? Russisch hatte mir sehr gut gefallen, trotz der unglücklichen Erinnerungen meiner Mutter an die Zeit der Evakuierung, die sie mit ihren vier Kindern in Siebenbürgen verbrachte – Galatz war noch im Juni 1944 zur Frontstadt geworden, die Zivilbevölkerung musste evakuiert werden. Ich war ein paar Monate alt – und schon auf Wanderung. Deutsch wurde von „Fräulein Ştefănescu" unterrichtet, einer gutmütigen, verständnisvollen, aber besonders strengen Dame.

Ich war literarisch sehr interessiert. Bei der Landesolympiade in der elften und letzten Klasse bekam ich den zweiten Preis. Thema des Aufsatzes war der Abwurf der Atombombe auf Hiroschima … Ich muss wohl sehr ‚überzeugend' geschrieben haben, Gewalt habe ich immer abgelehnt … Als „Pionier" schrieb ich neben Naturgedichten auch eines auf Stalin. Wer weiß, was in meinem unreifen Kopf damals vorging …

An der Bukarester Universität hast du als Student bloß zwei Semester verbracht. Danach durftest du als einer der wenigen rumänischen Germanistikstudenten jener Jahre in Leipzig nicht nur studieren, sondern auch promovieren. Wie ist dir dieses „Kunststück" gelungen, in einer Zeit, als für einen rumänischen Studenten ein Studienaufenthalt auch in einem „sozialistischen Bruderland" eher ein Ding der Unmöglichkeit war?

Der Preis bei der Olympiade hatte für mich entschieden: Ich hatte Philologie zu studieren, obwohl ich ein naturwissenschaftliches Gymnasium besucht hatte. So wurde ich Student der Rumänistik, wobei Deutsch mein Wahlfach wurde. Nach den ersten zwei Semestern, die mich stark geprägt hatten (immerhin konnte ich einige Vorlesungen von George Călinescu sowie von Alexandru Piru miterleben), hatte ich so gute Leistungen, dass ich mich für eines der sieben Stipendien bewerben durfte, die für „sozialistische Länder, andere als die UdSSR" vergeben wurden. Das „Kunststück" war nicht mein Verdienst, sondern das Spiel der unsichtbaren Fäden des historischen Zufalls. Es war im Jahre 1964, als Rumänien dem großen Bruder die kalte Schulter zeigte. Ein Jahr später wurden rumänische Studenten sogar ins kapitalistische Ausland zum Hochschulstudium geschickt: mein Freund Marian Papahagi aus Klausenburg, der berühmte Italienist und Romanist, hatte sogar die Chance, nach

Italien zu gehen, andere, die ich später kennen lernte, gingen nach Holland, in die USA, nach Frankreich etc. Von den einhundert Bewerbern bekam ich in jenem Jahr 1964 aufgrund der Endergebnisse eines der ausgeschriebenen Stipendien. Komischerweise durfte ich mir das Land auswählen: Polen, Tschechoslowakei, Ungarn – die alphabetische Reihenfolge begünstigte mich: Mit dem Argument, ich habe schon im Gymnasium etwas Deutsch gelernt, schlug ich die DDR vor. Dies wurde auch akzeptiert. Und so kam ich im November 1964 in Berlin an. Das Fach- und Hochschulministerium der DDR, wo wir (ein anderer Rumäne und ich) uns anmelden sollten, lag irgendwo dicht an der paar Jahre vorher errichteten „Staatsgrenze der DDR" (sprich: Mauer). Der Eindruck war grauenhaft: kaputte Gebäude, grau Uniformierte liefen hin und her, an bestimmten Stellen fanden Kontrollen durch die Russen statt: Wir hatten Angst, die SED-Propaganda betrieb eine Hetze ohnegleichen. Wir waren also Stipendiaten des rumänischen Unterrichtsministeriums und konnten dann in den jeden Sommer in Bukarest stattfindenden Beratungen der im Ausland Studierenden aus Rumänien feststellen, dass es an die zweihundert Studenten/innen und Doktoranden/innen gab, die nicht in der Sowjetunion studierten. Die etwas später stärker einsetzende und sich durchsetzende Liberalisierung hatte begonnen. Der Literaturbetrieb florierte, die Wirtschaft erlebte einen nie dagewesenen Aufschwung, der sich in den nächsten Jahren verstärken sollte.

In Leipzig hast du über Paul Celan promoviert und in deiner Dissertation besonders dessen rumänischen Erfahrungsraum erkundet. Über Celan hinaus hast du die deutschsprachige Literatur des Buchenlandes erforscht und zahlreiche Beiträge hierüber verfasst. Parallel dazu hast du deine Recherchen auch auf die anderen deutschen Regionalliteraturen in Rumänien ausgedehnt und 1986 sogar einen Abriss der Geschichte der rumäniendeutschen Literatur bis 1918 *vorgelegt. Beabsichtigst du, diese Arbeiten fortzuführen und den Entwicklungsgang dieser Literatur bis in die Gegenwart zu verfolgen?*

In Leipzig wurden wir von manchen Dogmatikern der DDR, Lehrkräften und Studenten, als ziemlich verdächtige Brüder angesehen. Wir kamen von zu Hause und brachten Nescafé und westliche Zigaretten mit – unsere Kommilitonen aus der DDR und die Putzfrauen im Studentenheim waren scharf darauf. Ich musste zunächst anständig Deutsch lernen und mein „kleines" Abitur machen, um zum Hochschulstudium zugelassen zu werden. Das waren zwei Semester am Herder-Institut in Leipzig, die mich vor allem durch die bunte Zusammensetzung der Gruppen faszinierte und für immer prägte: Alterität, Nähe des Fremden, mit einem Wort: in meinem Alltag habe ich stets Toleranz erlebt – bereits in Galatz, wo ich mit griechischen Flüchtlingen, Zigeunerkindern, jüdischen Freunden, Lipowanern, die russisch sprachen, Umgang pflegte. Die Leipziger Zeit war die Chance meines Lebens: Ich musste sie nutzen. Die Deutsche Bücherei bot mir unermessliche Schätze an, mit einem Sonderausweis von der Uni konnte man westliche Zeitungen und Zeitschriften lesen, auch „empfindlichere" Bücher (sprich: aus dem Westen) waren so zu haben. Vorlesungen und Seminare wie jene bei Rudolf Große, Wolfgang Fleischer, Gotthard Lerchner, Marianne Schröder, alle aus der berühmten Leipziger Linguistikschule, oder bei Walter Dietze, Helmuth Richter, Klaus Schuhmann, Claus Träger, Bernd Leistner, Walfried Hartinger, Christel Hartinger, Klaus Petzold hatten mir eine Welt nahe gebracht, um deren Verständnis ich rang und die ich nun meinerseits jungen Leuten nahe zu bringen versuche. Das Land DDR selbst war für uns etwas Besonderes, wir hatten kein West- und Ostrumänien, unser nationales Verständnis war ein anderes – so auch bei den Polen, Ungarn, Bulgaren, Franzosen etc. Unvergesslich bleibt für mich der Tag, an dem unser Dozent am Fenster des Franz-Mehring-Hauses, in dem wir Unterricht hatten, nachdem wir die Ruinen des alten Universitätsgebäudes verlassen mussten, stehenblieb und nach einer langen Zeit murmelte: „Das ist vielleicht ein Land!" Wir begriffen nichts, hörten jedoch auf dem Opernplatz Lärm, so dass wir zum Fenster gingen: großes Polizeiaufgebot, verschiedene Uniformierte, Hunde ... Wir fragten, was los sei, obwohl wir schon vorher gehört hatten, dass in der Universitätskirche Theologiestudenten streiken ... Die Theologen hatten einen Sitzstreik veranstaltet und weigerten sich, die Kirche zu verlassen, um die Sprengung zu verhindern. Nun wurden sie von Polizisten und Armeeleuten einzeln herausgetragen, Sprengladung wurde angebracht, dann ging alles in die Luft ... Wir waren längst draußen und schauten uns fassungslos das Geschehen an ... Die schöne Universitätskirche samt frühe Universität wurden zu einem Schutthaufen ... Kirche der Karl-Marx-Universität hätte nicht in das Bild des wissenschaftlichen Sozialismus gepasst ... Meine Jahresarbeit schrieb ich über die Gedichte Ingeborg Bachmanns und die Diplomarbeit über *Das Problem der „Biografie" bei Max Frisch unter gelegentlichem Vergleich zu Ingeborg Bachmanns Erzählungen*. Ich und mein italienischer Kollege Sergio Bertocchi wurden zu Besten des Jahrgangs gekürt und dafür bot man uns zwei Plätze für das Doktorat in Leipzig an. Die Diplome wurden uns in der Alten Börse zu Leipzig feierlich überreicht.

Überglücklich kam ich nach Hause, in der Hoffnung, im Herbst meine Doktorarbeit in Leipzig beginnen zu können. Auf meine Bitte, ich wolle wieder nach Leipzig, um zu promovieren, weil die Leipziger Uni mir aufgrund meiner Studienergebnisse einen Doktorandenplatz samt Stipendium zur Verfügung gestellt habe, wurde ich im Bildungsministerium gefragt, wieso man mir dieses Stipendium anbietet, und zwar für welche Gegenleistungen denn?

Ich durfte nicht mehr nach Leipzig. Erst 1973 gab mir der Dekan unserer Fakultät Prof. Dumitru Chițoran, der inzwischen auch Ministerialdirektor geworden war, den Wink, ich könnte es mit einer Fernaspirantur versuchen. Aus Leipzig kam die Betreuungszusage, der Antrag wurde genehmigt: Ich durfte im Sommer nach Leipzig fahren. Nachdem ein Versuch, Prof. Walter Dietze für meine Betreuung zu gewinnen, gescheitert war, weil er wegen schwerer Erkrankung die Lehrtätigkeit in Leipzig hatte aufgeben müssen und kurz darauf zum Direktor der Nationalen Gedenk- und Forschungsstätten in Weimar ernannt worden war, fand ich in dem frisch gebackenen Professor Walfried Hartinger einen offenen, wissbegierigen und toleranten Betreuer, mit dem ich dann auch exzellent zusammenarbeiten konnte. Von drei von mir vorgeschlagenen Themen für eine Dissertation wurde jenes um den jungen Paul Celan angenommen. Celan war in der DDR so gut wie unbekannt, galt eher als dekadent und hermetisch-modern, auch wenn seine Gedichte in Intellektuellenkreisen unter der Hand zirkulierten. Später sollte Prof. Klaus Schuhmann, einer der vier Gutachter meiner Dissertation, einen Band mit Gedichten Paul Celans *Die Silbe Schmerz* (1980) herausgeben, den er mir mit einer Widmung überreichte. Ich hatte in Bukarest bis dahin unbekanntes, noch nicht eingesehenes Material, Manu- und Typoskripte Paul Celans entdeckt. Alle lagen im Nachlass von Alfred Margul-Sperber vor. Die Briefe Celans an seinen Bukarester Mentor und Förderer durfte ich bei der Witwe Margul-Sperbers, Jessika Sperber, fotokopieren und für meine Dissertation verwenden. Bis zur Fertigstellung meiner Dissertation im Jahre 1977 wurden das Gros dieser Briefe sowie manche Texte Celans veröffentlicht. Ich konnte deshalb nur noch einundzwanzig Frühgedichte, einige Briefe (vor allem jene an Nina Cassian) und rumänische Texte Celans erstveröffentlichen. Die öffentliche Verteidigung fand im Raum 13 des neuen Uni-Gebäudes, im Volksmund „Weisheitszahn" genannt, statt. Gutachter waren auch der bekannte Romanist Klaus Bochmann und der ungeheuer belesene Eike Middel, vom Leipziger Insel-Verlag.

Nun ergab es sich, dass ich von Mitarbeitern des Zentralkommitees der Rumänischen Kommunistischen Partei über das Dekanat als Dolmetscher wieder einmal eingesetzt wurde. Das galt als Dienstauftrag. Begleiten sollte ich diesmal Werner Lambertz, jüngstes Politbüromitglied der SED, der mit der Familie ein paar Urlaubstage am Schwarzen Meer verbringen wollte. Das war 1976. Der „Kronprinz", wie er in Insiderkreisen genannt wurde, war ein aufgeschlossener Mensch. Er las am Strand, ich las auch. Einmal habe ich mir erlaubt, ihm zu sagen, er verwende die mit „weil" eingeleiteten Nebensätze falsch, es schicke sich doch nicht für einen Menschen, der für Presse und Kultur verantwortlich sei und mit Journalisten zu tun habe, sich so auszudrücken:

„Weil ich *habe* gestern in der Presse gelesen ..." Er machte straßenlaternengroße Augen und hörte meinen Argumenten gefasst zu. Er bedankte sich bei mir und fügte hinzu, er habe bemerkt, dass ich sehr viel lese, also fragte er mich, woran ich denn arbeite. Da erzählte ich ihm, ich hätte meine Dissertation in Leipzig fertiggestellt, dürfe jedoch während des Studienjahres nicht hinfahren, um sie zu verteidigen. „Kann ich dir dabei helfen?" – fragte er mich. Ich mache es kurz: Er hat vor seiner Abreise mit seinem Freund Cornel Burtică, der dann Botschafter Rumäniens in der BRD werden sollte und einer der Hoffnungsträger der jüngeren Generation in Rumänien war, meinen Fall erörtert. Nach dem Erdbeben vom März 1977 erhielt ich unverhofft die Kunde, ich dürfe zur Verteidigung nach Leipzig fahren ... Der wissenschaftliche Rat der Universität Leipzig legte den 14. November 1977 als Tag der öffentlichen Verteidigung fest. Meine Dissertation leistete in der damaligen Celan-Forschung Pionierarbeit: der rumänische Surrealismus, die Klassiker der rumänischen modernen Lyrik der 1930er und 1940er Jahre waren bis dahin unerforschtes Feld. Thesenhaft hatte ich von vornherein festgestellt, es gehe mir nicht darum, wie später manche wider besseres Wissen angedeutet haben, Celan der rumänischen Literatur oder gar der rumäniendeutschen Literatur einzuverleiben, sondern einen Aspekt zu beleuchten, der bis dahin nur vermutet, erahnt war, nämlich die wahlverwandtschaftlichen Querverbindungen der frühen Celanschen Lyrik zur rumänischen Metaphernwelt und Bildlichkeit. Dies alles freilich als *eine* Komponente, Koordinate, neben anderen (deutschen, französischen, jüdischen, russischen Bezügen), die das komplexe Bild dieses ungemein sprachgewaltigen und -bewussten Dichters, der unter anderem auch Rumänisch schrieb, ergänzen sollte. Obwohl in den großen Bibliotheken von Leipzig und Frankfurt am Main vorhanden, wurde meine umfangreiche, viel Dokumentationsmaterial enthaltende Dissertation wenig beachtet, in Buchform konnte ich sie erst nach der Wende (1990 und 1994) in zwei Teilen im Bukarester Universitätsverlag veröffentlichen. Die Eingeweihten kannten sie, schwiegen sie jedoch tot, um einen Lieblingsausdruck Celans aus der Zeit der Plagiatsaffäre zu verwenden, oder schöpften kreative Impulse daraus, oft ohne die Quelle anzugeben.

Über Celan stieg ich in die faszinierende Welt der Rand-, Regional- bzw. Inselliteraturen ein. Nach meiner Promotion in Leipzig wurde der Lektorenposten von Heinz Stănescu frei: Zu einer Tagung der Lenau-Gesellschaft nach Österreich eingeladen, nutzte dieser die Gelegenheit und kehrte nicht mehr zurück. Seine Vorlesung zur rumäniendeutschen Literatur in Bukarest blieb „ledig"... Ich wurde vorgeschlagen, sie zu übernehmen. Doch erst jetzt wurden manche stutzig: Ich konnte den Posten nicht belegen, weil ich kein Parteimitglied war ... Immerhin war ich vierunddreißig Jahre alt ... Die meisten waren schon längst in der Partei ... Ich beriet mich mit Freunden und wir kamen zu der Schlussfolgerung, wir müssen der Partei beitreten, um den Einfluss von Starrköpfen etwas zu dämpfen ... Mit diesem bewusst bezahlten Preis bekam ich den vakanten Posten und übernahm die Aufgabe, mich in die mir bis dahin nur von der Bukowina her bekannte Problematik deutscher oder deutschsprachiger Regionalliteraturen einzuarbeiten ... Notgedrungen, dann mit zunehmendem Spaß an der Sache, stieß ich in eine literarische und Kulturlandschaft vor, die ich nur ansatzweise kannte ... Dabei sah ich meine Aufgabe allein darin, den Studenten einiges zu vermitteln, Impulse, Denkanstöße, den Stand der Forschung zu überblicken und deren wichtigsten Ergebnisse weiterzureichen. So entstand mein – allein für Studenten gedachter – *Abriss zur Geschichte der rumäniendeutschen Literatur* (1986), der alles andere als ein Meister-, sondern eher ein Fleißwerk sein wollte.

Inzwischen habe ich viel Material aus dem Bukarester Sperber-Nachlass veröffentlicht (vor allem Briefe von Paul Celan, Moses Rosenkranz, Rose Ausländer, Alfred Kittner, Heinrich Zillich, Otto Basil, Tudor Arghezi, Ion Pillat, Lucian Blaga etc). Ein Projekt mit deinem Institut und in Zusammenarbeit mit dir und mit Peter Motzan soll, wie wir alle hoffen, Interessantes ans Tageslicht fördern. Ich habe außerdem die Problematik der Interkulturalität und Zwei- bzw. Mehrsprachigkeit im südosteuropäischen Raum in mehreren Aufsätzen aufgerissen und dokumentiert. Zugleich habe ich seit einiger Zeit bei der Herausgabe zweier Bände mit Werken von Moses Rosenkranz mitwirken dürfen: am Gedichtband *Bukowina* (1998) und am autobiografischen Text *Jugend* (im Druck).

Seit 1970 bist du am Germanistiklehrstuhl der Bukarester Universität tätig und hast zahlreiche Vorlesungen und Seminare zu den unterschiedlichsten Epochen der neueren deutschen Literatur angeboten. 1998 bist du auch zum Leiter dieses Lehrstuhls gewählt worden. Welche besonderen Aufgaben und Schwierigkeiten kommen auf den Inhaber der größten germanistischen Lehrkanzel Rumäniens zu?

Am Germanistiklehrstuhl der Universität Bukarest arbeite ich seit dreißig Jahren. Begonnen habe ich mit Deutschunterricht an nichtphilologischen Fakultäten – recht langweilig, aber ein notwendiges Durchgangsstadium. Nützlich vielleicht auch dadurch, dass ich während der Stunden an der Physik-Fakultät einen wunderbaren Menschen, meine Frau, kennen lernte! Es folgten Texte- und Übersetzungsseminare, Literaturseminare, später Haupt- (Aufklärung, Sturm und Drang, Klassik, Romantik) und Sondervorlesungen (Zur Geschichte der rumäniendeutschen Literatur, Celans poetischer Werdegang, Deutsche Moderne und Gegenwartsliteratur, Poetologisches Denken von Aristoteles bis Paul Celan, Zur Sprachproblematik der deutschen Moderne etc.). Eingespannt war ich in der Weiterbildung von Deutschlehrern im Hinblick auf ihre Lehramtsprüfungen.

Nun bin ich seit einigen Jahren zum Leiter des Lehrstuhls gewählt worden. Der Zeitpunkt ist alles andere als günstig, denn nach einer recht beeindruckenden Aufstiegsphase geht es nun in der Hochschulgermanistik institutionsmäßig relativ steil bergab. Die Hauptursache: äußerste Dürre im Finanzhaushalt des Bildungsministeriums. Unter diesen Bedingungen reichen selbst gut gemeinte Maßnahmen nicht aus, an denen es in letzter Zeit nicht gefehlt hat. Doch auch in diesem Bereich zeigt sich eine gewisse Kurzsichtigkeit und Inflexibilität: der Spezifik des Fremdsprachenunterrichts wurde in Fragen der Finanzierung nicht Rechnung getragen, so dass wir uns nun mit drastischen, unerträglichen Sparmaßnahmen konfrontiert sehen, die beispielsweise allein an unserem Lehrstuhl zur Abschaffung von fünfzehn Stellen in den letzten anderthalb Jahren führten. Wenn wir bislang einen großen Mangel an Nachwuchskräften hatten, da die Konkurrenz wirtschaftlicher Firmen in puncto Bezahlung erdrückend ist, so gibt es nun interessierten Nachwuchs am Lehrstuhl, doch haben wir keine freien Stellen mehr.

Du bist Mitglied in zahlreichen Gremien und Ausschüssen. 1998 wurde in Bukarest auch eine rumänische Goethe-Gesellschaft gegründet, deren Präsident du bist und die ihr wissenschaftliches Interesse der Erforschung des Werkes des größten deutschen Dichters widmet. Eines der Anliegen der Gesellschaft ist die Herausgabe in rumänischer Übersetzung einer mehrbändigen Auswahl aus dem Werk des Weimarer Klassikers.

Auf Anregung deutscher Freunde und Goetheforscher, allen voran Prof. Dr. Werner Keller, ehemals Präsident, heute Ehrenpräsident der Goethe-Gesellschaft in Weimar, habe ich versucht, auch in Rumänien eine Goethe-Gesellschaft zu gründen. Zu meiner Überraschung stieß ich auf höchste Bereitschaft vieler Rumänen. Da das große Jubiläum Goethes unmittelbar bevorstand, entschieden wir uns, die Gründungssitzung im Anschluss an ein erstes größeres rumänisches Goethe-Symposion am 15. und 16. April 1998 stattfinden zu lassen. Uns erwiesen die Ehre, dabei anwesend zu sein, Prof. Dr. Werner Keller und Prof. Dr. Hilmar Hoffmann, der Präsident des Goethe-Instituts in München sowie namhafte Goethe-Forscher aus dem In- und Ausland. Es war ein guter Anfang. Zum Ehrenpräsidenten der Goethe-Gesellschaft in Rumänien wurde der Faust-Übersetzer und Goethe-Forscher, der Dichter Ştefan Augustin Doinaş, gewählt, der Träger der Goethe-Medaille ist. Die anwesenden Gründungsmitglieder hielten es für angebracht, mir noch eine Aufgabe aufzubürden, die des Präsidenten dieser Gesellschaft. Dokumentiert sind sowohl das erste als auch das zweite Goethe-Symposion in den Heften 1–2 (13–14)/1998 und 1–2(15–16)/1999 der ZGR!

In Bezug auf die Herausgabe der rumänischen Goethe-Ausgabe muss gesagt werden, dass ich dadurch etwas weiterführen möchte, was Prof. Jean Livescu angefangen hatte. In Absprache mit Prof. Keller (Köln), mit Prof. Dr. Herbert Zeman (Wien), dem Präsidenten des Wiener Goethe-Vereins, und anderen nahm das Vorhaben die Ausmaße einer achtzehnbändigen Ausgabe von ausgewählten Werken Goethes in rumänischer Übersetzung an.

Auf dich geht auch die Initiative zurück, die Geschichte der rumänischen Germanistik aufzuarbeiten. Werden im Rahmen dieses Vorhabens auch die politischen und ideologischen Verstrickungen der Germanisten Rumäniens während der faschistischen und kommunistischen Diktatur beleuchtet? Ist zu erwarten, dass einige – besonders kompromittierte – Germanisten auch selbstkritisch über ihre eigene berufliche und politische Tätigkeit während jener Jahre referieren werden?

Es hat mich verdrossen, gelegentlich Äußerungen zur Germanistik in Rumänien zu hören oder zu lesen, die nicht nur eine totale Unkenntnis der Geschichte und der Traditionen dieses Faches in unserem Land erkennen lassen, sondern geradezu aus der Luft gegriffen waren.

Um Informationslücken zu schließen, hielten wir es für unsere moralische, wenn nicht ganz einfach fachliche Pflicht, die eigene Geschichte aufzuarbeiten, dabei nicht verklärend, sondern nüchtern-objektiv vorzugehen und sowohl Leistungen als auch Defizite der Germanistik in Rumänien zu dokumentieren. Den Anfang haben wir mit einem ersten Band *Beiträge zur Geschichte der Germanistik in Rumänien* gemacht, in dem geschichtliche Stränge, Umfelder, Persönlichkeiten, Publikationen mosaikartig dargestellt werden konnten. An weitere Bände wurde gedacht, die Sammelarbeit erweist sich jedoch als schwieriger, als wir glaubten, die meisten haben wenig Zeit, sich auch mit Fachgeschichtlichem zu befassen. Doch wir wollen Spuren sichern und noch diejenigen befragen, die als Zeuge verschiedener Epochen der germanistischen Entwicklung, authentisches Dokumentationsmaterial liefern können. Wir bitten auch auf diesem Wege um Mitarbeit! Vor allem appelliere ich an unsere ehemals in Rumänien tätigen deutschen Kollegen/innen, uns solches Material zuzusenden. Unter Diktaturen gibt es kaum Unverstrickte. Man hört eigentlich von solchen meistens, nachdem die Diktatur vorbei ist, auch wenn es sie schon während der Diktatur gegeben hat. Es gibt meiner Ansicht nach nur das Ausmaß von Verstrickung, inwiefern durch eigenes, bewusstes Verhalten und Verschulden, anderen Mitmenschen schwerwiegende Ungerechtigkeit widerfuhr oder gar seelischer bzw. materieller Schaden zugefügt wurde.

Von dieser Position aus haben wir in unseren Publikationen eine Würdigung der germanistischen Leistung Stefan Binders vorgenommen. Auch Karl Kurt Klein sowie Simion C. Mândrescu, deren Irrwege in den 1930er Jahren bekannt sind, wurden im Sinne dieser kritischen Einstellung geehrt.

Du hast nicht nur zahlreiche germanistische Studien verfasst, sondern auch mehrere Bücher deutscher Schriftsteller ins Rumänische übersetzt. Nach welchen Kriterien triffst du deine Auswahl und mit welcher Resonanz können deutsche Autoren beim rumänischen Publikum rechnen?

Bereits im Gymnasium habe ich verschiedene Texte ins Rumänische übersetzt … Als ich in Leipzig studierte, las ich in den Ferien Nietzsches *Also sprach Zarathustra* im Original. Bei einem Bukarester Freund fand ich eine rumänische Übersetzung aus den 1930er Jahren – die grauenhafteste Lektüre, die ich je durchzustehen hatte. Damals stand schon fest, wenn es soweit sei, müsste ich doch eine anständige Übersetzung dieses Werkes anfertigen. Ich machte Versuche, Kleist ins Rumänische herüberzuholen, eine halsbrecherische Arbeit, an der ich scheiterte … Mehrere Gedichte von Ingeborg Bachmann, Fragmente aus *Malina*, etwas Hölderlin … Alles nur Übungen … Dann las ich erneut Hesses *Siddhartha* – das war der Text, auf den ich scheinbar wartete: Innerhalb von einigen Wochen lag der gesamte Text fertig übersetzt vor, ich arbeitete wie in Trance, war total drin … Dann folgte das Heulen des durch Schnee und Kälte herumirrenden hungrigen *Steppenwolfs* – ich identifizierte mich mit Harry Haller und erlebte sein magisch-verfremdetes Leben nach. Man ermunterte mich, diese Übersetzungen zu veröffentlichen, der angesehene Bukarester Univers-Verlag erklärte sich mit einer Veröffentlichung sofort einverstanden … Doch der Zeitpunkt war bereits ungünstig: der Skandal um die berüchtigte Bukarester Transzendentalismus-Affäre war voll im Gange, viele Intellektuelle, darunter auch Andrei Pleșu, aber auch einfache Menschen hatten darunter zu leiden. An eine Veröffentlichung von *Siddhartha* in rumänischer Übersetzung war, so schien es, nicht zu denken. Doch der Einfallsreichtum meiner Landsleute war auch in diesem Falle unbegrenzt: So erschien das Buch mit dem *Steppenwolf* auf dem vorderen Umschlag. Doch nach den letzten Worten Hallers „Mă aștepta Mozart" („Mozart wartete auf mich"), konnte der Leser eine schöne Überraschung erleben: Er konnte weiterblättern und lesen: *Siddhartha. O poemă indiană* …

Nach weiteren Intermezzi versuchte ich es mit Stefan Georges Gedichten. Dann war es soweit: Es galt, mein früheres Versprechen einzulösen. Auf mich wartete *Zarathustra*. Mit höchster Freude unterwarf ich mich der süßen, benediktinischen Qual – die Herausforderung wuchs bis ins Unerträgliche … Inzwischen erschienen noch weitere zwei Übersetzungen des *Zarathustra* ins Rumänische, darunter auch jene von Ștefan Augustin Doinaș, doch die französische Fassung schimmert immer noch durch, so dass auch meine Fassung veröffentlicht werden soll.

Die auf Rumänien bezogene deutsche Literatur sollte auf ihre Kosten kommen: so übersetzte ich Hans Bergels hervorragende Prosawerke *Der Tanz in Ketten* und *Wenn die Adler kommen*, die beim rumänischen Publikum auf großes Interesse gestoßen sind. Mir schmeichelte die Bemerkung, man habe mit einer dem Original gleichwertigen Fassung zu tun, und ich wurde in meinem Eindruck bestätigt, beim Übersetzen von Bergels Erzählwerk nicht den geringsten Widerstand des Deutschen gespürt zu haben, es kam mir dabei eher vor, als entfernte ich eine Folie, unter der die rumänische Fassung zwanglos hervorquoll. Häufige Rumänienbezüge bewogen mich dazu, auch Gedichte des deutschen Dichters Matthias Buth ins Rumänische zu übertragen. Die Resonanz deutschsprachiger Autoren im rumänischen Kulturraum ist seit eh und je enorm. Die Frage ist die der Qualität der Übersetzung.

Verglichen mit der Situation im Jahre 1990, als die durch den Kommunismus und die Xenophobie des Ceaușescu-Regimes arg gebeutelte Germanistik infolge der Aussiedlung nun auch den Großteil der aus den Reihen der deutschen Minderheit hervorgegangenen universitären Lehrkräfte verlor, hat sich die Lage verbessert. Doch so positiv sich die Situation der rumänischen Germanistik, verglichen mit der unmittelbaren Zeit davor, auch ausnimmt, so ungewiss blickt sie in ihre fernere Zukunft.

Die Lage nach 1990 hat sich grundsätzlich zum Guten verändert: An allen großen Universitäten des Landes wurde Deutsch als Hauptfach wieder eingeführt, nachdem es in den 1980er Jahren von den kommunistischen Beamten fast gänzlich abgeschafft wurde. Nach der Wende wurden neue germanistische Abteilungen für die Ausbildung im Zweitfach Deutsch in Craiova, Constanța, Großwardein, Suceava eingerichtet, der Bedarf an Deutschlehrer/innen und an Germanisten/innen konnte jedoch lange nicht befriedigt werden. Die deutsche Seite eilte uns zu Hilfe und entsandte Programmlehrer, mit denen wir Hochschullehrer in verschiedenen gemeinsamen Gremien auch sehr gut zusammenarbeiten.

Überhaupt wurden im Bereich der Erstausbildung von Deutschlehrern/innen, von Germanisten/innen im Allgemeinen sowohl konzeptionelle als auch organisatorische Neuerungen eingeführt: Die Curricula sind neu überdacht worden, in den Lehrplänen wurden Überlappungen beseitigt und manche Lücken geschlossen, die Deputate wurden vernünftig zusammengestellt, eine gewisse Freiheit in der Wahl von Vorlesungen und Seminaren wurde durch die

Einführung der Studieneinheiten gewährt, was auch für das kurz- oder ganzzeitige Studium im Ausland gilt, das aufgrund ministerieller Beschlüsse einfacher anerkannt wird. Hinzu kommen sehr differenzierte und gehaltvolle Forschungsvorhaben, oft in Zusammenarbeit mit ausländischen Hochschulen oder Forschungseinrichtungen, Stipendien und Forschungsaufenthalte einer beträchtlichen Anzahl von rumänischen Nachwuchsgermanisten/innen. Die Anzahl der ordentlichen Professoren ist in Rumänien von drei im Jahre 1994 nun auf acht (drei in Bukarest, zwei in Klausenburg, je einer in Hermannstadt, Jassy und Temeswar) angestiegen. Zugleich nahmen dadurch die Betreuungsmöglichkeiten für Doktoranden im ganzen Land zu. Ich allein betreue zurzeit mehr als sechzehn Doktoranden.

Freilich ist noch vieles zu verbessern, besonders im Bereich der Didaktisierung der Lehrinhalte, der ständigen Modernisierung der Lehrmethoden. Doch die finanziellen und demzufolge oft auch die materiellen Bedingungen werden von Jahr zu Jahr schlechter. Wir werden unsere Stimme von nun an noch lauter werden lassen, um unsere Interessen wirksamer zu artikulieren. Dazu bedarf es der fachlichen und kollegialen Solidarität aller in diesem Bereich Tätigen, worum ich mich seit 1990 unermüdlich bemühe. Manche vermuten dahinter zentralistische oder sonstige dunkle Interessen, doch erst in dieser ernster gewordenen Lage sieht man immer mehr ein, dass es auch auf uns selbst ankommt, auf unseren persönlichen Einsatz. Und wir würden es sehr begrüßen, wenn auch die zuständigen deutschen und österreichischen Gremien, Institutionen und Kultureinrichtungen ihre ohnehin bemerkenswerte Unterstützung weiter intensivieren würden. Es liegt in unser aller Interesse, denn dies ist eine Angelegenheit von europäischem, wenn nicht weltweitem Interesse. Und von den von mir vorher erwähnten Paradoxien des Übergangs dürfen wir uns nicht im Geringsten einschüchtern lassen. Denn – um mit Ingeborg Bachmanns Worten abzuschließen – „die Hoffnung kauert erblindet im Licht".

4/2000

„MEINE MOTIVATION, MICH MIT DEUTSCHEN THEMEN ZU BEFASSEN"

Andrei Corbea-Hoisie

Andrei Corbea-Hoisie, der 1951 in Jassy geboren wurde und in einer jüdischen Familie, die während des Zweiten Weltkrieges arg zu leiden hatte, aufwuchs, studierte von 1970 bis 1974 Germanistik und Rumänistik sowie – als Fernstudent – von 1975 bis 1979 Geschichte an der Universität Jassy. Nach dem Studium arbeitete er zunächst als Gymnasiallehrer, danach als wissenschaftlicher Mitarbeiter am Institut für Linguistik, Literaturgeschichte und Volkskunde in Jassy. Ab 1982 war er als Assistent, Dozent und ab 1995 als Professor am germanistischen Lehrstuhl der Universität Jassy tätig.

Corbea-Hoisies frühe wissenschaftliche Beiträge galten der kanonisierten deutschen Literatur, ihrem Einfluss und ihrer Rezeption in der rumänischen Kultur. Mit der Übersetzung des mittlerweile zum Standardwerk avancierten Buches von Hans Robert Jauß *Literaturgeschichte als Provokation der Literaturwissenschaft* (1970), das er 1983 ins Rumänische übertrug, brachte er in der rumänischen Fachpresse eine Diskussion über die Rezeptionsästhetik in Gang. Im Vorfeld seiner Forschungen über die Konstanzer Schule, die einen Paradigmenwechsel in der Literaturbetrachtung mitgetragen hat, beschäftigte sich Corbea-Hoisie auch mit den philosophischen Ansichten der Frankfurter Soziologen, vor allem mit den Schriften von Theodor W. Adorno, dessen *Minima moralia* er 1999 auch den rumänischen Lesern zugänglich machte.

Einen Schwerpunkt seiner wissenschaftlichen Tätigkeit der letzten Jahre bildet die deutschsprachige jüdische Literatur der Bukowina (*Jüdisches Städtebild Czernowitz*. Frankfurt a. Main 1998), insbesondere das Werk von Paul Celan, über den er 1998 auch ein Buch in rumänischer Sprache veröffentlichte.

Andrei Corbea-Hoisie, der seit 1990 den Lehrstuhl für Germanistik an der Jassyer Universität leitet und Lehraufträge auch an ausländischen Hochschulen wahrnimmt, ist für seine wissenschaftliche Arbeit mit mehreren internationalen Preisen ausgezeichnet worden. 1998 erhielt er den Herder-Preis, 2000 den Jacob-und-Wilhelm-Grimm-Preis, 2004 verlieh ihm die Konstanzer Universität die Ehrendoktorwürde.

Andrei Corbea-Hoisie, vor etwa einem Jahr hat die Universität Konstanz dir den Titel „Doctor philosophiae honoris causa" verliehen, ein Jahr davor erhieltest du den Jacob- und Wilhelm-Grimm-Preis des Deutschen Akademischen Austauschdienstes „für herausragende Arbeiten auf den Gebieten Germanistische Literatur- und Sprachwissen-

schaft, Deutsch als Fremdsprache sowie Deutschstudien". Zählt man auch noch den von südosteuropäischen Intellektuellen in der Zeit des Kommunismus besonders begehrten Johann-Gottfried-Herder-Preis hinzu, der dir 1998 von der Alfred Toepfer-Stiftung, Hamburg und der Universität Wien zugesprochen wurde, so dürftest du der mit den meisten Preisen ausgezeichnete Germanist Rumäniens seit 1945 sein.

Ich weiß nicht, ob die Zahl der Auszeichnungen, die ein Wissenschaftler während seines Lebens sammelt, relevant ist für die Qualität seines wissenschaftlichen Schaffens und für die Spur, die er in der Erinnerung seiner Schüler wie auch im Gedächtnis der eigenen Wissenschaft hinterlässt. Wo liegen die Kriterien der Objektivität, nach denen die Entscheidungen getroffen werden? Die Geschichte, die Kontexte, die flüchtigen Konfigurationen eines Augenblicks mischen hier kräftig mit. Außerdem spielen bei der Wahl manchmal die merkwürdigsten und oft auch skurrilsten Umstände eine Rolle, die Kulturgeschichte und unsere Fachgeschichte könnten hierfür eine ganze Reihe von Beispielen liefern. Ich weiß, falsche Bescheidenheit wäre hier wohl fehl am Platze, wenn ich behaupten würde, diese öffentliche Anerkennung meiner Arbeit, zumal in Deutschland und Österreich, würde mir persönlich nichts bedeuten. Nein, im Gegenteil! Ich fühlte mich in meinem Interesse für bestimmte Themen, die ich auf eine möglichst originelle Art und Weise zu behandeln glaubte, durchaus bestätigt. Und wenn wir schon von Legitimation sprechen, lass mich bitte hier erklären, dass ich mich bei den feierlichen Preis- und Titelverleihungen in Wien, in Bonn oder in Konstanz auch ein bisschen als „Repräsentant" empfand, als Vertreter einer gewissen Ausbildung, einer bestimmten akademischen und – warum nicht? – auch einer Lebenserfahrung, einer eigentümlichen „Welt", die uns alle, die wir aus dem Osten und Südosten kommen, geprägt hat. Dieser „Welt" wurde eine zusätzliche Legitimation von einer Seite aus zuerkannt, die sie bis vor zehn-zwölf Jahren bloß unter der Kategorie der „Andersartigkeit" wahrnahm.

Vor der Wende des Jahres 1990 gab es nicht viele Anzeichen, die darauf hindeuteten, dass du in so kurzer Zeit der im Ausland wohl bekannteste Germanist Rumäniens werden würdest. Deine hauptsächlich in rumänischer Sprache verfassten Beiträge über die deutsche Literatur sind Texte eines in der deutschen Literatur und Literaturtheorie des 20. Jahrhunderts gut bewanderten Autors, der besonders auf Rumänisch eloquent und differenziert formulierte, doch in den deutschsprachigen Periodika Rumäniens begegnete man deinem Namen kaum.

Du hast zweifellos Recht, und wer diese Anzeichen nur in den deutschsprachigen Periodika Rumäniens sucht, wird sicherlich enttäuscht sein. Es ist vielleicht hier die passende Gelegenheit zu sagen, dass ich mir von Anfang an meine Tätigkeit auf dem „Feld" unseres Faches irgendwie gegen den Strich der damaligen rumänischen Germanistik vorgestellt habe. Mag sein, dass eine solche Haltung während meines Studiums entstanden ist, als in unserer Gruppe nur ich und eine andere Kollegin Rumänisch als unsere Muttersprache bezeichneten und daher auch manche Schwierigkeiten in den Phonetik-Seminaren hatten. Ich stellte mir damals zum ersten Mal die Frage, ob die Germanistik in Rumänien nur ein Fach für Muttersprachler zu sein habe. Meine spätere Reflexion über den Status der Germanistik in einem Land mit einer starken deutschen Minderheit, wie es Rumänien bis 1990 war, über das lange in unserer Forschung und Lehre bestehende Ungleichgewicht zwischen den Aufgaben einer Inlands- und Auslandsgermanistik und über die daraus resultierenden Defizite nährte sich zweifellos aus diesen naiv-studentischen Überlegungen. Das Gefühl, dass meine Motivation, mich mit „deutschen" Themen zu befassen, aus einem anderen Horizont stammte als demjenigen vieler Kollegen, die diesen Beruf und dieses intellektuelle Selbstverständnis mit ihrer kulturellen Identität unmittelbar verbanden, entfernte mich von den damals üblichen thematischen Schwerpunkten der deutschsprachigen Zeitschriften, Zeitungen, Verlage usw. in Rumänien, deren Daseinsberechtigung in der Reproduktion des „rumänien"-deutschen Kultur- und Literaturbetriebes lag. Ich habe mich mal polemisch mit den Konsequenzen der – meines Erachtens – irrtümlichen, wenn auch gut gemeinten Selbstidentifizierung der rumänischen Germanistik der 1970er und 1980er Jahre auseinander gesetzt. Ihr Einsatz für die kulturellen Belange der Siebenbürger Sachsen und der Banater Schwaben führte, meine ich, zu einer zweifachen Ghettoisierung des Faches: einerseits gegenüber den anderen modernen Philologien in Rumänien, andererseits gegenüber einem gewissen Typus der Auslandsgermanistik, der sogar in Osteuropa – siehe die Beispiele Polens oder Ungarns – sich als wissenschaftlich höchst ehrenwert erwies. Die Krise der Philologien in den 1980er Jahren, als man in den rumänischen Universitäten mit dem Abbau des Fremdsprachenunterrichts anfing, zeigte, was für eine leichte Beute für die stumpfsinnige Parteipolitik diese Germanistik, die auf die deutsche Minderheit ausgerichtet, im Gegensatz zur Anglistik oder zur Romanistik war. Im Vergleich zu dem kläglichen Zustand der Hochschul-Germanistik in Rumänien Anfang der 1990er Jahre präsentierte sich unser Fach in Bulgarien, wo die Auslandsgermanistik noch in ihrer altertümlichsten Form bestand, als eine blühende Oase! Natürlich war mein eigenes Modell einer Germanistik, deren Zielsetzungen und Regeln ich nachzuvollziehen bereit war, nicht gerade das bulgarische! Warum aber nicht das französische? Die wichtigsten Vertreter des Faches in Frankreich haben sich als solche hauptsächlich im Medium der französischen Sprache und Kultur als Übersetzer, Herausgeber und Kommentatoren deutscher „geistiger Produkte" durchgesetzt. Ich glaube, nicht falsch gehandelt zu haben, als ich für das Marbacher Lexikon der Germanisten die Aufnahme eines ausführlichen Artikels über Tudor Vianu empfohlen habe, denn ich halte den Komparatisten Vianu als Kenner und Vermittler deutscher Kultur im rumänischen Sprachraum für wichtiger als viele seiner Zeitgenossen, die als „offizielle" Germanisten fungierten.

Wie dem erschütternden Tagebuch von Mirjam Korber über ihre Deportation (1941–1944) in die ukrainische Steppe zu entnehmen ist, hat deine Familie während des Zweiten Weltkrieges arg gelitten. In dem Familienbericht, den deine Mutter, Dr. med. Sylvia Corbea-Hoisie-Korber, dem 1993 bei Hartung-Gorre in Konstanz erschienenen Tagebuch ihrer Schwester beifügte, wird auch auf die Situation nach 1945 eingegangen. „Die Zeit zwischen 1950 und 1960", in die deine früheste Kindheit fiel, war, schreibt deine Mutter, „sehr schwer, wir hatten wenig Geld, wenig Essen, wenig Kleidung. Aber etwas war noch schlimmer: Die Furcht, dass man eingesperrt wird. Man konnte jederzeit eingesperrt werden und praktisch nichts dagegen tun." Erst zwischen 1960 und 1970 sei es „etwas besser" geworden. Wie ist im Rahmen dieses sozial-politischen „Feldes" – um absichtlich diesen vom französischen Soziologen Pierre Bourdieu geprägten und von dir gern benutzten Begriff aufzurufen – dein Ausbildungsweg verlaufen?

Ich könnte vieles über meine Wurzeln und über die Stationen meines Ausbildungswegs erzählen, die meine verzwickte Entwicklung zum Germanisten vorbereiteten und beeinflussten. Da die Eltern als Ärzte – mein Vater war Militärarzt – viel zu beschäftigt waren, um sich um mich zu kümmern, übernahmen die Großeltern mütterlicherseits meine Erziehung, die in der Zwischenkriegszeit in Kimpolung in der Bukowina eine kleine Glashandlung besaßen, von wo sie mit ihren Töchtern 1941 nach Transnistrien deportiert wurden. Nur durch ein Wunder haben sie überlebt; 1944 ließen sie sich in Botoșani nieder und zogen dann nach Jassy, um meinen Eltern behilflich zu sein. Von alldem, was mir die Großeltern übermittelten, wirkten besonders zwei Dinge auf mich nachhaltig und tief. Es war zunächst die Erinnerung an die Deportation, an den Verlust ihrer Bürger- und Menschenrechte und ihrer wenigen Habe sowie an die tagtägliche Anwesenheit des Todes und an den bitteren Kampf ums Überleben. Um mich kreisten ständig die Schatten unbekannter Opfer: der Urgroßeltern, die als neunzigjährige verschleppt worden waren und noch auf dem Weg über den Dnjestr starben, des Gatten einer Czernowitzer Cousine meiner Mutter, den die Sowjets im Juni 1941 verhaftet hatten, dessen Spuren sich in Sibirien verloren und dessen Frau, Kind und Schwiegermutter von sich zurückziehenden deutschen Soldaten durch Genickschuss am Bug ermordet wurden, die Schatten der siebenbürgischen Verwandten, die die Ungarn im Frühjahr 1944 nach Auschwitz schickten, und vieler anderer. In einem in Roy Wiehns Konstanzer Reihe „Shoah und Judaica" veröffentlichten Büchlein mit dem Titel, *Was aus ihnen geworden ist*, rekonstituierte meine Tante Mirjam Bercovici-Korber das grauenhafte Schicksal derjenigen, die auf einem Familienbild aus dem Jahre 1936 festgehalten wurden; nur einige Jahre später sind die meisten von ihnen gewaltsam umgebracht worden. Die Nähe meiner Großeltern prägte mir aber noch etwas ein: Da sie noch immer untereinander und manchmal auch mit der Mutter deutsch – mit einer unverkennbaren Bukowiner Färbung – sprachen, habe ich allmählich begonnen, diese fremde, aber keineswegs „geheime" Sprache, die mein Vater als Lernobjekt für mich ausschloss, passiv zu verstehen. Ich nahm das „Deutsche" als Quintessenz der im Hause überall anwesenden „Differenz" unserer Familie gegenüber der Umgebung wahr, sei es in dem Beharren des Großvaters auf der Tatsache, mit der er sich immer wieder rühmte, dass er vor dem Ersten Weltkrieg ausgerechnet in Wien mehrere Jahre als Zögling einer bekannten Fachschule verbrachte, oder in der Gestalt der deutschen Romane in DDR-Ausgaben – ich bewahre noch von damals das Exemplar der *Entscheidung* von Anna Seghers, einen Roman, den die Großmutter mit großer Begeisterung jeden Abend las. Erst später, als ich fünfzehn wurde, kam in unser Haus ein Privatlehrer für Deutsch, ein gewisser Herr Feuerstein, der mir uralt auch wegen seiner Erzählungen über seine Berliner oder Wiener Vergangenheit schien und mit dem ich schon in der ersten Stunde die Deklination der bestimmten und unbestimmten Artikel zu üben anfing.

Ob ich als Kind den Druck der allmächtigen kommunistischen Diktatur zu spüren bekam? Ich sehe noch die Mutter und die Großeltern mit besorgten Gesichtern in der Küche unserer Zweizimmer-Wohnung, wie sie sich bemühten, die leise Stimme aus dem Radioapparat zu verstehen; ich vermute diese Szene trug sich während des Ungarn-Aufstands zu. Die komplizierte Situation unserer Familie in den 1950er Jahren, die sich verschlimmerte, als ein Cousin meiner Mutter, der im letzten Moment noch über die Grenze entkommen konnte, auf der „schwarzen Liste" der „zionistischen Aktivisten" stand, oder als der Mann einer anderen Cousine wegen „staatsfeindlicher" Aktionen zu mehreren Jahren Gefängnis verurteilt wurde, habe ich erst später begriffen. Es genügte aber, den verschlüsselten Gesprächen der Erwachsenen zu lauschen, um die bedrohliche Lebenswelt zu entdecken: ein Nachbar befand sich irgendwo, von dem man nicht sprechen durfte, vor allem nicht mit zwei Spielkameraden, deren Vater, der immer eine finstere Miene aufsetzte, angeblich bei der Securitate tätig war; ein Dienstkollege meines Vaters verschwand plötzlich vor seinem Haus in der Nachbarschaft; auch von Bukarest, wo meine Tante wohnte, hörte ich Seltsames über Freunde, mit denen man sich nicht mehr zu treffen wagte – es waren hochsituierte Leute, die von heute auf morgen beim Regime in Ungnade gefallen waren. In den 1960er Jahren häuften sich dann die bedenklichen Geschichten über diejenigen, die die Ausreise nach Israel beantragt hatten, und es wurde mir immer bewusster, dass für uns, deren zwei Drittel der Verwandten nicht mehr in Rumänien waren, sich das Dilemma „Bleiben oder Gehen" dramatisch stellte. Ein Bruder meines Vaters beispielsweise lebte seit 1961 in Israel.

Im Nachhinein wundere ich mich nicht mehr, dass ich unbedingt Geschichte studieren wollte. Es schien, als ob mich die Akteure der Französischen Revolution oder die Diplomaten der Zwischenkriegszeit à la Barthou und Titulescu, die Hitler-Deutschland noch zu zügeln versuchten, faszinierten, aber in Wirklichkeit wünschte ich mir, dieses Wirren des Weltgeschehens um mich herum verstehen und erklären zu können. Ich las dicke Bücher über Kriege und Frieden und träumte von einer Karriere im Außenministerium, obwohl ich schon damals ahnte, dass ich im damaligen Rumänien keine Chance hatte, Diplomat zu werden. Meine Eltern gaben mir auch als Historiker keine Chance und wollten mich eher als „geschichtsunabhängigen" Arzt sehen. Da ich zu jener Zeit Thomas Mann und seinen *Zauberberg* entdeckte, einigten wir uns auf eine Zwischenlösung, die ich auch dem damals jungen Jassyer Germanistik-Assistenten Horst Fassel, bei dem ich privat mein Deutsch zu verbessern versuchte, zu verdanken habe: ich studierte Germanistik und – im Nebenfach – Rumänistik.

Ab 1980 wurde es, laut den Schilderungen deiner Mutter, im diktatorischen Rumänien „immer schwerer". Um überhaupt an Lebensmittel heranzukommen, „musste man sehr viel bezahlen. Wenn man ins Ausland fahren wollte und einen Pass brauchte, musste man sehr lange warten." Dennoch gehörtest du zum kleinen Kreis der glücklichen Germanisten, denn in der Zeit von 1977 bis 1986 durftest gleich mehrere Auslandsstipendien wahrnehmen, darunter 1986 sogar das renommierte Forschungsstipendium der Alexander von Humboldt-Stiftung.

Hatte ich etwa mehr Glück als andere? So sieht es aus der heutigen Perspektive, in der alles, was nicht zum gleichförmig düsteren Standard-Bild der Vergangenheit passt, als merkwürdige Ausnahme angesehen wird. In jenen Jahren hatte ich aber keinesfalls den Eindruck, irgendwie privilegiert zu sein: Meine Erfahrungen unterscheiden sich in keiner Weise von dem, was andere Kollegen in meinem Umfeld erlebten. So habe ich beispielsweise im zweiten Semester meines Germanistik-Studiums an einem Wettbewerb in Bukarest teilgenommen, wo Stipendien für ein Auslandsstudium in der DDR vergeben wurden. Ich kannte niemanden an der Bukarester Universität und erst vor der Abreise nach Hause erfuhr ich, dass der Leiter der Auswahlkommission der Germanistikprofessor Viktor Theiß gewesen war. Nach vier Wochen teilte man mir mit, dass ich zusammen mit einer Bukarester Kollegin ausgewählt worden sei, aber wie durch ein Wunder waren die Formulare, die ich für die Ausreise im Auslandsdienst des Rektorats in Jassy auszufüllen hatte, plötzlich und für immer verschwunden. Ich durfte nicht in die DDR, aber gleichzeitig bekam ich dank dem ersten DAAD-Lektor in Jassy, Klaus Steinke, ein Kurzstipendium, um mehrere Wochen einen Sprachkurs in einem Goethe-Institut in der Bundesrepublik belegen zu können. Diesmal klappte es – aber mit welcher Energievergeudung meines Vaters, der es zustande brachte, dass der mit ihm zufällig befreundete Zahnarzt eines Kreissekretärs der Partei sich dafür einsetzte, dass ich ein rumänisches Ausreisevisum erhielt! Ich bin nicht im Bilde, wie sich diese Dinge in Klausenburg oder Temeswar zu jener Zeit abspielten, aber an der Jassyer Universität der 1970er Jahre galt es nicht als etwas Außergewöhnliches, dass Studenten oder Lehrkräfte von diesen von bundesdeutscher Seite aus großzügig zur Verfügung gestellten Möglichkeiten Gebrauch machten. Im Sommer 1973 durfte ich neben anderen fünfundzwanzig Studenten und Lehrkräften unserer Universität – Germanisten, Physiker und Chemiker – an einer vom DAAD organisierten Studienreise durch die Bundesrepublik teilnehmen; sie blieb für mich dadurch unvergesslich, weil an der Universität Bonn, wo die Germanistik-Studierenden in einem Seminar empfangen wurden, ein junger Herr, dessen Namen ich vergessen habe, mir geraten hatte, als ich mit ihm über meine Diplomarbeit sprach, unbedingt die Studiensammlung *Literaturgeschichte als Provokation* von dem mir bis dahin unbekannten Romanisten Hans Robert Jauß zu lesen. Das Suhrkamp-Büchlein mit grünem Umschlag, wofür ich mein ganzes Taschengeld in einer Münchener Buchhandlung ausgegeben habe, besitze ich heute noch.

Die idyllischen Studienjahre waren schnell vorbei. Als Deutschlehrer an einem Jassyer Fachlyzeum habe ich die alltägliche Misere einer Schulpolitik unmittelbar zu spüren bekommen, die die traditionelle Bildung und besonders den Fremdsprachenunterricht als verachtenswert hinstellte. Meine wachsende Verzweiflung versuchte ich zu „betäuben", indem ich ein Geschichte-Fernstudium an der Universität Jassy begann, dem ich alle meine Ferien opferte. Ich war damals überzeugt, dass es für mich in der Germanistik keine Zukunft gibt, und wollte aus der Not eine Tugend machen: Ich stürzte mich mit autodidaktischem Fleiß auf die Literaturtheorie, und es gelang mir, schon 1975 und 1976 zum Mitarbeiter der in Rumänien hochangesehenen Zeitschriften *Cahiers roumains d'études littéraires* und der *Revista de istorie și teorie literară* zu werden. Da ich auch mit der Jassyer Universität definitiv zu brechen gedachte, bewarb ich mich um eine Doktorandenstelle bei dem damaligen Bukarester Professor für Literaturtheorie, Silvian Iosifescu, der mein Interesse für die Konstanzer Rezeptionstheorie wohlwollend zur Kenntnis nahm. In jener Zeit habe ich die wichtigsten Vertreter der rumänischen Literaturwissenschaft und Komparatistik sowohl als Prüfer im Rahmen meines Doktoratsstudiums als auch als Diskutanten meiner ersten Beiträge an verschiedenen Tagungen kennen lernen dürfen: Paul Cornea, Alexandru Duțu, Zoe Dumitrescu-Bușulenga, Ovid Crohmălniceanu, Dan Grigorescu und vor allem Adrian Marino, von dem ich damals am meisten lernte und dem ich eine außerordentlich warme Empfehlung verdanke, die eine nicht unwichtige Rolle spielte, als ich 1980 die Stelle eines Wissenschaftlichen Mitarbeiters am Institut für Linguistik, Literaturgeschichte und Volkskunde der Jassyer Universität besetzen durfte. Die zwei Jahre, die ich in diesem Institut verbrachte – ich arbeitete am großen Lexikon der rumänischen Literatur des 20. Jahrhunderts mit –, betrachte ich als eine der glücklichsten Perioden in meinem Leben. Lange konnte ich kaum begreifen, dass meine „privaten" wissenschaftlichen Interessen sich völlig mit den dienstlichen Aufgaben identifizieren durften. Ich fühlte mich wie „neugeboren" und gab meinen Plan auf, das Land meiner Geburt zu verlassen. Es sei hier noch gesagt, dass mich eine ähnlich empfundene Hoffnungslosigkeit zehn Jahre später erneut erfasste und ich Emigrationsabsichten hegte, auf die ich erst nach den Dezemberereignissen des Jahres 1989 endgültig verzichtete.

Mit gemischten Gefühlen erhielt ich 1982 seitens der Jassyer Universität das Angebot, eine Vertretung in der Germanistik anstelle meines einstigen Lehrers Horst Fassel zu übernehmen, der wegen seines Ausreiseantrags nicht mehr lehren und nur in der Isolation eines Forschungsinstituts auf sein Visum warten durfte. Schweren Herzens habe ich auf meinen ruhigen Arbeitsplatz verzichtet, und dies nur weil ich dachte, dass ich es mir eines Tages doch nicht verzeihen werde, diese letzte Chance, in der Germanistik Fuß zu fassen, versäumt zu haben. Es mussten acht Jahre vergehen, um wieder dort zu stehen, wo ich unter normalen Umständen gleich nach meinem Studium hätte stehen können! Eine ähnliche Aufeinanderfolge von Hochs und Tiefs erlebte ich auch bei den Versuchen, mich im Ausland wissenschaftlich fortzubilden. 1977, als ich noch ein einfacher Deutschlehrer war, durfte ich nach Wolfenbüttel zu einem Sommerkurs zum Thema „Europäische Kultur im 18. Jahrhundert" fahren, auf den mich Adrian Marino aufmerksam gemacht hatte. Doch vier Jahre später, als ich das Humboldt-Stipendium bekam, um in Konstanz bei Hans Robert Jauß zu arbeiten, erhielt ich als Mitarbeiter eines Universitätsinstituts eine Absage! Man erklärte mir, dass „Auslandsdienstreisen", die länger als drei Monate dauerten, eine spezielle Genehmigung von höchster Stelle im Zentralkomitee der

Rumänischen Kommunisten Partei benötigten. Es war die reinste Willkür, denn zur gleichen Zeit durften andere „Humboldtianer", beispielsweise Andrei Pleşu oder Gabriel Liiceanu, ihre Humboldt-Stipendien in Deutschland wahrnehmen. Erst nachdem Hans Robert Jauß im Frühling 1986 eine mutige Reise nach Rumänien unternommen hatte – unter Bedingungen, die ich anderswo beschrieben habe –, also fünf Jahre danach, gelang es mir, mit einem Touristenvisum für zwei Monate als Humboldt-Stipendiat in Konstanz zu erscheinen.

Deine frühen wissenschaftlichen Arbeiten galten der kanonisierten deutschen Literatur, ihrem Einfluss und ihrer Rezeption in der rumänischen Kultur. Mit der Übersetzung der mittlerweile zum Standardwerk avancierten Arbeit von Hans Robert Jauß Literaturgeschichte als Provokation der Literaturwissenschaft *(1970), die du 1983 ins Rumänische übertrugst, hast du in der rumänischen Literaturpresse eine Diskussion über die Rezeptionsästhetik in Gang gesetzt.*

Alles hat mit dem in München besorgten „grünen" Büchlein von Jauß begonnen. In meinen letzten Studienjahren war ich zunehmend von der Frage geplagt, inwieweit die literarische Erkenntnis zu „objektiven", d. h. unanfechtbaren und von dem subjektiv-unberechenbaren Geschmack der Literaturkritiker unabhängigen Werturteil führen kann. Die feuilletonistische Praxis in der literarischen Presse betrachtete ich mit derselben Missachtung, mit der sie damals beispielsweise schon von Adrian Marino gestraft wurde. Bei Jauß habe ich plötzlich beides, Geschichte und Hermeneutik, in einem einzigen und gegenüber dem traditionellen Establishment der Literaturwissenschaft provokativen System identifizieren können, das auch ein anthropologisch fundiertes Untersuchungsverfahren der ästhetischen Dimension der Literatur und Kunst skizzierte. Diese Begeisterung materialisierte sich in einer Übersetzung einiger Fragmente aus dem Hauptkapitel des Buches, die ich in der Jassyer Studentenzeitschrift *Alma Mater* 1973 veröffentlichte. Ein Exemplar schickte ich an die Universität Konstanz, von der eines Tages eine Antwort kam: Hans Robert Jauß bedankte sich bei mir, dem rumänischen Studenten, und fragte, ob ich für meine Diplomarbeit auch andere Bücher brauche. So fing unser Briefwechsel an, der sich dann über zwanzig Jahre erstreckte. Dank Jauß konnte ich mich schon Mitte der 1970er Jahre, d. h. mit einer Verspätung von ungefähr einem Jahrzehnt, mit den wichtigsten Beiträgen der Konstanzer Schule der Rezeptionsästhetik vertraut machen – ich erinnere mich, dass er mir einmal zusammen mit zwei dicken Bänden der Reihe „Poetik und Hermeneutik" auch Formulare schickte, damit ich mich zu einem Aufbaustudium in Konstanz einschreibe. Diese Art feinfühliger Pädagogik und genuiner Großzügigkeit glaube ich in jenen für mich schwierigen Jahren nur noch bei Adrian Marino vernommen zu haben, der mich nicht nur zum ständigen Mitarbeiter im Rezensionsteil der *Cahiers roumains d'études littéraires* kürte, sondern mir kistenweise Bücher, die ich als Doktorand für die Vorbereitung meiner Prüfungen und Referate zu lesen hatte, auslieh. Ich dachte, in ihrer Haltung mir gegenüber etwas Väterliches wahrnehmen zu dürfen – übrigens waren beide in demselben Jahr wie mein Vater geboren ...

Die Geschichte der Jauß-Übersetzung beim Univers Verlag in Bukarest entsprach dem Muster aller meiner Erfahrungen dieser Art: der Kontakt zu dem für die deutschen Übersetzungen zuständigen Verlagslektor wurde von Anfang an aus mir rätselhaften Gründen turbulent, was diesen veranlasste, Jauß' Werk für ideologisch untauglich zu erklären. Erst einige Jahre später, nachdem der stramme Marxist sich plötzlich auch als deutschstämmig fühlte und während einer Reise in der BRD nicht mehr den Weg zurück nach Bukarest fand, wurde ich von Adrian Marino dem Verlagsleiter Romul Munteanu vorgestellt, der in solchen Dingen sehr aufgeschlossen war: in etwa zwanzig Monaten, für damalige rumänische Verhältnisse recht schnell, war das Buch auf dem Markt. Der Einfluss auf die rumänische Literaturwissenschaft scheint ungeheuer groß gewesen zu sein; ich halte es für symptomatisch, dass heutzutage der über Jauß eingeführte Begriff „Erwartungshorizont" [orizont de așteptare] zum festen Wortschatz-Bestand der rumänischen Alltagsprache gehört. Und noch etwas Wichtiges möchte ich hier hinzufügen: die erste Darstellung der Jauß'schen Theorie hat vor mir Peter Motzan noch in der ersten Hälfte der 1970er Jahre in der Bukarester Zeitschrift *Neue Literatur* publiziert!

Deine Vorliebe für literaturtheoretische Fragestellungen zeichnet den Großteil deiner wissenschaftlichen Beiträge aus. Im Vorfeld deiner Forschungen über die Konstanzer Schule, die einen Paradigmenwechsel in der Literaturbetrachtung mitgetragen hat, hast du dich auch intensiv mit den philosophischen Ansichten der Frankfurter Soziologen, insbesondere mit den Schriften von Theodor W. Adorno, beschäftigt, dessen Minima moralia *du 1999 auch dem rumänischen Lesern zugänglich machtest.*

Details über die Frankfurter Schule und speziell über das Werk Adornos habe ich erst durch Jauß' Schriften erfahren. Hans Robert Jauß, der kein Marxist war, hat sich gründlich mit den wichtigsten philosophischen Schriften der Frankfurter Schule auseinander gesetzt, denn er sah keine Möglichkeit einer theoretischen „Renovation" der literarischen Studien ohne auf Adorno und Benjamin zu rekurrieren. Keine direkte Beziehung, außer einer späteren Freundschaft mit Habermas, verband ihn mit den „Frankfurtern"; Adorno, mit dessen posthumer *Ästhetischen Theorie* er scharf polemisierte, hatte er nur von weitem gekannt und unter dem Einfluss seines Kollegen und Adorno-Verehrers Peter Szondi gelesen. Dennoch glaube ich, dass es etwas Tieferes gab, was Jauß mit den alten, ins Exil getriebenen Sozialphilosophen gemeinsam hatte: Es war ein klares Bekenntnis zur Vernunft, zum „positiven" Erbe der Aufklärung und der klassischen deutschen Philosophie, zum demokratischen und sozialen Ideal der bürgerlichen Moderne. Als ich ihn kennen lernte, glaubte er fest an einen Fortschritt des Menschengeschlechts und nahm auch öffentlich und privat gegen alle Arten regressiver Äußerungen Stellung.

Mich hat zur Frankfurter Schule eine gewisse, vielleicht schon in meiner Jugend durch die intensive Lektüre von Büchern über die Französische Revolution und die Weimarer Republik formierte „linke" Neigung hingezogen. Ich möchte hier übrigens von meiner sehr frühen Sympathie für den von Lenin als „Renegaten" abgestempelten Karl Kautsky, für die „Erzrevisionisten" Jean Jaurès, Léon Blum, Pietro Nenni, für die KP-Abtrünnigen Paul Levi und Willy Münzenberg beichten; die ideologischen Wächter in der DDR haben es schon gespürt, als sie sich der von mir angebotenen Veröffentlichung eines Buches des ehemaligen Levi-, Münzenberg- und auch Ernst Jünger-Freundes Valeriu Marcu im Leipziger Gustav Kiepenheuer Verlag auf das entschiedenste widersetzten. Auch wenn ich mich mit einer eher gemäßigten Variante der Sozialkritik identifizierte, fühlte ich mich, als ich zum ersten Mal Fragmente der *Dialektik der Aufklärung* las, von der radikalen Kritik einer Gesellschaft, wo die Vernunft sich zum Instrument eines im Faschismus gipfelnden Nationalismus und letztendlich einer gegenaufklärerischen Herrschaft instrumentalisieren ließ, tief beeindruckt; ich füge hinzu, dass diese Negation des Bestehenden keinesfalls die Missgeburt des sowjetischen Systems aus dem Schoß des stalinistischen Leninismus schonte. Es wurden mir plötzlich die „unaufhaltsamen" Mechanismen bewusst, die eine ganze „Welt" – auch diejenige meiner Großeltern – unwiderruflich zerstörten. Mein eigentlicher Einstieg in die Texte von Adorno und Benjamin begann aber erst um 1984, als ich mich mit den „Frankfurter" Wurzeln der Konstanzer Rezeptionstheorie beschäftigte. Das Unternehmen gründete sich nicht auf eine rumänische Tradition der Beschäftigung mit diesen Philosophen, denn Adorno, Horkheimer, Benjamin, Löwenthal, Pollock, Marcuse waren und blieben für die offizielle kommunistische Ideologie in Rumänien rätselhafte und eher „unangenehme" Fälle: In den 1950er und 1960er Jahren waren sie wegen ihrer Stalinismus- und auf die Sowjetunion bezogenen Totalitarismuskritik tabuisiert, wobei später, als in Rumänien unter „Marxismus-Leninismus" nur noch das propagandistische Lob des „originellen" rumänischen „Beitrags" zum „wissenschaftlichen Sozialismus" verstanden wurde, es für diese erst recht keinen Platz in der öffentlichen Diskussion gab. Ist es etwa nur zufällig, dass in den 1980er Jahren die Bukarester Verlage ein reges Interesse für Heidegger zu zeigen begannen, während es niemand wagte, die *Dialektik der Aufklärung* ins Gespräch für eine rumänische Übersetzung zu bringen? 1988, als ich mich gerade einer Studie über Adornos Literaturkritik widmete, ermunterte mich Dan Hăulică, für seine Zeitschrift *Secolul 20* ein Projekt einer Sondernummer zum Thema „Frankfurter Schule" zu entwerfen. In jener Form, die ich zustande brachte, hätte es die Zensur sicherlich nicht akzeptiert, aber nach 1990 schien ein solches Projekt wiederum zu gewagt, da man sich plötzlich mit einer intoleranten Leserschaft konfrontiert sah, die auf philisterhafte Weise nur ein „rechtsgerichtetes" Gedankengut für akzeptabel hielt und jeden Text, in dem Marx oder auch nur der Rumäne Constantin Dobrogeanu-Gherea zitiert wurden, im Namen eines primitiv antikommunistischen Reflexes ablehnte. In einem vornehmen Verlag in Bukarest erklärte man mir 1990, dass eine Adorno-Übersetzung ins Rumänische nicht „aktuell" sei.

Ich weiß nicht, ob die Entscheidung des ehemaligen Univers Verlags, von mir Ende der 1990er Jahre eine Übersetzung der *Minima Moralia* zu verlangen, auf eine neue Situation im intellektuellen „Feld" Rumänien hinwies. Die Aufnahme des 1999 erschienenen Buches, das von mir ein Jahr Arbeit forderte, war eher lau, obwohl es sich um den ersten vollständigen Text Adornos in rumänischer Sprache handelte – ich tröste mich mit der Hoffnung, dass die schon ausverkaufte Auflage des Buches das Zielpublikum, d. h. die von Vorurteilen und von der lokalen Variante eines „Jargons der Eigentlichkeit" freien jungen Intellektuellen erreicht hat. Noch zwei Adorno-Bücher möchte ich unbedingt in rumänischer Fassung auf den Markt bringen: die *Ästhetische Theorie*, die ich schon mit zwei meiner Mitarbeiter vom Jassyer Lehrstuhl fast fertig übersetzt habe, und die *Dialektik der Aufklärung*.

Zu den deutschen Regionalliteraturen in Rumänien hast du dich bis 1990 nur sporadisch geäußert, auch die deutschsprachige Literatur der Bukowina als Forschungsgebiet relativ spät entdeckt. Doch umso intensiver hast du dich dieser Kulturlandschaft, besonders nach der politischen Wende in Ost- und Südosteuropa gewidmet. Worauf ist diese Hinwendung zur deutsch-jüdischen Literatur der Bukowina zurückzuführen?

Mein eigentliches Interesse für die deutschsprachige Kultur und Literatur der Bukowina begann bereits vor 1990. Mitte der 1980er Jahre, als ich zum ersten Mal Petre Solomons Buch über die Bukarester Periode Celans in die Hand nahm, begann ich eine Menge „weißer Flecken" zu registrieren, die vor allem das Verhältnis des Dichters zu den Sprachen und Kulturen, in deren „Mitte" er stand, betrafen. Von Barbara Wiedemann, die ich noch in Jassy während ihres Aufenthaltes als DAAD-Lektorin kennen gelernt hatte, erhielt ich zur selben Zeit ihre Studie über den jungen Celan geschickt, die für mich ebenfalls vieles offen ließ. Als einer, der sich für die geschichtliche Kulisse der Kultur mit einer ausschließlich im „Überbau" lokalisierten, unter anderem auch von der Konstanzer Schule demontierten „Kunst der Interpretation" beim Umgang mit den literarischen Texten nicht mehr begnügen konnte, fand ich es allmählich unerträglich, wie die Celan-Exegese auf Gadamers philosophisch erlesenen Spuren den Dichter als ein „aus dem Himmel gefallenes", wurzelloses und sich angeblich außerhalb der Geschichte befindendes Genie behandelte. Celan selbst beschwor mehrmals die prägende Kraft der Gegend, aus der er kam – und er bezog sich nicht nur auf ihre im Verhältnis zum deutschsprachigen Raum „fremde" geografische Dimension, sondern in erster Linie auf die kulturelle Besonderheit seines „Meridians". Ich war überzeugt, im Geiste Celans zu handeln, als ich mir vornahm, bevor ich zur Auslegung seines lyrischen Diskurses schritt, mich zunächst in diese eigentümliche und faszinierende Welt einzulesen, aus der außer ihm eine ganze Reihe von ungewöhnlich kreativen Persönlichkeiten des 20. Jahrhunderts – von Wilhelm Reich bis Gregor von Rezzori und von Rose Ausländer bis Erwin Chargaff – stammten. Das hieß, die Frage zu beantworten, die Alfred Margul-Sperber noch in den 1930er Jahren gestellt hatte: Wie konnte es dazu kommen, dass jene deutschsprachige Literatur, die sich nach 1918 in der Bukowina „selbstständig und losgelöst von jedem Zusammenhang mit dem Ursprungsgebiete" entwickelte, sich als äußerst produktiv und ästhetisch hochrangig auszeichnen konnte? Um dieses Phänomen zu begreifen, dachte ich, müsste man den Kontext noch gründlicher untersuchen, denn unbefriedigend erschien mir damals die Beschränkung vieler Deutungsversuche der Kultur der Bukowina entweder auf den Zusammenhang literarischer Leistungen, oder auf den „nationalen" Rahmen, wobei man der „deutschen Kultur" einen privilegierten Platz einräumte. Ich war dagegen der Meinung, dass die „Einzigartigkeit" der „Czernowitzer Zivilisation" nur im Verhältnis zu einem synchronisch-diachronen Modell der kulturellen Identität Mitteleuropas zwischen 1848–1948 diskutiert werden könnte. Die Entstehung dieser Insel der Differenz, die die Stadtkultur von Czernowitz in einem von einer homogenen archaischen Ordnung beherrschten Gebiete bildete, sollte als ein genuiner, von sozialen, ethnischen, sprachlichen, religiösen, territorialen Gegensätzen gezeichneter Prozess sozio-kultureller Modernisierung dargestellt werden. Für mich war die Bewusstwerdung dieses Komplexes ein entscheidender Augenblick in der Gestaltung meiner Projekte: Ich habe einige Jahre nicht nur die verschiedensten Quellen zur Geschichte der Bukowina lesen, sondern mich ausführlich mit allen Aspekten der österreichischen Gesellschaft in den letzten Dezennien der Habsburger Monarchie vertraut machen müssen, deren Erforschung von dem österreichischen Kulturhistoriker Moritz Csaky mit Recht unter dem gemeinsamen Nenner der „Pluralität" empfohlen wurde. Ein neuer theoretischer Fund jener Jahre bildete für mich die Soziologie der „symbolischen Formen" von Pierre Bourdieu: ich versuchte schon 1990 ein Deutungsmuster in ihrem Sinne für die oben erwähnte Spersche Frage zu entwerfen. Der Aufsatz, der diese von der Bukowina-Forschung heute weitgehend anerkannte Argumentation enthielt, erschien 1990 in dem fünften Band der „Jassyer Beiträge zur Germanistik", einer Reihe, die schon seit 1983 von mir herausgegeben wurde. An dem Band zum Thema *Kulturlandschaft Bukowina* arbeitete ich schon seit 1988, indem ich sorgfältig Beiträge der Fachleute aus dem In- und Ausland sammelte, aber nur der politische Umsturz von 1989 machte die Veröffentlichung möglich.

Ich wusste selbstverständlich, dass die Anziehungskraft der „Czernowitzer Zivilisation" für mich „von weit" her kam. Bei meinen trotz allem deutschsprachig gebliebenen Großeltern war Czernowitz immer die „Metropole" gewesen. Ich fühlte mich irgendwie auch ihnen verpflichtet, als ich mich mit dem europäisch bürgerlichen Czernowitz auseinander zu setzen begann, das sein Entstehen und Bestehen einem im Vergleich zu anderen mitteleuropäischen Zentren einmaligen Gewicht des „jüdischen" Anteils verdankte und wo die deutsch-jüdische „Symbiose" um 1900 fast perfekt zu sein schien. Ihrer Erinnerung habe ich 1998 meine Anthologie *Czernowitz. Jüdisches Städtebild* gewidmet, die im Jüdischen Verlag bei Suhrkamp erschien und zum unerwarteten Erfolg wurde, denn sie bekam als einzige von der Reihe „Jüdische Städtebilder" eine zweite Auflage. Die noch wunderschöne Stadt des Celanschen „Meridians" habe ich allerdings zum ersten Mal 1991 als Mitglied einer Delegation unserer Universität, die eine Zusammenarbeit mit der Universität Czernowitz anstrebte, besucht. Ich kam nach Czernowitz aus Bessarabien, und zwar aus jener Richtung, in die meine Angehörigen 1941 nach Transnistrien transportiert wurden. Nebenbei sei gesagt, dass aus der von uns erwünschten Kooperation nichts wurde – ich habe aber als erster vor Studenten in Czernowitz über Paul Celan gesprochen und den ukrainischen Celan-Fachmann Peter Rychlo, den ich nach jenem Vortrag kennen lernte und mit dem ich drei Tage durch die Stadt spazierte, zum Freund gewonnen.

Einen Schwerpunkt deiner wissenschaftlichen Tätigkeit der letzten Jahre bildet die Auseinandersetzung mit dem Werk von Paul Celan, über den du 1998 auch ein von der Kritik gelobtes Buch in rumänischer Sprache veröffentlicht hast. In anderen Büchern, die du herausgabst oder an denen du mitschriebst, stehen die Dichtungen Paul Celans und die „kulturellen Felder", die sich prägend auf sein Werk auswirkten, im Mittelpunkt deiner wissenschaftlichen Aufmerksamkeit.

Nicht zufällig lautet der Titel meines rumänischen Buches *Paul Celan și meridianul său* (Paul Celan und sein Meridian), denn ich will von vornherein den

Leser davon überzeugen, dass Celan nur im Verhältnis zu seiner „meridianhaften" Umgebung gelesen werden kann. Ich habe dieses Projekt, das Universum jener lebendigen Gegensätze zu rekonstituieren, aus dem die einmalige ästhetische Erfahrung der Celanschen Dichtung erwachsen konnte, in dem Buch, das bei Böhlau in diesem Herbst erscheinen soll, erweitert und mit neuem „Beweismaterial" bereichert. Ich schlage zum Beispiel vor, das Phänomen Celan in der Folge jener expressionistischen Episode im Czernowitz des Jahres 1919 zu untersuchen, die eine Hauptrolle in der „Legitimierung" – um die Terminologie Bourdieus zu verwenden – einer jüdisch-deutschsprachigen intellektuellen Schicht in der rumänisch gewordenen Bukowiner Hauptstadt gespielt hat. Die Beschränkung vieler Celan-bezogener Kommentare der 1970er und 1980er Jahre auf die Sphäre allgemeiner und „ewiger" Wahrheiten ging im besten Fall auf die begrenzten Möglichkeiten der Autoren zurück, an die Quellen in Archiven und Bibliotheken heranzukommen. Im Respekt Benjamins für einen „Unterbau", der jenseits aller vulgär-materialistischen Mechanik im literarischen Schaffen involviert ist, hoffe ich nicht zu übertreiben, wenn ich behaupte, dass der Fortbestand der Tabus, die Celans „Leben und Werk" lange Zeit bestimmt haben, ab einem gewissen Punkt gefährlich und riskant für die Exegese seiner Lyrik werden kann. Eine solche Exegese droht dadurch in einer sich wiederholenden und in mancher Hinsicht verfälschenden Über- und Hyperinterpretation derselben Texte zu ersticken. In der Kontroverse zwischen Szondi und Gadamer um die immer wieder gestellte Frage, „was muss ich wissen, um [Celan] zu verstehen", habe ich immer gemeint, im Unterschied zu den vielen, die die „agnostische" Haltung des Heidelberger Philosophen für glaubhafter hielten, dass Szondi sich viel näher dem Celanschen „Geist" als Gadamer und die esoterische Beda Allemann-Schule befand, die im Auftrag Celans mit der bis heute nicht fertigen Kritischen Ausgabe seines Werkes betraut wurde. Szondi, der der „Endlösung" in Ungarn seinerseits entkommen ist, hat es vielleicht besser verstanden, Celans Leid, der sich während der Goll-Affäre seiner „Identität" als Mensch und Jude beraubt fühlte, gerecht zu werden. Eine sehr offene Debatte über das Verhältnis zwischen Biografie und Interpretation bei Celan wollte ich durch das Colloquium bewirken, das ich im Herbst 1999 im Pariser Heinrich-Heine-Haus organisiert habe; der in dem Akten-Band dokumentierte Verlauf der Tagung wies auf eine gewisse Wende gerade in dem von mir geahnten Sinne hin: die vorsichtige Öffnung des Zugangs zum Nachlass, die von Eric Celan und seinem Berater Bertrand Badiou seit einiger Zeit klugerweise betrieben wurde und inzwischen mit der Veröffentlichung des Briefwechsels Celans und seiner Frau Gisèle kulminierte.

1998 erhielt ich die Blaise-Pascal-Professur der Pariser Fondation de l'École Normale Supérieure aufgrund eines Projektes, Bausteine für eine

Pariser Biografie von Paul Celan zu sammeln. Ich ging davon aus, dass man alle noch lebenden Zeugen seiner Existenz nach 1948 ausführlich befragen soll, damit die letzten Spuren der Erinnerung an den Menschen Celan, der hinter dem Werk steht, nicht ganz verloren gehen. Ich habe eine ganze Reihe von ehemaligen Freunden, Bekannten, Kollegen besucht und interviewt, von denen einige, wie Claude David oder André du Bouchet, inzwischen gestorben sind; ich möchte eines Tages daraus ein Buch machen, aber keine vollständige Biografie, die heute meiner Meinung nach nur von Bertrand Badiou verfasst werden könnte, sondern einen Versuch bieten, Celans „Bild" der Zeitgenossen mit seinem soziopsychologischen Selbstverständnis zu konfrontieren. Auch ein altes Vorhaben, die Studie Petre Solomons über Celans Bukarester Jahre zu revidieren, ergänzen und fortzusetzen, möchte ich hier noch erwähnen.

Seit 1990 leitest du den Lehrstuhl für Germanistik an der Jassyer Universität, der zu den traditionsreichsten in Rumänien gehört. Verglichen mit der Situation vor 1990 hat sich sowohl die Zahl der Germanistikstudenten als auch jene der Lehrkräfte vergrößert. Inwiefern ist es dem Ordinarius gelungen, seine wissenschaftliche Zielstrebigkeit auch auf die Mitarbeiter zu übertragen?

Anfang 1990 gab es auf den Trümmern des Jassyer Germanistik-Lehrstuhls nur noch fünf Lehrkräfte. Das einzig Vorteilhafte an dieser Situation war die Tatsache, dass wir zur Neugestaltung der Abteilung schreiten durften, ohne mit dem Widerstand gewisser Automatismen der Vergangenheit kämpfen zu müssen, was uns im Vergleich zu anderen Fachbereichen der Fakultät mehr Freiheit in unseren Bewegungen gewährte. Nach zwölf Jahren blicken wir mit gemischten Gefühlen zurück: Wir haben bis zu einem Punkt unsere Autonomie in der Lehre und Forschung erreichen können, aber im allgemeinen Rahmen der rumänischen Hochschulpolitik, wo die Reformen nur halbherzig und allzu vorsichtig umgesetzt werden, konnten wir die Folgen dieser Widersprüchlichkeiten nicht überwinden. Die Anpassung an die neuen Herausforderungen der Gesellschaft verläuft ohne Enthusiasmus und Überzeugung, weil diese Gesellschaft nicht gelernt hat bzw. nicht in der Lage ist, auch die für die Reform nötigen Mittel zur Verfügung zu stellen. Ich erwähne hier nur den weiterhin kläglichen Zustand der Bibliotheken, der sich in den letzten zwei bis drei Jahren wieder verschlechtert hat; man täuscht sich selbst, wenn man glaubt, dass der Internet-Zugang die fehlenden Bücher ersetzt oder kompensiert.

Die Jassyer Germanistik hat sich trotzdem auf eine zufriedenstellende Weise entwickelt. Ich habe zusammen mit den Kollegen versucht, drei wichtige Ziele während dieses „natürlichen" Wachstumsprozesses zu verfolgen: in der Gestaltung der Lehrpläne konsequent unsere Identität als Auslandsgermanistik in Betracht zu ziehen, eine Öffnung zum Studium der angewandten Fremdsprachen zu betreiben und vor allem zu versuchen, den Nachwuchs nur aufgrund der fachlichen Kompetenz zu rekrutieren. Wir haben seitens der Universität Konstanz, mit der wir seit 1992 eine sehr enge, vom DAAD finanzierte Institutspartnerschaft unterhalten, eine unschätzbare Hilfe in dieser Hinsicht bekommen: Wer hätte vor 1990 geträumt, pro Jahr acht bis zehn Studenten für ein einsemestriges Studium und zwei Dozenten zur Fortbildung in eine deutsche Universität schicken zu dürfen? Wir bieten seit einigen Jahren auch ein Masterstudium mit dem Thema „Deutsche Kultur im europäischen Kontext" an; hier funktioniert der Grundsatz der Interdisziplinarität, indem nicht-„literarische" Fächer, wie z. B. Politikwissenschaften, Philosophie, Medienkunde, Übersetzungslehre den Studierenden ebenso zugänglich wie die traditionellen philologischen Disziplinen sind. Die Doktoranden, die ich seit 1997 betreue, und unter denen sich Jassyer, aber auch Klausenburger und Temeswarer Absolventen befinden, durften sich ihrerseits Themen auswählen, die trans- und interdisziplinär behandelt werden können.

Seit 1994 warst du des Öfteren Gastprofessor, nicht nur an rumänischen und deutschen Universitäten, sondern auch an Hochschulen in der Schweiz und vor allem in Frankreich. Wie sieht die Zukunft der Auslandsgermanistik aus der Sicht eines rumänischen Germanistikprofessors aus?

Von den Stellungnahmen zu einer vermeintlichen Krise der heutigen Germanistik in Deutschland, die ich ab und zu lese, hat mir in der letzten Zeit diejenige von Hans Ulrich Gumbrecht, den ich vor Jahren in der Umgebung Hans Robert Jauß' in Konstanz kennen gelernt und mit dem ich mich später, als er noch in Siegen war, angefreundet habe, am meisten imponiert. Sehr mutig erklärte dieser auf dem Germanistentag in Erlangen 2001, dass es der Germanistik des deutschsprachigen Sprachraums nicht gelungen sei, durch die freiwillige Einbettung in die breitere Kategorie der „Kulturwissenschaften" oder durch die ständige „Schaukelbewegung" zwischen Methodologien und Ideologien ihrer Verunsicherung und dem Selbstzweifel loszuwerden; als „Gegengift" führte er den Begriff „des riskanten Denkens" ein, aus dessen „exzentrischen" Perspektive ausgerechnet die „relative Distanz der Universität von Alltag und Praxis", das Selbstverständnis des Faches als Nationalphilologie, „statt den Chimären akademischer Weltstandards oder der Banalität der letzten medientechnologischen Innovation nachzuhecheln", und letzten Endes die Rückkehr der Wissenschaft in den Elfenbeinturm eine Renaissance der Germanistik versprechen würden. Ich halte die provokativen Formulierungen Gumbrechts deswegen für wichtig, weil das von ihm entworfene Programm implizit zwischen den Aufgaben der

Inlands- und der Auslandsgermanistik durchaus deutlich unterscheidet. Im Lichte des „riskanten Denkens" würde zum Beispiel die dramatische Abnahme der Zahl der Germanistik-Studenten in Frankreich, deren Zeuge ich war, auf die Unfähigkeit des akademischen Betriebs, trotz großer Bemühungen, auf die Berufausbildung orientierte Lehrgänge zu schaffen, die Lehr- und Lerninhalte in direktem Verhältnis zu den spezifischen Erfordernissen des Arbeitsmarktes umzudefinieren, zurückgehen. Natürlich gilt als Sünde, den Markt zum Erfolgskriterium der Auslandsgermanistik zu statuieren und ebenfalls zu behaupten, dass die Mehrheit der italienischen, der russischen oder der türkischen Studenten der Germanistik nicht sehr viel von Seminaren über die „Manessische Handschrift" oder über Hofmannsthals „Lord Chandos" halten. Wenn in Deutschland und Österreich laut Gumbrechts „riskantem Denken" die richtigen Zukunftschancen des Faches in seiner noch drastischeren Abkoppelung von den berufsbezogenen Verpflichtungen und in dessen fragmentarischen Verwendung als Komponente lukrativerer Studiengänge liegen würden, müsste man riskieren, zuzugeben, dass man im Ausland von der heutigen Realität erst recht gezwungen ist, die Germanistik vor allem als berufsvorbereitendes, im Dienste des reziproken Kulturtransfers projektiertes Fach zu konzipieren. Denken wir nur an die Möglichkeit, dass in den europäischen Institutionen alle Sprachen, inklusive Deutsch und Rumänisch, gleichberechtigt bleiben werden; werden wir etwa imstande sein, aufgrund unserer jetzigen Lehrpläne in Rumänien, die in Brüssel oder in Straßburg benötigte Zahl hochqualifizierter Dolmetscher auszubilden?

Darum meine ich, dass wir die rumänische Auslandsgermanistik weiter auf zwei Schwerpunkte konzentrieren sollen: einerseits auf die sorgfältige Spracharbeit mit rumänischen Muttersprachlern, die immer mehr in unseren Abteilungen studieren, und andererseits auf die interdisziplinäre Ausweitung ihrer Ausbildung im Sinne der in den USA praktizierten „German Studies", damit die berufliche Auswahl der Absolventen möglichst flexibel bleibt. Natürlich wünschen wir uns auch weiter Spitzenleistungen im traditionellen sprach- und literaturwissenschaftlichen Bereich der Germanistik, aber wir wollen uns gleichzeitig nichts vormachen: bei der bibliografischen Flut der Gegenwart, sind diese verurteilt, Ausnahmen zu bleiben – braucht man denn wirklich eine neue Dissertation zur Valenz der Adjektive oder eine andere zu Peter Handke, die übrigens von der prekären Lage der Buchbestände unserer Bibliotheken abhängig bleiben? Wir werden als Germanisten unseren richtigen Platz sowohl im rumänischen Hochschulsystem als auch in dem international dimensionierten wissenschaftlichen Kanon nur finden, wenn wir bereit sein werden, auf unsere Vorurteile und auf unsere Trägheit, der heutigen Welt ins Gesicht zu sehen, definitiv verzichten werden.

2/2002

Ortsnamenkonkordanz

Andrásfalva, rum. Măneuți 189
Antwerpen, frz. Anvers 342
Anvers s. Antwerpen
Apoldul de Sus s. Großpold
Aradu Nou s. Neu-Arad
Aurelheim, rum. Răuți 330
Bakony s. Buchenwald
Bánd s. Bandau
Bandau, ung. Bánd 255
Baranya s. Branau
Belgrad, sbkr. Beograd 10, 96, 221–226, 233, 235–244, 246–249, 251
Beograd s. Belgrad
Bistrița s. Bistritz
Bistritz, rum Bistrița 212
Braller, rum. Bruiu 63, 65
Branau, ung. Baranya 263
Brașov s. Kronstadt
Bratislava s. Preßburg
Bruiu s. Braller
Bucegi s. Butschetsch
Buchenwald, ung. Bakony 264
București s. Bukarest
Buda s. Ofen
Bukarest, rum. București 10, 15, 27, 33–36, 39–41, 43–46, 48, 57, 61, 71–75, 78, 81f., 84–88, 91, 94–97, 101, 105, 107, 109f., 112, 119, 122, 128, 136, 139f., 142, 145, 147, 153, 158, 210, 285, 287, 290–293, 297, 301f., 307, 311f., 316f., 333f., 338, 346, 353f., 359f., 362–369, 376–378, 380–382, 386
Busiasch, rum. Buziaș 135, 137
Butschetsch, rum. Bucegi 82
Buziaș s. Busiasch
Câmpulung Moldovenesc s. Kimpolung
Cărpiniș s. Gertjanosch
Cisnădie s. Heltau
Cluj-Napoca s. Klausenburg
Constanța s. Konstanza

Czernowitz, ukr. Tscherniwzi 10, 15, 19, 24, 27, 121f., 188f., 191f., 320, 371, 374, 383–385
Daia s. Thalheim
Debrecen s. Debrezin
Debrezin, ung. Debrecen 256
Deutschsanktmichael, rum. Sânmihaiu German 329–331
Dudeștii Noi s. Neubeschenowa
Eisenmarkt s. Hunedoara
Elbing, poln. Elblag 215
Elblag s. Elbing
Eriwan s. Jerewan
Feldioara s. Marienburg
Frătăuți s. Fratautz
Frautautz s. Frătăuți
Fünfkirchen, ung. Pécs 196, 325f.
Galați s. Galatz
Galatz, rum. Galați 353, 358–360
Gertjanosch, rum. Cărpiniș 331
Großbetschkerek, sbkr. Zrenjanin 251
Großpold, rum. Apoldu de Sus 193
Großsanktnikolaus, rum. Sânnicolau Mare 50, 96, 111, 123
Großwardein, rum. Oradea 368
Guttenbrunn, rum. Zăbrani 115, 117, 285
Harbachtal, rum. Valea Hârtibaciului 95
Hatzfeld, rum. Jimbolia 50, 329, 331f.
Heltau, rum. Cisnădie 87, 329, 332f.
Hermannstadt, rum. Sibiu 10, 27, 31f., 34, 39f., 42f., 45, 54, 63, 65, 67, 87f., 135, 137, 142146, 151–155, 198, 200, 212, 216, 297, 299, 301, 321, 329, 332f., 341–343, 350f., 369
Hunedoara, dt. auch Eisenmarkt 112
Iași s. Jassy
Jassy, rum. Iași 198, 310–313, 317–322, 332, 353, 369, 371, 374, 376–379, 382, 384, 386f.
Jerewan, arm. auch Eriwan 24

ORTSNAMENKONKORDANZ

Jimbolia s. Hatzfeld
Kaliningrad s. Königsberg
Karlovy Vary s. Karlsbad
Karlsbad, tsch. Karlovy Vary 64
Kimpolung, rum. Câmpulung Moldovenesc 374
Klaipėda s. Memel
Klausenburg, rum. Cluj-Napoca 10, 27, 31–33, 36, 109, 152, 156, 158, 198, 297, 300–307, 311, 314, 316–319, 325, 327, 341–346, 348, 351, 359, 369, 377, 387
Knićanin s. Rudolfsgnad
København s. Kopenhagen
Königsberg, russ. Kaliningrad 207, 214–216, 336f.
Konstanza, rum. Constanța 368
Kopenhagen, dän. København 342
Krakau, poln. Kraków 205
Kraków s. Krakau
Krćedin s. Krtschedin
Kronstadt, rum. Brașov 10, 44–46, 71, 74, 87, 198, 207, 209f., 212, 216, 293f., 341, 346, 349
Krtschedin, sbkr. Krćedin 241
L'viv s. Lemberg
Lemberg, ukr. L'viv 325
Lugoj s. Lugosch
Lugosch, rum Lugoj 50
Măneuți s. Andrásfalva
Marienburg, rum. Felioara 341, 346
Mediaș s. Mediasch
Mediasch, rum. Mediaș 212, 342
Memel, lit. Klaipėda 337
Meschen, rum. Moșna 341
Mogilev-Podolski, ukr. Mohyliw-Podilskyj 15, 24f.
Mohyliw-Podilskyj s. Mogilev-Podolski
Moskau, russ. Moskwa 45, 59f., 169, 212, 234, 273, 280
Moskwa s. Moskau
Moșna s. Meschen
Neu-Arad rum. Aradul Nou 50

Neubeschenowa, rum. Dudeștii Noi 177
Neumarkt am Mieresch, rum. Târgu Mureș 154
Neusatz, sbkr. Novi Sad 225, 246, 250, 325
Novi Sad s. Neusatz
Ödenburg, ung. Sopron 103, 205
Oradea s. Großwardein
Orschowa, rum. Orșova 96
Orșova s. Orschowa
Pécs s. Fünfkirchen
Periam s. Perjamosch
Perjamosch, rum. Periam 91, 95
Prag, tsch. Praha 48, 57–59, 89, 97, 234, 337
Praha s. Prag
Preßburg, ung. Bratislava 270
Râșnov s. Rosenau
Răuți s. Aurelheim
Reps, rum. Rupea 151
Reschitza, rum Reșița 50, 87, 106
Reșița s. Reschitza
Rom, it. Roma 353
Roma s. Rom
Rosenau, rum. Râșnov 71
Rudolfsgnad, sbkr. Knićanin 251
Rupea s. Reps
Săcălaz s. Sackelhausen
Sackelhausen, rum. Săcălaz 81, 85
Sânmihaiu German s. Deutschsanktmichael
Sânnicolau Mare s. Großsanktnikolaus
Schäßburg, rum. Sighișoara 45, 212, 341f., 344, 348
Segedin, ung. Szeged 256, 325
Selva di Val Gardena s. Wolkenstein
Sereth, rum. Siret 15, 17–20, 24, 27, 188
Sibiu s. Hermannstadt
Sighișoara s. Schäßburg
Siret s. Sereth
Sopron s. Ödenburg
Strasbourg s. Straßburg
Straßburg, franz. Strasbourg 168, 388

Suceava s. Suczawa
Suczawa, rum. Suceava 368
Szeged s. Segedin
Târgu Mureş s. Neumarkt am Mieresch
Temeswar, rum. Timişoara 10, 50f., 81f., 85–88, 95, 102, 105f., 112, 115, 118, 135, 137f., 144, 146, 148–150, 195–200, 285, 290f., 293, 311, 314–317, 325, 329, 331–334, 369, 377, 387
Thalheim, rum. Daia 42
Timişoara s. Temeswar
Tomnatic s. Triebswetter
Triebswetter, rum. Tomnatic 112
Tscherniwzi s. Czernowitz
Ungwar, ukr. Uschgorod 325

Uschgorod s. Ungwar
Valea Hârtibaciului s. Harbachtal
Vejprty s. Weipert
Veszprém s. Wesprim
Vinţul de Jos s. Winz
Vizejdia s. Wiseschdia
Weipert, tsch. Vejprty 240
Wesprim, ung. Veszprém 255
Winz, rum. Vinţul de Jos 193
Wiseschdia, rum Vizejdia 158
Zăbrani s. Guttenbrunn
Zrenjanin s. Großbetschkerek

Redaktionelle Bearbeitung:
Konrad Gündisch

Personenregister

Achmatowa, Anna 280
Acker, Heinz 334
Adleff, Richard 72, 76f., 86
Adorno, Theodor W. 371, 380–382
Aescht, Georg 287, 335, 356
Agache, Astrid 320
Agopian, Ştefan 287
Aichelburg, Wolf von 32, 76, 79, 98, 304, 315, 334f., 337, 356
Albert, Hans 128
Alexandru, Ioan 337
Alscher, Otto 96, 101, 321, 335
Andersch, Alfred 166
Andrić, Ivo 226
Andriescu, Cornelia 318f.
Andruchowics, Angelika 107
Antoni, Gerhild 333
Arany, János 266
Arghezi, Tudor 56, 60f., 364
Aristoteles 364
Aslan, Ana 82
Augustin, Carl von 204
Ausländer, Rose 22, 28, 121f., 164, 187f., 191, 287, 309, 337, 383
Axmann, Elisabeth **27–37**, 304

Babeş, Victor 297, 307, 311, 327, 343f.
Bachmann, Ingeborg 334, 361, 367, 369
Badiou, Bertrand 385f.
Balla, Bálint 130
Balogh, András 327
Balzac, Honoré de 18
Bănulescu, Ştefan 120, 337
Barth, Peter 335
Barthou, Louis 376
Basil, Otto 376
Behaghel, Otto 364
Behrend, Nina 200
Belzner, Emil 71, 78
Benjamin, Walter 303, 380f., 385
Berchem, Theodor 354

Bergel, Hans 42, 79, 203, 308, 330, 337, 353, 356, 368
Berlin, Isaiah 280
Bertocchi, Sergio 361
Berwanger, Nikolaus 49–51, 58, 87f., 141, 144, 146f.
Bettauer, Hugo 18
Bienek, Horst 337
Biermann, Wolf 51, 59
Binder, Stefan 334, 367
Blaga, Lucian 32f., 341, 351, 364
Blandiana, Ana 79, 115, 120, 286, 337
Blecher, Marcel 120
Blum, Klara 321
Blum, Léon 381
Bobrowski, Johannes 61, 338
Bochmann, Klaus 362
Böhme, Thomas 159
Boldea, Iulian 158
Bolyai, János 297, 307, 311, 327, 344
Boner, Charles 219
Borbély, Stefan 158
Bossert, Rolf 50, 107, 109, 112, 119, 121, 125, 144, 146, 285, 292
Bouchet, André du 386
Bourdieu, Pierre 231, 374, 384f.
Brâncoveanu, Constantin 56
Brandt, Martin 45
Brandt, Willy 58, 62
Bratu, Traian 318f.
Braun, Helmut 22–26
Brecht, Bertolt 98, 117, 343f.
Breihofer, Horst 333
Breitenhofer, Anton 42, 88
Britz, Nikolaus 267
Britz, Helmut 305
Brod, Max 20
Brunea-Fox, Filip 57
Buchfellner, Horst 333
Buduca, Ioan 305
Bulhardt, Franz Johannes 145–147

Bülow, Hans von 208
Bunin, Iwan Alexejewitsch 212
Burg, Josef 24
Burtică, Cornel 363
Buselmeier, Michael 107
Buth, Matthias 353, 368

Călinescu, George 73, 359
Călinescu, Matei 79
Camus, Albert 278
Capesius, Bernhard 43, 45, 334
Caragiale, Ion Luca 61
Carol II., von Hohenzollern-Sigmaringen 31
Cărtărescu, Mircea 115, 285, 287, 289
Caspari, Felix 333
Cassian, Nina 347, 362
Ceauşescu, Nicolae 36, 47f., 50, 53f., 57f., 62, 89, 97, 111f., 120, 145, 172, 198, 202, 306f., 322, 324, 346, 368
Celan, Paul 28, 75, 121f., 164, 187f., 191f., 287, 309, 334, 351, 353f., 360, 362–364, 371, 382–386
Celan, Eric 385
Chargaff, Erwin 383
Chiţoran, Dumitru 362
Chruschtschow, Nikita S. 278
Cioran, Emil 289
Cisek, Oscar Walter 46, 53, 121, 304
Cohn-Bendit, Daniel 58
Colin, Amy 191
Colonna, Franceso 213
Connerth, Astrid 47, 333
Constantinescu, Dan 35
Conze, Werner 336
Corbea-Hoisie, Andrei 320, **371–388**
Cornea, Paul 378
Cosaşu, Radu 57
Coşbuc, George 351
Coulin, Arthur 36
Crohmălniceanu, Ovid 378
Csaky, Moritz 383
Csejka, Gerhardt 50–52, 119, 125, 144, **285–296**, 356

Cuza, Alexandru Ioan 56
Czechowski, Heinz 337

Dalos, György **273–282**
Daneş, Stela 57
Däubler-Gmelin, Herta 57
David, Claude 386
David, Hermann 75
Delius, Friedrich Christian 107, 119
Déry, Tibor 277f.
Deşliu, Dan 346
Didot, François 213f.
Dietze, Walter 361f.
Dilthey, Wilhelm 228
Dinescu, Mircea 79, 286, 337
Diplich, Hans 95, 201f., 321, 335
Djindjić, Zoran 233, 237
Döblin, Alfred 326
Dobrogeanu-Gherea, Constantin 382
Doinaş, Ştefan Augustin 32, 35, 337, 351, 365, 368
Domin, Hilde 337
Domokos, Géza 76
Dor, Milo 119
Döring, Christian 159
Dostojewski, Fjodor Michailowitsch 18, 212
Dressler, Franz Xaver 45
Drewitz, Ingeborg 119
Drotleff, Karl 333
Dubček, Alexander 58
Dumitrescu-Buşulenga, Zoe 73, 378
Dunai, Andrea 280
Duţu, Alexandru 378

Ehrmann, Katharina 348
Eisenburger, Eduard 51
Eliot, T. S. 278
Eminescu, Mihai 56, 71, 77, 79
Engel, Walter **329–340**
Engel, Ulrich 248f.
Engels, Friedrich 264–340
Enzensberger, Hans Magnus 56, 155
Eörsi, István 278

Eppich, Egon 205
Erasmus von Rotterdam 352
Erb, Elke 159
Erben, Johannes 183, 249
Esselborn, Karl 310

Fabritius, Gert 99f.
Fassel, Horst **311–327**, 356, 376, 378
Faulkner, William 136
Ferch, Franz 99f.
Finck, Adrien 168, 174
Flaubert, Gustave 61
Flechtenmacher, Christian 318
Fleischer, Wolfgang 246f., 361
Fligely, Anton Grohs von 349
Flinker, Robert 191
Florescu, Eugen 138, 147f.
Förster, Horst 313
Francis, Conny 300
Franz Ferdinand 226
Franzos, Karl Emil 192
Frauendorfer, Helmuth 112
Friedrich von Sonnenburg 180
Fuhrmann, Dieter 36, 72, 78, 86

Gabriel d. Ä., Josef 335
Gabriel d. J, Josef 335
Gădeanu, Sorin 196
Gahse, Zsuzsanna 119
Geltz, Filip 42
Genscher, Hans-Dietrich 153f.
George, Stefan 367
Gheorghiu-Dej, Gheorghe 343
Giordano, Ralph 337
Glondys, Viktor 191
Goethe, Johann Wolfgang von 61, 82f., 88, 197, 230f., 250f., 261, 314, 351, 353f., 365f.
Gogol, Nikolai Wassiljewitsch 61, 212
Goldfriedrich, Johann 213
Goldhagen, Leo 75
Goldmann, Ilse 75
Golescu, Dinicu 61
Goma, Paul 49, 95

Göncz, Árpád 278
Gong, Alfred 22, 28
Götz, Dorothea 323
Graf, Oskar Maria 22
Grass, Günter 55, 73, 219, 334
Grigorescu, Dan 378
Grimm, Jacob 230, 251
Groos, Julius 334
Große, Rudolf 361
Großmann, Rudolf 211
Grün, Karl 100
Gryphius, Andreas 337
Gumbrecht, Hans Ulrich 387f.
Gütersloh, Albert Paris 205
Guțu, George **353–369**
Győri, Judit 269

Habermas, Jürgen 237, 380
Haffner, Fabjan 119
Hagelstange, Rudolf 315
Haltmayer (Prälat) 202
Hamann, Johann Georg 215
Hamm, Franz 201
Hamm, Peter 155
Handke, Peter 388
Harsányi, Zimra 57, 212
Harth, Dietrich 334, 336
Hartinger, Christel 361
Hartinger, Walfried 361f.
Härtling, Peter 337
Hašek, Jaroslav 268
Hatvany, Lajos 269
Hăulică, Dan 382
Hauptmann, Gerhart 200, 337
Hauser, Arnold 76, 121
Heidegger, Martin 228, 381
Hein, Manfred Peter 120
Heine, Heinrich 61, 85, 261
Heinz, Franz 76, **91–103**, 337
Heinz, Stefan 337
Heitmann, Klaus 336
Hensel, Klaus 119, 121, 307
Herbach, Klaus Peter 22
Herburger, Günter 148

PERSONENREGISTER

Herder, Johann Gottfried 215, 246, 360, 371f.
Hermann, Hans 82
Herzog, Roman 352
Hesse, Hermann 326, 345, 353, 367
Heym, Stefan 51
Hilsenrath, Edgar **15–26**, 188
Hitler, Adolf 42f., 62, 74, 110, 260, 346, 376
Hodjak, Franz 77, 119, 144, 156, 286f., 301, 305, 335, 337f., 348, 356
Hoffmann, Hilmar 336, 365
Hofmannsthal, Hugo von 346, 388
Hölderlin, Friedrich 31, 35, 367
Hoișie-Korber, Sylvia 374
Hollinger, Rudolf 315
Homann, Holger 244
Hoprich, Georg 72, 86
Horkheimer, Max 381
Horthy, Miklós 230
Hromadka, Georg 88
Hutter, Heribert 205
Hutter, Wolfgang 205
Hutterer, Franz 202f.

Ianculescu, Antonie 139
Iosifescu, Silvian 378
Irion, Bronislaus 318
Iuga, Nora 115, 287
Ivănescu, Alexandru 318
Iwinskaja, Olga 281

János, Szász 59
Jass, Walter 333
Jaurès, Jean 381
Jauß, Hans Robert 229, 303, 371, 377–381, 387
Jikeli, Inge 342
Johann Hadlaub 180
Jonas, Anna 55, 153
József, Attila 269
Jumugă, Grete 318
Jünger, Ernst 381

Kádár, János 278
Kafka, Franz 20, 122, 145, 197, 301, 334
Kant, Immanuel 215
Kanter, Johann Jakob 215
Karadžić, Vuk 230
Karinthy, Ferenc 268
Karsunke, Yaak 55
Katz, Leo 321
Kautsky, Karl 381
Kehrer, Hans 337
Keller, Gottfried 243
Keller, Werner 365f.
Kelp, Helmut 356
Kempowski, Walter 155, 337
Kerényi, Karl 269, 326
Kessler, Dieter 295f., 321
Kessler, Klaus 76, 315
Kessler, Martha 315
Kesten, Hermann 22
Kindermann, Heinz 168
Kirsch, Sarah 337
Kittner, Alfred 28, 35, 57, 75–77, 79, 97, 191, 304, 335, 338, 264
Klaus, Josef 181
Klein, Victor 169
Klein, Karl Kurt 177, 182f., 185, 187, 192, 195, 198, 318–320, 356, 367
Kleist, Heinrich von 243, 301, 367
Klemm, László 314
Kölcsey, Ferenc 271
Kolf, Bernd 34, 125, 301, 308
Königes, Michael 341, 349
Konradt, Edith 17
Konstantinović, Zoran **221–232**
Korber, Mirjam 374f.
Kosch, Wilhelm 192
Koszó, János 256
Kottler, Peter 195
Kraft, Thomas 17
Krasser, Harald 31, 42, 45, 317, 334
Kraus, Karl 268
Krechel, Ursula 107, 119
Kremm, Werner 106, 111
Kristeva, Julia 229

Kumher, Franz 339
Kunst, Thomas 159
Kuntz, Edwin 71, 78

Lambertz, Werner 362
Latzina, Anemone 125, 285, 292f., 305
Lauer, Heinrich 72, **81–90**
Leistner, Bernd 361
Lenau, Nikolaus 255, 261, 266–268, 313, 315, 326
Lenin, Wladimir Iljitsch 264, 381
Leonhard, Joachim-Felix 336
Lepsius, Rainer M. 128f.
Lerchner, Gotthard 361
Lermontow, Michail Jurjewitsch 212, 316
Leskow, Nikolai Semjonowitsch 61, 212
Levi, Paul 381
Liebhard, Franz s. Robert Reiter
Liebhardt, Hans 76, 304
Liiceanu, Gabriel 379
Lillin, Andreas A. 315, 334
Linz, Johann 108
Lippet, Johann **105–114**, 119, 128, 141, 144, 148, 305, 337
Livescu, Jean 318, 366
Lovinescu, Eugen 32
Löwenthal, Leo 381
Lukács, Georg 228, 264, 269
Lupul, Theodor 321
Luther, Arthur 212f.
Luther, Hans 212
Luther, Martin 62, 121f.
Lützeler, Heinrich 205

Mádl, Antal **255–271**
Mălăncioiu, Ileana 79
Mândrescu, Simion C. 367
Manea, Norman 115, 120, 285
Manjak, Erik 137
Mann, Thomas 73, 122, 198, 255, 264, 268–270, 326, 376
Mann, Golo 56, 269
Mannhardt, Johann Wilhelm 182
Mannheim, Karl 131

Mantsch, Heinrich 356
Manutius, Aldus 213
Marais, Jean 344
Marcu, Valeriu 320, 381
Mărculescu, Sorin 79
Marcuse, Herbert 381
Margul-Sperber, Alfred 19, 28, 33, 35, 42, 57, 97, 122, 335, 353, 362, 383
Marino, Adrian 378–380
Markel, Michael 301, 303, 356
Marlin, Josef 348
Marschang, Eva 332
Marx, Karl 43f., 59, 61, 264, 382
Maurer, Christian 334
Maurer, Georg 341, 349
Maurer, Rolf 333
Mayer, Karl Ulrich 128
Mecklenburg, Norbert 165
Meister, Ernst 28, 30
Menning, Hermann 317f.
Mertens, Eberhard 169
Meschendörfer, Adolf 168, 208, 217
Meschendörfer, Hans **207–219**
Metzner, Manfred 107
Michael der Tapfere 56
Middel, Eike 262
Millitz, Bert 51
Milošević, Slobodan 233–235, 237, 250
Mitzka, Walter 187
Mojašević, Miljan 242
Mokka, Hans 315
Mokka, Irene 76, 311, 314
Montecuccoli, Raimondo 204
Morgner, Irmtraud 51
Motzan, Peter 10, 47, 79, 89, 109, 125, 144, 158, 202, 294, **297–310**, 337, 356, 364, 380
Mrazović, Pavica 246
Müller, Herta 48–51, 53, 58, 112, 117, 119, 121, 133, 144, 164, 292, 323, 337f., 351, 356
Müller, Walter 128
Mummert, Stefan 349
Munteanu, Romul 380

PERSONENREGISTER

Münzenberg, Willy 381
Muşlea, Ioan 305

Nansen, Fritjof 244
Naum, Gellu 286
Nedić, Milan 238
Negoiţescu, Ion 32
Neidhart von Reuental 180
Nenni, Pietro 381
Neumann, Hans 243f., 249
Neustädter, Erwin 45
Nietzsche, Friedrich 315, 353, 367
Novak, Helga M. 107
Nuß, Fred 333

Ohsam, Bernhard **63–69**
Ortinau, Gerhard 49f., 117, 144, 291f., 295
Ostrowski, Nikolai Alexejewitsch 315
Oswald von Wolkenstein 177–180, 183f.

Papahagi, Marian 359
Papilian, Alexandru 287
Papu, Edgar 73, 77
Pasternak, Boris 281
Pastior, Oskar 47f., 53, 58, 72, 76, 78, 86, 115f., 119, 121, 286f., 295, 301, 311, 316f., 337, 356
Paulini, Hilde-Marianne 321
Pechtol, Maria 332
Perez, Hertha 318f.
Perian, Gheorghe 158
Petean, Mircea 158
Peter II., Karađorđević 238
Peters, Alice 66
Petőfi, Sándor 266
Petzold, Klaus 261
Pfaff, Erich 316
Pfaff, Michael 315
Pillat, Ion 364
Pintilie, Ingeborg 318
Piru, Alexandru 359
Platon 136
Plattner, Johann 61
Pleşu, Andrei 285, 367, 379

Polenz, Peter von 249
Pollack, Edmund 317
Pollock, Jackson 381
Postl, Karl s. Charles Sealsfield
Pudić, Ivan 238, 243
Pukánszky, Béla von 256, 322
Puschkin, Alexander Sergejewitsch 212

Radetzky, Josef Wenzel 203
Radović, Ognjan 242
Rakusa, Ilma 119
Ranke, Leopold von 251
Rebreanu, Liviu 61
Reich, Wilhelm 383
Reichrath, Emmerich 77
Rein, Kurt **187–200**
Reiter, Robert (Franz Liebhard) 148
Reiter, Helga 292
Remarque, Erich Maria 21
Rezzori, Gregor von 28, 187f., 192, 383
Richter, Gisela 334
Richter, Helmuth 361
Rilke, Rainer Maria 29, 36, 300f., 312, 315, 317, 347
Rimbaud, Arthur 27
Rinner, Fridrun 229
Ritter, Alexander **163–176**
Rohracher, Andreas 181
Roşca, Dumitru D. 32
Rosenkranz, Moses 45, 50, 57, 353, 364
Roth, Dieter 36, **71–79**, 86, 335, 337, 342
Roth, Hans Otto 45, 317
Roth, Herman 43–45
Roth, Stephan Ludwig 342
Runes, David 321
Rychlo, Peter 384

Sachs, Hans 261
Samson, Horst 106f., 112, **135–150**
Sartre, Jean-Paul 278
Schepp, Wilhelm 210
Scherer, Fritz 43
Scherg, Georg 76f., 155, 315, 334f., 337, 356

Schicklgruber, Adolf s. Hitler, Adolf
Schiller, Friedrich 112, 201, 265
Schlattner, Eginald 41, 55, 73, 119
Schmaus, Alois 247f.
Schmid, Carlo 169
Schmidt, Heinrich 256
Schmitt, Ludwig Erich 182
Schneider, Eduard 10, 148, 337–339
Schneider, Hugo 342
Schnitzler, Arthur 19
Schobel, Hermann 333
Schöne, Albrecht 35, 244
Schröder, Marianne 361
Schrömbgens, Gerhard 250
Schuhmann, Klaus 361f.
Schuller, Bettina 76
Schuller, Frieder 301
Schuller, Johann Karl 349
Schuller, Werner 317
Schuller Anger, Horst 303, **341–352**, 355
Schumann, Ilse 333
Schuschnig, Hanns 334
Schuster, Paul 28, **39–62**, 82, 121, 292
Schuster, Friedrich Wilhelm 341, 349
Schwartz, Elemér 256
Schwarz, Ludwig 47, 150
Schwob, Anton **177–186**, 193, 201, 203, 356
Sealsfield, Charles (Carl Anton Postl) 167
See, Wolfgang 57
Seghers, Anna 375
Seiler, Hellmut 146, **151–159**
Šešelj, Vojislav 237
Seydner, Walther 334
Shakespeare, William 45, 228
Sienerth, Stefan 9, 11
Silbermann, Edith 79, 191
Simmel, Georg 131
Simonow, Konstantin Michailowitsch 315
Slevogt, Max 211
Slijepčević, Pero 226, 228
Sokrates 352
Söllner, Werner 119, 121, 286f., 303, 305, 308, 335, 337f., 356
Solms, Wilhelm 308

Solomon, Petre 382, 386
Sorescu, Marin 71, 75, 77, 79, 337
Sorokin, Pitirim A. 131
Spandorf, Marcel 75
Sperber, Jessika 362
Spinner, Helmut F. 128
Stalin, Josef Wissarionowitsch 33, 44, 54, 60, 62, 234, 245, 262, 264, 281, 359
Stanca, Radu 32
Stanciu, Caroline 321
Stancu, Zaharia 46
Stănescu, Heinz 363
Starkmann, Alfred 17
Stefan der Große 56
Stefanović, Nenad 250
Ștefoi, Elena 286
Steinberg, S. H. 213
Steinke, Klaus 377
Stephani, Claus 76, 307
Sterbling, Anton 112, **123–133**
Stirner, Max 291
Stocker, Karl 187
Stoffel, Emmerich 46f., 49, 51, 59
Stoica, Petre 106, 114
Storch, Franz 76, 87
Stoßberg, Gerhard 215
Strasser, Johano 55
Strauß, Richard 346
Streit, Karl 332
Stupp, Johann Adam **201–206**
Sturzu, Corneliu 311
Surminski, Arno 337
Süßkind von Trimberg 180
Szabó, János 268
Szász, Ferenc 59, 269
Szaunig, Peter 334
Széll, Zsuzsa 317
Szimits, Johann 100
Szondi, Peter 380, 385

Tammen, Johann P. 52–54
Teleki, Graf 230
Țenchea, Alexandru 318
Țepeneag, Dumitru 115, 120

Tesla, Nikola 237
Teutsch, Georg Daniel 43
Theiß, Viktor 377
Thienemann, Tivadar 256
Thill, Hans 107
Tilleweid, Lutz 54
Tito, Josip Broz 202, 228, 234, 237, 240, 245f., 250
Titulescu, Nicolae 376
Tolstoi, Lew Nikolajewitsch 212
Tönnies, Ferdinand 131
Tontsch, Brigitte 349, 356
Totok, William 111f., 128, 138, 144, 148, 291
Träger, Claus 361
Trakl, Georg 205, 343
Trakl, Tobias 205
Trivunac, Milos 238
Trudgill, Peter 193
Trunz, Erich 166
Tschombé, Moïse 344
Tucholsky, Kurt 351

Uhland, Ludwig 261
Undset, Sigrid 217
Ungeheuer, Natascha 22
Ursachi, Mihai 311

Valente, Caterina 300
Vesper, Guntram 107
Veteranyi, Aglaja 159
Vianu, Tudor 71, 73, 78, 374
Vidal, Gore 60
Viragh, Christina 119
Vona, Alexandru 287
Voretzsch, Adalbert 205

Wagner, Richard 48–53, 58, 111f., 117, 119, 128, 141, 144, 146f., 291f., 298, 323, 337f., 356
Wagner, Udo-Peter 355
Waitz, Balthasar 144
Walser, Martin 57, 305
Walther von der Vogelweide 180, 261

Wayand, Erich 59, 333
Weber, Horst 333
Weber, Max 126, 129, 131
Weifert, Georg 231, 238
Weifert, Ladislaus 192, 238, 243
Weinheber, Josef 315
Weise, Georg 205
Weisenborn, Günther 213
Weißglas, Immanuel 28, 45
Weißglaß, Isak 122
Werner, Klaus 191
Wichner, Ernest 49–55, 58, **115–122**, 128, 286, 356
Wiedemann, Barbara 382
Wiehn, Roy 375
Wiesenmayer, Hans 300
Wiesner, Herbert 115, 118f., 121
Wikete, Monica 314
Wittstock, Erwin 42f., 47, 217, 295
Wittstock, Joachim 103, 146, 334, 337
Wolf, Johann 195, 332, 334
Wondrak, Joseph 267
Wondratschek, Wolf 312
Wühr, Hans 217
Wurzbach, Constantin von 222

Zach, Krista 202, 256
Zaciu, Mircea 307
Zanca, Andrei 158
Zapf, Wolfgang 128
Zeidner, Hermann 209f.
Zeidner d. Ä, Heinrich 209
Zeidner d. J, Heinrich 209–211
Zeitler, Julius 211, 213
Žiletić, Zoran **233–253**
Zillich, Heinrich 202, 217, 341, 349, 364
Zirenner, Josef 332
Žmegač, Viktor 303
Zweier, Ewalt 88, 333
Zweig, Arnold 343
Zweig, Stefan 18f., 217, 343

Redaktionelle Bearbeitung:
Sarah Hummler